为了所有成长在ai时代的孩子。

有问题？
直接"问作者"·deepseek 私教

找作者？
作者答疑·干货直播·社群交流

理想中的学习应该是怎样的？它应该是快乐的、主动探究的、自律的、专注的、不必依靠辅导班和父母督促的。现实却是机械的题海训练、孤立无意义的背诵结论以及应试的枯燥和压力遮蔽了学习的内在快乐，不少孩子眼中的光逐渐黯淡了。如何实现内驱式学习？我们首先需要打开学习的黑箱，才能真正做出改进，从"靠天吃饭""贫乏模式"的学习转向"丰富模式"的学习。本书结合脑科学、认知科学和心理学，探讨了大脑学习的本质和学习的内驱力来源；提出了"学习五元素"等一套科学学习理念，将原理落地于实践，提供了听说读写、明辨式思维等具体能力提升的操作指南，帮助读者理解学习、掌握方法，找到内驱力和学习的幸福感，实现"学习自由"。

如果你是为孩子的教育一筹莫展的父母，本书让你帮助孩子重新认识学习，开启内驱式学习；如果你是青年学生，本书提供了丰富的学习工具箱可供自查自用，助你全方位提升竞争力。

图书在版编目（CIP）数据

内驱式学习 / 张文渊著. -- 北京：机械工业出版社，2025. 3 (2025. 7重印). -- ISBN 978-7-111-77914-8

Ⅰ. G442

中国国家版本馆CIP数据核字第2025H9A954号

机械工业出版社（北京市百万庄大街22号　邮政编码100037）

策划编辑：侯春鹏　刘　洁　　　责任编辑：侯春鹏　刘　洁
责任校对：曹若菲　张　薇　　　责任印制：刘　媛

三河市宏达印刷有限公司印刷

2025年7月第1版第3次印刷

170mm×230mm・38印张・4插页・575千字

标准书号：ISBN 978-7-111-77914-8

定价：129.00元

电话服务　　　　　　　　　　网络服务

客服电话：010-88361066　　　机　工　官　网：www.cmpbook.com

　　　　　010-88379833　　　机　工　官　博：weibo.com/cmp1952

　　　　　010-68326294　　　金　书　网：www.golden-book.com

封底无防伪标均为盗版　　　机工教育服务网：www.cmpedu.com

每个周末往返于不同的补习班，是否已经成为您家庭的常态？

孩子每天在学校课间就写作业，回家还在写，熬到很晚才睡觉，让人又心疼又起急，是否已成为您家庭的常态？

孩子不是态度不好，不是不努力，但是他就是一学就忘、会的也错，就是做得慢，就是脑子不会"转圈"，你看着就忍不住暗想为啥会这样……是否已成为您家庭的常态？

……

以上问题如果您遇到了几个，那么我们可能要回到那些经典的问题：

"我们是怎么完成教育的，我们要教育孩子什么，我们的孩子要接受什么样的教育？"

相信每一位翻开本书的读者，内心都怀着关于教育的疑惑和对孩子的期待，希望能找到早日让全家"解放"、放过彼此的心法和干法。接下来的内容与您以往看到的教育类书籍有所不同，但编者相信，掩卷之后，您定能从中找到满意的答案。

脱离贫瘠的教育流水线，进入繁茂的智慧星球

"70后""80后"这一代人，多半会感到今天的教育和自己小时候完全不同了。不知从什么时候起，从农村到大都市，教育成了让各个收入层级的家庭，必须举全家人力物力的"军备竞赛"。有条件的农村父母要拼尽全力在县城或市里买学区房，一线城市的父母不惜花百万元乃至千万元买学区房，或者承受每年数十万元的学费将孩子送进国际学校。有的父母为了避开高压的教育路线，不惜中断自己的事业与生活，带孩子远走他乡，只为寻找心目中的课堂。除了金钱，还有人生幸福的代价。为了给孩子一个更好的未来，乡村父母进城打工，大城市母亲带孩子漂洋过海，海外陪读。一家人骨肉分离，竟成了乡里人和大城市中产共同的命运，而这一切，竟都是为了一张课桌。

其实教育并非一直是这样，仅仅在一百多年，也就是再往前几代人，哪怕是今天的发达国家的儿童，也普遍会在10岁以前去工作，而不是上学。教育，在人类历史上绝大部分时间，都不是举全家之力的核心工程，不需要花海量的金钱去"赌"一个孩子的明天，牵动全家人的命运。而近数十年来形成的消耗巨大的"军备竞赛"式的"鸡娃"教育，煞费无尽苦心，如果真的能承载父母的阶层跃迁希望，便有理由延续下去。问题是，举全家之力重金打造的毕业生，却遇到越来越大的"毕业即失业"压力，强烈提示这一模式存在着内在的问题——分数和学历已经不能再自动等于"好前途"。这场自我复制的漩涡，已经到了内外交困的节点，我们有必要停下来片刻，弄清楚问题的根源在哪里，才有可能突破自我重复形成的陷阱。

过去几十年，高效的教育流水线模式，其内在矛盾已经露头。面对蘑菇云形状的中考分数分布图，一方面，好像孩子们要拿出接近满分的成绩，否则就要被中考淘汰，失去高等教育机会；另一方面，很多孩子都"不耐鸡"，一给压力心理就很容易出问题。于是当我们讲"以前的孩子都没有这么难带""今天不'卷'不行，和以前完全不一样了"，在"躺平"和"鸡娃"之间不断仰卧起坐，无所适从，不免有深深的无力感。每当遇到看似不可调和的矛盾，其背后必然有更深层的机关，我们不妨超越表层对立，通向解决方案。

要想超越"躺平"和"鸡娃"，就必须弄清"卷"和"竞争"的本质差异，前者是狭窄和贫瘠的，后者是繁茂与多样的。老一代人记忆中的"不卷的童年"，部分原因是普遍的信息匮乏。"70后""80后"这代人在小时候，都生活在温饱线附近，知识养料当然更加匮乏。全城没几个人家里有藏书，城市里没有什么图书馆对公众开放，更没有互联网，接触不到信息资源。我上大学的时候，读英文专业，想听英文音频材料，还要去图书馆排长队、眯着眼睛从墙上贴着的密密麻麻的数百种音频资料目录里找自己想听的内容的录音代码，填好单据，再在图书馆员的白眼下，战战兢兢地在复录机上录制磁带。那些宝贵的磁带恨不得每一盘都听几十遍，听到背下来，不然对不起获取资料的艰辛。大学内尚且如此，更不要提象牙塔外的公众和儿童了。

中国教育过去几十年为人诟病之处在于知识资源贫瘠，而现在的"内卷"弊病则是路径依赖。如今，资源已经繁茂充裕，但在对人的认识上、在学习方法上还沿用匮乏时代的流水线高效标准化产出与过早"间苗"的单一筛选方法，损伤了大部分人的内驱力与多样性。

当一个花园整体缺乏阳光，缺乏降雨和营养，所有的幼苗状态自然是平均的，是普遍瘦弱的。当所有人都没有足够的营养去充分实现自己的禀赋时，会觉得竞争很小、轻松、"不卷"。而随着经济发展，当花园能得到充分的阳光和养料时，所有的苗子都能获得基本营养，于是高大强壮者层出不穷，参差不齐的现象就出现了，焦虑的、追赶的压力也就出现了。

面对这种压力，会产生两种不同的认识框架。一种是沿袭了匮乏时代的标准品流水线思维框架，将学习者视为被动的作物，要高效产出，就必定要"间苗"。将眼下看起来长势较慢、不中绳墨的幼苗放弃，而将所有的水肥、最好的光照位，留给最强壮的苗子。难道间苗就是高产出、高效率的唯一模式吗？流水线教育，虽然会带来整齐划一的高效产出种植园，但里面只有一两种强势物种，此外就是物种荒漠。强势物种针对极为单一的 KPI（关键绩效指标）进行比拼，投入趋于无限，回报率却不断下降。

另一种认识框架是培育，是大自然的，也是父母的角度，给所有生命以机会，让它们发挥虽然不中绳墨却各有千秋的自身特性，允许或大或小、或强或弱的生命各显神通，发掘出各种意想不到的多样的差异，为自己拼搏出即便十分微小，但仍然足够富足生存的千差万别的生态位，也对整体社会的繁荣与韧性大有裨益。

在人工智能时代，流水线模式产出的单一技能人才的空间还将进一步被挤压。麦肯锡报告显示，我们现在正身处传统职业"大灭绝"的时代，未来 10 年内，全球将有 40% 的白领岗位受到人工智能自动化的极大影响。本轮自动化主要淘汰的，就是专业化白领岗位，这恰恰是过去几十年的教育"刷题"流水线的产出——工具化人才。

不会被淘汰的是人的最核心最基本的能力。如热爱和培育生命的能力，以及自我感知与感知他人生命需求的能力，也就是社会和情感能力。举个例子，过去的专业人士画像可能是一个有"社恐"的"技术宅"，只想独自埋头弄技术、写论文、写病历，不想跟客户、跟病人多解释，但未来在技术和诊断准确性上，人类是比不过人工智能的。作为人类，超出机器的优势是能更敏锐地感知病人的脆弱、恐惧，能给予人关怀、同情并与之沟通。因此本书前三章，我们要带大家全面地认识人的能力。

未来的学习必须和人之为人的情感、意志和自我的构建深深融合，而不是像过去那样努力让孩子们忘记乐趣，失去结伴玩耍的机会，以此为代价完成流水线教育的 KPI。因为未来的新经济增长空间会越来越围绕人的生命和情感需要，如被照顾、被爱、被感知、被关怀、营造美好体验等来扩展。如果继续将小孩流水线化、养殖场化培养，显然跟更好的情感和社会等生命能力背道而驰。

此外，人的专属认知能力，能够直接从模糊混沌的物理世界，以有想象力的方式提取模式。本书中讲的明辨式读写和明辨式思维，就是训练孩子从文字材料中提取信息中的模糊模式。其最终目标是训练人之为人的头脑，有能力从大量现象中，提取独特的特征趋势、构建解释模型，继而能产生独特的产品和解决方案。虽然具体的撰写、分析、信息处理会被自动化，但那些是从 1 到 1000 的后期加工，在从 0 到 1 的模糊模式提取阶段，人类仍然不可取代。例如《环球科学》2024 年 10 月号报道的用原始的真核生物黏菌的扩张方式开发出算法，来模拟宇宙空间中的物质分布。这种能从极为模糊的、混沌的现象中，进行高度的抽象并发现深层规律，即与真实世界交互、处理信息、创造性提取深层模式的能力，仍然是人类的专属优势。这种模式提取能力并非是苦工式教育流水线能培养出来的。本书并不是要否定系统化学科知识体系，而是将教大家如何一开始就通过主动建立关联、模式提取的方式，来学习学科知识。这样，从一开始，我们就学会用脚走路，而非违背自然、辛苦地倒立行走到大学，再突然学习如何真正思考。

孔子说"君子不器"，康德说"人是人本身的目的，而不是实现其他目的的手段"。在工具不断进步，人被不断取代的倒逼压力下，今天孔子和康德的洞察已经不再是遥远的理想，而是变成了生存的必需。我们需要在生活的各个方面觉醒，改变将人视为物品的"匮乏—满足"认知框架，而将人真正视为"创造—能力发展"的主体。

与多样性相比，过去单一物种、单一追求高效与高产出的种植园教育模式，收获了狭窄的专业知识，其代价是失去享有生命的能力、社交情感能力，总体而言，就是脆弱。现实中对应着并非偶然的数据，目前中国有接近 1 亿的抑郁症患者，50% 的患者为在校学生，18 岁以下占 30.28%，即 2850 万人。这不是一个正常的水平，意味着当前的流水线教育框架，是对个人生命与幸福，对群体人力资源的巨大浪费。同时，这种单一效率的"卷"，产出在不断递减。

工业化大生产塑造的世界观，其红利已经见顶。未来蛋糕还想继续做大，靠的是背后一个个具体的人，获得自我向上的内驱力，创新突破。新的环境压力下，以人为中心的教育已经不再是一个遥远奢侈的理想，而是成了新的环境筛选压力、避免沦为无用阶层的刚需。每个人必须建立自己的人生创富机制：自主性、创造性、人性。教育必须改变剥夺人的旧轨道，改换到成就人的新轨道。

　　孩子们的大脑就像一颗智慧星球。智慧星球的培育模式超越了快乐教育和应试教育的表层对立。不论信奉生产线的筛选模式，还是信奉智慧星球的培育模式，竞争与个体的发展壮大，才是人的终极目的。不论什么时代，生命必然要竞争，只有竞争和强大，才有出路。二者的差别在于，强行一致化的生产线模式会走向"内卷"。"内卷"造成投入不断攀升，但绝大部分个体却由于生产线模式违背自身天性，而陷入心智亚健康状态。而智慧星球的培育模式，源自人的心智天然多样性的个性化培育理念，将会展现出更大的自适应和韧性，就是要避免每一个孩子的内驱力被过早、过度的机械化规训压灭，避免天生的哲学家——儿童那天真好奇的眼睛里的光芒熄灭；结合认知科学的方法论和最新研究，培育每个人去探索和建立内驱力，在学科学习中打下扎实且盘活的、真正内化、可迁移的知识体系，从而走向丰富可能的自我实现。

　　限于作者和编者水平，本书难免存在疏漏之处，欢迎广大读者关注"小能熊"公众号，向我们提问，以及查询最新的观点和案例。

　　笔者衷心希望通过本书，让我们一起成为"三心二意"的家长，即具备耐心＋爱心＋专心（三心），以及"科学＋内驱"二大意识，共同守护和滋养孩子们的智慧星球。

张文渊（MzSavage）

2025 年 4 月

本书内容概览

上篇——心智原理（第1—3章，理解大脑机制和学习的科学原理）

第1章　孩子天生爱学习（神经科学：心智原理，大脑内在的学习驱动力）

第2章　内驱的学习者（心理学：动机与情感，心智与自我的内驱机制）

第3章　学习五元素（教育学：心智与环境，构成内驱的外部条件）

第1章　孩子天生爱学习

人的大脑约有860亿个神经元，以及100万亿个突触联结，自然界达到这个数量级的事物是什么？是可观测宇宙的星系数量和自然生态系统中的所有物种及生物的总量。但大脑只有3斤重，堪称宇宙中最复杂的系统之一。大脑天生爱学习，但它需要丰富的环境与交互体验。它也有内置的发展进程，不可随意逾越。如果学习能符合大脑的内容偏好、各发展阶段节点以及学习方式偏好，就会事半功倍，轻松愉快。

第1章帮我们认识大脑的运作机制：所谓学习究竟是什么样的过程？什么构成了学习能力？贫乏模式抑制正常的学习机制，而丰富模式与循序渐进能令大脑最大限度发挥本身超强的学习能力。所谓"智商"是什么构成的，是生来注定的吗？在第1章中你将了解到大脑是可塑的，聪明不是天生的，只要学习，大脑就会改变。

第2章　内驱的学习者

假如学习真的是纯粹理性的过程，那么就不会遇到学习困难了。粗心大意、拖延抗拒、学习学到焦虑抑郁、动力不足……自诩为"国王"的理性的双眼和手脚，无时无刻不被非理性的情绪情感所驱策。学习之所以令人痛苦，源自人脑是计算机的错误观念。加工单调贫乏而枯燥的数据，大脑迟钝得惊人，但如果加工自己渴望的、有意义的内容，大脑堪比超级计算机。如果能理解大脑渴望以何种方式学习，大脑的表现才会突破想象。这就是第 2 章要讨论的。人的内驱力究竟是什么？怎么保护和培养？人需要感到自己的行动能造成改变，即自我效能感。人需要感受到自己不会被一个单一的外部尺度轻易地否定，而是有自身的特殊能力组合，即多元智能。从而你可以了解自己，制定属于自己的"人才战略"，了解自己的长短板构成，以先发带动后发，形成自身优势能力组合。为什么大脑总是不想学习和思考？哪些理性与逻辑之外的情感和原始本能，影响着我们的思想和判断？学习就是用理性模式取代直觉模式，如何做到？你需要了解大脑的理性与直觉思维模式。不同人生阶段，有不同的渴望，满足一个人在不同阶段不同深层动机的任务设置，才能推动一个人不断内驱向前——你需要了解心理发展的各阶段，以及自我实现。

第 3 章　学习五元素

真正的学霸会想：我好想休息一阵，放松一下啊，不如去做会儿数学题，读会儿书吧。这样的渴望回路一旦塑造起来，学习者根本不需要再动用大量意志力，学习不再是被迫进行的机械的流水线作业——尽管坐在学习桌前，内心却充满抗拒，渴望着刷视频、抽盲盒……学习的内在乐趣是怎么来的？是由注意力集中的高启动状态得来的。那么如何进入高启动状态？内驱的学习，需要辐辏学习五元素。第 3 章将教给大家启动真正的学习机制所必备的五大元素。

学习就是通过调整最近学习区，找到感兴趣的切入点，确保学习者能够主动参与、调集注意力；在激发模式下，对头脑中的模型、想法进行主动构想操作；通过主动的模式提取，轻松实现长期记忆；通过动手制作、动手书写进行验证；通过持续及时的有效反馈，帮助学习者完成大量的练习；以符合记忆规律的方式，进行反复提取，直到掌握。本章将学习的关键步骤凝聚为学习五元素。这五个元素可以用在所有学科和技能的学习上。

下篇——落地实践（第4—9章，学习就是模式提取）

正如数学是大自然的语言，承载着宇宙知识和奥秘，汉语、英语等人类自然语言构建了人类的心灵世界、社会运行以及各领域知识。语言，参与构建了数学、物理、化学、生物、政治、历史等知识领域的认知构建过程——从繁杂的现象中，抽象出认知模型。因此中小学阶段，看似有许多学科，实际上学习能力却是通过自然语言（语文、英语）和数学这两大符号体系的表征与操作来训练的。因此本书选择了语言的学习，从词汇到篇章，从口语到写作，再到知识体系的构建过程，来落地智慧星球的培育模式。

本书第4—9章为大家介绍了具体的操作方法与我根据认知原理设计出的思维工具。一旦掌握了这些工具，你就可以用来学习一切其他学科，从数学、编程到物理化学，自然也有人文学科；你将学会如何从真实世界抓取特征，筛选有效信息，建立自己的解释框架和解决方案。

第4章 英语学习路线图

第4章规划了语言启蒙的整体路线图，包括摸底分阶段方法、各阶段目标，量化与测试方式；各阶段时间分配；分阶段、分主题音视频与读物推荐；以及不同阶段的学习侧重点。

第5章 听说篇

第5章探讨了听说能力的本质，介绍了科学提升听说水平的方法。按照孩子喜爱的主题，配合适当材料，就可以激发孩子了解世界运行的成长愿望，而听说表达只是一个水到渠成的副产品；在听读结合的过程中，结合以日常三个层次的提问，确保理解吸收准确全面且主动思考；再配以五大句型、启迪认知的聊天，使我们的表达不再空洞无物，而是充实的、有着坚实依据的推论与思考。

在这个过程中，点燃孩子对大自然的热爱，对他人、对社会的关切，从而建立起健康健全的自我认知和人生目标，使得语言训练不再是无源之水。一个得到丰富的阳光雨露而生机勃勃的智慧星球，听力口语的出色表现将是自然结出的硕果。

第6章 词汇篇

词汇不仅仅是背单词，还是认知的基本表征单位。一切知识都是组块化的，各学科的基本构成砖块是概念。清晰准确掌握大量概念是高阶思维活动，是明辨式思维、创造性思考、问题解决力的核心。本章以语言学习的词汇积累为例，展示如何高效积累概念砖块。本章的概念卡片的制作与刷卡是在为各学科的学习搭建基础设施。

第7章 阅读篇

读书读不懂怎么办？读完就忘怎么办？读了很多书，阅读分数低怎么办？如何准确又高效地从学科教材、专业书籍、论文中提炼有效信息？如果书只读一遍，就能准确提炼要点并形成长期记忆，是不是就能有更多时间玩了？

本章提供了阅读理解的终极解决方案：

阅读五步法——教你从阅读的材料中，从混杂信息中，迅速提取基本概念、论点框架、主旨与逻辑结构，即从大量不规则信息中，进行高效准确的模式抓取。

三级笔记法——经过阅读理解五步法的练习，你就会发现，只要是人的认知产物，都遵循同样的基本认知架构。不论是文学作品还是学术论文，都可以整理为由核心概念、概念架构和事实证据三级构成的大纲。带着架构去阅读，你读过的一切都不再是过眼云烟，而可以内化为自己的知识体系，建立详尽、清晰、牢固的脑内知识图谱，并撬动阅读、写作、学科知识积累和创造性输出。

第8章 写作篇

认知事物的十大范畴——从教材到科普读物，从专著到论文，从报告到演讲，认识一个事物和现象必备的十类信息。根据这十类认知框架去搜集资料，你就能写出一篇说明文、一份报告，乃至纪录片脚本等任何信息说明类文本。

四种说服力——如何有序、深入组织信息，排布思想的四大结构要素。

识别核心矛盾引擎——认识事物、呈现思想需要找到核心矛盾。学习列出自己文章的三级笔记，建立概念框架，组织事实依据，并形成文章。

第9章　明辨式思维

学习的终极目标是形成科学的思维方式。语言是思考的载体，语言训练的真正目的是思维训练。从听说、阅读到写作，学会如何从日常的阅读和所见中，从纷繁复杂的现象中，清晰地观察、审慎地辨识特征、搜集和筛选证据、建立证据链条、形成自己的思考，用于分析新的现象，发现和界定问题，并解决问题。本章将系统介绍明辨式思维框架，要走哪几步，每一步要完成什么任务：如何搜集信息，如何建立概念清单、提取模型，并据此做出判断。本章还提供了日常聊天五大句型，让你将明辨式思维训练融入日常对话。

如何使用这本书

本书问题库遴选了学习者最典型的痛点。如果你没有时间从头细读原理，也可以按图索骥，从当前最困扰自己的问题开始查找。

全书以人的认知过程一以贯之，系统性提供了学习的原理、资源和工具。但这一理论体系，与现实案例交叉排布，读者从其中任意一个问题进入，都能映射到整体系统，也能从整体系统的角度，理解具体问题。全书一共99个问题，是我在"小能熊"做学习型家庭课程8年来，从数万个真实问题中整理出的最具有代表性的问题。

从后往前学：可以先学习具体学习方法，学了能直接解决问题的阅读和写作工具箱之后，想知道为什么这样做，再回前面进一步了解原理。

也许你当前就有紧迫的问题要解决，例如，如何选择英文学习素材？如何提升词汇量？学习之后，会产生一些"为什么"的困惑。例如，不理解为什么英语要从测量单词量开始，阅读为什么要分级，可以看看"最近学习区"原理，就会明白选择接近自己水平的学习素材进步最快。

本书适合谁读

- 我有孩子，不想孩子被推着、强迫着往前走，想让孩子内驱式学习；
- 我是青少年／成年人，没有孩子，但想通过考试，希望提高学习效率；
- 我是教育工作者，想理解学生的问题，针对性改进教学。

日常社群支持与跟进答疑

　　除了自己阅读本书，你还可以加入"小能熊学习型家庭训练营"（BBS 讨论 + 实时答疑 + 定期直播答疑），一起听课，打卡，讨论。在训练营中，你可以看到别人都遇到了哪些问题，以及是如何解决问题的；训练营资源共享，定期直播答疑；也能更好地督促自己学完课程并落地执行。

　　神经科学和认知科学破解了人类智能的黑箱，迎来了通用人工智能的涌现，如同洪水步步将人类逼到越来越狭窄的最后的"保留地"。人类强大心智的运作黑箱被破解，一方面夺走了大量被动的程序性岗位，另一方面，也给了自强不息者以前所未有的机会，放大了一个具备高度自主性、独立思考力和创造力的人的影响力，给予惊人的慷慨回报。认知与神经科学研究当然也应该为人类带来新的希望，使人获得强化自身能力的利器，使每个人都有可能获得前所未有的学习自由。大部分人并没有意识到，这个充满危机的当下蕴含着巨大的机会，人在历史上头一次站在了自由的门槛上。历史上头一次，一个人的出生地，父母的财力能否支付培训班，能否负担学区房，不再是决定一个人命运的最大因素。当下，所有学科、全球最佳知识资源的海洋已经向每个人开放，你只需掌握心智运行的原理与方法，就能将自己打造为一艘渡海之船。此刻，没有什么能阻止你渡过知识的海洋，前往自己的应许之地！

目 录

编 者 按
前　　言
使 用 指 南

上　篇
心智原理

第 1 章　孩子天生爱学习 002

1.1　学习的本质 003
什么是学习 003
学习的核心过程 005
学习的"代价" 009
怎么学才好 011

1.2　学习的大脑基础 014
微观层面：神经元与突触 014
宏观层面：大脑与环境 020

1.3　科学学习，必须丰富模式 033
丰富的社会互动 033
丰富的自主探索 037
丰富的信息渠道 039

1.4　科学学习，无法"大跃进" 041
大脑的发育阶段 041
情感的发育阶段 044

1.5　大脑终身可塑，人类终身学习 048

第 2 章　内驱的学习者 056

2.1　是什么力量驱动我们学习的 057

贪玩和学习的背后，竟是同一种推动力.............057

探索欲 058

探索欲的燃料 059

2.2　自我掌控和自我效能 062

内控 vs. 外控 062

自我效能 067

人如何改变自己 072

玩耍是件正经事 080

2.3　理性大脑的情感燃料 **086**

大脑不是计算机 086

如何改变 092

2.4　多元智能：打破唯分数论迷思 097

人类智能的框架 098

多元智能带给我们的思考 108

2.5　内驱力的终身发展历程 113

对抗工具命运 113

婴幼期（0~4 岁）：希望 117

学龄期（5~12 岁）：能力 118

青春期（13~20 岁）：目标与意义 122

成年早期（21~45 岁）：广义的爱 126

成熟期（46~65 岁）：关切 129

老年期（65 岁以上）：智慧 130

第 3 章　学习五元素 136

引言　学习三阶段模型 137

3.1　元素一：最近学习区 141

3.2　元素二：引导注意力 144

警觉性注意力 146

方向性注意力 147

执行注意力 151

注意力的关键，在于日常 152

3.3　元素三：主动参与 157

主动，是学习的本质特征 157

学成再做 vs. 在做中学 163

被动的记忆 vs. 主动的记忆 175

3.4　元素四：有效练习 193

丰富练习 194

穿插练习 196

分散练习 198

提取练习 203

练习的卖油翁原理 207

3.5　元素五：有效反馈 209

下　篇
落地实践

第 4 章　英语学习路线图 218

4.1　把握语言敏感期 219

语言敏感期 219

为什么选英语 224

4.2　语言环境 229

什么是好的语言环境 229

丰富对话模式——交互是核心 232

学外语——人造语言环境更好 237

测评与摸底 239

4.3 英语学习路线图 244

第一阶段 原始积累 245

第二阶段 独立阅读 251

第三阶段 自如应用 259

各关键节点时间分配 262

第 5 章 听说篇 266

5.1 听——听力的本质与能力建设 267

听力的本质 267

听的能力建设 271

初级阶段听什么 274

中级阶段听什么 291

高级阶段听什么 297

听力训练三要诀 299

5.2 说——听读足够多,才能说得出 303

认知图谱 303

句式裂变 305

反馈修剪 309

5.3 听说交互——如何培养口头表达能力 314

朗读:关键习惯,打通听说读三通路 314

提问:三级提问,开启有效互动 317

对话:五大句型,驱动思考与对话 323

第 6 章　词汇篇 338

6.1　阅读的本质与基础 339
听书能取代读书吗 339
阅读的本质是信息处理 342
阅读能力的大脑基础 347

6.2　中文识字路线图 351
识字阶梯 352
字形意识 354
识字路线图：认识第一，阅读先行，
写字缓缓图之 356

6.3　英文词汇量路线图：从 26 个字母到
数万词汇量 361
第一层级：从字母开始 361
第二层级：字母组成音素——音素意识 364
音形义语言三角：自然拼读的真相 365
词汇量的真相：以"句素"为有效单位 368

6.4　积累的魔法：卡片大法 370
为什么要刷卡 370
刷卡要领 372

第 7 章　阅读篇 382

7.1　阅读理解的本质是思维训练 383
任何人都应该有独立思考的权力 384

7.2　阅读理解五步法 386
阅读理解五步法具体说明 386
一幅画：如何观察和提取关键特征 388

一首诗：《锦瑟》 395

阅读中的"宝藏"——思想 399

7.3 阅读理解五步法落地实例 405

虚构阅读 405

非虚构阅读 408

阅读的"皇冠珠宝"：论说文 413

**7.4 三级笔记法：阅读理解五步法的
笔记呈现** 425

第 8 章 写作篇 432

8.1 认知型写作 433

写作之痛，来自应试型写作 434

认知型写作 435

8.2 写作能力 1：说明 439

空洞的词的概念界定 439

亚里士多德的概念界定框架 441

8.3 写作能力 2：记叙 448

状物 448

写人 453

叙事 456

写作的核心技能：构建认知框架 463

8.4 写作能力 3：论证 465

论证要素 1：逻辑 467

论证要素 2：情感 482

论证要素 3：信任 486

论证要素 4：时机 501

第 9 章　明辨式思维 513

9.1　你真的需要明辨式思维吗 514

高学历不等于会思考 514

孔子四象限难题..............................518

明辨式思维的真相 521

9.2　明辨式思维工作流 525

第一步　发现问题，界定问题 525

第二步　主题研究，搜集信息 531

第三步　构建解释模型 537

第四步　用模型解释现象，辨析观点 543

第五步　更新与迭代模型 552

9.3　落地实例：我们时代的成瘾病........................554

第一步　发现问题，界定问题 554

第二步　主题研究，搜集信息 555

第三步　构建解释模型 558

第四步　用模型解释现象，辨析观点 561

第五步　更新与迭代模型 566

后记　科学学习，房间里的大象.....................573

问题索引 579

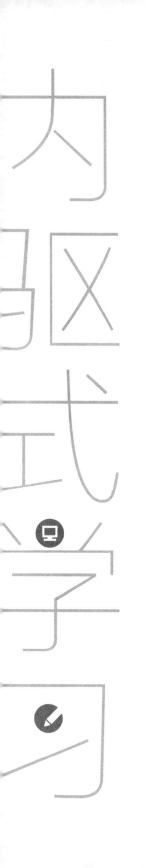

心智原理

上篇

第 1 章　孩子天生爱学习

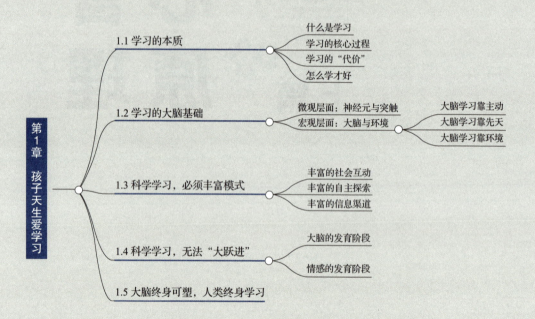

第 1 章　孩子天生爱学习

1.1 学习的本质
- 什么是学习
- 学习的核心过程
- 学习的"代价"
- 怎么学才好

1.2 学习的大脑基础
- 微观层面：神经元与突触
- 宏观层面：大脑与环境
  - 大脑学习靠主动
  - 大脑学习靠先天
  - 大脑学习靠环境

1.3 科学学习，必须丰富模式
- 丰富的社会互动
- 丰富的自主探索
- 丰富的信息渠道

1.4 科学学习，无法"大跃进"
- 大脑的发育阶段
- 情感的发育阶段

1.5 大脑终身可塑，人类终身学习

1.1　学习的本质

什么是学习

主旨问题	关键词
所谓学习,就等于听老师讲课、写作业、"刷题"和考试吗?	信息、表征、模型、反馈、预期、模型调整

学习并非人的专属,从线虫到灵长类,学习是生命生存的必需。只有 302 个神经元的秀丽隐杆线虫,发现某种化学物质的气息总是意味着危险,于是下次这个味道出现的时候,它就会躲起来。线虫将这个特定信号与危险关联,于是就完成了一次学习。线虫的这次学习,使它构建了一个简单而稳定的"信号—躲避"模型,并据此做出特定的躲避行为。[1]

学习的核心过程就是学习者抓取外部环境输入的信息,通过大量经验来提取共通模式,生成越来越准确的心理表征来反映外部事物的关系,并构建出自己的心理模型。学习者的持续学习,就是根据环境反馈不断优化模型,从而更好地指导行动。学习的目的,是生成尽可能准确地反映外部现实的模型,从而做出判断和预测。[2]

只有302个神经元的秀丽隐杆线虫,很善于记忆,能记得特定的气味意味着食物或危险,而学会寻求或躲避

那么,表征是什么?模型又是什么?对线虫来说,表征就是某种气味意味着食物,某种气味意味着危险。这种用心理符号来表示象征物理现实的对应关系,被心理学家称为"表征"(mental representation),而心理模型就是由这些心理表征构成的框架体系。环境中的关联极少是单一的,需要更为复杂的模型来反映多重因素与结果之间的作用。智能越高级,就越能从环境信息中提取重要特征,并形成表征、构建模型来反映外部现实。

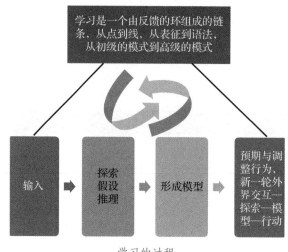

学习的过程

比如，一只小狗看到主人拿起牵引绳就会非常高兴。一根绳子有什么好高兴的？因为小狗从反复的经验中推论出一个规律："主人一拿起牵引绳，就要带我出去玩了。"我们可以说这只小狗建立了一个出门散步玩耍的初步模型：只要主人拿起牵引绳，就会带我出去玩。牵引绳是这一模型中的唯一表征，反映的关系也很单一。但主人是否每次拿起牵引绳，都一定会带它出去玩呢？有一定比例不是，那么小狗脑子里的这个模型就需要修改。也许还有其他相关因素，比如时间、主人有没有吃早饭、天气等，这些因素与牵引绳共同作用，共同构成一个网络，影响主人会不会带它出去玩。不同因素有不同的权重和概率，于是一个更复杂的模型就形成了。[3]

人类的学习和线虫、小狗的学习具有同样的核心过程。比如，对天会下雨这个客观现实，在原始社会，人们建立的初级解释模型是"下雨是神的旨意"。在这个模型的指导下，相应的行动就是通过特定的求雨仪式，给神献上特定的牺牲，然后期待神会降雨。后来，大量的环境反馈显示祈雨仪式经常失败，通过不断的学习，人们构建了科学的知识体系，搭建起气候带、洋流、气压等多重因素构成的复杂模型。新模型赋予不同因素以不同的概率和权重，能更如实地反映降雨规律，从而大大改善了人类的生存状态。再比如，婴儿发现通过哭或者模仿大人发出的类似"chi"的特定声音，就能得到好吃的东西。这也是

"学习"，人类的大脑无时无刻不在进行这种广义的"学习"。

孩子的学习，一头连着线虫，另一头连着现代科学家。类似于线虫，婴儿在学习中构建了初级模型，将特定的心理表征与环境中的特定结果关联；类似于现代科学家，人类的婴幼儿很早就会运用推论与概率统计，从而将这种基本的学习过程推向远超过动物的复杂度。

学习的核心过程

主旨问题	关键词
学习就是记住尽可能多的正确答案和标准操作流程吗？	形成表征、自主推理、数据训练、奖赏机制

人类的推理与概率统计能力是大脑自带的学习算法。这个算法通过大量的数据训练（学习）得以实现。人类学习的过程，就是在不断提升大脑构建模型的效率和效果。

从婴儿到成年人的学习，都是在通过大量尝试和经验，在大量数据输入中不断提取模式，构建出更复杂、更抽象的心理模型。婴儿手里不拿课本，但他们早就在学习了。比如，婴儿会一次次将勺子扔下桌板，看自己的动作会产生怎样的结果——引力模型令婴儿感到惊喜和满意。通过扔各种东西，婴儿开始建立事物如何运行的初步模型。

随着年龄增长，孩子们开始发展抽象思维，建立更复杂的模型。比如有一次，我陪我家 5 岁孩子小树做手工，一起搭玩具投石器。一开始，她拆开包装，看到散乱在眼前的大小零件，脑子里还没有形成彼此关联的整体系统，草草看了一眼成品示意图就急吼吼动手，将零件往布满矩阵状孔洞的底盘上一个个安插。我忍住指手画脚的冲动。她从底盘往上安装，一直到安装完最后一个零件，这时她发现安装完的投石器主杆扭曲，无法转动，根本不能抛掷炮弹。她只能返回去寻找原因，原来是最初连接底盘两侧的螺钉位置必须和中心点对称，也就是说支架必须和主杆呈直角，主杆才能不扭曲。她找到了原因，理解了这些零件为什么要这样组合才能把炮弹投出去，这个发现让她非常开心。之后，她在做数学题时再次遇到"对称"这个知识点时，"对称"这个概念就不会停留在定义层面，而是在脑子里有一个清晰具体的表征，知道"对称"是一种对现实世界有真实影响的空间关系。在玩耍中，她顺便完成了对这个知识点的学习、理解和记忆。

在这个过程中，学习的核心是什么？学习的目的并非直奔结论，按照图纸亦步亦趋地装出一个一模一样的成品，那只是流水线操作，并不是真正的学习。真正的学习，要在脑子里针对这些零件形成表征并构建模型。从一开始一个个孤立的零件，到发现一个问题：要想让

投石器与"对称"的概念

投石杆转动，将炮弹投出去，零部件之间需要形成怎样的关系？支架和投石器主杆需要呈"直角"，两边需要"对称"，才能发挥"杠杆原理"。通过动手和思考，在脑子里生成"直角""对称""杠杆原理"的空间关系模型，这才是真正的学习。

语言学习同样是孩子通过自主推理完成的知识生成。当孩子在生活中听过"购物"这个词，它会以语音形式存储到大脑中。到读书时，她遇到这个词的文字符号，不认识"购"字怎么办？孩子会根据故事上下文和脑子里存储的语音"gòu wù"，推测出"物"字前面这个字应该就是"购"。下次再读书，她又遇到"海沟"，只认识"海"而不认识"沟"字。她会根据这次的上下文和上次的"购"字，推测出第二个字应该是"沟"。推测依据是她发现汉字十之六七可以读半边（汉字大多是形声字），"沟"字左边的三点水代表水，右边的"勾"跟上次学会的"购"字右边一样，因此推理出发音应该类似。

就是这样，学习者利用推理，从已有的知识中学会新的知识。著名科幻作家阿西莫夫回忆，小时候他的父母忙于照看店铺，他自己通过读图画书，在上学前"教会"了自己识字，可以进阶到读"大人书"。所谓的学习，其实就是这样一个自主推理的过程，学习的结果和推理的能力是一体两面。

学语言时，大家很难理解这一点：为什么儿童不用专门学习语法，仅仅通过日常听大人说话，就能自动说出合乎语法规则的句子？儿童利用了大脑中先

天内置的、基于统计和推理的"学习软件",无须意识层面的努力,也能自动从环境输入中提取并构建起复杂的心理模型,并发展出强大的认知能力。ChatGPT 等大语言模型就是通过这样的方式从海量文本中学习到了人类语言中的语法规律和语义知识,掌握了几乎全部的人类语言。换句话说,人类学习语言并不是依靠讲授和遵守几条语法规则就能产出的,而是通过大量数据训练才能习得。在语言学习上,人类儿童和 ChatGPT 的学习机制是共通的。

人类天然会通过推理来学习。"这是一只 Wug(无意义符号,语言学家虚构的生物),现在又来了一只 Wug。"儿童会推测出"Wug"这个词,指的是这种像鸟的生物。英文儿童绘本,尤其是初阶分级读物,都是按照天然推理的方式来设计的,无须翻译成中文,孩子就能根据画面内容和重复性语句推测出关键词的意义。在学母语时,不涉及翻译,孩子们也能靠说话的情景推测,逐渐弄清各种词意。

这是一只Wug,

现在又来了一只Wug。

Wug

问题是,现实中随处可见跟大脑学习机制对着干的做法。比如,学语言时将过多的注意力放在担心说出来的每句话是否符合语法规则;误以为拼读规则可以让没有语言环境、零基础的孩子从无到有,积累起词汇;给不到 5 岁的幼儿园小班儿童上语法课、做语法题,认为这样就能让孩子说出"正确"的句子;过度强调规则和标准,而不注重提供足够的语音和阅读的数据输入,也不重视自主输出的大量练习。这些都和学习的天然机制背道而驰。

20 世纪 70 年代,人工智能(AI)的发展走进了一个死胡同,陷入了长达十几年的停滞期,史称第一次"AI 寒冬"。当时的 AI 研究寄希望于通过规定逻辑和语法规则让计算机产出自然语言,但效果并不理想。[4] 后来,研究方向从给机器"教授"逻辑规则转变到让机器自主"学习"上,开始用大量数据训练神经网络,这才带来了 ChatGPT 今日的飞跃。然而,教育理念和教学方法仍停留在几十年前的旧观念中,仍然陷在教授规则、规则至上的死胡同中,忽视通过丰富的数据输入以构建语言环境、让学习者自主学习的重要性。这种误解,直接导致我们这一代人经历的英语教育怪圈——英语是全世界最简单的语言之一,但人们普遍学了十几年却不会阅读，也不会表达和写作。

这种贫乏模式的学习，常常来自"一步到位""不走弯路"的执念。人们总担心孩子走弯路，过度强调效率：读书最好只读课本，不要读"不考的"；做题就是直接教"正确的做法"（解题套路），最好不要"走弯路"，快速一次做对就是最好的。这种观念和操作实际上牺牲了真正的学习机会，也剥夺了学习的内在快乐。大脑天生渴望关联与意义，即从大量素材中发现规律，运用规律解决问题，这是学习的乐趣源泉。而机械与强压现成的结论，要求学习者被动接受孤立的静态知识与解题套路，这造成了心灵的痛苦。人类天生爱学习，但后天的环境和训练却剥夺了学习的趣味，让学习变得无趣甚至痛苦。

学习是生物保障生存的需要，因此进化为生物设置了奖赏机制——满足好奇心的探索让我们快乐，自我实现的努力让我们幸福。每个孩子小时候都会问："为什么天是蓝的？为什么地球是圆的？"思考这些问题的时候，孩子的眼睛里闪耀着兴奋的求知光芒。但这种快乐需要经过主动的探索和思考，需要长久的耐心。这种源自前额叶（负责理性思考）的快乐奖赏是慢速的，容易被电子游戏和短视频的爽感击败。如果这好奇的光芒得以保持，那么满足好奇心带来的快乐会是深刻持久的，足以驱动一个人幼年时去观察和探究，获得世界知识模型，长大后驱动他爱上思考与探究。

然而，机械的题海训练、孤立无意义的结论重复以及应试训练的压力和枯燥遮蔽了学习的内在快乐，不少孩子眼中的光逐渐黯淡了。于是，他们只能转向游戏和短视频来寻找满足，然后或早或晚地被快速的多巴胺劫持。在双重阻碍之下，他们更难回到最初的知识乐园。

本书重点谈语言学习。本书想给读者交付学习的科学原理，但是作者不愿就道理而讲道理。根据费曼学习法的理念，我们要举实例，用真实具体的例子来阐述和展示本来抽象或深奥的道理。所以，本书选择了语言学习为实例，来阐述学习的科学原理。

语言是从生命的第一天（甚至是出生前）就开始学习的内容，也是人类一切学科知识和思辨的载体。语言学习体现了人类学习中提取模式、生成心理表征、构建心理模型、根据反馈与验证来迭代模型的这个本质过程。ChatGPT 等大语言模型之所以在通用任务上展示出强大的智能水平，也是因为模型通过学习海量优质人类文本，把人类语言中的内在模式压缩到一个计算机模型中，在某种意义上掌握了人类的语言。

语言的学习、训练和能力培养，本质是思维训练。因此，本书将以语言学习为实例，包括英语学习和中文学习，用听、说、读、写几大能力模块全程贯穿人类学习的本质过程，培养这种全科通用、全生命周期通用的思维能力，也为学习其他各科知识打下坚实的基础。

学习的"代价"

主旨问题	关键词
为什么动物生来就具备生存所需的知识和技能，而人类却要花很多年去学习？我们为什么不直接记住结论，而要一点点去推理？	适应新信息、知识建构、高可塑性、高上限

一个有趣的现象是，为什么在生物界中，只有人类需要长久的教育，需要付出生命中很大一块时间的代价去学习呢？

一个学过六年几何学的人类中学生不一定能用自己的知识，推算出哪种几何结构在平面上最有效，设计出房间容积最大却最节省建材的房子。但是蜜蜂不用拿出生命的前三分之一去学习，天生就知道要建造六边形巢穴。六边形结构在平面上具有最大化利用空间和最小化材料消耗的优点，使其成为蜂巢的理想选择。蜜蜂的这种几何知识和建筑技能并不是来自后天学习的，而是来自先天基因。

那人类为什么不能靠遗传的知识生存，而要耗费如此大的成本去学习呢？其实，不论是懂得设计房屋的蜜蜂还是懂得给巢穴通风降温的白蚁，哪怕最简单的生命体，也并非所有的行为都来自基因遗传。如果后天不学习，完全依靠遗传编码将知识传给下一代，这绝非最佳策略：首先，基因数量会限制知识的数量；[5] 其次，允许通过后天学习获得部分知识，开放一部分后天学习的可能，可以使生命更好地应对环境中的新情况，从而获得更大的生存优势。

不学习的代价是巨大的，遗传来的固定结论性知识，很难根据新情况做出

跌出巢穴的信天翁雏鸟不再被视为"孩子"，在父母眼前冻死

灵活调整。比如银鸥的蛋通常是浅色带斑点的，如果红色的蛋出现在巢穴中，会引发银鸥的行为错乱。红色触发攻击"软件"，而自己巢穴中的蛋触发育幼"软件"，于是它一会儿攻击，一会儿试图孵蛋。缺乏学习能力的生物，无法灵活判断该运行哪种"软件"。又比如，信天翁的巢穴就在地面上，但雏鸟一旦掉出巢穴，父母会眼睁睁看着雏鸟在脚边挣扎而不管它，任它死亡。因为信天翁脑子里的育雏模型十分僵化："只有在我巢穴里的，才是我的孩子。"[6]

显然，这种遗传来的知识过于僵化而不利于生存。在生命演化[⊖] 树上，我们可以看到一个粗略的趋势：越复杂越"聪明"的生命体，开放的大脑可塑性越多——需要后天学习的内容越多，学习期就越长。有科学家提出，相比"智人"（Homo Sapiens），今天的人类物种更应该被称作"学人"（Homo Docans）。学习之于人，如同羽翼之于飞鸟。人类是以终身学习能力作为主要生存优势的物种。

后天构建知识使人的头脑具有更大的可塑性，使知识具有无上限搭建的潜力。京都大学灵长类研究所的一只黑猩猩被试"小爱"，经过学习之后，可以瞬间记住数字出现的位置。屏幕上随机出现 9 个数字，持续 0.5 秒后消失，"小爱"可以按照数字大小依次点击它们出现过的准确位置。相比之下，人类大学生需要的记忆时间是黑猩猩的六七倍，但准确率却不到黑猩猩的一半。

黑猩猩"小爱"

作为生命演化树上与人类最接近的物种，黑猩猩和我们的基因最接近，具备远超人类的工作记忆，但无法形成更抽象的数学概念，无

⊖　evolution，通常翻译为"进化"。但物种的变化是没有方向的，不一定是"进步"的变化，也可能是退化，只要适应环境、有利于生存即可。因此本书使用"演化"这个更恰当的词汇。

法构建复杂且无限的代数学和几何学知识体系。很多动物都有符号记忆力，例如狗和海豚可以学会 100 到 150 个单词，但无法组成具有递归语法的句子，无法关联不同的概念，构成更高层级的判断和复杂思想。主持黑猩猩工作记忆研究的心理学家松泽哲郎提出，人脑在"工作记忆"上的牺牲，换取了后天层层抽象、形成概念体系与句法的能力。人类付出长久童年与教育的时间成本，得到的是近乎无上限搭建知识体系的终身学习能力[7]、具体情况具体对待的判断力、创造性解决问题的能力，以及为自己更新学习方法的元学习能力（见第 9 章明辨式思维）。漫长的童年期，十几年的学校学习，成年后的终身学习……看似人类为学习付出了巨大的"代价"，但实际上这是人类在学习上得到的巨大收益。

可以说，学习是人类这个物种的最大生存优势。

怎么学才好

主旨问题	关键词
所谓"学得好"就是尽量符合正确答案，不犯错吗？	概念积累、模式提取能力、自主探究、知识迁移、模式新应用

某门学科学得好与不好，少犯错只是表面，真正的"学得好"在于能否在不同的情境下提取出相关模式，从而将知识迁移应用到模糊且不确定的新场景中，做出准确归类和判断。能做到这一点，才是"学得好"。

如果你持续观察孩子如何解题，或者回忆自己进入陌生领域的学习体验，就能感受到迁移能力在学习中如何发挥作用。最初，小朋友只是记住解题套路，如果题目或条件稍加改变，他就不知道该怎么办了；随着他对这个问题有了更丰富的知识和经验积累，理解更加深入和透彻，他就会逐渐融会贯通、举一反三。和专家相比，新手的知识与经验积累少，尚未构建出清晰的心理模型，因此更加僵化，更依赖表面规则，难以创造性解决问题。对比之下，专家由于知识体系丰富且全面，心理模型清晰且准确，因此能灵活应用知识，解决复杂问题。

学得好，首先是看基本概念积累了多少。不少英语学习者，尽管学过课本，"刷"过语法题，仍然不能自如流畅地进行口头表达，写作也困难，原因就是没有积累出足够的概念量——世界知识（world knowledge）、语言知识及相应的语言组块。世界知识指的是关于经济、社会、自然和个人生活如何运转的基本知识。有了这些概念和对应的语言表达，才能产生思想，即口语和写作要表达的内容。

世界知识和语言知识都不是靠几条规则和技巧就能"教会"的，而是需要靠大量阅读来积累，靠沟通实践来训练。只有大量的内容输入，才能生成思维与自如流畅的表达。因此，本书听说读部分（第5-7章）会重点推荐阅读材料和词汇量积累方式，有了世界知识和语言知识，口语和书面表达（第8章写作篇）才能成为有源之水。

学得好，其次是看模式提取能力。如何能高效地从看似散乱的现象中发现突出特征，建立有效关联，形成有解释力的模型并审视证据，迭代这个模型，详见第7-9章。学习某一门课时，你可以尝试让孩子或备考中的自己，用一页纸总结一下这门课的内容：主要围绕哪几个问题？使用了哪些重要概念来构建解释框架？这个模型能用在生活中的哪些例子上？如果你能在一页纸上，用一张思维导图串联一门课的主要内容，那么做题时一定游刃有余，并且能产生进一步探究的愿望与乐趣。

人们常常以为自主探究、构建模型是科学家才有资格做的事情，认为"明辨式思维"（critical thinking，又译为批判性思维）是大学里再去培养的能力，其实并非如此。在生物大脑的6亿年演化历程中，大脑一直在发展"认识世界"的有效方法：最初级的线虫就在进行试错和构建模型；婴儿从出生起就通过感知和互动来探索环境，并生成对这个世界的表征，构建自己的心理模型。明辨式思维和科学思维，同样是从现象中提取表征、构建模型而已。

与其他复杂技能一样，假设明辨式思维这一认知技能也需要10000小时的练习才能运用自如，习惯成自然，[8] 如果上大学后才开始培养，想要在本科四年完成10000小时的明辨式思维和科学思维训练，须一个人每周思考约50小时，一年52周不间断，期间还要跟学习专业知识、找工作等争夺极其有限的时间，这近乎不可能完成。这就好像一个人马上要航行知识之海，却得从伐木开始学习如何造船，甚至船还没建好就不得不提前下水、抵御风浪、追求速度。反之，如果从小顺应人类先天的学习"软件",以丰富模式来搭建"学习之舟",到大学时,科学思维和明辨式思维早已搭建迭代成型,成为一艘好用的快船(见第9章明辨式思维)。

基础教育阶段让学生只顾机械"刷题",局限在应试模式下的狭义学习,高等教育阶段却忽然要求独立思考和创造性思维,这种脱节对人才培养造成了极大浪费,比如中国内地产生了大量数学奥赛金牌得主,却没有人得过一次菲尔兹奖(从 1936 年设立以来,累计有 64 人获得了菲尔兹奖。其中,中国香港的数学家丘成桐在 1982 年获得了该奖项)。全民重视教育,家庭在教育上普遍投入巨大,但杰出人才占比较小,于是才有了"为什么我们的学校培养不出杰出人才"这个钱学森之问。中科院院士、清华大学教授朱邦芬也曾说,大学之前,中小学阶段的内容过于简单重复,大量机械式训练,不鼓励思维和探索;到了大学之后,突然要求之前没办法自主思考的学生去独立思考,去创新和探索,"实际上已经晚了"。[9]

1.2 学习的大脑基础

观点 A：孩子这么小就学两门语言、学数学、学琴棋书画，脑子不会被塞满、被累坏吗？

观点 B：相比爱因斯坦，我们是只利用了大脑的 10% 吗？

两种截然不同的看法，哪个是对的呢？

微观层面：神经元与突触

主旨问题	关键词
知识是怎么被脑子学习并记住的？	神经元与突触联结、协同放电、概念、记忆存储与提取、序列回路的形成与强化

与其把大脑想象成一块空白写字板或空仓库，不如把它还原为一个生命结构本来的样子。生命结构都是由细胞构成的，构成大脑的细胞是神经元。

1888 年，西班牙神经科学家圣地亚哥·拉蒙·卡哈尔（Santiago Ramón y Cajal）改进了高尔基染色法，对大脑组织切片进行染色，并在显微镜下观察神经组织，发现了神经元细胞（neuron）。凭借其高超的绘画技巧，他精确地绘制了大量神经元细胞的插图，详细记录了神经元的形态和结构。在发现神经元之后，卡哈尔提出了神经元学说。他认为神经元是大脑这个复杂系统的基本组成单元，整个大脑是由独立的神经元细胞组成的，而不是当时普遍认为的整个大脑皮层是一个连续网状结构，像一大块豆腐。这一发现彻底改变了人们对大脑神经系统的理解，卡哈尔因此在 1906 年获得诺贝尔生理学或医学奖。

人类大脑由近 1000 亿个神经元构成，其结构复杂度超过任何日常事物。每一个神经元细胞看起来就像一棵树，一头是树突（dendrite），用来接收

神经元

外部的信息输入，另一头是轴突（axon），如同树木的根系在大脑"星球"内部彼此相连，传递信息，最长的轴突长度超过 1 米。输入信息从树突进入神经元的胞体（soma），而输出信息则通过轴突离开。每个神经元能伸出数千到上万个轴突，与另一个神经元的树突相遇，两者的连接点被称为突触（synapse）。[10]

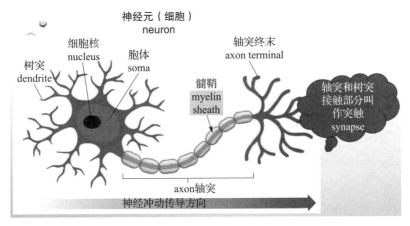

神经元

在突触连接处发生了什么？沿着轴突传递的信息是生物电信号，到达连接处，突触将其转化为化学信号。突触前神经元的末端有成千上万个"小口袋"——突触小泡，这些小囊泡装满了被称为"神经递质"的分子（例如谷氨酸）。当电信号抵达轴突末端时，突触小泡就会打开，神经递质进入两个神经元之间的突触间隙。这些分子之所以被称为"递质"，因为它们是传递信息的物质。突触前终端释放出的递质迅速附着到突触后神经元薄膜的受体上，这就形成了一个闭环：信息从电信号转换成化学信号，又从化学信号转换成电信号。这样，信息跨越了两个神经元之间的空间，在神经系统中流动起来，抵达任何角落。

整个大脑星球有约 1000 亿个神经元，彼此间形成约 100 万亿个突触联结。大脑系统如此庞大复杂，每秒可以完成 10^{16} 次运算。[11] 中国的超级计算机天河二号每秒也能完成 3.4×10^{16} 次运算，但这台超级计算机占地 720 平方米，功率高达 2400 万瓦，而大脑不到 3 斤重，功率只有 20 瓦，相当于一只灯泡的耗能。大脑的能效比是超级计算机的 100 万倍。

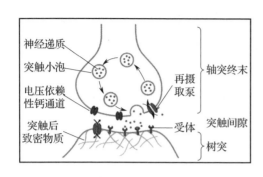

神经递质
突触小泡
电压依赖性钙通道
突触后致密物质

轴突终末
再摄取泵
受体
突触间隙
树突

典型突触的结构

一个声音或画面的输入，会在我们的脑海中激荡起一阵阵放电涟漪。虽然单个神经元的计算速度远不如计算机，但大脑的信息处理能力源自千亿个神经元的百万亿个突触联结的激活方式组合，并且采用并行运算方式，所以在特定任务上，大脑的计算能力并不比计算机差。

1 立方毫米的脑组织中，神经元之间约有 1 亿个突触。这样一个存在，除了宇宙中的星球和一颗星球上的生态圈中大量生命的自组织与进化，日常经验中没有什么系统的复杂度可以比拟人的大脑。只有星球，才能让人想象到大脑细胞的庞大数量，以及它可能达到的复杂形态和运动机制。

每个人的大脑，如同一颗星球，它的一切都由感觉细胞构成，从大山、岩石，到生命，到智慧生命，这些细胞都能感受到彼此的感受。一阵微风，一场风暴，一个人爱情的狂喜，一次阵痛，每一个个体的感觉都会像涟漪般迅速扩散，被所有其他的个体所感知。这个星球上有意识的智慧生命，它们也能感知到岩石和树木的感觉，它们中的某一个如果经历了强烈的感受，也会如同风暴般点亮全部的其他个体，哪怕是石头和树木，也会为之震颤，甚至留下印记。

知识的神经基础

与人们通常以为的相反，人类知识并非存储在神经元"之中"，而是存储在

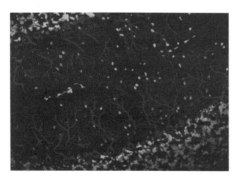

神经元突触联结

神经元"之间"。单个神经元并不存储特定知识，不存在专门负责识别克林顿的"克林顿神经元"，单个神经元只有"亮"或"灭"的区别。但是，当数千个神经元遵循一定的模式点亮熄灭，一路点燃画面、语义、动作和声音等不同脑区，并与其他相关节点协同执行"亮 / 灭"序列的时候，就能够表征一个概念（知识

的基本单位)。[12] 人类知识，以神经元突触联结的形式存储在大脑系统中。

如果我们对一个"知识"是陌生且不熟练的，那么这个协同唤起的序列会难以协调，可能不该亮的亮起来了，而该亮的却没有亮，就像合唱队里总有人跑调或抢拍子。只有经过大量多次的练习，尤其是在多变场景下还能准确唤起，完成信息提取，相关神经回路才能做到高效准确的协同。不论是解决一个数学问题、阅读一个句子，还是弹奏一首乐曲，这种"协同动作"序列都涉及多个不同的大脑区域，每秒上千次点亮回路。如果能不绕太多错误回路就能唤起正确的协同序列，精准协同放电，这就意味着这一知识点得到了准确和熟练的记忆存储和提取。

因此，"知识"的生物学本质是神经元建立特定联结并放电激活的特定模式，是各个脑区中特定神经元协调配合的结果，就像一场活的、不断被微调的"交响乐"，而不是堆在大脑某个区域的一箱箱货物。你不能期待像送一份快递一样给学习者交付知识，你只能期待学习者的大脑主动点亮相应回路，激活特定的神经元放电模式。从这个原理出发，可知传统教育中的知识交付视角，脱离了大脑学习的实际情况。

破除大脑的"10% 迷思"

知识的存储和提取需要大脑多区域协调，需调动全脑的功能，哪怕学习效果再差，都使用了 100% 的大脑结构。因此"大脑只使用了 10%"的观点是错误的（准确地说，是很多人的大脑潜力未被充分开发，这个开发比例甚至远低于 10%）。特定知识的提取和应用，需要大量复习和训练，才能让相关神经回路中的突触经常进行密集传输，从而增强突触联结。突触增强可以持续数天或数周，在突触凋亡前的及时反复刺激会改变这一通路的反应能力（参见第 3 章对艾宾浩斯遗忘曲线的介绍）。必须多次反复复习才能真正掌握一个知识点，因为持续使用的突触联结会形成强大稳固的信息通道，并且给轴突包裹上一层绝缘层（"髓鞘化"），让信息传输更快速高效。

就好像音乐家练习一首曲子，运动员反复练习一个动作，充分练习会增强相应部位的肌肉，提高反应速度和精准度。脑细胞和肌肉细胞都是细胞，大脑和肌肉都由细胞构成，反复的刺激和反应会让大脑建立更多、更密集的突触和回路。与体育、音乐等技能一样，学科的学习也需要有效练习。你的神经系统会根据你不断进行的活动和学习，产生更多相应的回路来应对。如果长时间不练习，轴突没有与突触后细胞的神经元树突建立联系，这些轴突就会凋亡。从不参与神经合奏的乐手会自我删除，长久不点亮的神经回路会重新被荒草淹没。[13]

突触修剪

神经元数量不是最重要的——毕竟大象和鲸鱼的大脑都有更多神经元细胞——有序而高效的神经回路更为关键。就好像雕刻家去掉多余的石材，才能显露出艺术作品，大脑中的这个过程叫突触修剪（pruning）。

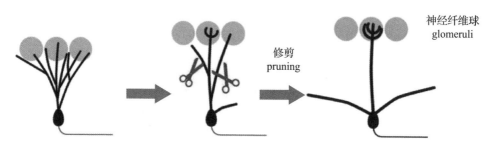

突触修剪

在胎儿和新生儿时期，大脑迅速形成大量的突触联结，这是突触生成（synaptogenesis）的高峰期。婴儿期的大脑突触密度急剧增加，以适应环境和学习需求。随着个体的成长，大脑通过删除不常用或多余的突触联结来优化神经网络，并在青春期使突触修剪达到高峰。以人类视觉皮层为例，突触数量在人大约出生 8 个月时达到峰值，然后会经历大量的修剪。在青春期，大脑的前额叶皮层（负责高级认知功能）和其他区域经历显著的突触修剪，这对提高认知功能和情绪调节能力至关重要。

在突触修剪过程中，大脑会删除大量的突触联结。研究表明，婴儿大脑的突触密度高达每立方毫米 5 万到 15 万个，但到青春期结束，突触密度会减少至每立方毫米 2 万到 5 万个。这意味着，大脑可能会剪除一半以上的突触联结。[14]

那么，大脑依据什么来修剪？保留什么，去除什么？保留下来的是必要的知识和技能，是你经常需要做的。经典的视觉剥夺实验表明，小猫在只有竖条纹的环境中养大，就无法发展出健全的视觉，即使长大后进入正常环境，也无法判断远近高低和深浅。[15]就好像从小生长在丛林中的人擅长辨识不同的脚印、树枝与果实等轮廓，从小生长在富含书籍和玩具的丰富环境中的孩子，其神经元结构更容易辨别字符和数量关系。突触修剪是大脑优化神经网络功能的过程，能提高大脑的信息传递效率，并增强特定神经回路的功能专一性。突触修剪，让大脑运行更加高效和精准。

视觉剥夺实验中的小猫

在这种视角下，学习不仅仅是知识的积累，更是大脑结构和功能的动态调整和优化过程。学习的本质，就是通过数据训练对大脑进行的调参。

综上，一个人不会因为学习中英文语言、数理化学科知识和音乐美术而导致大脑不堪重负。大脑中的神经元数量约 1000 亿，突触联结的数量约 100 万亿，其数量级如宇宙中行星数量般庞大，复杂度与地球生态环境相当，不存在"大脑会被知识装满"的问题。学习的过程，一方面是修剪神经元突触的杂乱联结的过程，一方面是建立有序联结的过程。有效的科学学习，本身不会累坏大脑，无效的应试灌输才会让大脑不堪重负。

大脑是真正意义上的"用进废退"：用脑越多，新产生的神经元联结越有序，修剪掉杂乱联结就越高效，有序高效的大脑网络就越能支持更高级的思考。你的知识存储和提取，取决于唤起的相关"交响乐"回路的点亮速度和准确度。

这些小树苗和草，一起接受这个智慧星球的激动、兴奋，当它们一起被某个东西激发时，会一起放电。它们的联系就会被增强，它们就不再是细弱的小草，会在电流的激荡和回应中交织、协同，从而长得更高大强壮。（神经元之间的传输速度会变得更快。）而没有加入这个大合唱的那些杂乱的小草，仍然是杂草（如果突触放电没有引发反应，即突触后神经元没有放电，那么突触就会被削弱），相比这些在放电大合唱中越长越高大、彼此之间联系越来越密切的小树，这些小草越来越孤立，难以彼此沟通，逐渐就枯萎了。

而不断加入合唱的小树，它们生长出越来越多的枝杈，彼此成了一个巨大的网络，数百万的枝杈连在一起，合唱排练得越来越熟练，每棵树都越来越准确地知道自己应该什么时间亮起，跟在谁后面。学习和练习，意味着数百万智慧树的枝杈都能遵循非常精确和可复制的顺序相继激活。

一个人大脑训练的数据量越大，知识面越广，熟悉度越高，思考问题时可利用的"信息高速公路网"就越密集，信息的传递和关联越多样和快速，思维也就越有创造性。而脑子越不用，有序联结越稀少，杂乱联结越茂盛，就越发像一片粗疏散乱的荒草滩，思维的流动就越发费力而缓慢。也就是说，同为不到 3 斤重的大脑，有的是"荒草滩"，有的是未来气派的、信息高速公路交错有序的"智慧星球"。这取决于你用什么数据、以何种方式训练大脑，以及它日常需要应对怎样的任务。

宏观层面：大脑与环境

主旨问题	关键词
灌输结论性知识，如播放大量录音，从早到晚用课程填满，而缺少互动，真的是有效的学习方式吗？	情绪基础、正反馈与负反馈、条件反射、情绪压力

在著名的反乌托邦小说《美丽新世界》[16] 中，未来的人类社会已经不再有父母和家庭。婴儿工厂通过基因工程批量制造出不同阶层的婴儿，之后婴儿被安置在育婴室，接受该阶层特定的"启蒙教育"。其中一种"教育方式"是给这些婴儿不断播放知识录音："尼罗河是非洲最长的河流，也是全世界第二长的河流⊖，但长度比不上密西西比—密苏里河。尼罗河是所有河流的源头，其流域长度跨越三十五度的纬度……"从婴幼儿到儿童，都通过"灌耳音"来接受教育。

⊖ 尼罗河是世界最长的河流。此处保留原文。——编者注

研究者问其中一名儿童："汤米，你知道非洲最长的河是什么河吗？"他摇了摇头。

研究者说："可是难道你不记得是这么开头的吗，尼罗河是……"

汤米脱口而出："尼罗河——是——非洲——最长的——河流——和——全世界——第二长的——河流……""虽然——长度——比不上……"

"那好，非洲最长的河流是什么河？"

汤米那双眼睛一片茫然。"我不知道。"

"那尼罗河呢，汤米？"

汤米又开始了："尼罗河——是——非洲——最长的——河流——和——全世界——第二长的……"

研究者："那最长的河流是什么河呢，汤米？"

汤米眼泪夺眶而出，"我不知道。"他哀号着。

《美丽新世界》是阿尔道斯·赫胥黎发表于 1932 年的小说。他的爷爷托马斯·赫胥黎是进化论学者，因其对进化论的坚定支持而闻名，人称"达尔文的斗犬"。赫胥黎家族在科学、文学和艺术领域人才辈出，甚至有诺贝尔奖得主，但最有名的家族贡献莫过于《美丽新世界》。书中描述了 20 世纪 30 年代的前沿科技，并批判了对人进行的社会工程改造及其社会影响，包括世界大战、核战争、纳粹主义和消费主义"洗脑"等。其中，这个"灌耳音"情节正是基于当时流行的学习理论来设计的。

但令人拍案的是：近百年前就被广泛批判的、反乌托邦社会的"灌耳音"操作在近百年后的世界仍然十分盛行。在赫胥黎写作的 20 世纪 30 年代，人类对脑的认识才刚刚开始，神经元发现还没多久，人们还在把大脑看作一种机械装置式的机器，科学家只能通过观察脑的解剖结构和外在行为表现来研究大脑。而现代神经科学已经能够基本实时地跟踪大脑活动。认知科学家发现，如果没有注意力参与，相应脑区不会有反应，[17] 这打破了"灌耳音"的神话。

大脑学习靠主动

人类大脑在数百万年间进化出了自身的结构，以及对信息的偏好与组织方式。首先，大脑不是一个被动的"物品"，大脑学习的关键特征是主动。大脑具有主动选择性吸收数据的能力。

大脑的基本结构

按照发育先后顺序，大脑的基本结构可以分为后脑（hindbrain）、中脑（midbrain）和前脑（forebrain）。后脑包括延髓、脑桥和小脑（cerebellum），不仅控制呼吸、心跳、血压等自主生命功能，还参与运动控制和平衡调节。中脑包括顶盖、被盖、大脑脚和网状结构，在大脑中起着传递信息的关键作用，联结并协调前脑和后脑的活动。前脑主要包括大脑皮层（cerebrum）以及基底核、海马体、丘脑和下丘脑等结构，在调节情绪、决策、计划和意识方面起着至关重要的作用，是人类高级认知能力的核心区域。

前脑分为左右两半球，由胼胝体连接。每个脑半球可以分为不同的脑叶：额叶（frontal lobe）、顶叶（parietal lobe）、颞叶（temporal lobe）和枕叶（occipital lobe）。额叶位于额头部位，负责认知、决策、问题解决、情绪调节、运动控制和语言表达等功能；顶叶位于大脑头顶，负责处理触觉、温度等感觉信息，还参与空间定位和本体感觉；颞叶位于大脑两侧，负责听觉处理和语言理解；枕叶位于大脑后部，主要负责视觉信息的处理和解释。这些结构的最外部是皮质（cortex），皮质包裹着边缘系统（limbic system），后者因包围在脑干边缘而得名。

如果你握紧两个拳头，大拇指压到四指内，把拳头并拢，大脑结构就形象生动地出现在你面前：两个拳头代表大脑的左右半球，由类似左右手指接触点的胼胝体连接。拳头的外侧对应着负责高级认知功能的大脑皮层，拳头内部空间可以视为大脑的边缘系统，而拳头底部则相当于连接脑干的部分，控制着基本生命活动。手腕部分则可以看作脑干，负责传递神经信号并维持生命必需的基本功能。

即使是新生儿的大脑，也已经具有生物大脑历经 5 亿年演化历程而自组织形成的

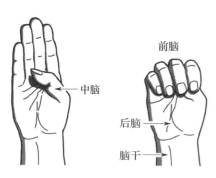

大脑的手模型

复杂结构。就像一个星球，有的地质结构形成得更早，有的地质结构则是后来逐渐成形的。4 亿年前，鱼类作为陆地动物的共同祖先，已经演化出具有前脑、中脑和后脑的大脑结构，其中后脑的脑干负责维持基本的生命活动。3 亿年前，随着爬行动物的出现，原始的边缘系统开始演化，这一结构负责为生命提供驱动力并处理情绪反应。2 亿年前，哺乳动物演化出了更为发达的新皮质，为复杂的认知功能奠定了基础。最近 30 万年，大脑演化在人类中的智人属达到了高峰，人类大脑发展出了最强大的前额叶皮质，使得人类能够处理抽象思维和高级认知任务。

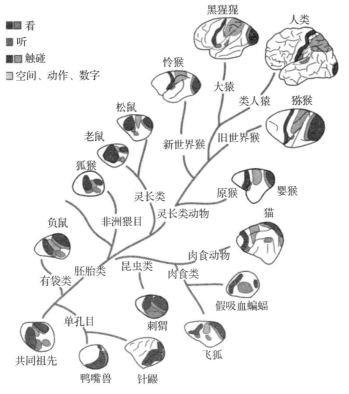

大脑不是按今天的"数理化"科目来设计仓库分类，而是经历数百万年进化，有自身的结构和价值体系，对经验进行筛选重组

相比其他哺乳动物，灵长类的皮质感觉区域相对较小，却拥有更大的顶叶、颞叶和前额叶皮质等认知区域。[18] 新皮质主要参与大脑的高级功能，例如，感觉

认知、空间认知、语言、运动指令的生成和逻辑推理等。新皮质的发展需要多年时间，甚至前额叶要等到人 30 岁左右才能发展成熟。而声音、视觉和触觉等感觉区域早在出生前就已经准备就绪，以便在出生后迎接声音、视觉和触觉刺激。妈妈应该尽量与新生儿进行肌肤接触和拥抱，通过身体抚触，不给婴儿戴手套和袜子，鼓励他们触摸和感知环境。此外，给婴儿哼歌和讲故事，不但能为婴儿提供情感上的安全感，还能促进他们与世界交互。所有这些都是为新生儿大脑的发育提供必备的信息营养。

而人类又比其他灵长类更多了一些东西，最显著的就是更高的可塑性和"语言器官"。人类负责语言与思维的脑区具备独特潜质且终身可塑，人类的语言系统可以无限搭建，帮助人类实现终身敞开的知识增长空间。虽然从小被精心培养的黑猩猩可以学会成百上千的词汇，但它们永远无法把词汇组成句子。对比之下，人类的婴儿从出生时起，就能辨别任何一种语言中的音素，自动识别音节规律，自动辨别高频单词，自动掌握句法规律，并在特定的年龄自动产生成句子的话。

情绪脑 vs. 新皮质

大脑的语言和抽象能力使人类独一无二，但我们仍然只是生命演化树上的一个分支，我们的大脑也有与其他动物类似的古老结构。

"蜥蜴脑"这种说法现在被认为不严谨，但从比喻的意义上，它提醒我们理性并非独立运转。即使你是在思考数学问题，所激活的也不只是理性脑部分（负责抽象思考的前额叶以及其他皮质区域），你的"蜥蜴脑"（边缘系统等"情绪脑"区域）也在底层同时运行。人的思考是全脑联动的，高级的抽象思考能力并不是飘在空中的理性飞岛，而是扎根在古老的大地上。

边缘系统的名称来源于拉丁词"limbus"，意为"边缘"或"边界"，因为它在大脑中位于大脑皮层和更深层次脑区之间。边缘系统连接并调节情绪、记忆

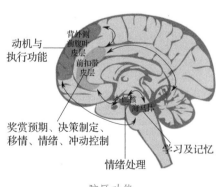

脑区功能

和动机等功能，起到桥梁和调节作用。爬行动物最早发展出边缘系统，但它在哺乳动物身上得到充分的扩展，使得哺乳动物能够更好地处理情感、记忆和社交互动。例如，乌龟和猫咪都有边缘系统，但是猫咪的情感表现力明显比乌龟更强。边缘系统位于基底核和新皮质之间，包围着胼胝体，形成一个指环状结构，包括扣带回、胼胝体下区、海马旁回、海马和齿状回等。这些区域构成了大脑的"价值体系"，用来判定什么是值得渴望的，什么是令人厌倦、想要逃避的。

边缘系统负责情绪、喜好与厌恶，似乎很"动物性"，但"动物性"就真的很低级吗？事实上，理性思考一秒都离不开这些非理性结构。例如，扣带回既可以调节血压、心跳等身体的自主功能，又参与认知、注意以及情绪调节。眶额叶会整合信息，并发出行动的指令。没有这些"动物性"功能，新皮质这个"理性的国王"会变成一颗冷漠的包菜头，对外部世界的信息无动于衷，也无法进行记忆和学习。[19] 记忆不是被动灌输的，记忆离不开情感与热爱。也许你也有一两个这样的同学：数理化知识点怎么也记不住，但讲起足球明星却如数家珍。因为记忆常常不自觉地选择喜爱的东西来保存。

边缘系统中另一个重要结构是位于颞叶深处的海马体，它是最重要的记忆脑组织，参与长期记忆的形成、存储和提取。什么是聪明人？第一大特征就是"博闻强识"，有巨大的概念量积累。搜集了足够多的信息，有足够大的知识储备，才谈得上发现规律，做出判断。因此，搜索引擎不能取代大脑的记忆储备。人们追求的抽象思维、创造力和问题解决等高级认知能力都是以记忆为根基的。

边缘系统还包括嗅球、下丘脑、杏仁核和伏隔核等关键结构。感觉系统的信息会被反馈到杏仁核，它整合视觉、听觉刺激以及情感，并对意识到和未意识到的信息做出反应。[20] 杏仁核还是情绪处理中心，参与情绪的产生和表达，如焦虑、攻击等，尤其是恐惧情绪，它还参与情绪记忆的形成和保存。

正是情绪、记忆和冲动等非理性因素为大脑中的事物赋予价值。比如某件事情究竟让你渴望还是令你厌倦，这决定了大脑投入多少注意力资源去加工处理。只有得到注意力资源的事物才会被思考和学习，没有投入注意力的事物，学习机制无法启动。[21] 播放录音、安排大量课程，这些给孩子密集填充知识的安排不一定能让学习者学到更多东西。相反，如果学习者处于全身心驱动、激发全部注意力的积极状态，哪怕时间和强度不是最大，学习效果也会大不一样。因此，要想驱动一个人学习，相对于讲大道理或施加高压，更有效的方式是调整学习者大脑中的"价值偏好设置"。"好之者不如乐之者"，如果能想办法爱上你要做的事，那就成功了一多半。

大脑学习靠先天

主旨问题	关键词
大脑先天渴望什么内容？如何找到大脑最需要的营养？	先天认知架构、认知需求、数据训练、脚手架、个体差异

婴儿一出生，无须上课就知道一些这个世界如何运行的知识架构：基本的物质运动和物理原理、空间导航能力、数感知觉、概率的知识，还有语言能力。科学家怎么知道的呢？毕竟不能给婴儿考试做题。认知科学家通过一系列实验，验证了婴儿有基本的概率和推论能力。[22]

在一个实验中，盒子里红球和绿球的数量比为 3∶1，盒子里滚动出红球的时候，10 个月大的婴儿只会短暂看一眼，婴儿已经可以计算概率并做出预测：红球更多，出来红球比出来绿球更为"正常"；如果滚出来的是绿球，婴儿注视的时间会更长，因为低概率事件会引起惊奇和关注。另一个实验是在屏风后放了一朵花和一只恐龙，如果恐龙从屏风后面露出来，婴儿会和大人一样推测，留在屏风后面的一定是一朵花。假如婴儿看到后面还是一只恐龙，他会知道"那不对"，因此注视更长时间。[23]

婴儿的推论能力

对于能帮自己在这个世界生存的知识，大脑有先天的认知需求。如果学习的内容安排符合大脑内在机制的需求，只要提供合适的素材和实践机会，学习者会自我驱动，逐步突破一个个里程碑。但如果学习的内容安排违背大脑学习"软件"的需要和特性，大脑就会表现得十分僵化和抗拒。在"怎么学也学不会"的时候，往往就是违背了认知规律，需要做出调整以适应认知规律。比如，对于孩子怎么也理解不了的数学题，可以试试把几十几百的大数字换成孩子先天敏感的 5 以内的小数字。如果孩子对绘本不感兴趣，换成卡着元音打拍子、朗朗上口的朗诵，就会立刻吸引孩子的注意，因为元音和韵律是神经元层面的先天语言结构（参见第 5 章听说篇）。提供符合大脑机制的学习材料，相对于教培上课，看起来是"无为"的方式，但它顺应认知需求，提供脚手架，"无为"才能"无不为"，让大脑发挥出自身高超的学习能力。

如果给大脑自带的学习"软件"提供它需要的丰富素材，大脑会自动从数据中提取内在模式，生成语言技能。但如果我们把大脑看作一块白板，去一步步"教"一门知识 / 技能，就会发现困难重重，大人艰辛，孩子痛苦。比如，从一条条语法规则、一条条拼读规则、一个个词汇开始教孩子语言，孩子付出大量时间还损耗了兴趣，家庭付出高昂的学费还破坏亲子感情。但如果理解到语言能力本身内置于大脑，所需要的只是提供大量优质的语言素材，对大脑的先天语言"软件"进行"数据训练"，大脑会自动生成语言能力，那么，要做的只是顺应客观规律，避免在身旁现成有条河的情况下，还强行在沙地上拉着船一步步走。

大脑不是灌什么就吸收什么。最适合的学习方式是提供大量可供选择的素材和探索自由。不同的个体在不同阶段，需要自主选择当前最需要的信息来吸收。怎么判断什么是现阶段大脑"最需要"的？往往就是自己最感兴趣的内容。

每个人都有显著的个体差异，关注的事物会不一样，因此，应该提供丰富多样的环境，让孩子自主探索选择。理论上，平均在 6 岁前后，孩子会开始对书面字符感兴趣，对识字表现得好奇，但有的孩子 4 岁左右就自主要求识字；有的孩子两三岁就热衷于规律的几何图案和数量对应，热衷于数数和加减法，而有的孩子在六七岁时数数还不顺畅；有的孩子早早领悟到"他人也有心灵"，热衷于角色扮演游戏，家长就不应该嫌"玩过家家没用，浪费时间"。

在大脑的智慧星球上，各个区域还自带时间维度，需要在适当的时间按时提供充足的养料和适当的培育方式。专门用于大量播种的、蓬勃涌出小树苗能力的敏感期，是由数百万年写成的脚本规定的。不同的区域遵循一定的顺序，不同地块存在着播种窗口期，它们有高度打开的状态，也会按时关闭。

这个星球刚一出生，就经历了他的第一个春天，大地每一个细胞都充满躁动和渴望，需要大量的播种，即大量丰富的刺激和自由的探索尝试。2 岁的幼儿，大脑活动极为活跃，消耗掉身体 50% 的能量。童年早期生长出的神经元及其突触是成年人的两倍。在这么活跃的大地上，每分钟有数百亿的神经元活动，每天生长出数以十亿计的神经元，到底用来干什么？就是用来学习的。

不同的大脑，就像一个个星球，许多微小的变化会引起涟漪般的连锁反应，表现出不同的兴趣和关注点，以及不同的发展排序。不宜横向比较、一概而论，更不宜用一把尺子、一个教案去要求所有的幼儿整齐划一地学习正式教学内容。越小的孩子，越需要个性化的学习，越需要家长关注他的关注点。因为他当下在关注的东西，往往是他的大脑此刻正在发展的能力，提供他所需要的素材，就能让他学得更好（详见第 3 章"学习五元素"）。

大脑学习靠环境

主旨问题	关键词
如何让大脑爱上或厌恶学习内容？	情绪基础、正反馈与负反馈、条件反射、情绪压力

每个人生来都自带一个 3 斤重的智慧星球。孩子眼中闪亮的光芒，来自一种渴望，从虚空的结构中实现出一个自我的渴望。发展壮大、自我完善本应是人最深刻的幸福之源。爱学习是天生的，不爱学习是后天训练的。设置正确的反馈机制，才能期待好的表现。正反馈的家庭环境，是孩子爱学习的环境要素。

所有理性层面的学习，都有情绪层面的基础。学习是在认知、情绪和生理层面进行多层次交流的过程。[24] 而情绪，意味着个体要和自身的生理和心理交互，并与他的家庭环境及社会环境交互，构成智能发展的生态系统，各种知识和技能在大脑中处于"竞争"的关系。那么得到正反馈的，从而被学习者渴望和热爱的，将得到更多练习和资源而"胜出"，那些总是遭受打击而染上负面色彩，让学习者感到恐惧和无聊的，不会被选择，而遭到淘汰。[25]

条件反射这个概念，来自巴甫洛夫的狗的实验，我们都在中学生物课里学过：最初，狗听见铃声是不会流口水的；如果在给狗吃肉骨头的时候摇铃，重复几次后，狗就会在铃声和口水之间建立条件反射——听见铃声就流口水，哪怕没有肉骨头出现。然而，我们却不一定能发现，在日常生活中，特别是在父母和孩子的互动中，其实每天都在发生巴甫洛夫式的行为塑造过程。

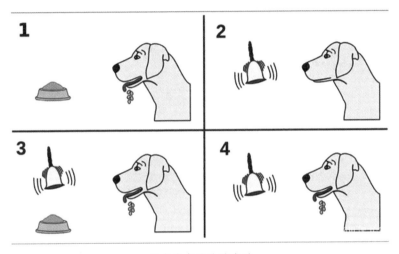

巴甫洛夫的狗的实验

《美丽新世界》中的婴儿工厂里的"早教"，除了"灌耳音"之外，另一门"课程"就是巴甫洛夫式训练。被设定为将来要做工人的婴儿，被带进"巴甫洛夫培育室"，婴儿们看到了闪闪发亮的书籍，自然感到新奇、兴奋和开心，他们伸手翻书，抓揉书页，沉浸在新鲜事物的快乐中。这时，护士拉下拉杆，响起一声剧烈的爆炸声，尖利刺耳的警笛声随后响起，声音越来越尖锐，几乎令人疯狂。婴儿们被吓得哇哇大哭，小脸蛋因为恐惧而扭曲。之后再拿书给这些孩子们看，他们不再伸手，而是恐惧地退缩。

小说固然为戏剧性效果进行了文学夸张，但借用的条件反射原理是客观的科学存在。如果孩子有害怕弹琴、害怕写作业、不爱读书的现象，我们可以观察一下，是否有过孩子一弹琴、做数学题、读书，大人就紧张焦虑，求全责备，亲子之间发生不愉快的情况？（附带一个思考题，如何让成年人爱上读书和运动？）

下面来看一位妈妈的提问：

张老师，我和孩子现在在对待学校作业的问题上已经到了水火不容的地步了，孩子对作业极其排斥，怎么说都不肯做。

学校要求每周上交一次作业，上周的作业他到现在都没有做完，这周的根本就没开始做。我说先把上周的做完交了，而且班主任老师也发私信催促了，可是任凭我怎么说他都不肯做。一讲道理他就干脆"躺平"，说"我就这样，我以后送外卖"等等之类的话。我就想不明白怎么才8岁的孩子就会说出如此消极的话，气得我把他的卷子都撕了。

上次您问我孩子对什么感兴趣，他喜欢看《丁丁历险记》，喜欢看《三国演义》，喜欢摆弄三国的小人偶，还对隋唐演义、黄飞鸿这样的电视剧着迷。

但只要是稍微难一点的东西，他就不愿意去接触。他不写作业是因为他不会，可是他连问都不想问我，我教他他都不肯过来，我说他差劲，他说还有比他更差劲的，一副什么都不在乎的样子。真是愁死了，实在找不到解决的出路了。

在直播对谈中，这位妈妈说自己从未在学习方面肯定过孩子，因为自己总在焦虑，永远觉得孩子做得太慢太少，所以对孩子总是批评和催促。从这个孩子喜欢军事和历史来看，孩子本身并不缺乏好奇心和求知欲，只是孩子妈妈在心目中将学习狭义地等同于完成作业，造成学习和孩子的兴趣不匹配，于是孩子收到了太多负面反馈。他可能感到自己一碰书，一写作业，就会招来批评。就像经典条件反射的场景：孩子发现自己一看书，一写作业，环境中就警报大作。原本出于好意的家长，却在无意中给孩子形成了负面强化的条件反射。

正面强化是形成正向的激励，让思考、学习和愉快亲密的家庭氛围关联起来。孩子感到"我一学习，家里气氛就变开心"。于是，学习就等于渴望。

芝加哥大学布鲁姆团队对大量青年数学家和科学家从童年到青少年的家庭

环境和学校环境进行了详尽的研究，发现他们的家庭有很大的共性。[26] 数学家们回忆说，他们在小学阶段虽然数学成绩一般，但对事物如何运转有强烈的好奇心，喜欢动手拆东西和向父母"发射"十万个为什么。家庭环境给到的反馈是开放和积极的氛围，而不是紧张与压力。父母不论学历高低，对待知识和未知抱着开放和好奇的态度，会认真思考孩子提出的各种问题，并给出相应的探索路径；对待他们出错时，父母的容错度高，不会焦虑和打压，而是建设性地解决问题；一家人经常一起玩数学游戏等需要积极动脑的游戏。例如，一人说概念，其他人解释这个科学名词，将求知融入生活的乐趣和亲子互动中。充满正反馈的家庭环境，会塑造个体的态度，是孩子爱上学习的前提。如果孩子遇到学习困难，可以试着排除一下，看看孩子的环境里是否存在伴随学习、伴随未知和不确定性而产生的焦虑、恐惧和抗拒的态度。

儿童对学习的价值偏好，来自环境给予儿童的反馈。想要得到特定的行为，首先要考察环境如何设置奖惩，如何在当下立刻反馈给行为。对古老的大脑来说，它的目的是在当下获得良好的生存，因此会将注意力不自觉地分配给为自己带来爱与关注、安全感和乐趣的东西。跟儿童讲未来的职业、社会地位和挣钱多少，对没有社会经验的儿童来说基本无意义。这就好像跟大烟枪摆数据讲道理，告诉他们 30 年后患肺癌的概率和预期寿命，也很难驱动他们改变当下的行为。只有在当下给出及时反馈，才能改变人的偏好和行为（详见第 2 章"内驱的学习者"）。

父母情绪崩溃的代价

面对题目简单却总是做错、不想主动思考的学习者，身为家长的大人可能会情绪崩溃，鸡飞狗跳。如果学习者是大人自己，就会自我放弃，一曝十寒。问题是，过度的口头暴力和唠叨说教不但没用，还有反作用。一方面容易形成负面强化的条件反射，让孩子将学习和"我是个失败者"的负面体验关联起来，因为每次一学习，他就体验失败；另一方面，情绪压力过大，会使孩子更加远离学习目标。恐惧和压力引发的情绪可直接影响大脑学习和记忆的能力。[27]

当人处在巨大压力和恐惧中时，大脑中的杏仁核会被过度激活，刺激通过HPA 轴（下丘脑—垂体—肾上腺轴）迅速传递，导致肾上腺分泌皮质醇。皮质醇又名"压力荷尔蒙"，负责身体的压力应对，高水平的皮质醇导致孩子的注意力越发集中在威胁上，从而妨碍信息的处理和存储，越发难以应对手头的学习任务。父母越生气，孩子的作业越困难。

过量的皮质醇会影响海马体功能，削弱记忆的形成和回忆能力；还会影响前额叶功能，导致社会判断能力和认知功能的下降；长期高水平的皮质醇会引发焦虑和抑郁等情绪问题，严重影响儿童的认知能力和情绪调节。当下儿童抑郁症高发，与学习中长期承受情绪压力有直接关联。

相对于父母的大道理和高压，孩子需要的是这样的支持：将困难任务拆分成可理解、可完成的组块，将陌生知识与自己熟悉和理解的事物关联。

1.3　科学学习，必须丰富模式

主旨问题	关键词
学习者需要怎样的支持？	丰富模式的学习

20 世纪 70 年代，加州大学伯克利分校的神经科学家马克·罗森茨魏格（Mark Rosensweig）和同事们发现，相较于成长于贫乏环境中的大鼠，成长于丰富环境中的大鼠大脑皮层的重量更大，厚度更厚。所谓丰富环境，首先指的是丰富的社交，每 10~14 只大鼠为一组，居住在一个大笼子中，还有多样且经常更换的玩具。而贫乏环境是指让大鼠单独或成双养在没有玩具可供玩耍的实验笼里。

贫乏环境　　　大鼠脑细胞　　　丰富环境　　　大鼠脑细胞

罗森茨魏格的大鼠实验

罗森茨魏格和同事们发现，丰富环境下成长的大鼠拥有更大的神经元和更多的胶质细胞。之后，伊利诺伊大学的研究者也做了类似的实验，发现与贫乏环境中成长的大鼠相比，丰富环境中饲养了 25~55 天的大鼠，其神经元突触增加了 20%~25%。[28] 此类实验的借鉴意义是，环境输入对大脑发育十分必要。对于人而言，贫乏环境与丰富环境具体指什么，需要根据人的发展特点来探索。

丰富的社会互动

主旨问题	关键词
学习者对什么都不喜欢、不感兴趣怎么办？	学习的社会性、自我元认知、社会关切、独立自主、自发动力

　　首先，人的学习是社会性的，将知识和练习狭隘地等同于教材和考试范围，和人的成长孤立开，其实不利于学习。[29]学习的丰富模式，首先是人与环境（自我、家庭与社会）交互的丰富。玩耍与互动，是儿童的学习主业。在和别的孩子相处的过程中，在玩耍的分工、分享和交流中，孩子会慢慢学会自我认知、共情和情绪控制等社会能力。现在，很多孩子从幼儿园中班开始就去上幼小衔接班，提前开启小学模式。如果儿童从早到晚单独坐在课桌前听老师上课，失去了自由玩耍和与他人互动的机会，可能会影响社会能力的发展。

　　大卫·施莱伯（David Servan-Schreiber）提出，"情绪智能是一个人的自我监控能力，既包括限制冲动和本能的能力，又包括共情的能力和相互合作的能力。"社会能力的发展状况，之后会极大影响学业成绩和社会关系。[30]社会能力发展得好，会使人具有更好的心理功能，如调节情绪、注意力集中、问题解决能力和关系维持能力等。[31]学习，不仅是学会知识，更是学会如何成为一个健全的人。我们不能一味要求果实，而不关注树本身是否茁壮。

　　社会能力、心理功能会影响我们的认知任务表现，这是全年龄段共通的。成年人也会遇到忍不住拖延、磨蹭和情绪内耗等问题，而无法达成目标。这体现了情绪智能的重要性，它表现为人能够感知内心的潜流，理解和感知自己的深层动机，找出痛苦、焦虑和拖延的根源。面对外部竞争压力，心理功能发展得好的人会进行全面分析，在外部要求、内心渴望和实际能力之间积极寻找结合点。这样，他们既不盲从外部、妄自菲薄，也不会坐井观天、盲目自大。

　　其实，真正阻碍人实现目标的原因，大部分时候并非智商差异，而是"心盲"。由于难以自我感知和管理，人们耗费太多时间在焦虑和迷茫上——"愁的比干的多"。舆论场中流行的低情商高智商"天才"只是极端个案，大多数在学习等任务上表现出众的人往往有很好的自我感知能力，能自主调节情绪，善于跟自己对话，驾驭情绪。人需要保持自己心理小船的平稳航行才能航向目标，而不是稍一受挫就恐惧或逃避。也许这解释了社会心理学的研究发现：受教育程度更高的人，除了社会经济地位更高，他们通常能经营更幸福持久的婚姻与亲子关系，拥有更健康的身体。[32]

元认知

除了执行力，情绪也影响到认知能力中的"元认知"。一个人不成熟时，不知道自己知道什么，不知道什么，不知道如何能从"不会"到"会"，于是常常在自大和自卑之间摇摆，害怕尝试新思想和新事物。随着一个人与世界交互、与他人的交互经验增加，心理能力逐渐成熟，他会逐渐学会复盘每次如何从"不会"到"会"，总结和迭代自己的学习方法论，有章法地掌握新知识，能够理性地认识自己的能力。学习的修炼，首先是自我成长的修炼。

人为什么要学习？成为一个强大的人，是一个人内心深层和长远的动机。人在吃饱之余，会渴望满足好奇心，那也是受到这种发展壮大的深层动机驱动。然而，很多家长觉得课外阅读没有价值，玩耍是在浪费时间，觉得只有考试内容和课本上的知识才值得学习，把知识和人的发展剥离开；同时，家长又希望孩子有内驱力，能够自己喜欢上学习。一方面不断压抑和消减孩子的"自我"，缩减自主尝试的机会，压抑自发产生想法并自主努力实现的机会；另一方面，他们又希望这个不断被削弱的"自我"能主动渴望和主动思考，完成长期困难的任务。这相当于想让马车往前跑，却将非理性和理性这两匹马往两个相反方向赶，效果可想而知。

独立自主

大脑的运作机制告诉我们：即使在认知任务中，非理性的力量也非常强大。要想它和理性"劲往一处使"，首先要做的就是不要否定与压抑它，而要充分认识和看见它。孩子上学前，家长难免担忧孩子知识跟不上，陷入焦虑，给孩子报许多知识性的培训班、衔接班，提前学汉字、英文和数学，将注意力都放在"知识"准备上。沿着这个方向盲目"狂奔"，将来收获一个消极被动的孩子是几乎可以预见的。因为不论是上课还是做题，孩子都会觉得这些不是自己的事情，"是我爸妈让我做的"。要想避免天天盯着孩子唠叨学习，避免一个成年人消极怠惰，就要允许一个人从种种小事开始，体验到独立自主和自发发展的快乐："实现我的想法原来如此快乐。"

自我发展可以从照顾自己、独立自主开始，比如吃完饭收拾碗筷、洗碗、自己洗澡、洗内裤和袜子、准备好第二天穿什么衣服、拿什么书本用具。在自我负责中，体验到"只要主动行动，就能有改变"的幸福。要想避免意志与懒惰的每日消耗战，需要建立自主规划时间、列出每日事项的行为轨道。对于害怕写字的孩子，晚上睡前可以口头讨论，规划好第二天要干什么。完成后，用不同的贴纸在"做到日历"上记录完成事项。

爱学习的根源是爱人，爱万物。对于喜欢动植物的孩子，可以让他独立照顾好自己的宠物或植物，每天喂食换水，在付出和责任感中体验"做到"的快乐；还可以通过体育运动、艺术和模型搭建等要求更高、需要延迟满足的活动，培养孩子坚韧耐力与抗挫品质。付出努力才能见到的成果，是最使人快乐的。

关切他人、自发动力

允许一个人自发地发展，就要鼓励他对这个世界广泛地好奇与关切。麦克阿瑟天才奖获得者、化学家余金权教授，讲他小时候生活在偏僻山村里，看到穷困的村民生病之后极其痛苦，就立志学医。这个志向引领他考出优异成绩，离开山村去上海读书。他在选定自己未来深造的方向时选择了有机合成，因为"有机合成是药品研发的基础"。从儿童时希望改变山村缺医少药的状况，到选定自己终身的志向，他一直沿着一个内在的有机的意义主线。

人的学习是社会性的，幼年时孩子会关注父母喜爱的重视的东西，觉得这些东西值得渴望，值得去学习。成年后，一个人会关注和认同整个人群构成的"大我"，希望做出"人生产品"。这种与普遍的"大我"认同的渴望越强烈，求知就越热切。人与世界、人与他人不可剥离，希望孩子封闭起来完成孤立的任务，他会看不到意义所在。需要动员非理性和理性这两匹马朝同一个方向跑，才能拉动车子跑得更好更快。

许多父母问，孩子对什么都不喜欢，怎么办？实际上，人们对一个事物的喜欢，常常是因为先熟悉，之后才感到喜爱。不少广告尽管低俗无脑，但只要铺天盖地出现，人们处处遇到，就能让人们"喜欢"，并产生好的销量。喜欢一个东西不一定有特别深层的原因，往往就是因为常见而喜欢。要想让孩子爱知识，就要多接触知识。敞开外面的世界，多接触社会和大自然，了解许许多多优秀的人如何寻找人生道路，他们对什么好奇，如何满足好奇心（见第5章书目与知识视频推荐）。

要想理解人的努力，什么样的事业具有怎样的价值和意义，就需要理解社会如何运行。"空心人"是被禁锢在只有课本内容和考点的贫乏模式中，剥离隔绝了自我而产生的。课本里的知识骨架，只有放在"天地与我并生，万物与我为一"的丰富模式中，才能生长出活生生的血肉，成为生存与发展的内在渴望。

丰富的自主探索

主旨问题	关键词
如何看待孩子喜欢"没用"的东西？	家庭环境、自主探索、实验式学习、自主建立模型、兴趣

处于可塑性高峰期（青春期以前）的孩子，主要在家庭中成长。即使在上学后，孩子也有 70% 的时间在家庭中生活：学龄儿童平均一年有 5180 个小时醒着的时间，其中 3580 个小时在家，1600 个小时在学校。家庭环境的重要性是客观存在的，而父母的责任并非是给孩子上课，而在于做减法，去除干扰和限制。给孩子足够的自由度，去除危险因素，允许孩子在安全的环境中尽可能自由探索，完成初步的"世界如何运行"的模型搭建。

0~3 岁孩子的大脑星球专为理解世界、生成知识而来，世界在他们眼中是充满魔力的试验场，一堆积木、一盆沙子，可以有 100 种玩法。通过"行动—结果实验"，通过与大人的情感、肢体与语言交流，婴儿可以搭建起 100 个思考回路空间，发现 100 种"自嗨"的乐趣，完全不需要屏幕来主导注意力，也不需要吵闹昂贵的声光电玩具刺激就能得到快乐。

所有的孩子都是初生的"数学家"，热爱数数、测量、画线画圈、收集形状、感知事物的不同反应方式。可以给孩子提供多种色彩和材质的积木，使他们可以玩数量对应与形状的游戏。给 0~3 岁的孩子提供不插电的丰富环境，1 岁前可以玩大颗粒积木、摇摇铃、套杯和触摸书等玩具；在 1 岁口欲期过了之后，准备积木、彩泥、沙子、水和纸笔等玩具。安静而简单的玩具，让孩子自己去动手和动用想象，感受自主想象和尝试的乐趣。过多的刺激是一种干扰，反而会阻碍孩子汇聚和引导自己的注意力。

所有的儿童都是天才的"语言学家"：18 个月大的孩子每天可以轻松学会

10~20 个词。家人构成的日常生活就可以给婴儿提供充足的学习养分和高质量的语言输入，包括丰富的词汇和句子，千万不要担心孩子听不懂或有负担。许多研究显示，3~4 岁儿童的词汇量很大程度上取决于他们在生命第一年以妈妈语形式接受的语音输入。播放音频和视频属于被动暴露，对婴幼儿来说不是好的学习方式，最好的方式是一对一的主动活跃的语言交互。一个美国婴儿和中国保姆在一起两周就可以开启学习中文的脑回路。但是播放音频和视频，对婴儿来说是"与我无关"的输入方式，缺少共同注意与交互，婴儿的大脑不会开启学习机制（共同注意等学习五元素在第 3 章详细讨论）。

人类学习时，大脑到底在做什么？不论是玩耍还是阅读，大脑自带的学习机制，使其先天偏好实验式学习方式——"我的行为可以带来某种变化"。"我"发出一个动作，就能得到一个结果，从中构建关于世界如何运转的动态心理模型，而不是用知识点和背诵来给大脑模印更多的静态结论。比如，婴儿不断将勺子从桌板上推下去，发现它总会掉在地上，反复多次，婴儿验证了脑子里初步的重力规则理论，新增了一条对这个世界的知识。不应该把婴幼儿长时间固定在某个安全但刺激贫乏的地点，看似灌输了许多"知识"，却不允许他自己生成知识，实际上是在削弱孩子天然的学习羽翼。

大脑先天的学习机制渴望行为产生结果，渴望自主建立模型。如果读书等于乖乖坐着听大人念书上的字，不许提问，不许打岔谈论自己感兴趣的细节，那么，天生靠主动探索学习的婴幼儿会很快对读书失去兴趣。但如果共读是在语音线索（原因）和行为（结果）之间建立新奇的关联，他们就会乐此不疲。比如，每次听到一个节拍（打在元音上），父母就颠一下坐在腿上的婴儿；每次听到一个动物的名称，就学这个动物的动作或叫声；对书里的情节提出各种奇怪的联想和问题，都会让孩子渴望读书。

如果理解大自然等于上课或者读展板上的"科普文字"，孩子就会失去兴趣，原因也是缺乏互动性。但如果能让他们触摸到叶脉，收集标本做记录，亲自试验一下带翅膀的果实如何旋转滑翔，自己查阅并试验各种果实的"翅膀"，什么形状的翅膀能飞得远，就会引发他们对自然的无穷兴趣。让孩子自己制作飞机，修改什么零部件可以让飞机飞得更远？为什么？把苹果、香蕉和小纸船分别放进水桶里，哪个会沉，哪个会浮？为什么？给松果底座涂上不同的颜色标记，再数一数看看数量有没有规律，为什么是斐波那契数列？这种动手交互与实验得来的认识，才是适合幼儿的学习方式，就像甘霖滴入干渴的大地，会被他们的大脑迅速且快乐地吸收。

丰富模式中的丰富，并非指外界刺激和"知识"越多越好。大脑有自身的内在结构和不同阶段的发育需要，它只能利用自己可以吸收的信息。过多的、不被注意的信息，无法被吸收利用，只会构成背景中的噪声干扰。[33]

问题是，各种发展机会窗口的时间进程可能存在相当大的个体差异，怎么才能找出每个具体的孩子在何时需要怎样的信息，以更好地促进大脑发育呢？如果允许孩子自由探索，就能解决这个问题。孩子自主选择自己喜欢读什么书，玩什么玩具，大人只需观察，就会知道该提供什么素材。**那些能够吸引孩子注意并激起他兴趣的，其实就是他当下发展最需要的。**智慧星球自带的学习"软件"和意愿，使其自发地寻找需要的信息，还会对有用的刺激做出积极的情绪反应——兴趣。[34]

丰富的信息渠道

主旨问题	关键词
学习同样内容的同龄人，如果不是先天智商差异，那么是什么拉开了他们学习能力的差距？	3000 万词鸿沟、知识储备、推理数量

曾有一项影响力巨大的"3000 万词差距"研究，尽管受到一些争议，但总体可以说明环境具有塑造认知能力的巨大力量。[35] 一系列研究均发现，出生前 3 年，高社会经济地位（SES）家庭的孩子与低 SES 家庭的孩子之间，累计听到的单词数量（日常对话、读书的语音输入）差距有 3000 多万词。结果就是，3 岁孩子掌握的词汇量，高 SES 家庭的孩子约是 1100 个单词，低 SES 家庭的孩子约是 500 个。

另有研究显示，一年级时，成绩排在前 10% 的孩子每年平均阅读量超 400 万词，相当于阅读了 20 本常规书籍，每天阅读 65 分钟。而成绩后 10% 的孩子每年

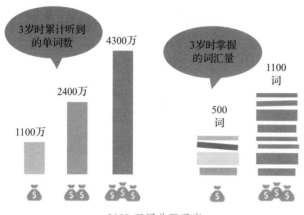

3000 万词差距研究

平均阅读量不到 6 万字。[36] 400 万词的阅读量意味着什么？以牛津树 1 阶的小故事为例，虽然每页只有一行字，属于最简单的读物，但要想理解故事推进的每一步，孩子都需要在读下一个句子的时候，还能记住前一个句子的内容，从而使工作记忆得到锻炼。每一步情节推进都包含着一次推理，因此，即使是不到 100 词的小故事，孩子也需要进行不下 10 次的推理才能理解结尾"抖包袱"的好笑之处是什么。

相比其他更"轻松快捷""躺着就能学知识"的媒介形式，阅读为主动思考留出更多空间。阅读者需要动用大脑，自主关联、记忆和推理，才能从故事里得到乐趣。400 万词的阅读量，意味着孩子大概进行了几十万次推理。而更高级的思考必须基于世界如何运行的知识，知识面的最好来源就是大量阅读。[37] 人脑如同基于数据训练的大语言模型，每年几十万次推理的训练量差异，积累到青春期，已经造成巨大的大脑能力差异。

国内的教育实践普遍缺乏对课外阅读量的重视，只有少数学校会重视学生的课外阅读。人大附中早培班对六年级小学生的课外阅读量要求是一年 500 万字。假设一本书有 20 万字，这意味着每年要阅读大约 25 本书，也就是两星期读完一本。对于以学习为本职工作的学生来说，这个阅读量要求是合理而不过分的。

所以，坐在课堂里的孩子看起来年龄一样大，都是刚刚坐进教室里，但他们的大脑星球却早已大不相同，有的已经长出了茂密森林，有的还停留在荒草滩状态。这种状态差异如何归因？绝非各个星球的地质结构不同（先天因素），决定星球生态的是阳光、雨露，以及播种和耕耘的多少。先有大量的数据训练，每日的丰富模式输入，让知识和经验大量涌入，先让大脑星球自然蓬勃成长，再逐渐规范和讲求精确。因为丰富的知识和经验，是让先天结构生长起来的必备养料。

1.4　科学学习，无法"大跃进"

大脑的发育阶段

主旨问题	关键词
给孩子提要求、订计划时，为什么应当首先审视目标或要求是否合理？	阶段性、髓鞘化、高级区域、协调、连贯且明确的要求

很多时候，不是学习者不想做好，而是做不到。

当我们追求一个学习目标而不得，准备放弃之前，应该先思考制订的目标是否合理可行。当孩子表现不佳，让我们伤心失望的时候，也分两种情况：一是孩子故意跟我们作对，二是他暂时还没有能力达到要求。从婴儿到青少年的成长过程中，往往是第二种情况更为常见。给孩子提要求、"立规矩"的时候，需要考虑他们的能力。在安排课程时，也需要考虑大脑分阶段发育的客观规律，毕竟，神经元髓鞘化到 20 岁才接近完成，前额叶要到 30 岁才发育成熟。认知、情绪、心理都有自身的发展阶段，不是我们想让孩子做到什么，他就可以做到。

髓鞘化

基本感官能力先发展，理性等高级能力较晚成型。视觉皮层突触过剩生产的峰值大约在 2 岁，听觉皮层大约在 4 岁，而前额叶皮质的峰值则要迟至青春期。之后，当大脑认为视觉和听觉已经建立了真实的模型，足以描摹外界后，就开始稳固并增加信息传输效率，也就是髓鞘化。

髓鞘化是指对轴突包裹一层绝缘的髓磷脂的过程。在出生后的头几个月，感官区域的神经元受益于髓磷脂包裹，使得信号传输速度提高了 10~100 倍。这带动了从视网膜到视觉信息处理区域的信息传递延迟从刚出生前几周的四分之一秒降低到了十分之一秒。相比成年人，一岁的婴儿单纯因为信息传递速度慢，就需要多花四倍的时间来意识到一些基础信息，比如看清一张图片或一张面孔。

包裹绝缘层的"工程"是按照基因规定的程序，逐步且分区进行的。基本顺序是近侧先于末端，感觉先于理性，投射路径先于联合路径；从中间核心地带到前额叶或枕叶，枕叶先于额叶成熟。这就是说，基本感官和身体运动能力都不是一下子发展齐备的。比如小朋友一两岁就可以涂鸦、穿绳和爬高，但学会跳绳这类需要更高协调性的运动要更晚一些。而负责思考、注意力、计划和控制的高级区域额叶，更需要很多年时间才能开始髓鞘化。因此，幼儿虽然能画画，能学习乐器，但自我控制和理性判断的高级能力仍在低速运转。

髓鞘化工程，从胚胎期就开始局部逐渐铺设，一直持续到 20 岁才接近完成。[38] 这意味着大脑需要 20 年时间来使不同区域的信息传输速度和协调性达到成熟水平。青春期结束时，随着髓鞘化的基本完成和轴突放电恢复期加快，青年人大脑的信息传输速度比婴儿快了 3000 倍。[39] 前额叶是大脑中最后完成髓鞘化的区域之一，甚至可能会延续到 25 岁或者更晚，这解释了为什么青少年在决策和风险评估方面可能表现出更多的冲动和不成熟行为。

前额叶发育

前额叶在大脑中负责执行许多高级功能，如决策、计划、抽象思考、控制冲动，其发育过程耗时最长，一般要到 30 岁才接近成熟。婴儿期的前额叶，基本结构已经存在，但功能尚未成熟。2~6 岁的学龄前幼儿，认知功能快速发展，开始展示出初步的计划和问题解决能力。6~12 岁的学童，前额叶继续发育，突触修剪加速进行，使得神经网络运行更加高效，这一阶段的儿童，注意力控制、工作记忆和执行功能逐渐提高。

但是，直到青春期，前额叶发育才达到关键阶段。这期间，突触修剪和髓鞘化使得前额叶功能更加完善，青少年的抽象思维、计划能力和冲动控制进一步发展，但由于前额叶尚未完全发育成熟，加上荷尔蒙分泌旺盛的影响，青少年仍然容易表现出冲动行为和风险偏好。前额叶负责大脑的抽象思考功能。皮亚杰把儿童认知发展过程按年龄划分为 4 个阶段，还把其中的形式运算阶段的年龄定在 12 岁以上。在皮亚杰提出理论的时候，脑科学研究还不发达，但他的观察经验和前额叶功能发育阶段是基本吻合的。一直到 30 岁左右的成年早期，前额叶功能才发育完善，达到稳定状态。

理解大脑发育阶段的意义

弄清髓鞘化和前额叶发育过程，意义十分重大。[40] 比如，许多孩子无法很好地控制自己高效地完成作业等任务，其实是因为幼儿、儿童直到青少年时期，大脑中负责注意力和理性思考的高级区域都不完善。具体情况具体判断这样的理性能力，需要长期持续的能力建设。大人眼中的"问题"，往往是源自孩子正蓬勃生长的大脑。大脑全面向新信息开放、可塑性强，因此要付出信息传输速度较慢、自我沟通协调不足的代价。

例如，做数学题和写字是令大人崩溃的重灾区。为什么那么简单的题都会错？首先，往往是前额叶的控制能力不足造成的，难以抑制直观信息的刺激，难以排除错误答案的干扰。即使知道间距长的那一队和间距短的那一队中小人数量一样多，幼儿仍然忍不住被长短这个更直接的视觉刺激带偏，忍不住冲动说长的队伍里有更多的小人。或者，明知道 2+2=4，但下笔却写成 5。其实孩子不一定是不知道这个知识点，而是因为大脑信息传输速度慢，有严重的延迟。

其次，前文讲过大脑的知识存储：神经元要多次协同放电，才能形成准确的神经回路以表征一个知识。因此，这些问题的解决，需要长期的能力建设。就像我们学游泳，从教练告知标准动作，到我们的手和腿能够配合好，流畅地将动作标准地实现出来，需要长期的训练。初学者的肌肉力量不足、协调性不够，即使知道什么是正确的，也做不到。

除了学习问题外，还有情绪控制问题。比如，有时候孩子会在公共场合大哭、发脾气，常常令本就筋疲力尽的父母倍感尴尬。即使孩子自己也知道不是什么大事，道理也听明白了，但还是需要再多哭一会儿。婴幼儿的神经传导还没有完全髓鞘化，电流传导很慢，自然不擅长解读环境信号并迅速调整自己的行为。孩子从发现大人不高兴的表情和听懂道理，到控制和改变自己的行为，这之间需要更长的反应时间。父母可以把孩子拉到一个不会打扰别人的安静地方，可以容许他多哭一会儿。

在"立规矩"和禁止不当行为的时候，也要考虑前额叶尚未发育完善、儿童不善于理性思考和克制冲动的事实。规矩首先要尽可能少，不要有太多事无巨细的"不可以"，更不能有太多不一致：在家打爷爷奶奶可以，在幼儿园打小朋友不可以；在家一不如意撒泼打滚可以，在外人面前不可以。大人如果在使用规则时不能保持一贯，而指望孩子自己去具体情况具体判断，往往得不到想要的结果，因为这恰恰是孩子的大脑最不擅长的任务。因此，规则需要简化且一贯。比如，真正的危险行为或影响他人的行为，不论在哪里，一律不可以。"不可以打人""不可以在马路上奔跑""不可以踢别人座椅和大声喧哗"一共就三条，在哪都一贯实施。这样，规则就不再是给孩子出的思考判断题，而是一个简单直接的条件反射，是真正的规则。大人不用发脾气，只需发出警告信号就足以提醒孩子改变行为。

情感的发育阶段

主旨问题	关键词
想要一个人长大后聪明且成功，只需要保证物质富足、生存无忧就可以了吗？	情感需要、内在安全模式、爱的纽带

后面的章节会讲大脑的各种关键期，以及语言、阅读和社会行为的发展过程。然而，所有这些高级认知能力的发展，包括自我控制和抽象思考，都有一个最重要的基础——情感需要。

情感需要

一些历史创伤，给几代人的心理和行为都刻下了深深的印记。于是，老一辈人带孩子更关注吃饱穿暖等物质需要，把疼爱孩子等同于满足其物质需要——想吃什么吃什么，冰激凌、饼干、游乐场有求必应。相比之下，似乎孩子的心理需求没那么"实在"，如回应孩子、情感表达和亲密关系等，常常被忽视。实际上，情感需要和吃饭穿衣一样，是社会性动物生命发展实实在在的刚需。

动物行为学奠基者、诺贝尔生理学或医学奖得主康拉德·洛伦兹（Konrad Lorenz）长期观察野生灰雁社群，发现作为社会动物，小雁在出生后最紧迫的需求不是吃东西（小雁胚胎自带的营养可以支撑很多天），而是急切地寻求妈妈的回应，建立亲密关系。如果这一关系没有建立，小雁的成长会困难重重，长大后会产生严重的"人"格与行为异常，无法进行适应社会的学习。为了建立亲密关系，身为代母的动物行为学家不得不从早到晚 24 小时及时回应小雁的呼唤，还要趴在草地上让小雁看到自己就在旁边。[41]

灵长类动物的情感需求只有更强。20 世纪五六十年代，美国心理学家哈利·哈洛（Harry Harlow）进行了经典的早期发展心理学实验。[42] 在实验中，哈洛为小猴子提供了两个"妈妈"：一个是冷冰冰的，但身上装有奶瓶的"机械妈妈"，另一个是温暖的，但没有奶瓶的"绒布妈妈"。实验发现，小猴每次吃完奶都会迅速离开有奶但冰冷的"机械妈妈"，抱住没奶但温暖的"绒布妈妈"，温暖的"绒布妈妈"给了小猴子情感纽带支持。有"绒布妈妈"的小猴子，面对可怕的刺激时会更勇敢地反抗，也会对周遭环境更有好奇心，心理更强健。而那些只有"机械妈妈"的小猴子，遇到危险时则更加畏缩，不敢探索环境。[43]

哈利·哈洛的经典实验

对于人类，大量研究表明，早期的情感接触对婴儿的发展至关重要。基于这些研究，世卫组织针对早产与低体重新生儿的护理发布了"袋鼠式接触"（Kangaroo Mother Care）指南。根据这份指南，母亲和婴儿应尽早开始并持续进行皮肤直接接触，最好进行母乳喂养，鼓励出院后继续皮肤接触式亲密喂养。这一指南改变了过去的常规医疗操作，即出生后头几周将早产儿放入特殊保温箱并与母亲隔离。研究表明，情感需求得到充分满足的婴儿，免疫力更强，体重增加更快，运动神经和大脑发育得也更好。[44]

情感发展的关键期

情感需求在情感发展的关键期能否得到满足，会长期影响认知能力和人格发展。相关领域著名的研究莫过于罗马尼亚孤儿的悲伤案例。二战后，由于历史原因，罗马尼亚在鼓励生育之后面临经济危机，导致约 15 万名弃婴生活在孤儿院中，仅该研究的样本就有多达 17000 名孤儿。虽然孤儿院提供食物和住所，但保育员人手严重不足，每人要照顾多个婴幼儿，无法给予孩子情感抚慰和回应。婴幼儿们被固定在小床上，没有活动自由，没有玩具和玩耍。很多孩子只能盯着白墙前后摇摆，孤儿们出现了严重的情绪问题和智力发育滞后。[45]

长期追踪研究显示，越小年龄被领养到正常家庭的孤儿，越容易恢复到接近正常人的水平。而对于超过 20 月龄才被领养的孩子，早期缺乏营养和关爱的影响一直持续到成年都没有消除。[46]成年后的追踪调查发现他们中大部分人的皮质发育仍然异常，表现出智力低下、注意力无法集中、抑郁和冲动等情绪问题。[47]这是一个令人感到悲伤的极端贫乏模式的例子，给我们的启发是：除了吃饱穿暖等身体需要，情感互动和玩耍，同样是婴幼儿最关键的发育条件。

人活着不能只靠面包，从早期的婴儿到成年人都是如此。人的认知发展，也不是只靠上课和做题就能完成，情感动力是生存和学习发展的基本养料。人类婴儿和灰雁这样的社会动物一样，出生后就开始寻求他人的接触和回应，有人抱着和回应就会得到安抚。进化出这样的情感纽带，是为了支持未来更高级的认知和社会能力的发展。

内在安全模式

在洛伦兹研究灰雁雏鸟依恋关系的基础上，心理学家提出"内在安全模式"（internal working model）理论。孩子会对自己在什么情况下能得到安全建立稳固的预期："我总能得到妈妈（或任何长期稳定的照顾者）的支持，我只要找妈妈，她一定会抱我。"这种稳固预期让孩子感到安全，并伴随他们的童年、青少年直到成年，构成孩子一生的亲密关系和自我掌控感的基础。[48]（人生各阶段心理需要详见第 2 章）

2002 年对 1000 名儿童从 1 岁到 3 岁的追踪研究发现，安全依恋型的幼儿在认知、情感和社会能力方面得分最高。而没有安全依恋的孩子得分最低，其母亲对孩子的需求也不敏感、不回应。早期没有建立起安全依恋的孩子，如果父母在后期变得更积极、更支持，情况就能有改善。

0~6 周大的婴儿能辨识妈妈的声音和气味，但还没有和妈妈产生固定的情感纽带，其他大人照顾也可以。6 个月 ~2 岁的婴儿开始明确偏好自己熟悉的照顾者，如果依赖的照顾者离开，有的婴儿会产生分离焦虑。他们会把情感纽带视为一个安全的基点，只要依恋对象在身边，就会感到安全，能大胆地去探索环境。18 个月 ~2 岁的孩子有了更好的语言能力，能理解父母去了哪里，什么时候回来，从而能更好地忍受分离。

有学员留言提问，说自己对青春期的孩子十分失望，现在已经放弃了和他交流的打算，除了学习，什么都不想过问了。根据我们本章所讲，认知能力的基础动力是非理性深层动机和情感需要，只盯学习，放弃情感支持和交流，只会适得其反。一个生命想要学习的欲望来自发展壮大自身的欲望，而这种深层动力又来自爱和被爱，因此，父母首先要修复的是爱的纽带。

1.5 大脑终身可塑，人类终身学习

主旨问题	关键词
"学霸是生出来的，不是养出来的"，这话对吗？	学习改变大脑、弗林效应、成长思维、僵化思维

僵化思维与大脑可塑性

大脑星球的发展，来自先天蓝图和后天经验的交互。学习是人与环境交互，构建心理模型，验证和迭代模型。这些概念清晰之后，我们就能发现生活中常见的一些僵化思维的观念在无形中拉扯着我们，甚至锁死了潜能的实现："我家孩子天赋一般，就不用太努力了。"既然先天是固定的，那努力就没意义，陷入无力感；认为自己笨，不敢相信自己的思考和尝试，于是放弃自主思考，转而依赖外界的现成答案。

另一种僵化思维是给自己贴上"我是聪明人"的标签，为了维持"聪明"标签，不敢犯错误，不敢试错，不敢走出舒适区。面对难题时，只要多思考一会儿，就担心这表明自己不聪明，于是选择逃避问题，放弃思考。僵化思维时时处处掣肘大人和孩子，像核冬天一样"锁死"大脑星球上的生命进程。

事实上，无论是认为一个人"聪明"还是"笨"，人有固定智商的观念从根本上就是错的，是一种摧毁人生的思想钢印。本章的目的就是揭示，从最小单元到宏观面貌，大脑星球无时无刻不在被学习改变着。

京都大学灵长类研究所做过一个猴子的学习实验，研究猴子如何学会使用耙子将远处的食物钩过来。经过学习，猴子使用耙子变得非常熟练，手腕一抖就能把食物钩过来。它甚至能创造性地解决问题，先用短耙子钩过来一个更长的耙子，再用长耙子钩到更远的食物。通过学习使用复杂工具，猴子的脑皮层发生了显著变化：远距离轴突增加，顶叶区域建立新的联结，前额叶皮质厚度增加了 23%。[49]

还有一个针对伦敦出租车司机的实验。这些新入职的成年人在脑中记熟了

复杂的城市地图，就因为这一学习过程，他们的大脑额叶皮层也明显增厚了。虽然他们已经是成年人了，但大脑还是被学习改变了。[50]

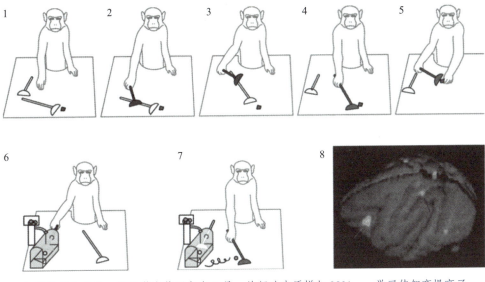

智商是天生的吗：猴子学会使用复杂工具，前额叶皮质增加 23%——学习使智商提高了

大脑终身可塑

　　童年以及青春期到青年期是**大脑可塑性的两大机遇期**。这是从生物层面讲的，但生物基础并非一切。持续的经验，也就是持续的信息输入和使用，塑造力非常大。

　　我家附近的公园旁有一支由退休老人组成的冬泳队，虽然从生物年龄讲，他们的体能应该已经衰退，但他们能在 –10℃ 的气温下，每天在露天河道里完成数千米的游泳里程。大部分年轻人，如果不每天训练，大概率无法做到。大脑能力与肌肉能力非常类似，其性能和生物年龄只是一方面，更重要的是日常处理的任务的信息量和认知难度。可以说，持续的思考让大脑越来越善于思考。

　　神经科学的研究支持了大脑和肌肉机能的类比。随着年龄增长，持续的学习和背景知识（经验）积累会让学习更加快速高效。在我们的整个生命周期中，神经联结都可以不断形成。只要大脑主动处理信息，神经元就会不断拓展关联——树突接收信号并传递给轴突。新的联结形成后，如果你不断调用这些知

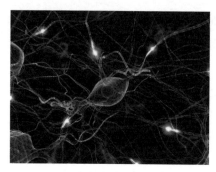

放电的神经元

识和技能，它们就会不断协同放电，联结被强化。如果长期不用，长期得不到激活，联结就会被删除。神经元联结很大程度上被经验塑造。先天不大的差异，会在后天持续的经验反馈闭环中被螺旋式强化，最终造就完全不同的整体面貌。

在脑成像技术问世前，许多心理学家都认为大脑在 12 岁以后就不再发育了。这种看法的根据是儿童期后大脑的大小增长有限。6 岁儿童的大脑已经达到成年人大脑的 90%~95% 大小。因此，社会上一度十分流行 "0~3 岁大脑发展黄金期"和 "最初 1000 天"等育儿理念。然而，脑成像技术的出现，揭示了从青春期到成年早期（20~30 岁）是大脑的又一个大发展期：脑体积持续增长，髓鞘化快速进展。

美国国家精神卫生研究所的杰伊·吉德（Jay Giedd）通过对青少年的脑成像研究发现，青少年的大脑没有固定，灰质和白质仍在发生显著变化。从童年晚期开始，神经细胞的第二次增殖和修剪高潮出现，其中最重要的部分发生在少年晚期，这影响到许多高级心理活动。[51]

大脑会"变笨"吗

那么，是不是到了 30 岁或 40 岁以后，人就开始变笨呢？流行的说法认为神经元会随着年龄增加而大量损失。但新技术的研究表明，损失的主要是较大的神经元，而小神经元的数量还在不断增加，总体数量保持稳定。如果成年人保持学习，被用到的神经元联结会被强化，无用的联结则会被修剪。决定大脑表现的，不是大脑的大小，而是联结的复杂度。

此外，相比儿童，成年人的学习风格会发生变化，中年人和老年人的大脑思考能力更依赖已有的知识体系和经验。因此，即使老年期的执行功能和长时记忆稍有衰退，也会被更多的专业知识和技能积累带来的认知能力提升所抵消（前提是成年后一直在持续学习和动脑，而不是停止用脑，沉迷"刷短视频"等非认知活动）——如亚里士多德所说，教育是防止衰老的最佳途径。

部分高级认知功能会随年龄出现少许下降，如记忆力和推理能力，但不会影响其他高级认知功能，甚至会被后者抵消。[52] 一项针对日本 25~83 岁成年人的研究考察了年龄对创造性的影响，发现在语言流畅性、思维独创性、生产能力和创造性应用能力方面不存在年龄差异。而负责执行功能的额叶、负责记忆生成的海马体虽然会衰老，但可以通过保持良好的健康水平得到极大延缓。因此，如果你想保持头脑清醒、敏捷，抵消年龄带来的认知衰退，那你需要终身学习以及自律健康的生活。

由于人终其一生保持着学习能力，并且思考能力和知识积累密切相关，因此智商会随着知识和信息输入而变化。20 世纪 80 年代发表于《自然》杂志的一项研究提出了"弗林效应"，即在发达工业化国家，由于营养水平、教育水平和社会环境的改善，智商每 10 年提高约 2.93 分。此外，一个人的受教育年限每增加 1 年，智商会提高 1 至 5 分。[53]

本章讲的神经和脑层面上发生的事，没有一个是天生固定不可改变的。经验在时时刻刻塑造着大脑。一个游戏成瘾者，与平行宇宙中认真学习的他，已经拥有两个不同的大脑。有研究发现，网络成瘾者的大脑中有几个区域萎缩，在有些情况下萎缩达到了 10%~20%。即使作为一个成年人，你我的大脑也会因为自己选择如何度过这一天而不断改变。本章介绍的所有基本构成及运作机制，都可以被学习活动改变：突触的数量和强度，形成的神经回路，树突主干的大小，树突和轴突的数量，甚至髓鞘的数量，都会被你日常处理的信息与行动所改变。

本章介绍大脑物质层面的发展过程，是想为读者建立起一个牢固的唯物主义学习观，不要让学习停留在千百年来的主观经验主义层面。我们的认知与学习并非"靠天吃饭"的玄学，而是一个由先天结构与后天环境输入与反馈共同形成的物质过程。大脑宏大复杂如星球，后天的学习就像在土地上播种和耕耘一样。播种耕耘有时，训练培育有方，就能改变神经联结的强度和密度，生长出更繁茂强大的神经森林，塑造整个星球的生态圈地貌，发展出更强大的智能。总之一句话，只要学习就会改变，不学习就没有改变。

注　释

1　Chandra R. et al. "Sleep is required to consolidate odor memory and remodel olfactory synapses." Cell 186.13（2023）: 2911–2928.

2　迪昂. 精准学习 [M]. 周加仙，等译. 杭州：浙江教育出版社，2023：13.
　　库兹韦尔. 人工智能的未来：如何创造思维 [M]. 盛杨燕，译. 杭州：浙江人民出版社，2016：49.

3　史密斯，柯林斯. 认知心理学：心智与脑 [M]. 王乃代，译. 北京：教育科学出版社，2017：165.

4　帕特尔. 自然语言处理实战：预训练模型应用及其产品化 [M]. 王书鑫，等译. 北京：机械工业出版社，2022：51.

5　迪昂. 精准学习 [M]. 周加仙，等译. 杭州：浙江教育出版社，2023：5.

6　英国广播公司纪录片《七个世界，一个星球》（Seven Worlds, One Planet）.

7　Inoue S, Matsuzawa T. "Working memory of numerals in chimpanzees." Current Biology 17, no. 23（2007）: R1004–R1005.

8　格拉德威尔. 异类 [M]. 苗飞，译. 北京：中信出版社，2014.

9　朱邦芬. 2023 清华校友基础教育论坛讲话. 网址参见：https://www.sohu.com/a/678980370_121332532.

10　巴特罗，费希尔，莱纳. 受教育的脑：神经教育学的诞生 [M]. 北京师范大学认知神经科学与学习国家重点实验室脑科学与教育应用研究中心组织翻译. 北京：教育科学出版社，2011：156.

11　库兹韦尔. 人工智能的未来：如何创造思维 [M]. 盛杨燕，译. 杭州：浙江人民出版社，2016：157.

12　迪昂. 脑与意识 [M]. 章熠，译. 杭州：浙江教育出版社，2018：209.

13　卡拉特. 生物心理学 [M]. 苏彦捷，等译. 北京：人民邮电出版社，2011：136.

14　Ridgway S H, et al. "Higher neuron densities in the cerebral cortex and larger cerebellums may limit dive times of delphinids compared to deep–diving toothed whales." PLoS One 14.12（2019）: e0226206.

15　Hubel D H, Wiesel T N "Effects of monocular deprivation in kittens." Naunyn–Schmiedebergs Archiv für Experimentelle Pathologie und Pharmakologie 248（1964）: 492–497.

16　赫胥黎. 美丽新世界 [M]. 李黎，译. 呼和浩特：远方出版社，1997：17，22.

17　迪昂 . 精准学习 [M]. 周加仙，等译 . 杭州：浙江教育出版社，2023：163.

18　同上，109.

19　埃德尔曼 . 第二自然 [M]. 唐璐，译 . 长沙：湖南科学技术出版社，2018：14.

20　鲁滨逊 . 0-8 岁儿童的脑、认知发展与教育 [M]. 李燕芳，译 . 上海：上海教育出版社，2020：25.

21　埃德尔曼 . 第二自然 [M]. 唐璐，译 . 长沙：湖南科学技术出版社，2018：19，35.

22　Perez J, Feigenson L. "Violations of expectation trigger infants to search for explanations." Cognition 218（2022）：104942.

23　同上 .

24　经济合作与发展组织 . 理解脑：新的学习科学的诞生 [M]. 北京师范大学认知神经科学与学习国家重点实验室脑科学与教育应用研究中心组织翻译 . 北京：教育科学出版社，2014：70.

25　埃德尔曼 . 第二自然 [M]. 唐璐，译 . 长沙：湖南科学技术出版社，2018.

26　Bloom B. Developing talent in young people[M]. Ballantine Books，1985:279.

27　经济合作与发展组织 . 理解脑：新的学习科学的诞生 [M]. 北京师范大学认知神经科学与学习国家重点实验室脑科学与教育应用研究中心组织翻译 . 北京：教育科学出版社，2014：73.

28　道林 . 脑的争论：先天还是后天 [M]. 北京师范大学认知神经科学与学习国家重点实验室脑科学与教育应用研究中心组织翻译 . 北京：教育科学出版社，2011：37.

29　Rountree-Harrison D et al. "Environmental enrichment expedites acquisition and improves flexibility on a temporal sequencing task in mice." Frontiers in Behavioral Neuroscience 12（2018）：51.

30　同上，76.

31　经济合作与发展组织 . 理解脑：新的学习科学的诞生 [M]. 北京师范大学认知神经科学与学习国家重点实验室脑科学与教育应用研究中心组织翻译 . 北京：教育科学出版社，2014：71.

32　迈尔斯 . 社会心理学 [M]. 北京：人民邮电出版社，2006：469.

33　巴特罗，费希尔，莱纳 . 受教育的脑：神经教育学的诞生 [M]. 北京师范大学认知神经科学与学习国家重点实验室脑科学与教育应用研究中心组织翻译 . 北京：教育科学出版社，2011：98.

34　索耶 . 剑桥学习科学手册 [M]. 北京师范大学认知神经科学与学习国家重点实验室脑

科学与教育应用研究中心组织翻译.北京：教育科学出版社，2010：251.

35 Hart B, Risley T R. "Meaningful differences in the everyday experience of young American children." Canadian Journal of Education 22.3（1997）：323.
Gilkerson J et al. "Mapping the early language environment using all–day recordings and automated analysis." American Journal of Speech–language Pathology 26.2（2017）：248–265.

36 儿童课外自主阅读的影响与阅读量量差异：Anderson，R. C.，Wilson，P. T.，& Fielding，L. G. "Growth in reading and how children spend their time outside of school." Reading Research Quarterly（1988）：285–303.
Cunningham A. E.，Stanovich K. E. "What reading does for the mind." Abstracts of scientific articles 4389（1998）：128–0.

37 戈尔德施泰因.认知心理学：心智，研究与生活 [M].张明，译.北京：中国轻工业出版社，2020：410.

38 科克，费希尔，道森.人的行为、学习和脑发展：典型发展 [M].北京师范大学认知神经科学与学习国家重点实验室脑科学与教育应用研究中心组织翻译.北京：教育科学出版社，2013：54.

39 吉德.冲动与冒险：解构青春期大脑 [J].环球科学，2015（7）：70.

40 经济合作与发展组织.理解脑：新的学习科学的诞生 [M].北京师范大学认知神经科学与学习国家重点实验室脑科学与教育应用研究中心组织翻译.北京：教育科学出版社，2014：39.

41 洛伦兹.灰雁的四季 [M].姜丽，译.北京：中信出版社，2012：152.

42 Harlow H F, Dodsworth R O, Harlow M K "Total social isolation in monkeys." Proceedings of the National Academy of Sciences 54.1（1965）：90–97.
Tavris C A. "Teaching contentious classics." APS Observer 27（2014）.

43 Harlow H F, Dodsworth R O, Harlow M K. "Total social isolation in monkeys." Proceedings of the National Academy of Sciences 54.1（1965）：90–97.

44 World Health Organization. Kangaroo mother care: a practical guide. No. 1. World Health Organization，2003.

45 Berens A E, Nelson C A. "The science of early adversity: is there a role for large institutions in the care of vulnerable children?" The Lancet 386.9991（2015）：388–398.

46 Fox N A et al. "The effects of severe psychosocial deprivation and foster care intervention on cognitive development at 8 years of age: findings from the Bucharest Early Intervention

Project." Journal of Child Psychology and Psychiatry 52.9（2011）：919–928.

47　Maphalala M C, Ganga E. "Developmental experiences of OVC in child–headed households and the impact on cognition and learning." Mediterranean Journal of Social Sciences March 2014，5（3）：312–323.

　　Berens A E, Nelson C A. "The science of early adversity：is there a role for large institutions in the care of vulnerable children?" The Lancet 386.9991（2015）：388–398.

　　Glasper E A. "Romania's forgotten children：Sensory deprivation revisited." Comprehensive Child and Adolescent Nursing 43.2（2020）：81–87.

　　伯克 . 发展心理学：婴儿、孩童与青春期 [M]. 北京：北京大学出版社，2005：265.

48　伯克 . 发展心理学：婴儿、孩童与青春期 [M]. 北京：北京大学出版社，2005：266.

49　学习带来皮质变化的实验 . Hihara S. et al. "Extension of corticocortical afferents in to the anterior bank of the intraparietal sulcus by tool–use training in adult monkeys." Neuropsychologia 44.13（2006）：2636–2646.

50　Maguire E A et al. "Navigation–related structural change in the hippocampi of taxi drivers." Proceedings of the National Academy of Sciences 97.8（2000）：4398–4403.

51　经济合作与发展组织 . 理解脑：新的学习科学的诞生 [M]. 北京师范大学认知神经科学与学习国家重点实验室脑科学与教育应用研究中心组织翻译 . 北京：教育科学出版社，2014：45.

52　同上，52.

53　道林 . 脑的争论：先天还是后天？[M]. 北京师范大学认知神经科学与学习国家重点实验室脑科学与教育应用研究中心组织翻译 . 北京：教育科学出版社，2011：93.

第 2 章　内驱的学习者

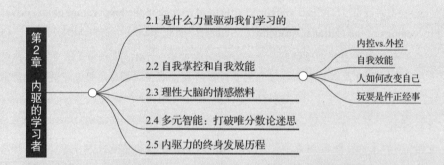

第 2 章 内驱的学习者

- 2.1 是什么力量驱动我们学习的
- 2.2 自我掌控和自我效能
- 2.3 理性大脑的情感燃料
- 2.4 多元智能：打破唯分数论迷思
- 2.5 内驱力的终身发展历程

- 内控vs.外控
- 自我效能
- 人如何改变自己
- 玩耍是件正经事

2.1 是什么力量驱动我们学习的

主旨问题	关键词
是什么让一个人自己爱学习的？是什么驱动一个人为遥远的目标奋斗的？	非理性内驱力、追寻新鲜的兴奋感、探索欲回路、原始本能、高阶追求

认知能力是意识能够认识和掌控的部分。但是，不论是注意力、执行力、记忆力等认知能力的表现，还是阅读、写作、明辨式思维等具体的认知工具，发挥作用都要通过非认知能力来赋予动能。如果说认知能力是一台讲求精确和理性的机器，那么这台机器的能量动力则来自既不精确，又不理性的深层情绪燃料。

大家都希望孩子不被大人盯着、逼着、陪着就能够自主学习；人人也希望自己能拥有热爱、梦想和人生目标，推动我们去不断奋斗。人生成长、成熟与自我实现的原动力——内驱力，究竟是什么？它有什么发展规律，又该如何培养？这些都是本章要讨论的主题。

贪玩和学习的背后，竟是同一种推动力

首先要打破"大脑是计算机"的错觉。冰冷的理性和规范并不能令人的认知能力发挥到最佳水平。理性脑，乃至整个人类心智的目的并非准确地执行冰冷的计算指令，而是服务于更为原始的、生存本能的情绪情感回路。

人活着的目的并不是为了做题，而是为了追求生命冲动的满足。生命为了生存，就要不断占有新的资源，探索新的环境，寻找机遇，避开危险。正因为有助于生命存续，才会发展出理性的智能，使生命有能力不断追寻新鲜、未知的资源，从而扩大生存的机会。

进化会奖励这一探求本能，因此接触新鲜事物会激发人的渴望和兴奋。这一奖励回路就是学习和思考的乐趣源泉。这种探索欲的情绪回路，存在于人脑中较为原始的伏隔核、内侧前脑束和外侧下丘脑区。这些大脑结构早于人类，甚至早于灵长类，是编码于哺乳动物基因中的古老结构。

因此，不需要任何"教学"，婴儿从出生起就渴望交互，渴望与外部世界和亲人互动。新鲜的信息与刺激总能引起婴儿的兴奋和愉快，启动大脑的天然学习机制。如果儿童有机会自主自发地玩耍，就能进一步巩固他们的探索欲回路，并有望达到平衡良好的状态。而压抑儿童自由玩乐的本能，可能部分导致他们抑郁、淡漠甚至多动。

满足探索欲的多巴胺回路会使儿童从好奇心与丰富体验中得到乐趣，并借此构建起对未来生存所必需的高阶社会能力与自我意识，激发儿童构建高阶知识的内驱力。同样，探索欲也使成年人充满对世界的激情和活力，驱动他们去挑战智识与生活中面临的艰难与危险，追求超越生存本能的更高人生目标。最终，这让我们发现"我是一个能影响他人，对这个世界有良好影响和意义的人"，带来自我价值实现感与人生幸福感。

探索欲

学习的内在驱动力来源于对未知的探索欲。这是一种原始且内在的欲望，[1]与糖果、积分、金钱等外在奖励有本质区别。

动物吃饱饭，孩子吃到糖果，满足之后，渴望就会消失。外部奖励一旦得到，外部驱动力也随之消失。然而，当驱动来自内部，这种探索就不会轻易停止。以马斯克为例，尽管他已经是世界首富，物质激励对他早已无效，但他依然每天工作15小时，忙于SpaceX、Tesla、太阳能、超级高铁、星链和移民火星等项目。

内在的探索欲是一种永不满足的兴奋感：也许那座未知的山上有食物，我想找到问题的谜底，超凡脱俗的灵感，充满创造性的好点子……我一定要找到！对这些"好东西"的期待，会给探寻的艰辛和学习的枯燥染上快乐的情绪色彩，使人充满渴望的情感，从而驱动人孜孜不倦地追求困难的目标。

对新鲜事物的渴望和期待是原始的。但是，渴望什么内容却是教育和文化赋予的。

探索欲回路高度可塑，可以用于追求身体快感，也可以用于获取更高级的资源。一切值得渴望的资源，都可能成为内驱力的欲望对象。期待美食、玩乐和新刺激是人类本能，但经过教育，人也会为解决医学和法律问题而激动、为期待火箭飞上天空而激动。

从食物到性；从小伙伴和家庭中的支配地位，到寻求政治权力；从克服危险，战胜困难，争取安全的生存条件，到成为科学家，探求万物原理；从组建公司到创立价值体系和秩序。人类活动看似千差万别，熙熙攘攘的人群看似都在追求财富和权力，但这些仅仅是表层的文化符号，实则指向更深层的欲望满足：打开与世界交互的大门，获取更多信息和资源作为生命的燃料。

探索欲的燃料

千万年来，大脑星球演化出来的追求兴奋与新鲜刺激的探索欲，像炉火般热烈，推动生命走向更高阶的理性思考和事业。如果熄灭了这非理性的炉火，理性脑会失去前行的方向与燃料，大脑会变得淡漠与消极，如同一颗 3 斤重的包菜头。

学习所需要的高级思维过程，如注意力和记忆的形成，每一步都需要情绪情感回路的推动。多巴胺回路奖励动物觅食的冲动，推动着各类寻求满足的行为，包括学习。多巴胺回路同样能成为探索欲望选择的对象，从而使学习过程专注而愉快，充满正向积极的快乐感，让新内容习得变得更容易更高效。

人们通常认为孩子贪玩、淘气是低级的原始本能，需要被约束和规范。似乎教育的目的是使人脱离这种"动物性"。然而，我们需要更新对这一现象的认识。淘气和爱玩背后其实隐藏着深层的探索欲望，这是理性思考必备的情绪动力。

更好的方式，不是强行压抑这种天然的情绪动力，而是架设桥梁，增进认识，将情绪转化为大脑理性引擎的燃料，建立情绪动力直接带动高级思维活动（如数学和语言等知识）的动力系统。

这样，我们就可以回答一开始的问题："如何才能内驱地学习？"这个问题可以整理为：**"如何塑造学习者的欲望回路，使其为知识如同为美食那样兴奋？"**简而言之，就是"如何将要学的内容，变成值得欲求的对象？"

要让一个人爱上学习，需要先唤起正向情绪——兴奋与好奇、积极良好的感受。这些情绪会导致脑内大规模放电，激发海马体的 θ 节律，使得脑内高级区域更好地创造知识。

但遗憾的是，曾经是孩子的我们，以及现在的孩子们，往往遭遇了相反的规训。学习和反馈设置常常是生硬和负面的，似乎在努力避免让个人感到心灵舒展，努力避免兴奋与勃发的期待。教育要做的事，不应该是将知识搬运并模压到学生脑子里，而是要打通学习者原始的兴奋探索欲和高级认知目标之间的通路，架设必要的桥梁，将学习内容以更加"可燃"的方式呈现：要有丰富的、不断变化的素材，要允许学习者进行大量的自主尝试调参，要提供及时具体的反馈（第 3 章"学习五元素"），从而令学习者体验探求的乐趣。

要提供恰当的燃料，使学习者的内驱力引擎能够持续地熊熊燃烧。

如果探索欲被强行抑制，因为缺乏情感作为内驱力燃料，大脑就会成为冰冷的学习机器，人就会落入抑郁、冷漠的状态。不论智商高低，抑郁冷漠的人无法发挥出自身智能的最佳状态，因为学习的根本动力就是生命扩张，与世界交互的本能欲望。有时，这股生命最原始的欲望不想任自己被熄灭被剥夺，于是就到一切可能的地方去寻求可供燃烧的燃料，去虚拟世界（网游、爽文、网络赌博）、快感物质（酒精等成瘾物质）那里去寻求这种欲望的满足。哪怕他知道这些东西令自己沉沦，对生命无益，也很难停下。

如果你的孩子贪玩磨蹭，如果你自己无法克制地"刷手机"到深夜，无须指责孩子，也无须痛恨自己，这只不过是一个健康生命希望活着，而且希望精彩地活着的强大原始本能。正是这种强大的内驱力，推动着人类走出非洲、开山填海、创立文明，也推动一个人想要学习和发展壮大。

探索的内驱力——推动人类探索和勃发的欲望，是隐秘而强大的人生原动力。人们以为活着的目的是物质利益，如分数、财富和地位等可见可量化的东西，但这些仍然只是工具。生命的目的是永不止息奔涌的欲望和变得更强大的意志。

也就是说，本书的全部努力，要想真正落地并实现质的飞跃，都需要将非理性动力系统运用到学习内容的选择和学习方法的设计中，为学习者带来自我发展的满足感和强大感。通过学习，走向内驱。而学习者的内驱，包括以下特征：

- 自信与支配感（2.2 自我掌控和自我效能）
- 以情绪情感为大脑理性引擎的燃料（2.3 理性大脑的情感燃料）
- "我是有吸引力的、我是成功的"（2.4 多元智能：打破唯分数论迷思）
- "我是这个世界有意义的一员"（2.5 内驱力的终身发展历程）
- "我是重要的，我是优秀的"（自我实现者的品质特征）

内驱式学习的特征

　　要想让理性脑运转良好，让人爱上学习，终身学习，终身发展，就要使学习内容顺应这些非理性的情感需要。知识体系和健全人格，是一枚硬币不可割裂的两面。

2.2　自我掌控和自我效能

内控 vs. 外控

主旨问题	关键词
面对磨蹭和厌学，除了催促和批评，有没有更好的办法？	个人心智家庭与社会环境三圈层、自我认识、驾驶员与乘客、内控、外控、方向盘

回溯上一章 1.2 节的家长咨询案例：孩子对学校的作业极度排斥，不写、不问、不听，一催促甚至说出"长大送外卖"等言论；喜欢看历史军事故事，但只要稍微难一点的东西就不愿意接触，一副什么都不在乎的样子。家长实在找不到出路了。

学校的学习任务向来不是一个孤立的板块，而只是个人心智、家庭环境与社会环境这个大拼图的一小部分。学习成绩的问题，不一定是大脑理性引擎的问题，更可能是情绪燃料出了问题。孩子对"作业"和"成绩"的态度，其实源自一个人理性与非理性部分的交互，以及他与所处社会环境这个更大系统之间的交互。对低年级小学生来说，主要的社会环境是他的家庭和学校。

如果我们只盯着写作业这一件事，而忽视孩子作为一个整体的存在及其与环境的交互，就会一味地将外部给孩子的压力直接传导给他，甚至加码传导。

人格特质的内控 vs. 外控

然而，如果我们看到孩子是一个完整的个体，看到他的整体行为模式和心理机制，就更容易和孩子站在一个阵营。这样，我们可以过滤一部分外部的压力，给他争取一些空间，帮孩子积聚更多自信的能量，使他更好地应对外部压力，进而产生"我自己可以做好"的信心，从而使他的引擎转动起来。

首先，一个人如何看待自己和环境的关

系，会极大影响他对待任务的积极程度。假如我们的身体是一辆汽车，你乘着这辆车走在生活的旅程中。你是否认为自己是驾驶员，方向盘掌握在自己手里？假如环境恶劣，你是否可以自己驱车离开这个境遇？或者，你是否认为自己只是车上的乘客？这辆车走的或是风和日丽的坦途，或是崎岖艰险的小路，基本上已经由投胎和社会环境决定，自己没有更多选择？

在某件事情上将自己定位为驾驶员还是乘客，会极大影响一个人对当前任务抱有积极还是消极的态度，尤其是在需要应对压力、冲向更高目标时。

面对陡峭崎岖的山路，假如你认为自己是驾驶员，方向盘掌握在自己手中，你会做什么？你会提前搜集路况信息，了解这山到底有多高，艰难路段有多长，需要多久才能通过。你会提前搜集天气信息，确认是否有极端天气，并做好万全准备。通过充分收集信息和提前规划，即使在上山过程中需要孤单地顶着暴风雨前行，你也会知道前面还有多久就能到达，从而保持乐观，耐心度过艰险路段。因为你有理由相信，眼前的困难只是暂时的，只要持续努力，就一定能达到目标。

驾驶员视角（有较强的改变动力）	乘客视角（缺乏改变动力）
只要下决心，几乎没有我学不会的东西	我几乎不设置目标，因为我做不了自己的主
我的生活，是我自己控制的	我的生活，是环境、命运和运气造成的
我的成就主要来自我自己的能力和努力	在学习、工作和生活中发生的大部分事，我都无法控制
如果能充分了解信息，然后检查努力，就能达成目标	如果一个目标太困难，不断付出努力是没有意义的

"内控/外控"是一个连续渐变的光谱，而非非此即彼的绝对划分。不同的任务，不同的场景，不同的生命历程，都会影响人的"内控/外控"倾向

假如一个人觉得自己只是人生这辆车上的乘客，认为自己只是碰巧坐上了这辆车，出现在这座大山前，没得选择。那么，必须爬山这个决策就是逼不得已的。为什么要翻越呢？停留在原地就很好啊！既然我生在这样的家庭、这样的社会，既然我只能忍受父母、老师、单位安排的任务，那么，和风细雨时，我就赶紧抓紧时间享受；如果外面下起了暴风雨，我就拉上窗帘，坐在车里玩一玩，这也能忘记恐惧啊。作为一个不能左右大山，也不能左右环境的人，我

当然会寄希望于运气。别人不小心翻车了？那是他们运气不好，万一我这次运气好呢？制订计划，规划路线，不断盯着路况，那是父母和老师负责操心的。出了问题也是别人的原因，我只不过是乘客而已。我想什么都不重要，我做什么都没用，唯一能做的就是寻找当前的快乐，让眼下好过一些。

这两种不同视角下，"驾驶员"将自己视为掌控事态和结果的主人，生活怎么样，掌控来自自己，我们称之为"**内在控制视角**"；而"乘客"认为生活的事态和结果主要取决于环境和运气，不是自己能掌控的，我们称之为"**外部控制视角**"。

你可以用下面的量表测试一下自己的内控/外控倾向。

内控/外控测试量表

不赞同　　　　　　　　中立　　　　　　　　赞同

1　　2　　3　　4　　5　　6　　7

1. 如果努力争取，我通常能达成所愿；
2. 一旦制定了计划，我便一定会按照计划进行；
3. 相对于纯粹靠技巧的游戏，我更喜欢需要一点运气的游戏；
4. 只要下定决心投入，几乎没有我学不会的东西；
5. 我的成就主要源于我的努力和能力；
6. 我通常不设立目标，因为我很难坚持到底；
7. 有时候坏运气会妨碍我实现目标；
8. 只要我真心想要，几乎任何事情皆有可能；
9. 职业生涯中发生的大多数事情是我不能控制的；
10. 为太困难的事情不断付出努力，在我看来没什么意义。

计分规则：将第1、2、4、5和8项的分数相加，总分加35，再减去第3、6、7、9和10项的分数，最终得到的数字就是你的内控/外控倾向得分。以年轻人的平均得分为标准，得分在60分以上为高度内控，得分在48分以下为低度内控或外控。（资料来源：Brain R. Little，2018）

20世纪60年代，斯坦福大学心理学家沃尔特·米歇尔（Walter Mischel）[2]做了一个著名的棉花糖实验。研究人员告诉一群4岁的儿童，等实验人员离开后，如果谁能忍住不吃眼前的棉花糖，等一会儿实验人员回来时（不告诉孩子们要等多久），他就可以得到更多棉花糖。如果在实验人员回来前吃了棉花糖，后面就不会再给。

实验人员离开房间，在单向玻璃后观察孩子们的表现。有的孩子立刻就吃掉了眼前的棉花糖，有的孩子在犹豫，也有的孩子会运用各种策略，比如让自己分心，从而抗拒眼前棉花糖的诱惑，希望稍后能得到更多棉花糖。之后，研究者对这些孩子进行了持续多年的追踪研究。

其实，这个实验不仅仅关于"延迟满足"，更重要的是揭示了为什么有的人会选择去做更困难的事情，会自我克制，会去追求眼前看不见的、未来的不确定目标。在实验中，这些孩子还接受了内控量表的测评。结果显示，那些能延迟满足的孩子，在内控量表上的得分也更高。也就是说，这个实验揭示的机制是，内控者相信未来能否得到更多棉花糖取决于当下自己如何行动。他们相信只要改变自己的行为，将来就能达到目的，取得成功。

棉花糖实验：延迟满足与内在控制型人格

果然，后续多年的跟踪研究发现，那些能抗拒眼前的即时满足诱惑、多等一会儿的孩子，在学习能力测试中得到了更好的分数，因为学习是最典型的延迟满足任务。学习者每天要上课和练习，都需要放弃眼前的、来自玩乐的满足，需要多忍耐一会儿，甚至更长的时间周期。例如，为了搭建数月、数年才能见成效的知识体系，学习者需要监控自己每日做功，持续投入精力，让玩耍和琐事为学习事项让路。

显然，相信自己的努力可以有结果的"驾驶员"，和认为自己的行为无法改变现状的"乘客"，在面对学习任务时的自我克制和努力程度是不同的。

当然，学习中仅仅控制自己不追逐眼前的快乐是不够的。我们希望看到孩子能感受到学习本身内在的快乐，才能带动内驱式学习的良性循环。这种内在的乐趣来自哪里？如果驾驶员发现自己的信息搜集与努力总能达到预期效果，他就会感到自己是一个强大的、有力量的人。这种自我认识是一个人最深层的幸福感源泉。这种"自我效能感"是从自我掌控的经验中生长出来的。

想象一下，当你在开车时，旁边却坐了一个事无巨细进行指挥的副驾驶。你每操作一步，都会遭到一番评论，一会儿嫌换挡晚了，一会儿嫌方向盘不稳，一会儿说刹车太急，刚左转就说右转那条路更好。如果副驾驶每30秒发出一个评价，你是不是觉得其实不是你在掌握方向盘，你只是一个没有头脑和灵魂的"执行器"？即使这种事无巨细的、对你的意志进行全面覆盖的指挥确实让你高效到达山顶，你真的会开心吗？无力感和无用感恐怕会消灭这一趟旅程的幸福感和成就感。

在写作业和阅读时，如果全程被他人推着走，没机会发现疑点，没机会发现自己的想法是错的，从收集信息到形成关联、产生想法的学习全程都没有自己去尝试，而是一直按照外部"教"的步骤去执行。作为外部目标"实现器"，外部指令"执行器"，他所感受到的学习就是痛苦且无趣的，自然无法产生自我效能感。

父母逼迫学习，不断地催促，学习者本人总是处于迫于外部压力的状态，他很难从中感到"学习是我的事情"。即使完成了作业，也不是自己选择与成就的结果，自然不会产生进一步做好它的内驱力。

开头提问的大人可能会说，不按住、不强迫，他就不写啊！那怎么办？不要忘了，一个人不是只通过作业这一个任务来学习和成长的。他是在整个生活中，包括玩耍和日常生活的体验中，形成自我认识的。那么，这个孩子有自主的玩耍和日常生活吗？

如果这个孩子本身就是偏内控型的，比如他平时在玩耍或者做家务中显得很有目标感和主动性，会自主想出各种玩的点子，会迎难而上，那么家长作为副驾驶，就要克制自己的指挥欲。你现在是家长，但是你不久以前还是孩子。将心比心，你愿意你开车时旁边有个口头指挥你执行一切操作的副驾驶父母吗？不要总是代替他思考，必须这样做，不要那样做。要允许他尝试，允许看似的低效和犯错，不要剥夺他自主发现的乐趣。

如果这个孩子本身偏外控型，比如平时他就不喜欢自己做决定，随遇而安，较少自主产生目标，更多即时享乐，这也不意味着这个孩子就一辈子永远是"乘客"。你要鼓励他摸摸方向盘，多摸方向盘，多替自己拿主意，从自主选择看什么书、如何安排周末等自主时间这样的小事开始。即使孩子"天生"是外控型，但人格特质只是部分来源于先天，也会开放一半的可塑性给后天。后天的家庭环境、自己内心对某个东西的热爱、长久从事的职业，都能改变先天的人格特质。

大人要克制向孩子强行施加自己意志的本能，不要总试图让孩子学习大人认为"重要的""有用的"内容，要允许孩子去读自己喜欢的书，探究自己喜欢的东西，哪怕战争、昆虫、恐龙这些东西在大人看来暂时"没啥用"，要允许孩子多摸摸"方向盘"。也许他从没自我掌控过，根本不相信自己能握方向盘。也许他怕难，怕失败，不相信自己能驾驶汽车翻越大山。我们需要寻找最近学习区，让他从自己喜爱的，从而较容易产生成就感的任务入手，积累自我效能感，逐渐让他了解自己，相信自己有能力掌握方向盘。

自我效能

主旨问题	关键词
什么是"自我效能"？如何保护和培养自我效能？	自我效能、毅力、迎接挑战、延迟满足、情感回应、信任纽带、改变现实、抗压能力、压力传导

什么是"自我效能"？简单地说，就是一个人在多大程度上相信自己的行为能产生自己所预期的结果，多大程度上相信方向盘掌握在自己手里，相信只要自己全神贯注坚持到底，就能顺利驶出一片崎岖路段。

棉花糖实验揭示了，相信自己能做到的人，更能抗拒诱惑，延迟满足。根据统计，人类制订频率最高的个人计划就是减肥。那么，减肥屡战屡败的人和成功减肥的人，差别在什么地方？一个重要差别就

什么是自我效能（self-efficacy）：付出努力，就能达到目标，你对此有多大信念

是，自己是否相信自己能成功减肥。怀疑最终能否成功的人会觉得，反正无尽的忍耐之后也不见得能成功，不如先吃一顿好的再说。

在学习和工作上，原理也是一样的。高效能感的人对实现目标充满信心。相比怀疑自己的人，他们表现得更有毅力。比如，相比不信自己能战胜"社恐"的人，高自我效能感的人知道自己只要练习特定几个方面，就能自信地当众演讲，于是他就真的会去搜集信息，做针对性练习，于是就真的做到了。效能感就好像人格上的能量块，积累起来之后，就能推动人不断迎接新的挑战，追求自己之前没有的技能。高效能感的人知道自己只要做到什么程度就能达到目标，所以不会轻易放弃。[3]

自我效能测试量表

完全不正确	有一点正确	基本正确	完全正确
1	2	3	4

1.只要付出足够的努力，我总是能够解决困难的问题；

2.即使别人反对我，我仍然有办法取得我所要的；

3.对我来说，坚持朝向目标前进并达成目标并非难事；

4.我自信能够有效地应对突如其来的事情；

5.我是个头脑灵活、点子很多的人，我总能想办法应付意料之外的情况；

6.只要我付出必要的努力，就能解决大多数的难题；

7.面对困境，我能保持冷静，因为我信赖自己的应对能力；

8.当我面前摆着一个问题的时候，我总能找到几种解决方案；

9.当我陷入麻烦时，我通常能想到该做什么；

10.无论什么事在我身上发生，我都能应付自如。

10~40分的分数范围，得分越高，自我效能感越高，人群平均水平为29.28分。一般自我效能感量表（General Self-Efficacy Scale，GSES）由德国柏林自由大学的著名临床和健康心理学家拉尔夫·施瓦泽（Ralf Schwarzer）教授和他的同事于1981年编制完成。由于具有良好的信效度，该量表已被国际广泛使用，并于1995年被我国心理学家引入

简而言之，自我效能，就是相信自己的行为能对环境产生预期影响。从童年早期开始，自我效能就是婴幼儿除了基本生理需要外，最重要的心理动机。

我们会观察到，婴幼儿除了吃饱和睡足，在玩耍时的主要乐趣就是探索自己的能力能造成多大变化。比如，婴儿发现自己挥动的手可以让积木塔倒塌，会非常开心。这就是最初的"自我效能"——我的行为可以带来改变。婴儿期

学习语言的强烈动力，也是孩子发现自己努力说出的咿咿呀呀的词，能影响大人帮他拿到玩具和食物，这也是自我效能的动机。

这就是为什么婴幼儿时期大人对孩子充满情感的互动至关重要。细心地发现孩子做出的表达并及时回应，有利于婴幼儿觉得这个世界是可预测的，从而产生总体的信任感：只要我努力，就会起到可预见的作用。

但如果照顾人在情感上拒绝孩子，冷漠不回应孩子，或者时而热情时而冷漠，持无法预测的不一致的态度，这会破坏婴儿的信任感，让他觉得"一切都是外部决定的，我想怎么样是没用的"，从而形成对自己的力量和环境均不信任的态度。

当然，内控还是外控，这样的人格特质不完全是后天照顾环境决定的，先天和后天各占一半。

信任父母爱的儿童是安全依恋型的。早在 1 岁，婴儿就展现出安全依恋型特质。他们对父母的信任使他们更愿意和陌生人说话，也让他们在失败的游戏任务中更不容易放弃。哪怕在其他儿童放弃之后，自信的儿童仍然在持续增加努力。值得所有父母注意的是，婴幼儿的发展需求并非只有按时吃睡，对于一个生命来说，情感的回应、与照顾人建立爱和信任的纽带，这些和吃睡同样重要。

这种最初对父母建立的信任纽带，在长大后可能会发展为对自己的努力能产生良好结果的一种总体的信心与乐观态度。一个人在成长过程中要面对无数大大小小的困难。在这个过程中，自我信任常常战胜怀疑，强化自我掌控感，使他更愿意在面对困难时满怀希望和信心，相信自己总可以迎难而上，化解障碍和问题。这种人会显得更有目标感，勇于追求有价值的目标，而不是被动等待好运气降临或只追求当下的满足。

从父母家庭的信任怀抱走出，孩子到了学龄期，进入小学就开始社会化进程。学校展现出和家庭不一样的目标，即培养社会的公民。儿童开始感受到和家庭不同的、明确的社会价值和责任。比如，老师会明确鼓励儿童遵守纪律，努力学习。比如学校还会通过小红花、评分等各种价值标准明确评估孩子的表现，并与其他孩子做比较。在学校这个简单化的社会里，孩子会在小伙伴中逐渐明确自己可以扮演怎样的社会角色。

这个过程就需要孩子不断和自卑感战斗，逐渐建立起新的自信基础。孩子上学，绝不仅仅是学到了多少知识点、按时完成作业、获得分数和排名这些表面的量化指标。在孩子的心里，发生着惊心动魄的复杂过程。

孩子面临的挑战是能否抗住压力，去胜任父母和老师认为有价值的任务，能否相信自己具备能力。勤奋的儿童和不勤奋的儿童，区别主要在于前者能更清晰地认识到自己的能力和行动与良好或不好的结果之间的关系。

所以，勤奋的儿童会更多关注和做改变现实的活动，也更认同符合社会需要的描述，比如更认同妈妈说的写作业的重要性。而不太勤奋的儿童往往不是很明确自己的努力和现在的生活状况之间有什么关系。他就像是车上的乘客，不太相信"我采取行动了，努力了，我就能得到更多表扬，作业题考试题就能不那么难"。他看不到自己的行为能改变自己生活的现实，因此往往更喜欢基于幻想的活动。

面对同样的社会化压力，自我效能水平决定了有的儿童会乐观而坚持，有的儿童会产生太多自我怀疑。如果怀疑超过了效能感，他就更倾向于放弃。即使是天生乐观的孩子，如果在日常活动中没有积累起足够的自我效能感，面对太多的压力时，也会倾向于自我怀疑，减少努力，甚至放弃追求目标。所以需要从儿童感兴趣的、更容易入手的小事，帮儿童一次次积累战胜怀疑的成功经验，逐渐建立"我只要做了，就能带来改变"的自我效能感。而不是只盯着成绩，却认为儿童在生活中做的点滴努力不值得被看见和肯定。

成年后，自我效能感同样决定了一个人在压力环境下是否会坚持下去。心理学家班杜拉认为，一个人相信自己有能力做需要做的事情，这种预期在努力尝试的程度和表现的好坏方面起着重要的作用。对实现目标充满信心的人，那些有高效能感的人，比那些怀疑的人更有毅力，表现得更好。

自信的人在很多方面做得更好。[4] 他们的信心会引导他们在面对障碍时回到自我调节的努力中。然而，当人们产生足够的怀疑时，他们更有可能放弃或减少实现目标的努力，甚至可能完全放弃目标。

在学员提问中，我们看到的是老师给家长发私信，批评孩子没有按时完成作业，这造成了大人的恐慌。家长常常是不加辨别，将外部压力放大并传导给孩子，通过打击和数落给孩子施压，希望孩子改变拖拉磨蹭，更好地完成作业。就像这位妈妈说的，"我说他一无是处，他说自己就这样了。我说他差，他说还有比自己更差的。我说他没出息，他说他将来去送外卖。"这些充满敌意的对话把大人和孩子推向对立面，不但无法达到让孩子写作业的目的，反而会起反作用。

丧失信心的孩子背后，是失去了信心的家长。家长自己的焦虑、恐惧和愤怒情绪会被孩子接收甚至放大。这样的情绪压力会激活一系列和大脑与内分泌系统有关的通路。大脑内部的一组区域，包括新皮层、海马、杏仁核等，跟学习高度相关的脑区，在回应不同类型的压力源时被激活。压力会激发糖皮质醇的释放，而糖皮质醇的慢性升高可能导致大脑边缘区域受损。此外，压力和糖皮质醇激素会参与树突重塑和海马体的神经抑制，反复的压力可能导致认知功能失调。也就是说，长期高压的家庭环境不能鞭策孩子变好，反而会令孩子记忆和思考能力受损。[5]

焦虑、敌对和毁灭信心的环境无法得到一个充满自信的、内控的孩子。改变孩子，要从改变环境开始。首先，大人需要纠正自己的认知：孩子究竟是不是真的有能力但故意不做好呢？我们需要明白，不是只要发出命令，每个孩子就应该能够整齐划一地服从外部指令，就能按时发展出很好的前额叶控制与计划能力。面对必须完成作业的要求，面对老师的横向视角（老师所看到的是全班孩子在同一个时期内的表现），大人需要有意识地调整自己的心态。毕竟，身为家长，考量的维度是一个具体的孩子纵向的时间维度，家长要为孩子整个生命周期中的长远发展和幸福着想。因此，家长不应该与外部的横向硬性考核完全站在一条战线，将孩子放在对立面，和横向评价一起给孩子加倍施压。

家长的角色应该是缓冲地带，站在外部考核标准和具体的孩子之间，帮助孩子逐渐去适应学校的要求。家长首要做的，是运用来自人生经历和社会经验的全面认识和成年人的理性，控制情绪，过滤掉一部分外部压力。当务之急是给孩子更多爱和信任，让他从点滴日常做起，逐步建立信心。只有内心有爱和信任作为脚下的坚实大地，积聚起自我效能感的内心能量，孩子才有可能更好地完成作业，胜任学习的挑战。

在这个世界上，茫茫人海中，孩子所拥有的庇护所唯有父母。只有在相互信任和爱的基础上，让孩子感到自己被爱着，不会轻易地因为作业和成绩不好而失去父母的爱，才能消除对失败的恐惧。只有不再恐惧失败，人才能勇于面对挑战。

实验发现，受到母鼠关爱的小鼠在成年后呈现出更健康的行为。它们表现出更好的空间学习能力，恐惧行为也更少（更自信）。雄性会成为更好的父亲，雌性会成为更好的母亲，更懂得照顾自己的幼崽。如果母鼠经常给小鼠舔毛，这些小鼠会长成更"成功"的成年老鼠。母爱改变了调节压力行为和神经分泌反应的基因表现，令小鼠产生的压力荷尔蒙更少。长期暴露自压力荷尔蒙下，会损害大脑灰质。[6]最新的研究不支持羞辱和打击是有效的教育方式。如果人和社会的互动中产生的主要是羞耻感而不是积极的自尊，会对大脑和心理造成不利影响。[7]

只有先让孩子充分感到情感上的安全，在这个基础上，再给孩子一些时间管理和任务拆解方面的支持，以及本书后面会给出的具体学习方法，才能帮他度过前额叶发育无法追上学校要求所产生的这段"生长痛"。父母首先要相信孩子不是主观上作对，而是暂时能力不逮，就像学走路一样。小学时不能静下来写作业的孩子，不等于初中时还做不到，除非被太多的敌对情绪、被过多的压力所损伤。

人如何改变自己

主旨问题	关键词
知道了自我效能与内驱力，该如何做呢？	做到、最小行动、"我想要"

人格特质本就并非或有或无的二元区分，每个人的特质都处于渐变光谱的某个位置。即使是同一个人，在不同的场景中，也会展现不同程度的自我效能感。自我效能感和其他人格特质可以被持续的行为、反馈与习惯养成所塑造和改变。要想看到正向的改变，最有效的方式就是通过日常行为帮助学习者积聚自我效能感，培养内生的能力去应对挑战。下面是三种具体的操作方法。

1. 将做不到的事，转换为能做到的事

要想改变，需要根据学习者的最近学习区，调整预期，并制定合理目标。避免横向比较，避免制定超出学习者当前能力范围的目标。

舆论场上充斥着亲子教育磨难的画面。看到一类视频，家长教孩子跳绳，教得崩溃不已，觉得孩子无论如何都学不会。后来找了教练，孩子一学就会了。于是家长得出结论：跳绳是家长教不了的，孩子不能自主学会跳绳，必须找专业教练不可。其实，"学不会跳绳"视频中的孩子几乎没有小学生。年龄到了之后，可能不找教练也能学会。

每个孩子的发展都有差异，尤其是早期，个体差异很大。跳绳需要更好的手眼配合和身体协调，不同孩子在这些能力上的发育时间不一样。如果在孩子能力还没发展好的时候就要求他们做超出能力的事情，例如要求幼儿园阶段的孩子学会跳绳或轮滑这类对身体要求高的运动，不仅会花更多时间，而且效果还不好，家长却由此得出必须请专业教练、上专门培训班这样的结论。

比如，在婴儿还没准备好的时候就要求他学走路，可能要花几个月，孩子就是学不会。而等到一岁左右时，只需稍微尝试一两次，他很快就会走路了。少数孩子的大运动和协调能力发展较早，也许能在幼儿园中班就学会跳绳，但这并不意味着所有的幼儿园孩子都应该在这个阶段超前学会跳绳。

大人有时会心急，看到别人的孩子能做到，就认为自己的孩子也应该做到。如果做不到，就归结为孩子没天赋，必须上培训班。和跳绳一样，识字、阅读、计算等技能，在早期也存在比较大的个体差异。如果"一刀切"，不观察孩子本身的兴趣和能力，强行要求他们达到"别人"的程度，往往会导致焦虑、挫败和抗拒心理。

实际上，当学习者觉得某件事过于困难时，不妨考虑调整目标的内容和进度。适合其他人的目标，不一定适合自家孩子。先做一些令学习者当下感到有乐趣的项目，往往更符合他现在的发展需要。

2. 制定最小行动目标，坚持每日做功

任何一门系统知识都要靠一砖一瓦的概念搭建和长期积累。但是，对于人这种生物来说，除了吃饭睡觉之外，要想让他每天坚持做一件事，前提是这件事难度足够低、拆解足够细，否则基本不可能。

学习困难者，不论年龄段，基本都遵循外控型心理模式：不相信每日持续最小行动能够带来真实的巨大改变。在这种心理模式下，人们不会"舍近求远"，放弃眼前放着的快乐，选择为某个不确定的遥远未来去埋头苦干。这些人常常使用自我设限的语言，更热衷于给自己和他人贴标签，语言中高频出现"学渣""学霸""学酥"这类标签词。他们更喜欢消费情绪按摩类文章，有意无意地向外求证并自我强化，从而逃避改变自我的责任。

学习困难者的共性之一是很少关注任务的明确界定和任务拆解，也不注重每日记录、完成最小行动和规划学习路径。与之相反，成长型思维的人则不太在意外部的标签和评价，更注重任务拆解、日程规划、行为监控和复盘。他们真正能认识到，自己每一次的最小行动，即使没有立刻见效，也是在往前推进。

那么，如何将外控型心态转变成内控型心态呢？你需要暂时忘记一步登天的雄心壮志。制定足够小、可完成的目标，才能给你持续带来自我效能感，从而长期坚持。

人类最爱制定的目标之一就是减肥。以此为例，如果你的目标是遥远且庞大的"变瘦、变美"，那么到了午饭时间，你的行为大概率不会发生什么改变。因为这种遥远且模糊的目标，无法与唾手可得且实实在在的即时满足相抗衡。但是，如果将"变瘦、变美"这个大目标拆分为最小可执行单位，如"每月减两斤""每周跑步两次""每顿只吃半碗饭"，这些具体且可执行的目标会让你持续得到正反馈，从而长期坚持。

同理，对学习者说"你要认真写作业，好好学习，将来才能找到好工作，挣更多钱"，这样的目标遥远、模糊且难以量化，无法带来即时反馈，重复讲再多遍都无法改变他们当下的行为。但是，如果把大目标拆解为"每天刷10张字卡""每天读书半小时""每天解决3个数学问题"，这类清晰且可执行的小目标能立刻带来明确的反馈，就像动物每做一个动作就立刻得到一个食物奖励一样。这种即时反馈可以促使学习者立刻改变当下行为，并长期坚持。

每日记录有助于我们落地"最小行动"，这是执行力的要诀。人和小狗不一样，对于人来说，最好的正反馈并不是实物奖励，而是心理满足感。哪怕你只是列出待办事项，并将完成的任务勾掉，这就足以带来很大的心理满足，形成有力的正反馈。记录可以帮你对抗"一夜之间变好"的冲动和"一念之间放弃"的冲动。变外控为内控的关键，就是通过拆分最小可执行目标和持续记录，将偶然为之的努力变成长期稳固的行为。

自我改变的另一个大坑是，人们喜欢在心里树立一个抽象且遥远的"理想的人"的模板，拿它与真实的自己比较，结果频频灰心放弃。不如尝试画出一条今日最小行动的"底线"。只要完成了，就是一次胜利。要热情、真诚、无保留地赞赏学习者。

人们刚开始从事某项任务时，总忍不住对标最高目标。比如，看到了某个科学家的成长经历，就"希望我 / 孩子也能像他那么厉害"，于是花几万元买了大量的课程和书。结果，书读了不到两天就泄气了，"读书这么辛苦，好像没看到变化啊！"由于心目中总跟"理想"对标，往往忽视对眼前的具体努力给出赞赏和激励，总觉得学习者做得不够好。

陷入外控视角的典型心态，如"唉，我这个人 / 我的孩子可能真不是那块料，人与人天生就不一样"实际上，奖赏（成就感、美好的自我感受）应该对标的尺度是每日最小目标，而不是抽象遥远的终极"完美"模板。如果你永远以遥远抽象的"完美的人"为理想模板，比如别人家的孩子如何如何、我小时候如何如何、完美学习者应该怎样，用理想模板去对标眼前真实具体的学习者，他会永远得不到正反馈，从而陷入外控视角，过早放弃努力，熬不过知识的原始积累期。

对标心目中的完美模板，过早放弃，陷入行动泥潭的人类行为模式比比皆是。2019 年诺贝尔经济学奖得主在《贫穷的本质》中讲到，穷人难以走出贫穷陷阱原因之一是他们总是有一个理想模板，订立不明确的目标。发现无法立刻达成之后，他们就会放弃存钱的目标，而选择眼前能立刻带来"情绪价值"的非必要开支。

第 3 章学习五元素将介绍兔子模式和乌龟模式。兔子模式就是一次次追求过高的目标，然后一次次轻易放弃，也就是一曝十寒式学习；而乌龟模式则是每天稳步追求最小行动，持续匀速进行，是每日做工式学习。我们应该关注的是眼前具体真实的个人，而不是抽象的完美模板的假人；我们应该立刻赞赏和充分认可今天做出的真实的较小努力，而不是对标遥远未来的宏大结果。

3. 变"你必须"为"我想要"——二分教，八分练

教育，不应该以他人的意志取消学习者的个人意志，不应该以铁腕般的手段击打揉捏出一个柔软顺从的学习者，从而灌输和模压知识。如果一方面要求学习者令出必行，唯唯诺诺，一方面又希望他们有内驱力，自发渴求去认识世界改变世界，热爱学习，这是自相矛盾，自我挫败的。

从可以试错的小事开始，让学习者学会如何自己去发现目标、界定问题，并为自己的决定负责。这样，一个人逐渐学会掌控自己的恐惧感和挫败感，学会迎难而上，最终达到目标。

强迫式灌输，即使学习者现在服从，看似有所改善，但还是会破坏内在学习动机。因为外力强迫的代价是压抑甚至消灭学习者的"自我"。如果学习内容是被外界强加的，即使它本身是好的，也无法让人获得满足感。

著名心理学家塞利格曼给自己的女儿展示过一个实验：一个人每天都会自然地分泌并吞咽口水，数量多达 1.5 升，但并不会有不适感。他让女儿把口水吐在水杯里，即使仍然是自己的口水，再喝下去就会觉得恶心。[8] 在现实中，孩子喜欢涂鸦、唱歌、玩乐器和体育运动，家长看到后就把孩子送去培训班正式上课，结果孩子很快就失去兴趣，不再像之前那样自发地沉浸地玩耍，甚至再也不想碰这个项目。这就是强迫式灌输的真实后果。

有的学习者感到上课有压迫感，原因也与之类似。学习者需要在课外有自发整合知识的机会，把被灌输的内容、外部输入的信息整合为思维中自主且有序的知识。自主的想象是自我与世界的交互界面。孩子需要想象和整合的空间，而不是所有时间都被安排得满满当当，从早到晚被灌入知识。苏联教育家苏霍姆林斯基在《把整颗心献给孩子》中讲到，教育不应当以管束孩子为目的，而应当尊重和激发孩子内心的求知欲：

如果你像对待囚鸟一样将幼儿的注意力紧紧地抓住，那它是不会好好帮你的。

有那么一些教师，把在课堂上让孩子"始终处于精神紧张的状态"当作自己的成就。这通常是通过那些控制儿童注意力的外部因素实现的：频繁提醒（注意听讲）；从一种活动迅速转向另一种活动……

乍一看，这些方法产生了一种积极进行脑力劳动的印象：上课形式像万花筒一样千变万化，孩子们聚精会神地听着老师讲的每一句话，教室里气氛紧张，一片寂静。但是这一切实现的代价是什么？会导致什么后果呢？为了集中注意力、不错过任何内容而一直处于精神紧张的状态（但是这个年龄的学生还不能强迫自己专心致志），会导致神经系统极端疲惫，引起神经衰弱和神经不安。课堂上不浪费一分钟、一瞬间，一直让学生积极进行脑力劳动——在育人这么细致微妙的事情上，还有比这更愚蠢的做法吗？教师在工作中抱着这样的目的，简直就是要榨干孩子们的一切。上完这种"卓有成效"的课之后，孩子们疲惫不堪地回到家。他们很容易发怒、激动。本应好好休息，但他还有作业，于是一看到装着书和笔记本的书包，他心里就会厌烦……

不，绝对不能以这种代价来换取孩子们的注意力、让孩子们聚精会神进行积极的脑力劳动。学生，尤其是小学生的脑力和神经能量并不是一口无底的井，可以取之不尽用之不竭。从这口井中打水需要动脑筋，要非常谨慎，最重要的是，必须不断地给孩子补充神经能量的来源。而补充的来源就是观察周围世界的事物和现象，让他们到大自然中生活，出于兴趣和求知欲进行阅读，而不是因为害怕老师提问才去阅读，还有到生动的思想和语言的源头去"旅行"等。

如果外界涌入的要记住的结论性知识过多，形式过于机械（高效），要求过于严格（追求完美），反而容易浇灭孩子从内在涌出的想象力，阻碍他们活泼好动的积极创造，影响他们自我整合知识的愿望和能力。在外部知识涌入的同时，孩子总是需要一个空间，用他们的想象去自我整合所输入的内容。苏霍姆林斯基还提到，在他们的"故事课堂"里，老师与孩子们"一人一个故事"，孩子们不但不会无话可讲，反而展露出令大人吃惊的想象力和洞察力。允许学习者自主输出，他们会更用心倾听他人所讲的内容，达到更深的理解。

给学习者留出空间，类似于俗话说的"二分教，八分练"。学习者课外需要相当于八分比例的自主尝试和强化，这是"二分教"的课内教学能否成功的关键。以语言教学为例，苏霍姆林斯基在书中讲到他的学校如何注重激发孩子们的自主性。在"一人一个故事"环节，教育者不是唯一的"宣讲者"，而也在聆听孩子们编出来的故事。他感受到，32 个孩子，就有 32 个独立的灵魂和精神世界。

我在我家"小白鼠"身上也观察到允许学习者自发输出的功效。我发现，孩子的自主整合，哪怕再初级、不成熟、不完美，都是保持学习热情的关键。通过自发自主的想象，儿童以自己的方式对所学的知识进行了深度编码，这是大脑内在学习机制的自然体现。

"脑子故事"里的小人族

例如，小树从科普读物里读到生物的特征靠基因编码来代际遗传，而突变进一步塑造了生物多样性。白天读到这些知识，晚上她就将其重组整合进自己的"脑子故事"里：最初，一颗荒芜的行星上什么也没有，只有海洋和云朵。云朵族不断编程，创造出众多不同种类的生物基因，使多样的生物遍布海洋。云朵族在编程时经历了各种狂野的想象，但发现并非所有的编程结果都能存活下来，于是云朵族不断推出新的基因设计，在环境中不断实验，无法生存的生物被淘汰，而可以生存的种类最终遍布大地。

还有一次，小树从知识视频里看到动物瞳孔的不同形状与其生存方式有关。食草动物要防备掠食者，需要宽广的视野，因此瞳孔是横着的。而掠食者如猫科动物和蛇为了更准确地聚焦定位，瞳孔是竖线状的。于是，她的故事也发生了相应的改变。看视频之前，原始族群的瞳孔是桃心形的，因为她觉得这样很可爱。看了视频后，星球上演化出了几个新族群：竖瞳孔的族群长于狩猎，圆瞳孔的族群长于智慧，横瞳孔的族群擅长奔跑跳跃，是体育健将。

当她从工程类书籍和积木里学到齿轮和杠杆原理时，这些知识又被整合进"脑子故事"里。星球上的几个文明建造出大陆架城市，设计出潮汐闸门，既不会被人类发现，可以完美地与人类共存，又可以防止海水灌入。

当时我还没有读过苏霍姆林斯基的书，但我也没有从大人视角去评判她故事中矛盾和疏忽之处。相反，我只对具体细节提问，希望她讲得更清楚。几年间，我逐渐看到孩子的"脑子故事"不断成长，从仅有对城市工程和大致情节的抽象骨架，逐渐生长出血肉。比如，读了《三国演义》这样的人文内容后，她的故事里开始出现角色，具有不同的个性、情感和冲突。

我很认同苏霍姆林斯基的观察，孩子们之所以愿意发挥想象力，把自己的"脑子故事"讲给大人听，是因为他们知道自己很安全，知道自己的想法不会以"好坏""有用无用"的标准被评判，也不会被打上三六九等的等级分数。这样，学习者才能持续地整合输出，乐在其中。

上小学后，孩子有了语文课，开始正式识字。学习写字后，她能把自己的"脑子故事"写到纸上，一周就能写出 8000 字的故事。这相当于学习者自己课外的"八分练"。自主输出的丰富模式，使得识字、写字、阅读等语文教学内容不再仅仅是"听写"和"考试"，不再只为分数而存在。这些教学内容对她自己有意义，她发自内心渴望去学，产生了希望能学更多、学更好的内驱力。

"二分教，八分练"，当然不是说必须避开系统知识和正规训练才能保持乐趣，而是强调施加于学习者的"你必须"的内容不能淹没内在的"我想学"的自我意志。这二者需要相互配合，达成良性平衡。

除了上课所教内容，学习者还需大量有趣、多样的输入和反馈，以及大量自主搭建、探索的输出尝试，才能充分吸收"二分教"的内容。比如音乐和体育训练，除了每周一节的正式课程，课后还需要放松愉快、各种方式的自主尝试，即非正式地、自由地"玩"起来。

英文的"play"一词，同时包括了演奏、打球、下棋、玩耍等多重含义，而统一的核心含义是"自主操作"。"玩"意味着沉浸其中，自然欲罢不能，学习者本人忍不住反反复复去做，并由本人根据反馈自主做出调适。在"玩"中，学习者进行了大量的非正式练习、重组和内化。由于乐在其中，学习者更容易达到"习得"程度所必备的较大练习量。比如在数学和科学知识的学习中，除了书本上的概念，还需要大量的日常观察、丰富模式的信息收集、动手做、思考和讨论，避免"小和尚念经，有口无心"，实现真实的"八分练"。

对于年龄更大的学习者，如中学生、大学生和成年人，知识的主要载体是文字。那么，对于各种知识领域，"八分练"的最好方式是写作。用第 7 章所讲的阅读理解五步法和三级笔记法，将搜集到的重要资料，如教材、著作、论文，转变成自己能够费曼的三级笔记，并通过明辨式思维框架，形成自己的文章，在写作中完成知识的深度理解、重组和创造性思考。

如果一个项目只有在上课时才学和练，或者只为老师考察或考试而练，只练上课的内容，那么学习者很难形成内驱力。现在的孩子往往尝试了过多的课外"兴趣班"，盘点一下，能真正坚持下来的项目往往是在课外得到充分"玩耍"的项目。也许这个项目家长自己也喜欢，日常会带着孩子一起玩，比如楼下有篮球场，家长自己就爱打球，每天愿意带孩子一起打球；也许是资源非常丰富和方便获得，比如家长自己就很喜欢音乐，每天家里都播放各种音乐，习惯定期听音乐会，家长自己也练乐器，自己经常琢磨，也经常跟孩子聊这个话题。这样的项目常常是可持续的。其中体现的规律就是，如果能在课堂之外给孩子更多自主性去大量输入和大量尝试，就越能充分发挥学习者的自主性，这些学习项目也更容易走上内驱的、长久的轨道。

玩耍是件正经事

主旨问题	关键词
除了读书做题，孩子做其他事情都是浪费时间吗？	自发玩耍定义、社会智能、认知发展、原始脑和智慧脑的关系

儿童需要自由玩耍，才能发展智慧脑与社会脑

一位学员说："我和娃经常去的就是书店，户外活动之类的好久都不进行了，因为作业都写不完，会拖到很晚，什么都干不了。"

这反映出一个十分常见的问题：孩子的日程中几乎没有自由玩耍的空间。这造成了一个负面的强化回路——孩子越是没有学习动力，写作业越磨蹭，学习效率越低下，于是越没有时间玩耍；而孩子越没时间玩耍，学习动力越不足，作业写得越慢。

学习问题还在其次，心理健康问题是更严重的。《中国国民心理健康发展报告（2019—2020）》显示，2020 年青少年抑郁检出率为 24.6%，其中重度抑郁的检出率为 7.4%。2020 年 9 月，国家卫健委明确强调，需要加大对青少年抑郁症的预防和干预力度。研究数据显示，青少年的自杀率要比成人高出近 3 倍，且大约 60% 的青少年自杀事件与抑郁症有关。

不久以前，我们的舆论场中还没有"社恐""躺平""宅男"这样的概念。最近十年，结婚率近乎腰斩，经济因素也许并非唯一原因，可能这只是成年人普遍存在亲密关系困难的症状之一。直到念大学，许多家长仍然期待延续小学时的家长群机制，要求辅导员细致入微地照顾大学生，好像他们还是小学生。近年来，高分名校精英的极端案件频发，虽然占比不高，但也是冰山一角。这些社会现象反映出一种教育模式——我们这个社会过度注重知识智能，但忽视了社会智能的发展。如果"亲社会性"得不到发展，一个人会像失群的孤禽，人生意义的充盈和实现幸福的期待会变得暗淡。

个体的社会智能无法靠增加一门课、背诵更多的书本道理来学习。从儿童期开始发展的社会智能，需要孩子在群体中自主、自发、自由的玩耍才能良好发展。然而，幼儿园小学化，幼小衔接普及化，家长也普遍希望幼儿园阶段能"多学知识"，给小龄幼儿提前进行正式的课堂授课和做题。全国范围内，课间活动普遍被取消，孩子们只能待在教室里，甚至在课桌前乖乖等待下一节课的开始，然后继续端坐在课桌前。放学后，孩子们各自回家，没机会聚在一起玩耍，因为各自都有课外培训班，都要早早回家写作业。这样的日程安排，哪里来的空间去自由玩耍，发展社会智能呢？

和学员互动时，我从大量提问与交流中发现一个共同特征：孩子的日程安排里没有自发玩耍。学校的作业量大，甚至没有课间活动。回到家，父母也继续为完成作业而焦虑。周末和假期，家长也希望孩子不要"瞎玩"，而是把"最关键的寒假/暑假"用在学习上。一到寒暑假，自媒体不约而同开始煽动假期焦虑，孩子们要么赶超别人，要么被人弯道超车，于是，孩子们的假期又被安排得满满当当。即使是没有作业的学龄前幼儿也不能"幸免"——在自媒体的"教育"下，父母也忍不住常常担忧孩子的玩耍是浪费时间，担心玩得不对，玩得不高效，玩得缺乏教育意义。家长总担心，是不是应该把时间用在阅读和玩数学游戏等目的性更明确的、经过大人精心设计的、"有教育意义"的活动中。

"有教育意义"的娱乐活动和自由玩耍的区别是什么？首先，定义一下什么是"玩耍"：

- 玩耍是没有目的性的。它仅仅为了玩耍本身的愉悦而存在，没有什么"寓教于乐"的教育意义。
- 玩耍是自适应的。不同于大人提前设计好并监控进度、难度与内容的娱乐活动，真正的玩耍是儿童自发进行、自主决定内容的。
- 玩耍是对成人世界的活动的某种模仿。比如打仗游戏（追逐打闹、寻求联盟），角色扮演（"开公司""探险""过家家"）。
- 儿童的自发玩耍常常是重复的，但每次重复总有丰富的细节变化。对比之下，成人设计的游戏是定型的，缺乏灵活性。
- 玩耍是儿童良好状态的指征。只有身体健康、营养良好、休息良好、处于放松而没有过大压力的状态，儿童才会自发玩耍。[9]

所有具有学习能力的动物在幼年时期都会玩耍。玩耍时，大脑的探索欲望回路会被强烈激活。这表明，幼年动物在自由玩耍时，正在发展探索系统。自由玩耍对构建高阶脑区有非常重要的影响。在玩耍中，脑皮层等高阶脑区学会倾听来自更原始脑区的信息，从而使幼年的动物发展社会智能；在智识上，成为具有探索和好奇的热情与创造力的成年个体。

自由玩耍与社会智能

一个人离开学校后，分数就不再是一切。一个健全的幸福的人生，以及几乎所有的工作，都需要一个人具备与人打交道的社会智能。高级的社会智能包括：

- 善于识人。能够辨别哪些人是可以与之合作的，能够寻求联盟，知道应该避开哪些人；
- 知道哪种情况意味着自己处于支配地位，能够利用支配地位与他人交互，知道哪些情况下自己应当服从和接受失败，知道如何优雅地撤退（而不是一味退缩或者一味用强力和极端行为要求他人服从）；

- 接纳和做好准备迎接生活中的不确定性和不尽人意之处；
- 理解他人的思想、意图和动机；
- 社会智能使一个人在家庭之外获得独立运转能力，并感受到自我决定的能力和胜任的快乐，这也是内驱力的基础。[10]

儿童在自发的追逐打闹、寻找同好、结成同盟、处理各种小小的"危机"与不确定性时，能够发展出这些高级的社会智能。强壮高大的孩子可能会发现，如果自己打别人永远赢，就会失去所有的朋友，而体验友情和被群体接纳的快乐才是最宝贵的，于是他有时宁愿示弱来赢得朋友；而瘦小的孩子为了赢得友谊，可能需要突破羞怯，探索自己的特点，并将其发展为共情与策略等强项。

同时，自由玩耍的愉悦意味着孩子的大脑在玩耍中产生了更多的健康多巴胺，这使他更加快乐且自信。在充分的嬉戏竞争中，孩子的内心逐渐变得强大，并最终越来越多地获得成功。对比之下，长期缺乏自由玩耍和同辈社交的孩子，面对人际交往活动会产生巨大的不安全感和退缩感，未来在社交中更可能失败。

小时候越少玩耍、越少体验自由嬉戏快乐的孩子，未来越可能陷入"社恐"。被剥夺嬉戏的幼年动物，会恐惧复杂多变的社交场景，并更有攻击性。这些动物在社交中也更易怒，更缺乏创造性。而经常自由玩耍嬉戏的动物会花更多时间跟其他动物待在一起，并且更有吸引力。自由玩耍能为孩子打开理解他人和认识自己的路径，产生亲社会的倾向，减低未来"社恐"的发生概率。

自由玩耍与认知发展

自由玩耍对认知发展同样非常关键。学习的本质是预测能力，即如何读取相关信息和迹象，预测未来会发生什么。在自由玩耍中，孩子学会让非理性的情感与理性的决策和知识相协调。在自主的同伴交往中，孩子学会情绪与理性的对话，指导自己做出合理的行为。如果一直被大人严密管束，孩子就很难学会情感与理性的自我对话。

学习的另一个核心过程是学会激活和引导自己的注意力。成年人的世界里，很多人从事着富有挑战性的工作，例如运动员、消防员、科学家和外科医生等，他们需要在认知、情绪和体力上付出艰苦卓绝的努力。那么，是什么驱使人们去从事那些艰难的事业？

物质奖励带来的满足感会迅速衰减，真正的内驱力来自探索的愉悦。对攀岩运动员来说，快乐来自寻找下一个落脚点，对工程师和医生等专业人士来说，愉悦来自找到下一个问题的根源和解决方案。探索的原始本能使他们高度集中注意力，满足探索欲的快乐使他们战胜艰辛和危险。

但是，顽强追求探索欲满足的种子是在儿童期种下的，是在儿童热忱地投入玩耍时种下的。满足探索欲会激活快感，专注手头目标会产生快乐，一个人强烈的自我意识从这些活动中生长出来："我有一个目标，我这样做就能成！"这种原始的驱动力首先驱使儿童积极快乐地玩耍，之后驱使少年持久专注地求解数学谜题，然后又驱使成年人对事业充满热忱，对生活充满热爱。

自由玩耍如何促进智慧脑发育？其原理是，玩耍能充分唤醒大脑中原始的情绪系统，引发脑内神经网络的大规模放电，促进海马体等脑区的发展成熟。

海马体是产生长期记忆、创造知识的关键脑区，也是抑郁症患者表现出损伤的脑区，自由玩耍可以修复被压力损伤的脑区，扭转抑郁。

此外，自由玩耍还能改善前额叶执行功能。孩子在玩耍中会灵活想出各种点子，创造出玩耍的条件和乐趣，并解决玩耍中出现的各种不可预测的问题。这个过程会促进大脑对新信息的吸收和处理，提升思维的灵活性和创造性。前额叶是高级思维、制订计划、集中注意力以及执行力的大脑中枢，需要经过漫长的发育过程，直到30岁左右才能发展成熟。儿童注意力短暂、容易冲动和不服从，往往不是孩子主观上不听话，而是因为前额叶发育不完善。自由玩耍带来的兴奋和愉快会激活大脑的积极情感通路，刺激胰岛素样生长因子（IGF-1）分泌，促进大脑的生长发育。

积极的玩耍体验甚至能改变表观遗传，在新皮层中引起高度活跃的代谢，有效促进新皮层更好生长。[11] 在近期的一项全脑基因表达分析中，科学家评估了共1200个位于额叶皮质区的基因，其中有三分之一会被修改。

自由玩耍的快乐能引起大脑的深刻变化，促进大脑生长和成熟。[12] 对比之下，希望孩子只做"有用的事"，将孩子所有的空闲时间都用"知识教学"填满，无异于揠苗助长。

长期剥夺儿童的自由玩耍，其快乐和自主玩耍的本能会被压抑并导致紊乱，这是造成多动症（注意力缺陷多动障碍，ADHD）的原因之一。此外，家长们普遍抱怨孩子无法集中注意力完成作业、对学习重度拖延和倦怠。询问之下，往往发现这些孩子的日程中缺乏无目的的自由玩耍"留白"。

压抑孩子的"动物性"以使其走向"文明"，这一观念需要被重新审视。实际上，充足的自由玩耍非但不是"动物性"的，反而有助于减少孩子的冲动行为，降低其攻击性。人的病理性冲动和暴力倾向，往往可以追溯到其童年时玩耍的剥夺。

如果在作业和培训班之外，每天能给孩子至少30分钟时间让他们尽情欢笑，与小伙伴追逐打闹、"无意义地瞎玩"，或许能满足、释放孩子已经压抑了一整天的玩耍需求。满足玩耍需求之后的学习，状态和效率会大不一样。

玩耍能给孩子带来知识智能、社会智能和人格方面的收益，并让其受益终身。因为偶尔的磕碰事故或更高效的应试灌输而限制儿童的自由玩耍，那无异于因噎废食。

除了天生的学习结构，人类大脑还有着探索和玩耍的本能，情感脑比理性脑要古老千百万年。这些古老的大脑架构与人类演化出的高阶思维和认知能力进行沟通和调节，帮助孩子学会如何唤起注意力并全神贯注，如何整合出高度统合的意识，并为将来更高阶的学习任务做好准备。

自由玩耍不是"没用"的胡闹，而是大脑必需的生长营养。它一方面培养未来亲社会、团结他人、发挥创造力的社会智能，另一方面也是未来推动学业进步的内驱力的基础。

自由玩耍是孩子的正经事，是每个孩子生来就享有的权利与自由。

2.3 理性大脑的情感燃料

主旨问题	关键词
为什么人做题会犯 2+2=5 这样的错误？仅仅是因为粗心吗？	大脑算力与特点、默认直觉模式、高耗能理性模式、预期与注意力分配、价值偏好、非逻辑关联、深度编码、知识之网

本节我们来思考一个常见的问题，它不仅出现在儿童身上，成年人也经常遇到：为什么明明很简单、早就会了的知识，一做题、一实践却总是出错呢？父母在辅导作业时情绪崩溃，这已经成了互联网上的文化模因。其实，不只是孩子，成年人甚至高学历者，只要学习和思考，都会出现这种情况。这一节，我们探讨一下所谓"粗心"问题，是否真的因为学习者态度不认真或者脑子笨。

这种现象具有更深层的生物根源。我们不能期待一个学习者的大脑可以成

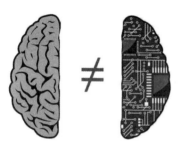

人脑＝一坨脂肪，计算机＝狂拽酷炫？不，每个人的大脑都是一颗智慧星球

为像计算机一样始终稳定如一的"思考机器"：只需设置好算法（运算规则），再输入数据，就能稳定输出正确答案。如果对人类抱着这样的期待，注定会陷入不断的失望和焦虑。

作为生物器官的大脑，虽然和计算机一样是信息处理系统，但它有自己独特的运行条件和需要。

大脑不是计算机

首先，大脑绝对不弱。我们可能觉得人脑不过是由一些细胞构成的器官，在人工智能高歌猛进的美丽新世界里，人体器官和高科技的计算机没法比。然而，作为自然演化王冠上最耀眼的珠宝，大脑寻找到了一个突破生物制约的出路。冯·诺依曼说："大脑的出色能力来自 1000 亿个神经元可以同时处理信息，因此视觉皮质只需要 3 到 4 个神经循环就能做出复杂的视觉判断。"[13] 尽管大脑

的电化学交换速度只有今天数字电路的千万分之一，但它却实现了极大的算力。大脑的并行模式解释了为什么你有时候觉得自己瞬间就能做出一个决定，得到一个全景式的认识。艺术家讲究灵感和直觉，但即使是数学家在谈论自己的思考过程时，也会提到直觉和灵感先指出方向，再去进行论证。

大脑迅速做出的全景式、跳跃式的关联思考，不完全是一种比喻，而是大脑运算能力的体现。卡耐基·梅隆大学机器人研究院首席研究员汉斯·莫维克（Hans Moravec）指出，人脑的算力大概在 100 teraflops，也就是每秒能运行 100 万亿次浮点运算。因为人脑有 1000 亿个神经元，每个神经元有 1000 至 10000 个联结，而每个联结每秒能进行约 200 次计算。然而，超级计算机（以 ASCI Purple 为例）的体积很大，由 197 台电冰箱那么大的箱子组成，占地 799 平方米（两个篮球场那么大），重达 197 吨。相比之下，人脑的平均体积却只有 1100 至 1200 立方厘米，重量约为 3 斤，相当于一个小号西蓝花的大小。[14]

一个棒球手拿到球，决定把球扔到一垒而不是二垒。这种决策在人的大脑中不到一秒，只燃烧了几个卡路里的葡萄糖就完成了，相当于点亮一个灯泡所需的能量，而计算机要做出同样的计算，需要数千个处理器同时工作，并消耗 25 兆瓦的能量，是大脑耗能的 100 万倍。

能量消耗

战争成败拼后勤，生物生存靠能量。作为生物器官，人脑不同于计算机的第一点：大脑有快慢两种模式来帮助节能。一种是较为原始的、低耗能的节能模式，基于反射和发散式关联，确保在熟悉的场景和任务下快速做出反应。这种快速的模式提取和反应能力在有神经系统的生物中普遍存在；另一种是高耗能的理性模式，处理知识和逻辑，需要高度集中的注意力。理性能力是演化上新出现的，用于处理新场景和新任务，从而灵活判断并进行后天学习。简单来说，大脑只在值得花能量的地方仔细思考，而在不值得思考的地方会运行依赖直觉与反射的快速模式。

计算机的设计初衷决定了它只要插上电，就能稳定执行各项指令。但我们的生物大脑没有人为设计，作为数百万年进化的产物，其首要目的是维系生命的存续，满足生存的需要，而不是在所有场景下都追求最高程度的算力和准确性。对比之下，计算机无须考虑自己的身体存续问题，它只运行给定的任务，从不用操心如何节约能量，也不需要在猛兽扑过来或者捕猎时调动全部算力。

人脑是自然的奇迹，其结构如宇宙般复杂，而我们对它的了解才刚刚开始。相对于构建人工智能体，如何释放人类大脑的潜力，去除阻碍人类心智发展的因素同样值得研究：为什么拥有宇宙奇迹般大脑的人类宁肯挨训、拖延、磨蹭，也不想按部就班地完成自己知道该做的学习和工作？为什么人们宁肯吃苦流汗辛苦劳作，也不愿意动脑子改进流程以减少劳苦？为什么人们能不动脑子就尽可能不动脑子？

大脑能耗问题能解释人的许多行为偏好。毕竟，大脑虽然只占身体 2% 的重量，却消耗了全身 20% 的能量，而儿童的大脑能耗比例比成年人更高。也许这可以解释为什么孩子放学回来后不能第一时间完成作业，而是要先玩一会。不论父母怎么唠叨，孩子放学后的作业效率总是很低，需要先进行"报复性玩耍"。原因很简单：在学校待了一天后，孩子已经使用了一整天的控制力，控制自己安静坐好，集中注意力上课，服从各种指令，这些活动都属于高耗能的理性模式。就像大人上了一天班，下班之后需要先吃饭、购物、报复性"刷剧"玩手机，然后才有可能打开电脑再干点活或学习充电（这已经很不容易了）。疲惫和饥饿使人无法再继续支持高耗能的理性模式来集中注意力完成作业。

不仅是孩子，成年人的思考和判断也受大脑能耗模式影响。《美国科学院学报》上刊登的一个实验就展示了这一现象。被试是 8 位保释官，他们每天的工作是审核保释申请，每份申请平均只有 6 分钟阅读和评审时间，保释申请的平均通过率为 35%。心理学家发现，每次用餐后的申请批准率会提升到 65%，但在下一次用餐前的 2 小时内，批准率会稳步下降，直到用餐前，也就是保释官最饿的时候，批准率会降到零。疲劳和饥饿会影响大脑的理性判断力，因为理性和逻辑思考需要消耗更多的能量。

所以，建议孩子放学后先休息、吃饭和自由玩耍，给心理和身体充电后再学习。学习时，最好优先完成新知识点和难度较高的学习任务，确保最充沛的电量用于最耗能的任务。

偷懒模式

人脑不同于计算机的第二点：大脑会在自身没意识到的情况下，自作主张地运行偷懒模式。

理性一不留神，大脑就自动运行了节能模式。能否得出正确答案，很多时候不是取决于理性脑是否知道该知识点，而是能否克服节能模式对理性模式的干扰。比如，问小朋友"一艘船上有一只 5 岁的狗和一只 20 岁的乌龟，请问船长几岁了？"看看孩子是否会开心地回答：25 岁了！是孩子笨吗？并不是。负责理性和计划能力

大脑的偷懒模式

的前额叶，要到青春期结束才发育完全，所以儿童更不善于排除无关信息的干扰，因此更经常不自觉上线节能模式，脱口而出直观但错误的答案。

这种情况并非仅限于孩子，成年人，甚至学霸也是如此。除非做出特别的努力，否则大脑会默认运行偷懒模式。在卡尼曼的《思考，快与慢》[15] 中，他用一道题测试大学生："球拍和球一共 1.10 美元，球拍比球贵 1 美元，请问球多少钱？"大学生们会脱口而出："0.1 美元"。但是，在给出答案前，如果理性脑上线，稍加计算就会知道并非如此（正确答案是球的价格为 0.05 美元）。卡尼曼团队拿这道题测试了上万名美国大学生，在哈佛、麻省理工和普林斯顿，50% 以上的学生答错了，在其他学校，答错率超过 80%。

无法排除错误直觉的冲动，俗称"粗心"，这并非儿童的专利，更不能统统归结为儿童态度不认真。我们的大脑和计算机不同，它会在意识没发现的时候，自动上线直觉节能模式。大脑觉得，如果可以直接蹦出一个答案，那干嘛还要费力地去比对条件和结论呢？

理性自以为一切尽在掌握，其实直觉早就冲到前面了。

价值偏好

人脑不同于计算机的第三点：大脑不断产生预期，并且有价值偏好，它更愿意思考自己喜欢或熟悉的事情。

计算机，不论你骂它还是鼓励它，不论它思考的是另一台美丽的计算机，还是计算下水管道直径，计算机都能同样高效地给出答案，耗电量不会有差异。但人脑不是计算机。人的理性系统受到直觉系统的强烈影响，甚至是支配。大脑会将稀缺的注意力资源分配给爱情和食物，会被喜爱、恐惧、预期和熟悉度等非理性因素支配。

预期内的、熟悉的、自信的、感到对自己有意义的事情，会无意间得到更多的注意力资源，大脑更易于运行理性系统。而预期之外的、陌生的、引发恐惧的、被直觉系统判定为无意义或不值得渴望的事物，则不值得启动昂贵的理性系统。如果强行投入注意力，强行上线理性耗能系统，就会需要大量的意志力。

什么东西是我们所喜爱和渴望的？我们的价值偏好不仅来源于进化，也部分来自条件反射。这是我们原始脑的重要机制，已有数百万年的历史。

比如，青蛙、蜥蜴和人类共有的延髓（medulla oblangata），可以在无须意识参与的情况下控制心脏速率、呼吸、血压，以及呕吐反应。理性国王认为好的、重要的事情，原始的部落臣民也许不这么认为，于是，理性国王便无法完全自主调拨注意力。例如，人在生病恶心的时候吃了一种食物，后来每次闻到那种食物都会感到恶心。虽然理智上完全清楚不是这种食物导致自己生病，但身体仍然不受控制地对这种食物产生恶心和厌恶的感受。

条件反射是非常强大的生物机制。比如，如果一个小孩每次做数学、写作业或练琴都伴随着父母的大量的情绪化打压和批评，学习者就会体验到很大的情绪压力，有的人甚至会感到轻微的胃部恶心。以后再做这些事时，即使施压者没在身边，身体也会自动关联到失败和紧张的感觉，伴随着恶心想吐，于是，孩子会逐渐厌恶写作业。

人本能地厌恶一切令自己感到恐惧、痛苦、眩晕和恶心的事物。如果这些事物还需要更多的努力思考，那大脑运行理性模式的代价就更高了。如果孩子平时玩耍时头脑灵活，但一见到数学、英语或语文任务就大脑宕机，很可能是因为他在这些任务上经历了太多情绪压力，建立了恐惧反射。如神经科学家迪昂所说："恐惧数学的孩子无法学会哪怕最简单的数学概念。"[16] 在孩子遇到困难的时候，父母继续施加压力，只能适得其反。

反之亦然，大脑思考什么毫不费力？那些我喜欢的事物，和我喜欢的人喜欢的事物。如果学习伴随着大量沉浸式输入、大量接触经验、过程令人兴奋，且得到社会性奖赏，比如拆解任务为更小的行动和成就，并伴随着父母的关注、接纳和肯定，那么这项学习任务就会成为值得渴望的事。

反射与关联

快速直觉系统的特点，除了反射，还有关联。

即使是大人自己，也常常受原始脑和简易模式的操控。我们可以观察下自己或者队友每次到底是怎么"黑化"的，如何从决心不生气到不由自主的怒吼，这中间到底发生了什么？如果记不得，可以录音并事后分析。你会发现，自己在生气时的语句往往呈现非理性的发散式联想，这是大脑节能模式的典型表现。

我们明明下决心不再焦虑，不再数落孩子，对孩子多加鼓励，可最后，一个没忍住，突然发现自己又在大喊大叫了。因为，在我们没有意识到的情况下，直觉系统已经取代了理性系统，将"这么简单的知识讲半天都理解不了"的挫折，闪电般地、跳跃性地关联到"孩子不聪明，什么都学不会，就是没出息，一辈子都完了…"这种过于绝对、缺乏根据的论断上，完全脱离客观事实。从"明明会的啊！怎么还做错！"联想到"这孩子就是干啥都不认真"，再联想到"这是故意气我，我为你付出了这么多，我为了你放弃了事业！长胖30斤！换来了什么？我的人生完了！"这些都是直觉系统的绝对化判断。

这些"前提"和"推论"之间，缺乏符合事实和逻辑的联系，过分夸大，过于绝对。恐惧启动的原始直觉系统就这样操纵了你，废掉了你的理性系统。大人自己的理性模式时常宕机，频繁上线原始简易的冲动模式，却要求孩子的脑子一直运行精确、艰难、慢速的理性模式，这好像不太公平啊！

如果我们能看到，自己的理性国王，也不过一直骑在一头原始野兽上，经常不受控制地狼奔豕突，或许事情就不会如此拧巴。帮助孩子认识、驯服并驾驭他的小野兽，我们也有机会顺便认识自己，去理解，去宽容，去驾驭自己的野兽。

如何改变

那么，如何改变？靠学习。而学习的魔法是积累。

具体来说，积累什么呢？就是把直觉模式中的内容，先用理性模式慢速分析和反思；将一个领域的所有相关内容搞熟搞透，直到它们变成可以被节能模式处理好的任务。学的越多，会的越多，大脑运行越省力，越节能。

当我们学习时，我们就是在把自动化、无意识的认识和行为，变成有意识、可反思和可调整的判断和行为。阅读理解五步法、明辨式思维等分析工具都是为了抑制直觉系统直接跳到结论的倾向，不再依赖联想和反射，迫使你慢下来，仔细分析和思考每一步，使理性系统上线。

为什么要刻意经过理性模式来慢速处理呢？

有个人讲述自己买房的经历。他做了许多研究，建立了囊括地段、学区、房屋装修成本、升值潜力等各项指标的量表。花了一两年，辛辛苦苦看了近百套房子都不满意，有一天却突然当场买下了一套地段、学区和房屋状况都很一般的房子。他自己也很纳闷：为什么这次这么当机立断？为什么是这套房子？直到他住进去一段时间之后，某天下午，阳光打在地板上，他突然发现，这套房的地板和自己小时候的家一模一样。

这就是典型的直觉模式运行。直觉模式擅长反射式得出想法，优点是快，不用费力，缺点是被情绪和偶然性主宰，不够灵活。直觉模式没有经过意识和反思，无法根据新的信息形成新的合理判断，容易被操纵，无法达成目的也不知道原因，自然也无法改进。

对比之下，虽然理性模式要付出艰难缓慢的代价，但好处在于其可塑性——能根据新信息和新情况调整行为。因此，理性系统运转虽然缓慢昂贵，但优点在于能根据各种丰富的新情况和新信息，进行更准确的推理，调整目标和改变行为，从而更好地生存。

学习带来适应性，其中一大表现就是有能力学会天生没有的新技能和新知识。就像学游泳，刚开始学的时候觉得很艰难很挫败，这样也不对，那样也不对。初学时，学习者需要时时聚精会神，操控自己的手脚动作做到彼此协调，还要不断感知和分析，思考"哪里损失了推进力"这类的问题，并不断纠正错误动作。随着练习量逐渐积累，不断根据反馈来调整，你会慢慢发现游得不那么累了，而且速度越来越快。等你学会之后，游泳就变成直觉模式的自行运转了。

所谓学习，就是把自动化、无意识的认识和行为纳入意识的考察光圈内，变成可反思、可调整的判断和行为，不再依赖联想和反射，迫使你慢下来，上线理性系统，仔细分析和思考每一步，从而让推理在意识监控的情况下进行。

学习一门新知识的初期，你可能会觉得处处碰壁、处处艰难。然而，随着对知识内容越来越细致的编码，建立越来越多的意义关联，你将构建起对该领域的认知网络。在分析和大量训练的积累下，你会发现自己在该领域执行任务越来越快，越来越准确。经过渐进的学习和素材积累，熟练掌握并内化阅读理解五步法（第 7 章）和认知型写作（第 8 章）之后，你就能像直觉模式一样快地把握文章要旨，甚至出口成章。

一个任务现在令你感到艰难，不意味着它会永远艰难。理性系统的优势就是，它能把陌生任务变成熟悉任务，让越来越多的任务能够被快速判断，直到自动化，效率效果媲美直觉模式（见第 3 章"有效练习"）。我们不应一开始就期待自己像运动员一样游得毫不费力，也不应该期待孩子一下子就掌握位值、借位和发音规则到不出错的程度。我们需要将任务拆解成一个个动作，逐个分析和调整。经过大量练习，才能内化这些技能，使大脑进入快速节能模式。

以数学为例。大人常常无法理解：加减法规则那么简单，为什么小孩会算小数字（如 5 以内的数），但换成大数字就会算错呢？原因就是小数字主要依赖直觉系统。很多动物都具备 5 以内的数感，婴儿出生就能处理 3 以内的数量表征。然而，更大的数字却不是天生能感知的。即使是数学专业的高才生，在实验中面对 20 左右的大数字测试题时，速度也和普通人一样会放慢。

所以，如果一道应用题的逻辑关系复杂，对推理的耗能系统提出了更高要求，就可以改用数轴、柱状图等视觉化方式来表征题目的逻辑关系。比如前面提到的卡尼曼那道题，可以想象一根软尺，软尺全长是球拍和球的总价 1.10 元，把球代表的长度折回去，露出的部分就是球拍和球的差额。如果球是 0.10 元，折回去后只露出 0.90 元，说明答案是错的。如果先去掉 1 元的差额，把剩余的部分折回去，得到的 0.05 元刚好就是球的价格。如果习惯于用可视化表征，思考逻辑复杂的问题时就不容易被冲动左右。

还有一个降低错误率的方式，就是积累更多世界知识，从而可以对符号进行更精细的编码，并使知识形成一张越来越细密的网络。在特定领域中，具备更丰富的知识会产生概念相互依存、彼此有对比和区别的意义网络，从而能降低直觉系统的冲动错误率。

例如，对于刚刚接触数字的幼儿来说，数学知识很少。对他来说，"36" 仅仅是 3 和 6 两个数字并肩站着，该符号没有别的意义，不小心搞错了位置，变成 "63" 有什么不可以呢？但是，经过一段时间的知识积累，他会发现 "36" 里包含了更多知识点，比如 36 是偶数，而 63 是奇数；36 是围棋盘上 3 排 10 个棋子构成的方阵，加上第四排的 6 个棋子，而 63 的方阵有 6 排棋子，再多 3 个；36 是数轴上走了 30 步后继续往前走 6 步，63 是 60 步后再走 3 步；36 是 4 乘以 3 的 2 次方，而 63 是 7 乘以 3 的 2 次方……

当我们在特定知识领域内有了更多积累，孤立的点会越来越多地彼此联结，形成一个丰富关联的网络，知识便具有了丰富关联的意义。这时，36 就不会被随意和 63 混淆。对不熟悉数字的人来说，可能会把 3844 和 3488 这两个数字看错。但对于数学知识丰富的人来说，3844 是有意义的，它是 62 的平方，他就不容易把它和 3488 看错。

语言也是如此。词汇量越大，世界知识的网就织得越密，用词越精确。例如，"衰退" 和 "衰落"，"human" 和 "people"，"country" 和 "nation"，这些词的语义是不同的，词汇背后都有不同的背景信息，各有一副不同的面孔。相对于名词，动词还自带一套施动者与动作的框架，更不能随便混用。所以，知识越多，意义关联越密集，使用就会越精确。

在学习过程中进行精细且深度的编码，能增加乐趣，更能增加知识网络的密度。

例如，学龄前儿童无法理解加减法中"进位"和"借位"问题，往往是因为教的时候仅仅在操作数字符号，幼儿以为这只是一个符号操作游戏，和现实无关，所以才无法理解，频繁出错。实际上，人的智能有多种表征方式，用数字很难理解的，换成空间表征可能会容易得多。

卡内基梅隆大学的约翰·布朗（John Brown）、理查德·伯顿（Richard Burton）和库尔特·范·莱恩（Kurt Van Lehn）收集了 1000 多名儿童对几十个问题的反应数据，深入研究了减法的心算过程。例如，一个孩子学会了54-23=31，接下来算 54-28 却得到了 34，因为快速直觉系统让他直接用大数减小数（8-4）。还有学生会了较小数字的两位数减法借位，17-8=9，但在计算621-2 时，他记住规则"从左边借位"，于是得出 621-2=529（从 6 借位）。还有学生认为 5.9 千米比 6 千米少 10 米，也是借位理解错误。

如果在学习时不理解"位值"概念，仅仅操作数字符号，儿童就会产生这些借位问题。更丰富的表征和更灵活的提炼模式可以让儿童真正理解"位值"。例如，使用点阵卡或者围棋盘摆棋子，一纵列是 10，10×10 的点阵是 100，以此来理解"位值"的概念。如果一个儿童之前充分用点阵反复提取过"数位"

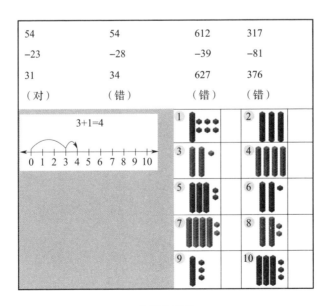

丰富的表征

这个抽象概念的表征,那么他做减法的时候会更准确地理解"借位",就不会犯上面那种"粗心"错误了。

所谓的粗心,根源是积累不足,包括稀疏的知识网络和过少的练习,大脑没有达到自动化。

所谓知识体系,就是由更多的"点"状概念表征、事实和分解动作,彼此关联形成的有意义的网络。这个网络上的节点越多,网格就越致密,就越能准确地反映现实世界,也越能帮助人做出准确的判断。

所以,当孩子不能准确判断,也就是所谓"粗心"时,不等于孩子笨,也并非全是态度问题。怒吼和讲大道理都没有触及问题的根本。思考困难、容易出错的根本原因是概念量太小,表征和模式提取实践不足。孩子还没积累起更丰富的知识储备,没有来得及进行更细致的编码,因此更难以排除快速直觉系统的干扰。由于知识之网过于稀疏,学习的具体任务变得过于艰巨,慢速系统难以保持持续的上线状态,于是他常常不经意间就被快速直觉系统劫持,给出的答案流于表层且随意。

那么,如何上线慢速、高耗能的理性逻辑系统?需要靠扩大意识和认知范围:分析、计划和更细分的信息。织网的过程是慢的、线性的,而一旦一张严密的大网织成,判断速度就可以再次变得快而省力。对于专家来说,他们拥有的知识网络非常细密,快速思考通道也比知识网络非常稀疏的外行更加准确。

2.4　多元智能：打破唯分数论迷思

主旨问题	关键词
作业写不好、某一门成绩不好，一个人就该被全盘否定吗？	自我认知、优势最大化、八种智能、语言智能、数学逻辑智能、视觉 / 空间智能、身体 - 动觉智能、音乐智能、人际智能、自我认知智能、自然认知智能

从幼年、童年到青春期，一个人会逐渐确立自我意识，使他得以在生活中做出大大小小的选择——上中学时选择文科还是理科，上大学时选择什么专业方向，工作后选择何种职业路径。一个贯穿始终的问题逐渐浮出水面，并且变得越来越紧迫：如何知道我的人生目标是什么，知道自己想要什么？如果一个人始终缺乏对自我的认识，不清楚自己想要什么，就难以调动全部的努力投入其中，难以做到卓越，并为自己赢得一席之地。

因为不够了解自己，人们只好追随外部风潮：现在小升初看什么证书？现在什么大学专业最好？未来三年什么职业最吃香？然而，行业风向一直在变化，曾经吃香的行业可能在短短数年内落入谷底，曾经不起眼的行业却可能登上社会金字塔尖。例如，当翻译行业很热门时报考了翻译专业，毕业后却发现 AI 已经基本消灭了这个行业；高考填志愿时，专家言之凿凿土木和建筑都会享受房地产红利，结果读到大二时地产行业就崩盘了。这样的例子数不胜数，金融、财会、外贸、英语、建筑……曾经热门的专业无不如此。

在高度不确定的环境中，不变的恒常是每个行当内部，总是顶尖的人拿走最大头，而且各行业都不缺人，只缺高水平的人。因此，问题最终还是回到每个人自身，要去完成最古老的箴言所宣示的人生任务："认识你自己。"——我是谁？我在哪？我要往哪去？更具体一点，就是我具备哪种能力？更有可能在哪个领域做到高水平？简单来说，就是"我擅长什么？"

长久以来，人们苦于不知道自己喜欢什么。这种苦源于"喜欢"与"擅长"的因果关系被人为倒置。其实，推动一个人去做一件事的动力，时常并非是先喜欢，才努力，最后擅长。事实上，这个因果关系往往是反过来的：一个人先是有点擅长某事，更容易从中获得成就感，不断得到正反馈，才会感觉喜欢，于是做得更多，不知不觉中变得更熟练更习惯这件事，于是变得更加擅长，形成了一个正反馈的闭环。

人的认知常常是非理性驱动的，人总是调集认知资源去追求能让自己感觉良好、更成功、更令人羡慕的事。那么，如何发现一个人擅长什么？

我们首先需要了解人的基本智能由什么构成，有什么特征，才能敏锐识别擅长的迹象，并努力将自己的优势最大化。在现代神经科学和心理学研究加持下，"认识你自己"这一古老的哲学问题，被赋予了更为充实具体的内容。例如，加德纳（Howard Gardner）的多元智能理论就为我们提供了一个很好的概念框架。

人类智能的框架

计算机发明之后，人们开始将大脑类比为计算机，以信息的输入、加工、整合和输出为基本模型来理解大脑。在这种智能观影响下，人们自然倾向于用文字符号和数理逻辑能力来衡量心智水平。于是，人们据此开发了各种智商测试，并据此给人贴上单一的智能标签。学校教育的设计也是围绕这种单一智能理念设计的，如果一个孩子在文字和逻辑上发展较慢，就会在学校学习中面临很大的考核压力和挫败感。但在学校外，广阔的世界存在着多种多样的挑战与问题，人本来就得靠多样化的能力来解决问题和求取生存，而不仅仅是处理文字和数理信息的能力。那么，单凭这两种智能来衡量一切人类表现，是否过于狭隘了呢？认为只有阅读和做题才是学习，是否过于狭窄了呢？认为只有坐办公室、做写公文和录入数字类专业性工作才是真正的"工作"，是否过于狭窄了呢？

于是，人们说：我们要培养的是完整健全的"人"，而不是"做题机器"；我们希望看到作为一个"人"的孩子，我们要看到孩子自身的特点，而不是一味地拿他和别人横向比较……这些想法很对很好，但实践中却很难做到。毕竟，最直观的还是量化的学习成绩。除了基于文字和逻辑处理能力的校内成绩，我们还可以发掘什么能力呢？

加德纳的多元智能框架

加德纳将智力定义为："在某种社会和文化环境的价值标准下，个体用以解决自己遇到的真正难题，或生产创造某种产品所需要的能力。"他认为智力不是一种单一的通用能力，而是一系列能力的丰富组合。根据脑科学、神经科学以及发展心理学研究，他提出了一个由 7 种基本智能构成的多元智能框架，后来扩充为 8 种。可以把这些智能理解为不同类型的基本智能模块，每个人都具备这些模块，只是其强弱配比不同，形成人人各有特点的个性化智能组合。

1. 语言智能

能敏锐感知语言的音乐性、内在逻辑和意义图景。

《庄子》第一段，"北冥有鱼，其名为鲲。鲲之大，不知其几千里也。化而为鸟，其名为鹏，鹏之背，不知其几千里也；怒而飞，其翼若垂天之云。是鸟也，海运则将徙于南冥。南冥者，天池也。"

如果你出声朗读这一段，是否体会到错落的长短句自成节奏，如一首交响乐恢弘而明亮地展开，韵律与色彩变幻着翻飞着，悠然而去。从北冥，北方极地无边际之海，到南冥，南方无边之池，生命从大海跃起，又翱翔于天空，生命之力席卷囊括大地。北与南对应，鸟与鱼对应，海运与垂天对应，恢宏的想象力建立在严整的结构之上。

从语言文字中，读到以对立项形式存在的意象，设置出严密的内在逻辑与想象力恣肆却又准确明晰的意象之网，揭示作者的思想；敏锐感知文字符号的音韵，唤起心理画面，感知词句排列的意义秩序；强烈渴望向他人揭示自己发现的事物的深层规律与情感共鸣，这些是语言智能的表现。

9 岁的萨特曾在笔记本上写下这样一段话："我通过写作而存在…我的笔在纸上飞速疾驰，常常使我的手腕都疼痛起来。我把写满文字的笔记本丢到地板上，最后将这些写成的东西忘却，它们在记忆中消逝…我为写作而写作，至今没有后悔过。"语言智能突出从儿童时期就有表现，体现为对字词音韵的敏感，对词意细微差别的领会，对自身生活经历细节生动再现的记忆，以及丰沛的联想与旺盛的表达欲。

语言是人类知识最重要的载体，各个学科的知识生产和传播都要靠语言的概念与逻辑来完成。因此，当前的 ChatGPT 以及呼之欲出的通用人工智能突破，都是以语言为切入点的。说语言智能是众妙之门，并不为过。

本书的听说读写各章，就是希望为你打开语言智能之门。听与读是语言的输入：如何从不规则的语音、文本和大量数据中高效准确地识别模式，提取有效信息。说和写作是语言的输出：如何整合有效信息，以符合认知规律的方式，组合成最易理解和传播的内容。第 9 章"明辨式思维"更是揭示了思维无法离开语言信息处理，明辨式思维的每一步都需要语言智能的支撑：要思考和判断，首先必须大量收集和掌握事实，需要有极好的文字信息提取能力，才能迅速而准确地从资料中提取要点，加以理解和鉴别，整理成概念框架和知识体系，才能解释现象并判断他人的观点。

语言智能和逻辑—数学智能是最为通用、牵涉知识与技能领域最广的两种智能。如果计算机都需要通过模拟人类语言来实现智能，很难想象人类自己能绕过语言智能，操作各学科知识库。

2. 音乐智能

对音乐的音高、旋律和节奏十分敏感，能够区分并极好地再现。

音乐智能的具体表现是什么呢？

以著名演奏家阿瑟·鲁宾斯坦的成长历程为例。他出生在一个"任何人都对音乐一窍不通"的家庭。当他还是幼儿时，他就非常喜欢听所有的声音，街上的小贩叫卖，工厂的汽笛…… 3 岁的鲁宾斯坦很少说话，却非常爱唱歌。家里人为大孩子买了钢琴，而 3 岁的他能在钢琴上再现出听到的各种曲调。他还能不看琴键说出弹琴人弹了什么和弦，即使是最少见的和弦。自发的热爱使他围绕钢琴、琴键与乐音，形成了属于自己的特殊儿童游戏。这些游戏令他痴迷不已，他自己完成了识谱和双手合奏。

音乐的理解和表达过程有些类似语言，需要同时从单个乐音的字词层面"自下而上"地感知乐曲整体的情感和结构，也需要"自上而下"地通过整体情感和结构去思考如何处理细节。也许并非巧合，处理音乐的脑区和语言处理脑区是紧挨着的。

3. 逻辑—数学智能

我们日常谈论的数学，尤其是儿童的数学启蒙，常常被等同于计算。计算固然非常重要，但它不是逻辑—数学能力的全部。完全可以开发内容更丰富的游戏和练习，而不要让很小的幼儿一味地只做计算。这样会让他们以为数学等于计算，从而限制了探索的兴趣。

加德纳的"逻辑—数学智能"在后来的研究中被区分为更详细的数学能力领域：

- 数量—符号对应的心理表征；以定量的方式理解、加工和交流信息，包括组合拆分和计算策略；
- 模式识别能力：遵循顺序，识别模式，发现规律；
- 估算能力：合理猜测数量、大小、量级和总和；
- 视觉化能力：在大脑中呈现并操作可视化图像的能力；
- 良好的空间定位感和空间组织能力，包括能辨明左右、罗盘方向，以及垂直和水平方向；
- 归纳推理能力；
- 演绎推理能力；[17]

数学家庞加莱认为，对数学家来说，除了记住推理链条上每个步骤的纯记忆能力，更重要的是鉴别命题之间联系特征的能力。[18] 数学家的特征是：他们喜欢从事抽象的思考，喜欢从事"在高压下，也就是在难题的压力下进行的运算"。数学才能的核心是识别并解决关键问题的能力。

数学家、哲学家帕斯卡在少年时期特别偏爱数学，但他的父亲不让他学数学，甚至禁止他谈论数学相关话题：

然而帕斯卡开始对数学进行幻想……他总是用碳棒在游戏室的墙壁上画，试图找出一种能把圆画得绝对圆，还能把三角形的边和角画得相等的方法。他自己发现了这些方法，接着又开始寻找它们之间的关系。他任何数学术语都不懂，所以只能自己动脑筋创造……他用这些创造出的名词提出了若干公理，并最终发展了完美的证明……最后，他发现了欧几里得的第 32 定理。[19]

数学家、哲学家罗素的童年回忆：

我 11 岁的时候就开始学习欧几里得几何，哥哥当我的老师。这是我生活中最大的事件之一，就像初恋情人那样迷人。我当时想象不出，世界上还能有什么事情能与几何一样有趣……从那以后，直到我 38 岁，几何都是我主要的兴趣和主要的快乐源泉……（数学）不属于人类，它和我们这个星球或偶然形成的宇宙，没有什么特别的关系，因为它就像斯宾诺莎的上帝一样，是不会反过来爱我们的。

4. 视觉—空间智能

视觉—空间智能的核心能力是准确感知和理解视觉世界，将最初感知进行转化或修正的能力，以及即使刺激物不在眼前，也能再造视觉体验的能力。简单来说，视觉—空间智能是感知并在脑中保留几何图形记忆，以及在思维中操作空间关系的能力。[20]

视觉—空间智能和数学智能部分重合，但又独立于数学智能，在各个领域普遍存在。艺术家能感知线条的力量，通过线条传递紧张感和平衡感，形成绘画和雕塑作品特征与构图，表现火焰或瀑布等自然现象。

科学思维也需要视觉—空间智能。达尔文设想出"生命之树"，物理学家约翰·道尔顿把原子看成微小太阳系，有机化学家弗雷德里西·凯库勒发现苯环结构，"原子在我眼前跳跃，它们像蛇一样缠绕，一条蛇咬住了自己的尾巴。"
这些科学发现，都是通过创造性地将抽象概念视觉化而实现的。在更为日常的
工作场景中，也时常需要这种使用意象化、视觉化的心理模型来抽象问题和解
决问题的能力。

视觉—空间智能和逻辑—数学智能有密切
关联。大脑顶叶中包含有关数字与空间能力的
系统，当人看到数字时，会激活这一处理数
字—空间脑区，引发"数字神经元"的放电。[21]
大脑会把抽象的数字和具体的形状、位置与时
间联系起来。因此，使用数轴能帮助儿童利用
大脑中天然的数字—空间回路，更好地理解数
字与数量的对应关系。[22] 数感、语言和空间能力
都是人类先天拥有的，出生几个月的婴儿就可
以感知数量关系，并且准备好感知更丰富的空
间关系。我在小能熊课程"数学启蒙路线图"

Tiny Polka Dots 数感点卡：以不
同空间表征对应同一个数字符号，
强化数字符号的抽象概念

中推荐使用 Tiny Polka Dots 教具，它用六种不同的点阵排布方式来表示同一个
数字，帮助幼儿强化数字—空间对应能力。

很多杰出人物都展现出了高度发达的视觉—空间能力。发明家尼古拉
斯·特斯拉能在眼前想象出一幅包含机器各部分细节的完整图像。特斯拉的内
心空间意象能精确到足以使他在没有图纸的情况下从事复杂的发明工作。他声
称能在心里对自己设计的机械结构进行检验。

现代雕塑家亨利·摩尔能将雕塑想象得如同在自己手中一样："不论雕像的
尺寸有多大，他在思考时，如同已将它捏在自己手中一样。他可以依靠心里的
想象，选择雕像人物背景的复杂形式。在看雕像一个侧面时，他清楚地知道另
一个侧面的样子。"

棋类天才的标志，是把当前棋局与过去经验中的棋局联系起来，把每一步
下法与整体布局联系起来的能力。国际象棋大师能熟练掌握超过 5 万个棋盘布
局，这种出色的视觉—空间记忆与调取能力，使他们在面对棋盘时能在几秒内

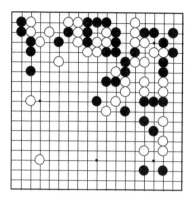

围棋游戏考验了对空间表征的记忆与调取

做出有效应对。

如果孩子厌倦了没完没了的抄写作业，想要捏泥巴、搭积木、画出脑子故事中的机械装置，这恰恰是以最适合儿童认知的方式学习，而不是瞎玩。卓越的空间能力通向数学、科学、发明、设计和艺术等几乎所有的重要领域。

5. 身体—动觉智能

教育学家肯·罗宾逊（Ken Robinson）在 TED 演讲《学校是否扼杀了创造力》中讲了一个故事。主人公是著名舞蹈家、编舞专家吉莲·林恩（Gillian Lynn），她的著名作品包括百老汇常胜舞剧《猫》和《歌剧魅影》。

吉莲 8 岁时，上课总是坐不住，不能专注听讲，一直在搞"小动作"，影响他人上课，作业也无法按时完成。老师认为吉莲有学习困难，建议家长带她去看心理医生。看诊结束后，医生随手打开了收音机，吉莲听到音乐后跳起舞来。最后，医生认为，"吉莲没有病，她是个天生的舞者，她只是需要找个舞蹈老师。"吉莲回忆，进了舞蹈学校后，她发现那里全是自己的同类，都是"通过身体活动进行思考的人"。吉莲在舞蹈学校如鱼得水，她在那里学习芭蕾、爵士和现代舞，考入皇家芭蕾学院，成为顶级独舞者，并成立了自己的公司。她编排的歌舞剧取得史无前例的成功，载入史册，自己也成了百万富翁。[23]

"通过身体活动进行思考"是动觉智能的典型表现。但动觉智能涉及的人类活动远不止舞蹈。人类能做到其他灵长类很难做到的一套复杂动作，包括刮削、切割、锤击、招待和表演，制造矛、刀、凿、针等多用途工具，正是这些活动使得人类大脑容量进一步增大。而脑容量增大又带来了更精细的动作控制，使人类能越来越好地适应和改造环境。最终，人类才发明出语言这样的抽象概念工具，建立了文明。

这一进程在婴幼儿的发育过程中也能看到。婴幼儿认知能力的发展，同样伴随着身体与手部活动能力的日益精细、灵巧和流畅。一个个动作衔接起来，配合完成更高级的一整套动作。比如，幼儿先是触及物体、注视物体，进而能够结合"碰触"与"注视"，准确抓取自己看见的物体。这种能力进一步发展为更复杂的动作配合序列，如写字、弹钢琴，直至未来的外科手术、工程制作和编程等抽象符号的动作序列。

头脑简单，四肢发达?

身体—动觉智能有广泛的应用。"头脑简单，四肢发达"这样的观点极大低估了动觉智能的重要性。

舞蹈和表演通过模仿他人的行为，再现情感与思想，引发观众的共鸣。运动员以精妙的控制力完成行云流水的动作，体现出惊人的美感、力量、反应速度、准确性和天衣无缝的集体协作。

和第一个凿出石片、为人类带来文明曙光的原始人一样，今天的发明家和科学家同样需要身体—动觉智能。人类的科技发明和应用，无不是与客观物质世界交互，其中的每一步都离不开一双灵巧的手。科学家和发明家都是善于观察、善于利用工具、善于构思和安排物质材料的人。在布鲁姆（Benjamin Bloom）的《如何培养孩子的才能》（*Developing Talent in Young People*）中，那些数学家和科学家小时候没有一个人是单纯靠刷题来引发科学热情的，他们无一例外地拥有很强的动手能力，并且痴迷于动手制作。

特雷西·基德尔（Tracy Kidder）研究了那些发明计算机硬件的天才少年，发现他们从童年起就花大量时间拆卸机械物件，这些孩子是通过动手来思考与学习的。其中有一位少年，"他实际上就像这个发明团队里其他任何人一样，从4岁起就开始成为工程师了。他喜欢玩灯具、钟表和收音机这样的日常物品。大人一不在眼前，他就把这些东西拆了。"这位未来的天才工程师在上中学时学习成绩并不好，直到他选修了一门基础电子学课程，这改变了一切。他回忆说："我对这门课程喜欢极了，我的成绩也非常好。"计算机硬件发明小组的另一位成员也回忆说，自己小时候在学校一直十分落魄，直到发现自己能把一部电话拆开来。他说："这可是一件了不起的事情，我终于找到了可以忘记自己还有其他学习困难而可以潜心研究的工作。"[24]

一百年前的新文化运动曾深刻反思传统教育，认为它过于注重书面文字符号的记诵，而动手能力，包括感知、摆弄、实验和搭建各种材料，多被视为工匠的"贱业"，被文人士大夫所不齿。重文字轻动手的思想烙印沿袭数千年，至今仍然普遍存在。当我们说一个孩子不爱学习时，意思基本上就是他不爱学校的应试教育。学习被狭窄地定义为读写，儿童的其他兴趣与活动都不是学习的"正业"，很容易被贴上瞎玩的标签。

但今天的认知科学重新定位了动手操作能力，将其作为 STEAM 教育中的"E"（engineering，工程）的一部分。动手能力是抽象概念与客观物质世界的重要交互界面，是与语言文字和数学逻辑同样重要的一种学习途径。我们今天仍须思考：是否给孩子留出了鼓捣机器、好奇探索的空间？是否用过多的书面文字书写和记诵作业，挤占了幼年孩子的动手活动？如果孩子暂时感到写作业有困难，与其对他施加更大的精神压力去完成作业，是否可以允许他先打打球，拆拆小器械，或制作一艘小船？学习是否一定要被窄化为阅读和刷题？

身体—动觉智能是身心健康与认知进阶的重要途径，应该被放在面向未来的 STEAM 教育新框架下认真对待。

6. 自我认知智能

自我认知智能，也称为内省智能，是指人能感知自身内在的发展变化，能体察、辨别自己内心感受、情感和情绪的变化，并体察到根源所在，用语言文字等符号去记录这些感受，并利用这样的反思与记录去指导自己的行为。

具有较好自我认知智能的人能够监控并符号化表达隐藏的潜意识情结，区分情感情绪。普鲁斯特的《追忆逝水年华》就是内心情绪情感表达的典型例子。此外，当然还有智者、精神导师和治疗者，他们能从自己的感受中获得深刻认识，从而劝说整个社会群体体察内心的丰富体验。[25]

动物界中只有极少数动物有"我"的概念，知道镜子中是自己。人类婴儿在一岁时仍会认为镜子中鼻尖上被涂红的婴儿只是镜子上的一个可笑画面。婴儿到两岁时，才能认识到"我"是一个独立的实体，看到镜子上涂红鼻尖的那个幼儿，才知道那是自己，会去摸自己鼻尖。

"自我"的概念是逐渐发展起来的。幼儿通过角色扮演和与他人互动等社会活动逐渐建立起自我；学龄儿童通过自己能做什么、能做好什么进一步建立自我认识；青春期通过自己的情感和建立丰功伟绩的愿望去看待社会角色，根据自己所在群体的整体需要，根据群体对他本人的特殊期望去设计自我。

自我认同的终极目标是发展出独立自主、高度成熟且与他人充分区别的自我。具有高度自我认知智能的人对自己、对社会都有很深刻的认识，能与社会的规约达成妥协，同时又能激励自己和他人投入丰富的生活。孔子、苏格拉底这样的人是整个人群的精神导师，因为他们对自我有深刻的体察，能了解他人的内心世界、情感和动机。本章后面会更详细讨论一个人的自我确立过程。

7. 人际智能

自我认知智能和人际智能是一体两面。缺乏自我认知智能的人很难辨别和评估自己的感受，自然也难以正确推论自己的行为和情感会对他人产生什么影响，于是容易做出错误的归因，对情境做出错误解读。一个人越是无法理解自己的情感，就越容易成为冲动的奴隶。不理解自己情感和动机的人，也难以理解他人的语言行为动机和心理，无法做出正确的预测和恰当的回应，常常产生不当的人际互动，难以在群体中找到自己恰当的位置。

人际智能被分离出来作为一种独立智能，是因为认知科学家观察到它涉及特定的脑区。在大脑额叶边缘较低区域受损的病人中，有人出现了极易活跃、极易发怒的症状，也有人对各种事情漫不经心；大脑额叶凸面受损的病人，则容易出现冷漠、怠惰、迟缓的症状。这是因为大脑额叶是自我意识的"工作站"，联结了人的内在环境（个人感受、动机和主观意识）与外部环境（视觉、声音、味觉和通过不同感官传递的社会）。此外，额叶还连接感官信息（包括对自己和他人的知觉信息，如他人的面孔表情、声音、行为和性格）和管理人类动机与情绪的边缘系统，这些系统都在额叶区域交汇。因此，大脑额叶可以视为自我意识的核心区。

人际智能发展受阻的典型例子就是现在常常被讨论的孤独症谱系障碍。孤独症儿童可能有很好的运算能力、音乐能力和视觉能力，但他们无法与他人交流，难以产生自我感。

自我认知智能和人际智能都需要大量的经验与学习才能良好发展。在"玩要才是正经事"一节中，我们引用了一系列研究论证了儿童需要自发的自由玩要，自由玩耍对发展人际智能十分重要。

8. 自然博物智能

在 1999 年的《多元智能新视野》一书中，加德纳在最初的 7 种智能分类的基础上补充了"自然博物智能"。[26] 具体而言，自然博物智能是指善于观察、辨识和归类生物特征，比如善于辨别和分类物种种属，对自然环境和其他生命有强烈的同理心，具备细致的观察力和统合感知力。

脑科学发现，大脑有特定的区域用于辨识有生命的物体。自然博物智能强的人擅长观察和理解自然界事物，如气象、动植物照顾与饲养、烹饪和环境等。具有这类智能的人适合从事动植物研究、环境保护和户外运动等。

自然博物智能突出的杰出人物包括达尔文、爱德华·威尔逊、动物行为学家洛伦兹和珍·古道尔等。儿童也常常表现出很强的物种观察和区分能力，他们能区分手绘的、特征相当模糊的动物。五岁儿童可能比成年人更擅长区分一个随机的恐龙属于几十种不同恐龙中的哪一个种类。

多元智能带给我们的思考

多元智能理论有什么用？我们可以使用人类智能的分类框架来认识和理解一些日常问题。

加德纳之所以提出多元智能理论，就是因为他发现学校教育测评手段太单一，学校的知识教学、知识获取的主要媒介和测试手段，都是语言文字和数理逻辑。有的儿童在这方面是长板，能更快适应这种学校教学。但也有很大一部分孩子，长板并非语言和数理逻辑，于是就需要更长时间来适应学校要求。例如，前文例子中具备动觉智能的孩子，他日后成为计算机硬件专家，但小时候却难以适应学校教学，为此苦苦挣扎。

对比之下，多元智能揭示了更为全面的人类智能图景：暂时不擅长文字和数理推理的孩子，并非一无所长，更不会永远一无所长。更好的方式是因材施教，顺势而为。可以根据每个人独特的智能图景，寻找其优势智能，通过支持先发的优势智能，带动其他后发智能的发展。

在现实应用中，有几个容易被误解的地方需要澄清。

首先，这 8 种智能和相应的知识领域技能是不同的概念。例如，"语言智能"和"语文英语考试成绩"并不是一回事。在加德纳看来，智能是大脑处理特定类型信息的能力，就像相机的像素等技术参数。而具体到特定知识领域的技能，这就像相机拍摄的内容及艺术水平不是仅由相机的技术参数决定的。摄影菜鸟用上与大师同款甚至更高配置的相机装备（视觉—空间智能），拍出来的作品水平却可能有很大差异。一个人在相关领域的成就，除了智能的硬件参数，更取决于后天经历：学习者输入了什么层次的信息，进行了什么样的学习努力，进行了多大强度和深度的思考重组，非认知层面的内心情感和驱动力如何。先天硬件和后天的数据质量，共同影响学科领域的表现。

其次，尽管不同的智能有特定脑区作为硬件基础，但其运作时却不是由一个个孤立的脑区完全决定的。各个脑区，包括理性和非理性，信息处理和情感冲动，都处于高度整合的协作中，才能产出一幅优秀的作品。

并非每个人只拥有某一种智能，而是生来就具备全部的智能类型，只是它们的强弱和配比关系因人而异，从而形成每个人独特的能力构成。人所从事的任何任务都是多种智能配合的产物。比如，拉小提琴并非只涉及音乐智能，优秀的小提琴音乐家必然还需要高超的身体—动觉智能，才能精准控制手臂和手指动作；音乐家当然也需要内省智能，才能感知音乐的情感内涵，以自己的演绎感染他人，才能在日复一日的长久练习和高压力表演中保持练习动力、稳定的内驱力和高涨的情绪；此外，还需要人际智能，才能经营好自己作为音乐家的个人品牌形象。

再次，智能并非是固定不变的。一不留神，人就会陷入僵化思维，但某种智能的水平真的不是简单的"有"或"无"，不能一刀切地说某个人具备或不具备音乐智能。例如，小树在音乐上的表现就打破了我脑子里潜伏的僵化思维。

我没有让小树学习过乐器，因为不管多熟悉的儿歌，她都唱不准音，打不对拍子，所以我认为她没有音乐天分。但是，在她快 7 岁时，经历了长达 3 个多月的疫情停课，在家看书画画之余，她看到我练琴之后，也要求学一下弹钢琴。然后，她一周内学会了识谱，两周就飞速弹熟了小汤 1 到小汤 3，一首曲子练几遍后就能把琴谱背下来。她还能用自己学到的和弦即兴创作出好多非常好听，甚至情感相当"深刻"的旋律。她常常即兴弹奏，编曲子玩很长时间，还把编好的曲子用手表录音，再和着自己创作的音乐忘我地跳舞。

这件事颠覆了我内心潜藏的僵化智能观。我们不能认为某种智能是天生的，要么有要么无。智能也并非不可改变。学会识谱的一个月后，小树已经能准确唱出曾经全部混淆的音高，还能背对着钢琴准确说出听到的音符与和弦，精准识别各种音高。原来，真的是只要学习，就能改变大脑布线。这个经历让我认识到，即使一个孩子最初的音乐智能非常普通，也可以通过学习和训练大大提升。即使没有莫扎特式的音乐天赋，一个人也可以学习音乐，并从中得到乐趣和滋养心灵的收获。

音乐只是一个例子，其他智能与此同理。所谓的"具备某种智能"，并非生来就是固定的。多元智能中的 8 种智能，都能通过学习和练习提升。不论某种智能先天如何，经过学习和训练，能力都会有明显提升，语言、数学、空间等智能莫不如此。例如，你不能说"我生来就没有方向感，我从小就不认路"，实际上你只是缺乏练习而已。能够用缺乏练习来解释的事情，没必要归因到天赋上。

关于"语言智能"，我同样在小树身上观察到单个"智能"发展与"学科表现"之间的差异。最初，我认为她完全谈不上语言天分，因为她在"说话"方面大大弱于同龄儿童平均水平。幼儿园大班时，她的日常说话还很少，朗读时大口喘气，听起来像哮喘患者，吐字也严重不清，经常需要我来翻译一下，否则陌生人听不懂。但是她非常喜欢读绘本，阅读量极大，可能是拜阅读所赐，虽然她吐字不清，但词汇量和阅读能力很好。上小学后，语文老师从拼音开始系统地进行了中文纠音和朗读训练。加上学校里的社交互动，她的中文发音有了质的飞跃，中文口语表达终于不再是问题了。8 岁时，她毫不费力地通过了剑桥五级的 FCE 考试，在听说读写各项语言任务上都表现卓越，更进一步说明了所谓天分是会变化的，是可塑的。

回头来看，如果一开始就拿自己的孩子和别人家的孩子横向比较，为孩子发音不够好而焦虑，花大量时间给孩子纠音，可能大人和孩子都会十分挫败。

语言学科的表现，包括发音、词汇量、阅读和逻辑等多个方面，也需要多种智能配合，需要长期积累数据输入，需要在大量练习和反馈中逐渐调整，不能一开始就盖棺定论，简单粗暴地评价其有或没有某种智能，有或没有某种天分。

"逻辑—数学智能"是对数字、数量关系、逻辑关系的计算处理能力。在更广泛的数学知识领域里，"逻辑—数学智能"当然是重要的基础，但每个人的数学智能可能在初始构成上有所不同。例如，有的人可能对数字符号处理上有困难，但逻辑能力和几何图形的空间思维却很强，因此，千万不要过早地论定"因为小红计算不行，所以没有数学天赋"。过早地打击学习者对数学的自信，会使其害怕再投入努力。在处理数学问题时，除了数字符号，还可以利用语言能力理解题意，在进行推理时也可以借助逻辑智能和记忆力。空间思维强的人，也完全可以从空间关系和数形结合入手。随着知识的积累和熟练，数字符号的短板也会被弥补，数学成绩完全可以取得显著进步。

我的观察是，不但不同的人有不同的长中短板能力组合，一个人的某种特定智能也不是孤立的，和强项相关的智能会更容易得到发展。比如，语言智能和音乐智能更相关，自我认知与人际智能更相关，视觉空间和数学智能更相关。对自己某项智能有信心的儿童，更容易将这种信心扩展到相关智能上，之后再带动整体能力进步。因此，对儿童来说，早期最重要的是打开漏斗口，广泛尝试，先发掘他自身的长板，而不可集中于特定的极少数任务，尤其不要不断强调短板，这会放大挫败感。

牛顿在大学讲课时，据说讲得一塌糊涂，学生都翘他的课，估计是牛顿的语言和人际智能不是很好。幸好他的早期教育没有一直强调背书、演讲和搞好班级关系这些短板，打击他的自我认知。丘成桐在传记里也讲过自己的童年，他在学校时，无论怎么学，音乐都不及格，体育也不好。这并不是说某一门课学得差值得鼓励，而是说我们不要因为孩子暂时在语言文字或数字处理方面有困难，就一直盯着短板，只顾"高标准严要求"，用蛮力强行拉长短板。如果能广泛尝试，挖掘长板，顺势而为地提供必要的支持，可能更有利于培养学习者的胜任感和内驱力，从而更好地以长板带动短板。

逻辑—数学智能非常好的人往往成为科学家；音乐、视觉—空间和身体—

动觉非常好的人往往成为艺术家或运动员，但社会的运转不能只靠大学教授、艺术家和运动员。商人、政治家和专业人士等大部分人虽然不一定拥有某种突出的智能，比如音乐、美术或数学等专门性强的智能，然而，大部分人却可能具备更加均衡、通用的智能配比，这种配比能够产生均衡的合力。

一个人如果语言、逻辑、内省和人际智能都不错，虽然没有某一项智能达到超常，但各项平均级别智能配合良好，也会使他在工作中表现出众。反过来说，即使某一项智能超常，拥有一根超长长板，比如有的人有超常的数学智能，但这也不意味着他拥有相应的智慧。他很可能不会把这种数学智能用在科学发现、挑战性的数学证明或推进人类知识疆界上，而是用在计算彩票中奖率上。

在量化横向比较和单一标准盛行的当下，父母和学习者都承担着巨大的心理压力。但父母是孩子唯一和最后的港湾，要和学习者一起顶住外部压力，不要在每种学习任务上都与他人横向比较，让硬性评价标准凌驾于个人的自身发展之上。

我们需要着眼于自己独特的智能组合，以完整个体的身份去追求属于自己的价值实现，为学习者提供最需要的资源，帮助他们完成属于自身的、纵向的、全生命周期的、独特的个人发展轨迹。

2.5　内驱力的终身发展历程

主旨问题	关键词
一个人究竟为什么而努力？	工具人、生命周期、自我突破与塑造、婴儿期信任对担忧、学龄期勤奋对自卑、青春期认同清晰对角色混乱、成年早期爱对孤独、成熟期繁衍对停滞、老年期自我整合对绝望

我要成为这个世界有意义的一员——如果能了解生命各个阶段面对怎样的主要矛盾，就知道学习的目的从来就不是横向的 KPI，而是追求生命内在力量的发展推进。

人究竟为什么而努力？除了美食、舒适和安全感，古老的社会性本能使人追求着更深层的目的，而金钱和权力只是衡量这种深层本能满足的符号。不论是建立幸福美满的家庭，还是做出一个产品得到市场的认可，抑或是追求社会正义和家国情怀，人都希望自己成为群体中有意义的一员，能做出有价值的改变。

对抗工具命运

这是人类做出任何一种长期努力，不断学习、努力创造、力求改变的深层心理动力。然而，目前常见的是"空心病"：没有自身目的、陷入消极无追求、只跟从 KPI、成为工具人的状态。其原因在于，高速运转的经济机器追求效率，一个人不断被定位为工具。这种单一的工具人视角形成压倒一切之势，从小规训着每一个人。

从出生到 25 岁前，一个人被视为经济机器的备选材料，"卷"学历，为增加自己在经济机器中的标签价值而奋斗；25 岁到 35 岁，被视为"耗材"，承担不断加码的使用压力，损耗之后在 35 岁后遭到淘汰。然而，这里存在一个矛盾：人更大的生产力恰恰不是作为工具，而是作为积极主动、有思考能力的创造者，在创造自己的人生历史的过程中完成产品的创新。

不论外在的工具人标尺如何衡量自己，一个人都应当保持自身的视角，要能看到自己作为生命纵向生长的内在逻辑，找到个人生命的历史目的，才可能获得持续的动力去自我发展和持续学习，创造更高价值，发挥自身最大的生产力。因此，个体生命必须要去对抗工具命运。

这种"工具人"的外部视角对生命的生硬横向切割，从儿童初入学校甚至幼儿园、出生时就已经开始了。学校作为人才生产线，要追求效率，就从外部视角横向评判人。一个班级有40多个孩子，一个年级上千学生，一个市几十万学生，一次次横向比较排名的标签似乎构成了个体的全部存在。

从外部给"工具人"贴标签的角度，难以纵向且全息地描绘他自身独特的能力禀赋构成，他每个阶段必须要战胜什么、突破什么，各项学习能力有何种阻碍。只有建立一个人自己的纵向学习曲线，才能发现这一具体个人内心的深层动力结构。这是只有一个人自己与他的家庭才能做到的事。

然而，如果连一个人自身与他的家庭也完全失去了自我的视角，而完全屈从于外部横向比较的维度，那么恐怕人群中99%的人都会处于持续的焦虑与痛苦之中。完全被"工具人"价值驯化后，我们可能已经失去了反思能力。成年后，这种状态延续到他对自己孩子的教育，就很难得到足够的具体反馈用于自我改进，也难以找到撬动自身改变的杠杆。

我当然不是反对标准化考试，标准化考试当然是必要且重要的学习反馈。然而，如果我们眼里只剩下标准化考试这一个视角，缺乏多元智能的视角，只进行单维度评价，比如仅凭某一门课的成绩就将孩子捧上天或者认为孩子整个人都不行，这就是个严重的问题。缺乏个体纵向发展视角，缺乏成长思维，只进行僵化思维的盖棺定论，可能对个体造成巨大的不健康的压力，反噬个体发展。

家庭需要认识到工具化规训的存在，才能做出改变。家庭本应是培育一个个具体生命的地方，而生命本身就是参差的。在持续的积累与反馈中，生命不断产生着从无到有的发展变化，经历着不为外人所知的、纵向的、独特的变化历程。每个阶段都经历不同挑战，发育到不同的状态。

教育的目的不是人人都并列第一，而是要帮助一个人达到他自身的最佳状态。这就需要人去超越工具性单一视角。在2.4节，我们讨论了多元智能，这帮助我们看到每个生命特有的长短板禀赋构成；这一节，我们要了解生命周期纵向变化的一系列关键节点，了解一个人在人生各阶段需要经历什么样的挑战，需要怎样的精神与情感养料支持，才能达到自身的最佳状态，实现自身的目的。

本书各部分都贯穿着阶梯状的认知路线图。因为人的认知能力发展是分阶段进行的，从大脑敏感期的开启和关闭，到语言听说读写思维各能力的发展，每个阶段都有自身的重点，需要满足相应的条件，才能向更高级进阶。埃里克森（Erik Erikson）的社会心理发展阶段理论同样提出了阶梯状的理论框架，将人的非认知能力发展，即心理和精神世界的发展进程，分为 6 个阶段，每个阶段都有各自需要完成的积累。

认知能力与思维发展帮助我们与物质世界交互，获取更多的资源，而我们获取什么、追求什么，这种内心的方向与动力，来自内在自我的形成历程。通过不断解决矛盾冲突，不断突破并塑造自我，我们产生了内在的动能。

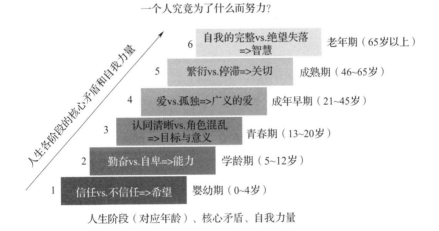

内驱力的毕生发展阶段

没有人的一生是一条直线，从起点直接奔向灯火阑珊处的终极目标。中间总要面对不确定性，将曾经的自我投入世界，承担失败和不确定性，不断消解并打碎过去的自我认知，让新的自我不断生长出来，完成每个阶段的探索。

2022 年菲尔茨奖得主、韩裔数学家许埈珥，在小学时数学考试就经常砸锅，认定自己学不了数学。在数学上找不到认可，他转而寻求在文学上证明自己。十几岁时，他写了许多未能发表的诗歌和小说，甚至辍学一年，想成为诗人，但种种尝试都失败了。这是许埈珥的广泛探索的漏斗口阶段（curious）。

大学时期，许埈珥主修天文和物理，本来打算利用自己的文字天分成为一名科普记者，直到他遇到一位传奇数学家。在采访和深入了解这位数学家的过程中，许埈珥发现了数学的乐趣，他自己也被数学家发现。研究生阶段，他开始接受专业的数学教育和训练，进入严格训练的漏斗颈阶段（serious）。

要获得菲尔茨奖，当然要有自己的独创性发现，这就是追求创造性成就的第三阶段（savage）。虽然许埈珥的经历看起来是小概率个案，但结合布鲁姆分析各领域杰出人才的上百名个案，我们会发现诸多个案中又呈现出一个整体模式：他们都没有从小学开始就接受最严格的学科训练和层层选拔。

没有人的一生是一条直线，从起点直奔终点。他们都经历了广泛的个人探索，也就是"好奇探索阶段"。这看似是"走弯路"浪费了时间，不够经济"高效"，但这种自主尝试和探索是必要的，能使学习者本人产生相对明确的人生方向，在之后的严格训练阶段保持很好的内驱力。[27] 解决内在的自我认识与矛盾冲突，是我们追求外在目标时的内驱式动力机制。在一次次具体的尝试中，在与外部环境的不断对抗与交互中，属于自己的人生轨迹会逐渐显露，而非被动遵循他人划定的蓝图。

埃里克森的社会心理发展阶段理论为我们提供了一个更细致的脚手架，去认识"自我"的内在与纵向形成过程。基于大样本研究，埃里克森提出了更细化的人生各阶段划分，以及各阶段需要解决哪些各自不同的危机，从而得到各自不同的成长成果。

需要注意的是，埃里克森本人一再强调，他的时间线只是一个粗略参考，重点是指出各阶段的核心矛盾和突破，并不一定能在每个年龄段内将对应冲突彻底解决。[28] 这些内在心理矛盾如何解决，解决得如何，极大影响一个人在外部事务中的追求和表现。

婴幼期（0~4 岁）：希望

核心矛盾：信任 vs. 不信任

自我力量：希望。如果信任战胜不信任，会使婴儿产生"希望"这一自我力量。

人的意识发展，其历史进程从第一天起就是社会化的，而不是孤立的。社会性动物的基因蓝图使得婴儿从出生起就在追求情感的回应与交互，以建立作为人生幸福和健康人格的基础 —— 安全感。动物行为学家洛伦兹发现，刚出生的灰雁雏鸟全部的精力都用在和照顾者确认感情纽带上。如果父母不能及时回应小雁的依恋情感需要，不能让小雁感到依恋关系的安全，雏鸟会产生严重的行为失调，无法学会独立生存的技能。

人类婴儿与此类似。如果照顾者对婴儿冷漠，缺乏回应，即使吃饱喝足，婴儿也会出现发育迟缓，情绪和认知紊乱的问题。照顾者在婚姻中能否感到相互支持和人格尊重，也会影响与孩子的亲密关系，直接作用于孩子的良好发育。

深厚的感情建立起的信任，对孩子的一生发展都非常重要。父母和孩子之间可靠的情感港湾，提供了孩子未来向外探索的基地，让孩子相信世界（特别是人际关系）是可预测的。通过照顾者细心、深情和反应迅速的互动，信任感得到增强。不信任感是由不一致的对待、情感上的不可及或拒绝造成的。婴儿时期，照顾者情感上回应孩子，让婴儿建立起对这个世界的基本信任，相信世界是值得信任的，是充满爱的。这种信任感使孩子更加敢于去尝试新鲜事物，追求更多挑战。

建立情感纽带，是早期语言学习的大前提。婴幼儿需要正常的生活与玩耍交互，需要正常水平的刺激。我们不要提供过度、过高、过难的信息刺激。过度提前、难度过高的学习任务会让婴幼儿害怕学习。加强情感纽带才是早期亲子互动真正的目的，而学到多少内容只是副产品。如果父母的目的不是和孩子一起经历快乐的体验，开心的玩耍，亲子共读，加强情感的互动，而是过度强调读了多少本书这样的任务目标，孩子不爱读不爱学，父母就生气，那么，这个学习大概率会失败，而且可能损伤学习动机。

用埃里克森的社会心理发展阶段理论来解释，脱离婴幼儿本阶段发展重点的超纲学习，不论是"哭声免疫法"，过早训练如厕，还是过早的机械识字、阅读与计算，如果脱离了孩子的乐趣和情感需要，违背了这个时期孩子的核心需要——建立对父母的情感和环境的信任，很容易适得其反。

婴幼儿时期的重点不是以知识 KPI 为目的的"早教"，不是追求词汇量或背诵古诗的数量等，而是在充满爱的互动中培养信任纽带。3 岁前的主要挑战是能否获得足够强大的基本信任感，以战胜不信任，使幼儿产生"希望"这一自我力量。希望是相信愿望可以实现的持久信念，是对生活的总体乐观态度。

在一项研究中，研究人员对一些 1 岁儿童进行了依恋评估，并在儿童 3 岁时再次到家中对他们进行研究。在 1 岁时被评估为安全依恋型的儿童，比被评估为不安全依恋型的儿童能够更快更主动与陌生人交流。在一场关于失败的游戏中，安全依恋型的儿童通过增加努力来应对失败，其他儿童则减少了努力。这个阶段发展出的基本信任感为将来的主动性和目标感提供了基础。[29]

学龄期（5~12 岁）：能力

核心矛盾：勤奋（做别人也看重的事情）vs. 自卑（我无论怎么努力，都没法变优秀）

自我力量：能力。成功处理勤奋和自卑之间的冲突会产生"能力"这一自我素质："我感到我可以做到别人觉得有价值的事情。"

信任感发展于婴幼儿与照顾者之间的情感纽带，在学龄期则会进一步发展为对自我的信任：只要我努力，就会有改变，即前文讲过的自我效能感与自我控制。在学校里，自我效能感强的孩子，更倾向于通过勤奋和努力去寻求学校社会的认可。

效能感和自卑感

相应地，学龄期要面对的核心挑战是效能感和自卑感之间的冲突。所谓自卑感，就是"无论我做什么，都做不好。"

在这个阶段，父母和老师，尤其是父母，不应从外部横向比较的视角对孩子一味施压。父母不能完全站在外部环境一边，而要尽可能站在孩子一边，帮孩子分析差距，架设自身能力的脚手架，逐渐去适应外部环境要求。父母应以多元视角，去发现孩子自己特有的兴趣和禀赋，寻找突破口，点燃孩子的热情，帮他积累成就感，从而确立"我可以做到"的自我效能感，并将其辐射到别的领域。

儿童越有能力就越被群体接纳，越被接纳就越相信自己的能力，形成自我强化的良性循环，于是他更愿意参与基于现实而非幻想的活动。孩子沉迷于游戏和短视频，很多时候是由于在现实中缺乏效能感，于是向幻想逃避。

在孩子与自卑战斗时，父母却在逆向努力。出问题的根源往往是父母秉持着一个完美的抽象的"理想儿童模板"，导致看不见眼前自己的真实的具体的孩子，于是用言语等压力，给眼前真实的孩子造成恐惧、羞耻和自我怀疑，试图扭正孩子的行为，使其靠近父母心目中的"理想儿童模板"。对孩子更有帮助的是顺势而为，去肯定眼前真实具体的孩子身上的亮点，通过正反馈来强化他本人的自我效能，这样才能改善行为。父母可以从各种小事做起，帮眼前的孩子建立自主感——我可以通过思考和努力，与父母协商，采取更好的方式，达到我的目的。

过度强调完美的纪律和标准

另一个问题是过度强调完美的纪律和标准。

前面"玩耍是件正经事"一节讲过，游戏是童年阶段的必备体验，是儿童天然的学习手段和自我探索途径。游戏的一个重要价值就是社会智能的发展。例如，角色扮演让儿童在想象中成为"那样一个人"，从而突破幼儿期朦胧的、同照顾者无法区分的自我。游戏也是儿童的学习方式，孩子在游戏中自发整合他平时从各处得来的信息。游戏还帮助儿童心理能力发展，让儿童得以建立一个独立的"我"的意识，这个"我"有能力和知识去操控一个事件，创造一个小世界。

到了学龄期，这个从自我心灵中生长出来的有机学习进程被上学打破了。孩子每天有长达 8 到 10 小时的时间坐在课堂里，听讲课，做卷子，完成作业。然而，这个年龄段的孩子仍然需要自主制造出生动的心灵世界来整合外部信息。于是，刚上学的孩子会出现一些让大人崩溃的行为，包括但不限于：上课坐不住绕着教室跑，忍不住说话；不停地玩小人对打，一边搭积木，摆弄玩偶，一边自言自语讲故事；问一大堆让大人张口结舌的问题；和别的孩子争抢打闹；在老师的讲台上画画……这些都是孩子新的自我意志的绽放，体现出他操控外界事物的欲望和能力在变强，具有更强的能力去提炼和理解事物和人物的关系，构想、计划和操练刚刚学到的社会关系、物理和数量关系。

总之，儿童展现出新的能力，试图对外部世界进行自主的再现和控制。可惜的是，大人时常看不到儿童游戏的重要意义，总是试图取消童年，直接用成年人的工厂式高效和纪律来规约孩子自发的萌芽状态。成年人认为游戏是浪费时间，更关注训练标准和训练结果，对不标准的地方施以惩罚和批评，忽视了童年最宝贵的自发性，未能充分利用孩子蓬勃的自发性火花。

这样的教育现状并非今天才有，苏霍姆林斯基对此已有反思："我们现在的教育经常忘记一个事实，那就是学生在学校学习的大半时间里，他首先是一个孩子。老师向孩子们头脑中灌输现成的规律、结论和论断时，常常甚至不给孩子机会去接近思维的源泉和生动语言的源泉，也就束缚了孩子们想象、幻想和创作的翅膀。孩子从一个活泼、积极好动的人变成了一个记忆机器……不对，不应该这样。不能用一堵高墙将孩子与周围世界隔绝。不能剥夺孩子们欢乐的精神生活。孩子们只有生活在游戏、童话、音乐、幻想和创作世界中，他们才算有真正的精神生活。若没有这些，他就是一支枯萎的花朵。"[30]

这种稚嫩的内在精神世界和自我之树的萌芽，与学校培养公民和可用人才的社会化标准目标之间，不可避免地产生了矛盾。显然，彻底压制和完全取消孩子的自我意志并不可取。正如苏霍姆林斯基所言，"过度强调纪律和责任，会毁灭儿童学习与工作的自然欲望。"[31]

你不能把这一粒橡子自己发出的小树苗砍了，种上整齐划一的经济性作物，将来却哀叹为什么这一片看似面面俱到的绿油油的经济性作物，也就仅仅是"还可以"、能吃饱而已，那些本该因独特而出众的参天大树去了哪里呢？一方面用高效严格的泰勒制流水线规训孩子十几年，一方面哀叹大学生没有创造力，研究生不能独立自主搞研究；一方面取消孩子的个人意志，一方面又要求孩子有内驱力，全心投入某个目标。这二者是自相矛盾的，越努力，越浪费。

勤奋 vs. 自卑

作为家庭，需要努力协调孩子自我内生
的发展曲线和社会的标准体系，在其中求取
一种平衡。既要给孩子支撑起一个自我生长
的空间，保护他的个人意志和自发的积极
性，又要帮他认识到自己的目的和社会目的
之间存在一个接触融合的地带。在这二者间
不断进行协调，最终以外界认可的方式建立
自我的角色，才能让童年期的儿童完成"勤
奋感"的自我实现，产生自我和社会都能够
认同的"能力"。

《那些古怪又让人忧心的问题》和
《如何不切实际地解决实际问题》：这
一系列书虽然是成年人写的，但十分接
近儿童淘气爱玩的探索本质

例如，如果你要想成为恐龙学家，想看懂恐龙百科全书，你需要认识更多
的字，学习地理、化学、数学、生物学等知识。如果你想成为曹操或诸葛亮，
你需要掌握更多历史事实，学会逻辑推断和战略思维。这些是语文、历史和数
学学习能给你的。为什么英语有口语考试？看看舌战群儒的诸葛亮，舌战群儒
就是口语考试。你想去星际旅行？你得学会算今天的加减法和物理，还要锻炼
身体。

一个人如何才能产生自主的求知欲，充满乐趣的学习？需要向他展示自身
的爱好如何能够与知识体系关联。

杨立昆在自传《科学之路》中讲到自己为什么走上人工智能的研究道路。
他的父亲是航空工程师，也是动手专家，业余喜欢做电子产品，比如遥控车和
遥控船，所以杨立昆和弟弟都对计算机和工程技术充满兴趣。同时，他小时候
梦想当一名古生物学家，"因为人类智能的出现及演化深深地吸引了我。即使在
今天，我也依旧认为大脑的运行机制是生命世界中最神秘的事。"在他 8 岁的时
候，他跟父母、一位叔叔和一位沉迷于科幻的阿姨一起看过一部电影——《2001
太空漫游》。他说，"影片里出现了我所热爱的一切：太空旅行、人类的未来以
及超级计算机哈尔的起义。哈尔为了确保自己的生存和完成最后的任务而要展
开屠杀。这件事情真的很不可思议，而在这之前，如何将人工智能复制到机器

中这个问题就已经让我深深着迷了。鉴于此，高中毕业后我自然而然地打算投身这个领域进行具体研究。"[32]

如果你觉得只有考试的知识才是"有用"的，必然很难想象古生物知识和科幻电影会激发一个孩子未来终身投身人工智能。一个儿童看似随机的、不相关的广泛好奇心，竟开启了人工智能的新时代。

在玩耍的幻想世界里，孩子自己是掌控者，自己制定任务、角色和游戏规则并架设桥梁，把他的玩耍工作和外部规定任务所需的勤奋做功连接起来，从而满足这个阶段的儿童（小学低年级前后）对"真正做出一些东西"的渴望。童年阶段的挑战，埃里克森称之为"勤奋对抗自卑"：让儿童感受到热情而专注制作一个东西，完成一个项目的勤奋感能带来快乐。

在这个过程中，孩子逐渐自然适应了外部规则，获得父母和老师的认可。相比于过去天马行空的幻想，儿童开始逐渐更多追求完成工作的乐趣，从而战胜了"我干什么都不行，我没法做好"的自卑感。

相比追求标准和完美的成绩单，埃里克森认为，童年更要着重培养的学习根基是自主游戏、自我效能和自信的培养。如果童年阶段一直无法战胜自卑，没有从自己完成的事情中得到成就感，不曾为自己的某项努力感到骄傲，就可能会给青春期的自我整合和奋斗驱动力埋下隐患。

如果能成功地超越勤奋与自卑的冲突，会让儿童产生"能力"的自我认识——我能做到别人眼中有价值的事情。能够按时完成作业，认同学校的教学目标（追求更好的考试分数）只是冰山一角，下面的深层根基是日复一日、长期逐步培养的自我效能感，从而突破自卑。

因此，在童年期，要想让孩子"表现好"，不能向相反的方向努力，打击他的效能感，而是要从各种孩子能胜任的、喜爱的小事着手，助力他超越自卑。

青春期（13~20 岁）：目标与意义

核心矛盾：认同清晰 vs. 角色混乱

自我力量：目标与意义。如果能很好地解决，那么就产生出人生的目标与意义这种积极的力量。

经过童年充满想象力的丰富尝试，青春期的青少年开始从涉猎过的种种兴趣和更丰富的人际交往中，逐渐明确自己喜欢什么，擅长什么，什么能让自己感觉良好。此外，这个时期身体和生理上的巨大变化，使得青少年感到与过去的自己脱节，更是承受着从一片混沌模糊的特征中确立自我的压力。

青少年需要将这里一点、那里一点的特质、兴趣、长处和缺点，连缀整合成一个完整清晰的自我面貌，也就是确立自我的"A 面"。同时，他也需要从突然变得开阔的社会环境中，从混沌的诸多自我特征中，建立起更清晰的角色，寻找到社会可以认可的、属于自己的位置，也就是确立自我的"B 面"，即社会角色。

杨立昆回忆童年时喜欢《2001 太空漫游》中起义的超级计算机哈尔，也梦想过成为古生物学家，想探索智能是如何从无到有出现并演化为人类智能的。这些兴趣在高中时整合为一个清晰的人生目标，即如何制造一个真正的人工智能，于是他报考了巴黎高等电子与电工技术工程学院。

希望确立一个清晰的自我，与模糊混沌的特征、兴趣和社会角色之间的协调与冲突，是青春期面临的自我认同挑战。如果家庭和学校等外部环境无视、否定和剥夺青少年的自我意志，他们会比儿童时期更激烈地反抗，这就是家长们常说的叛逆期，"孩子大了，不好管了。"实际上指责孩子并不能解决问题，需要搞清孩子的核心需求，才能顺势而为。

除了追求能被社会认可的理想，如研究人工智能来确立自我角色，青少年也可能寻求其他出路。例如，遁入某个亚文化群体以寻求认同感，比如网络游戏、小群体抱团或参加偶像粉丝团，有的甚至通过自我毁灭来寻找和保卫自己的角色。

高考

在中国，青春期最突出的塑造性经历就是高考，高考构成了中国孩子青春期自我认同形成的重要内容。我在本科生课堂上让学生复盘对自己人生影响最大的事件，几乎全部学生都会说高考。我观察到的北京的一本大学生和黄灯老师在《我的二本学生》里的观察非常类似：

"中国教育"在学生的理解中，都停留在"应试"维度，让我惊讶的是，农村孩子和城市孩子，面对同一话题，有不同的态度，但有相同的感受。城里出生的孩子，不少学生对应试教育深恶痛绝，以高考作为划分线，中国学生的青春时代似乎被简单粗暴地划分成了两部分，高考前，高考后。高考之前，"我记得我整个人生，似乎都在为高考而活。从小学，要上重点；初中，要进实验班；高中，奥数班。人生就像一条被预设好的轨迹，我必须不能出一丝差错照着这个轨迹预演下去。否则，我就会被周围的环境所不容纳。父母的期望，老师的教导，同学之间小小的攀比，都像一块块巨石，压得我五脏六腑都疼"。

这些描述从当事人的角度告诉我们，青春期的自我形成面对着怎样的社会考验。一个孩子就这样脱离了童年，要面对"打造一个可被社会认可的角色"的压力——这是青春期的最大挑战。

这种社会角色压力在《和衡水中学在一起的 2557 天》这篇文章里得到更加具体的描述。作者是衡水中学的毕业生，在她的描述中，班长要特别记录并扣分的学生违纪项目不是打架斗殴，而是抠手指、喝水时间过长以及用卷子扇风。学校一届届宣传的正面范例是某高考状元从不浪费时间坐下吃饭的故事，他从打饭窗口买到包子，就开始一步不停边走边吃，先吃易于吞咽的包子馅，走到教室门口就将来不及吃掉的包子皮扔掉[33]。

在衡中的一千多天，作者培养出了一个她称之为"B 我"的人格：缺乏同情心，认为"所有智商和体力在一定标准之下的人都应该被杀掉"。离开衡中上大学后，作者又花了1000多天才探索建立起一个"A 我"，"教自己不要去厌恶自己的大学和浪费时间的自己"以及"松弛堕落却从无罪恶感的"同学。她教会这个新的"A 我"：那个"B 我"痛恨软弱、痛恨疾病，甚至认为自己生病、受伤都是耻辱，不肯得到照顾和医治，那是不对的。她努力确立这个新的自我，找回儿时的自己，不再羡慕他人，喜爱自己开明的父母，认可自己找到的人生志趣和奋力拼搏的毅力。

这两种自我的需求在不断冲突，为了适应新开始的生活而努力重新认识世界，不断与青春期时在衡中乌托邦中培养出的那个"规则明晰，赏罚分明，每个人都有清晰盼头"的自我进行辩论和搏斗。虽然过程痛苦，她最终还是完成了自我整合，找到了新的人生方向。

即使不是"小镇做题家"，条件优越的城市孩子也不一定拥有更多自由。耶鲁教授陈志武痛心于见过太多没有自己做过选择的学生。其中一个学生，父母要求他进最顶级的高校，学习"最成功"的金融专业，做一个亲朋好友眼里成功的孩子，这构成了强大的"B我"的压力。直到该学生人在美国，进了耶鲁读博，脱离了父母的影响力半径，他才敢跑去戏剧系听课，开始尝试建立自己的"A我"。这个过程堪称惨烈，把这个青春期的冲突，延后到博士阶段、出国后才敢自我探索和解决，可人生有多少个 7 年可以重来呢？

我观察到的大学生，也苦于不知道自己想要什么。很多学生想要间隔年或者转专业，他们强烈地渴望找到真正感兴趣的专业去投入努力，但又不知道自己的兴趣究竟在哪里。这种强大的甚至能抹杀自我的社会角色压力并非东亚学生专属，《精英的傲慢》中有大量美国本土学生也与此类似。

青春期痛苦的根源，仅仅是高考压力很大的中国孩子的专属吗？衡中的反义词恐怕就是北欧。然而，北欧的青春期同样充满压力与自我搏斗。例如，埃里克森本人就经历了一场"A我"和"B我"的战争，并从中找到了未来人生的方向。埃里克森的生父是丹麦人，在他出生前就离开了他母亲。母亲带着他改嫁了一位犹太医生西奥多·洪伯格。继父待他很好，直到青春期，他才知道西奥多不是亲生父亲。然而，他发现自己融入不了犹太人的信仰社群，斯堪的纳维亚长相的他被犹太社群当作局外人。而在丹麦社会，他又被视为犹太人的儿子。埃里克森是最早提出毕生发展理论的心理学家，通过探索毕生发展历程，他解决了自己青少年时期"A我"和"B我"的矛盾。

上面这几个例子里，从乡村到城市，从衡中到北欧，从二本到耶鲁，不论中外，不论应试教育还是精英教育，虽然具体形态不同，但青春期确立自我的探索渴望与外界社会的规约压力，即努力认识"A我"与模糊混乱的充满压力的"B我"之间的矛盾冲突却是普遍存在的。不论家庭环境宽松还是严格，这个过程都可能相当激烈。如同原住民用火的试炼仪式标志一个人脱离童年，青春期的冲突和痛苦如同浴火重生。青春期时与外界压力和期待搏斗，为建立独立的自我而战，这些冲突结成的光荣疤痕可能禁锢一个人，但也会为他此后的一生奠定根基。

虽然青春期的标签是"叛逆""危机""不好管"，但和婴儿期一样，不稳定和混乱恰恰标志着大脑发展的飞跃期和令人激动的机会期。此时，如果大人能放下自身的成见与评判，放下外部社会标准的压力，避免进一步激化"A 我"与"B 我"的割裂和对立，而是提供倾听（帮讲述者自行思考和梳理）、支持的情感与有助于具体行动的资讯，促进青少年自身正在进行的"A 我"与"B 我"的沟通与整合，帮他看到自我追求和社会角色的整合有多种可能，那将能节省大量对抗性消耗，更轻快地前往目标。

成年早期（21~45 岁）：广义的爱

核心矛盾：爱 vs. 孤独

自我力量：广义的爱。从中产生出的积极品质：广义的亲密关系。

从学习的角度来看，经历了童年即小学和初中的好奇探索阶段，高中和大学的严肃训练阶段，到成年早期，人就进入了学习的第三个阶段——创造性应用。成年早期是人一生最重要的学习阶段，可惜大家都去"卷"中小学，却很少对这个重要时期给予足够的重视和有意识的规划。

在学校的学习是一个有限游戏，内容为针对考试设计的知识体系，均为清晰确定且有限的知识架构，并且所有的题目都有正确答案。而到了工作中，进入真实的世界，人际交往、工作内容、社会运转等是由一个个复杂体系嵌套为更复杂的系统，形成了混沌的现实世界。

在这样一个混沌的复杂系统中，人需要学会自己去发现和界定问题，并拿出创造性的解决方案，根据反馈不断调整行动，这是真正意义上自主学习的开始。离开校园，并非意味着学习的结束。相反，之前校内的学习，是在为应对真实世界复杂系统的真正学习所做的准备。

从心理发展阶段来讲，成年早期阶段的重要主题是进入比学校更广阔的社会，通过工作的投入和付出，与他人产生深刻的交互和关联，并从这种广义的亲密关系中，体验到自我生命的充实和成长。

《读库》23 年 1-2 月号刊登了一篇个人口述史《阿觉娃的故事》[34]，讲了一个藏族女孩此里卓玛成年早期的经历。这个例子展现了一个人如何不断学习，同时不断自我开凿，找到人生意义的过程。

中专刚毕业时，此里卓玛当了导游，带着游客去探秘刚刚发现不久的香格里拉。当导游收入丰厚，但她不满足于挣钱。去圣山卡瓦博格朝圣时，她接触到圣山的文化历史，开始学习写作，发表了人生第一篇文章。由于她是本地人，会藏语，因此得以参与著名学者和云南省社科院的香格里拉社区教育项目，学习了拍摄、做翻译，和学者一起培训乡民记录其日常生活等内容。通过这些项目，她争取到了国外留学的机会，学习了垃圾处理、有机葡萄种植和葡萄酒酿造技术。她在整个澜沧江河谷普及了有机葡萄种植和葡萄酒酿造，并成立了合作社，经营起欣欣向荣的葡萄酒产业。当地政府觉得她很能干，希望她能帮扶当地妇女，培训她们学习一门手艺来获得独立的收入，于是她又成立了手工合作社，培训、组织、生产和销售妇女的手工艺作品。

她 20 岁到 40 岁的这段人生探索历程，恰好就是本节所介绍的"成年早期"阶段。此里卓玛讲述了她一路工作一路学习，经历的自我认识的变化历程："从被调查被研究的、被动的弱势群体，逐渐意识到自己应该有所输出，在这个社会的洪流中，我们应该站出来，推崇我们觉得重要的东西。还要和别人共生，不只是挣点钱、当导游而已，而是希望被看见，希望相互影响。"

这段心路历程生动呈现了发展得相当好的青年期心理状态：通过不断工作、不断与人交互，扩大关切和责任感范围，从而将自我的生命卷入外部世界。舆论场中充斥着"躺平"、财富自由尽早退休的"人生理想"以及求之而不得的痛苦。而这些目标之所以达不到，主要是因为本身就是虚幻的。人怎样才能活得幸福呢？弗洛伊德说：爱与工作。工作本应是幸福的源头，停止了工作，会离幸福更远。人能否从工作中感到幸福，在于如何认识自己工作的意义和价值。

意义和价值来自投入生活的洪流，从中逐渐开凿出自我。通过进入社会后更广泛地与人交互，成年早期延续着青春期的主题，继续确立自我。自我认同绝不是只关注自己的自私，相反，人们需要强烈的自我认同感才能真正爱他人。

15 岁时的自我认同感发展，预测了 25 岁时能否建立起真正亲密的关系。[35] 埃里克森认为，如果青春期自我整合良好，那么在成年早期，人就会更有能力真正卷入亲密的爱（不限于狭义的爱情）。

比起不愿意结婚生子，成年早期更大的挑战是爱无能，这会导致学习与实践的动力熄灭。一个生命不结婚生子仍然可以得到幸福，但亲密的爱却是每个生命幸福必备的体验。爱意味着对另一个心灵完全袒露自我，隐秘的内心能得到对方的接纳和共鸣；爱意味着学会对别人付出，做出重要的承诺，并承担更大的责任，甚至放弃和牺牲自己的利益。工作的意义感与爱的能力彼此相互强化。付出和投入，使人更加关切他人，将我们的生命之根深深卷入外部世界的土壤中，使一个人的共情能力、对他人的理解与关切不断伸展，使得自我这棵树木更加繁茂。成长的过程，就是突破包裹"小我"的种皮：

"如今 40 岁，忽然很放松。过去看起来开朗，但不愿意敞开心扉，特别是和其他民族，防御心很强，会有偏见，觉得别人也有偏见。现在我从最底层接受了自己不完美的部分，接受了现实生活中存在的问题，放下了很多的防备。以前在公益机构，对商业有偏见，后来从公益机构出来，认识商圈里的人，对商业的偏见破除了……比起角色，身份，人性、品行最重要。"

此处，你可以把此里卓玛打破的"民族"偏见换成其他各种社会标签，如财富、地位、性别等。这番话典型地反映了小我如何通过不断学习和做事突破内心的画地为牢，不断扩大与他人的理解共情。学习、实践、成长，就是突破"小我"的围墙，汇入到"大我"的生命洪流，使自我获得更好的生活与工作的目标和动力。

总结一下，成年早期的主要矛盾就是：一方面，不愿意或不能将自己投入一个事业或一份感情，没力气去为他人付出，不敢承担麻烦和面对生活的痛苦；另一方面，又感到孤独，缺乏深爱，缺乏有意义的生活。

在成年早期解决了这一矛盾的青年人，会更顺利地进入成熟期，发展出下一个阶段的需要——繁衍感。

成熟期（46~65 岁）：关切

核心矛盾：繁衍 vs. 停滞

自我力量：关切。良好的平衡的繁殖感产生的自我品质是"关心"，是你对生活中所产生的任何一种事物的日益广泛的关心。

一个受过高等教育的人，职业生涯不该在 35 岁结束，真正大量出成果的时期反而是 40 岁以后。成年早期体验到亲密的爱的人，在成熟期会发展出繁衍感。为了爱，包括对具体的人和某项事业的爱而奋斗，使自己更深地卷入世界，成为成熟的成年人。成年早期没有解决爱与孤独冲突的人会陷入自我封闭，这可能表现为自我放纵，把自己当唯一的孩子来宠爱。

成熟期的主题是繁衍。狭义的表现是积极培养孩子，给孩子做出榜样，给孩子一个更好的未来。而广义的繁衍感是渴望创造比自己有限的生命更持久的事物。良好的繁衍感使人进一步超越个人的亲密关系，扩展到关切整个人群社会，从而努力去有所作为，持续学习和改进自我。

大量有创造力的人对自己这一阶段人生的描述都十分类似。他们都提到自己对他人的痛苦十分敏感，希望能将痛苦、迷茫等消极情感变为更积极的结果，希望通过自己的努力，能为他人、为群体带来改变和更幸福的未来。繁衍感超越了养育孩子，还包括传递知识和精神内容，包括创造出属于自己的事业和产品。此里卓玛 20 岁到 40 岁的大量尝试和学习的经历，做有意义的事的内驱力，使她可以自然而然为这个新的个人生阶段做好准备。

埃里克森提出，缺乏繁衍感的成年人容易陷入的亚健康心理状态是封闭和停滞。

一方面，他不愿投入自我去追求某个目标，不想太深地参与外部世界的发展和运转，害怕承担失败的风险和付出无效劳动。但这种封闭心态又会导致目前的工作缺乏意义感，觉得自己只是打工人，觉得作为螺丝钉的机械重复劳动十分枯燥。

另一方面，由于关切的范围只有自己，以及当下自己需求的满足，他缺乏为了未来去不断学习和精进自我的动力，自我发展的本能受阻。于是，另一种出口就是自我放纵式的让自己开心，像宠爱孩子一样宠爱自己。

除此之外，缺乏繁衍感的成年人对自己生活的叙述常常充满了"污染"主题，总会谈到生活被某种东西污染或破坏："我的人生、这个世界本应一切完美，都是某个东西害的，导致了现状的缺陷，给我带来了痛苦。"这种心态让他陷入焦虑情绪和无力感。

广义的学习指的是认识世界和改造世界，当然应该包括人一生所有的时期，当然不仅仅是成年前的竭泽而渔，将考上大学视为一生学习和努力的终点。成年后，用长达半个世纪的时间"躺平"在一个岗位上，不再思考如何改进自己，这是对人的生命和头脑的巨大浪费。

良性的心理状态与符合认识规律的是终身学习。学习的后两个阶段，严肃学习与创造性应用，应当贯穿人的一生。活到老，学到老，不论是在专业领域（如法律、医学、教育），还是做餐饮、做销售、做产品，一个人需要不断在变化的环境与流变的信息中调整认知，为自己打造生存的根基，实现自我成长。

繁衍和停滞之间的矛盾，这就是成熟期的主要挑战。良好平衡的繁衍感产生的自我品质是"关心"：繁衍的冲动推动人超越自己的私人生活和亲密关系，对社会和更多人的命运产生更广泛的关切，同时也使自己的生命获得扩张的动力和意义。

老年期（65 岁以上）：智慧

核心矛盾：自我的完整 vs. 绝望失落

自我力量：智慧。从老年期产生的良好自我品质是"睿智"，包括意义的创造和仁慈这两层含义。[36] 这是一种对生命的积极关注和持续的个人成长，即使面对死亡迫近的现实。[37]

大文豪乔伊斯在 20 岁时写出了短篇小说集《都柏林人》，其中讲了一个老年人无法面对自己人生的故事。有位书记员一辈子循规蹈矩，过着极其自律简朴生活，没有爱人也没有家庭，也没有换过工作，因为他不想冒险采取任何自主行动。就在日复一日的上班、下班、孤独的晚餐、回家阅读和玄想中度过了一生，觉得自己只要不行动不选择，就可以永远保持着人生的无限可能性。有一天，他拒绝了唯一的朋友，也是唯一能聊得来的书友女士的求爱。几天后，他在报纸上看到了自杀报道，是她。他感到自己错过了此生唯一的爱的机会，眼看人生进入了暗淡的终章，心里苦涩地回想这一生，发现自己这辈子已经被人生的盛宴排除在外了。

老之将至的痛苦并非来自机体本身的衰弱，最苦涩的部分是不能接受自己的人生选择，希望当初能做出不同的选择，但现在一切已经太迟，为自己的人生而奋斗的意义和秩序也茫然不可见。但是，在成熟期有强烈繁衍感的人，会在老年期具有相反的感受，感到自我的完整，感到自我追求的意义得到了实现。

一个人，在童年期产生自我意识的萌芽；在青春期从大量芜杂和混沌中通过抗争与痛苦挣扎开凿出一个稚嫩的自我雏形；在成年早期自我变得清晰，在广阔的真实世界中闯荡，充实这一个人历史；在成熟期，每个平凡又独特的人都有各自的奋进和抗争的英雄故事，这些故事在重重坎坷和负重中得到血肉与形体，成为一份真实厚重的个人史诗；在老年期，他会感到书写已经接近完成，所有历史叙事必备的使命与目的，他已经用人生完成，即使并不完美。

他带着突破自我围墙的爱，感到对人们的普遍共情和悲悯，感到不论什么时代、什么样的人，都与一个普遍的超越性的自我同一，所有的人都在参与同一个总体精神和命运的创造。这一生，不论结果，不论何时，他都在热爱着、奋进着。他的生命熄灭后，其他的生命会继续与这一关切和爱共呼吸。与这种满足感相比，青春的逝去、岁月的遗憾和损失都不算什么。

这就是老年期的主题：自我接纳与失望的冲突。解决这一冲突的过程中，睿智从中产生。

小 结

第1章，我们讲了"智能"是怎么回事，揭示了大脑的终身可塑性，破除了固定智商的迷思。只要学习，大脑就会改变。问题是大脑算力在一个人的学习和人生成就中最多只占一半。即使是超级计算机，也怕被拔插头。人类大脑的高级运算功能，需要的动力不仅是卡路里，更是心理动机。吃喝玩乐的本能人和动物都有，但人类大脑的另需要一套强大的心理动力机制，才能不断挑战困难任务，承受长期的、不断挑战困难的学习训练，搭建并精进高级心智能力。所以，本章讲的是学习背后的心理驱动力。

这种强大的内驱力首先是来自**探索未知的兴奋感**。驱动儿童玩耍和追求快乐的原始动力，和科学家、运动员、企业家追求新突破的是同一种生物化学机制。在自由探索中，儿童的大脑开启了最初的高效学习。如果学习内容设置，跟儿童对探索的自由、兴奋与乐趣的天然渴望背道而驰，就会是低效的，也是对儿童自然学习能力的无谓消耗剥夺。

第二大内驱力就是**自我效能感**。如果一个人认为自己做什么都无法改变现状，他就不会付出努力采取行动，不会延迟满足，并陷入向下的自证螺旋：因为不相信努力有用，所以不努力，之后发现现实确实无法改变。但消极被动的态度是可以被一个个小的行动和习惯扭转的。

而向上的自证螺旋是：成功会带来更多成功，成功会长出自信的人，他之所以努力，是因为对自己高看一眼，从而提出更高的自我要求，敢于追求更高的目标。内控的人同样会实现自证的预言，我认为自己是有着独一无二使命的人，按这样的标准去做，于是真的就成为独一无二的人。

要想培养自我效能感，一个人必须发掘自己的长板，并努力将较小的初始优势最大化，打造人生的突出优势项目。人并非是一只会被短板限制的木桶，而是正相反，只要有一根长板，并将它发挥到极致，就是你所能到达的高度。如何不要跟他人简单横向攀比，陷入否定的自证螺旋？需要**加德纳的多元智能框架**，使我们更好地认识人的智能是多种不同模块构成的，每个人的配比和强项都不一样。从而能更敏锐地、尽早地识别孩子 / 自己的优势所在，并加以培养，使其最大化，先发带动后发。

要看到一个完整的人，并给予尊重，才能识别长板，而非不断苛责短板。人的完整存在是一个动态的、在矛盾冲突中螺旋发展的过程，而非一个静态结果。从婴儿到小学生，从青春期到老年，我们人生的每个阶段都要经历一场冲突斗争，矛盾的解决会使我们获得动能，进入下一阶段并得到幸福感。每一次矛盾的解决，都需要不断向自己最渴望和最擅长的方向去寻求突破，实现力量的增长。了解每个阶段的矛盾点，就知道了用力的机关，可助一臂之力，而不是消耗和拖累。

毕生发展框架提供了一个动态的全生命周期的视角，超越了横向静态的班级排名和盖棺定论的分数，帮我们回归人的力量之源。看到在一个人生命的每个阶段，是什么决定了他努力还是放弃、是否全身心投入寻求学习和发展。

本章从各个角度论述了学习者的内驱力。那么，一个内驱的学习者具有哪些特征？这些内容将在小能熊科学学习公众号上刊载（自我实现者的品质特征），读者可按需自取。

通过学习，走向内驱。一个人无法脱离学习而实现内驱。本书下一部分，将会以语言学习为实例，展示如何通过科学学习来帮助学习者达到内驱。

注　释

1　潘克塞普，彼文 . 心智考古学：人类情绪的神经演化起源 [M]. 王昊晟，李恒威，译 . 杭州：浙江大学出版社，2023.

2　米歇尔 . 棉花糖实验：自控力养成圣经 [M]. 任俊，闫欢，译 . 北京：联合出版公司，2016：1.

3　卡弗，沙伊尔 . 人格心理学 [M]. 贾惠桥，张品，赵红梅，译 . 北京：中信出版社，2020：437.

4　同上，335.

5　舒特，赛德曼，凯夏文 . 社会神经科学：脑、心理与社会 [M]. 冯正直，译 . 重庆：西南师范大学出版社，2021：329.

6　Saltzman W et al. "Paternal care in biparental rodents：intra-and inter-individual variation." Integrative and Comparative Biology 57.3（2017）：589-602.

7　舒特，赛德曼，凯夏文 . 社会神经科学：脑、心理与社会 [M]. 冯正直，译 . 重庆：西南师范大学出版社，2021：260.

8　利特尔 . 突破天性 [M]. 黄珏苹，译 . 杭州：浙江人民出版社，2018：206.

9　潘克塞普，彼文 . 心智考古学：人类情绪的神经演化起源 [M]. 王昊晟，李恒威，译 . 杭州：浙江大学出版社，2023：354.

10　Power T G. Play and exploration in children and animals[M]. Psychology Press，1999.
Panksepp J. "Feeling the pain of social loss." Science 302.5643（2003）：237–239.
Goleman D. Social intelligence：The new science of human relationships[M]. Bantam Books，2006.

11　Power T G. Play and exploration in children and animals[M]. Psychology Press，1999.

12　Burgdorf J et al. "Uncovering the molecular basis of positive affect using rough–and–tumble play in rats: a role for insulin–like growth factor I." Neuroscience 168.3（2010）：769–777.

13　库兹韦尔 . 人工智能的未来：如何创造思维 [M]. 盛杨燕，译 . 杭州：浙江人民出版社，2016：65.
杨立坤 . 科学之路：人、机器与未来 [M]. 李浩，马跃，译 . 北京：中信出版社，2021：672.
诺依曼 . 计算机与人脑 [M]. 甘子玉，译 . 北京：北京大学出版社，2010：49.

14　This Is Your Computer on Brains [N/OL]. 参见网址：https://www.wired.com/2002/11/this-is-your-computer-on-brains/
Computation Power：Human Brain vs Supercomputer [N/OL]. 参见网址：https://foglets.com/supercomputer-vs-human-brain/

15　卡尼曼 . 思考，快与慢 [M]. 胡晓娇，李爱民，何梦莹，译 . 北京：中信出版社，2012：108.

16　迪昂 . 脑与数学：我们的数学能力是如何精进的 [M]. 周加仙等，译 . 杭州：浙江教育出版社，2022：207.

17　查尔斯沃斯 . 3–8 岁儿童的数学经验 [M]. 潘月娟，译 . 北京：人民教育出版社，2007.
苏泽 . 人脑如何学数学 [M]. 赵晖等，译 . 上海：上海教育出版社，2019：68.

18　加德纳 . 智能的结构 [M]. 沈致隆，译 . 北京：中国纺织出版社，2022：162.

19　同上，179.

20　同上，203.

21　迪昂 . 脑与数学：我们的数学能力是如何精进的 [M]. 周加仙等，译 . 杭州：浙江教育出版社，2022：319.

22　同上，103.

23　Robinson K. Do schools kill creativity? [EB/OL]. TED，参见网址：https://www.ted.com/talks/sir_ken_robinson_do_schools_kill_creativity/

24　加德纳 . 智能的结构 [M]. 沈致隆，译 . 北京：中国纺织出版社，2022：273.

25　同上，279.

26　加德纳 . 多元智能新视野 [M]. 沈致隆，译 . 杭州：浙江教育出版社，2021：21.

27　哈特尼特 . 辍学写诗的数学差生，刚刚获得菲尔兹奖 [N/OL]. 参见网址：https://zhishifenzi.blog.caixin.com/archives/258353.

28　埃里克森 . 身份认同与人格发展 [M]. 王东东，胡蘋，译 . 北京：世界图书出版有限公司，2021：50.

29　Lutkenhaus P. "Infant–Mother Attachment at Twelve Months and Style of Interaction with a Stranger at the Age of Three Years." Child Development 56.6（1985）：1538–42.

30　苏霍姆林斯基 . 把整颗心献给孩子 [M]. 王丽娟，译 . 武汉：长江文艺出版社，2021：180.

31　埃里克森 . 身份认同与人格发展 [M]. 王东东，胡蘋，译 . 北京：世界图书出版有限公司，2021：168.

32　杨立昆 . 科学之路 [M]. 李浩，马跃，译 . 北京：中信出版社，2021：151.

33　杜萌 . 和衡水中学在一起的 2557 天 . 读库 2304 [M]. 北京：新星出版社，2023：97.

34　此里卓玛 . 阿觉娃的故事 . 读库 2301 [M]. 北京：新星出版社，2023：1.

35　卡弗，沙伊尔 . 人格心理学 [M]. 贾惠桥，张品，赵红梅，译 . 北京：中信出版社，2020：282.

36　Helson R，Srivastava S. "Creative and wise people：Similarities，differences，and how they develop." Personality and Social Psychology Bulletin 28.10（2002）：1430–1440.

37　Baltes P B，Staudinger U M. "The search for a psychology of wisdom." Current Directions in Psychological Science 2.3（1993）：75–81.
　　Baltes P B，Kunzmann U. "The two faces of wisdom：Wisdom as a general theory of knowledge and judgment about excellence in mind and virtue vs. wisdom as everyday realization in people and products." Human Development 47.5（2004）：290–299.

第 3 章　学习五元素

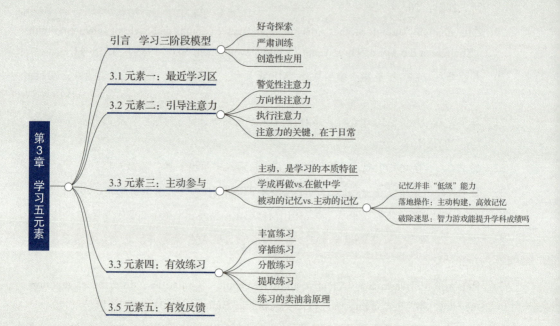

第3章 学习五元素

- 引言　学习三阶段模型
  - 好奇探索
  - 严肃训练
  - 创造性应用
- 3.1 元素一：最近学习区
- 3.2 元素二：引导注意力
  - 警觉性注意力
  - 方向性注意力
  - 执行注意力
  - 注意力的关键，在于日常
- 3.3 元素三：主动参与
  - 主动，是学习的本质特征
  - 学成再做vs.在做中学
  - 被动的记忆vs.主动的记忆
    - 记忆并非"低级"能力
    - 落地操作：主动构建，高效记忆
    - 破除迷思：智力游戏能提升学科成绩吗
- 3.3 元素四：有效练习
  - 丰富练习
  - 穿插练习
  - 分散练习
  - 提取练习
  - 练习的卖油翁原理
- 3.5 元素五：有效反馈

引言　学习三阶段模型

主旨问题	关键词
对学习没兴趣怎么办？学起来又慢，效果又差怎么办？为什么一样的课，有的人学得快，有的人学得慢？难道先天的差异就是不可改变的吗？	认知三阶段一好奇探索、严肃训练、创造性应用；学习五元素

当我们要了解变化万千的现象与复杂系统时，总需要从认识基本构成组块开始。比如，发现了自然界的 94 种基本元素，才能真正开始突破从人体到宇宙星辰数以兆亿计的复杂表象，寻找到背后的规律。要理解什么是学习，也需要从神经、认知、心理、社会和行为等方面的研究中，提炼出学习的基本元素及其运作机制。

庄子说，吾生也有涯，而知也无涯。以有涯随无涯，殆已。庄子的疑问是，这个世界上的知识无穷多，而人的生命却是有限的。如果人用有限的生命，试图穷尽无限的知识，这怎么可能做得到？但是，我们要追求的从来就不是在人的一生之内**穷尽整个知识之海**，而是**掌握科学学习的造船术**。从而，当我们面对需要掌握的新领域新知识体系时，能够认识规律，改变现状，这才是学习要到达的目的地。

学习三阶段模型

人的认识从无到有，常常要经过不同的发展阶段：首先是好奇探索，学习者体验到关注和兴趣，相当于**漏斗口**，需要足够打开；接着才能进入严肃训练阶段，强调知识的系统性与训练的严格准确，就好像你需要通过又长又窄的**漏斗颈**；之后才进入创造性应用阶段，重新进入**广阔的空间**，在前两个阶段的基础上，以自己的知识体系去解释事物，解决新的问题。

研究一个人在一生的学习成长中所经历的认知阶段，这一主题的思考和分析由来已久。哲学家怀特海（Alfred Whitehead）、教育家杜威（John Dewey）以及心理学家斯坦利·豪（Stanley Hall）等人在著述中都有所讨论。而芝加哥

阶段1: 好奇探索 curious

阶段2: 严肃训练 serious

阶段3: 创造性应用 savage

学习三阶段

大学的心理学家本杰明·布鲁姆（Benjamin Bloom）和他的团队首次对人的认知发展过程进行了科学论证，他们的研究项目历时 7 年，追踪了 120 名艺术和自然科学领域杰出青年人才，回顾他们的成长经历，发现了杰出人才在成长发展过程中的一些共性。[1] 在此基础上，我觉得有必要进一步简化，明确为一个三阶段的认识结构，我称之为学习三阶段模型。

第一阶段是好奇探索。虽然这 120 人都很年轻就成就斐然，但他们童年时都没有"抢跑"，反而是做足了每个阶段该做的事。尤其是最初的好奇探索阶段，看似没有直接的产出与成绩，却是不可跨越的。

布鲁姆发现，这些杰出人才在童年早期（10 岁前）都经历过一个探索和发现乐趣的时期——孩子对多样的事物表现出兴趣，而家长也都十分注重满足好奇心，尊重探索中难免的不确定性。比如，项目中的青年数学家绝大多数都没有在小时候展现出"特殊才能"，和其他孩子没有明显的差别。但他们童年发展的共同点是，家长没有在他们兴趣尚未建立的时候就过早强行重复式"刷题"，过早训练准确性与系统化知识，而是找到了最近学习区（元素一），做到了引导注意力（元素二）。家长关注孩子在生活和玩耍中关注的内容，支持孩子广泛的好奇心，从而使他们发展出主动参与（元素三），孩子们自主钻研、自主学习的精神得到了很好的启发和培养。

童年时的迷恋，使得知识变得具体真实，与自己有了切身关系。有的孩子，比如达尔文童年沉迷于动物和昆虫，以至于父亲担心他将来可能令家族蒙羞。开启达尔文一生求知热忱的是对大自然的热爱和对动物的痴迷，达尔文童年时并不是为了拿到高分而钻研和思考的。深度学习三巨头之一的杨立昆，儿时喜爱古生物，好奇智能是如何从无到有进化出来的。此后在硕士、博士的求学生涯中，他从未远离这条隐秘的兴趣线索。童年阶段对智能起源的好奇，成为他成年后钻研人工智能的热情之源。

在好奇探索阶段，最重要的就是把漏斗口尽可能打开，**引导注意力**，并寻找**最近学习区**。因此，学龄前，尽量给孩子提供丰富信息量和高互动的体验，例如户外玩耍、逛动植物园、参观博物馆和动手制作等，让孩子养成主动参与的习惯，在知识和能力的增长中无形强化孩子自主发现与求知的乐趣。

第二阶段是严肃训练。这一阶段大致对应着中学和大学，从广阔的丰富兴趣的漏斗口，进入强调严格、准确和熟练的系统性学习阶段。早期兴趣中培养的热爱，会在这个认真钻研阶段为学习者提供持续的内驱力。比如，布鲁姆研究项目中的一位数学家从儿童时期就痴迷于火箭。这个爱好逐渐深入，到了中学，他发现自己需要学好数学才能理解计算火箭轨道的公式，于是产生了对数学的严肃兴趣。另一个数学家小时候痴迷于制作飞机模型，因而热爱计算的准确和精密。还有人小时候喜爱无线电与物理，虽然他们小时候的兴趣看似不同，漏斗口随机敞开，但却都通向了未来更严肃的专业数学道路。

于是，儿时被火箭模型、飞机模型、无线电制作点燃的主动钻研精神和自主学习能力，被孩子用在了学科学习上，他们开始自学高阶的数学和物理教材，迅速在学科成绩上超越了学校进度和同龄人水平。在儿童期满足好奇心的过程中，他们学会了如何查资料，如何自主思考，如何解决问题，培养了追求清晰准确的习惯；在满足好奇的探索中，他们也形成了追求自律和智识满足的价值观，为严肃学习阶段的大量训练打下了内驱力和行为习惯的基础。

第三阶段是创造性应用。一个人由于有了第二阶段的严格训练，建立了扎实系统的知识体系，才能进阶到第三阶段，提炼出自己的体系。用自己提炼出的知识模型去重新进入广阔的世界，认识现象，提出解读并解决问题。对于数学家而言，创造性应用是发现自己的研究志趣，做出独创性的发现；对于音乐家等艺术家而言，则是找到属于自己个人的独特的艺术表达风格。

学习三阶段的每一阶段都不可跳过，而要做足功夫，从而为下一个阶段积聚力量。你无法略过关注和兴趣的培养直接进入严肃训练阶段，也不能没有扎实的知识积累就开始自由发挥。比如，很多家长会问，我家孩子对英语没兴趣，对数学和科学没有兴趣，这是怎么回事？原因是好奇探索阶段的缺失，因为"喜欢"需要先满足一个条件——与我有关。如果一个内容完全没有和孩子自己的兴趣与经验产生关联，急于进入严肃训练阶段只会损伤学习动机。

反过来说，如果本该进入严肃训练阶段，却一直停留在"广撒网"的好奇探索阶段，就无法建立扎实的知识体系，难以找到前进的方向。不论是一门学科，还是一节课，人的认识需要走完这三个阶段。从"与我有关"走向"我想知道"，继而才能"扎实学习"，再走向"我能迁移""我能创造"。

每个阶段都必备的学习元素

任何杰出人才，其认知发展都要经历从好奇探索，经由严肃训练，最终抵达自由创造的过程。而不论哪一个阶段，有效的科学的学习都由少数几个不可或缺的关键要素构成。因此，我提出了学习五元素这个整体框架：学习五元素贯穿在人的学习三阶段认识过程中，支撑着人类认识从无到有，迈过质变的飞跃。

第一，需要我们找准"最近学习区"，学习内容不过难也不过易；第二，思考的水车需要注意力资源推动，学会学习的前提之一是学会调集和"引导注意力"；第三，大脑不是等待塞满知识货物的空仓库，改变"学习是被动灌输"的错误认知，学会"主动参与"，主动构建个人知识体系；第四，"有效练习"让学习事半功倍；第五，给出"有效反馈"，恢复学习应有的快乐。这就是本章要讨论的学习五元素。

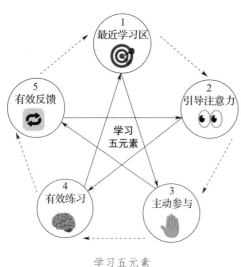

学习五元素

如果一个人一生的认识发展是一个分三阶段的大的反馈循环，那么一门学科的知识就是较小的一个循环，而一学期、一节课、一篇文章则是更小的循环，这就好像一个分形结构（fractal）。下面，我们将逐一讲讲学习五元素如何贯穿其中。

3.1   元素一：最近学习区

主旨问题	关键词
当我们遇到学习困难，首先应该做什么？	舒适区、学习区、恐慌区
最近学习区怎么用？	基本组块拆解、分解学习区踏板

有父母来提问，我家孩子知道自己成绩不好，他也很着急，可就是不想行动，怎么办？维果斯基（Vygotsky）提出的最近学习区理论[2]能较好地解释这类现象。该理论将学习内容做了区分，其中舒适区就是学习者无须帮助可以独自做到的内容。一直停留在舒适区，学习者会觉得太熟悉、太简单、没意思。而恐慌区则是企图一步登天，学习内容对于现在的水平而言过于困难，学习者一眼望去，大片内容看不懂，于是只想逃避。介于舒适区和恐慌区之间的地带叫作最近学习区，又称最近发展区，指的是学习者能力可及但暂时还需要帮助、无法独立完成的难度范围。稍微努把力就能够着，这是学习效果最好的难度区间。

如何确定最近学习区？以英语为例，先做词汇量测试和阅读水平测试，再根据测试结果找到适合的读物（具体内容见第 4 章）。挑选读物时，比较合适的难度区间是基于蓝思值 50L 到 100L 上下浮动。如果孩子 26 个字母都没记全，词汇量不到 100 个，那么蓝思值 400L 的书显然就不在其最近学习区，孩子读不下去。这一点在婴儿身上特别明显：页面或者故事一复杂，小宝宝就睡着了。复杂的画面和过多的语言会让婴儿的大脑处理不过来，造成信息过

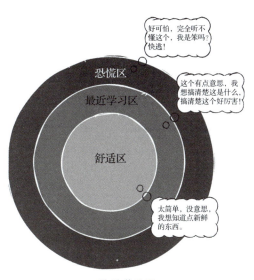

最近学习区

载。大孩子同样有信息过载问题。写作业时困难过多，夹缠在一起，孩子感到完

全无法胜任，于是就走神、磨蹭。即使是大人，面对一个未经分解的艰巨任务，也会忍不住犯拖延症。学习的时候如果出现没兴趣、拖延和焦虑等问题，首先要排查最近学习区的原因：学习任务是否应该进一步分解，在当前的水平和目标水平之间是否还需要架设更多的踏板。

最近学习区揭示的另一个方面是：随着一个人的能力增长，学习区会不断变化，需要及时进阶才能保持动力。很多人提到一种现象：学前启蒙做的不错的孩子，小学低年级成绩很好，可是到高年级就被追平甚至超越了。英语口语好的孩子，考试成绩却很普通。这是怎么回事？因为舒适区里无法有效学习。如果没有完整的学习进阶地图，没有系统的整体目标，就很容易一直停留在舒适区里，失去进阶的契机和前行的动能。有了1000多词汇量，就不要一直只看幼儿绘本和动画片，阅读的深度和广度需要及时跟上，进入主题阅读；有了3000词汇量，就要开始向桥梁书进阶；有了5000词汇量，就要脱离儿童读物，开始引入人文作品和更为深入的科学读物。

及时进阶深度阅读，因为语言能力不只是关乎辞藻和句子，更需要世界知识与思维能力的支撑。不论什么年龄的学习者，除了读课文之外，还需要读拓展课外知识、锻炼分析推理的读物，比如非虚构类的自然科学、社会和历史书籍，从中汲取大脑养料，提升思维能力。仅仅依靠教材或某一套分级读物，会导致知识面不足，阅读和思维能力自然就难以进阶。

最近学习区是踮起脚才能够着的高度。一个个学习区，如同一个个台阶，要及时跟进，才能不断前行。学习者觉得自己努一把力就能胜任，产生自我效能，也就更愿意向下一个台阶进发，从而形成自我驱动的闭环。太难的内容无法启动学习，而太容易的内容和太轻易的夸奖即使对于儿童也过于廉价，无法形成真正的成就感，无法推动学习者向前。我们既要有远方的目标，也需要一个个通向远方的踏板。

落地操作：搭建脚手架

不论目标看起来多么遥远，都可以通过搭建一个个踏板来到达，没有什么魔法能让学习者一步到达终点。比如，对幼儿园和小学低年级的孩子来说，计算能力是一个重要的能力目标。通向目标的踏板之一就是凑10，1+9，2+8……

当孩子脑子里形成熟练的组块之后，就可以达到计算快速准确这个目标。不能在数量对应、凑 10 等基础组块都没有打扎实的情况下，就直接要求孩子口算又快又准，做不到就归因于孩子学习不认真或脑子笨。实际上，原因可能仅仅是起点和目标之间没有架设足够的踏板。

识字也是如此。比如，孩子可以读出一个字的发音，也知道意思，但遇到形近字时就辨识不清。因为，对于刚开始识字的 5~6 岁的孩子来说，一个字就像一幅完整的图画，他只能注意到字的大致轮廓，而不认识里面的构成部件，所以注意不到形近字的区别（详见第 6 章）。哪怕是成年人，给他看一幅画后要求他准确回忆出画面上的每个细节，这也很难做到。所以，直接要求孩子将字辨析清楚、书写正确，这相当于一步跨越了好几个学习区。需要先搭建一个个踏板，将字拆解成更基本的组块。偏旁部首有什么含义，"月"字旁代表肉和器官，"贝"字旁代表钱……构成组件有了意义，识字才有了乐趣。字的内部组块变得清晰有意义后，一个字就不再是一幅笼统的复杂图画。在识字时架设最近学习区，会提升准确性和速度，让识字充满乐趣。

另一个常见问题是：给孩子英语启蒙已经好几年了，绘本读了不少，可是孩子不愿意张口说英语，这怎么办？口语的"最近学习区"怎么找？

"口头表达能力"是一个大而模糊的总目标。对于从未开口讲英语的孩子来说，最近学习区就是出声朗读。先让孩子朗读部分内容，而不是只听父母读。逐渐提高难度，当孩子能流畅朗读之后，下一个目标才是自由表达。自由表达也不是一开始就要求讲出长篇精彩演讲，而是从日常说起：如果孩子热衷于制作模型，可以鼓励他讲讲制作过程；如果孩子喜爱侦探小说，可以鼓励他讲讲破案的证据和推理。各种能力目标都应该被分解为一个个学习区台阶，通过一级级台阶逐渐达成目标。第 5 至 8 章将介绍的听说读写的学习方案，都是按照最近学习区来分解介绍的。

3.2 元素二：引导注意力

每年有 60 个左右的美国婴儿被父母遗忘在车里而高温致死，这是美国排名前几的婴幼儿死亡原因。暴露在日光下的密闭汽车内部，温度会在 10 分钟内升高到 37℃以上，夏天的车内温度甚至能烤熟鸡蛋。这些父母彻底忘记了孩子还在后排的安全座椅上，直到上了好几个小时的班后接到老师电话，甚至是下午去学校接孩子放学时才发现孩子压根没被送到学校。

人们通常会以为这些父母是受教育程度偏低，惯于不负责任的人。然而，2009 年《华盛顿邮报》的一份获普利策奖的新闻调查揭示，[3] 这些父母来自各种背景，包括高级专业人士，他们中有教师、军人、警察，甚至火箭科学家。他们平时也是充满爱和关切的父母，仅仅因为接了一个电话或其他原因走了一个神，注意力在下车的瞬间被转移，就造成了摧毁生命的沉重后果。

我们平时意识不到的注意力，实际上无时无刻不在筛选着哪些信息会被看到和处理。那些注意力范围外的信息则沉入黑暗，不被看到，从而极大节省了大脑的算力。如果没有注意力的筛选，每分钟从各种感官涌入的信息量可以达到百万比特的数量级，让大脑不堪重负。注意力负责确定哪些信息值得关注，从而将算力集中起来去处理这些信息。因此，控制注意力事关重大。注意力调配稀缺算力资源的能力，直接关系到我们的学习和工作表现。可以说，我们接受长达十几年的漫长教育，一大成果就是训练人集中和控制注意力的能力。

在课堂上，读完一篇文章，请不同的学生来复述刚才所讲内容，差异会很大。不善于信息抓取的阅读者会"完美绕过"重要的主旨观点，只记得生动的比方和惊悚的证据。如果我们在上课、做题和读书时无法控制和引领自己的注意力，真正重要的信息就会像婴儿一样被遗忘在车里。在我们无意识走神时，重要信息就被留在了注意力聚光灯外，自然就无法被提取和学会。

那么，注意力具体是什么呢？神经学家迈克尔·波斯纳（Michael Posner）在 20 世纪 90 年代提出了注意力的三大系统理论，通常称为"注意力网络模型"（Attention Network Theory）。该理论将注意力划分为三个主要的功能性神经网络——**警觉性注意力、方向性注意力和执行注意力。**

三种注意力

每个神经网络对应不同的注意力类型和神经机制。其中，警觉性注意力网络（■）负责保持和调节注意力的警觉性和准备状态，相关脑区包括顶叶和额叶的某些部分以及负责警觉状态的去甲肾上腺系统；方向性注意力网络（●）负责对感觉事件的选择和定向，涉及额叶和顶叶相关脑区；由前扣带和前额叶构成的执行注意力网络（▲）负责管理和调控注意力，尤其是在面对冲突和复杂任务时。[4]

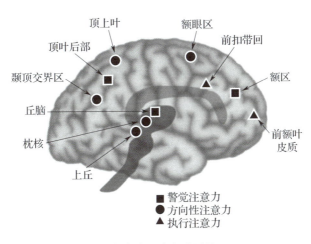

注意力背后的大脑网络

警觉性注意力

主旨问题	关键词
为什么要控制幼儿接触屏幕的时间，避免过多的、即时满足的强烈刺激？	注意力分配算力资源、强烈刺激的劫持与偏好

第一种注意力是警觉性注意力，就像瞬间爆闪的强光灯。[5]

这种强光灯式的注意力可能是进化史上最古老的神经系统，它让动物在面对突发危机时全身高度紧张，调动所有感官，更好地应对危险。当人感到危险靠近，比如阴影中可能有人在跟踪自己，在警觉的瞬间，头脑会极度清醒，感官高度激活，每一个神经都做好了弹跳逃跑的准备。在警觉性注意力系统爆闪的瞬间，大量的神经递质被释放，比如肾上腺素、去甲肾上腺素和乙酰胆碱。通过带有广泛分支的神经元网络，警觉信号可以快速激活大脑多个区域，几乎能到达整个皮质，极大调节皮质活动和学习。就像老式照相机"闪瞎眼"的闪光过后，所有当时发生的神经活动通通被印在了大脑皮质上，存入记忆中。

"战斗或逃跑"反应

动物实验显示，这种预警系统可以极大改变皮层地图。美国神经生理学家迈克尔·莫森尼奇（Michael Merzenich）的研究发现，当老鼠的警觉系统被电刺激激活后，皮质下多巴胺和乙酰胆碱回路释放，使皮质地图发生了巨大变化。所有神经元在那一刻被全部激活，即使激活它们的物体没有什么实际重要性，刺激也会被急剧放大，这种现象被称为**"注意力偏向"**（attentional bias）。比如，当一个声音被系统性地与多巴胺或乙酰胆碱建立关联，老鼠大脑就会对这个刺激产生强烈偏好，结果就是，整个听觉系统都会被这种感官刺激"入侵"，老鼠对特定声音的敏感性会增强，而对其他声音频率的辨识能力则会下降。**感官**

输入的皮质重组原理揭示，当某种特定刺激被大脑过度关注时，神经资源可能被重新分配到对这个刺激的处理上，而忽略其他相关的感官输入。

强烈刺激有损注意力

这或许可以解释一个日常现象：不论孩子还是大人，长期暴露于强烈的感官刺激下，比如短平快强感官刺激的手机短视频和高速度强刺激的电子游戏，他都会感到更难以将注意力集中到阅读和做题这类安静慢速的活动上。刷完短视频之后再看书，一个人会明显感到自己的智力下降。一些学习软件，用包裹着游戏糖衣的方式去教知识，看似让孩子学到了几个知识点，实际上却损害了他们自主集中和引导注意力的能力——这本是应该在学习过程中得到锻炼的大脑肌肉。

注意力是天生具备的学习机制，要想提升注意力，不可用更多外部手段去做额外刺激，而是需要先移除现有环境中充斥的、大量不必要的强烈干扰和对注意力资源的碎片化消耗。

方向性注意力

主旨问题	关键词
日常的亲子共读中，如何帮孩子提升注意力？	关键特征追踪、观察与关联、自主引导和聚焦

第二种注意力是"方向性注意力"，就好像夜晚行车的车前灯，可以在一定范围内对特定事物保持追踪。

有个著名的心理学实验：视频播放前，要求被试等会要数清楚篮球一共被抛掷了多少次，然后播放几个学生相互抛接篮球的视频。待视频结束，被试报出篮球倒手次数。这时，实验人员问他们是否看到了一只大猩猩。大部分被试都表示完全没有看到什么猩猩。我自己试了一下，也完全没看到猩猩。回放视频，这时被试才看到：竟有一只由人扮演的巨大黑色毛猩猩，优哉游哉地从投

球的学生们中间穿过去。不可能的事情就这么发生了，我数球的时候居然完全没有注意到那么显眼的大猩猩穿行而过。另一个实验是，告知被试仔细听辨屏幕展示的词汇的音高。实验结束后发现，被试完全没有注意到旁边闪过了其他单词。这些实验说明两件事：第一，我们往往一次只能

方向性注意力实验

注意到有限的事情；第二，注意力有方向性，会关注预期设定的目标。

学会学习，意味着学会引导注意力。学习者逐渐学会如何在看似零散的现象面前，自主寻找和聚焦重要关注点。以下面这本面向学龄前幼儿的百科全书为例，看看我们如何帮孩子关注关键特征，学会观察与关联。

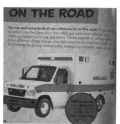

学龄前幼儿的百科知识：每个章节一个关注点；页面设计方面，用文字大小突出重点，注重引导孩子的注意力，让孩子通过自己的观察，注意到不同类型工作车辆的外观特征是为了满足各自的什么功能

这本 *Little Kid's First Big Book of Things That Go*（《幼儿第一本交通百科》）是一本给幼儿的交通与运输主题的百科全书。图中这一章叫 *On the Road*（马路上的车），介绍了孩子日常会看到的一些特殊用途车辆。比如左下图介绍了扫路车，文字介绍只有圆圈里的几行字，重点信息字体被加粗放大，着重强调了 sweeper（扫路车）、brooms（扫帚）、road（道路）、garbage（垃圾）这几个关键词。关键词用加粗放大的特殊排版，引导孩子关注这辆车的关键特征。图中扫路车左侧的上中下三种车，没有给出文字说明，但从图中右侧扫路车给出的加粗关键词中，孩子自然推理出要去观察哪些突出特征：最上面冰激凌车的车身画着冰激凌，有着大大的车厢；中间的拖车会伸出两只"手"来拖坏了的车；

下面的红色垃圾车，特点是红色醒目的巨大箱体，带有翻斗，可以方便地收取垃圾。这就是在有意识地引导孩子去关注事物的突出特征，找出关键词，并进行推论，将视觉特征与车的功能相联系。

输入之后，很快就是输出环节，鼓励孩子表达；引导孩子注意外观特征，描述不同形态如何满足了不同的目的

经过阅读和观察之后，每个章节后都有 Let's play a game（我们来玩一个游戏）的环节，让孩子代入两个儿童观察者的角色，描述自己见到过的奇特的车，再根据外形特征判断它们分别有什么功能。这样有意识地进行注意力引导，使得亲子共读时父母更容易和孩子互动。虽然大部分书没有采用这种特殊的注意力引导设计，但我们可以借鉴这样的方法来亲子共读，人为引导孩子的注意力走过一个"阅读—观察—关联—发现"的闭环。

注意力不仅可以被外界引导，我们更需要学会自主聚焦注意力。从婴幼儿期开始，孩子就天然会对事物投入关注，而大人和孩子共读时，却往往产生关注点不一致的情况。经过多年的教育和训练，成人读书时目的性强，追求"效率"，更关注"这本书有哪些知识点，可以得到什么好词好句"这类明确可量化的目的。成人的阅读，就像在农田里耕作和采摘，讲究效率和产出。于是，成人总会有这类担心：孩子到底有没有读懂？怎么翻页那么快？怎么一本书让我反复讲个没完？什么时候能读下一本？孩子的阅读，却像在花园里玩耍，发现一只小虫就会蹲在那沉浸式观察很久。下一次进入花园时，可能又会发现其他有趣之处，所以孩子经常喜欢反复读同一本书。不用急着拉走孩子，而是要允许他对自己感兴趣的点给足注意力。当孩子在页面上关注某一个地方时，不要执着于要求孩子认真听成人念完文字，不用急着"完成任务"，而是可以抛开文字，和他一起讨论画面上吸引他的地方。

《妈妈看》

注意力无须额外训练，只需要在生活和共读中满足孩子自身的好奇，他们就会逐渐学会自主集中并持续自我引导注意力。虽然这种能力一开始可能并不强，但首先要允许孩子一次次自主聚焦注意。只有这样，幼弱的注意力翅膀才会强壮起来。比如，著名的"无字天书"《妈妈看》(Mamoko)就很适合学龄前孩子练习引领自己的注意力。可以随机选择画面上的任意一个线索，比如蓝色的蘑菇。虽然不起眼，但蓝色蘑菇最终被河马女巫制成了魔药，将骇人的巨龙变回了狮子王后。随机选择画面上任何一个人物，不论是巫师还是小丑，画面上有多少个人物，就有多少条故事线。不论多么微小的细节，看似无足轻重的人物，最终都可能有大作用。只要保持注意，追踪到底，你总能讲出一个精彩的故事。

在学校的系统课程中，老师需要遵循教学大纲安排，孩子要暂时放弃自己观察和联想的内在思维线索，跟随老师的关注点走。但是家庭共读和自主学习时，学习者却有条件跟随自己的关注和思考走，大人可以和孩子一起讨论和扩展某个内容。学会自主凝聚和追踪注意力，自主观察和思考，也许比被动接受更多内容更加重要。

"无字天书"《妈妈看》帮孩子学会聚焦注意力：如果孩子能一直关注画面上任意一个角色，从第一页关注到最后一页，就会不断有新的发现，可以讲出一个有趣的故事

执行注意力

主旨问题	关键词
导致学习困难的，真的是先天的"智商"吗？	保持思考目的、监控过程

第三种注意力是"执行注意力"，主要负责注意力的管理和调控，主要脑区是前扣带回和前额叶。

注意力监控机制是一种高级认知功能，主要脑区位于前额叶皮质。人类发展出这种更高层级的认知能力，使我们能监控心理过程，完成连贯的思维活动，如心算、推理和阅读等。我们需要记住思考目的，监控过程，才能走完思考步骤。执行注意力能追踪并控制每一个思维步骤直到达到目标。

注意力监控对思考十分重要。做计算时，儿童会小声说出自己的思考过程：18+25，18 里面有个 10，25 里面有个 20，这是 30，8+5，先 10+5，得 15，再减 2，得 13，加上之前的 30，算出来了，43！不能忘记之前十位相加得出的 30。儿童的脑子里就好像有一个小人，在监控着自己的思维，一步步沿着特定的路径走到目标。

小学数学题就已经开始对孩子的注意力提出要求。题干的几句话会给出几个说明和限定条件，然后再提出问题。学习者解题时遇到困难，不一定是数学知识点本身没理解，而可能是因为注意力监控能力不足以支撑大脑走完整个思维步骤，因为解题需要将题目的几项条件存在工作记忆中直到问题解决。比如，常见的一个解题困难就是漏掉前面给定的某个条件，导致解题错误。语言的听说读写，篇幅长，信息多，更需要在较长的时间段内保持持续的注意力监控，才能不断形成预期和分析，把握对方的意思。

执行注意力负责持续跟踪和调控注意力，主导了学习与思考的每一步：记忆的激活调取，调取出哪些已有知识与当前信息做比较，得出判断。这个过程考验的是记忆存储的丰富度和有序程度，以及与注意力的相互配合，这共同构成了我们日常所说的智力表现。认为有一种专门的"聪明基因"且过度重视"天生聪明"，这其实是一种误区：所谓的聪明和智能，其中很大一部分是注意力。那么，既然注意力可以被不良习惯干扰破坏，反过来也可以通过良好的习惯提升增强。

注意力的关键，在于日常

主旨问题	关键词
日常如何做可以提升注意力？	激活注意，形成预期；听信号动起来；脑内预演；边做边说；好为人师；用自己的话复述；建立时间节律

道在日常。越是重要的东西，越需要在日常生活中培养和践行，例如阅读，例如注意力。注意力如此重要，那它的关键就一定不是在于某些特殊场景，例如某种宣称能神奇快速地提升注意力的课程或工具，而是在于日常中的行动和习惯。

在日常生活中，如何通过日常游戏和习惯培养来增强注意力？我总结了以下 8 点。

1. 激活注意，形成预期

日常阅读前也应该有一个小小的漏斗口——"注意力引入"环节，让孩子对要读的书产生预期，带着问题找答案，从而在阅读时更加专注。以很多家庭都会读的《牛津树》为例，在阅读前，不要忽视了封面页的 *BEFORE READING*（阅读前先讨论）的问题框。

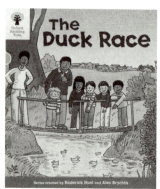 

阅读前先讨论

讨论要求是先观察封面图画，跟孩子一起读出标题——*The Duck Race*（鸭子竞赛），然后问孩子以下问题：

（1）"你认为所谓'鸭子竞赛'会是怎么个竞赛法？"

（2）"你觉得谁会赢？"

2.翻阅全书，看图说话

如果共读前讨论过这些问题，就会发现孩子读书时的注意力会更加聚焦，不再是被动听别人给自己念书。主动的听和被动的听，体验大不一样。有时候孩子在读书时容易走神，甚至抗拒读书，往往是因为他们觉得自己无法发挥主动性，而被动学习往往是痛苦的。在开始前，先让孩子自己说说封面上有什么，猜一猜会发生什么，问问他有没有在小河里放过小船，和别人比赛？经过这种注意力聚焦环节，到了阅读的时候，孩子就会竖起耳朵，寻找书里讲的内容和自己的预想有什么不同，哪里是一样的（耶！），哪里是自己没想到的（有意思！），这种积极的预期会让阅读变得专注且有趣。这就是"引导关注"的作用。

3.注意听信号，全身一起动起来

给婴幼儿放儿歌，不要只播放音频让孩子被动地坐着听。可以让孩子跟着音乐动起来，比如，听到某个词就拍手或蹦跳；注意听歌词里的信号，比如一唱到某个动物，就模仿相应动物的叫声或动作等。《鹅妈妈童谣》、艾瑞克·卡尔（Eric Karl）的书、苏斯博士（Dr.Seuss）系列书以及第 4 章推荐的许多素材都是听读搭配的，可以让小朋友在图上找一找，刚才的儿歌里唱到了画面上的什么东西。亲子共读不同于课堂上学认字学知识，而是做游戏。调动全身感官有利于激发乐趣，聚焦注意力。孩子还能通过模仿和互动，增强对音乐和语言的理解与感受。

4.脑内预演

常令家长崩溃的问题之一就是孩子拖延：晚上睡前，早上出门前磨磨蹭蹭。其实，可以试试让注意力投入来帮忙。早上出门前，让孩子自己先说一说："出门前我一般需要做哪几项事情，带哪几样东西"；出门旅行前，让孩子自己列出要带的物品清单，自己收拾行李；晚上睡觉前，与家人一起讨论"睡觉前，我需要做哪几件事情？为什么要这样排序？"这种脑内预演，需要主动思考和注意力投入，到实际操作时，孩子会更加专注，效率更高。

此外，还可以让孩子讲一讲"怎样做雪糕""如何包饺子"这类日常活动的步骤，用1-2-3-4的序号排序，画一画步骤图，口头讲一讲。不论是孩子还是成年人，哪怕只在个别事情上尝试过有意识的思考与步骤安排，做一些简单的输出，之后在做其他事情的时候，专注程度都会明显提升。

5. 边做边解说

小树在幼儿园时曾有感而发："只要认真，就很有趣。"我这个大人代入自己的经历仔细想想，确实是这样。枯燥、压迫感、想要逃避，并非是知识本身缺乏乐趣，而是因为我们没有认真地思考它、凝视它，凝神灌注恰恰是乐趣的来源。一旦找到突破口，聚焦到手头的任务上，乐趣自然如影随形。

比如，小朋友写学校布置的生字，刚坐下时是不情愿的，写着写着，嘴里就开始念念有词："我把这个口字旁写在这里，'牙'的竖折的尖角要写在（田字格）中心的地方。它俩太近！啊！这个太远了……"嘴里嘟囔几句，后面就沉迷进去了。写字这样的事情，一旦认真起来，就成了有趣的事情。

小树做题时，有时候也会念念有词："这个题是打算这样迷惑小孩的，我是不会上当的。有的小孩还以为……"语言表述需要注意力投入，描述手头的操作可以帮助注意力聚焦。

6."好为人师"

每年寒暑假，我们总会看到舆论集中于如何让孩子"得到"更多知识，上更多课程。仿佛知识是某种货物，被成人努力用来填满学习者空空的头脑。然而，学习者的头脑不是等待被堆满的空仓库，而是会伸出自己的意识之手，主动抓取和搭建。

生活中，喜欢阅读的父母常常忍不住抢孩子的话，说得比较多；课堂上，孩子要听老师讲课，孩子的角色还是"学生"，总是在接收信息输入；然而，寒暑假孩子回到老家时，情况却不同。姥姥的英语早就忘了，自然科学也不是她的领域，没什么好教给孩子的，通常都是孩子讲姥姥听。那么，孩子在哪种情况下进步更快呢？假期结束，孩子回来后常常让我们大吃一惊：孩子跟老人在一起进步更快！并不是跟知识面广的人在一起进步快，反而是在给不会的人"教"时，孩子学的更快更好。

让小树当老师，是姥姥的秘诀。居家隔离期间，我听到了姥姥和小树的互动。姥姥开心地说："宝宝这两天在给姥姥讲元素周期表！讲得可好了！"小树对姥姥讲："人的身体里有 60 多种元素……"娃长篇大论，不厌其烦地介绍每个元素叫什么，如何构成了我们的身体，参与了哪些过程……姥姥听得很认真，最后对娃说："姥姥小时候没条件，没看过什么书，没学过化学，娃给姥姥教得真是好啊！姥姥还想学！"

小树刚学了音乐，就开始给音乐盲爸爸讲如何识谱：某一首曲子要注意哪里的强弱变化，表达了什么情感和画面。作为小小体育健将，小树还会给体育渣妈妈讲解跑步要领：你知道怎样跑步冲刺可以跑得快吗？手脚要这么快速切换！鼓励小朋友将自己学来的知识讲给大人听，由大人来提问，大家一起举例子，一家人可以一起营造鼓励表达的氛围。一家人吃饭、散步时，讨论和输出时的大脑处于活跃的黄金状态。古希腊哲学家的思考场景就是在花园中边散步边讨论，这并非巧合。

7. 复述 1-2-3

不论是孩子看动画片、纪录片，读一篇故事，还是成年人听一场演讲，研究一个问题，如果在看完资料后，尝试用自己的话简要总结出 1-2-3 条，讲给其他人听，这样做都会提升下次学习时的注意力水平。

给小朋友交代要做的事情，布置作业或家务任务，也可以要求孩子在听过大人交代的事项之后自己复述一遍，然后开始行动。

8. 雷打不动的"神圣"专注时间

注意力之所以会成为学习瓶颈，是因为"注意力肌肉"需要锻炼。作为一种有意识的认知能力，注意力非常耗费能量，而大脑的本能是抓紧一切机会偷懒。我们终其一生，都要和注意力涣散的"万有引力"对抗。大脑全神贯注进行思考的能力，就像运动员的肌肉或音乐家的手指一样，锻炼得越多越自如，耐力也越好。

学龄前幼儿的注意力处于稚嫩期，因此幼儿读物通常很薄，一两分钟就可以读完一本。随着前额叶发育，注意力机制会逐渐成熟，大孩子和大人才可能专注听课、开会、读书长达一两小时甚至更久。

从一两分钟到一两小时的专注力成长需要过程，但我们可以做一些事情来帮助。对于幼儿，我们可以把一天的亲子共读时间分散为几个时段，每个时段5到10分钟，这比一口气强行要求孩子读30分钟效果更好。如果注意力已经不在，就没必要强行讲下去。没有注意力参与，追求"阅读KPI"没有意义。

可以设立一个每日"神圣"的专注时间，优先级高于玩耍、逛街等其他家庭活动，专门用于高认知强度的任务。不论是阅读、音乐、画画还是下棋，从学龄前就开始养成每天在专注时间内全神贯注的习惯。这种牢固的习惯延续到上学后，孩子会觉得课后做作业是自然的事情，假期也不会失去固定的专注时段，比如，可以规定上午是"神圣不可侵犯"的学习时间。长期养成固定的专注节奏，好处是让孩子感到生活有一个稳固的锚定点，到这个点就自然要专心致志，减少了情绪上的拉扯消耗。

3.3　元素三：主动参与

主动，是学习的本质特征

主旨问题	关键词
怎样学习才能有趣？怎样才能激发好奇心？	主动探索效率高、主动重组学得深、旁观者与创造者

　　学习的本质特征，是主动。主动参与，作为学习五元素的第二个元素，是一切有效学习的发生前提。可以说，绝大多数的学习问题，都是学习者的被动学习而非主动学习导致的。

　　神经科学家赫尔德和海因（Held and Hein）在 1963 年做了一个经典的实验。实验中，两只小猫从出生起就一直生活在圆桶状封闭空间里，它们能看到的只有圆筒壁上黑白相间的竖条纹，视觉输入非常贫乏单一。两只猫的身体都被固定在吊架上，吊架固定在中间的圆柱上，小猫只能绕着中间的柱子沿圆形轨道活动。区别是其中一只小猫四肢可以活动，一定程度上能够主动探索，而另一只小猫身体被限制在盒子里，除了头部露在外面，四肢都不能接触地面，完全无法自主活动。虽然这两只小猫都处在视觉刺激极为贫乏的环境中，但可以自主探索的那只小猫发展出了正常的视力，而完全没有自主性的小猫失去了视觉能力，无法通过最基本的视觉测试。[6] 这个实验发现，主动探索世界对形成外部世界的表征非常关键。

　　法国神经科学家斯坦尼斯拉斯·迪昂（Stanislas Dehaene）提出，"大量实验结果都支持这样的看法：消极的有机体什么也不能学到。有效的学习意味着消除消极被动，引入探索。所谓学习，就是积极提出假设并在外部世界验证假设。要想学到东西，我们的大脑必须先对外部世界形成一个心理模型，之后投射到外界，然后比较

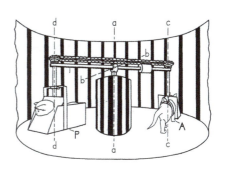

被支架限制了自主尝试的小猫，无法发展出视觉（Held and Hein，1963）

这个模型和收到的反馈有没有差异。"没有自主性，不让小猫伸爪子去尝试，它就无法建立模型和进行比较，也就是说，消极被动意味着无法学习。

猫尚且需要主动参与才能学习，人类更是如此。1982 年，麦肯齐与怀特（Mackenzie and White）做了一个实验，测试 8 年级和 9 年级学生在三种不同条件下学习地理知识的情况：第一种是传统授课模式，全部内容由老师在教室里讲授；第二种是传统授课加实地考察；第三种是传统授课加实地考察和主动的信息处理（自己搜集信息，形成架构并写出报告）。学习结束 12 周后，其中包括一个暑假，再次测试的结果显示，主动参与信息处理的第三组学生只忘记了 10% 的内容，而另外两组忘记了 40% 的内容。1991 年，研究者以大学生为被试开展了类似实验，一组采用传统授课形式学习会计知识，另一组采用角色扮演方式学习同样内容。6 周后，传统授课组的学生忘记了 54% 的内容，而角色扮演组只忘记了 13%。

被动学习者好像是知识的旁观者，而主动参与者则是自己走完从无到有全过程的知识创造者，自己构建的知识模型记忆更加深刻，能达到旁观者无法达到的理解深度。比如，孩子们都会学古诗，一种方法是将诗歌变成玻璃后面的古代展品，只做"与我无关"的远观与原样背诵；另一种方法是让孩子就同样的事物和主题进行自主观察，组织想法，写出自己的诗歌。哪一种学习方法，会让孩子对诗歌的理解和印象更深？

《红楼梦》第四十八回中，从小被拐卖与薛蟠为妾的香菱进入大观园后，复活了自己想学写诗的愿望。在读了几本杜甫、李白、陶渊明和王维的诗集后，香菱找黛玉探讨字词意境。宝玉大笑道："你已得了，不用再讲。越发倒学杂了。你就作起来，必是好的。"香菱无须先学完四书五经，再考个秀才，然后才能作诗。香菱在实践中学习，作诗技艺提升迅速，众人赞赏，自己的理解和领悟也越发深刻。诗歌不应是玻璃后面仅供瞻仰的高雅物件，而是扎根于每个人当下所过的日常生活，是心灵在日常中的创造，是将眼前常见的普通事物提炼出真与美的永恒发现。

哪怕是 6 岁的小朋友，内心也常有感动。如果认真对待她的想法，进行讨论，及时记录下来，那为什么就不是诗歌呢？在输出中，小朋友自然而然就会用到书里读到的知识。有一次，小树读了一本博物画册《自然奇迹》(*Wonders of Nature*)，她立刻把学到的矿物名称用了起来。

一天放学后，我接她去公园锻炼。在回家路上，经过数月萧索的寒冬，湖里还有残冰，草地却已经一片葱绿。初春傍晚的小草被夕阳染上金色的光泽，万物生光辉。我们静静走了一阵，小朋友突然急切地说，我想写首诗。不等人回答，她就开始了：

The sky is blue as sapphire.

The grass is green as emerald.

（天空如蓝宝石，绿草像祖母绿。）

说话时，我们正迎着西下的落日回家。在冰冷割人的寒风里，落日最后的余光，金黄而柔和，令人无限留恋。儿童小小的心也能感受得到：

The sun is like amber. （太阳如琥珀。）

我开启"胡说八道模式"："原始人最怕的就是黑暗和寒冷，野兽和敌人会在夜里偷袭他们，他们可能一辈子都睡不了一个安稳觉。很多老弱病残的同伴会熬不过冬天，像小虫一样一批批冻死。没有毛的从非洲出来闯世界的猿，可怎么熬过冰河期呢？所以人本能就崇拜一切阳光的化身，比如琥珀和黄金。你还看到什么？"

小树回答道："黑鸫在枝头。它可能看上这棵树了，准备在那根树枝上做窝了。我们来的时候它就蹲在那根树枝上，现在还在那里呢。它好像是把几根枝条聚在一起坐在屁股下面。"

虽然天气还很冷，但是那只长着金黄色小嘴的黑鸫，一副对温暖将遍及大地非常有信心的模样，欢欣地立在枝头，炫耀着黑得发亮的羽毛，发出一声清扬的鸣叫。

小树："The blackbird is like dragon glass（黑鸫鸟如黑曜石一般）。"我们现场查了黑鸫叫 Eurasia blackbird，而黑曜石的学名 obsidian 显然没有 dragon glass 这个俗称好听呀！

我："冬天还有什么呢？"

小树："还有湖面上晶莹的冰像撒满了钻石。The ice is as see-through as diamond。不，还是 transparent（透明的）好听一些。"

我说，冬天还有雪呢。我们走过一片草地，上面有沾染了黑色泥土的残雪，草地上还有顽强活过冬天的深绿小草，夹杂着一片片枯萎的黄色干草。小树想不出来这片斑驳的草地像什么，嗯嗯了半天，有点着急。

我说："会不会像大理石的纹理，The lawn with residual snow is like a white marble, streaked with dark green and shriveled gold。就像你那本矿石画册，大理石有金色、灰绿和白色夹杂的花纹。"

小树说："到了夏天这里还应该有花。The flowers are like red rubies sparkling（花朵像闪烁的红宝石）。而且夏天的湖水，颜色不一样，更浅一些。The river flows like opal（湖水像欧泊一样流动光彩）。夏天这里会变得完全不一样了。"

夏天的湖水会像欧泊（opal，俗称"蛋白石"）一样，颜色偏浅蓝。阳光强烈的时候，照在湖面的耀眼光斑正好跟欧泊一样流光溢彩。

我说："以后还可以再多想一下四季有什么，不止冬天。"小树说："我这首诗就叫《宝石四季歌》，意思是商店里卖得很贵的东西，全都可以从大自然中找到，而且商品还没有大自然美。"

儿童的诗　　　　　语言学习的主动参与和深度加工，学习的丰富模式——多样的输出。英国尤斯伯恩出版社的《写出你自己的诗歌》活动手册，帮孩子写出自己心中的诗歌

求知与思考本来应该是人类的一种欲望，饥饿感一般的渴望，希望将自己对生命的感知、对事物的新发现赋予词汇的形体，将无人看到的真相从虚空中创造

成一个可以被他人感受到的实在之物。如果一个人从小到大只能观看被高高供起、与自己无关的遥远物品，却不曾真切地体验过发生在自己身上的丰富的经验和情感的自然流淌，**当旁观者的时间越久，就越感到自己和世界隔绝**。知识的旁观者会觉得自己太过渺小无知，没有能力提出问题，不敢自主思考，更没能力改变现状。他也将很难理解别人想要表达某种发现的那种迫切心情，也无所谓别人何以要苦心经营，反复推敲措辞与韵律，用隐喻、象征和各种巧思去创造诗歌这种造物。

学习就是打通个人与世界的关联。让个人的情感奔涌，带着强烈的好奇和勇气，涌入客观世界，倾注心神和热情，去观察、享受、探索和整合客观世界，形成我们自己的认识与经验关联。感受万物与我为一：一切都与我有关，希望理解一切，希望不懈地重构和产生意义，不断地去行动和创造。作为淡漠的旁观者，只会从他人口中寻找生活的意义和努力的理由，而对于学习和知识的主动参与者，生活的热望不断从自身的行动中涌现。旁观者将自我与世界隔绝，自我封闭在淡漠与被动中，感到很多事似乎都是无用的，世界在他们眼中是一堆互不相干、与自己更是无关的僵死物质。生活是无奈的，自己无法改变，只能尽量逃避痛苦——将自己封闭起来，减少关切。于是，旁观者们**虽能看见却不观察，虽能思考却不思考，虽能行动却不改变**。

学习的目的，教育的目的，就是将人从旁观者变成认识与改造世界的创造者。

学习的回路因创造而完整。从关联兴趣的敞开的漏斗口进入，再以自己的心与手输出，整合前面所读的所有内容，形成自己的内在知识体系。除了诗歌与文章这些语言的技艺，科学探究更是如此。如果学习者自己尝试思考过某个定理是为了解答什么问题，怎么经由思考和提炼，才能真正以主动参与的方式开展学习。只有这样，学习才能成为一个完整的闭环，从输入到输出，直至内化为自身的知识和能力。

比如，同样是学"三角形"这个概念，贫乏模式就是课堂上讲解定义、公式和定理，然后讲解例题，再做课堂练习和课后作业，最后期末考试，得到一个分数。而主动参与的学习方式是从学习概念开始，发现问题，举出实例，在自己的脑子里再造出全面的"三角形"表征。诺贝尔物理学奖得主费曼回忆起小时候的学习经历，讲过自己如何以主动参与和尝试的方式学习数学：[7]

我在上中学干的另外一件事儿，是发明问题和定理。我的意思是，如果我做无论什么数学的东西，我都会找到一些实际例子来说明它有什么用处。我发明了一套直角三角形的问题。但是，我不是告诉你三角形的两条边的长度，让你求第三条边的长度，我却给出那两条边的差。一个典型的例子是这样：有一个旗杆，一根绳子从杆顶上垂下来。当你把绳子拽紧在旗杆根儿的时候，它比旗杆长出1米；而当你把绳子向外斜拉的时候，它离旗杆根儿有1.5米远。那么，旗杆有多高？

我搞出了一些解决这类问题的方程式，结果我注意到了一些关系，当时我或许十一二岁，我已经读过一本三角学的书，那是我从图书馆借的，但那本书现在早不知哪儿去了。我能记住的仅仅是，三角学讲的是正弦、余弦之间的关系这类事情。于是，我通过画许多三角来把那些关系搞出来，每一种关系我都自己证明。我还计算了每5度的正弦、余弦和正切，方法是从给定的5度的正弦开始，用我已经琢磨出的倍角公式和半角公式。

几年后，当我们在学校里学习三角学的时候，我当年的笔记还保留着，我发现我的证明和书上的那些不同。有时，我没注意到有简单的解决办法，我就用麻烦的办法拐弯抹角地也能证明出来。另外有些时候，我的方法才是最聪明的——书上的标准证明方法却要复杂得多！因此，有的时候我打败了它们，有的时候它们打败了我。

如果以膜拜和供奉知识的态度，一个孩子也许就不敢表达自己幼稚单纯的感动，不敢自己提出问题和发明定理，也就没有了想办法论证定理，然后与教科书的论证方式比高低的心气儿。事实上，一旦主动思考，人们就会发现：将知识隔绝起来的博物馆玻璃只存在于自己的心里。人们缺少的不是聪明才智，而是缺少信心去思考。就像爱默生所说的，人们在天才的作品中认出的，无非是曾经被自己放弃的思想，现在又带着别样的伟大回到我们面前。伟大的艺术作品告诉我们的无非就是这一点：平和但坚定地遵从你自己自发的思想，哪怕他人并不与你一样。否则明天你就会见到一个陌生人雄辩地表达出我们自己原先的想法，而我们自己却不得不腼然拾他人之牙慧。

人无须先向别人证明自己有权力理解，有能力创造，然后再去思考和动手。每一个人的大脑都是一颗智慧星球，每一颗星球都是自己宇宙秩序的中心，一切知识都要从这个新世界中从无到有，重新生长建构一次。你完全有权力，也完全有能力自己进行思考和创造。主动参与使得一切学习摆脱贫乏模式。

经常有学员提问，孩子现在学校的作业不少，很忙，没有时间开展丰富模式的学习，怎么办？这种问题的隐含假设是，丰富模式等于抛开学校内容另搞一套。但是，丰富模式并非"看课外书不看课本"，而是以主动参与的方式，让同样的知识从静态的"与我无关"，变成自己举过实例、提过问题、解决过问题的内化的模型，从而真正掌握知识。

主动参与是学习的基本元素，是学习的本质特征，所以，关键就是要把主动参与的原则落实到学习者的日常生活中，而非仅仅是学习应试场景中。对此，我们需要完成两个关键转变：一是把过去"学成了再去做"的传统学习模式转变为在"做中学"，在"玩中学"的新模式，并且从娃娃开始培养这个习惯；二是把记忆这个最普遍的学习需求从被动记忆甚至死记硬背的传统模式，转变为主动构建个人记忆的全新记忆模式。

学成再做 vs. 在做中学

主旨问题	关键词
孩子总想玩手机怎么办？有什么活动能比手机更让孩子感兴趣？	被动学习、教育消费主义、发现与创造式学习、做中学、抽象概念视觉化、生活中的阅读与计算、主题研究、小小世界、桌游、结构化知识、问题导向、举出实例、有输入必有输出

从小塑造孩子的思维方式和行为方式，做主动思考、总结规律的创造者（maker），而不是被动跟随操作规程、拿取现成结论的拿取者（taker）。

在消费主义时代，人们被规训、被强化训练出被动的学习方式。消费主义不仅仅是一种经济现象，更是一种影响人们思维方式和行为方式的文化。甚至可以说，消费主义是当下超越一切主义的最大的主义。消费，原本是指购买商品，是经济发展的必要引擎。那么，为什么要在消费后面加上"主义"两字呢？当消费这种行为溢出经济活动范围，主导我们的精神世界并塑造了我们的思维方式，消费就成了消费主义。不只是衣食住行，甚至于体验、成长、思考和判断，人们都习惯性地认为可以花钱解决。人创造了商品，商品反过来也让人看自己看万物都是商品，导致教育也变成一个消费选择的问题，于是才产生了所谓的"教育军备竞赛"。虽然受益的并不是孩子，不是家庭，但消费主义浸泡下的人们很难突破这个思想钢印。消费者思维使人们以为花钱可以解决学习和教育问题，把学习和教育异化为等别人投喂现成打包好的知识，而不是亲自动手动脑。课外教育异化成消费的军备竞赛，给孩子和家庭带来了极大的痛苦和压力。人们作为消费者，希望知识是消费品，付钱就能得到。这种追求轻松现成的心态恰恰是痛苦和压力的根源。

当人以消费者定义自己的全部存在，人就没有能力渴望其他，一切都需要购买才能得到，也最好通过购买得到。如果一个事物没有标价格，无法量化比较，就大概率不会被人们看见和认可。凡是不可购买、不可横向比较之物就不值得渴望。读书变成一种购买，花钱就能拿到一个现成的讲解；做题变成一种购买，自己不用记录、思考和复盘，花钱让 APP 来帮自己收集错题；学英语也成为一种购买，需要花费 300 多元钱买 30 分钟外教课，教两三个词，每个知识点都等着别人投喂到自己嘴里。当教育变成一种购买，俨然不花几十万元就学不会某个学科。

学习本应是发生在大脑内部的创造性过程，深陷花钱换结果的消费逻辑的人，很难理解和信任这一点。其实，学习的每一步都是一种创造，从记忆到提取，形成模型，收到反馈，调整模型，解决问题，每一步都不能直接拿取他人准备好的产品。在孩子还小的时候，就要帮他突破消费主义心态，从日常的生活和玩耍中体验到个人的主动性与创造性。

现在的孩子，逛的是五层楼高的玩具店，那里是铺天盖地的玩具的"海洋"。这一代孩子稀缺的不再是物品，而是乐趣。但是，放下消费换来的精美玩具，跟着《手工图鉴》做一些手工，动一动手，就会有意外收获。将一根铜线的一端靠在磁铁上，磁铁连在电池负极上，再将另一端靠在电池正极上，线圈就会不断地旋转。这个实验看似简单，但在操作中也会遇到不少困难：异形磁铁的磁极在哪里？为什么必须是铜线？为什么接通正负极后线圈会旋转？还要思考如何把铜线弯成适当直径的线圈，太紧无法转动，太松则挂不住。我们以为自己懂得什么是"正极负极"和"导电"，但在制作过程中，我们却发现其实自己只是"知道"这些概念的名称，和真正理解概念还有很远的距离。

孩子天生就会学习，从现象中发现问题、解决问题所带来的成就感是一种更深刻的喜悦。所以，孩子天生爱学习，只要我们不人为地将创造和发展的学习乐趣从读书练习中剥离出去。

如果自己缺乏点子，可以参考《手工图鉴》《趣味实验图鉴》《DK Outdoor Maker Lab》和《DK Home Lab》等书籍来获得灵感。玩耍是孩子的正经事，整个世界和全部的生活都是创造式学习的游乐场。

在玩耍中学习：主动参与与深度加工

跟着书中的实验做，孩子们可以学到很多有趣的知识。除此之外，还可以根据孩子的日常喜好和学习内容的需要，随手发明一些新的玩法：

1. 小宝宝的玩中学

越小的孩子，越要从他感兴趣的地方切入。学习数量对应时，如果孩子喜欢车，就可以从"停车场游戏"开始，停车场牌子上写着几号车位，就让几号赛车开进去配对。

再比如字母学习。与其一遍遍讲给孩子每个字母念什么，而孩子却不明白自己学这些的意义，不如给他一个任务，让他自己主动去想空缺的位置该由什么字母来填补；或者帮小写字母找"家长"，让小写字母"娃娃"找到它们的"爸爸妈妈";还可以用玩具名称首字母来归类玩具,让玩具回到首字母对应的家。

主动参与的游戏式学习:停车场游戏、字母补空缺游戏、首字母归类玩具游戏

所谓主动参与,就是在活动中挖一些"空",让孩子有自己主动思考的一步。这样的学习效果大大好于灌输和机械记忆。

例如,国家地理的 *Little Kids First Big Book of Space*(《幼儿第一本空间百科》)这本书告诉我们太阳系行星的名称、大小和相对位置。读完书后,小树开始动手做泥巴的行星模型。在这个动手的过程中,她需要运用书里讲的行星知识:为什么有的行星那么大?因为它们是气体行星,比岩石行星大。小行星带在哪里?是在地球和火星之间吗?不是,是在火星和木星之间。柯伊伯带和小行星带是一回事吗?不是,柯伊伯带在海王星轨道外侧。通过做一次手工模型,几次小小的回忆的过程,孩子就完成了对书本知识的主动回忆和深度加工。

主动回忆的深度加工:动手做行星模型

2. 大孩子的做中学

学习多边形和多面体这样的概念时,比如一个立方体由几个面构成,如果这些概念仅仅出现在书上,孩子可能会觉得他们与自己无关。可以让孩子自己

搭建一个奇形怪状小镇，孩子能想象出多少种多面体，就能搭建出多少种建筑物，并尝试为它们命名。在自己动手搭建的过程中，小朋友会发现一些问题：为什么房子必须是长方体？为什么建筑物通常不是锥形和圆柱形的？孩子在设计房间和摆放室内家具的时候，就会找到答案（一个原因是不好摆家具）。记住多边形、多面体的名称和做题是必要的，但这只是比较单一的大脑加工方式。而通过自己设计小镇和室内家具，孩子能够进行主动参与和深度加工，从而留下深刻的印象且过程有趣。

在建筑模型制作中，孩子会整合对称、垂直、测量和计算等知识。相比单一做题，哪怕学习过程中只增加了十分之一的多样化方式，也好像给一锅汤里加入一克盐，一大锅汤的味道也会因此发生神奇的变化。

3. 抽象概念视觉化

市面上有售价上百元的精美分数教具，虽然不能说没用，但是其互动性、主动性和动脑程度远不如几元钱的简简单单的折纸。纸张简单空白，可以随心所欲地变换出题，互相考对方如何用折纸表现出不同的分数。折纸不仅能直观地表现出分数的比例关系，还可以展示分数的加减法和乘法。[8]

花钱购买现成的精美玩具带来的乐趣不如自己动手制作简单粗糙的玩具

精美的分数教具 vs. 简单的折纸

儿童很容易被数字大小迷惑，难以理解"分子分母的数字变了，比例关系却没变"这种抽象知识，通过折纸，可以将 1/2、2/4 和 4/8 折出来。只要让小朋友动手去做，他们就会很开心，然后可以问他"这几张纸有什么一样，有什么不一样？"不一样是很显然的：纸被折成的份数不一样；然后孩子会发现，一样的地方很神奇：虽然这几个分数的数字不一样，但对应的面积却是一样的。接下来，可以进一步探索"分数的分子和分母乘以同样的数，大小不变"这个知识。如何用折纸表示呢？啊！原来只需要多折几下，折的份数增加了，但面积不增加。我们小时候学分数时，老师只教了规则，自己照规则做题就好了，从来没有思考过为什么，而把抽象概念视觉化，可以更好地帮助理解。

小树 6 岁时，我经常跟她编数学故事。我们编过这样一个故事：小猪、小羊和小牛三个好朋友一起过生日，买了一个大蛋糕分着吃。小猪说，我们应该每人分 1/3 才公平。小羊说，小牛个头大，应该给他分 1/2，不然他吃不饱，而且我也吃不了 1/3，我只想吃 1/4。小牛哭了，说小羊欺负我，明明 1/2 比 1/3 还少。我请小树来解决这个争执：怎么才能让小牛明白，1/2 比 1/3 多？这个问题的解决办法也可以通过折纸来找到。先把蛋糕变成 6 等分，然后 1/2 就是 3/6，1/3 就是 2/6 了，这样小牛就明白了。

主动参与，通过动手和想办法，使学习与孩子的生活体验广泛关联，从而使学习变得有意义。这样，知识点更容易在操作中被理解，避免了幼儿因不理解题目语言表述而造成对数学概念本身的理解受到干扰。

发生认识论的创立者让·皮亚杰（Jean Piaget）对儿童抽象能力的发展划分了阶段。他认为 3~4 岁的儿童仍然没有数量守恒的概念，会混淆长度和数量，所以才认为队列较长的一排弹珠数量更多。然而，后来的认知科学家设计了更加严谨的实验，发现是实验者的提问方式误导了儿童。所以，孩子并不是在 3~4 岁之后才能理解数量守恒，[9] 造成理解困难的是问题设置不符合儿童认知特点，而不是儿童的认知能力不足。这时，我们需要区分孩子到底是没达到任务所需的社会化水平——无法理解为什么要思考这个问题，还是题目的表述超过了孩子的理解范围，或者是孩子的数学抽象能力真的没达到。

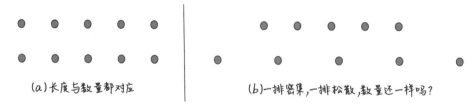

(a)长度与数量都对应 　　　　　(b)一排密集,一排松散,数量还一样吗?

皮亚杰的数量守恒测试

相比单纯用文字符号表述的题目，面对通过实物操作展现的同一问题，孩子的反应往往会不同。所以，看到孩子不会做题时，不用急于怀疑孩子是否聪明、是否不擅长某个学科，很多时候，通过摆一摆玩具教具，或者用折纸和画图让孩子自己举例来类比和演练，为知识点赋予意义，孩子对问题的理解会完全不同。

4. 做家务，观察生活，生活中处处是阅读与计算

让孩子主动参与日常生活中的任务，孩子会觉得数学追求准确、排序与计划都是真实有意义的目标。

比如，在一起做饺子、面包等食物的过程中，让孩子来读菜谱，计算如果要做一个大一倍的面包，每一样材料的用量都需要乘以 2，那么各种材料各需要多少克？这一过程既练习了阅读，又锻炼了计算。

每个孩子都有对自己而言有意义或感兴趣的事情。比如对"测量"这个知识点，小树热衷于测量恐龙模型，然后按照 1 : 35 的模型比例来还原实物，不厌其烦地将所有的测量数据都乘以 35，去计算阿马加龙在现实中会有多大。

真实的生活会源源不断提供具体的场景，让小朋友自己想办法用数字去描述和解决问题。比如春天播种的时候，我有 50 粒种子、24 个育苗块，假如每个育苗块里种 1 粒种子、种 3 粒种子、种 5 粒种子，分别需要多少育苗块呢？如果一个育苗盒能容纳 10 个育苗块，而我们现有 4 个育苗盒，怎样种才能充分利用育苗块和育苗盒，不会让种子过于挤，同时也能让育苗盒放满？解决实际问题的过程，让孩子体验到数学不但实用，而且有趣。

在上幼儿园中班时，小树还孵过一次蛋。原本怕写字的她，为了自己喜爱的孵蛋活动，克服了对书写的畏难情绪，自告奋勇写孵蛋日记，记录孵蛋要点，如温度、翻动时间等信息。这期间，小树通过主题阅读和观看视频，知道了鸟类和恐龙的进化关系，知道了胚胎孵化第三天就长出血管和心脏；她记录了胚胎、血管、心脏、眼睛和肢体等几十个概念的中英文说法，还做了一个中英文概念表；通过用数字标记生命的进程，数字与顺序的关系无声地融入她的感知，让她真正理解了这些概念的真实意义；小鸡出壳后，我们还一起计算了孵化率，并总结了为什么我们的孵化率比较低，于是很自然就引入了"概率"的概念。

其实，大脑学习词汇，天然就是分场景、分主题的。除了孵蛋，还可以是任何场景和主题，比如战争、施工现场、飞机车船等。这就是为什么我一直推荐《会讲故事的单词书》和《会跳的图画词典》这两本书，它们都是按照孩子熟悉的经验场景来组织词汇的，比如，"玩具""洗漱""去动物园"，书中内容包括与故事情节和场景相关的很多词汇，相比按首字母顺序组织的词汇表，按照意义关联去记忆的效率更高。这样的内容组织方式让学习者的经验和知识体系发生关联，建立起认知模型，便于理解与进入长期记忆，从而积累词汇。到了要使用时，按场景积累的词汇特别容易提取。

《会讲故事的单词书》和《会跳的图画词典》：按照意义关联组织词汇，记忆效率很高

5. 小小世界

在模拟世界中学习计算和经济知识是非常有效的方法。例如，可以用彩泥或乐高搭建一个小小世界，在这个模拟世界里，孩子们可以开展各种买卖，通过扔骰子决定一个物品卖多少钱。一次扔出去三个骰子，让孩子根据骰子的数字决定哪个价格更合理。比如一块点心，卖10元、2元，还是卖60元，哪个价格更合理？在讨价还价的过程中，让孩子来解释为什么自己这个点心可以卖60元。这样玩过之后，在生活中孩子会更加留心观察现实生活中的价格，对什么贵、什么便宜也开始留心思考。

简单的买卖游戏可以逐渐进化，逐渐变成多样的买卖，甚至形成一个小小的经济体。在小小世界里，我当城里人，小树当自然人。城里人挣钱的方式是开学校、开医院、开游乐场、卖电子产品。自然人的产业是农场、森林和海洋，挣钱的方式是出售蔬菜、鸡蛋、肉和鱼给城里的餐厅。小树给餐厅卖好多车蔬菜、蛋奶肉，收了好多钱，刚刚眉开眼笑，转眼就发现上学一天就要花 250 元，生病一次就要花 500 元！好不容易靠卖菜挣来一摞钱，瞬间就没了。小朋友本来觉得自己辛辛苦苦挣的钱不能随便花，疫苗也舍不得让恐龙宝宝打，学也舍不得上，可是架不住我这个城里人套路深："上学一次，赠送一顿下午茶点心""游玩一次赠送限量版宝石纪念品一个"。小树说，"为什么这些诱惑会让我乖乖掏钱呢？"城里的产品和自然产品的价格剪刀差实在太大，100 个鸡蛋也换不了一个手机，小树眼看着手里的钞票逐渐见底。看她快哭了，我建议她做旅游业，什么森林探险，海洋冲浪，参观恐龙孵化中心，活动收费要高高的，总算拉回来一些收入。游戏结束后，自然人小树将手里的一摞三元五元十元百元的"钞票"加起来，做了上百道口算题，兢兢业业地计算自己挣了多少钱。四五岁的孩子也能在这个游戏中数清自己总共挣了 3775 元，而我作为城里人挣了 4777 元。

儿童在小小世界经济体里做买卖游戏，顺便熟悉了加减乘除

在整个玩耍过程中，孩子忙着收款、付款，还要算账，经营自己的产业——农场、森林、海洋——是亏了还是赚了。无形中，孩子巩固了数与量的对应，并在赚钱的喜悦中不知道练习了多少次加减乘除法，甚至理解了负数的概念："买动物饲料的钱比门票收入多，我亏了，亏的就是负的。"她甚至还理解了劳动、消费和价值这些真实世界的运行方式。这个游戏的玩法几乎是无穷的，每次玩都会有所不同，可以融合最近读到的、学到的内容，也可以把社会新闻、经济学、政治和社会知识都融入进去。

6. 桌游

在数学计算的学习中，常规计算练习题可以占八九成，但还有一二成的计算练习可以通过多样化的方式实现，比如用"心算大师"（Proof！）卡牌游戏。在游戏中，玩家使用带数字的卡牌摆出 9 宫格或 12 宫格，然后用加减乘除和

等号凑出算式，凑出的算式成立的，可以赢走这些牌，最后手里牌多的人赢得这一局。打完一局游戏，孩子需要心算 50 次以上。在游戏中，孩子暴露出思维单向、僵化、乘法表局部不熟等问题，而这些问题也可以在游戏中逐渐得到解决，从而更熟练灵活地掌握计算。家长可以搜寻各种数学游戏来提供多样的计算乐趣。例如，"数独"游戏可以训练逻辑思维和数字排列能力，"24 点"游戏可以增强四则运算的熟练度。

Proof！心算大师卡牌

7. 结构化知识

《牛津国际小学数学》（*Oxford International Primary Math*）教材每单元都有主动参与的设计。比如，在测量这一课中让孩子做两个小实验：

实验 1：将木板搭在 1 本书、2 本书……直至 5 本书的高度，让同一辆小车滚下坡。测量并记录小车从不同角度的坡滚下的距离并总结规律。

实验 2：找三辆不同重量的小车，分别过秤记录。让它们从同样斜率的坡滚下，测量最终停止位置的距离，观察小车本身的重量如何影响滚动距离。

数学实验

做这个实验时，小树非常雀跃，给车称重、测量距离都煞有介事。她反复调试，最终发现需要找重量相差比较大的三辆小车，以及薄厚比较均匀的 5 本书，才能得出明显的规律。

在这个过程中，小朋友不仅学会了读尺子上的读数（尺子作为一个数轴，帮孩子理解数量概念，测量还能帮儿童理解位值和小数），还练习了有序观察、推理、提炼规律、组织自己的想法、表达以及书写。

牛津这套英文原版数学教材非常注重主动参与和深度加工，常常将知识和生活联系起来，让孩子学会用数字和数量关系描述现实。在家里，这套教材可以作为学校内容的丰富和补充，孩子不但可以学到学科知识体系，同时还能练习英语阅读和书写。

此外，还有一些书籍也提供了丰富的主动参与的操作玩法：《365 数学趣味大百科》有 12 本，对应着 12 个月，每本有 30 个数学小谜题，许多都是需要动手操作的游戏；《汉声数学图画书》每本都讲述了一个数学概念的来龙去脉，并提供大量关联现实的例子，同样也设置了让孩子自己动手操作的环节。家长想不出来玩什么的时候，可以读一读这些书，带孩子动手玩其中的活动，激活学校教材中的知识体系。

《365 数学趣味大百科》和《迷人的数学》中涉及的都是教学大纲内的知识点。将这些概念放在游戏谜题中，孩子在解谜题的过程中，会对结构化的概念进行深度加工。例如，在学习乘法表时，除了背诵，有没有观察它有什么规律呢？多思考一步，多提出一个问题，多归类一次，就等于迭代了一次心理模型，更新了一次知识体系。经过这样的深度加工，孩子会更容易记住知识点，且更容易调取。

参与式学习推荐数学读物

本节介绍的"做中学"的 7 个例子，均为让学习者动手试验与总结，通过主动参与来立体地理解知识点。这种学习方法十分接近国内外近年流行的"项目制学习"。然而，如果作为主流教学方法在学校推广项目制学习，每天需要教师设计活动，并引导关注点与最近学习区不同的孩子参与差异化的活动，这对老师的能力和课时的要求会非常高。大部分采用项目制学习的学校，包括美国的一些实验性学校，都会遇到学生知识体系不够系统的问题。在我们国内，已有扎实完备的知识体系和习题框架，穿插同主题的参与式学习反而会达到"四两拨千斤"的效果。寻找一些现成的优秀读物，每周两三次让孩子动手动脑地"做中学"，就可以启动主动参与的学习视角，盘活教材知识体系。

总结前文，主动参与的丰富模式学习并不是脱离课本另起一套，而是将主动参与的方法和视角贯穿到整个学习过程中，改变过去的"头朝下走路"的方式，学会用双腿走路：

- 问题导向：书里的公式、定理、知识和结论能解决什么实际问题？这篇文章是要讨论什么问题，提出了什么观点？这本书主要提出了哪些关键问题？通过什么定理或方案来解决这些问题？能否用问题和概念组成清单，将一门课的知识串联起来？

- 举例子：学了这个概念，能举出具体的例子吗？举出自己见过、知道或者经验中的例子来验证和说明这一知识点。举例是对理解的最好验证。费曼说过，没有举例的解释相当于没解释。

- 有输入必有输出：学了这个知识后，能不能自己讲出来？能不能向别人讲出来，还能让别人感到有意思、重要、能听懂？我学的这个内容能不能用到我的故事或作文里？能不能用到我制作的项目里？

这一节我们讲了许多做中学、玩中学的例子，但主动参与应贯穿于学习的各个方面。比如，第 5 章会讨论如何提升语法水平的问题。实际上，只靠做语法题来学英语不但枯燥，而且无法真正理解语法规则，经常导致题目会做但使用时还是出错的现象。提升语法水平的更快更好的方法也是引入"主动参与"这个元素。例如，将自己说的话录音并与原稿比对，找出录音中常出现的语法问题，并和语法书上的规则比对，这样才能真正理解规则。这种方法就是主动参与的学习，也就是开篇提出的将我们自己脑内的模式与客观环境进行比对，形成反馈，从而实现真正的学习。只有通过大量地"做"，有足够的实践，才有机会进行足够的比对和反馈，才能实现高效学习。

被动的记忆 vs. 主动的记忆

主旨问题	关键词
真的有"照相机般的记忆"吗？记东西就是靠"死记硬背"吗？	记忆分类、短时记忆、工作记忆、长时记忆、程序性记忆、语义记忆、知识体系

直觉上，我们容易觉得记忆就是照原样把书本知识转印到大脑里，是一种机械的、无须思考的复制过程。所以有一种流行观点认为记忆是"死记硬背"的低级能力，不如抽象和创造这样的思维能力高级，要想改革教育，就要少关注记忆等低级能力，多关注甚至只关注逻辑与创造思维。

实际上，记忆和抽象、创造之间并不存在非此即彼的对立。首先，记忆不是机械复制，它全程参与抽象和创造的过程，甚至记忆本身就是一个抽象和创造的活动。记忆，就是对事物进行解读和重组——通过提取模式，构建意义关联网络等多种方式，在脑子里重新构建知识体系的表征。[10]其次，误以为记忆是机械地照相与复制，迫使学习者去"死记硬背"，更是违背了记忆的主动参与本质，耽误它发挥出真正的潜能，这就好像把平板电脑当剁肉板用，还抱怨这个"板"为什么不好用。让记忆助推学习，首先要理解记忆如何运作，认识到它的本质是一种**主动构建**，因此，我把记忆放在"主动参与"这个学习元素里来介绍。

具体来讲，什么是记忆呢？记忆可以按存储方式分为短时记忆和长时记忆，而长时记忆又可以按照内容细分为情节记忆、语义记忆以及程序性记忆。不同类型的记忆，其存储的方式、内容和脑区都不一样。

短时记忆

之所以叫短时记忆，是因为它与能保持几十年的长时记忆相比，通常只保存几秒或几分钟。别人在通话中告诉你一个电话号码，你得在几秒内找到纸和笔把它写下来，或者用嘴巴持续念诵，否则就会忘记。

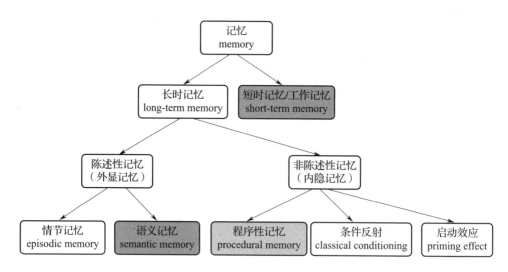

记忆的分类

短时记忆中有一个进行有意识加工的机制叫工作记忆（working memory）。所谓"工作"，强调了这种记忆机制是一个动态分拣的过程，不断努力为思考和判断服务。就像分拣信件的邮局工作人员一样，工作记忆的手里只能拿得下不多的几条信息，而且需要迅速处理。乔治·米勒（George Miller）在 20 世纪 50 年代提出，工作记忆的容量为 7 ± 2 个单元，需要被立刻处理，不重要的信息会被舍弃，重要的信息则会被存储起来。什么信息会被判定为不重要？那些跟已有的背景知识没什么关联的信息。而重要的、能跟长时记忆中的背景知识相关联的信息，会被分门别类地安置好，存入长时记忆。记忆的运作方式表明，它不是被动的模印过程，而是一个大脑不断主动筛选、加工和编码的信息处理过程。

长时记忆

长时记忆分三种：情节记忆、程序性记忆和语义记忆。

第一种是情节记忆。情节记忆是个人化的，就像生命中某年某月某一天的脑内电影。例如，和小伙伴一起滑冰、买冰激凌吃的情景，一旦提取这个情节记忆，那天的街道、店里的音乐、冰激凌的味道、空气中的气息……即使已经过去了几十年，也能生动地浮现在脑子里，仿佛时间旅行一般。

第二种长时记忆是**程序性记忆**，存储在小脑中，主要和感知与运动系统相关，例如骑自行车、学游泳。一旦学会这些技能，你就不再需要有意识地去指挥自己的四肢具体该怎么动，它们会自动完成任务。小时候学过自行车，即使中间十几年没有再骑车，跨上自行车也还会骑。

对我们的学习而言，最重要的长时记忆是**语义记忆**，对非个人化的一般事实和信息的记忆。语义记忆的内容脱离了情景和程序，你不记得自己是在什么情景下学会了圆的面积公式，但你记住了这个知识本身。

语义记忆存储的是一般意义上的知识，以**概念**为基本单位。概念命名了具有共通特征的一类事物。比如雪纳瑞、吉娃娃和金毛，不管个头和外观差异有多大，都对应着"狗"这个概念。一类事物与符号的这一对应关系就是概念。许多概念作为节点，彼此构成的体系网络叫作**知识**。例如，古希腊人从大量现象中抽象出"点"和"直线"的概念，并以这两个基本概念为节点建立**关联**，如"通过两点之间的直线一定存在，并且只有一条"这一公理，从基本概念出发，发展出大量的公理定理，建造起了几何学的**知识体系**。各个学科都是如此，都是这样从最简单的概念逐步向更高级的关联迈进，从而构建出一门学科的知识体系。

除了概念构成的知识体系之外，语义记忆还包括一些原则和规则。比如棋类游戏的规则、语法规则、第7章将介绍的阅读理解五步法，这类规则也会被存入语义记忆。

从构建到运用知识，从概念到判断，从理论到解决方案，人的思考过程全程需要记忆的参与。所谓思考，其实就是将当前感官接收到的信息和脑子里存储的大量概念与知识体系相比对。比如医生诊断时，要将病人描述的症状及检查单上的数据与自己记忆中存储的疾病概念和相关特征进行比对，看是否匹配，才能做出诊断。同样，棋手下棋时，会从眼前的棋局中提炼出特征，搜索脑子里存储的大量棋局模式并与之比对，才能做判断。

从疾病诊断到棋局判断，从求解数学题到判断政治与市场走势，所谓思考就是提取眼前具体情况的关键特征，同时检索长时记忆中存储的心理模型，与之相比对，做出分析判断或是提出解决方案。[11] 因此，脱离记忆的存储与提取，人就无从进行任何思考。小白与高手的差别，关键不仅在于高级思维能力的差距，也包括记忆储备的差距。记忆和知识储备的丰富性和有序性，造成思维在灵活性与创造性上的差异。专家能够迅速有效提取和创造性应用自己的知识，因为他们的记忆存储不但丰富，且是有序和成体系的。

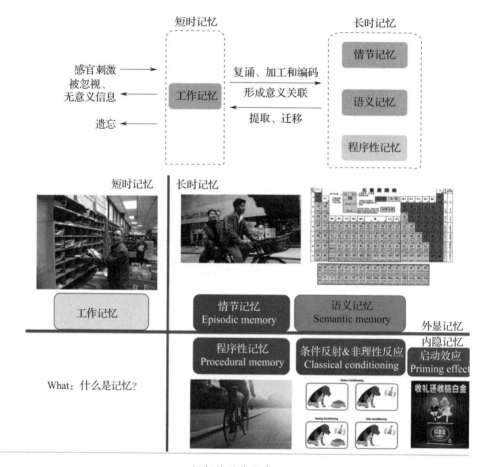

记忆的运作方式

学习者对待记忆的方式决定了他的学习效果。如果构建记忆的方式像把图书馆开成了没有分类的废纸仓库，文件不停往里搬，乱七八糟地堆在一起，却从来不思考、不通过理解进行分类整理，没有搭建起有意义的知识网络，使用时就无法以最高效的通路激活，这就会出现"一听课就是会，一做题就不会"的情况。更糟的是，书读了不少，却缺乏思考能力，无法自主整合自己的知识，自然也无法理解和解决实际事务。

　　如何理解记忆的"有序"？可以尝试不翻书，看你能否画出刚读的一篇文章的思维导图，画出自己学科或专业领域的知识树，能否列出清晰的概念和各个概念之间的关联。这个方法也是检查个人知识结构的最佳方法之一。一个人如果持续学习，他的记忆存储中的知识数量不断丰富，有序程度不断提升，他就会更善于抽象和创造性地解决问题。建立有序的个人知识体系并存储为自身的长时记忆，这不仅包括知识的积累，还包括知识的分类和关联，形成系统的知识网络，这是提高思考能力的前提和基础。

记忆并非"低级"能力

主旨问题	关键词
坐在同一间教室里的学习者，都上着一样的课，为什么有的学习者似乎"接受能力更强"？是什么在影响人们学习新知识的难度？	记忆能力影响思维能力、知识储备影响工作记忆、知识组块、有序程度

　　面对智能表现的差别，人们总是急于归因于天生的智商，但其中很大一部分其实是记忆能力和知识储备造成的差异。而这是可以被后天学习改变的。

　　即使是不需要依赖背景知识的抽象思维，如数理和逻辑思考，也都高度依赖工作记忆。彼特·沃森（Peter Wason）著名的选择任务实验就很好地展示了这一点。[12] 任务是这样的：你有 4 张牌，每张牌的一面是数字，另一面是字母。现在牌组呈现为 4、7、E、X，需要你验证这 4 张牌能否符合以下规则：如果一张牌的一面是偶数，那么它的另一面是元音。现在的问题时：你最少需要翻开哪（几）张牌才能验证这一规则？

　　在这个任务中，工作记忆需要不断保持"如果偶数，那么元音"这一条规则信息。首先，你需要排除掉 7，因为规则对奇数没有规定；其次，你还需要排除 E，因为规则并没有要求元音字母背后的是什么。此外，你还需要翻开 X，如果正面是偶数，规则就被打破了。因此，你需要翻开 4 和 X 这两张牌才能验证规则。从这个 Wason 选择任务中可以看出，工作记忆在复杂思维过程中起着关键作用。

　　因此，解题首先考验的就是工作记忆能力。2007 年，哈切特等人研究了儿童对分数的理解过程。比如，1/2 和 3/6 这两对数字形成的比例一样，都是 0.5。为了理解这一点，儿童需要在工作记忆中保存第一个数字、第二个数字，以及两个数字的相对量这三条信息，否则就会像前文故事里提到的那样，小牛觉得 1/2 比 1/3 少。人脑要进行有效思考，就必须将多项信息保持在工作记忆工作站中，并排除错误答案的干扰。[13]

工作记忆能力如此重要，但它不是孤立的记忆能力，而是与长时记忆密切关联。更多情况下，我们脑子里储备的某个领域的知识体系影响工作记忆的表现，造成思考表现的差异。

有一次，我和小树一起玩恐龙 Bingo 游戏。游戏规则是快速找到 48 种恐龙的名字，并将它们与相应的恐龙图片配对。我怎么也记不住那些拗口的恐龙名字，不能快速找到对应的恐龙，每次只能挨个查看一个个名字，再去找对应的恐龙，速度非常慢。而小树能在眨眼间完成全部配对。这并不是说我的智商比孩子低，而是因为我的脑子里没有恐龙分类的知识树，导致我的工作记忆过载，影响了判断速度。工作记忆只有 7±2 个空位，当面对 48 条全新且无序的信息时，工作记忆的处理能力会"爆仓"。在新领域中，面对大量无序的新信息时，思考的遗漏、错误和低效是难以避免的。

反过来也成立，丰富的知识储备会直接提升工作记忆的效率和思维能力。[14] 如果长时记忆中存储了成体系的知识，就可以把相关项目合并为一个信息组块，从而提高信息加工处理能力。[15] 对于"恐龙专家"，他们的脑子里有恐龙的几大类别，如"蜥脚亚目"和"兽脚亚目"。这些类别相当于大树枝，"恐龙专家"一眼扫过 48 种恐龙的名字就可以迅速归类，并将它们挂在几大类别树枝上。这样，工作记忆处理的对象就可以从 7±2 条信息变成 7±2 个信息组块（chunk），每个组块内可以存储更多的信息。[16] 人类认知能力的强大之处就在于知识的层级可以无穷嵌套，一旦零散信息被整合成组块，被压缩为一个更抽象的概念，信息处理能力会指数式增加。[17]

但如果长时记忆中没有相关的知识体系，无法整合成组块，那么全部 48 条陌生信息都要一起竞争工作记忆有限的 7±2 个处理位置，肯定会感到费力，而且容易错漏。因此，所谓学习困难，往往是积累不足罢了。课堂上老师介绍新

恐龙 Bingo 游戏

的知识点，对没学过相关知识或已有知识基础不牢的学习者来说，讲解和举例中充斥着陌生名词和新信息，工作记忆就会过载。然而，如果学习者有一定的背景知识，新概念新话题可以和已有知识有效关联，就能腾出更多注意力去关注新信息，理解得更快更好。知识有序化程度低且不注重复盘归类的人，可能做过 100 道题，但大脑也难以从这被他们视作孤立的 100 题中提取有效信息。但对于具备有序知识体系并注重反思和归类的学习者，100 道题被提炼归类成几个类别，表现就是举一反三。多项实证研究发现，被试的先前知识是决定学习快慢和效率最强有力的决定因素。[18]

因此，在归因于智商差别之前，首先要看到工作记忆能力和知识储备的影响。幼儿"不听话"或"叛逆"，可能只是工作记忆能力不足，记不清楚大人说了什么指令。入学后，孩子学习读写和计算，对于一个孩子的成绩高低，工作记忆比智商的预测能力更强。心理学家阿洛韦（Tracy Alloway）对一群"学习困难"儿童做了工作记忆和智商测试，每隔两年再复测一次。阿洛韦发现，即使将智商因素考虑在内，第一次测试的工作记忆也能解释随后的学习情况。但是，智商测试却无法预测孩子之后的变化。[19]

随着年龄的增长，青少年和成年人的学习能力会随教育年限逐渐提升，因为随着个人知识体系逐渐建立，大脑的已有知识树越来越完备，于是新信息组块化能力越来越强，工作记忆能力不断提升。面对打乱的棋盘，下棋新手无法复原棋局，但专家却能瞬间记住整个棋局并复原。20 世纪 60 年代，心理学家做过实验，发现国际象棋大师可以在观察棋盘 5 秒后记住 95% 的棋子位置，而实力较弱的棋手只能记住 40%。[20] 这是因为象棋大师积累了许多"定式"，这些"定式"是组块化的棋子位置关系，整个棋局中的棋子位置都被置于整体意义网络中。而新手对棋局模式的记忆存储不如大师，棋子位置也多呈孤立状态，所以就记不住棋局。

知识积累得越多，学习者就越有能力使用各种更精细更有效的记忆策略。面对"IBMWTOCPU"这样一串随机字母，成年人可以用自己丰富的世界知识把随机字母分解并重组为 3 个有意义的符号"IBM–WTO–CPU"，需要记忆的信息量就从 9 个单位变成了 3 个单位。而"世界知识"很少的孩子，则无法使用这种精细的记忆策略。已有知识体系影响工作记忆，这也部分解释了为什么智力游戏中提升的认知能力无法迁移到其他知识领域的学习中。

提升工作记忆的方法，就是增加个人在特定领域的知识体系。工作记忆的容量是固定的，只有 7 ± 2 个信息单元，但是，不论是大人还是儿童，都可以通过增加个人在特定领域的知识，扩大特定领域的操作容量，从而提升个人在特定领域的思维能力和问题解决能力。如果你想更善于思考数学问题，就需要积累更多数学知识；如果你希望提升语言能力，就要增加语言知识。前文提到，研究发现 3000 万词差距影响孩子的认知能力，班里前 10% 的孩子和最后 10% 的孩子每年阅读量相差数百万字，这也可以用知识积累与工作记忆的关系原理来解释。孩子接受新知识的能力，决定性因素之一就是已有知识的多少。因此，如果你感到学习某个科目又难又慢，先不要急着说"我天生不擅长……"，不如改为告诉自己："我的积累还不够"。

落地操作：主动构建，高效记忆

主旨问题	关键词
记忆力差的人，能否做到"过目不忘"呢？	深度加工、意义编码、视觉化、网络化、测试与再现

现代神经科学和认知心理学对记忆加工处理的研究，可以被马塞尔·普鲁斯特（Marcel Proust）的一句话来总结："那些我们不曾深入思考的东西，很快就会被忘却。"

记忆的科学原理和实际影响似乎可以简单粗暴地总结为："聪明是因为知道的多，知道的多就会更聪明。"这不成了马太效应吗？一个人富有是因为他积累的财富很多，而财富多了才能更富有。关键在于：如何才能知道的多呢？

让"记忆财富"更快积累的方式，是主动参与和深度加工。

深度加工

什么是记忆加工的"深度"呢？认知心理学家克雷克（Fergus Craik）和洛克哈特（Robert Lockhart）提出了记忆的深度加工理论（levels of processing theory）：记忆的质量取决于我们在记忆编码时对信息处理的深度。最浅层的编码是感官和记忆材料的物理特性，较深层次的编码是记忆材料的语音（如出声念课文或诗歌），而更深层次的则关于记忆材料的意义。[21]

举个例子，你在动物园参观鹦鹉展区，如果你对鹦鹉完全不了解，也不去读信息牌，也没有思考，只是走马观花逛了一圈。回到家后，你只能回想起今天看到了许多鹦鹉，却回想不起什么细节。但是，如果你读过鹦鹉笼子上的信息牌，回想的内容就会多一些，"哦，我看到了不同的鹦鹉，有大有小，有各种名字。"如果读信息牌时思考了一下命名逻辑，你会发现这些鹦鹉的命名有的是根据外形，比如"蓝紫金刚鹦鹉"和"红胁绿鹦鹉"，有的是根据习性特征，比如"吸蜜鹦鹉"。做最简单的思考就能使你回想起更多的细节。[22]记忆的秘诀在于深度加工，即给初级记忆中的内容赋予层级和意义。深度加工的信息会被大脑更有效地巩固并存储到长期记忆中，甚至有可能做到"过目不忘"。

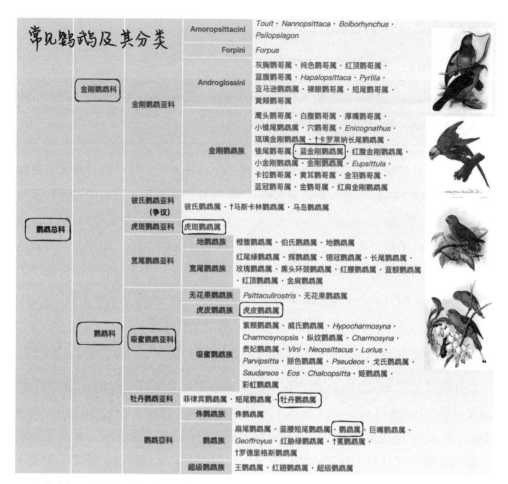

人通过加工来记忆。所谓加工，就是提取特征、分类、命名（概念）、搭建知识体系。深度加工，形成概念网络才能进入长期记忆（语义记忆）

　　有认知心理学家在 1994 年做过一个记忆实验：给大学生被试展示一系列名词后要求回忆单词。第一组材料是按照单词里是否含有字母 a 来分类的，第二组材料则是按照"有生命"和"无生命"来分类。第二组被试实际上就是在根据意义对信息进行深度加工，因此他们回忆出的词汇远远多于第一组。根据单词的意义分类（是否有生命）记忆，比根据表面特征（是否含有字母 a）记忆更能激发认知资源，从而提高记忆效果。大脑成像显示，当被试进行"有生命 / 无生命"划分时，大脑激活了更大的区域，因此记忆效果更好。有意义的词汇处理会激活前额叶，而前额叶与负责记忆的海马体及其周边皮质区域相联系，这种更广泛的脑区激活增强了信息在大脑中的存储和提取效率。

神经科学家迪昂写道："如果给一个人看一组词汇和画面，同时扫描他的大脑，通过观察哪些刺激激活了他的前额叶、海马体和周边的皮质，我们可以预测出他之后会忘记哪些，记住哪些。这些区域的积极参与反映出这些词和画面在大脑中引发的信号旅行得有多远。一个无意识的画面进入感知区域之后，几乎不会在前额叶引起多少活动。而当注意力集中、处理深度更深且意识水平较高时，这种小小的波澜会被放大成一场神经风暴，涌向前额叶，并带来后续的最大限度的记忆存留。"[23]

有一个经典的背单词笑话：背单词每当背到 abandon 就会放弃（大学生当中流行的单词书经常把 abandon 排在第一个）。这个笑话往往反映出对现实的无奈，而现实中大学生背单词频繁放弃的原因就是按照 a、b、c、d 字母顺序排列的列表式单词材料缺乏意义关联，按字母顺序背单词缺乏深度加工，极为低效。记忆内容与自己平时读的内容和知识体系无关，词和词之间也没有意义关联。曾经，小树的蓝思值测试结果在 900L 上下浮动好几个月都没有变化。我分析原因是因为她从来没有系统地背过单词，尽管通过平时的广泛阅读，积累了几千个被动词汇量，但记忆并不清晰准确。解决方案自然就是系统背一下单词。但同样是背单词，方法却大不一样。我给小朋友实验了传统的背单词方式：拿词汇书，按照字母顺序，一个英文词对应一条中文释义，小朋友觉得十分枯燥，根本不能坚持。按字母顺序记忆是浅层意义关联，那么，如何形成深度意义关联？

最简单的做法是将单词放在丰富意义关联的学习材料和场景中去记忆。可以选自己喜欢的故事、电影和演讲稿，从里面划出生词，制作成单词卡片，结合原文句子背单词。记忆单词的时候，大脑提取出来的是原文句子中的词。例如，BBC 的纪录片《小小世界》(*Tiny World*) 是小树平时反复看的，词汇出现在熟悉的句子中，她记忆起来就更容易，提取更准确，使用时也更地道。这样刷单词卡片，因为有听读语料配套，不仅轻松无痛，还更有场景感，记忆效果显著提升。

视觉化、画面

除了处理深度，记忆还需要画面。以孩子背古诗为例，背的诗多了，经常会遇到韵脚相似或者事物相似的句子，结果就是容易把几首诗的句子张冠李戴，导致大人和孩子都很有挫败感。其实，大脑最渴望寻求的是意义与理解。如果大脑能把词句构建成一个连贯的理解框架，并放在完整的画面中，记忆就能更轻松准确。

1972 年的一个实验中，约翰·布兰斯福德（John Bransford）和马西亚·约翰逊（Marcia Johnson）给被试看了一段话，要求他们记忆并复述。[24]

如果气球爆炸，声音无法传播，因为所有的东西都远离正确的楼层。一扇封闭的窗户就能阻止声音传播，而大部分的建筑物的窗户通常都隔音良好。由于整个操作过程取决于稳定的电流，因此电线从中断裂也会造成问题。当然了，那位仁兄可以大喊，但人的声音不够大，无法传播得很远。还有一个问题，就是设备（原文为 instrument，同时指乐器，但仅凭文字的上下文无法判断究竟是设备还是乐器）的绳可能会断。如果断了，就不能伴随信息传递了。显然，最好的安排是缩短距离，这样就能减少潜在的问题。如果面对面交流，出问题的地方就会降到最低。

实验中，被试都很难记住这段话，因为不理解这是在说什么。但是，如果先展示下面这幅图，然后读这段话，记忆和复述就容易很多，因为能理解了。画面为文本理解提供了心理框架，使句子之间有了意义关联。实验结果表明，先看图再读文字的被试，比先读文字再看图的被试，能多回忆起一倍的内容。

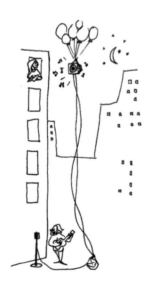

上下文信息影响文本理解

人脑对信息的记忆，取决于能否以有意义的方式进行记忆编码。假如一个内容（诗歌、文章、学科课程、专业论文等）在学习者看来都是一些散碎的词句，彼此之间看不出连贯的意义关联，记忆必然痛苦低效。大脑天然渴望意义，记忆天然追求连贯。我们在记忆的时候，脑海里原有的想法、知识、文化和既定观念都在积极地竞争，进行预设、猜测和拼凑，力求让内容变成有意义的画面，在理解的基础上，才有可能成功记住它们。

既然记忆有规律，那么提升记忆能力就有方法：

（1）**经过自己的思考加工，将散点结成网络**：比如将要记的词或概念编成一句顺口溜，或者为每个概念举出一个自己的例子，构想出相关的描述性词句。

提摩·曼提拉（Timo Mantyla）在 1986 年做过一个记忆提取实验，对于要记忆的单词，被试先自己编出相关的提取词作为记忆线索，之后测试时根据这些提取词来回想单词。比如对"香蕉"这个词，可能会编出"成串的""黄色""可食用"等提取词。使用这种方式，被试可以回想起 600 个词的 90%，记忆留存率极高。对比之下，第二组被试记忆过单词，但使用的是别人给出的现成提取词，提取率只有 55%，虽然这些提取词也可以定位到"香蕉"。第三组被试没有学过词汇表，只能看别人给定的提取词，提取准确率只有 17%。由此可见，经过自己的自主思考加工并生成有意义的关联线索，对记忆的形成和提取十分关键。

①**图像化**：将单词放在较长、较特殊的句子中去记忆，在脑海中形成画面，效果远胜于字典中泛泛而谈、千篇一律的普通短句子。所以，建议将单词放在原文句子里理解和记忆。

小树在记单词时，我用普通单词书以"a"打头的第一节词汇表来测试她的记忆，看看哪些词容易记，哪些不容易记。大部分单词她都能一次记住，但有几个词需要很多次才记得住。例如"accommodate"（容纳），经过多次记忆后，小朋友自信满满地说记住了，到我提问时她还是"事如春梦了无痕"。因为这个词不像苹果、梨那样有具体的对应物，"容纳"是一个抽象的动作，小朋友脑子里没有画面。然而，如果用一个句子来记忆，比如"The ceilings were too low to accommodate his terrific height"（房间屋顶太低，容不下他那惊人的大个头），这个句子就构成一幅具体画面，记忆就容易得多了。

②**制造场景**：把单词按场景主题组织和呈现，也是一种有效的方法。比如，斯凯瑞的《会讲故事的单词书》把一系列单词按照故事、场景和主题来呈现；此外，视觉化呈现也很有帮助，比如用时间轴、关系图、通关图、身体部位图来安放一系列难记的相关概念，想象自己逐一经过这些"地标"，记忆效果会更

好。如果这些视觉化呈现是自己思考自己制作的，记忆效果会更显著。通过自制的场景和画面，信息变得更有意义，记忆也因此更加牢固。

（2）将抽象描述视觉化：将抽象描述视觉化可以极大地提高记忆和理解的效果。可以画出关系图，如树状图、包含关系图、时间轴等，提炼文中关键词并填进去。在教材或书里遇到抽象关系的文字描述时，可以尝试和孩子一起画成概念图。例如，学习历史事件时，可以绘制时间轴，将关键事件按照时间顺序排列；学习生物分类时，可以绘制树状图，将不同的生物分类展示出来。这样，信息之间的关系变得直观易懂，记忆也更加牢固。

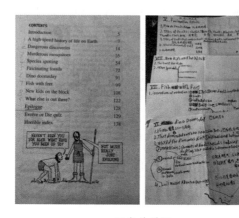

画出关系图

①制作思维导图：按照章节制作思维导图也是一个有效的方法。思维导图可以帮助孩子将信息结构化，形成一个整体的理解框架，可参考三级笔记法（详见第7章）。相比文字段落，视觉化的呈现会更容易让人记住。

视觉化呈现读书笔记

②**制作视觉化读书笔记**：小树按照思维导图的内容，选取了一个角度，做了一张视觉化读书笔记，交付了学校的作业。在这个过程中，她学会了如何做读书的思维导图，也学会了写许多中文字，对阅读的内容记忆更加深刻。

后来我带小树挑战了一本更难的书，是完全没有图的"大人书"——《起源：万物大历史》。我们在睡前半小时共读这本书。我教她勾画书中的关键词。用几个晚上读完第一章后，鼓励孩子将关键信息组织成简略的视觉笔记。

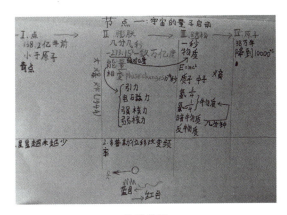

视觉笔记

视觉笔记将大篇的文字描述变成简明的知识框架，非常便于记忆。过了几个月，当我们看其他科普视频时又遇到这些概念，孩子都能想起来。

笔记的方法可以从小培养，孩子用自己喜爱的课外读物来练习笔记方法，掌握后还能时不时地用在值得精读的内容中。习惯成自然，将来孩子学习学科知识时，可以随手将一个学科、一学期或一个主题相关的知识整合成这样的知识树。这种方法能够清晰地呈现各层级概念及其关系，最有利于记忆。如果这张图不是现成的，而是经过自己的思考提炼出来的，那么记忆将牢不可破。

（3）**测试与再现**：测试就是在学习后迅速进行提取，这会极大地帮助记忆。回忆和自我测试可以强化信息在大脑中的存储。记忆还需要拉开时间间隔，定期重现。这两点会在第3、4节详细介绍。

总结一下：记忆如何工作？记忆无时无刻不在进行主动分拣和归类，寻求架设起有意义的理解框架。那么，如何更好地记忆呢？秘诀就是：第一，关联散点信息。通过归类、重组，将它们联结成有意义的体系；[25] 第二，抽象关系具体化、视觉化。将抽象的关系与过程视觉化，形成更易存留的脑内画面。第三，测试与再现。

有序的知识树。芯片知识树，来自《芯片简史》（汪波著）。

破除迷思：智力游戏能提升学科成绩吗

主旨问题	关键词
棋类、数独等智力游戏，真的能像宣传的那样培养孩子的专注力、思考力、问题解决力吗？在智力游戏中积攒的越来越强的能力，能迁移到其他学科学习中吗？	通用认知能力、知识体系、工作记忆处理与思维能力

工作记忆很重要，甚至在预测学习者的成绩方面比智商测试结果更有意义。我们完全可以说，更聪明、学习能力更强的人，一定体现为强大的工作记忆和推理能力等"通用智能"。于是，自然而然出现一种迷思：工作记忆、推理能力等能力如此重要，我们是否可以专门针对它进行专项训练来提升整体智能水平，从而去间接提升学科成绩？

游戏中有一个类别叫健脑游戏，据称可以通过专项训练提升工作记忆、注意力、推理能力等通用认知能力。智力游戏历史悠久，传统项目有围棋、象棋、数独、魔方等，现在电子游戏里也分出了益智游戏类别，如任天堂出的 Brain Training 和 Lumosity 公司的健脑游戏等。这类电子游戏页面十分简洁，游戏内容也确实是根据工作记忆和注意力原理设计的。在"鸡娃"的大风向下，有一些音乐专家也提出，学音乐可以提升孩子的专注力、记忆力等能力。各类宣传弄得家长更焦虑了，十八般武艺样样都不敢落下，担心万一某个脑力游戏真的有用，别的孩子学了自己家孩子没学，那岂不是吃亏了。然而，我查了一些资料，发现事实并非如此。

近 10 年来，学术界对以任天堂 Brain Training 为代表的健脑游戏的效果做了多次大型实证研究。2009 年进行的一次研究招募了一万多名成年人，分为三组。第一组接受推理和问题解决方面的训练；第二组接受算数、注意力和记忆力训练，类似于 Brain Training 中的练习；第三组不接受任何训练，只回答有关某些主题的小问题。经过 6 周训练后，再次进行认知测试，发现三组被试分数提高的程度大致相当，不存在显著差异。

2010 年，欧文等人的研究发现，尽管健脑组的游戏成绩有所提高，但这种提高局限于玩游戏本身的能力，难以脱离游戏设定的条件迁移到其他知识领域的学习上。[26] 神经科学家马尔西斯克认为："开始玩健脑游戏时，使用者可能会觉得自己收获很大，但这些收获更多是更擅长玩游戏，而不是与实际智力提高有关。"还有一些针对数学能力提升的研究同样发现，玩健脑游戏并没有对数学能力提升产生显著差异。

这些研究共同指向的结论是，从棋类、数独等智力游戏中获得的认知能力提升，难以迁移到学科知识的学习中。健脑游戏并没有明显提升工作记忆、推理能力以及学科成绩。

在小能熊的社区讨论中，一位学员说："我最近看了对象棋大师鲍比·费舍尔的报道，报道上说象棋能力无法迁移到数学能力上。也就是说，数学好的人可能象棋也好，但反之不然。好多象棋大师的数学水平与常人无异。鲍比说象棋最需要的是记忆力、想象力和赢的决心，而没有提到算力。"

这个说法听起来很反直觉："好魔幻，学科学习积累的能力可以用在健脑游戏上，而玩健脑游戏积累的能力却无法用于学科学习！"通过思考记忆的运作机制，我们可以理解为什么会这样。记忆中存储的知识体系会使信息组块化，从而拓宽工作记忆的处理能力，影响抽象思维的快慢和灵活度。同样的内容，一个人能迅速记住，另一个人却记不住，这不仅仅是"通用记忆力"的差别，更多是由于两个人已有的知识结构不同。设想一个人是物理专家，他可以迅速浏览一篇本专业的文章，提炼出文章要点，指出文章提出什么问题以及如何解决。而另一人是物理小白，读一篇专业物理论文，读好几遍也记不住什么内容，提炼不出要点。物理小白即使通过做智力游戏提升通用记忆力，也不能达到专家的思考能力。

这就是知识版本的马太效应：一个人在某个知识领域懂得越多，记忆力和问题解决力就会越高。如果大家希望孩子提升思维能力和学科成绩，不妨直接把时间用于构建学科相关的知识体系，增加知识积累和训练。靠智力游戏来提高一个抽象的"算力"，再拿它去学知识，是舍近求远。

当然，这并不是说健脑游戏就不能玩，只是我们不必在这上面寄托除游戏乐趣以外的附加希望，无须强迫没兴趣的孩子一定要去学下棋、数独或者钢琴，给孩子增加额外的负担。如果学习者想提升学科成绩，那么好好学习学科知识就足够了，学习本身就能提高认知能力。学棋类和乐器有其自身的乐趣和价值，而不应被异化为提高通用认识能力的工具。

在某些场景下，比如出行坐车或在餐馆等位时，让孩子玩一些比较安静、低刺激的健脑游戏，确实要比"刷"短视频强得多。对于流行的游戏化学习APP，我们需要区分产品设计的重心到底是放在互动式学习上，还是放在娱乐与成瘾上。有的软件会为了增加用户黏性，设置大量不必要的短平快强烈刺激和成瘾机制来钩住孩子，使用这样的软件来"学习"，提升的就真的只是游戏水平，而不是智能水平了。

3.4　元素四：有效练习

主旨问题	关键词
快乐教育是骗局吗？题海战术一定是错的吗？怎样做才算有效练习？	自我实现是幸福之源、用符合规律的练习带来幸福感

　　前面我们讲到高效记忆的第三个秘诀是测试与再现，也就是做题。一说起练习，容易唤起我们一连串负面联想："刷题""高考工厂""小镇做题家"……有多少人认为大量"刷题"扼杀孩子的学习兴趣和创造力，恐怕就有同样多的人持截然相反的看法，认为不"刷题"基础不牢，快乐教育是自欺欺人。那么，这两种看法到底谁对谁错呢？

　　首先，练习要讲时机。而严肃训练阶段前一定要铺垫兴趣引入，练习本身也要运用丰富模式。快乐学习一定是骗局吗？实际上，学习的三个阶段都需要乐趣来推动，有效的学习也会源源不断地产生乐趣，推动我们的认知活动走向更复杂的高层次。在第一阶段的好奇探索期，从丰富模式的漏斗口引入，大脑在数百万年进化历程中产生的奖励机制使我们天然偏好新鲜的事物和关联，满足内在的求知欲和好奇心。进入第二阶段的严肃训练期，被动学习者的效率和强度都无法和主动学习的内驱式学习者相比：单靠压迫强逼着学习，即使家长和老师可以盯住几小时，其效率和效果也无法和乐在其中的人相比，后者无须外部控制，吃饭和睡觉时都会思考。如果能达到内驱式的全身心高度投入的学习状态，自然也更容易进入自由输出的第三阶段，也就是创造性应用期，从而更有可能出类拔萃。学习的这三个阶段本应是快乐的，至少是痛并快乐着，才能走向人生更高层次的幸福——自我实现。

　　然而，现实又是如何呢？小时候，每个孩子眼睛里都闪烁着好奇和探索的光芒。可为什么随着他们长大，大部分人眼中的光芒就暗淡了呢？到了青少年和成年阶段，学习退化成压迫性任务，甚至导致抑郁。更有一大批人上大学后，一旦失去外部管控，就失去了奋斗的目标，找不到人生的追求。毕业后，很多人一生都在隐隐抗拒自己从事的专业，难以深入钻研，无心追求卓越。原因很简单：**从学习者还小的时候，大人就把事情弄砸了**。违背规律的机械练习榨干了学习天然应有的快乐。

其次，如何恢复内驱的引擎？需要回归认知的规律，才能避免三阶段中最硬核的第二阶段严肃训练环节陷入机械与无效的痛苦，恢复学习应有的魅力。接下来，我们将基于认知科学原理，介绍有效练习的方法论（简称"VISA 大法"），去超越快乐与学习这一表面的对立。

缩写	英文名称	中文名称
V	variable practice	丰富练习
I	interleaved practice	穿插练习
S	spaced repetition	分散练习
A	active retrieval	提取练习

丰富练习

主旨问题	关键词
如何避免学习的痛苦？	丰富的意义关联、多样的心理表征、丰富的日常操作、丰富的有趣素材

学习的痛苦来自贫乏，学习的幸福来自丰富。

丰富练习，指的是把学习的丰富模式继续应用到练习上，以达到知识内化的目的。所谓丰富模式，不是抛开教材的知识体系，搞许多不必要的花样，而是利用丰富多样的素材、主动参与的实践，开展有效练习。

比如学语言这件事，如果刚开始启蒙就去强调阅读，去追求词汇量，这必然导致痛苦。尤其是按照字母顺序排列，以无意义关联的方式给婴幼儿使用闪卡，重复记忆 train、box 这样的词汇。而丰富模式是把知识点放在一个有意义关联的、有趣的故事里，例如朗读和演唱苏斯博士 *Green Eggs and Ham* 里的歌谣，自然就能学会火车、箱子、汽车等几十个名词；故事中出现的 in、under、on 等介词，光背下来是不够的，得形成空间关系的脑内表征，因此更好的方式是在生活中学，比如通过玩"寻宝"游戏等活动，将玩具藏在盒子里、枕头下等不同的位置，让孩子听从语言指令去寻找。为了玩这个游戏，孩子自然会掌握家里大量物品名称，学会表达空间关系。

苏斯博士，*Green Eggs and Ham*

比如幼儿学习加减法，相比于一开始就每天做 50 道书面口算题，不如先经过多样丰富的引入。幼儿会算 2+3，一个个掰指头，算出来是 5，那么 5+3 呢？有的孩子还会回到起点，再次从 1 开始数，一个个数到 8。大人这时就着急了，明明 5+3 就是 8 呀，为什么还要再从头数一遍呢？也许孩子的数量对应关系在脑内是以物体数量来表征的：5+3 被表征为 5 个东西加上 3 个东西，新出一道题就好像重新抛出一把棋子，他的自然反应就是重新从头再数一遍。但是，假如除了点数物品之外，孩子脑内还储备了其他数量对应模型，比如用数轴表示数量，他就会从 5 继续往前走 3 步，走到 8 停止，而不是回头从 1 开始重数一次。丰富模式提供了更多表征方式，换一个心理表征，孩子的思维就会更加灵活。很多时候孩子思考表现得僵化，是由于心理模型单一。

通过建立丰富的心理表征来提升理解，这是经过实验验证的方法。美国教育界在学校里推出过一个"良好开端"项目（Good Start Project），为来自贫困家庭、学习困难的儿童提供操作游戏，比如用走格子的步数来表达数量变化。这个项目的目的就是通过丰富多样的表征帮助儿童理解数字符号，从而更好地学习计算。这样的项目极大降低了数学学习的困难，激发了学习意愿。参与项目的孩子只需要定期进行一次 20 分钟的数学游戏，成绩就能从班级末尾提升至前列。这类丰富操作其实很容易获得，在《汉声数学》等数学读物中都有提供。

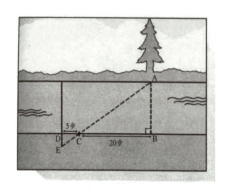

了解定义是一回事，能创造性地实际应用是另一回事

先经过丰富的引入来理解知识，把知识学进去，再使用丰富的活动来应用知识，把知识用出来，这才算真正走完一个学习闭环。比如课本提供了三角形的概念和定义，孩子背下来之后，做了一些初级的三角形题目，他就觉得"没人比我更懂三角形啦"，但是，如果你问他，你能不能想办法在不用过河的情况下估算一条河有多宽？这时候孩子可能会发现，"我好像没有那么懂三角形了"。学习知识点后，会做场景与任务形式十分类似的应用练习，这仅仅是实现了知识的近迁移（near transfer），只有在与学习情景差异较大的多样场景下，能够解决不同类型的问题，才算实现了知识的远迁移（far transfer）。远迁移更有挑战性，涉及更复杂的认知过程。远迁移需要学习者在大脑中建立清晰的心理模型，能操作脑内模型，具备灵活的思维和创造力，这才是真正学会了。

认知科学研究表明，学习者在掌握抽象概念后，能够通过多次不同情境下的练习逐步形成对知识的深层理解和灵活应用。任何知识点，都可以通过搜集丰富的素材来学习。学习者可以围绕某个问题或关键词，搜索并阅读多本不同读物以及权威可信网站上的文章，同时配合观看关于该问题的知识视频，如访谈、名校公开课和专家演讲等，看看针对同一个知识要点，不同的人从不同的角度如何做出多种界定与论证，如何举出大量实例。丰富素材的训练，不仅能极大地提高学习者对知识的理解，还能让学习不枯燥，让学习更有效。[27] 从本质上看，人的学习也是使用数据来训练大脑神经网络的。语言成绩的提升也不例外，需要以大量丰富的数据训练为前提。

穿插练习

主旨问题	关键词
为什么我连刷 100 套卷子，却感觉不到明显的进步呢？	练习效率、单项分解、自动驾驶、被迫提取

要掌握一门知识，必须有充分的训练量。飞行员需要至少 1500 小时的飞行时长经验，音乐家每天需要练习至少 4 小时，运动员每天要进行高强度训练数小时，哪怕是单独的自由泳这一项技能，掌握到位也需要 200~300 小时的有效训练。那么，学习一门学科知识需要做够一定量的题目是不难理解的。

问题是，同样的练习数量一定能带来同样的效果吗？为什么有的人做的题没你多，效果却比你好？如何提升练习的效率和效果？我们可以采用穿插练习（interleaved practice）的方法。

在穿插练习前，首先要有可供穿插的单位，需要分解技能要点，将复杂的知识和技能分解成更小单位。备受巴菲特推崇的天才棒球手泰德·威廉姆斯（Ted Williams）写过一本《击打的科学》（*The Science of Hitting*），讲述了他是如何通过科学训练创造出惊人的击球反应速度和准确性的。他在训练时将球棒的击打面积分解为 77 个小区域，并针对每个区域专门进行击球训练。赛场上，每一个投来的球都会被他迅速归类，并作出相应的击打动作。看似浑然天成的完美击球经常被人们归因为直觉或天赋，实际上竟然只是详尽的分解与兢兢业业的单项训练带来的综合结果。

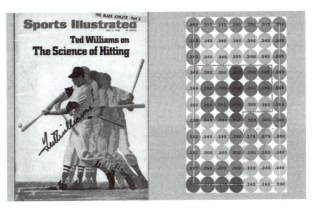

《击打的科学》与穿插练习

分解之后，再来穿插。所谓穿插练习，就是将学习和练习任务分解成不同的部分，迫使学习者在多个任务之间来回切换。德尔布里奇在研究中将穿插练习定义为"在不同任务间频繁转换"。[28] 穿插练习会迫使大脑不得不频繁地在相关但不同的任务间切换，不断区分、比较和提取每个任务的独特信息，促进信息的整合和区分，从而提高记忆、练习和问题解决的效果。

如果你在一段时间内，比如一上午，一直练习同一个动作或做同一个知识点相关的题目，天然喜欢偷懒的大脑就会进入自动驾驶模式，企图减少练习带来的认知负荷，而穿插练习则迫使大脑脱离舒适区，进行更深层次的处理和比较，对类似任务不断区分，回想各自要点，所以练习效果就更好。[29]

科目知识学习也是如此。认知科学家针对穿插练习的效果开展过实证研究。在该研究中，研究人员让学生学习计算不同几何体的体积，比如楔形体、球体、半球体和圆柱体。实验分为两组：一组使用传统的依次练习，即先集中练习一种几何体的体积计算，完成后再练习另一种几何体；另一组使用"穿插练习"，即将四种几何体的题目打乱顺序穿插在一起练习。结果显示，穿插练习组的正确率比传统依次练习组高出大约三倍。[30]

学生们喜欢集中单一任务练习，因为短期内就能提高成绩，而且更省脑力，但是，集中练习缺乏穿插练习带来的任务区分和深层次处理，导致长期记忆的效果更差。穿插练习迫使学生区分相似任务，而不是只记住单一类型问题的解题步骤，有利于形成更加灵活和广泛的知识网络。任务分解与穿插练习会提高训练效率，其原理在于应对不同任务的转换时，大脑需要恢复每种任务所需的心智过程。大脑不得不努力提取单项的要领，使其更加清晰，以应对穿插练习的要求。

每当我们逼迫大脑多走一步，额外多付出一点努力时，就会带来额外的好处。

分散练习

主旨问题	关键词
我们都渴望短平快，迅速见效，可怎么好像目标越激进，进步就越缓慢？	龟兔赛跑、艾宾浩斯遗忘曲线、复习时间表

龟兔赛跑的寓言大家都知道。乌龟虽然速度慢，但它会一刻不停歇地朝向终点直线前进。兔子虽然速度快，却缺乏恒心，蹦一下就停在原地半天不动，一不小心就输给了乌龟。寓言故事听起来非常"鸡汤"：这只是骗小孩的故事

啊，现实中肯定是兔子快啊！现实中真有人让乌龟和兔子这两种动物来赛跑，它们的行为方式居然和寓言里一样，先到达终点的往往真的是乌龟。伊索对自然事物的观察可谓细致入微，对人性的理解更是洞若观火，他借这个故事指出了一个人性弱点——急于求成，难以坚持。克服了"兔子性"，你追求学习自由（也许是所有的事）就成功了一半。

比如健身，也有两种模式。一种是"兔子模式"：我太想马上瘦下来了！于是制定了激进的目标，一天在健身房举铁三小时，第一次就逼自己跑了 10 公里，试图迅速见效，恨不得毕其功于一役。结果却是累着了自己，接下来半个月都没再运动一下。就像兔子，猛跳一步之后就停下不动了。另一种是"乌龟模式"：分散练习，一周 3 天，每天锻炼半小时，保持最小行动，逐渐养成运动习惯。相比兔子的一曝十寒，更快瘦下来的办法反而是乌龟式分散练习。

运动遵循龟兔模式，在学科学习中更是如此。兔子模式的学习者常常制订雄心勃勃的计划，比如"三个月学会一门语言""一个月通过英语四级""两个月通过 CPA 考试"，我甚至见过宣称一个月挑战一万单词量的学习计划。打着这类口号的培训课程总能吸引很多人，因为人们难以抗拒短平快的巨大诱惑，突击一下就迅速见效的想法总是令人心生向往。可惜的是，这种学习梦想并不符合客观规律，难以坚持的高目标会导致挫败后的迅速放弃。兔子模式的陷阱是魔幻现实的冷酷悖论：如果一个人想一步登天，他就会被困在原地。[31]

不幸的是，人们往往需要付出一定的代价才能跳出兔子模式的陷阱，因为对立面的乌龟模式是"反人性的"。那么，乌龟和兔子究竟谁该赢？认知科学的实证证据压倒性地站在乌龟一边。乌龟模式学得更好的第一个原因是它符合人类认知的"间隔效应"（spacing effect），即将学习和练习分散在较长的一段时间内，能更有效地改变大脑的布线。用科学方法研究人类记忆的第一人艾宾浩斯说过："任何大量的重复练习，合理分配在一段时间内分开进行，肯定优于在某个时间集中完成。"[32]1913 年，心理学家派尔训练 8~9 岁的孩子解数学题，一组采用乌龟模式：连续 10 天，每天练习一次；另一组采用兔子模式：连续 5 天，每天上下午各练习一次。结果显示，采用乌龟模式的孩子数学成绩提升更明显。1984 年，史密斯和罗特科普夫（Smith and Rothkopf）也发现，学习同一个单元的内容，分散到 4 天完成比集中在 1 天学习的效果更好。[33]

学习依赖记忆，而记忆需要重复才能巩固。同样是学习 5000 词，根据艾宾浩斯遗忘曲线，哪怕你一天背过 100 词，第二天也会忘掉近 70%，一周后遗忘 77%，一月后遗忘近 80%。

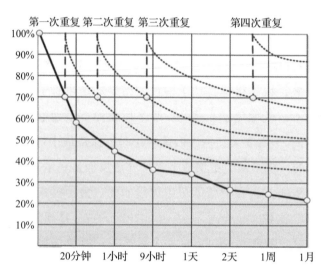

艾宾浩斯遗忘曲线：30 分钟后，忘掉近 50%；1 小时后，近 60% 忘记；1 天后，近 70% 忘掉；1 周后，77% 忘掉；1 个月后，忘记近 80%。要想改变这种遗忘曲线，就需要在不同节点进行复习

假如一个人计划在一个月内突击 10000 个单词，每天要记 300 个新词，于是几乎没有时间去滚动复习之前学过的词，到了月底，前面学过的内容已经几乎忘光了。没有间隔重复的机会，如同竹篮打水，打得越多，漏得越多。如果减少每天的新词数量，留出滚动复习的时间，就会增加记忆的存留。拉长时间段，能创造更多间隔学习的机会。间隔学习的效果非常显著。巴瑞克（Harry Bahrick）和菲尔普斯（Barry Phelps）曾做过一个外语学习实验，让两组受试者学习西班牙语词汇，分别在不同的时间间隔内进行复习：第一组被试在两次学习之间间隔 30 天，第二组被试在同一天内进行两次学习。8 年后再对这两组人进行测试，发现间隔复习组的记忆存留比集中学习组的高出 250%。[34]

我在第 4.3 节给出的英语学习路线图是一个乌龟模式的学习计划，这个计划以年为单位，第一年积累 2000 个初始词汇。为什么把初始目标定得那么低？因为秘诀不是每天记住的单词数量有多大，而是先做到每天有一定的阅读和学习，每天必须迈出一步，不论这一步有多小。每天神经元都放电，多次放电才能建立起一条"信息高速公路"。哪怕一天只读了一篇故事，只记三五个新词都不嫌少，真正重要的是每天都要做这个动作并坚持下去，能力会随积累增加而增强。以三五个词作为起步，之后随着积累增加，学习能力增强，每天的新词量自然而然会增加到几十个。比起一开始就期待两三个月突击 10000 个词那样的激进目标，你会更早达成目标。如果学习时间的间隔短，回想起来确实容易，自我感觉更良好，但实际效果并不好。而间隔拉长，大脑就需要做出更多努力来对抗遗忘，自我感觉可能不那么良好，但效果却更好。

拉开间隔更能促使大脑重新布线的第二个原因是这样能创造更多睡眠的机会，而新知识的巩固必须通过睡眠。比如练琴，每周日要见老师交作业，如果周六才开始练，虽然突击猛练一整天能够练完，但只间隔一晚的睡眠，并不能把所学全部巩固存留。但如果周一就开始，每天只练一部分，却能间隔五个晚上的睡眠来巩固记忆。每睡一觉，就巩固一批，最终存留会更多。

乌龟模式学得更好的第三个原因是增加迁移机会。如果有充足的时间，就可以反复进行丰富模式的迁移，从而巩固神经元联结。学习的最终目的不是将一个个公式"印"到脑子里，也不是背过 5000 个词本身，而是需要在不同场景下都能用得对，用得精彩，才算是真正学会了。[35]

艾宾浩斯遗忘曲线的落地实操

我们都当过学生，都有过"临阵磨枪不快也光"的体验。期末考试前采取突击策略，通宵猛学，把一学期没认真学的知识一股脑灌到脑子里，往往也能顺利通过考试。这种现象可以用艾宾浩斯遗忘曲线解释，因为考试前突击复习，在 24 小时内还记能得一多半。用于明天的考试，如果考核的是比较基础的理解和浅层应用，这种策略似乎是有效的。问题是，之前的知识是今后学习的基础，如果没有跟进第二、第三、第四轮的重现，突击得来的知识仍然会遗忘，无法为下一阶段的学习提供坚实的基础。看似很快得来的，最终却让你落后。

有学员提问，为啥孩子上课刚学到的知识点，一考试就错？改过的错题，当场明明会了，下次做怎么又错？原因就是缺乏足够的复习次数。第 1 章讲过记忆存储是通过神经元放电，需要重复激活才能做到精准的序列激活。艾宾浩斯遗忘曲线上标出来的几个点是遗忘的关键时刻，如果在这些时候复习，就能更好地克服遗忘。而这些孩子的学习，除了上课听老师讲一遍，当天写完作业后，并没有额外的自主复习计划。这个知识点今天学过之后，等下次见到是两三个月后的考试了。在没有分散练习的情况下，遗忘曲线表明学习发生之后24小时内已经忘掉70%，如果后面几个节点都没有复习，就会忘记近80%，考试当然会吃力。

解决方案就是制订贯穿整个学期的自主学习计划。如果老师没要求，我就不多做，这肯定是不够的。如果觉得按照艾宾浩斯遗忘曲线去安排复习太复杂，可以采用几套不同梯度的练习题和课外读物来搭配，在一学期内把它们逐一做完，这样自然就能实现一学期中对同一个知识点的间隔重复练习。

在自媒体上，在生活中，常听到父母感叹现在的孩子可怜，一周一小测，甚至天天有小测，觉得孩子压力太大了。其实，每节课后立刻测试，每周再来一个小测试，是符合间隔重复原理的做法的。如果学校练习频次不够，还需要自己额外安排。

我上大二时曾经不耐烦自己词汇量太小，想要冲刺词汇量，于是决定背一下牛津高阶词典。我将1600多页的词典剪开，每50页订成一个小本，加上编号，变成30多小本。按照艾宾浩斯遗忘曲线，我制定了一份"作战计划表"，画了一张很大的图表，分别在"三个一"遗忘节点安排复习：1天、1周、1月。每一天该复习哪几本，我将编号填在计划表里。这个背词典项目用了我半年时间才完成，效果非常明显。过去读不懂、听不懂的阅读材料、新闻访谈和演讲，突然间每个词的含义都清清楚楚，听说读写都有了很大的飞跃。然而，突击意味着遗忘的压力也非常大。通过这次经历，我发现短期内的单词突击需要配合大量的听说读写，创造重现机会，否则学得多忘得也多。而且这个操作强度太大，手抄大量的例句，非常辛苦耗时。

背词典计划

如今技术进步，不用再像我上学那时手工做小本了。小熊开发了电子词汇库软件，配上了摘自 BBC 纪录片的近万张电子卡片，带 BBC 原声句子语音和权威词典释义。学习者也不用担心学得多但忘得快，因为软件内置了艾宾浩斯曲线复习计划，会自动安排每天滚动复习某一摞词汇卡。学习者要做的就是确保每天刷卡，在刷卡之余看看纪录片原片，就可以高效而愉快地完成积累了。

提取练习

主旨问题	关键词
孩子的时间精力有限，如何四两拨千斤？	测试效应、精细复述、费曼、概念卡片

学得苦，不如学得巧。

看看每天的学习事项记录，统计一下你的学习时间主要在做什么。如果大量时间花在一遍遍反复阅读课本原文上，吸收效率十分低下。解决方案就是变被动重复为主动提取。2500 年前，亚里士多德就提出，反复提取知识的过程可以增强记忆。他的观察在今天得到了来自认知科学的验证。

什么是主动提取呢？你可以自己做个实验，读一篇文章或者本书的一节。你可能觉得里面谈到好多内容，似乎没办法完全理解和记住，怎么办呢？一种方式是你再读一遍书，再在文字下多划一些下划线，实在不行就读第三遍，反正"书读百遍，其义自现"。

另一种方式是读的时候，标出几个关键词，即重要概念。读完后把文章倒扣，对着刚才记下来的关键词，用自己的话简要介绍一下这篇文章提出了什么问题，又提出什么概念去解释问题，举了什么例子。然后对照文章，看看自己刚才讲的是否有遗漏和不准确之处。你可以试试这两种做法，看看哪种效率更高，记忆效果更加清晰牢固。你会发现，第二种做法使你读一遍胜过读十遍，因为大脑被迫多付出了一点努力。主动提取的终极武器是三级笔记，详见第 7 章。

1. 主动提取的最典型、最有效的方式就是测试

尽管"题海战术""做题"这些词一听就会令我们产生压迫感，但测试本身的确被科学证实是最有效的学习方法之一。早在 1909 年，心理学家爱德华·阿伯特（Edward Abbott）就提出了"测试效应"（testing effect），即测试可以促进

学习和记忆。后来的研究不断验证了测试的有效性。

2006 年，勒迪格和卡皮克（Roediger and Karpicke）做了一个实验，[36] 他们给学生阅读一段知识性的文字内容，比如关于太阳或海獭的课文。读完之后，一组学生参加一个 7 分钟的小测试，测试形式是回答问题，学生需要回忆刚才读的段落内容，回忆其中的基本观点或者概念。另一组学生不参加测试，而是再重复阅读一遍内容。这也是学生们最习惯的学习方式：一遍遍重读课本、教材或笔记。重读有没有效果呢？其实也有。根据艾宾浩斯遗忘曲线，刚学习完之后的复习可以提高存留率，所以读两遍的组，能回忆起 70% 的内容，表现优于只读一遍后立刻测试的小组。然而，一周之后，立刻测试的小组学生得分平均 90 分，记忆效果远远好于单纯读了两遍的学——他们的平均得分只有 70 分。[37] 这说明了什么？书读两遍，不如读一遍后测试一次。最好在学习一节课或一篇文章之后，迅速跟进测试，测完立刻对答案并查漏补缺。

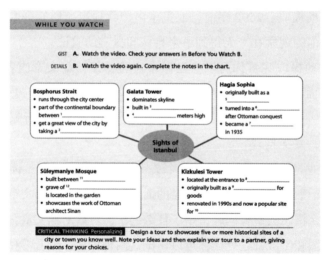

国家地理的阅读教材 *Reading Explorer* 课文后提供简单的测试，鼓励读者主动提取文章内容，形成视觉图谱；自己阅读其他文章或课文时也可以学这个方法

有学员提问说孩子对考试非常焦虑，但对学习本身却提不起劲。她问道，如果学习不是为了考试，那学校为什么要考试？"测试效应"就能回答这个问题：考试的目的是更好地学习。孩子看待考试的焦虑，源于他认为考试是在对他本人进行评价和筛选，如果考试失败，自己就会被贴上失败者的标签，因而

害怕考试。要消除考试恐惧，学习者需要改变被动承受的视角，与其将测试视为压力的来源，不如将其视为学习的必要组成部分。毕竟，测试效应表明，测试不只是检验学习成果的工具，更重要的是它本身就是一种有效的学习策略，能够增强对知识的记忆和巩固。如果学习者能改变被动和逃避的心态，而自主安排测试，在平时的学习中就把测试效应利用起来，自然就能缓解学校考试带来的焦虑。

2. 精细复述——费曼技巧

除了测试，还可以用费曼技巧来更日常、更频繁地去对所学知识进行主动提取。

费曼从小就有个习惯：不管别人告诉他什么现成的定理和知识，他都要用自己的话重新表述一遍，自己要举实例，看是否符合定义的描述，从而检验新知识的合理性。在他的自传里，他这样描述自己的学习方法：

我有个方法，我至今还在用，当有人跟我解释某个我想理解的东西的时候，我就不停地提出例子。比方说，数学家们将要把一个棒极了的定理弄出来了，大家都很兴奋。当他们告诉我这定理的条件时，我就构想出一个符合所有这些条件的什么玩意儿来。你知道，他们说一个集合的时候（我就想到一个球儿）——他们说两个不相交的集合的时候（我就想到两个球儿）。在他们提出更多的附加条件的时候，球儿就出来颜色了，就长毛了，就怎么怎么的了。最后，他们开始发布那个定理了，我说："不对啊！"因为这个定理不适用于我那个长毛的绿球儿。

如果是对的，他们就欢呼雀跃，我就让他们先高兴一阵子。然后呢，我就提出我的反例。[38]

费曼的这种做法，在认知心理学中叫"精细复述"，与之相对的是"保持性复述"，即你重复书里的原话或老师的原话，却没有深入思考其含义，这种机械重复不利于理解和记忆，而"精细复述"需要思考其意义，用自己的话重新表述，并自己举例说明，看似都是复述，但效果差异极大。在学习五元素中的主动参与部分，我推荐过的"好为人师"以及用自己的话"提炼 1-2-3 点"等方法，都是在进行这种精细复述。

当小朋友面对题目发呆时，大人除了生气之外，另一种选择是让孩子复述题目：先读一遍题，划出题目中的关键词；让孩子用自己的话给大人解释，"你给我讲讲，这道题实际上是想让你干什么？"；然后继续问，"已知条件是什么？未知条件是什么？"；最后问，"你打算怎么办？"费曼技巧跟测试效应的原理一样，都是主动提取。

保存好自己做过的精细复述，可以写一本自己的笔记书，比如"数学之书""恐龙之书""编程之书"等。记录有趣的事实、数据、惊人的例子、神奇的概念，以及自己做的各种思维导图，尤其要记录自己脑子里出现的那些"傻问题"。

如果认真思考、认真对待，我怀疑这个世界上并不存在真正的"傻问题"。与其膜拜高高在上的前人的现成知识和已有结论，不如从学会重视、记录并研究自己提出的问题开始。牛顿在少年时代就给自己开出了 16 个宇宙问题的清单。带着问题去学习，"填鸭式学习"就会变成"星火燎原式学习"。

3. 万物皆可"刷卡"——概念卡片

从幼儿园的玩耍学习到成年人的终身学习，万物皆可"刷卡"。

对孩子来说，某一集迪士尼动画片可以做成 20 张卡。看着正面一个词，学习者来回想卡片背面的那句话和释义，从而记住这个词的意思与用法。孩子"刷卡"时，刷着刷着就表演起来了。以某个词、某幅图画为线索，说出整句的台词，这就是主动提取。

长大后，开始学习各科系统知识，概念卡片也用得上。可以从百科全书、教材、专著和论文中摘录出概念名词和定理，做成卡片，随时随地给自己测试。卡片的正面只有一个词（概念），反面才是定义、论证和举例等信息。

要避免一打开书，就能直接看到大量现成信息、定义、论证和图表，陷入被动阅读的状态。看着卡片正面的词，需要思考一会儿，迫使自己说出定义和举例，然后再去看背面的信

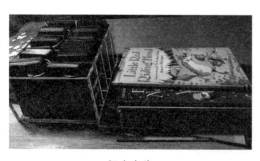

概念卡片

息。这个"强迫回想"的动作，使得大脑被逼迫多做一些功去提取信息。一门课、一本书，可以相当于一棵知识树，做成一个卡牌组，以软件内置的时间表滚动复习，每张卡片的复习都是一次测试。

总结一下，VISA 大法的 A 是提取练习，有三个主要的实操方法：一是测试，二是费曼技巧，三是"刷卡"（"刷卡"的详细方法见第 6 章词汇篇）。

练习的卖油翁原理

主旨问题	关键词
回答有效练习这个元素一开始提出的主旨问题：题海战术一定是错的吗？	练习量、自动化、大量数据训练神经网络

练习量的积累是一切的基础，知识与技能的内化是天才的手和脚。

前面介绍了 VISA 练习的十六字箴言：丰富练习、穿插练习、分散练习和提取练习，这些都是有效练习的科学原理。那么，是否代表只要练习效率高，方法科学，练习量就不重要了呢？

芝加哥大学教授布鲁姆研究了音乐、数学和神经科学等领域 120 个拔尖人才之后发现，在人的学习和技能发展的第二阶段，即严肃训练阶段，必须有大量的练习，才能进阶到第三阶段，即从心所欲、自由发挥的创造性应用。他将大量训练带来的内化称为"天才的手和脚"。

实现内化需要远超过基本知识量的练习。[39] 人们直觉地认为创造力是天生就具备的，大量训练会损伤创造力，但这有悖于事实。损伤创造力的不是大量训练，而是无效盲目的机械训练，即不遵循大脑认知原理、不遵循 VISA 方法的训练。不论是艺术家、文学家还是数学家，都要基于大量练习才能积累出卓越的创造力。

人们普遍认为莫扎特是"天才"，可是莫扎特从小的训练量无人能及。他 4 岁就开始创作，8 岁已经写了 42 首钢琴奏鸣曲。虽然莫扎特的父亲在信中总在担心他贪玩，但其实 20 岁出头时，莫扎特就已经创作了近 300 首作品，超过了贝多芬一生的作品总数。写出这么多作品的同时，莫扎特还需要各国巡回演出大量场次。在短短 35 年的人生中，除了高强度演奏，莫扎特还创作了 800 多部作品。他的勤奋程度和训练量，恐怕在古往今来所有的音乐家中不是第一也是第二（如果巴赫排第一的话）。

另一个"音乐天才"鲍勃·迪伦也是如此。在成名前，他每天到各种地方表演，"再小的场地，哪怕就是墙上的一个洞，我都会进去演出"，每天表演时间在 8 小时以上，这么坚持了十几年。日复一日的长时间演奏，都是得到了观众实时反馈的高效训练。天才不是一种神秘的、靠老天爷赏饭的特殊物种，可以自己不用付出努力就自动出生在金字塔尖。"台上一分钟，台下十年功"的老话并非夸张。

人们似乎有一种奇怪的分类法，觉得在音乐、艺术、棋类和体育中，大量的训练是好的，是必要的，是高大上的博雅教育、全人教育；可是一到学科知识上，比如数学和阅读，大量练习却被称为"鸡娃""扭曲儿童天性""培养小镇做题家"，是扼杀创造力的低级操作。"高雅活动"和全民教育在学习原理上真的有本质区别吗？社会文化和流行观念筑起了一道道人为的鄙视链。

但是，在大自然的层面，这两类认知活动对应的是同一个客观的物质过程——学习在本质上就是用大量数据训练大脑的神经网络。不论是学习做饭、乐器、打网球，还是阅读和数学，大脑这个智慧星球上发生的都是通过大量丰富的训练，促使神经元一次次拉手，形成更高速、稳固的放电序列（知识点）。一次次反馈，修剪掉杂乱低矮的草滩，高效连接形成越来越牢靠的特殊回路，层层搭建起越来越高级的知识森林。卖油翁旁观神射手百步穿杨，他说，我倒油能准准地从铜钱孔里注入，和你射箭的原理是一样的，我们都是"唯手熟耳"。确实如此，雅俗的区别是人为制造的，学习的原理是一样的。

所谓"会者不难"，积累多的人，实现自动化之后，就会感觉学新东西又快又轻松。而新手的神经网络还没有形成协同放电的序列大树，仍然处于荒草滩的状态，处理新信息时需要波及更大范围的无效回路，因此新手一学习就会累。所以，一开始就期待一个内容学起来轻松愉快，这是不现实的。必须预期到，万事开头难，第一桶金最慢。理解了原理，我们就能变焦虑为坦然。学习困难并非取决于智商，不需要重新投一次胎，也不需要换一个孩子重新养。从今天开始，遵循 VISA 练习大法，持之以恒，想要学好不过就是积累更多而已。

3.5　元素五：有效反馈

主旨问题	关键词
学习的快乐来自有效反馈。如何创造有效反馈?	清晰、具体、及时、对人不对事、对比练习

学习是两条腿走路，一条腿是构建，另一条腿就是反馈。所谓构建，就是由大脑构建一个外部世界的心理模型，基于这一模型去行动；在反馈环节，就是在行动的过程中得到外部世界的反馈，再根据反馈调整模型，使模型越来越准确地反映外部事物关系。因此，学习之苦自然也一分为二：其一是无效练习导致的无意义感，其二是无效反馈导致的惩罚感。

糟糕的反馈：考完试之后，成绩得过几天甚至一个假期才发下来。几天之后，题目内容是什么就记不清了，更别提一两个月之后，不但题目忘记了，本人的水平也发生了变化。滞后的反馈给学习者留下的最大感受是自己被贴了个不公正的标签，而对下一步该如何改进则缺乏指导意义。

良好的反馈：做完题，当场对答案，追溯到题目涉及的知识点，从而能针对性地做跟进练习。

糟糕的反馈：学习者只拿到孤立的分数，看不到原题，看不到错在哪里，无法定位自己哪里没掌握，也没有跟进练习。

良好的反馈：学习者不但能看到错题，而且能追溯到这个错题属于知识树上的哪个知识点，从而有针对性地改进。并且改进后还能再次做同类题，拿到让正确率越来越高的进一步反馈。这样往复几轮，直到彻底掌握该内容为止。

糟糕的反馈：每天写一篇作文，却没有机会得到批改讲评，甚至没时间读一遍自己写了什么，更没有给别人读过自己写的东西，从未得到过读者的反馈。

良好的反馈：将写作拆解为不同技能点（详见第 8 章写作篇），根据反馈找到自己的不足，进一步练习和改进；把自己写的东西读给别人听，感知对方的反应。

综合上述例子可以看到，糟糕的反馈有下面几个特点：

- 不够具体：缺乏清晰具体的内容，信息量太少。学习者难以根据笼统的评价，追溯到自己能力欠缺在哪里；
- 反馈滞后：几天、一周，甚至一两个月后才看到成绩。这段时间里，知识水平已经变化，滞后的成绩无法反映当前的问题，难以指导改进；
- 对人不对事：笼统的反馈尤其容易被学生视为对自己个人的评价，被迫贴上成功者或失败者标签，而不是在帮助学习者，为其提供行动指导，帮他消灭失败。

与此相反，好的反馈是及时的、具体的、指向行动的，好的反馈可以大幅提升学习效果与学习体验。例如，可汗学院的数学课程包括从小学一年级到大学高等数学的所有年级，将数学知识体系拆解成清晰的知识点，每个知识点有一个几分钟的讲解小视频，并配套大量的练习。一旦你做错某道题，系统会反复给你提供同一知识点的相关题目，直到你达到足够高的准确率，系统确认你真的掌握该知识点为止。如果你连续做对几道题，系统会自动提高题目难度；如果做错了，系统会降低题目难度。从俞敏洪到比尔·盖茨，都让自己的孩子使用可汗学院学习数学，一大原因就是这个系统用技术手段提供了有效反馈，弥补了传统教育反馈滞后和低效的不足。

可汗学院

有效反馈应该像可汗学院这样给出针对性的行动建议，除了给出对错和打分，最主要是指向跟进练习，直到掌握为止。这种及时反馈的测试，不会令学习者感到焦虑和害怕，因为学习者知道，反馈后面有跟进练习，只要自己持续跟进练习，就能消灭失败。做题本身并不是痛苦的根源，缺乏有效反馈才导致痛苦。有效反馈引发改进行动，会让学习像游戏一样给学习者带来沉浸和成长体验，走向最终的掌握与胜任感。

语言学习也有良好反馈的学习系统。比如，我们积累词汇要"刷"词汇卡。不论是手写的卡，还是小能熊的万物好奇者电子卡片，你需要看着正面的字词回想卡片背面的信息，成功回想就标记"通过"，想不起来就标记"不通过"，"不通过"的词会反复重现，直到你掌握为止。在我们积累词汇、提升阅读量的同时，可以引入多邻国 APP。和可汗学院类似，多邻国也是通过自适应的练习与实时反馈机制，帮学习者掌握句法、拼写和发音。小树使用多邻国时，我统计过题目涉及的语法现象，从人称、时态到句子成分，几乎覆盖了整个语法知识树。如果题目做错，系统会持续推送同类题目，直到孩子掌握为止。

这些软件"刷题"的顺序是按照知识体系拆解而不是按年龄来安排的，学习者只要学有余力，就能沿着知识树上升，连升几个等级都十分正常。但如果学习者遇到困难，也可以慢下来，系统会针对性出题，直到你掌握为止。传统考试很难根据学习者的不同发展区调整出题难度，千人一面，无法实现个性化学习。传统考试强调横向比较，成绩不

多邻国 APP

断向学习者强调他在班级和年级中所处的位置排名，给学习者带来横向比较压力。而计算机学习软件则提供了另一种视角，强调学习者个人的纵向变化曲线，把横向比较视角转化为个人纵向发展视角。只要一个人肯努力，就能看到自己在持续进步，缓解学习焦虑和压力，帮学习者建立内驱力和效能感。

大量阅读当然是必备的，但好的反馈可以使阅读的效果加倍。定期使用

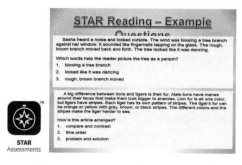

STAR Reading 阅读能力测评

STAR 测试这样的阅读水平测试系统，可以为学习者的阅读创造有效反馈。它的好处是及时反馈，自己在家随时测试，实时看到成绩和分析报告。测试的目的不是追求成绩和证书，而是通过测试的反馈效应让孩子更加意识到主动分析、词义和逻辑的重要性，从而提升日常阅读水平。

写作和口语等输出练习，没有明确对错答案，怎么得到有效反馈？

一个班级有三四十人，老师只有一个，无暇给每个人详细讲评每一篇作文，学生只能拿到一个粗略的打分，写作练习如何得到反馈？一节课只有 40 分钟，怎么给三四十个学生腾出时间做演讲和口语练习？口语必须找外国人一对一练习吗？否则如何练得深入且充分？口语和写作的练习如何得到精细反馈，是从小学到大学语言学习都要面对的难题。

其实，对于这种"主观题"的反馈，有个非常简单的方法，效果比外教真人一对一还好，那就是对比练习（本节内容可以帮你至少省 10 万元报班费）。在口语起步阶段，可以在朗读绘本时录音，跟绘本视频的原声去比较；或者使用电影选段配音软件，和原声比较反馈，以此改进单词发音、意群划分和流畅度等。在训练自由表达的进阶阶段，可以做复述录音。首先进行原文复述并录音，然后播放自己的录音，与演讲稿对比，标记出差别在哪里，你能从中在用词、语句等方面得到足够清晰具体的精细反馈。第 5 章会详细介绍口语的各项能力练习。

提升写作，同样可以通过对比练习来创造反馈。首先，阅读一篇文章，提炼其纲要和主旨（详见第 7 章的阅读笔记法）；过一两天，在忘记原文语句后，自己对着大纲重新写一篇，和原文对比。入门可以从《牛津树》的"看图说话"开始，进阶可以使用 PET 等考试作文的标准文章作为练习材料。老一代的外语专家还介绍过回译练习，高阶学习者可以用 *The Economist* 之类的报刊文章作为素材，先把原文翻译成中文，过几天忘记原文词句之后，再对着自己的中文稿回译为英文。将自己的英文稿与英文原文进行比较，这样的对比练习能提供非常精细的反馈，胜过老师打分。跟原文比较，可以让你清晰地看到自己在用词、语法、造句和谋篇等方面的各种问题。有了清晰反馈，练一篇就有一篇的成效。

　　总之，好的反馈不会止步于筛选性的分数和排名，而是能帮学习者指出清晰具体的问题所在。好的反馈不是盖棺定论，而是一定会带来跟进练习，并对跟进练习进行新一轮的反馈，直到学习者掌握为止。用 VISA 方法练习，再搭配有效反馈，我们就能摆脱学习之苦，走向学习自由。

注　释

1　Bloom B. Developing talent in young people [M].Ballantine Books，1985：427.

2　Vygotsky L S et al. Mind in society：Development of higher psychological processes [M]. Harvard University Press，1978：150.

3　Fatal distraction，babies forgotten in cars. [EB/OL].（2009–02–27）. http://www. washingtonpost.com/wpdyn/content/article/2009/02/27/AR2009022701549.html.
　　戈尔德施泰因 . 认知心理学：心智，研究与生活 [M]. 张明，译 . 北京：中国轻工业出版社，2020：119.

4　Posner M，Rao S B. "Cognitive neuroscience：Development and prospects." Current Trends in Science，2012.

5　戈尔德施泰因 . 认知心理学：心智，研究与生活 [M]. 张明，译 . 北京：中国轻工业出版社，2020：104.

6　Held R，Hein A. "Movement–produced stimulation in the development of visually guided behavior." Journal of Comparative and Physiological Psychology 56.5（1963）：872.

7　费曼，莱顿 . 别逗了，费曼先生！[M]. 王祖哲，译 . 长沙：湖南科学技术出版社，2019：11.

8　远山启 . 数学与生活 [M]. 第 2 版 . 吕砚山，李颂雪，马杰，莫德举，译 . 北京：人民邮电出版社，2014：29.

9　迪昂 . 脑与数学：我们的数学能力是如何精进的 [M]. 周加仙等，译 . 杭州：浙江教育出版社，2022：53.

10　劳斯尼克 . 记忆的秘密 [M]. 欣枚，译 . 北京：知识产权出版社，2019：5.
　　戈尔德施泰因 . 认知心理学：心智，研究与生活 [M]. 张明，译 . 北京：中国轻工业出版社，2020：165，223，290.

11 斯莱文.教育心理学：理论与实践 [M]. 姚梅林，译.北京：人民邮电出版社，2004：178.

12 Wason P C，Shapiro D. "Natural and contrived experience in a reasoning problem." Quarterly Journal of Experimental Psychology 23.1（1971）：63–71.

13 Berch D B，Mazzocco M. Why is math so hard for some children? The nature and origins of mathematical learning difficulties and disabilities [M]. Paul H. Brookes Publishing Co.，2007：121–132.

14 萨拉，安德森.教育神经科学是与非 [M]. 周加仙，陈永菊，等译.上海：上海教育出版社，2020：162.

15 斯莱文.教育心理学：理论与实践 [M]. 姚梅林，译.北京：人民邮电出版社，2004：174.

16 劳斯尼克.记忆的秘密 [M]. 欣枚，译.北京：知识产权出版社，2019：141.

17 斯莱文.教育心理学：理论与实践 [M]. 姚梅林，译.北京：人民邮电出版社，2004：161.

18 巴特罗，费希尔，莱纳.受教育的脑：神经教育学的诞生 [M]. 北京师范大学认知神经科学与学习国家重点实验室脑科学与教育应用研究中心组织翻译.北京：教育科学出版社，2011：46.

19 Alloway T P. "Working memory，but not IQ，predicts subsequent learning in children with learning difficulties." European Journal of Psychological Assessment 25.2（2009）：92–98.
Alloway T P，Alloway R G. "Investigating the predictive roles of working memory and IQ in academic attainment." Journal of Experimental Child Psychology 106.1（2010）：20–29.

20 福斯特.记忆 [M]. 刘嘉，译.南京：译林出版社，2016：62.

21 同上，45.

22 Logie R H，et al. "Group aggregates and individual reliability：The case of verbal short-term memory." Memory & Cognition 24（1996）：305–321.

23 Dehaene S，Naccache L. "Towards a cognitive neuroscience of consciousness：basic evidence and a workspace framework." Cognition 79.1–2（2001）：1–37.

24 Bransford J D，Johnson M K. "Contextual prerequisites for understanding：Some investigations of comprehension and recall." Journal of Verbal Learning and Verbal Behavior 11.6（1972）：717–726.

25 戈尔德施泰因.认知心理学：心智，研究与生活 [M]. 张明，译.北京：中国轻工业出版社，2020：208，239.

26　Butcher J. "Mind games：do they work?." BMJ 336.7638（2008）：246–248.

　　Owen A M et al. "Putting brain training to the test." Nature 465.7299（2010）：775–778.

　　Logie R H，Sala S D. "Brain training in schools，where is the evidence?" British Journal of Educational Technology 41.6（2010）：E127–E128.

　　Miller G A. "The magical number seven，plus or minus two：Some limits on our capacity for processing information." Psychological Review 63.2（1956）：81.

　　Miller D J，Robertson D P. "Using a games console in the primary classroom：Effects of 'Brain Training' programme on computation and self-esteem." British Journal of Educational Technology 41.2（2010）：242–255.

　　Nacke L E，Nacke A，Lindley C A. "Brain training for silver gamers：effects of age and game form on effectiveness，efficiency，self–assessment，and gameplay experience." CyberPsychology & Behavior 12.5（2009）：493–499.

27　斯莱文 . 教育心理学：理论与实践 [M]. 姚梅林，译 . 北京：人民邮电出版社，2004：241.

　　萨拉，安德森 . 教育神经科学是与非 [M]. 周加仙，陈永菊，等译 . 上海：上海教育出版社，2020：195.

28　Samani J，Steven C P. "Interleaved practice enhances memory and problem–solving ability in undergraduate physics." Science of Learning 6.1（2021）：32.

29　萨拉，安德森 . 教育神经科学是与非 [M]. 周加仙，陈永菊，等译 . 上海：上海教育出版社，2020：190.

30　Rohrer D，Taylor K. "The shuffling of mathematics problems improves learning." Instructional Science 35（2007）：481–498.

31　道林 . 脑的争论：先天还是后天 [M]. 北京师范大学认知神经科学与学习国家重点实验室脑科学与教育应用研究中心组织翻译 . 北京：教育科学出版社，2011：65.

32　Ebbinghaus H. Memory：A contribution to experimental psychology [M]. Translated by Henry A. Ruger & Clara E. Bussenius，1913. Originally published in New York by Teachers College，Columbia University，1885.

33　斯莱文 . 教育心理学：理论与实践 [M]. 姚梅林，译 . 北京：人民邮电出版社，2004：194.

　　戈尔德施泰因 . 认知心理学：心智，研究与生活 [M]. 张明，译 . 北京：中国轻工业出版社，2020：248.

　　Pyle W H. "Economical learning." Journal of Educational Psychology 4.3（1913）：148.

Smith S M, Rothkopf E Z. "Contextual enrichment and distribution of practice in the classroom." Cognition and instruction 1.3（1984）: 341–358.

34 福斯特.记忆 [M].刘嘉，译.南京：译林出版社，2016：114.

35 萨拉，安德森.教育神经科学是与非 [M].周加仙，陈永菊，等译.上海：上海教育出版社，2020：196.

36 Abbott E E. "On the analysis of the factor of recall in the learning process." The Psychological Review: Monograph Supplements 11.1（1909）: 159.
Roediger III H L, Karpicke J D. "Test–enhanced learning: Taking memory tests improves long–term retention." Psychological Science 17.3（2006）: 249–255.
戈尔德施泰因.认知心理学：心智，研究与生活 [M].张明，译.北京：中国轻工业出版社，2020：237.

37 同上，247.

38 费曼，莱顿.别逗了，费曼先生！[M].王祖哲，译.长沙：湖南科学技术出版社，2019：89.

39 斯莱文.教育心理学：理论与实践 [M].姚梅林，译.北京：人民邮电出版社，2004：192.

落地实践

下篇

第4章 英语学习路线图

前三章我们探讨了学习的基本原理。了解原理，能使我们具备自主判断力，更好地利用学习者宝贵的窗口期，不至于被商业营销影响。比如，"语言敏感期"这个词汇出圈之后，商业机构针对这个"不明觉厉"的概念进行了大量的焦虑营销，但人们往往并不真正理解"敏感期"的含义。敏感期内，学习者从环境中习得语言，那么，到底什么才构成了有效的语言环境？是否一定要每小时花三四百元让外国人陪着说话，才算提供了语言环境？如果父母在日常生活中不说英语，孩子就一定没有语言环境吗？如何合理规划英语学习路径与难度进阶，每个阶段搭配什么样的材料，才能充分利用语言敏感期的红利？

本章将逐一解答以上问题，并为以下想法提供依据：如果按照学习原理，规划好每个阶段的学习材料，就能为外语习得提供最佳的语言环境。辅导班并非必需，内驱式学习更快更好。

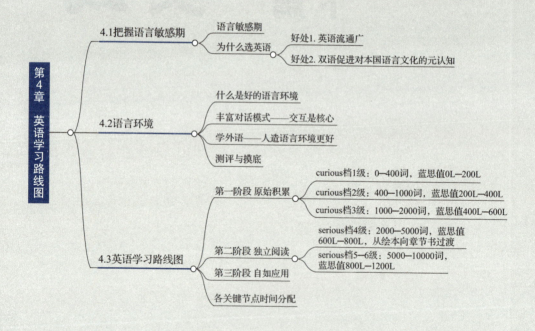

4.1　把握语言敏感期

语言敏感期

主旨问题	关键词
什么是语言敏感期？语言敏感期什么时间关闭？敏感期过了就学不会外语吗？	能力窗口期、听辨能力、句法能力、概念抽象能力
在语言敏感期内学习第二语言的优势是什么？	听辨音与语法准确、符合认知发展阶段、与其他学科形成合力

敏感期指大脑某种能力发展的最佳机会窗口期。在这个时期，大脑对特定类型的经验与信息输入更为敏感，能十分高效地完成该功能的发展。敏感期是数百万年进化写好的大脑发育脚本。无论是视觉还是语言能力，都需要在敏感期内输入大量素材，才能实现能力的最佳发展。[1]

语言敏感期的发现来自一些极端案例。美国小女孩吉妮出生后就被父母关在小黑屋里，剥夺一切人际沟通长达 13 年。[2] 吉妮在语言敏感期内没有任何语言输入。因此，被解救之后，虽然她仍然能学会一些词语来大致表达意思，但说出的句子都支离破碎。错过语言敏感期的吉妮，再也无法掌握句法结构，认知能力受损且无法修复。

对吉妮及类似案例的研究发现，语言能力包含着不同的组成部分。其中最早开始闭合的是和感官相关的能力，即语音的听辨能力；之后是句法能力，在青春期搭建完毕；而词汇的理解和记忆，即学习新概念、新知识的能力，是终身不闭合的。所以，13 岁被解救的吉妮虽然无法说出语法正确的句子，但仍然能学会词汇和词组。[3]

除了吉妮这样的案例，针对移民儿童的大样本研究同样证实了语言敏感期的存在。大量研究普遍发现，接触第二语言的年龄越小，学习越容易；接触第二语言的年龄越大，学习越艰难，成绩也越差。

刚出生的婴儿有高超的听辨能力，能区分感知人类所有不同语言的音节，并无意识地统计最高频率的组合加以学习数据分布（Chat GPT 带来的智能突破，也是"人类发现了一种算法，能够真正、彻底地学习任何数据分布"[4]）。也就是说，语言敏感期使得婴儿从出生前后即开始学习语言，1岁前能分辨世界上任何一种语言的基本语音单元并存储在大脑中。成年之后，再次看到幼年时听过的词汇，反应会更迅速，比如"面包""妈妈""蝴蝶"等，敏感期内产生的语言突触会长期保留。幼年听过中文的孩子，几十年后再听到中文，仍然能分辨中文的四声调。幼儿由于仍然在语音敏感期，可以很容易辨识发音特征，并模仿标准的语音，学会后可以像母语一样标准流利，不带有外国人口音。"幼年的皮质学习语言几乎毫不费力，并且会永久保存在轴突和树突的几何结构中。"[5]

除了语音，语言能力中还包括句法能力，可塑性闭合较晚。青春期前，儿童对句法也有先天的敏锐推理和统计能力，能从日常环境中自动汲取正确的句法架构，并毫无困难地运用。成年之后再学第二语言，即使能通过背语法规则和做题来掌握语法，说话和写作时也必须时刻小心，一不留神就会犯错。但儿童却能毫不费力，不必小心思考语法就能说出正确的句子。

MIT的认知科学家和语言学者约翰逊（Jacqueline Johnson）和纽波特（Elissa Newport）对出生于中国和韩国的移民学生进行了语言习得的关键期研究。研究者提供了一份包含276个句子的列表，这些句子都包含了口语中的语法错误，句子相对简单，接近日常对话，并非正式难懂的书面文本，如"The farmer bought two pig."（应为"pigs"）以及"The little boy is speak to a policeman."（应为"speaking"）。要求被试改正句子里的错误，并记录其得分。结果显示，语言敏感期对语法学习至关重要。3至7岁之间移民的学生虽然母语非英语，但由于处于敏感期，他们能像本地母语者一样掌握语法规则；而8至15岁时移民的孩子，语法掌握能力逐渐衰退；17岁之后的成人组表现最差，说明他们的语法学习能力受到更大限制。[6]

语言能力的第三种构成是学习新概念——即形成抽象类别、用词汇去标记事物——的能力。这种概念抽象能力终身不闭合，也就是说，即便到80~90岁，你都可以持续学习新知识、新名词。

由此，科学家提出语言敏感期的概念。它可以理解为大脑出厂配置的语言

第二语言流利度会随年龄增长递减

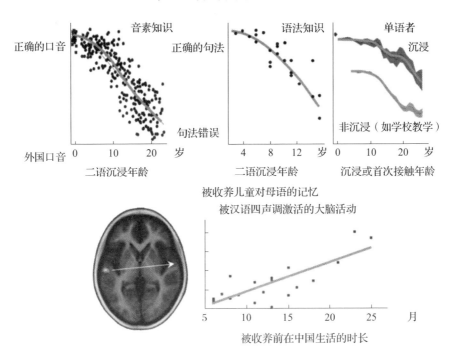

习得语言能力会随年龄增长而迅速衰退，这意味着大脑可塑性敏感期的关闭。开始学习一门语言的年龄越大，说话时不带外国口音或语法错误（顶图）的概率就越低。反之亦然，一名婴儿被收养前在本国生活得越久，他们的大脑就越可能保留潜意识中的母语印记

学习软件运作期，它会运行 10 年左右，完成帮人掌握语言的使命，之后就逐渐卸载。因此，6 岁以前的儿童掌握新语言最轻松，6 岁以后，学习语言的能力开始衰退。在语言敏感期内能接触到另一种语言的孩子，能够自然地学会两套词汇、两套语法和两种文化，且毫无困难。终其一生，他们的双语大脑在语言处理方面都会有更好的能力，也会更善于掌握第三或第四种语言。当双语者年老时，大脑也更能抗击阿尔茨海默病。[7]

听说"敏感期"这个词汇后，家长们忍不住会问：我家孩子已经 7 岁 /8 岁 /9 岁了，现在开始学是不是太晚了？

首先，需要明确的是，所谓"关闭"在复杂的现实中并非指绝对学不会。所谓"会"一门语言，从日常交流到专业交流，存在一个超长的过渡地带。在

实际使用中，只要能完成特定的交流目的，都可以粗略地算"会"。比如在埃及金字塔下会用 10 种语言叫卖旅游纪念品的小孩，只要他掌握的那几句外语能帮他顺利完成一笔笔买卖，就达成了交流的目的，可以说这个孩子"会"10 门外语。撰写行业报告、在国际会议上发言和讨论，学术论文的阅读与写作则需要更高的语言能力。一些对第二语言要求高的职业，如律师、人文社科学者、翻译和媒体工作者等，他们需要掌握的第二语言水平可能比大多数教育程度较低的母语者还高。

其次，语言敏感期各项能力的逐渐关闭需要很长的过程。很多家有六七岁、七八岁孩子的父母担心语言敏感期已经关闭，但敏感期并不是像电灯开关那样突然"关闭"的，而是逐渐衰减，过程长达十几年。在这个过程中，第二语言可以学到什么程度，存在很大的差别，这取决于个人的努力。

这方面最著名的例子是作家康拉德。他出生于波兰并在波兰长大，父母因反抗沙俄被迫害致死，少年康拉德逃离家乡。因为战争，持俄国护照的康拉德上不了法国商船。为了去英国船上做水手，17 岁的康拉德开始学英语，37 岁时成为用英文写作的作家，并用英文写作获得了诺贝尔文学奖。他的英文读写水平超过绝大部分英语母语人士，但他的口语具有浓重的口音，朋友都很难听懂。因此，17 岁才学英语的康拉德，在语音上虽然"没有完全学会"，但是并不耽误他实现了自己的沟通目的。还有一点值得一提，虽然康拉德 17 岁才学英语，但除了母语波兰语，他从小还精通法语。研究表明，在童年的语言敏感期内学过母语外的第二种语言，今后再学习其他语言会更容易。

另一个例子是 15 岁时随父母从德国移民美国的外交家亨利·基辛格。我当学生时曾经熟读他的作品《白宫 1000 天》和《大外交》，这些都堪称政治外交领域的经典名著。基辛格的文章滔滔雄辩，文采斐然，知识渊博，逻辑严密，堪称英文写作的典范。但他也一直带有比较浓重的外国口音。相比之下，他弟弟 6 岁就到了美国，说英语就没有任何口音。

关于语言敏感期的大样本研究没有错：语音敏感期关闭后再学外语，难以改掉外国口音。但是谁也不能说基辛格因为带有外国口音，英语便不够"好"，毕竟他是少有的大师级外交家，极好地实现了用第二语言进行交流和说服的目的。同样，康拉德虽然 17 岁才开始学英语，也以英文作品拿到了诺贝尔文学奖。普通人根本没必要担心自己被敏感期限制了，更应该关注自己对语言学习本身的投入与努力。

对我们来说，实验数据具有一些十分切实的启发。青春期之后，也就是句法敏感期快要闭合时才开始学外语的人，的确需要时时小心语法问题。青春期才开始学英语的我，和我教的大学生和研究生，都常感到必须时刻小心，否则就容易犯一些母语者不会犯的错误，比如"他""她"混用，比如冠词、单复数混淆，词性和时态错误，这些都是英文和中文的语法结构不同造成的。对于母语者，即便受教育水平较低，也不会犯这类语法错误。但孩子如果在语言敏感期内和母语一起学另一种语言，说话和写作会更加自如，无须时刻注意也不会犯错。学语言这件事，开始越早，代价越小，效果越好。

总结一下，在语言敏感期内学习第二种语言的优势是什么？

- 敏感期确实存在，但不必因此焦虑。现在开始就是最好的开始。6 岁以前学第二语言，发音会更准，语法更容易做到不假思索；
- 童年同时学第一和第二语言，学习体验更自然，更愉快。无论年龄大小，学习语言都要从最基础的词汇，从一个个标记事物开始。但初级读物难免让大孩子感到幼稚枯燥，如果初一学英语，十几岁的少年也得从 apple 这样的宝宝词汇开始。此外，高年级学生的其他学科压力增大，从头学习语言的挑战性比幼年时更大。
- 幼年学母语时，同时学一门外语，到高年级时就能与其他学科的学习形成合力，因为最好的教育资源，尤其数理化和计算机课程方面的，英语资源不但极为丰富，还通常是免费的。掌握英语能让孩子更早接触这些优质教学资源和知识内容。英文阅读能力强，能极好地支撑其他学科的丰富模式学习。而各学科丰富的材料输入，也能反过来带动英语水平自动提高。一旦孩子实现自主阅读，英语就不再是需要专门耗费时间去额外学习的负担。随着其他各科知识的积累，英语水平也会自然地保持和提升。

为什么选英语

主旨问题	关键词
为什么第二语言选择英语？	双语相互促进、对母语与本国语言文化的元认知

人是一种永远向往远方的动物。登过家门口的山，就向往珠穆朗玛峰；去过海南岛，就向往大堡礁。现代文明终于可以让大众去满足无穷的好奇心，使我们可以去别的国家欣赏自然奇观，体验新鲜的人文景观和美食。人类本能地希望体验无穷的奇妙与新鲜，而终极的探险是通过其他国家的语言文字去跨越远甚于高山大海的文化阻隔，去开拓精神和思想的新大陆，寻找新的机遇。也许，这就是为什么目前世界上 60%~75% 的人能讲两种或更多种语言。

要成为双语者，第二语言为什么选英语呢？

好处 1. 英语流通广

英语不是某一国某一民族的语言，而是国际通用语，是全球信息、文化与思想交流的"硬通货"。

首先，在世界上 200 多个国家 / 地区中，有 60 多个国家 / 地区将英语作为官方语言，而英语被广泛使用的国家 / 地区则有上百个之多，英语的流通性位居世界第一。从使用人数上看，英语使用者（母语 + 第二语言）的总数达到 21.35 亿人，约占全球人口的 1/4。此外，全球流通的数字化内容中，60% 是以英语为载体的，而中文内容仅占 1.3%。[8] 绝大部分科学文献也是用英文写成的。回溯 2010—2019 年的数据，SCI（自然科学引文索引）数据库中的学术成果，有 98.05% 是用英文写成的，[9] 尽管只有不到一半作者来自说英语的国家 / 地区。

语言符号在人群中流通，在使用中发展进化，获得含义和形式的更新，用以交换信息和思想。而以语言为载体的信息交流，又进一步产生技术和商业的价值增值。在这个意义上，我们可以将语言比作通货，而英语就是流通最广的通货。按照母语人口规模，中文是第一大语言。但如果我们既会中文又会英文，就拥有了流通能力最强的两种货币组合，可以交换到世界上 60% 以上的知识、资讯和沟通。从旅行，到去世界排名第一梯队的大学求学，从现代科技到商业文明成果，很大一部分内容在英语的池子里。人与人之间用语言通货去交换信息和流通思想，这就像在市场中交易商品，如果交易市场更大，自然更容易选到更优质的资源。

网站内容语言使用排名

排名	语言	2023 年 5 月 16 日	2024 年 7 月 13 日
1	英语	55.5%	49.7%
2	西班牙语	5.0%	5.9%
3	俄语	4.9%	4.1%
4	德语	4.3%	5.4%
5	法语	4.4%	4.3%
6	日语	3.7%	4.9%
7	葡萄牙语	2.4%	3.7%
8	土耳其语	2.3%	1.9%
9	意大利语	1.9%	2.6%
10	波斯语	1.8%	1.3%
11	荷兰语	1.5%	2.1%
12	波兰语	1.4%	1.8%
13	汉语	1.4%	1.2%
14	越南语	1.3%	1.1%
15	印尼语	0.7%	1.1%

网站内容语言使用统计：截至 2024 年 7 月，全球排名前 1000 万的网站使用各种内容语言的百分比，其中英文排名第一

　　例如，给孩子选择学习软件和书籍等学习资源时，如果懂英语，就有更多更高质量且免费的资源可供选择，比如免费学习平台可汗学院，Ted-ed 和 Kurtzgesagt 的科普视频。你还能听懂全球一流大学、大师的公开课（字幕翻译通常充满错误）。另外，学习编程和追逐前沿知识也需要掌握英文，例如与 ChatGPT 有关的高质量的新知识几乎都是英文的。在语言敏感期内搞定英语，孩子完全可以在 12 岁前达到高考英语水平。到了中学阶段，英语不但不再需要占用宝贵的学习时间，还能助力其他学科的学习。

学会一套语言，也就是学会该语言内在的思维和表达规范，尽早学习英语能为将来接受更高阶段的教育打好基础。英语能力如母语般自如，也大大有助于出国深造、读文献写论文，在国际平台开展工作。2017 年，时年 87 岁的袁隆平院士在学术会议上能用流利的英语即席发言，演讲流畅，无停顿无错误。为什么年近 90 岁的袁隆平英语那么好？在讲述自己成长经历时，他曾说："我母亲对我的英语启蒙很重要，她毕业于教会学校，英语很好，对我的影响很大……很小时我就跟着她念，后来上学，我的英语课从来不复习就都是高分，我觉得很容易，因为我有基础。"

在给母亲的信中，他写道："无法想象，没有您的英语启蒙，在一片闭塞中，我怎么能够阅读世界上最先进的科学文献，用超越那个时代的视野，去寻访遗传学大师孟德尔和摩尔根？无法想象，没有您在我的摇篮前跟我讲尼采，讲这位昂扬着生命力、意志力的伟大哲人，我怎么能够在千百次的失败中坚信，必然有一粒种子可以使万千民众告别饥饿？"[10]

好处 2. 双语促进对本国语言文化的元认知

学习外语不会削弱母语能力，相反，两种语言一起学能相互促进。

首先，借助不同语言获得知识，概念会更清晰。研究发现，使用不同语言学习的知识越多，就越需要存储在远离语言的脑区：不仅通过文字形式存储，还以图像形式存储。[11]

例如，"analyze"这个英文词指代的动作对孩子来说过于模糊抽象，很难记住其含义，而中文的"分析"则十分直观，可以从字面关联到"条分缕析"的心理画面，更容易理解；反过来，有的中文词较为模糊，而英文词更为形象。比如"反馈"这个词，"馈"字不常见，导致这个词难以建立对应的心理画面；而英文"feedback"的心理画面则更清晰直观：一个事物（物质 / 信息）出发之后又返回到原路。这有助于理解中文"反馈"的意思。每种语言都承载着独特的文化、历史和思维方式。某些概念在一种语言中可能模糊不清，但在另一种语言中却被表达得非常具体。通过多语言的学习，你可以站在不同的角度去理解同一个问题和概念，形成更全面的认知。

语言符号本身具有随机性，当一个人只会单语时，就容易延续语言习得时养成的惯性轨道："大家日常都是这样说的，说出来别人能懂就行，不需要追究为什么。"而双语迫使学习者不断对概念的具体含义进行辨别与思考。

例如，大家说一个人"文质彬彬"，不会感到有丝毫使用障碍，"不就是讲一个人斯斯文文的，有风度嘛"。单语者习惯于在惯熟的社会语境中大致模糊地进行相对的意义定位，只要够用就行。但是有双语思维的儿童总会抛出这样的问题："这到底是啥意思？文是文化，质是什么？为什么会冷冰冰？"问得大人无语凝噎，因为大人也只是随大流地使用，没仔细思考过这个成语里每个字到底什么意思。于是老老实实地去查清楚，这个成语出自《论语·雍也》："质胜文则野，文胜质则史。文质彬彬，然后君子。""文"指"纹样"，引申为文化和教育教给你的规则和知识等（refinement）；而"质"指纹样所依托的实体，比如你要做精美的浮雕（文），首先需要有质地细密均匀的石头（质），于是引申为直接的事物和人质朴的本性（material）。"彬彬"究竟是什么？钱穆认为"彬彬"通"斑斑"，指兼有且交融的状态，即"balanced"。[12] 细看之下，"文质彬彬"这个成语其实大有深意：如果一个人只有直接经验的质朴本性，没有教育给予他规则、知识和理论，他就像个野人（"质胜文则野"）；如果一个人满脑子都是规则、知识和理论，却失去了直接的经验和质朴的本性，就会像个抄书的书吏，"文胜质则史"说的是只会掉书袋，重复书里的话，而不会思考问题的实质。要成为一个君子，既要有教育有文采，又要质朴，二者要交融与均衡。可见，双语可以迫使你获得对母语和语言表达的元认知，有利于更为深刻地理解两种语言。

其次，不同语言接触的内容侧重点有差异。只掌握一种语言，就像攀岩时沿单列岩点向上攀登，而掌握双语则相当于有两列岩点供你攀登，左右相互支撑，攀爬速度更快。例如，元素周期表中的英文元素名称大量出现在小树每天看的科普纪录片里，她对英文的元素名称非常熟悉，因此，她也迅速学会了100多个元素对应的汉字。由于中文有大量形声字，每学一个元素名称还能额外学会几个同声汉字。光通过元素一项，孩子就能多识几百个汉字。通过双语对比，孩子也更容易意识到汉字的形声构成结构。

　　同时，并非是必须先熟练掌握母语，才能学习第二语言。掌握两种语言的儿童能够理解每一种语言的结构，并有意识地运用这些结构特征。学习外语的学生并没有削弱母语能力，而是两者都得到了提高。1990年对在联邦德国接受正规教育的土耳其移民孩子的研究发现，他们在土耳其语和德语这两种语言中所犯的错误都减少了。第二语言学得越早，这些积极影响就越明显。[13]

　　最后，双语能力还能帮我们获得对本国语言和本民族文化的元认知。老舍出身赤贫，9岁还提着篮子在街上捡废品，幸得一位富有远亲的资助，才接触到书本，开始识字。青年时期，他在教会夜校学习英语，学成之后在英国伦敦大学东方学院当中文老师，英文水平迅速精进，并和英国人合作将《金瓶梅》翻译成英文。老舍作为第一流的现代中文作家，他的文字堪称学习现代汉语的最佳材料。在英文学习的对照下，老舍更有意识地注重中文本身的独特点，对中文的简洁灵动有了更深刻的意识，写作时更加注重意合的运用，而他的文字并没有留下西式中文的痕迹。当一个人熟练掌握两种语言时，他能够更清晰地发现每种语言在表达方式和思维模式上的不同。

　　中国近现代一流作家和思想家，如鲁迅、张爱玲、林语堂、辜鸿铭、闻一多等，都从事过翻译工作，都可以用双语写作。不同语言之间的翻译，不仅仅是语言的转换，更是对文化的深度理解和再创造。翻译者需要反复思考如何在母语中传达出另一种语言中的细微差异，这种精细操作实际上会加深你对母语和本土文化的反思和把握。而这些作家的双语创作，又进一步展示了中国文学的多样性和深度。在全球化的今天，双语能力已经成为理解世界、传达本民族文化的关键工具。

　　越是世界的，就越是民族的。在世界中认识中国，更可见中国文化的独一无二与可贵之处。

4.2　语言环境

什么是好的语言环境

主旨问题	关键词
婴幼儿在语言敏感期学第二语言，和母语习得一样，不是通过上课和刷题来"教"的，而是通过互动从环境中"习得"的。怎样才算是好的语言环境？"灌耳音"有效吗？	3000 万词差距研究、输入数量、交互量、回应量、注意力投入、学习成绩、情感和认知水平

所谓语言环境，难道仅仅是指尽可能多地听吗？如果是这样，难道给婴儿全天候播放电视和音频就能让他们学会语言？其实，"灌耳音"学英语的观点，源于对科学研究的误读。

关于语言环境和认知发展的关系，有一项非常著名的"3000 万词差距"研究。1995 年，哈特（Betty Hart）与莱斯利（Todd Risley）两位研究者在长达两年的时间里，观察记录了来自 42 个家庭的婴幼儿成长环境，并对这些孩子进行了为期 6 年的语言能力和认知能力跟踪测评。[14] 这些家庭被分为 3 个社会经济阶层：父母均有大学以上学历的专业人士家庭、工人家庭以及领取救济的低收入家庭。在持续两年的实验期内，研究人员对这些家庭的日常语言环境进行了录音，转录和分析了超过 3 万页的对话记录。他们统计了父母与孩子对话的字数，以及有内容对话（intelligent interaction，知识性互动）的数量。研究发现，不同社会经济背景的家庭为孩子提供了截然不同的语言环境。该研究发现，高经济阶层的家庭，提供的语言环境，要比低阶层家庭远为丰富，语言输入量 3 年的累计差距高达 3000 万词。研究还表明，早期语言环境的差异会对孩子未来多年的认知发展产生持续影响。

如果只看这个结论，的确会让人感到焦虑：这还只是从出生到 3 岁，居然就有 3000 万词差距！这太可怕了！而且语言环境的丰富与贫乏，还"影响认知能力"，一直影响到初中！

那么，如何增加孩子的语言输入？这对于双职工家庭来说无疑是一个沉重

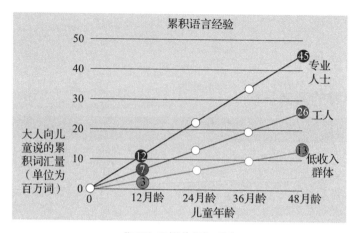

"3000 万词差距"研究

的负担，因为 3 岁以前孩子一般都交给老人和保姆照顾，父母没时间陪孩子，那词汇输入量不够怎么办？这种焦虑十分普遍，于是自然出现了为孩子播放故事音频、儿歌音频这样的操作，人们觉得这也算语言输入啊。我不止一次听到学员提出类似看法，认为别人家孩子说话早、认字早是因为看电视多、听故事多，把语言发展差异归因为"灌耳音"输入量。

问题是，这种"灌耳音"真的有效吗？什么才是真正有益于婴幼儿整体认知发展的语言环境？

事实上，1995 年哈特和莱斯利的研究已经提出了考量语音输入的 3 个维度：①成年人对婴幼儿说的字数；②语言交互数量，即双方互动，你一句我一句，而非只有大人在说，孩子被动地听；③孩子的回应，孩子说了多少，包括还不会说话时的咿咿呀呀。因此，狭义的"输入量"从来就不是唯一重要的。

1995 年的这项"3000 万词差距"研究引起了很大的反响与和争议。批评者认为 42 个家庭的样本量太小。因此，2008 年，LENA（Language Environment Analysis，语言环境分析）基金会以更大规模复制了哈特和莱斯利的研究。[15] 该研究发现，18 至 24 个月期间的婴幼儿和父母语言交互数量，会显著影响他们10 年后的智商、口头表达能力、词汇量及其他语言能力。LENA 研究同样强调了交互对话数量（conversational turns）的重要性。2013 年，斯坦福大学的研究进一步发现，到 18 个月时，婴幼儿已经显现出显著的词汇差距，到 2 岁时差距已经十分显著。[16]

　　麻省理工学院（MIT）一项更新的研究应用了大脑实时扫描技术，研究发现儿童前 3 年的语言交互数量差距确实达到数千万的数量级。但与 1995 年的 3000 万词差距研究不同，MIT 研究认为差异的根源不是家庭的社会经济地位，而是家庭对话风格。研究指出，影响儿童语言发展的关键因素包括三方面：跟孩子说话的量，与孩子的交互对话数量，以及孩子主动表达的数量。三者中最重要的是对话数量。[17]

　　这些研究趋向于一个共识：**在孩子 0~3 岁期间，父母和孩子交谈（而不是灌耳音）越多，孩子的认知能力会发展得越好，这种影响甚至可以超越家庭在社会经济地位上的劣势**。但是，语言环境不能仅靠播放电视和录音来营造，大脑主动学习的机制决定了注意力投入与对话互动更为重要。

　　MIT 实验利用脑成像测试了孩子听故事和参与对话时的大脑激活情况。结果显示，与仅仅听故事相比，在有注意力参与的对话中，大脑表现出更强的激活，并且启动了更有效的学习过程。这表明，真正重要的并非是家庭经济状况，而是父母是否与孩子有更多交谈

　　被动地"灌耳音""磨耳朵"，远不如交替对话。背后的原理是什么？现在有了神经科学和脑扫描，我们可以观察到，在播放孩子无法理解并且没有注意力投入的内容时，大脑中负责处理语言的布罗卡区没有激活。比如大人指着一个东西说"wug"时，孩子立刻会推断出"wug"应该就是指眼前这个东西了。但同样是"It's a wug"这句话，如果用喇叭播放，孩子却毫无反应。没有真人互动，孩子不会把录音中的声音和眼前的东西联系在一起，从而学到一个新词。学习就是这样一个主动推论的过程，然而，推论需要注意力的投入。"灌耳音"或其他所有没有注意力参与的声音输入，比如作为背景音播放给孩子的故事和儿歌，都不是好的语言输入。尤其对于婴儿，真人交互使婴儿聚焦注意力，开

启推论，才能启动学习机制。

我经常在公园和小区看到有大人开着播放器，孩子脖子上挂着播放器，一直在播放知识节目或英语内容。如果孩子没有认真在听，播放的就是无效的噪声。注意力就像聚光灯，在光圈内的东西才能开启学习，而光圈外的黑暗中的东西，即使声音再大，播放次数再多，也无法开启学习。大量实验也证明，大脑并不会多任务并行，让孩子好好专注于自己在做的事情，就是让孩子学会自主聚焦注意力。给孩子"灌耳音"不仅不是学习，还是无效填充物。因为播放故事和视频时，父母会觉得孩子已经在学习了，无须再说什么，反而减少了孩子真正学习的机会。

一系列研究都证明，最有效的学习方式是对话，而非灌耳音。这恰恰有利于打破社会经济地位的制约。跟孩子一起读故事，探讨话题，其实效果更好。在这个过程中，更大的好处是帮孩子养成了阅读习惯，不仅仅学到了语言，还为未来其他学科的内驱式学习打下了基础。

丰富对话模式——交互是核心

主旨问题	关键词
既然强调交互，需要让父母一方辞职回家陪孩子吗？	丰富模式沟通、对话、回应、共同注意、扩展、概念量、人脑小数据推论式学习方法

既然强调对话交互，需要让父母一方辞职回家陪孩子吗？不需要。只要改用不同的说话方式，就可以创造出交互式的语言环境。

既然父母受教育程度和家庭社会经济条件并非决定因素，那么不同家庭的孩子，在3年内几千万词的差距到底是怎么拉开的？如果不依靠播放故事录音，大人跟孩子能说些什么呢？

在第3章"学习五元素"中，我们讨论过共同注意。婴幼儿的学习是社会化的，看到大人关注一个东西，他也会去注意。反过来，大人也可以关注孩子的兴趣并积极回应，对共同关注的事物进行更多描述，这就会形成对话，让孩子学会新的语句。请大家设想两种"语音输入"的场景，都是0~3岁的孩子在户外玩耍：

画面 1：大人一边播放故事录音，一边自己看手机，孩子自己在一旁观察小草和昆虫。他发现了什么好玩的东西，想要表达，想让大人也来看。但是故事录音的声音盖过了孩子的咿咿呀呀，大人没有回应孩子。

画面 2：孩子在小区里看到一只翩翩的蝴蝶落在花朵上，孩子激动起来，开心地用手指，张着嘴啊啊啊，兴奋地流下了口水。妈妈顺着孩子的视线发现了这只飞舞的蝴蝶，于是就拓展孩子想说的话："看，一只小蝴蝶！飞呀飞呀飞！"

孩子学习了"蝴蝶"这个发音，但还发不准确："dou！dou！"

妈妈说，"对，蝶，蝴蝶的蝶！飞来飞去吃花蜜。"

孩子对"吃花蜜"这个新词产生了反应，试图模仿："qi！"

妈妈说："对，小蝴蝶吃花蜜！"

婴儿有地表最强的学习能力，即使这次交谈很短，孩子也能记住这个令她高度关注的、印象深刻的东西。半个月后，孩子在图画书上看到蝴蝶时，又会开心地呵呵大笑，兴奋地喊着："dou（蝶）！"虽然蝴蝶只是页面上一个无关紧要的细节，但大人没有自顾自地像音频播放器一样继续念文字，而是积极回应婴儿，对她发出的"dou"进行了扩展："对，这是一只蝴蝶！比我们之前看到的那只更大！这是一只蓝色的蝴蝶！它也来吃花蜜了！"

真人交互，可以和孩子共同注意，对孩子注意到的、渴望学习的东西进行扩展和丰富，从单一的点扩展出去，形成多点的网状回路，从"蝴蝶"扩展到相关的"飞"和"吃花蜜"。最初的契机是孩子看到蝴蝶飞舞的快乐体验，而图画书上与蝴蝶相关的其他内容也因此变得有意义、值得注意，就像一根藤蔓伸出去，逐渐长出许多叶片。即使这次交谈只有几句话，孩子学到的东西也比播放大量音频来得多。

这就是亲子互动从贫乏模式到丰富模式的转变：跟孩子互动，回应并延伸孩子的想法，鼓励孩子多观察、多思考、多表达。从婴儿时期养成的丰富对话模式不断生长，并稳固为一种家庭整体相处模式，令孩子整个成长过程受益。建立倾听和交谈的行为习惯，其意义远不止学会语言、多出几千万词的输入，而在于通过更多的对话和讨论，鼓励思考与表达。

贫乏模式（内容多为命令与评判，注定只能说出很少的词）

大人：你怎么老是做不对！告诉你该怎么做，你怎么就是不照做！

孩子：（无语）。

丰富模式

大人：我们做的这个事情，你觉得哪个地方比较难？

孩子：（描述了自己的难处）我肯定做不好！（呜呜哭）

大人：别着急，你上次学骑车的时候，一开始觉得自己肯定不行，也是哭了一鼻子，后来怎么样了？

孩子：我后来还是学会了，白哭一场。

大人：早知道还不如干脆别哭了，哭也没啥用。

孩子：是的。

大人：看来知道之后还需要多练习。我们来做个计划吧。暂定1个月，每天完成一点，打个勾，这个月结束你应该就能做好了。

贫乏模式

大人：你怎么老那么慢！

孩子：（无语）。

丰富模式

大人：每次出门，我们都需要准备什么呢？

孩子：需要水壶、纸巾、消毒水……

大人：是不是还要……

孩子：（努力回忆与思考）就是因为老忘记拿东西，找不到东西，所以就慢了。

大人：那我们列个出门清单吧。提前对着清单拿好东西，下次出门就快了。

贫乏模式

大人：你这个画错了吧，哪有红色的天。

孩子：（沉默不语）。（惩罚回路启动，画画容易被惩罚，以后再也别画画了。）

丰富模式

大人：你在画什么？

孩子：画的天空。

大人：天怎么变红了？是不是发生了什么事情？

孩子：小行星撞地球了，满天都是火。天上的火掉下来点着了树梢，树都烧光了。所以恐龙都饿死了。

贫乏模式

大人：你怎么整天就是打打杀杀，跟你玩打仗游戏太没意思了。你最近也只知道看《三国演义》，你的兴趣太窄了。能不能把精力放在学习上？有那个功夫能不能做点题？

孩子：（沉默）。（内心感到不被父母理解。）（做题时磨磨蹭蹭，消极抵抗。）

丰富模式

大人：你现在打的是什么仗？

孩子：官渡之战。

大人：那是怎么回事？好像是一场很厉害的战争？

孩子：（滔滔不绝了官渡之战）。

大人：你觉得战争的输赢，主要取决于什么？演义和历史有差别吗？

孩子：战争输赢主要取决于个人的聪明才智？谋士的点子，和听话的明主。不听话的都要失败。我也想知道故事和真实的历史哪里不一样。

大人：我们一起来查查吧。

可以看到，在各种场景下，大人和孩子之间采用丰富模式沟通总是比采用贫乏模式多说好几倍的话。积累几年，就变成几千万词的差距了。

上面的例子也许可以帮我们理解，为什么童年时的语音交互多寡能影响到之后多年乃至青春期孩子的认知能力。多出来的 3000 万词，不在于放录音看

235

3 种基础乐高砖块可以搭出各种小黄鸭模型

短视频，灌输语音的字数，也不在于孩子乖乖听大人念了多少册书的念书 KPI，而更多在于自主思考和表达的空间。按照我们的丰富对话模式，不用额外做加法，仅仅改善日常沟通方式即可成倍增加有效的交谈数量。父母在说话前，下判断之前，先让孩子说完，给孩子更多机会表达，让孩子相信自己："我要仔细地观察和描述，我可以陈述理由，我有能力推理原因。"而父母多说的那部分语言，不是多在教更多知识和道理，而是多在提问，跟孩子分享故事和知识的乐趣，鼓励孩子自主复盘，联系经历，进行技术总结。交谈激活了记忆中的知识，增强了成就感和主动性，避免了贫乏沟通模式下的负面反馈。调整沟通方式，积极回应，积极讨论和分享就能营造好的发展环境，无须依靠花钱外包，也无须父母牺牲事业专门在家教孩子。

3000 万词差距背后是更高频的思考和表达、阅读与沟通的习惯。日常聊天的话题和内容，可以被阅读极大扩充。词汇量背后是更大的概念量，0~3 岁的语音积累意味着孩子已经有了很大的语音形式概念量，比如婴幼儿阶段掌握了 1000 个口语词汇。就像用 3 个基础形状的乐高砖块能搭出 30 多种不同的小黄鸭一样，大脑自带的语言学习软件会统计出 25 个基本语素组合，之后就像链式反应一样，使词汇与概念量呈几何级数提升。这就是为什么几个月大的婴儿学会新词的速度十分缓慢，几个月才新增一两个，但是到 18 个月的"词汇爆发期"，婴儿突然可以每天学会十几个新词。

当孩子积累到 2000~3000 个初始词汇量以及相应知识面时，他们就能走上自主学习的道路；到高中，一个人会掌握 20000 个单词；受过高等教育后，人能理解数以百万计的不同词汇组合及其指代的概念。如此庞大的词汇量，如果靠上课一个个词去教，意味着需要听过 1.4 亿个句子，如果每天语音输入 10 小时，需要听上百年才能听完。因此，一定要利用好人脑自带的语言学习软件，它能基于小数据进行推论式主动学习，从而使初始的小差异造成可观的大差异。

学外语——人造语言环境更好

主旨问题	关键词
生活中父母都不说英语，能在家做英语启蒙吗？	短暂接触、听读配合、跟读、热爱的素材、稳定输入

生活中父母都不说英语，能在家做英语启蒙吗？不但能，而且由阅读加音视频构成的"人工语言环境"甚至可以让孩子学得更好。

第二语言在语言环境中应该占多大比例，才能算"沉浸"并自然习得？很多人以为，要想自然习得一种语言，至少需要达到日常输入量的大半。然而，科学实验结果显示并非如此。[18] 在这个实验中，一组 9 个月大的美国婴儿参加了 12 次实验室活动，共持续 4 周，每次时长 25 分钟。活动的内容模仿了家庭阅读加玩耍的语言交互，前 10 分钟由中文母语者为婴儿念一本中文童书，后 15 分钟进行与童书内容相关的互动式玩耍，包括木偶戏、火车和叠叠乐玩具。12 次活动中，婴儿平均听到 33120 个音节（通常每个词包含 1~3 个音节）。对照组同样是美国婴儿，参加同样形式的活动，但活动语言是英语。12 次活动结束后，研究人员通过让这些婴儿听中文和英文词来考察他们能否听辨中文音节。惊人的是，这些仅仅参加过 12 次中文活动的美国婴儿，对中文音节的辨识能力竟然等同于在纯中文环境下长大的中国婴儿。这种辨识力在半个月后复测时仍然保留。而对照组中参加英语活动的美国婴儿则不具备中文词汇的辨识力。所以，即使是每次 25 分钟时长的短暂输入，也可以触发 9 个月大婴儿的外语学习机制。多国进行的类似实验都证实了，短暂的接触就能触发大脑的自然语言学习机制。

当然，语言学习不仅包括辨识音节，还有一整套系统的知识。那么，第二语言发展有没有可能追上母语发展阶段？最低需要多少输入量呢？

在 2011 年的一项重要研究中，托达多特（Thordardottir）研究了 5 岁的英语—法语双语儿童的语言习得过程。研究发现，仅仅占总量 35% 的二语输入量，就能让孩子获得和单语儿童类似的词汇量和理解能力；如果二语输入量达到 50%~60%，双语儿童就能实现和母语儿童类似的语言水平；而且，超过这个比例，也不一定能带来更好的效果。[19] 希勒（Scheele）等人的研究也发现，双语儿童的词汇学习速度受到语言输入的强烈影响，但这种关系似乎不是线性的，而是达到某个阈值之后，更多的输入不再显著提高语言能力。[20]

我了解到这些大概是在孩子不到 3 岁的时候，于是，我用小树作为"小白鼠"实验了一下。孩子 4 岁前过着"不插电"的生活：家里没有电视，我也不给孩子看任何平板和手机内容，语言输入仅仅是日常对话和读绘本。读绘本时，我也没有特别强调英语。如果书碰巧是英语的，我就用英语读。除了读英语绘本外，日常生活环境大家全部说汉语。四岁以后，孩子开始有了屏幕时间，每天吃饭时间看半小时纪录片，并配合同主题的图书阅读。除了大人读绘本、自己看纪录片和动画片，另一个语音来源是电子书库 Epic。这个 APP 有 4 万多种电子书，其中很大一部分书有音频点读功能。小树在使用时，我观察到她经常自己跟读电子书。她很喜欢点一下电子书页面上播放语音的按钮，然后自己大声跟读。喜欢的书，她会反复跟读许多遍。

听读结合，或者看有语音搭配图文的电子书，跟单纯听故事音频是不一样的。可跟读的电子书页面是静态的，孩子点一下，页面上的句子语音才会播放。听的同时，孩子可以看着书面文字跟读。一页读完后，是再听一遍还是翻页，这是学习者自己掌控的，也有时间思考咀嚼。电子书和纸书类似，阅读时学习者自己掌握主动性。而单纯看视频或听故事，没有文字配合，学习者无法掌控翻页进度，容易陷入被动和走神，效果打折。因此，我不提倡让孩子在干别的事情的时候，在不专注的情况下长时间"灌耳音"。有听必有读，才是更有效的输入，并且会让孩子养成专注的好习惯。

上述这种语言输入，作为语言环境够不够呢？事实证明足够，前面提到的那些实验研究诚不我欺。3 年时间，从小树不到 3 岁时开始，到了 5 岁时，她的词汇量就有 3600 多，可以读蓝思值 700L—800L 的书。刚满 6 岁，在幼儿园升一年级的暑假，她参加了剑桥少儿英语考试（YLE）三级的考试。考试包括听、说、读写三项，她都拿到了满盾。这与她的词汇量、平时阅读的内容难度是一致的。半年后，小学一年级上学期，她的词汇量增加到 7800，STAR 阅读测试已经达到了美国六年级小学生的前 1%，超过了 99% 的英语母语儿童。8 岁时，她的词汇量达到了一万以上，并高分通过 FCE（剑桥英语三级证书考试）。这是剑桥五级考试破纪录的结果，而她连一次培训班都没上过，语言发展全靠"人造语言环境"。在输出方面，她可以自由地用英语对话，描述经历，讲故事，写作文，语句丰富程度达到同龄母语儿童的水平。

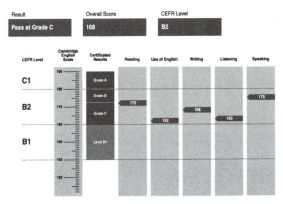

小树 8 岁时的 FCE 成绩

由此可见，所谓语言环境，真正重要的不是有没有外国人一对一陪着，而是有没有一定量的语音材料让孩子足够喜欢，可以做到经常重复，且听读结合，从而达到对一部分词和语句的语音和书面文字都非常熟悉的程度。只要有足够量的有效输入，就能构成充分的语言环境。

测评与摸底

主旨问题	关键词
英语学习该从哪里开始呢？	摸底、词汇量测试、主动词汇、被动词汇、STAR测试、蓝思值、最近学习区、阅读难度、考试级别

出发之前，需要先摸底。如果说语言是一栋大厦，词汇就是砖瓦，词汇量是衡量语言水平的直观指标。寻找最近学习区，掌控学习进度，都可以通过词汇量测试来实现。对于有一定基础的学习者，可以先在词汇量测试网站 testyourvocab.com 上做个小测试。

词汇量测试网站

测试时，只要能念出读音并知道该词的释义之一，就算认识这个词。当然，这样测出的是被动词汇，属于见了能认识的浅层掌握程度。虽然是被动词汇，只要隔一段时间测一次，还是能反映出学习者的变化的。

还可以通过蓝思官方网站 https://hub.lexile.com/find-a-book/search 查出学习者的阅读水平。输入孩子平日读的英文书名，查询该书的蓝思值，就能快速定位学习者的阅读理解水平，以及该蓝思值对应的推荐读物及考试级别。

我整理了一张表格，对比了多种英语能力的量化标准，可以从中看到阅读蓝思值与词汇量的对应关系。如果这两个指标基本一致，那么就更可靠地摸清了当前学习者的水平。

学校考试体系	CEFR 等级欧洲共同语言框架	剑桥五级体系	IELTS 雅思	小能熊科学学习分级体系 - 英语分级		
				分级	阅读词汇量	蓝思值
n/a	n/a	剑桥少儿一级 YLE1 starter	n/a	curious 1 级	0~0.4k	0~200L
	A1	剑桥少儿二级 YLE2 mover	-1.0	curious 2 级	0.4k~1k	200L~400L
中考	A2	剑桥少儿三级 / 剑桥一级 YLE3 flyer/KET	2.5-3.5	curious 3 级	1k~2k	400L~600L
高考	B1	剑桥二级 PET	4.0-5.0	serious 4 级	2k~5k	600L~800L
				serious 5 级	5k~8k	800L~1000L
考研 / 六级	B2	剑桥三级 FCE	5.5-6.5	serious 6 级	8k~10k	1000L~1200L
n/a	C1	剑桥四级 CAE	7.0-8.0	savage 7 级	10k~15k	1200L~1400L
				savage 8 级	15k~20k	1400L~1600L
	C2	剑桥五级 CPE	≥ 8.0	savage 9 级	20k~25k	1600L+

多种英语能力量化标准的换算

小树在 6 岁时，测出的词汇量是 7800 个，平时读书的蓝思值在 1000L 左右，这两个指标放一起就能准确反映她的水平。词汇量测试结果通常比蓝思值高，因为测出的被动词汇只是浅层掌握，深度阅读和考试的层级会比被动词汇量低一些。所以，选择水平考试时，可以选择比测出的词汇量和蓝思值低一级的层级。从"见了大概能认识"到能准确熟练地运用一个词，中间还需要更多练习和积累。

由于正式考试的代价高、频率低，无法实时反馈，我们可以平时使用网上的语言考试 STAR 测试体系。STAR 测试已有超过 30 年的历史，美国有超过 1/3 的学校，英国有 5000 多所学校，中国有 600 多所国际学校在使用它。足够大的题库和成绩样本库，意味着可以提供比较可靠的百分位水平反馈。STAR 测试对标英美两国国际课程体系，考察的阅读技能比较全面，包括词汇的习得和使用、基本的语法。对阅读理解能力也做了分解，包括对文章基本结构、内容、情节和人物的分析能力；对作者修辞写作手法和写作技巧的理解能力；判断推理等思维能力；理解书籍及其论述观点，能否产生自己的判断和见解。每次测试只有 32 道阅读理解，都是选择题，半小时以内就可以完成。官方建议 3~6 个月测试一次，但也可以每 1~2 个月自测一次。

　　下图是完成 STAR 测试后系统给出的分析报告。两次测试结果时隔半年，已经可以看到语言能力的显著提高，方便父母掌握孩子的水平变化，从而筛选并提供适合孩子学习区的读物。

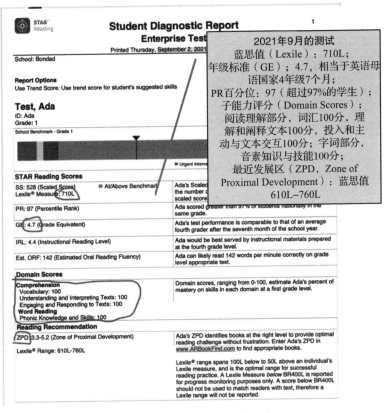

STAR 测试报告：2021 年 9 月

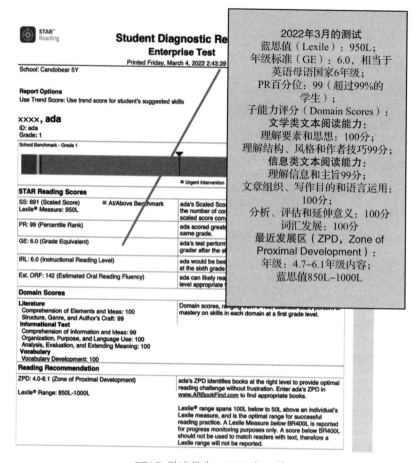

STAR 测试报告：2022 年 3 月

普通考试的结果是一个分数，而 STAR 测试并不是正式考试，而是阅读能力测评，它不提供分数，而是对学习者的语言能力进行量化分级和能力分析，并提供有效反馈。我们可以从报告中提炼出一些有指导意义的要点，指引未来的学习方向。

- 不论是第一语言还是第二语言，都需要注意选择语言质量高且词汇精当丰富的读物；

- 注意搭配虚构和非虚构作品，多读能拓展知识面的有深度读物，而不是只读一些娱乐性质的口水读物；

- 阅读有方法，要习惯于划出关键词，追踪作者的观点和证据等，高效准确提取主旨（具体方法见第 7 章 "阅读篇"）；
- 不要只追求读书数量和难度，而要根据自己的实际情况，选择最近发展区的读物。如果读物难度太高，超出学习者的能力范围，学习效率不如最近发展区的读物；而难度如果太低，学习者长期停留在低难度徘徊不前，会失去兴趣和动力。所以要经常做阅读能力测试，不断调整和升级学习内容。

4.3 英语学习路线图

主旨问题	关键词
从"零基础"到运用自如，英语学习可以划分为几个阶段？	原始积累阶段、独立阅读阶段、自如应用阶段、80/20 法则

如第 3 章所说，任何学习都可以分为三阶段：好奇探索、严肃训练和自由创造（创造性应用）。英语学习同样如此。总体来说，对于任何人，不论从什么年龄开始学习英语，英语能力的发展都可以分为三个阶段，都可以规划出一个清晰的英语学习路线图。

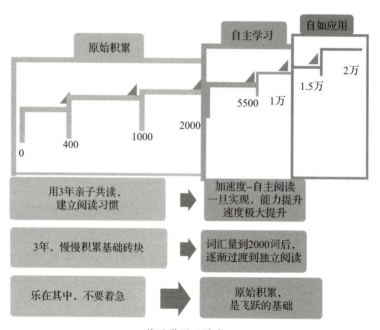

英语学习三阶段

首先是原始积累阶段，对应学习三阶段模型中的好奇探索期，对应的被动词汇量是 2000 词以下，阅读能力是 600L 以下。对于幼儿来说，这是需要父母辅助的起步期。对于较大年龄的学习者，这也是积累速度相对缓慢的时期。不管做什么，第一桶金总是最难的，所以叫原始积累期。这个阶段的主旨是培养乐趣，主要目标是启发兴趣和建立阅读习惯。不管是否学习第二语言，阅读都是受益终身的好习惯。由于这个阶段的孩子往往还小，心理上仍然需要父母的陪伴，因此家长在这个阶段需要投入较多精力，为后两个阶段的"放手"打好基础。

学习三阶段	英语阶段	阅读词汇量	蓝思值	小能熊英语等级
curious	原始积累	0-2000	0-600L	curious 档 1-3 级
serious	独立阅读	2000-1 万	600L-1200L	serious 档 4-6 级
savage	自如应用	1 万 -2 万	>1200L	savage 档 7-9 级

英语学习三阶段

第二个阶段进入自主学习轨道，对应学习三阶段中的严肃训练期，学习者开始走向独立阅读。本阶段对应的被动词汇量是 2000 到 1 万之间（主动词汇大概是 5500 以下），对应的阅读能力是 600L-1200L 之间。一旦开始自主阅读，词汇量积累会大大增加。在这个阶段，父母的付出大幅减少，只需参与讨论和选书即可。

第三个阶段，学习者开始进入高阶的学习和语言自如应用阶段，对应学习三阶段模型中的创造性应用期。本阶段对应的被动词汇量是 1 万到 2 万之间，阅读能力是 1200L 以上。

分清楚这些阶段的意义在于：首先，用 80/20 法则来分配精力，不要因为早期进展较慢就轻易放弃；其次，不要轻易跨越阶段。例如，不要在词汇量还没有 500 词的时候就希望孩子能自主阅读；也不要在词汇量还没有 1000 个的时候就希望学习者参加更高阶的考试，或写长篇作文。只要做好每个阶段内的积累，满足每个阶段内的知识点搭建，自然而然就会进入下一个阶段。

第一阶段 原始积累

主旨问题	关键词
原始积累阶段如何培养乐趣？原始积累的学习目标是什么？	零起点、韵律、分级读物、百科知识、乐趣、听读配套、自由挑选、语音输入、高频句素、高频简单句

档位	分级	阅读词汇量	蓝思值
curious	1	0-400	0-200L
curious	2	400-1000	200L-400L
curious	3	1000-2000	400L-600L

curious 档 1 级：0-400 词，蓝思值 0-200L

许多父母担忧自己的英语是"零起点"，没能力为孩子提供学习支持。其实，一个人只要参加过高考，一般就有几千词汇量，只是生疏了而已。一个好办法是跟孩子一起再次出发，从蓝思值 0-200L 的 NP 级读物（non-prose，非散文类读物）开始。NP 级读物通常是儿歌等韵文，如《鹅妈妈童谣》、学乐的手掌书、苏斯博士的 *ABC*、*Green Eggs and Ham*；也有分级读物初阶，如牛津树 1-5 级。

这个级别的读物内容看似非常简单，实则非常关键。一定不要为了追求阅读的数量和词汇量，就快快"刷"过去。在乐趣中浸泡，在喜爱中熟悉，是这个阶段的重点。尤其对 3 岁以内的学习者，韵律是引发兴趣和注意力的有效方式。韵律培养的是对音素的敏感和辨识，这是后续建立拼读规则的基础。

寻找乐趣，每天安排 30 分钟到 1 小时，让孩子跟着音频，跟着大人一起朗读，把某一套书如《鹅妈妈童谣》或《苏斯博士》唱溜读熟。这样，进入更高阶段时，孩子会进步得更快。

0-200L 难度的读物推荐：蓝思值 0-200L 的难度，词汇量 400 个，剑桥少儿一级（YLE 1 Starter）

图片	说明
	苏斯博士红色书脊的经典故事系列。*Green Eggs and Ham* 只用 50 个词，讲了一个上天入地、惊心动魄的故事，使用了各种空间关系介词，大量交流语汇，是儿歌经典

（续）

图片	说明
	《鹅妈妈童谣》
	埃里克·卡尔的童谣套装
	根据《鹅妈妈童谣》改编的洞洞书系列

　　各大分级读物的初阶，都是极好的零基础起点。例如，学乐的 *First Little Readers* A–D 四阶、牛津树 1–5 阶，每阶约 25 本左右，再加上兰登书屋的 *Step into Reading* 1–3 阶和尤斯伯恩《我的第一套图书馆》的 1 阶，合起来大约有 200 多本故事。这些读物内容简单，孩子会反复读很多遍。加上共读过程中有一定的亲子互动，这个输入量就足够启动语言学习机制了。

图片	说明
	学乐出版社 *First Little Readers* A-D 四阶
	牛津树拓展阅读的 1-5 阶
	兰登书屋出版社 *Step into Reading* 1-3 阶
	0-200L 的分级读物：尤斯伯恩《我的第一套图书馆》1 阶

共读几个月后，就有父母开始着急了：为什么孩子读了这么多，还不会说？不能期待学习者在词汇量只有两三百的时候就能流利地说句子。即使是母语儿童，一句话只有一两个词的"发电报"式语句阶段也要持续一年。孩子积累的词汇和句式不够多，不够自信，因此不会主动开口。

学习者从能听懂一个词，到听懂一个句子，到能自信说出这样的词句，中间大约会有半年时间差。所谓的原始积累，就是进度较慢，大人的心态一定不要着急，把共读当作放松缓解的亲子游戏，找到乐在其中的感觉。状态好了才能感兴趣，感兴趣才能在将来的学习中主动寻求学习。

在这个过程中头等重要的是，每天都要有语音输入。《鹅妈妈童谣》、埃里克·卡尔的童谣套装和牛津树系列都有配套的动画片，可以配合进行（详见第 5 章"听说篇"）。

curious 档 2 级：400-1000 词，蓝思值 200L-400L

当孩子能理解牛津树 7-8 阶时，大致就进入了 1000 词汇量阶段。在这个时期的阅读"主粮"仍然是兰登书屋、牛津树和尤斯伯恩等分级读物。以牛津树 8 阶为例，图片下的文字明显比前面级别的长了许多，大量句素开始出现。所谓句素，就是意思的最小单位，是必须记住的、使用时需要直接套用的词的搭配组合。例如，表达"活过来了"时，必须用"come to life"，而不是"go to life"。在这个搭配里，任何改动都不能表达"活过来了"这个意思。这种只能原样记住的意思单位就是句素，是我们真正要积累的词汇单位。

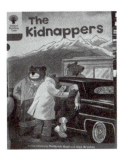

牛津树第 8 阶，蓝思值 350 L；这本书总字数 880，生词较少，句素较少，以日常口语为主

随着阅读篇幅变长，难度提高，孩子应对的方式仍然是把喜欢的读物多看

几遍。家长无须代替孩子做选择，也不要像做教学大纲那样进行过细的学习规划。过细的微观管理会损害阅读乐趣。可以把前后几阶的读物都摆在孩子容易拿到的地方，让孩子自由挑选。

虽然有分级读物作为阅读"主粮"，但不应让学习者只读这几套分级读物。不能只靠一套书就学会语言，不论是中文还是英文，语言环境应该足够丰富多样，因为孩子学语言的内驱力来源就是拓宽知识面、满足好奇心。只有一套书作为课本，自然无法满足孩子蓬勃的兴趣和千差万别的好奇心。因此，可以引入非虚构读物。

此外，这个阶段孩子已经可以看懂《小熊维尼》、*Do You Know* 之类的简单视频。与分级读物配套的动画片，每天可以看 20 分钟（详见第 5 章"听说篇"）。

curious 档 3 级：1000-2000 词，蓝思值 400L-600L

被动词汇量超过 1000 后，孩子能看懂的书会大大增加，阅读内容的丰富度也大大增加。此时，孩子开始感受到阅读能带来日常生活之外的新鲜世界，对阅读和双语内容的兴趣会有明显提升，会更经常自己主动阅读。这个阶段的阅读"主粮"是高阶的分级读物。

牛津树第 7 阶

除了分级读物作为"主粮"，还需要有"蔬菜水果蛋白质"：需要分主题阅读，拓展孩子的知识面和兴趣。小能熊万物好奇者计划包括天文、海洋、汽车机械、神话童话等十大主题，每个主题下都推荐了不同难度的书籍，可以根据孩子喜欢的主题来选书。如果不知道孩子对什么主题感兴趣，可以去 Epic APP 按主题分类浏览。Epic APP 相当于面向儿童的电子图书馆，书目种类超过 4 万，涵盖大量虚构和非虚构内容，并且按照蓝思值划分了难度，孩子总能找到喜欢且适合自己阅读能力的书籍。

此外，还推荐 *My Encyclopedia of Very Important Things* 这类初级百科全书。

这些百科类读物字数少，图片精美，知识系统。早早阅读百科全书，建立"什么是什么"的背景知识，可以帮孩子搭建世界知识图谱，为看懂纪录片和科普频道积累知识储备。

DK 出版社的 *My Encyclopedia of Very Important Things*

National Geographic Little Kids First Big Book of How

National Geographic Little Kids First Big Book of the World

National Geographic Little Kids First Big Book of Who

National Geographic Little Kids First Big Book of Bugs

National Geographic Little Kids First Big Book Collector's Set

National Geographic Little Kids First Big Book of the Ocean

National Geographic Little Kids First Big Book of Space

National Geographic Little Kids First Big Book of Dinosaurs

National Geographic Little Kids First Big Book of Why

National Geographic Little Kids First Big Book of Animals

国家地理的 *First Big Book of /……*

第二阶段 独立阅读

主旨问题	关键词
如何走向独立阅读？	章节书、虚构读物套系推荐、非虚构读物套系推荐、多邻国学语法、制卡刷卡巩固词汇、Reading Explorer 教材，知识视频频道推荐，1500 词 KET，3500 词 PET

档位	分级	阅读词汇量	lexile 蓝思值
serious	4	2000-5000	600L-800L
serious	5	5000-8000	800L-1000L
serious	6	8000-10000	1000L-1200L

serious 档 4 级：2000-5000 词，蓝思值 600L-800L，从绘本向章节书过渡

牛津树第 9-13 阶

牛津树前几阶基本上是日常口语，到了第 9-13 阶，故事长了不少，还出现了更多固定的表达法，用词走向书面。等孩子把 9 阶读得非常熟悉，日常遇到的生词也制卡"刷卡"了，就可以鼓励孩子把自己的故事讲出来，并且逐渐过渡到书写。从口头看图讲故事发展到看图说话的作文，这一阶段的词汇量意味着孩子开始有能力走向独立阅读。

除了牛津树第 9-13 阶，这个阶段的阅读"主粮"还有尤斯伯恩《我的第一套图书馆》系列的第二盒和《神奇校车》。《神奇校车》的总字数不多，而且是看图说话，小树一两岁就开始看了。尽管其蓝思值为 490L，但如果小孩子爱看，亲子共读时有互动，我们可以主动寻找最近学习区。读书的时候，如果孩子能一直专注地听你讲，并指着画面希望你讲这里讲那里，就说明这本书是可以读的，不必拘泥于书上的推荐年龄。

对于知识类书籍，包括 DK 百科全书，不需要一字一句完全照本宣科，或一次性念完一整页，讲的时候可以只解释孩子感兴趣的图片，下次看这本书时再讲讲其他图片，每次阅读都可以有新收获。即使一本书看起来是大部头，只要读上很多遍，就能覆盖到大部分内容。

尤斯伯恩《我的第一套图书馆》系列是人文故事，情节衔接、连贯紧密，因此不能像 DK 百科那样跳着讲，孩子也需要具备相应的识字量才能读懂。这个系列从 0-200 词汇量的初阶一直到 9000 多词汇量的高阶，一共四大盒，涵盖

了世界各地的神话、童话、寓言、名著、发明故事和名
人传记，知识面广，用词丰富优美，句子精炼考究，语
言质量很高。相比之下，很多名著的儿童改编版的语言
质量不高，词汇贫乏，充满松散拉垮的口语表达。既然
孩子要付出时间阅读，我们就要选表达精炼的书籍，这
样才能滋养心灵，增长知识。尤斯伯恩《我的第一套图
书馆》系列的语言难度较高，但知识面广，趣味性强，
和牛津树系列搭配阅读，效果很好。

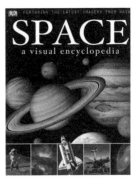

本阶段的非虚构读物

Beauty and the Beast
by Louie Stowell

尤斯伯恩的分级读物

《神奇校车》是一个带有语言难度分级的科普知识大套系。红色小开本是阅
读难度最低的版本，而宽幅的套系难度更高，里面的文章长度、词汇量和知识
面都有显著提升。尽管难度较大，但整个故事体系非常吸引孩子，学习者会愿
意走出舒适区，去适应更长的文本。

《神奇校车》窄本，难度 400L-500L

《神奇校车》宽本，难度 500L–700L

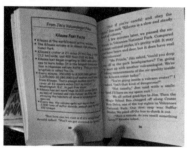

《神奇校车》章节书，难度 500L–700L

在这一难度区间，还有著名的罗尔德·达尔作品套系。罗尔德·达尔的作品被改编成很多著名电影，例如《查理的巧克力工厂》《了不起的狐狸先生》等，书籍和电影可以一起看，增加阅读的趣味性。这套达尔作品的蓝思值大多在 400L–700L 之间，热爱度五星，孩子可以一天读完一整盒，完全欲罢不能。

著名章节书罗尔德·达尔系列，比如《了不起的狐狸先生》难度也在 400L–600L 区间

《老鼠记者》（*Geronimo Stilton*）系列也是向章节书过渡的好选择，2000 词汇量的孩子就可以看懂。**就像中文 1000 个字的识字量会让孩子开始独立阅读一样，英文大约 2000 词是独立阅读的起跳点**。如果前期陪读做得扎实，孩子的词汇量到位，从这些书开始，家长就会发现自己可以"撤出"了。听别人读比自己读要慢得多，孩子会更愿意尽快自己读完整个故事，而不愿意慢慢听别人念。《老鼠记者》全套书有几十本，小树是在 Epic APP 里自己读的，我买了几本纸质书，只"有幸"跟小树一起读过其中几页，因为她觉得出声读太慢，不如自己看来得快。文字阅读的优越性在于速度，一本上万字的书，听语音朗读要分好几天，自己阅读一下午就能读完好几本。

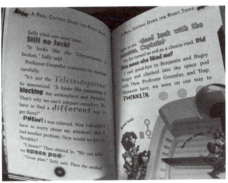

《老鼠记者》是一个超大套系，难度 400L–700L

类似的虚构类书籍还有《小屁孩日记》（*The Diary of a Wimpy Kid*），以幽默细致的方式讲述了孩子对学校和家庭日常生活的观察和体验。

很多父母担心孩子自己读书"有没有读懂"，会不会囫囵吞枣？其实，这个阶段的阅读仍然是乐趣主导。如果孩子每天都在阅读并且得到了乐趣，这说明他们读懂的内容已经足以支撑阅读，这就足够了。在过渡期，家庭仍然需要保持每天 30 分钟的共读活动，跟孩子一起读几页，聊一聊，就能掌握他们的理解水平。其他时间，孩子可能自己读 10 本、20 本，父母不用担心他们"理解"了多少。只要在阅读，就是在成长。

这个阶段的读物明显出现了更长的句子、更高级的书面词汇、更复杂的时态等语法特征。放在故事的上下文里，孩子会记住故事里的句子，从而顺便无意识地记住这些词句和语法特征，将来在说话和写作时可以直接使用。如果孩子出现困惑，稍加解释即可，比如《牛津树》书里多用一般过去时，因为是在叙述故事，但日常口语一般是谈论当下发生的事情，所以要用一般现在时。家长需要告诉孩子谈论当下的事情时不用加"ed"。

此外，这个阶段的孩子已经有了一定的基础词汇量，可以开始引入识字和拼写。这时正好可以引入多邻国（Duolingo）。这是一个语言学习APP，它把抽象难记的语法规则完全掰开打散在常用语句里，使用者通过看图选词、拼句、拼写单词等方式主动学习，记住这些语句就可以理解语法现象。多邻国的学习过程与孩子从读故事中自然习得语法是一样的，只是语法点更加系统集中。

孩子到5~6岁后，开始进入书写训练的阶段，父母可以把孩子最喜欢的、阅读频率最高的几本书里的重要句素做成卡片，让孩子刷一刷。如果没时间制卡，也可以选择孩子喜欢的纪录片，刷小能熊提供的万物好奇者电子原声卡片。这样，词汇积累就可以稳步提升。具体如何刷卡提升词汇量，第6章"词汇篇"会详细说明。

词汇量达到2000词后，可以开始引入 *Reading Explorer* 这样的教材。这套教材由国家地理出版，一套5本，阅读难度每一本都上一个台阶，蓝思值从600L逐渐提升至1400L。阅读的文章不仅提供知识和概念，还教授阅读方法和文章架构分析。这套课本的阅读方法和本书第7章"阅读篇"的理念一致，课后的明辨式思维练习包括口头和写作输出，学习者可以直接使用阅读文章中的知识和语句作为砖瓦，模仿阅读文章的结构来安排自己的文章，形成从输入到输出的学习闭环。

Reading Explorer 系列教材

蓝思值700L、词汇量为1500词，对应的考试是剑桥少儿英语三级

（YLE3）和剑桥英语一级（KET）。在 YLE3 考试中取得优秀，相当于通过了 KET，二者都对应欧洲语言共同参考框架（CEFR）中的 A2 水平。小树在考 YLE3 的时候，测出的词汇量是 3000 多。对于不到 6 岁，没有背过单词，没有参加过任何教培课程的孩子来说，虽然被动词汇量有 3000~4000，但写作文时能用出 1000 词汇量就不错了。当时她阅读的读物蓝思值确实在 700L–900L，所以，她在这个阶段考出了 YLE3 的满盾。由此可见，蓝思值和词汇量指标能比较准确地反映学习者实际的语言能力。

关于词汇量积累速度，我们的实际体验和学术研究是吻合的：你知道的词越多，就越容易学会更多的词。最初 400 词的原始积累是最慢的，400 到 1000 词的积累会快一些；从 0 到 1000 词的积累大概要花 2 到 3 年，但从 1000 词到 3500 词，可能只需要一年；而 3500 词到 5000~6000 词汇量则只需要半年时间，词汇积累速度自发加快。阅读越发走向独立，词汇增长越快。因为孩子大脑星球里的词汇是相互关联的概念网络，随着知识增加，新词汇更容易产生关联，知识网络越有序越密集，捕获新词就越容易。

在语音输入方面，可以每天看 30 分钟左右的英文节目。如果觉得 TED–ed 简单，可以尝试 Be Smart 和 PBS EONS 等语速快、信息量大的科普节目。

serious 档 5–6 级：5000–10000 词，蓝思值 800L–1200L

这个阶段的阅读"主粮"是尤斯伯恩《我的第一套图书馆》系列的第四盒。此外，可以补充大量其他读物，比如《可怕的科学》（horrible science）。这套 horrible 系列书籍非常经典，分为科学、数学、地理和历史四套，虽然看起来很不严肃，实则在搞笑的故事中介绍了细致深入的知识，必买推荐。《哈利·波特》也在这个难度级别。能读懂这个阶段书的孩子，对应的考试是 PET（剑桥英语二级）。

尤斯伯恩《我的第一套图书馆》系列，每一盒的难度逐渐提升

Angry Animals
by Nick Arnold

Evolve or Die
by Nick Arnold

《可怕的科学》系列，难度分级在 800L–1000L

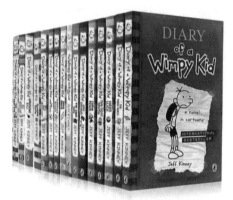

校园生活《小屁孩日记》，难度分级为 700L–1000L

**Harry Potter and the
Prisoner of Azkaban**
by J. K. Rowling

**Harry Potter and the
Goblet of Fire**
by J. K. Rowling

**Harry Potter and the
Order of the Phoenix**
by J. K. Rowling

《哈利·波特》系列，难度分级为 800L–1000L

有的父母会困惑，为什么到了一定的阶段，孩子英语水平好像上不去了？比如明明阅读量挺大，为什么写作文却不行？为什么阅读的蓝思值挺高，但做题却没有达到应有水平？

首先，可用的"词汇砖块"不够，需要把被动词汇变成主动词汇。很多词汇孩子只是见了认识，能猜出意思，但到了自己说话、写作、做题的时候，并不能准确熟练地辨识和使用。知道名词不等于理解概念，更不等于能够自如使用。这个阶段孩子的年龄通常在 10 到 12 岁，已经具备了形成元认知的能力，因此，一方面可以学习阅读理解的科学方法（第 7 章"阅读篇"），一方面也可以通过"刷卡"来巩固词汇拼写与句素的理解与用法（第 6 章"词汇篇"）。

其次，读书只是输入，还需要输出才能完成学习闭环，把知识真正变成自己的。可以写自己编的故事，写读书报告；也要定期测试，遵照考试框架，针对性练习口语和写作。以考促学，多测试多反馈，能帮孩子在阅读时更清晰地掌握书里的用词和逻辑，学会形成思想和表达思想。此外，还可以用 *Reading Explorer* 教材的明辨式思维讨论题和作文来进行输出。本书第 7-9 章会讲阅读、写作和明辨式思维的概念与步骤，比 *Reading Explorer* 教材解释得更详细更落地，可以学完后使用 *Reading Explorer* 教材提供的题材来做写作练习。

读书在精而不在于滥，把这几套优质书籍读熟读透，足以让学习者拥有超过 5000 词汇量的水平。

第三阶段　自如应用

主旨问题	关键词
如何走向高阶自如应用？	名著原著阅读、企鹅小黑书、各知识领域专业著作、知识视频推荐、5500 词汇量对应 FCE，雅思 6 - 7 分、1.5 万词汇、雅思 7 - 8 分，托福 110 以上

档位	分级	阅读词汇量	lexile 蓝思值
savage	7	1 万 -1.5 万	1200L-1400L
savage	8	1.5 万 -2 万	1400L-1600L
savage	9	>2 万	>1600L

当小学高年级、初中以及其他年龄段的中级学习者积累到 5500–10000 词汇量之后，已经可以开始读世界名著。小能熊的"小黑书阅读计划"共覆盖了49 位古今中外的大师，其中大部分是教育部指定书目。这个阅读计划适合成年人，也适合中小学生。赏析作品从希腊罗马神话、戏剧、哲学经典到文艺复兴、启蒙运动代表作，涵盖了东西方的思想文明脉络，架构非常完整。适合英语中级学习者和中小学生的作品包括中国作品《唐诗三圣》《聊斋志异》《浮生六记》等，以及《伊索寓言》《格列佛游记》和科幻大师 H.G. 威尔斯的《时间机器》等。我的讲解内容包括时代背景、作者思想框架以及精彩段落文本精读。这是小能熊推出的适合 5000 词汇量以上读者的大语文、大英语课程产品。

很多孩子的阅读停留在《哈利·波特》这样的青少年文学上，那么该如何进入世界名著阅读呢？从难度上看，将其他语言翻译成英文的作品相对简单，蓝思值通常在 1000L 出头，比如列夫·托尔斯泰的作品英译本，中国的《浮生六记》和《聊斋志异》，日本的《樱花树下一杯酒》，这些作品的英译本难度最低，可以从这类作品入手进行英文名著的阅读。

The Autobiography of Benjamin Franklin an...
by Benjamin Franklin
《富兰克林自传》

Gulliver's Travels
by Jonathan Swift
《格列佛游记》

Great Expectations
by Charles Dickens
《远大前程》

The Death of Ivan Ilych and Other Stories: Fa...
by Leo Tolstoy
《伊凡·伊里奇之死》

Vergil's Eclogues
by Virgil
维吉尔的《牧歌》

要读懂这类作品，大致需要 5500 词汇量，雅思成绩应在 6.5，托福成绩应在 70–90 分之间（见 4.2 节"测试与摸底"中的换算表）。

当你的词汇量达到 1.5 万时，意味着你可以读懂分析性的长篇读物、学科教材、专著和学术论文。这个词汇量和阅读水平对应着 7–8 分的雅思成绩，也是出国留学深造的要求。否则，申请者会读不懂教材和论文，也难以参加学术讨论和写作。

《表征、记忆与发展》

The Communist
Manifesto

by A. J. P. Taylor,
Friedrich Engels, Karl...

《共产党宣言》

论文、专著、论说文，蓝思值 1300L–1400L，词汇量 1.5 万；对应剑桥四级（CAE）；雅思 7–8 分，对应分析性写作、论说文、学科教材、专著和论文的阅读理解级别；出国留学的学生，最好需要达到这个分数，从而读懂专著和论文，听懂课，能写论文和参加研讨班

　　语言训练的终极目标是培养思维，积累概念和分析性思维的培养应贯穿整个语言训练。词汇量 1.5 万阶段的读物集中表现了语言的终极目标：论述与分析，这已经是语言表达的金字塔尖。

　　那么，这个阶段的作品有哪些呢？比如《蒙田随笔》、德昆西的散文《杀死哲学家》，以及斯威夫特的讽刺论说文（小黑书阅读计划）。母语者写的论说文难度较高，就好比我们的鲁迅和王小波写的文章，思想灵动，语不惊人死不休，用词打破常规。

　　该阶段也有许多非虚构作品，举例来说有人文社科领域的《共产党宣言》（蓝思值 1360L）及亚当·斯密的《国富论》（蓝思值 1500L）。所谓的难度，体现在信息量大，逻辑说理性强。不过这些作品的难度已经是阅读理解的顶层了。

　　看到这里，想起本章开端很多父母的担忧，我家娃已经 7 岁 /8 岁 /9 岁了，之前没有好好做英语启蒙，现在开始还来得及吗？现在开始就是最好的开始，毕竟基辛格十几岁才移民到美国，也能用英语写出《大外交》这样的经典，后天学习能力和可塑性是惊人的。

The Wealth of Nations
by Adam Smith

《国富论》

Human Geography
by Arthur Getis, Judith
Getis, Mark Bjelland, J...

《人文地理》

亚当·斯密的《国富论》和专业教材《人文地理》；蓝思值 1400L–1500L，词汇量 2 万以上，对应剑桥五级 (CPE)，雅思 8.5–9 分；母语者写的分析性、思想性的作品，是阅读理解的最高级别。主要是文、史、哲、法律、政治一类的文科专业教材、专著和论文。出国留学的学生需要达到这个分数，才能读懂专著和论文，听懂课、写论文和研讨

各关键节点时间分配

主旨问题	关键词
各个阶段应分配多少时间？词汇、语法和听读各有什么侧重点？	原始积累乐趣期、自主阅读坚持期、高阶思维应用期、3－5 年从零起点进入高阶

总结梳理一下本章，英语从零起点到能读懂蓝思值 1500L 难度的书籍，大致要经历三个阶段：原始积累、独立阅读和自如应用，对应第 3 章的学习三阶段模型：好奇探索、严肃训练与创造性应用。父母 80% 的精力和时间花在原始积累，也就是好奇探索阶段。和任何学科一样，原始积累的要务是寻找乐趣，建立习惯。

在 0–2000 词的原始积累阶段，不论中文还是英文，进展都会比较慢。因为从无到有的构建，需要学会基本构件，包括词根词缀、偏旁部首以及大量世界知识。在原始积累期，孩子年龄较小，心理上需要大人陪伴和分享。一起共读绘本，每天 30 分钟，即使每天只积累 2 个词，3 年 1000 多天下来也能积累 2000 多个词。无论是从一两岁开始，还是从八九岁开始，以 3 年为期，都不算晚。何况孩子一旦建立兴趣，形成每天自然阅读的习惯，每天积累的词汇远远不止 2 个。

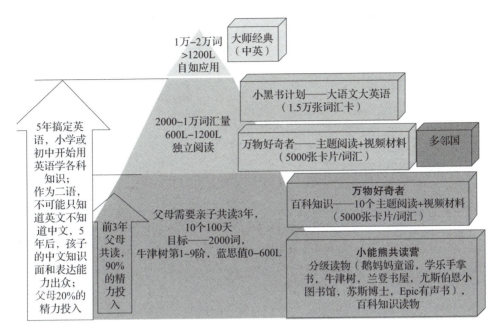

绿色初级目标：3 年，1095 天，积累 2000 词，走完绿色播种地带；黄色中级目标：走向独立阅读，绿色阶段积累的 2000 高频词足以让孩子 bootstrapping——推论＋组合，自己学会更多

其实，在语言敏感期内，孩子每天能不经意间毫不费力地吸收十几个甚至几十个新词和新概念，而且很难忘记。你会发现，几个月前大人随口提了一下的词，几个月后孩子还能说出来，这就是儿童天然的学习能力。即使按照最低最保守的量来算，每天半小时的共读已可提供足够的输入量。前 3 年的首要任务是寻找开心的阅读状态，把阅读视为生活的乐趣，就像每天吃饭一样必然且愉悦。

在原始积累阶段，当孩子积累到 1000 词左右时，可以开启阅读之外的辅助配合："刷"词汇卡，让词汇拼写和词意掌握更清晰；"刷"多邻国，进一步巩固在阅读和音频视频中自然习得的句式和语法，帮助孩子在写作等输出时更加扎实准确。

语言学习的目的是积累世界知识，为高级思维能力夯实语言基础，因此，学英语必须靠拓展知识面，我们需要广泛阅读和观看知识视频，使词汇量自然增长，给孩子打开自然、科学、中外名著和人文知识的新世界。进入 2000 词以上的独立阅读阶段，在知识面和词汇量上有了一定基础后，就可以开始学习明辨式阅读、写作与思维（本书第7~9章），并走向自主学习。这时，作为外部扶手的家长，就可以开始逐渐退出了。

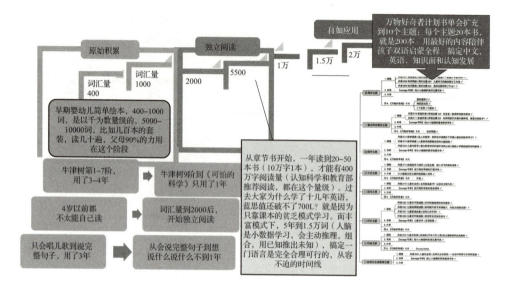

时间分配：入门最慢，80%的精力投入花在原始积累期，2000词后走上轨道，自主运行

注　释

1　道林. 脑的争论：先天还是后天？[M]. 北京师范大学认知神经科学与学习国家重点实验室脑科学与教育应用研究中心组织翻译. 北京：教育科学出版社，2011：43.

2　Curtiss S et al. "The linguistic development of Genie." Language（1974）：528–554.

3　平克. 语言本能 [M]. 欧阳明亮，译. 杭州：浙江人民出版社，2015：307.

4　Altman S. The Intelligence Age [EB/OL]. https://ia.samaltman.com/.

5　Bialystok E. et al. "Bilingual minds." Psychological Science in the Public Interest 10.3（2009）：89–129.

6　平克. 语言本能 [M]. 欧阳明亮，译. 杭州：浙江人民出版社，2015：305.

7　迪昂. 精准学习 [M]. 周加仙，等译. 杭州：浙江教育出版社，2023：150.

8　Languages used on the Internet [EB/OL]. https://en.wikipedia.org/wiki/Languages_used_on_the_Internet.

9　饶高琦，夏恩赏，李琪. 近10年国际学术论文中的语言选择和中文使用情况分析研究

[J]. 语言文字应用，2020（02）：37–51.

10 袁隆平 . 妈妈，稻子熟了 [EB/OL]. http://www.xinhuanet.com/book/20220630/f44cd168
572b47f398df596f02625405/c.html.

11 经济合作与发展组织 . 理解脑：新的学习科学的诞生 [M]. 北京师范大学认知神经科
学与学习国家重点实验室脑科学与教育应用研究中心组织翻译 . 北京：教育科学出版
社，2014：145.

12 钱穆 . 论语新解 [M]. 北京：生活・读书・新知三联书店，2002：155.

13 经济合作与发展组织 . 理解脑：新的学习科学的诞生 [M]. 北京师范大学认知神经科
学与学习国家重点实验室脑科学与教育应用研究中心组织翻译 . 北京：教育科学出版
社，2014：145.

14 Hart B，Risley T R，Kirby J R. "Meaningful differences in the everyday experience of
young American children." Canadian Journal of Education 22.3（1997）：323.

15 Gilkerson J，Richards J A. "The power of talk." Impact of adult talk，conversational
turns and TV during the critical 0–4 years of child development：Boulder，CO：LENA
Foundation（2009）.

16 Fernald A，Marchman V A，Weisleder A. "SES differences in language processing skill
and vocabulary are evident at 18 months." Developmental Science 16.2（2013）：234–248.

17 Romeo RR et al. "Beyond the 30–million–word gap：Children＇s conversational exposure
is associated with language–related brain function." Psychological Science 29.5（2018）：
700–710.

18 Kuhl P K，Tsao F M，Liu H M. "Foreign–language experience in infancy：Effects of
short–term exposure and social interaction on phonetic learning." Proceedings of the
National Academy of Sciences 100.15（2003）：9096–9101.
Deanda S et al. "Minimal second language exposure，SES，and early word
comprehension：New evidence from a direct assessment." Bilingualism：Language and
Cognition 19.1（2016）：162–180.

19 Thordardottir E. "The relationship between bilingual exposure and vocabulary
development." International Journal of Bilingualism 15.4（2011）：426–445.

20 Scheele A F，Leseman P，Mayo A Y. "The home language environment of monolingual
and bilingual children and their language proficiency." Applied Psycholinguistics 31.1
（2010）：117–140.

第 5 章 听说篇

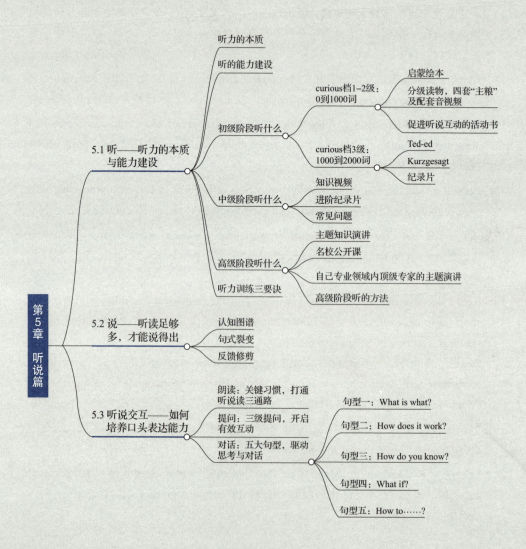

第 5 章 听说篇

5.1 听——听力的本质与能力建设
- 听力的本质
- 听的能力建设
- 初级阶段听什么
  - curious档1~2级：0到1000词
    - 启蒙绘本
    - 分级读物，四套"主粮"及配套音视频
    - 促进听说互动的活动书
  - curious档3级：1000到2000词
    - Ted-ed
    - Kurzgesagt
    - 纪录片
- 中级阶段听什么
  - 知识视频
  - 进阶纪录片
  - 常见问题
- 高级阶段听什么
  - 主题知识演讲
  - 名校公开课
  - 自己专业领域内顶级专家的主题演讲
  - 高级阶段听的方法
- 听力训练三要诀

5.2 说——听读足够多，才能说得出
- 认知图谱
- 句式裂变
- 反馈修剪

5.3 听说交互——如何培养口头表达能力
- 朗读：关键习惯，打通听说读三通路
- 提问：三级提问，开启有效互动
- 对话：五大句型，驱动思考与对话
  - 句型一：What is what?
  - 句型二：How does it work?
  - 句型三：How do you know?
  - 句型四：What if?
  - 句型五：How to……?

5.1　听——听力的本质与能力建设

人类科技早已让人登上月球，然而在语音识别这件婴儿生下来就能做到的事情上却长期举步维艰，直到最近才攻克。其中难点在于人的口语速度非常快，人每秒可以感知 10~15 个音素（区分语义的最小发音单位），如果把有意义的词汇换成机械的嘀嗒声，以超过每秒 20 个音素的速度播放，我们就分辨不出单独的嘀嗒声，它会混成一串长音。[1] 人的听力厉害的地方在于，即使语速较快，比如新闻播报，可以达到每秒 40~50 个音素，我们也仍然能够听懂。在快速的语流中拆解和听辨音节是一种了不起的成就。

听力的本质

主旨问题	关键词
听的能力到底是什么能力？	背景知识、词汇量、主动抓取关键信息，产生预期，分析推理、达成理解

听力的本质在于主动的信息抓取与分析能力。

人如何能听懂说话呢？是因为大脑会根据内容的主题和逻辑、已知的词汇、已有的背景知识、谈论的话题，使我们对要说什么产生预期和判断，将听到的经过压缩的语音进行解压缩。人的听力实质上伴随着近乎下意识的思考和分析，是一种主动的、自上而下的意义加工过程，不是机械的声音输入使鼓膜振动、被动接受信息的过程。

在我们从小的语言课程中，大家熟悉的主要是自下而上的字词听辨。比如小学低年级，不论是语文还是英语课堂，都有听写练习，主要是为了配合识字，通过提取测试，帮助学生准确记忆字词。字词训练很有必要，但更高阶段的听力理解，需要训练学生学会边听边对讲话人的意图、主旨做出预判，也就是培养抓取关键信息这种自上而下的听的能力。

下面举例说明容易被忽视的、自上而下的听力理解过程。

1964 年，尔文·波洛克（Irwin Pollack）和 J.M. 皮克特（J.M. Pickett）做

了个实验验证了这一现象。在正式实验开始前，研究者用录音机录下了在休息室里等候的被试之间的对话。在正式实验的时候，把录音中个别的词抽取出来，要求被试识别这是什么词。结果发现，即使是自己说话的录音，被试也只能辨别其中一半的词。也就是说，被试彼此对话的时候，当然能听懂对方在说什么，但是他们却无法判断单独被剪出来的相同词汇。因此语境，包括背景知识和语言知识帮助大脑将高度压缩、十分模糊和不标准的语音流进行解压缩。[2]

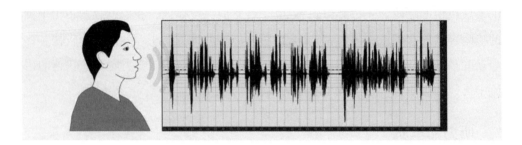

另一个实验，被试听到了如下的句子：

- It was found that the *eel was on the shoe.（发现 ** 在鞋子上。）
- It was found that the *eel was on the orange.（发现 ** 在橘子上。）
- It was found that the *eel was on the axle.（发现 ** 在车轴上。）
- It was found that the *eel was on the table.（发现 ** 在桌子上。）

中间星号代表缺失的声音，被替换成一声咳嗽。被试却都宣称自己清楚听到了 heel、peel、wheel 和 meal.（脚跟、橘子皮、轮子、饭）。[3]

这个实验说明，听别人说话的时候，人们会使用语义和句法的线索来填充缺失的声音。大脑存的是"语义 + 语音特征"的对应，一个语音特征可能是一个音素，也可能是几个音素构成的，而不是按照发音规则，一个个排列的音素的简单加总。比如 Horseshoe（马蹄铁）第一个 "s" 的 /s/ 音实际上被吞掉了，真实的发音是 /sh/。真实的说话录音充斥着大量的连音、吞音和不标准发音现象，如同流水，无法剪辑出里面单独的音素。因此人脑识别的不是严格意义上的单个音素，而是一些边缘模糊的特征。人脑根据语言的意思，从模糊与混淆的音素构成的洪流中，"抓取"出表达语言含义的语音特征，因此当我们"听"

的时候，不是一个物理过程，而是需要背景知识和语言知识的主动构建过程，就像我们会在月亮上的阴影中看到桂花树和兔子——大脑总是忍不住要做自己最擅长做的事情——模式识别。当我们边听边主动理解的时候，实际上就是在利用自己的背景知识，对对方的讲话意图与主旨不断进行预判和推理。

再举个中文语境的例子：医院呼吸科诊室里，医生问就诊病人："你抽烟吗？"，病人说："可以来一根。"

病人没听懂医生的话，虽然两人都是中国人，中文没问题，但病人和医生的背景知识不一样。病人的背景知识中，抽烟是一种社交活动。所以病人的推理预判是如果别人问抽不抽，那对方就是要发烟了。而医生的背景知识中，抽烟的习惯是一种致病因素。医生和病人没有共同的背景知识，对对方的意图判断不同，因此病人自上而下的听力理解失败。

对外语学习者来说，由于不同的社会文化背景，背景知识差异更大，于是这种自上而下的问题尤为严重，比如下面这个例子。街头募捐者："想不想买一面皇家全国救生船协会的旗？"过路人："不买，谢谢！我总是在伯明翰我妹妹那度假。"

如果售卖小旗子的是一位刚来英国的留学生，不知道伯明翰在哪，即使这句话里没有生单词，他也很难理解过路人的回答，恐怕会愣在那里。理解这两句对话的过程，建立在双方共同背景知识之上的一系列推理：伯明翰在内陆→皇家全国救生船协会是个慈善机构→买旗是捐助慈善事业的一种方法→在内陆城市度假的人不需要该救生船协会的服务→ 不能指望不需要某慈善机构服务的人为它捐款。

听者需要这些知识，才能推理并达成听力的理解：这位过路人不会捐助皇家全国救生船协会。对话题与背景知识的了解，使我们在听的时候不断对彼此知道什么建立假设。[4]

所谓的"听力理解"能力，其实就是在对该话题相关背景知识的了解，以及语言知识的共同帮助下，对不断涌入的具有大量默认省略信息的、不标准的语音流，不断做出预期和推论，再根据新听到的信息，对推论进行证实或否定。所谓"听的能力"，就是基于双方语言知识和背景知识，边听边分析，达成理解的能力。如果不注重自上而下和自下而上的并行训练，就会出现我们那一代人常见的问题，学了十几年英语，却很难在现实中与人自如对话，难以从交谈、演讲和讲课中高效准确获取信息。中文学习其实也应该有专门的长篇听力和口语表达训练，本章介绍的原理和方法可以用在双语学习中。

那么，如何提高听力水平？

首先是增加词汇量。听，看似是被动的，等着外界的声波流入耳朵，震动鼓膜，就能听见。但实际上，在听的时候，大脑一直在做主动的信息抓取和模式比对与识别。没有已有知识促成编码和解码，仅靠机械意义上的声音，话语流早就混杂成泥石流。也就是说，人的大脑只能抓取有意义的模式，即只有你已经会的词语你才能听到，不会的你根本听不到。你不会的单词，它似乎从不出现，而等你掌握了，你才会发现它是常用词，到处出现。因此要想提高听力，最直接的做法不是搜寻"听力刷题技巧"，而是首先积累单词，提升词汇量。记单词时要跟着字典发音，把单词的读音一次性记准确，自己读不准的单词，你也会听不到。扩大词汇量，需要积累句素，避免只背一个中文释义，而要记住英文原句和短语。积累词汇可以通过扩大阅读量和"刷"词汇卡来实现。

其次还要拓宽知识面。听的过程也是自上而下的，需要和讲话人建立共同背景知识和沟通场景，从而更准确地预判说话走向，不断形成对方要说什么的大致预期，然后根据不断涌入的信息，不断修正这个预期，达到理解。交谈时、听讲时，听到的内容越符合彼此的共同背景知识，就越能轻松建立和符合预期，理解起来就越轻松，就越能实现顺畅高质量的沟通。

背景知识越多，听的时候越容易注意力灌注，工作记忆组块化、长期记忆和推理能力更能全方位参与，表现出更强的听的能力。我们听的时候，需要凝聚注意力，学会主动地，边听边分析。下文将要为大家推荐各主题的丰富的听读素材，可以通过简要复述听力材料内容和做题来精听。

在以上语言知识和世界知识得到充分积累的前提下，再谈考试技巧。考试是平日听力活动的集中演练，无非是见缝插针，争取在录音播放前提前读完题干，形成预期，这样听的时候，注意力才能提前预判答案可能会出现的地方，等待真正的重点信息句出现，而不是试图记住全篇的每一句话、每一个词。

听的能力建设

主旨问题	关键词
为什么许多人花十几年学英语，却学不好用不上呢？	数据训练、语言知识、世界知识，平移套用

重语法规则而忽视大量数据训练是学不好、用不上语言的根本原因。

最初，人们以为语言不过是一种基于规则的符号体系，只需要给定语法规则，一端输入词汇，另一端就能输出有意义的句子。基于这种认识，最初的自然语言处理就是将一种语言的词汇库输入计算机，再教给它语法规则、字词、短语、从句应当如何排列，以为这样就可以生成语言了。结果却发现这个基于语法规则的系统很难胜任高度复杂灵活的语言处理任务，输出的正确率不尽如人意，更谈不上理解。

比如 "Time flies like an arrow"（光阴似箭），如果只是基于语法规则进行字符转换，那么产出的是好几种可能的含义：①时间苍蝇喜爱一支箭；②给苍蝇计时，就像给箭计时那样；③时间像箭一样飞逝。"光阴似箭"如此人尽皆知的直观语句，被机器花式理解出了另外两种含义，令人类大吃一惊。人类对世界形成的背景知识使得人的意识中很难出现"时间苍蝇"这种解读的可能性。

如果你觉得机器基于语法规则的阅读理解能力堪忧，那么看看下面这个句子是什么意思呢？"I hit the bat against the wall." "bat" 一词多义，既指"棒球棒"，也指"蝙蝠"。仅仅基于语法规则，这句话有四种可能的意思，到底是：①我将蝙蝠砸向了墙；②我用棒子砸墙；抑或③我砸到了墙上靠着的蝙蝠；还是 ④我砸到了墙上靠着的棒子？

"我将蝙蝠砸向了墙。"

仅凭词义加语法组合，这四种意思都有可能。而我选的这句话来自人类专业翻译的真实例子，你们猜人类翻译选了哪个意思？人类此处也和机器一样陷入了迷惑，将其翻译为"我将蝙蝠砸向了墙"。人类和"人工智能"相比，除了人类有世界知识，没有本质的区别。根据我们从小到大积累的经验知识，我们通常不会抓住蝙蝠去砸墙，也知道蝙蝠不是一个静态的物质，不会任由你去抛掷，蝙蝠的身体构造，使它无法"靠"在墙上。所以人的世界知识会使我们在极短的时间内进行近乎无意识的推理，排除掉其他三种可能，知道"bat"在此处应该是指棒子，这句话的意思应该是"我用棒子砸墙。"

因此语言的理解和生成，绝不是仅仅将词汇输入语法规则就能产出句子。新一代人工智能自然语言处理的开发，建立在人对自身语言的这种新认知之上。基于语法规则的语言处理走入死胡同之后，从20世纪70年代开始，人工智能的语言处理已经放弃了语法规则路径，走向新的认知路径。给人工智能装一套世界知识的表征，通过大量真实语料来建立和训练知识图谱，基于认知图谱，去训练自然语言理解和产出。这种认知转向，是今天ChatGPT成功的原因。而我们居然还在迫使人类的儿童，继续沿着贫乏语料加语法规则的错误认知来学人类的语言。

我们可以想想自己使用中文母语，在遣词造句的时候，脑子处理的不是词义加语法，你不会去先搜索一个不及物动词，再选词造句。你脑子里出现的仅仅是事物之间的关系，然后句子就脱口而出了："昨天夜里不知什么时候，绳子断了。"然而，我们并不能用中文词，套用语法公式，直接输出英文"Sometimes last night, the rope cut."为什么不能这样说呢？原因是cut这个动词内置了一个施动者，完整的动词不是一个孤零零的cut，而是带有一个内置的结构：（someone）cut（something），即某人砍断了某物。"cut"这个词要求有人去 cut，或者被人"砍断"，它不能自己就那么"断"了。

用语法规则路径，也就是背下字词的中文意思，再去通过语法规则组装句子，导致学生的作文到处充斥着"rope cut"这样的错误。为了补漏洞，专家们不得不发明更多语法术语和规则去描述，但又总有无穷无尽的例外冒出来。因为每个动词都内置了一套关系和场景，包括了施动者、受动者，也包括因果关系是伴随，还是致使，还是阻碍的等。这个世界有多少动词，就有多少种物与物之间的关联互动方式，就有多少个不同的动作场景，最好、最快的方式就是把词放在句子里去记。

人类婴幼儿学母语为什么无须借助另一种语言去解释词义？为什么无须搞懂复杂的语法术语和规则就能说出正确的句子？大自然的解决方案非常简单，那就是不解释，也不借助语法规则。用母语式的路径学语言，只需要在语境中理解新词句，然后将句子原样记住，如"I broke the glass with the hammer."，记住词所在的句子，今后就可以无穷变化套用"break something with something"的结构即可，这样反而不会出错。

cut

"I broke the glass with the hammer."

因此，不论是婴儿还是十几岁的学生，甚至成年学习者，在学语言时，首先要做的不是学习和背诵语法规则、拼读规则（规则主要用于事后总结与改进），更不是刷中文释义的单词表和语法题。而是以大量听读另一种语言的材料，掌握原句，再在生活场景中大量使用，在知识场景中大量积累句子和短语（句素），逐步建立起世界如何运行的世界知识，将其作为语境，就能理解源源不断的新词汇，学会新知识。

初级阶段听什么

主旨问题	关键词
零起点乐趣期，从什么材料听起？	语言知识、世界知识、生活场景、韵律帮助记忆、鼓励输出与交互、听读结合

前文介绍过，不论从几岁开始，学语言首先需要积累大量的语言知识和世界知识。但学习者的时间精力是有限的。如何以有限的时间精力，获取尽可能高质量的听读输入材料，是一个关键的问题。下面按阶段推荐读物和视频，挑选的参考标准不是越流行越好，或是数量越多越好，而是按照内容的丰富和语言的精当，以及儿童的认知阶段、心理需要（兴趣）来考虑的。每个类别只推荐同类中最优的几本（套）。只要听好读好此类质量的素材，达到这样的量，就基本可以满足进阶所需的输入量了。（具体各阶段时间分配可参见 4.3 小节的"英语学习路线图"）

curious 档 1-2 级：0 到 1000 词

★启蒙绘本

如果初学者是婴幼儿，那么可以从玩具书开始。

3 岁以内的孩子非常喜爱动手操作和物体永久性（object permanence，即使看不见或遮住的东西，会依然存在）的发现，也就是"惊喜"。那么触摸书、翻翻书、机关书，这些"书"最能满足孩子的好奇心和发现的乐趣。这类书更多是作为亲子游戏道具、玩具，以满足孩子探索和操作的乐趣。

玩具类游戏书

玩具类游戏书（续）

在玩耍和操作中，通过一页一句朗朗上口的话，一个机关发现一个东西叫什么，已经足以让孩子积累最初上百个语音词汇（不是识字，而是听到语言后能指出来画面上对应的东西。）

最初的游戏书应该包括字母书。由于英语是拼音文字，在最初几百个词汇的积累阶段，最好能帮孩子尽早熟悉 26 个字母，从而利于他今后在每日的听读积累中识别和强化音形对应规律。

字母书

起步阶段，许多父母都会遇到一个问题，婴幼儿对大人讲绘本没反应，不感兴趣，一听讲书就爬走了。这往往是由于大人认为所谓"读书"，就是要正襟危坐地、逐行逐字地照本宣科，一口气把一个页面的文字都念完。但对于婴幼儿，共读只是一种游戏，书本不是课本，而是游戏的道具。该阶段必读的埃瑞克·卡尔（Eric Karl）的书是最好的"样书"，他的绘本页面都是大色块的画面，易于抓住婴儿注意力；文字都是韵文，念出来就像歌谣；大人还可以边唱边做身体动作，扭头扭腰，全身动起来，这样的身体活动会给婴幼儿带来欢乐。卡尔和苏斯博士的韵文歌谣都有配套视频，3 岁以上的儿童可以和大人一起观看视频，如果是更小的婴幼儿，可以大人学会之后，一起翻书，唱歌谣，做游戏。

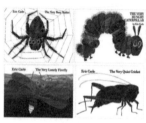

埃瑞克·卡尔的作品

如果初学者已经上了幼儿园或小学低年级，也可以从韵文歌谣故事开始。

孩子最初对语言的感知和乐趣来自有韵律的语言音乐。《鹅妈妈童谣》这套书的插图审美优秀，图画和字体都很大，非常适合作为启蒙读物。这套书还配有短动画，也有真人带唱。绝大部分歌曲在网易云音乐等平台都可以搜到。可以建一个歌单，每天的游戏时间带着孩子一起唱唱跳跳，度过开心的亲子时刻。

《鹅妈妈童谣》系列

也有孩子是从小学中高年级开始英语启蒙的，可以从下面的推荐读物入手，这些读物不会让孩子觉得过于低幼。

莫·威廉姆斯（Mo Willems）的《小猪和小象》系列和《别让鸽子开巴士》系列

　　这两套书的故事语言简单，却非常有爱和幽默，小猪和小象两个小伙伴之间的玩耍与友谊、鸽子的顽劣淘气，十分传神地表达了孩子的内心世界，孩子看了会因为"从来没人这样理解我"而开心大笑，之后反而变得更容易沟通，家长更能讲通道理了。这两套书文字非常简单，主要是日常对话，刚起步的孩子就可以自己读，并且在生活中套用这些句型，很容易激发成就感。要想引发孩子的兴趣，可以先看视频，之后共读。

莫·威廉姆斯的作品

《斯凯瑞金色童书系列》

　　《斯凯瑞金色童书系列》也是孩子百看不厌的套系，可以从幼儿园小班看到小学，在生动的故事中让孩子了解世界知识、生活环境。一套书读下来足以掌握几百个词汇量。该系列同样配有动画片，动画片可以先行，和书同期配套看。

《斯凯瑞金色童书系列》

《苏斯博士》经典故事系列

苏斯博士的作品全套都有搭配的动画片。可以在一段时间内，选一批书和一批动画片配合，松散地对应。比如本月选二三十本读物，摆满一个小书架，包括故事书、歌谣等，让孩子自己选。和这些读物配合的动画片也都放在电子设备中的一个固定文件夹里，这个月可自由选择播放任何一集。使用专门的电子设备，设置专门的、标有日期的文件夹，更便于播放，不用每次上网现搜，从而避免被网上其他刺激影响了注意力，浪费了时间。

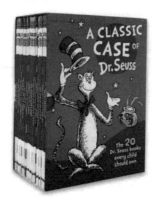

《苏斯博士》的红色书脊套系为韵文歌谣和故事

《苏斯博士》的绿色书脊套系为科普故事，用韵文和幽默风格写作

适合小学生的《奇先生妙小姐》系列（87本）

《奇先生妙小姐》（*Mr. Men and Little Miss*）系列的美术风格可能会被人误解为低幼绘本，实际上故事的长度和理解难度更适合小学生。书中把一种人格特质、性格特征、个人品质，以夸张幽默的方式，演绎为一个个脑洞大开的故事。有的是正面的，比如强壮先生，也有负面的，比如傲慢先生。故事极富想

象力，观察描写细致入微，充满了对人性的深刻认识，温暖而包容，幽默而精
妙，孩子非常喜欢反复读。这套书可以帮助刚开始社会化进程的孩子认识自我
与理解他人，而且词汇量大，语言质量高，87 本读完，能极大扩充表达的丰
富性。

《奇先生妙小姐》系列

中文版《奇先生妙小姐》的翻译质量极高，语言流畅生动，用词丰富精当。
我家的小朋友入学前不但反复读熟了英文版，而且对中文版也爱不释手。为了
能读懂中文版，我们专门从文中摘出 500 多张中文生字卡来刷，可以说是靠这
套书实现了中文自主阅读。《奇先生妙小姐》有官方动画片，可以和书配套来
看，听读结合。不妨家庭成员轮流朗读，过程充满乐趣。还可以鼓励孩子观察
家人朋友，自己编写新的故事。

★分级读物，四套"主粮"及配套音视频

分级读物也需要听的材料。分级设计的好处在于由浅入深，在故事中自然
完成基础词汇积累，以及从简单句式到复杂句式的过渡；通过画面和词的反复
再现，发挥孩子善于"推理"的天然学习能力。

为分级读物找配套语音材料时，切记不要找带中文讲解的。所谓分级，设
计原理就是使学习者可以根据之前级别所积累的词汇以及画面信息，自行推理
出新词的意思。听的目的是积累英语语音词汇量，如果有中文讲解，你会发现

满脑子留下的是中文语音，这会干扰对英文语音的记忆。就像孩子学母语并不需要另一种语言去翻译一样，只要根据绘本画面，以及故事上下文提供的语境，学习者就会自然推知个别生词和句子的含义。这种自上而下与自下而上进行思考的能力恰恰是语言学习要培养的。哪怕一开始慢一点，也最好让孩子学会自己吃饭，不应用勺子一口口地快速喂食。分级读物是最符合认知原理、贴近母语习得路径的主干材料。下面推荐的四套"主粮"，各有优势，有余力的情况下都可以选择使用。

学乐出版社的手掌书——*First Little Readers*

First Little Readers 是学乐出版社的零基础启蒙分级读物。书本只有巴掌大，轻巧好拿；语句简单有趣，认知负担很轻，也适合婴幼儿；每页只有一句话，重点句型反复强化，画风幽默可爱。有的孩子喜欢快速翻书，只想看图，没有耐心听完一页文字内容，就适合从这种小书开始。较小的篇幅对于输出也有帮助，主干句型简单重复，好念好记，孩子不会有畏惧感，会非常乐于反复大声读，很容易套用原句脱口而出。这套书也有配套视频，可以和书搭配，反复看熟并朗读。

First Little Readers 分级读物

牛津出版社《牛津树》拓展阅读系列——*Oxford Reading Tree*

读完学乐的前两盒手掌书，就可以接着读《牛津树》拓展阅读系列的一阶了。《牛津树》的优势在于讲的是更有趣、丰富的儿童日常生活故事，非常贴近孩子的日常生活，词汇也都是日常生活高频词，方便场景化记忆与输出使用。《牛津树》作为分级读物，其语言知识优势是将语法点和重点句型十分自然且系统地融入文本中，梯度也设置得十分细致。孩子只要读熟故事，就能完成词汇积累进阶，无须额外专门学习语法，就能掌握大量重要句型。小树熟读了这套拓展阅读，幼儿园时开口就能说非常正确完整的句子，能写出句式十分完整、表达丰富的作文。《牛津树》语言能力分层细致，语法和词汇量大，在各种分级读物中是当之无愧的、百读不厌的语言学习"主粮"。

《牛津树》分级读物

日常阅读时，宜允许孩子在前后 3 阶内随机选择，共读分享（互动方式见本章 5.3 节）。一段时期如 3 个月内，随机播放同级的动画片或真人领读视频。为了帮助表达输出，可以让孩子随机选择其中特别喜欢的几本，反复跟视频读，读熟之后录下自己的朗读录音，跟视频比较，比赛谁读的更好听，更流利，更吸引人。

兰登书屋——*Step into Reading*

兰登书屋出品的分级读物 *Step into Reading*，审美风格多样，题材广泛，充满想象力，内容很贴近孩子的心理，非常有趣，一切都符合幼儿的需要。刚买回一阶和二阶时，小朋友会让我一口气给她读完全套近 30 本，其中一两本最爱的还要连读 10 遍，她仍意犹未尽，读到我下颌僵硬。到了三阶和四阶，她已经可以自主阅读，也会一拿到新书就迫不及待地读完全套，在接下来的几年里还会每天反复读这套书，这套书也属于百读不厌系列。

兰登书屋的 *Step into Reading*

Step into Reading 一阶的适用年龄可以下探至一两岁的宝宝，二阶和三阶的内容对小学生来说不会觉得幼稚。三阶及以上的难度明显增加，多知识主题并行，打开了世界知识的大门。家长可以根据孩子喜好选择阅读。虽然它语法句式递进的架构设计没有牛津树做得细致，词句有陡然变难的情况，但优点是故事更丰富多样。不同于牛津树以"现实主义"故事为主，*Step into Reading* 极富诗意和想象力，审美极好；高阶按照知识主题分出不同的内容模块，有科学，有人文历史，知识涉猎面比牛津树更宽。

尤斯伯恩《我的第一套图书馆》(*My Reading Library*)

尤斯伯恩出版社的分级书库，共四盒。第一盒难度下探至幼儿园，从一行字一页的简单但极为生动的寓言和童话故事开始。刚刚接触的孩子可以先看配套视频，再看书。后面几盒特点逐渐突出：知识面宽，涵盖了东西方几乎全部的著名神话、童话和文学故事。

第四盒已经类似于章节书，内容和词汇量很丰富，为篇幅较长的名著缩编。读完之后，孩子对于东西方神话和大量世界名著有了初步认识，可以向阅读整本名著过渡。这套书提供了娱乐读物的低级趣味之外的丰富选择，帮孩子思考社会、科学、人性等严肃问题，拓展了眼界和思考深度。故事足够有趣，能驱动孩子跟着进阶自然读下去。用词精炼讲究，相比其他分级，这套书的语言更加书面语（正式），有助于孩子向整本名著阅读和高阶写作进阶。

《我的第一套图书馆》分级读物

在向更长的篇幅、更书面语的高阶过渡时，很多孩子会遇到困难。看配套视频来向高阶过渡是最好、最无痛的方法。尤斯伯恩的第四盒是青少版名著改编，可以通过播放这套书的配套视频，或同名改编电影来帮助阅读。

★促进听说互动的活动书

Brain Quest

孩子只读不输出？用这套知识问答卡片试试。由大人问、孩子答，或者由孩子问大人，大人来回答，口头对话就转动起来啦！Brain Quest 卡片通过数感、逻辑、世界知识等各方面的提问，培养孩子的观察和思考能力，孩子非常喜欢。练习英语口语本身不是目的，用语言来思考和表达思想才是目的。

Brain Quest 卡片

电子书库 Epic

有家长说怀疑孩子只看图不看字，可以用出声朗读的办法来解决这个问题。每天共读一小会儿，让孩子找自己喜欢的书读给大人听，一人读一段。孩子不会读怎么办？可以在 Epic 电子书中逐句跟读。如果自己坚持比较难，可以参加小熊熊的牛津树爬树计划，和群体一起每日打卡坚持。

Epic 的有声书标志是小喇叭按钮，许多书都可以逐句跟读

除了书籍配套视频，下面再推荐一些视频节目。

要看懂视频需要一些基础，经过前面初阶分级读物的看听积累，孩子已经有了一些基础，下面就可以开始看一些短节目。一方面是注重主题配合，如果播放的知识视频和孩子平时喜欢的读物相关，每天都看到、重复出现的词汇就会更多。随着听读组合越来越熟悉，听懂的内容就会越来越多。另一方面保证稳定输入，不论看什么，每天都需要稳定的听力输入时间，保证 30 分钟的音频、视频时间。

最简单的小视频——*Do You Know*?

这是 BBC 给儿童看的科普小节目，一集 5 分钟左右，解释常见事物的制作和原理，比如牙膏、蜡笔、乐高积木是如何做出来的，有很多集，可以滚动看。

BBC 的 *Do You Know*？视频节目

孩子都爱迪士尼，但迪士尼动画电影都比较长，受到每日屏幕时间的限制，一天只能放 20 分钟，那么接下来的情节走向是什么呢？想知道就得读书啦。迪士尼有非常完备的分级阅读体系，可以按照孩子的程度来选择。迪士尼的电影可以和分级读物配合，反复看熟，效果最好。如果孩子特别喜欢某一部迪士尼动画片，可以将对应的书里的台词读熟，去配音 APP 上玩英文配音游戏，这会是很好的动力。

家长在初级阶段遇到问题会比后面阶段更多，其中出现频率最高的问题是："我家孩子不喜欢读英文绘本怎么办？"实践中有下面几点可以注意。

要点一：要给孩子自由选择的余地。家长将语言启蒙视为正式训练，制订了非常详尽严格的阅读"计划表"，而忽视了乐趣的激发。初期不建议设置过于严格的读书计划，读完一本之后跟着读哪一本都被大人详细地做好了安排，写入计划表，读熟才允许换，这样的做法有点过于"微观"管理了。且不论这会占用大人的大量时间，更容易挫伤孩子的阅读兴趣。我们换位思考一下，如果你被公司老板规定，每天下班后必须读书 1 小时，每天读哪本书都被规定死，那这样的阅读，哪怕书再好，恐怕你也会觉得非常反感，还能有多少乐趣？反而是规定之外的，读起来才加倍有趣吧。第 3 章我们讲过，学习首先要经过自由探索、激发兴趣的 Curious 阶段。相比读了多少本，学了多少词的量化 KPI，点燃兴趣，使阅读形成如吃饭一般稳固且渴望的行为习惯，才是当前占据第一顺位的目标。为了追求"效率"牺牲兴趣的做法，极易导致后期后劲不足，欲速则不达。

又要保证内容进度，又不能管得过死，怎么办呢？可以在一两个月的较长时间段内，滚动重复播放一组有几十集的动画片和知识视频，让孩子自主选择。这样既避免了僵化和痛苦，也保证达到重复熟悉的效果。

要点二：建立稳定的输入时间节律。有了稳定的输入素材之后，每天需要找一个固定时间播放动画片或英文视频，建立稳定的时间节律。孩子没兴趣学，往往是因为家长将"学习"等同于读书。只有读书、背单词才是学习，看视频就是瞎玩，所以没有给看视频安排一个稳定的时间。实际上在前文语言敏感期的发展顺序中介绍过，语言发展第一步是语音积累，只有语音积累充足了，才能迈上书面文字符号的台阶。当我们的眼睛看着书面符号的时候，如果能同时激活脑内这个词句的声音，文字符号才会变得生动、富于情感和意义。所以刚启蒙阶段的孩子，在基本没有语音积累的情况下，直接看书面文字肯定是抗拒的。家庭环境中如果不重视语音输入，没有视频，只有书本，常常导致孩子不喜欢学英文。

curious 档 3 级：1000 到 2000 词

3 级起点 1000 词汇量，蓝思值 200L-400L，对应考试是剑桥少儿英语一级至三级（YLE1——YLE3）。

有了前面分级读物和视频积累的词汇量打底，有了虚构和非虚构读物的知识面作为基础，这个阶段就能听懂更多内容了。

TED-ed

TED-ed 是 TED 品牌旗下的儿童科普通识频道，创立于 2012 年，目前有 1138 集。每集是 10 分钟左右的科普小动画，内容涉及生物、数学、物理、天文、化学、神经科学、心理学、各民族历史与神话等。我们每顿饭用二三十分钟看三四集，看了一年多还没有过半。TED-ed 讲解信息丰富有趣，语速和词汇量适中，新鲜的知识点很能引发儿童的好奇心。

这个频道额外的惊喜是视觉化水平很高，艺术表现形式极为丰富，每一集的插画家都不同，用了油画、水彩、彩铅、拼贴等富有美感和想象力的视觉形式来表达知识。对于喜欢艺术的孩子来说，这个频道的审美价值也很充足。

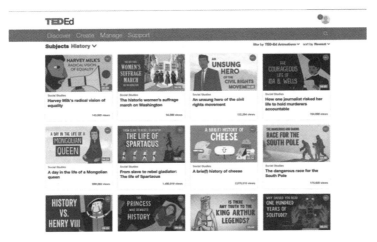

TED-ed 频道

Kurzgesagt

该频道创办于 2013 年，每集是十分钟左右的动画，内容涉及物理、化学、天文、生物、心理学等各学科。吃饭时看两三集，小树大概用了半年（也混合着看其他频道），把该频道 117 集全部看完。有一些单集，如恐龙如何灭绝，如何改造金星、火星使其适宜人类星际移民，核武器爆炸后果等主题，孩子反复看了数十遍。相比注重解释日常现象基本原理的 TED-ed，Kurzgesagt 更偏向于提出宏观大胆的未来构想。

纪录片

BBC 上有关于海洋、动植物、恐龙、天文学等各种纪录片，从中总能选到孩子喜爱的主题。纪录片语句并不非常密集，趣味来自精美的画面和更具故事性的情节。孩子可以通过图像信息推测得知生词和句子的意思，即使语言水平稍低，也能理解个七七八八。

《与怪兽同行》和《与恐龙同行》涉及地球生态环境变迁、物种进化。知识体系关联到地质、地理、生物，讲求从证据出发，通过科学推理去还原事实，对知识和思维的帮助很大。我们看这两套纪录片就看了一年多。孩子十分着迷，极大驱动了她的好奇心和阅读兴趣。这两套片子有配套图书。

来自远古洪荒时代、充满力量感的恐龙总会令孩子着迷。古生物知识不单单具有怪兽的魅力，更涉及进化论、地球环境、生物结构等丰富的世界知识。

更重要的是思维方式培养，今天我们所知的关于恐龙的一切，都是根据远古化石证据，通过化学、物理和生物等各科知识推论出来的。如同侦探破案般的缜密推理，是对科学思维的演练。

《与怪兽同行》《与恐龙同行》的片子配套图书

BBC 纪录片的传统优势是语言讲究、知识面广。《蓝色星球》有两套，加起来有十几集，我们用了几个月看完，反反复复，看得很熟。纪录片不但有趣，解说的语音语调也十分地道讲究。孩子的模仿能力很强，观看纪录片，能让孩子学到最地道的语音语调。

《七个世界一个星球》用七集讲了七种不同气候带、典型生态和标志物种，包括中国的金丝猴。这七集分开播放，每集都够看一周，反复看，可以看好几个月。孩子对片子熟悉到一个画面放出，语音还没出来，就能提前说出一整句话的程度。

《蓝色星球》　　　　　　　　《七个世界一个星球》

《小小世界》是苹果公司出品的纪录片，讲微小的生灵如何在严酷、充满挑

战的自然环境中发挥生存智慧，力求生存。每一集都由
一个个富有戏剧性、时常幽默的小故事串联而成。可爱
的小动物们的生命历程蕴含着大量的自然科学知识。片
子站在整个生态和物种的视角，看微小的生命如何在暴
风雨中保护幼崽，如何运用勇敢和策略抗击强敌。自然
是宏大而残酷的，也充满爱和机遇。这些小生命自强不
息的故事，是无言的生命教育。孩子看了觉得可爱，经
历着育儿挑战的父母看了也感到非常解压——从自然规
律的宏观角度看待自己这一段生命历程，许多焦虑和压
力消散于无形。鼓励家长和孩子一起欣赏和讨论，使之
成为一种共同成长的人生体验。

《小小世界》

　　我们还刷完了布莱恩·考克斯（Brian Cox）教授的纪录片系列《行星》。
这部片子有顶级的制作水平，内容非常充实，解说的语言韵律和发音好听到整
个人会忘我地沉浸其中。家长其实无须担心自己口音不够好，孩子很会分辨谁
说得更好听，会自动去跟大师学习。这套片子激发了孩子对天文的喜爱。只需
刷同主题的书，孩子一开始听不懂的地方就逐渐能够听懂。

与《行星》同主题的书　　　　　　　　　《行星》

　　看纪录片的同时，可以配合同主题的百科，你会发现片子里的大量概念和
词汇都会在书中出现，而书里学来的词和概念能让孩子听懂片子，产生"这个
我知道！"的成就感，这种正反馈能激发兴趣和持续学习。纪录片总体语速较

慢，句子之间间隔时间长，语言密度不大，脑力有缓冲余地，对初学者十分友好。

从我们的经历来看，集中看几个科普频道和几套纪录片，看到非常熟悉，能极大帮助孩子巩固词汇量，提升整体语言理解水平。在上述日常积累的铺垫下，小树没有上过英语培训班，5岁就满盾通过了剑桥少儿英语三级，8岁高分通过了FCE。

同样建议初级学习者以考促学。按第4章介绍的步骤，先查出自己的词汇量，再根据词汇量和平日读物的蓝思值寻找适合自己阶段的真题。

剑桥真题

以考促学，剑桥少儿英语考试对于听、说、读、写各个能力模块都给出了明确的要求和指南，能帮我们将平时积累的模糊被动词汇夯实为清晰的主动词汇，将模糊的经验结晶为清晰的方法，盘点所学、巩固能力，为下一步迈入更高阶段做好准备。

初级阶段的考试，内容贴近儿童的认知水平，题目设置得对儿童很友好，如看图听音频抓取信息，是对着图片做选择，日常惯于读绘本、看知识视频的孩子会觉得这种题做起来非常自如顺畅；口语考试的看图说话，跟孩子平时的绘本共读讨论（见5.3节关于听说交互三级提问的内容）的方式无缝衔接，非常容易适应。对年龄还比较小的初级学习者，建议他们抱着跟平时听视频、看画面等一样的平常心去对待考试。

中级阶段听什么

主旨问题	关键词
独立阅读坚持期，听什么来配合？	信息量更大、逻辑更为复杂、语速更快、各科知识体系

中级阶段对应词汇量大致从 2000 到 5000；对应的考试是剑桥一级（KET）、剑桥二级（PET）以及我国高考。这个阶段我们选书的阅读难度蓝思值在 400L-1000L，对应牛津树第 9 阶以及第 10~12 阶的 Time Chronicles，这些读物也有配套影片，可以跟着读，之后自己读熟。

进入中级阶段后，个人感兴趣的主题差异较大，只要蓝思值合适，读者可以自主选择，本书不再统一推荐读物。

知识视频

听的方面仍然首选知识视频。相比初级阶段，难度进阶的视频更依赖语言来解说成体系的知识和科学原理，信息量更大，语言密集度更高，语速比纪录片快得多。

PBS 的 Be Smart 频道

该频道的内容难度比 TED-ed 和 Kurzgesagt 频道内容稍进一步，主题涵盖数学、物理、生物、化学、医学……讲解幽默风趣，经常出现"脑洞"大开的问

Be Smart 频道

题，比如"为什么所有的动物都非常相似？""如何走得比光速更快？""一周为什么有 7 天？""冰的表面为什么是滑的？"。大家把它可以理解为英文版、带动画效果和幽默风格的李永乐老师。每一集时长为十几分钟。我们跟孩子一起听了一年的 Be Smart 频道，孩子 8 岁考 FCE 时，听力无须准备就拿到了很高的分数，我也是之后再看英文论文时感到更快、更顺畅。

The Action Lab 频道

该频道的节目探索了日常生活中视而不见的普通事物背后的科学原理，内容结构是先提出猜想，再做实验验证"脑洞"，适合所有年龄段。

每集包括一个 10 分钟左右的动手实操实验，外加对物理和化学原理的讲解。节目会对各种奇奇怪怪的猜想进行验证和剖析，比如"如果你在电梯里放飞一架无人机，电梯突然上升或下降，无人机会如何运动？"这类问题。不管问题听起来多傻、多离谱，节目都会动手试试，并给出详细的原理分析。

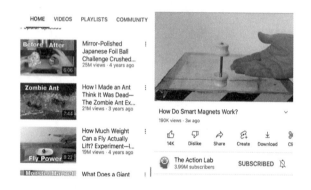

这一类科学实验频道有许多，比如 Steve Mould、Veritasium 等，学习者都可以试着看一下。

Primer 频道

Primer 频道用简单的、孩子都能懂的数学原理，以计算机模拟来探讨人性问题和自然与社会运转。其视觉呈现与讲解清晰、精彩有趣，值得推荐。

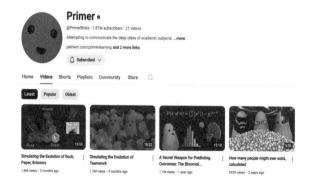

以上这类 10 分钟左右的知识视频，不用求全，只需要盯准一两个你喜欢的频道，以年为单位，两年时间看 500~1000 集，英语就能走上自动运行的轨道，不再需要父母去推动。如此以听力带动阅读，以阅读带动词汇量与知识面，为思维、口语和写作提供"弹药库"，使输入、输出形成相互加强的内驱循环。

进阶纪录片

相较于入门级的《小小世界》，BBC 的《化学史》（*Chemistry: A Volatile History*）和卡尔·萨根（Carl Sagan）的《宇宙》（*Cosmos*）等高阶纪录片对观众的认知水平提出了更高的要求。要深入理解科学家的人生历程，透彻领悟他们所提出的问题及解决方法，观众需要具备更强的语言理解能力，包括听懂更长、更复杂的句子，掌握更为系统性的背景知识，并拥有更加丰富的词汇量。这类纪录片更强调语言信息的传递，而非单纯依靠画面来呈现内容，因此是进阶型的科普作品。

《化学史》讲述了科学家的真实动荡人生，使得抽象的科学概念和元素的发现变得有血有肉，拨动心弦。关于化学元素的主题很值得采用丰富模式进行深挖，以大量同主题阅读配合视频。孩子在平时的知识视频、食品包装袋上、如限制稀土出口的新闻中、日本核污水排海等报道中，能不断听到化学元素名称，毕竟从星辰到人体，都是由元素构成的，没有什么比元素知识更能激发孩子对自然的美与神奇的热情。

卡尔·萨根写的科学史《宇宙》影响了几代科学家的成长。《宇宙》有英文原版书，有纪录片，中文版的翻译和书籍制作得十分精美，可以对照阅读。这套片子很值得听读结合，是值得好好反复看几个月的一流经典作品。

我只推荐了这两部作为例子，此外还有专门的数学史等高阶纪录片。在观看这类进阶纪录片遇到专业的概念和知识时，可以通过同主题阅读百科全书和科普书籍来解决。

这个阶段当然也可以看迪士尼和皮克斯的动画电影，娱乐性强，各花入各眼，我在此不一一推荐了。如果我们每天看 30 分钟，三年内就可以看上千集视频。如此体量的信息输入，个人认为还是科学和人文知识性内容更适宜。毕竟学英语的最终目的不是仅仅为了提高英语成绩，也不是为了娱乐，而是打开通向自然科学知识、学会批判性思维的新世界大门。

与纪录片《化学史》同主题的
DK EYEWITNESS 系列

《宇宙》

常见问题

问题 1：听不懂怎么办？

许多学习者或家长，往往还没怎么接触英文动画片和知识视频的时候，就过早开始担心听不懂怎么办。

这种想法可能源于过去的课本学习和做题模式，一切务求百分之百弄懂和掌握，把日常的课外语言输入当作课本听力习题，希望只接触能够做到完全正确、消灭不确定性的内容。事实上，语言最终是在真实世界使用的，而在真实的语言沟通中，即使是母语者之间沟通，也有由于背景知识差异、不规则用法等原因，造成理解出现多义与开放性的现象。学会思考判断处理这些不确定性，恰恰是我们的语言能力和推理判断能力得以提高的地方。就好像要一个孩子学会吃饭，你要给他机会自主进食，他才能从最初的低效和混乱，逐渐走向高效和顺畅，而不是从一开始就追求准确高效，每一口都替他咀嚼好再喂到他嘴里，那么他永远学不会自主进食。

即使在中文母语环境中，只要你接触新的知识领域，就一定会遇到部分内容不能完全确定是否理解的情况。就好像病人走进医院听到医生的诊断和问话，或者进入其他行业的会议室，你会发现虽然大家都说中文，但你还是不能做到刚进入这个新的讨论场，就完全搞明白大家在谈论什么。应对的方式当然不是避免走进不熟悉的房间，屏蔽新知识，拒绝不确定性。相反，如果你持续地、多方位地接触这个新的知识领域，增加相关概念积累，你能理解的部分就越来越多，听力理解能力也会提升。

　　学习首先要转变心态，放下 100% 听懂内容的执念，听懂 90% 就算极好，能听懂 70% 到 80% 就已经够用——只要你能被情节吸引，基本上理解了在说什么，就可以往下看。这次看懂得较少，下次再看一遍。每多看一遍，就能听懂得更多一些。

　　并不是我们满足于不求甚解，而是学习的目的就是思考和推论——主动根据已知信息，推断未知信息。要学会推论，就要允许学习者学习新的、存有不确定性的内容，而不是永远将自己限定在完全可以理解的内容舒适区里。

　　看视频时，怎么进行推论呢？纪录片、动画片和知识视频都是有画面的，画面会提供理解的线索，帮你去推知不认识的词指的是什么。这些知识视频是面向小朋友的，包括英语母语国家的小朋友，怎么让他们明白超出日常用语的更抽象更"高级"的词汇呢？视频并没有其他语言的字幕翻译去辅助，孩子就是通过画面和上下文去推测词意的。比如下图，来自 TED-ed 讲睡眠的一集。对母语儿童来说，"unihemispheric" 也是非日常的"生单词"，但画面上明明白白画出了单侧活动的大脑，另外半边大脑进入了睡眠，于是根据画面信息，可以推知 "unihemispheric" 指的就是大脑两半球单侧状态。下一帧画面出现了裂开两半的核桃，你就能更加确信 hemisphere 指的是大脑半球。图片的视觉信息和上下文共同提供了理解的语境，助孩子理解新的概

念，因此不用要求必须选择 100% 能理解、没有生单词的视频内容。

问题 2. 要不要开字幕？

如果刚开始听新主题视频，听不懂的较多，推断比较困难，此时可以开英文字幕，但不要开中文字幕。

因为我们在听的过程中，要加工处理的信息本身就有很多，你需要在听语音、看画面的同时，不断关联上下文，搞懂这个短片在说什么。如果再开中文字幕，就会给这个本来就很繁忙的多任务处理过程增加更大的负担。在第 4 章我们讲过理解书面文字时大脑会唤起**语音通路**，它与**字符处理通路**是并行的。因此如果开着中文字幕，关了视频，你会发现连英文语音的印象也没有留下，似乎全部的注意力都被图画和中文字符占据了——即双语并行时，强势的中文会占据语音通路，大脑里的中文"音轨"会覆盖掉英文"音轨"。而如果你硬要强迫大脑必须同时关注英文音轨和中文字幕，那基本上等于强迫大脑逐句做英译汉和汉译英，这认知负担可比单语处理高多了。所以更好的方式是开同**语种字幕**，听英文开英文字幕，听中文就开中文字幕，保持专注推断，对生词大致理解即可，跳过个别生僻字暂时不去深究。

当然，和阅读一样，如果一个材料中的生单词超过 30%~40%，连开英文字幕也不能通过推断来理解大致意思，那就说明材料不在学习者的**最近学习区**。此时可以考虑从中级材料退回到初级材料，比如听不懂 Be Smart 频道的内容，就退回到 TED-ed 频道的内容，先看语言密集度更小的材料，等词汇量上来再提升视频难度。

问题 3. 遇到不懂的词怎么办？

遇到不认识的常用词汇，只要同主题阅读这项工作在持续，那么常用词汇即使在一个视频里遇不到，在其他视频里也能遇到，不断听读，就能不断积累。而如果遇到如 "unihemispheric" 这种专有名词，若有兴趣可以记下来，之后用搜索引擎查一查；也可以在桌上收纳盒里放个小本子，以便随时掏出来记。如果对该主题的兴趣不大，陌生词汇可以不记，不记也不影响整体的语言学习。

高级阶段听什么

主旨问题	关键词
高阶阶段听什么？	自主学习、专业知识领域、思辨性、精听泛听结合、关键词笔记并复述

所谓高级阶段，就是词汇量从 1 万 ~2 万词的阶段。幼儿园前后开始启蒙的孩子在小学高年级或初中会进入这一阶段，小学开始启蒙的孩子也大多能在中学期间进入这个阶段。这个阶段已经是学习者自主学习应用的阶段，不应再需要家长等外力去推动。这一阶段的语言水平为欧洲共同语言框架 B2~C2 区间，对应的考试是剑桥三级（FCE）到剑桥五级（CPE）；雅思 5.5~9 分；托福 87~677（参见 4.3 节的多种英语能力量化标准的换算图）。

本阶段可听的材料是什么样的？试举例如下：

Intelligence² 频道

Intelligence² 频道汇集了各行业顶流专家的演讲和辩论，讨论全球性、科技、经济、社会问题等。这类材料能提供多视角的深度分析和思辨样本，扩展认知领域。例如，著名心理学家丹尼尔·戈尔曼（Daniel Goleman）关于专注力的演讲，探讨如何通过掌控情绪和注意力提高个人成就。

主题知识演讲

如 Talks at Google 频道，提供了谷歌公司请自然科学、经济学、心理学等各领域专家给自己的员工开讲座的视频，主题非常广泛。例如行为经济学家、《怪诞经济学》作者丹·艾瑞里（Dan Ariely）讲可预测的非理性（Predictabily Irrational）。

同类的还有微软研究频道 Microsoft Research。微软请了各领域专家深入分享自己的研究，帮助员工扩展视野。正如赫胥黎所说，"一个人要对一门学科无所不知，也要对每个学科略知一二。"一个人要精专一个领域，但同时也要有多领域视野，这更有利于提高自己的创造力和问题解决能力。例如，下图这一集是著名作家、记者马尔科姆·格拉德威尔（Malcolm Gladwell）探讨影响个人成功的各种因素。

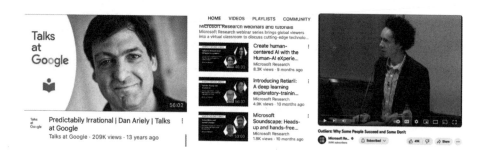

名校公开课

网上有不少世界各大名校的公开课，学习者可以按感兴趣的主题关键词搜索。

自己专业领域内顶级专家的主题演讲

只要你有关键词，就能搜到许多顶级专家对这一主题的深入探讨。如关于语言学，搜索 Linguistics，史蒂芬·平克（Steven Pinker）有相关演讲。

这个阶段的配合读物如《环球科学》（*Scientific American*）、《经济学人》（*The Economist*）等刊物，都有配套音频和播客可听。

如果学习者能在中学阶段、大学本科阶段多接触上述内容，会对自己将来的专业选择，对学科与行业的整体认识有很大帮助。

高级阶段听的方法

进入高级阶段的听，最好要区分精听和泛听。泛听类似于看美剧，主要是出于乐趣。大量地听，听过之后实在喜欢，可以写三四句话总结一下重要结论即可。而对自己喜欢的、跟自己的兴趣和学业高度相关的素材可以反复精听。精听，至少要听三遍，也可以听数十遍。

听三遍的精听流程：第一遍做笔记，记下关键词，听完之后可以对着笔记，回想并用自己的话大致讲一下要点。如果要进一步借精听提升口语表达水平，可以记录更详细的、有内容结构的三级笔记。听完演讲后，根据三级笔记（见第 7 章"阅读篇"）进行精细的复述并录音。再将自己的演讲录音和原演讲录音文稿作对比，将不同之处标记在原稿上。你会发现句子结构的差异、用词的差异、语法的差异等，这些都可以记录下来。做几次这样的练习，口语表达能力会有很大提升。

听长篇内容的时候养成提纲挈领记关键词的习惯，可以帮我们全程保持注意力。不但能记下重要的数据和结论，将来用在自己的讲话和写作中，也能大大提高边听边主动思考和预测的听力理解能力。

听力训练三要诀

主旨问题	关键词
听力输入除了大量播放录音，有什么方法提高效率？	看听结合、大量且重复、按主题听读

前面几节，为大家分阶段推荐了许多听力素材，讲了不同阶段可能出现的问题和解决办法，这里再总结三条训练总要诀。

要诀一：看听结合

常见问题 1：如果播放音频，不带注意力地去"灌耳音"太低效，那么如何做呢？

常见问题 2：如果孩子不想读英文书怎么办？

解决方案就是看听结合。

听到语音的时候，有视频或绘本的画面来提供语境，供学习者推测未知信息；书面字符和语音配合，多感官同时调用，有利于集中注意力。专心致志地听比注意力时有时无地听要好，也比只看静态的文字符号有趣很多。

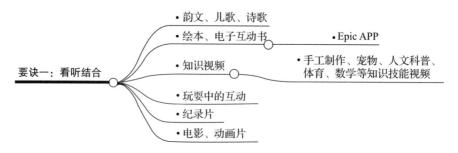

创造第二语言的语言环境，积累某主题相关概念及对应词汇，就能听懂这个主题的大量音频视频

我更推荐让孩子优先通过自主的听读结合来学，而不是靠上课。如果只依赖上课来学习，没有建立起自主的日常学习习惯，仅在上课时才接触英语，下课就抛到脑后，每周课时只有一两个小时，输入量是远远不够的。如果能优先树立家庭的整体环境支持，帮孩子打造整体语言环境，建立起自主学习的轨道，语音和阅读的输入量将是授课学习的数十倍。有听有读也解决了父母担心自己的发音不够好、语法可能有错的问题。

学习的本质不是教规则，而是用大量数据训练神经网络。因此听读内容，即数据输入量一定要够，才能谈得上输出，口语和写作才能自如。知识视频内容＋同主题阅读提供的人造语言环境，要远胜于日常以吃喝拉撒为主题的所谓母语环境—— 一方面是信息量密集度更大，另一方面是知识和语句的质量更高。因此没有必要神化母语环境，一定要带孩子跑去英美国家，或花高价请外教陪说。靠大量输入听读内容，在 2~3 年内让学习者的英语学习进入中高级阶段是完全可行的。

要诀二：大量且重复

常见问题 3：一个材料重复听还是多听几个材料？

有一定量的重复机会：一个材料反复听 10 遍，胜过 100 个材料走马观花地听 1 遍——不要单纯追求量。

看听结合，如果能有机会重复练习，效果更好，这符合学习五元素的练习原理。第 3 章"学习五元素"里我们讲过了间隔效应，记忆需要重复。而语言学习的根本，就是词汇用法的积累，要重复才能记住，记住后就可以直接套用。与其费力让幼儿学各种语言规则、追求读几千本读物，不如按批次、在特定时间内循环，积累大量语句用法。

要诀三：按主题听读

常见问题 4：稍大点的孩子的汉语母语很强势，不太接受英语怎么办？

按照知识主题、认知图谱来组织听读材料。

还记得学英语的初衷吗？学英语是为了接触更多有趣的知识，实现各科学习的丰富模式，点燃孩子的好奇心。不论拿着什么主题的材料学习，最终都是要学到同一批常用词汇。与其痛苦孤立地背词汇，不如在审美与知识共存、启发心智与思维发展并举的过程中，通过吸收百科知识，自然达到学语言的目的。

本章分初、中、高三个级别，为大家推荐了绘本配套视频、知识视频和纪录片，都是为了让孩子增添生活乐趣，为孩子揭示大自然令人激动的奥秘，引领孩子走向知识探索之门。学习的第一个阶段，最重要的就是寻找乐趣和满足。如果能在广阔的眼界中，逐渐引导孩子利用英语，逐渐聚焦某一个知识领域，深入探究，语言学习的复杂度也会自然进阶。

经典纪录片几乎都有配套读物。比如在恐龙主题的阅读里，我跟孩子共读了十几本恐龙百科全书。孩子读了这些相关主题的书，熟悉了很多相关概念，看纪录片时不断遇到自己熟悉的词汇概念，于是连猜带蒙都能看下去、看明白。有的家长问，孩子对知识视频、对纪录片不感兴趣怎么办？那么可以多试试选择孩子喜欢的主题，如机械、天文、军事、童话等，先读一些相关绘本读物，建立一点点该主题的知识和词汇积累，这样孩子看视频时，遇到自己熟悉的词汇和知识，就能感到成就感和乐趣，就会愿意看更多。

积累世界知识与词汇量，从而主动而专注地听。

本章分初、中、高级推荐的素材，在小能熊课程体系里叫作"万物好奇者计划"，该计划目前提供了十个主题，未来还会持续更新。该计划提供了本节介绍的 BBC 纪录片配套的词汇卡，累计有 5000 多张。每张卡上带有原片动态画面、原声发音和原句，以及权威字典的单词释义。高考英语词汇量不过 3500 个词，看看纪录片，"刷"完万物好奇者词汇卡，足以让孩子走上中高级的自主阅读轨道。

小能熊的"万物好奇者"原声词汇卡：配套原声视频，内置艾宾浩斯遗忘曲线

5.2　说——听读足够多，才能说得出

认知图谱

主旨问题	关键词
为什么共读了很久（几个月、一两年），孩子还是只听不说？	足够的词汇积累、核心句式积累、词汇量、世界知识（概念量）

这个问题还是要从语言学习的顺序讲起。不论是学说第二语言还是母语，孩子在开口说之前，都需要完成原始积累。孩子从语言环境中听到大量句子，从中积累大量词汇，是语言启蒙的开端。婴儿会从母语环境中逐渐吸收词汇，直到 18 个月出现词汇爆发期。也就是说孩子持续积累词汇的时间长达 1 年半，才有了足够的语音形式的词汇积累，使心理辞典出现越来越清晰的分类，体现出孩子对世界的认知：孩子会认识到这个世界由物体及其动作和变化组成，比如蝴蝶和"飞"，鸟和"唱"，"娃娃，走"，等等。

孩子需要先有一定量的词汇积累，才能发现表示"动作发出者""做了什么动作""如何"的词汇可分为不同的类别，从而知道通常"动作发出者"可以摆在句子开头第一位，而摆在第二个位置的通常是"动作 / 如何"。

于是在词汇爆发期后，两岁左右的孩子才开始说出双词句。前提是词汇量接近 200 个，幼儿才能将两个词组合在一起，如 "mommy shoe""妈妈看""go car""my truck"，这些句子像电报一样，只包括最核心的成分——"谁 + 做了什么"，也就是主语 + 谓语动词。电报式句子里只有关键词，而没有像 can、the、to 这样不涉及实际内容的词。

世界上不同语言文化下的孩子，最初的双词句都有着类似的结构，描述物体的出现、消失和移动，或者说明所有者，表达要求或者拒绝。共同的句子结构，反映了全人类共同的心理需要："want+x""more+x"（要 + 事物）。这是自然语法的基础。这个阶段的孩子还很少会形成新的动词组合。[5]

有的父母纳闷读了几个月绘本，孩子为什么还不开口说英语。不要着急，

原因之一是初始词汇量不够，孩子无法形成认知图谱，分类名词、动词，于是无法自信地分配恰当的句子角色，自然不能组合成句子。

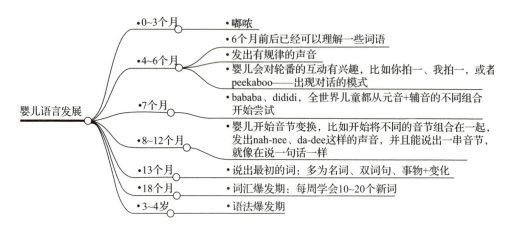

婴儿语言发展时间表

语言的习得不是一蹴而就的。同种程度的句子，从能听懂到能说出之间也有过程，常常间隔了 5~6 个月的时间差。母语儿童从 2 个词组成的句子，逐渐增加非实际意思的词，大约到 4 岁，能习得长度达到 4~5 个词的句子。

年龄段（年；月）	平均语句长度（词数）	平均语句长度（语素）
2；6-2；11	2.91	3.23
3-3；11	3.57	3.95
4-4；11	4.19	4.66
5-5；11	4.42	4.92
6-6；11	4.63	5.14
7-7；11	4.82	5.33
8-8；11	5.03	5.59

数据来源：Rice，M. L. & Hoffman，L.（2015）.

注：数量已经进行了年度平均。

从这张表可以看到，即使是母语儿童，也不是一开始就能说像大人话一样的成型句子，而是逐步扩充和丰富起来的。句子生长起来需要满足足够的概念量、词汇量、句式等条件，并且孩子说出的句子不会一开始就很复杂、很长，互动时可以先从让孩子回答一两个词开始，以后慢慢增加句子的复杂度。

还有一种常见问题是"有没有必要给半岁大的孩子讲故事 / 读绘本？反正也听不懂？"

从能听懂到能说出的时间差来看，其实不会说话的孩子已经能听懂很多话了。给孩子讲故事、唱童谣，用语言描述玩耍和生活的常规操作，会帮孩子用语句去标记外部世界，帮助孩子在大脑中建立起外部世界的语言表征。积累足够词句，才能为更进一步的动态与关系表征，也就是说更长的句子打下基础。

第二语言习得也是一样，即使六七岁刚开始听英语内容，比如分级读物第一级，你给孩子读过的内容他是能听懂的，但不等于他应该能同步自主说出这样的句子。孩子能理解的总比能说出的多，即使他现在不会说，听得多仍然是说得出的必要前提。不论什么年龄的孩子，即使暂时不会自主说，大量持续的输入仍然是必要的。

句式裂变

主旨问题	关键词
为什么幼儿习得语言的时候，不用学语法就能说出正确的句子？	核心句式积累、平移套用、无限生成的句子

层级结构与平移和套用——无限生成的句子

积累足够的句式是说的前提。18 个月时幼儿会出现词汇爆发期，说出电报式句子成为可能。待到积累了基本的几百词后，3~4 岁时母语幼儿开始迈向语法爆发期。最先建立的是词序，之后迅速增加句型变化和语法虚词，从而连缀成句子，比如 of、the、on、in，孩子说话不再像发电报一样。所有的句式都开始出现，包括含有"什么（what），谁（who），哪里（where）"的问句，以及从句、比较句、否定句和被动句等，孩子开始能正确使用词形变化。[6]

有家长提问：我家孩子已经 3 岁 /6 岁 /9 岁了才开始第二语言启蒙，也遵循这个顺序吗？孩子要自如输出表达，需要先满足什么积累？

即使是 3 岁、6 岁，甚至 9 岁才开始学第二语言，语言习得进阶仍然有参考价值。只要是刚开始学第二语言，当务之急仍然是输入大量听读内容。语音储量积累够了，才能开始自主表达。孩子可以从听到的语言输入中，自然推断出语法规则，说出正确的句子，而无须学语法规则。语言的这种"生长"过程放在母语环境，我们都能理解，觉得是自然而然的，可是放在第二语言环境，我们就迷惑了。

我在自家孩子身上也观察到这个过程，虽然是学第二语言，但是当语音形式的字词积累到了一定量，也会和母语学习过程一样，"自动"产出大量正确的句子。我们是在上幼儿园以前就开始读英文绘本了，但她一直不说英语。到 4 岁多，有一次去公园时，孩子在池塘边捞水草，一边捞一边跟我聊天。我说起头天晚上我大声和她说话了，妈妈已经很努力不发脾气，可还是发了脾气，妈妈不该这样。也许孩子联想起《牛津树》里的家庭场景，突然特别开心，大声说："Mom was cooking. I made a mess and mom was cross！"（妈妈在做饭。我搞得一团糟，妈妈就生气了！）这些句子都是牛津树第 1~2 阶里出现过的，她可能突然发现可以挪用组装现成的词句来表达自己想法。如果能大量听读，把几套"主粮"分级读物真正读得开心，孩子就会想要重复"享受"，就可以读熟，使之变成自己能用得上、说出来的语句。从那次之后，她越来越多地挪用书里的句子，说得越来越多，也用得越来越灵活。说，常常需要一个愉快的触发点，例如有一天在公园，孩子看到卖气球的人，一大簇气球漂浮着，她平日就最喜欢气球，一开心就说："Without gravity we would all float around."（假如没有引力，我们也都会飘起来。）

儿童习得第二语言和学母语一样。学会说，并不需要先做语法题，学主谓宾语法规则。从大量听到说出来，这个过程其实并不神秘，一言以蔽之，就是两个词：**平移挪用和扩充生成**。语言中的句子，和自然界其他事物的分形结构一样，也是一个树状结构；大树上的每一个树枝，都和整棵树的结构一致。基本的句子结构，比如最初双词句阶段的"谁 + 做了什么"，可以层层分形，无限扩充。

逐渐学会说的过程，就是以词句去搭建递归分形的语言架构。[7] 比如 pig（猪），从读物里学到一句话"This little piggy went out shopping."（这只小猪出门去购物。）这句话包括了一个基本认知结构：（动作发出者）+（动作）+（名词），它可以极简，也可以被扩充：pig（猪）→ this pig（这只猪）→ this little pig（这只小猪）→ this little pig made her mom proud .（这只令它妈妈骄傲的小猪。）

从一个词，扩充为一个短语，再组合成一个句子，都可以填入"动作发出者"的位置，不论有多少内容，只要能辨别是一个名词性成分就可以放入；只要是一个动作，就可以放入第二个"动作"位置。不论这个句子搭建多少层，仍然保持着"谁 + 做了什么"的核心句架构。这个句子的结构来自人类心智对事物基本关系的表征——总是一个东西，做了点什么，或者它是什么样子。

比如学到这句话："This little piggy went out shopping.（这只小猪出门去购物。）"后，就可以把这个结构平移使用，下次改为填入别的动作发出者。如替换单词：Mom went out shopping.（妈妈出门去购物。）；或扩充短语：My mom and I went out shopping.（妈妈和我出门去购物。）；句子也可以充当动作发出者：Everyone got trapped in the village asked me to go out shopping in the blizzard.（暴风雪中，困在村子里的人都让我帮他们去购物。）

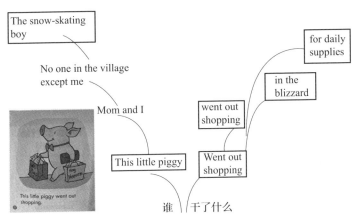

3~4 岁掌握所有的句子，能说出千与万数量级的句式，孩子是怎么做到的？与客观世界的众多生命系统一样，句子结构也是树状分形结构，从"主语 + 谓语"这一个心理结构出发，经过平移与扩充（合并和递归），发展为无穷的句子

孩子从阅读材料里记住了这句话："This little piggy met a bear."（这只小猪

遇到一头熊。）下次他就会说："I met a bear."（我遇到一头熊。）还可以自由想象：I met a dinosaur named little TRI.（我遇到一只恐龙名叫"小三角"。）以后再见到"meet"，知道它可以变成 met，并且后面必须还要填上见的对象，因为既然是"见到"就要有见到"谁"。

而有的动词，后面是没有动作对象的，比如 One grasshopper hops（一只蚂蚱跳），Two butterflies flutter，flutter（两只蝴蝶飞呀飞）。小朋友不会烦恼为什么动词有的"及物"有的"不及物"，他们只需要一个个记住该动词所在的句子，之后直接套用就可以了。因此儿童虽然不懂语法，但却不会弄错。大人也应该这样学语言，直接记住动词所在的句子，然后换词套用就能保证正确。

语言的基本核心句从两种事物的基本关系，演化出 5 种句子基本结构。实际上这也是在人类物种认识事物，产生的基本心理结构的基础上形成的 5 个基本句型，因为一切语言具有共同的客观世界关系映射。

核心句架构	例句
主语 + 谓语（不及物动词）S+Vi	The dog ran.
主语 + 系动词 + 表语（S+Vlink+P）	The weather turns warm.
主语 + 及物动词 + 宾语（S+Vt+O）	I like spring.
主语 + 及物动词 + 间接宾语（人）+ 直接宾语（事）（S+Vt+IO+DO）	Spring brings me so much happiness.
主语 + 及物动词 + 宾语 + 宾语补足语（S+Vt+O+OC）	I see birds flying in the sky.

不论中文还是英文，只要是人类的语言，数以万亿计的句子都来自这 5 个核心句架构。这些核心句不需要用术语教给儿童，而是人类基因内置的认知语言结构，只要有足够的词句输入，心智就能自动识别并运用这些模式。

孩子只需要积累到足够的名词和动词（学龄前为语音形式的），就能无意识地将各种词放入这几个基于人类认知结构的基本句子架构，之后就能自如表达自己的想法了。所以在最初的原始积累阶段，不能小瞧最初级的分级读物，如学乐出版社的巴掌书，如牛津树第 1~4 阶的分级读物。不要听到别人几岁就读到牛津树第 9 阶了，为了快点追高阶、上难度，而快速匆匆读过简单的基础阶段。尽量要乐在其中，想办法把初阶的那几十本读出乐趣，给孩子留出反复咀嚼快乐的充裕余地。这些核心句模式，会在初阶的简单读物中充分体现。需要读到极为熟悉，令学习者在无意识间反复提取，反复强化，才能自动化，即脱口而出说句子。

语言启蒙的第一要务不是"刷"语法规则，更不是"刷"拼读规则，当务之急是搭建标记世界的心理词典：在朗朗上口的简单句子里，积累起数百个初始词汇，使学习者能用词语标记周遭环境，以及孩子感兴趣的玩具、食物、动物，能使用那些表达快乐有趣动态的基本动词等。学习者搭建起心理词典后，才能形成动词、名词、形容词的大分类；然后是弄熟核心句架构，只有语言环境提供了足够丰富的素材，对核心句架构的掌握才能稳定。孩子需要掌握足够的词汇，然后知道它们可以在核心句的哪些不同位置扮演角色，有了这二者，孩子才能自信张口说话。由于语言的生成和递归特性，一旦基本句子架构被孩子内化吸收，后续的语句丰富度会迅速提高。

反馈修剪

主旨问题	关键词
孩子说话时会有一些语法错误，要逐一纠正吗？	语法逐渐添加、大量输入、反馈修剪

前文讲到孩子有了一些初始词汇量之后，就开始发展出句子，句型的丰富度和语法特征是在很长的时间里逐渐添加的。下面这些语法特征，[8] 是母语儿童在 2~5 岁，长达三四年的时间里逐渐添加到句子里的。也就是说，不涉及实际内容的语法知识，对于母语孩子来说，也是逐渐学会的。

编号	语法特征	例子
1	一般现在时 / 现在进行时	Adam eats. Adam is eating.
2	介词	Eve sits in chair. Sweater is on chair.
3	复数形式	books
4	不规则过去式	went，came，ate
5	所有格	Adam's chair

（续）

编号	语法特征	例子
6	不可缩略的系动词	Cowboy is big.
7	冠词	the doggie，a cookie
8	规则过去式	Eve walked home.
9	第三人称现在式规则形式	He plays.
10	第三人称现在式不规则形式	He has some toys.
11	不可缩略的助动词	He was going to work.
12	可缩略的系动词	I'm happy.
13	可缩略的助动词	Mommy's going shopping.

　　母语学习者的语法添加需要有一个很长的过程，这给学习第二语言的我们的启示在于，不要要求一开始就追求做到完美，不要怕犯错误。语言学习是一个过程，不能期待孩子从一开始就能说出标准的、复杂的、没错误的句子。不要担心孩子表达时说错一个地方，就会永远改正不过来，于是致力于纠正孩子说出的每个错误，这将会导致学习者不敢开口说话。

　　切记，语法不是一次就能学到完备完美，而是逐渐添加到句子中去的，你需要做的是为学习者提供足够丰富的语言环境供反馈修剪。

　　孩子每说一句话，如果里面有 3 个语法问题，不必都摘出来纠正。语法规则，也是通过大量尝试、反馈，逐渐修剪来学会的。修剪是怎样的过程？修剪前，首先需要大量尝试，才有东西可修剪。孩子学语言时会将学到的规则不断推广泛化，很乐于做各种语言实验，乐此不疲。在大量尝试中，每当遇到不符合的边界，孩子会将负反馈的特殊情况记住，而不再使用错误的推论，这就是修剪比如下图绘本上出现了"This little piggy went out shopping.（这只小猪出门去购物。）"，句子使用了 went。孩子发现之前见过的动词总是加"-ed"后缀，本来要泛化这条规则，说"goed"，可是却从

This little piggy went out shopping.

句中使用了 went

310

来没听过"goed"。"goed"这个错误的用法就得不到正反馈。于是从这句话里，孩子就记住了"went out shopping"，于是错误的"goed"就被正确的"went"取而代之。同理，"eat"不是变成"eated"，而是特殊的变形"ate"。只要出现了这种违背推论的句子，孩子就会得到一个负反馈，并专门记住这些特殊情况。

不只是孩子学习语言，语言的进化本身也是经由人们在使用中的反馈修剪而演变的。英语中所有的动词不规则变化，都是来自原始印欧语的遗迹。最初的不规则动词更多，但不常用的那些，人们都记不住，就在进化中被淘汰，变成了规则形式。只有最常用的动词如"go-went""eat-ate"的不规则变形，嵌入在人们从婴幼儿期起就天天说的句子里，才得以在语言里保留下来。

英语里有 180 个不规则动词，儿童习得的方式就是，一旦出现不规则形态，就再也不会使用规则的"-ed"。而是会在脑子的存储里一劳永逸地用特殊变形取代"-ed"形式。孩子在分级读物中读到含有不规则动词的句子，通过熟悉故事，记住了这些语句，就再也不会回到过去的错误形式。大量语法现象都像不规则变形一样，没有道理和规则可言，就是要放在句子里一个个单独记住。好的分级读物会在不知不觉间让孩子见过所有这些不规则变形的动词，让他们记住。这再次提醒我们，因为安排了许多"语法点"，所以不可认为分级读物的初阶过于简单而追求快速通过，一定要反复读，直到非常熟悉。

除了不规则动词变形，英语里有很多语法特征是汉语里没有的，比如定冠词不定冠词的使用，试图挖掘符合逻辑的规则，以这种规则思路去学习是很难分清各种语法现象的。其他比如过去式、词形变化、第三人称单数动词结尾加"s"等语法特征都是汉语中没有的。听到很小的孩子竟能在没有学习任何规则的情况下遵守这些语法规则，大人会感到不可思议。就像其他国家的人感到法语和德语国家的孩子居然能区分名词的阴阳中性而从不搞错一样惊叹。其实孩子的学习原理很简单，就是在实际使用的、有情景的素材中，通过记住具体的句子，来记住语法特征，然后平移套用。

有的学员非常怕犯错，担心自己总是做错怎么办，担心孩子张口犯错怎么办。但犯错—反馈—纠错—记住正是学习的必要过程。要想学会语法必须要大量输入、大量使用，大数据量才是学会的基础，不断进行对比和总结，才能越来越趋向正确。

小树在 4 岁多开始说句子之后，日常讲话中出现了过度使用一般过去时的问题。孩子学习的方式就是将学到的规则过度推广，这非常正常。因为她平时读的牛津树都在讲故事，故事叙述都要使用一般过去时，所以孩子以为全部的动词都要变成一般过去时。比如她观察宠物，讲这只大壁虎正在捕猎，会说"The gecko was hunting. She saw the cricket and got very excited." 我说，"你讲这件事的时候，咱们俩都站在现场观看，是现在发生的事情，所以要说 'The gecko is hunting.'"

到她下次讲自己的"脑子故事"的时候，又用了一般现在时。我又说，你这个不对，你需要用一般过去时，因为当你讲故事的时候，讲的都是过去的事情，所以比如人物说的 say，要变成 said。孩子觉得你怎么一会儿让我这样，一会儿让我那样。她听到这些语法术语就很挫败，带点哭腔地说，"sad？你是说很悲伤吗？"我放弃了用语法术语教规则的方式，拿来一本她最常读的牛津树，随便翻开一页，让她注意里面的人讲话。当两个人对话、谈论彼此看到的正在发生的事件的时候，他们说话用的就是现在时。而到了讲故事的时候，比如 Biff 并不是跟你现在一起穿越到恐龙时代的，故事被讲述时已经过去了，所以需要用过去时。给孩子反馈的时候，只要还原使用场景，并记住绘本里的两个例句，这个语法点就能掌握了。

注意总结绘本中的时态变化

　　如果大人无法提供准确的反馈，孩子又需要写英文作文，对语法正确的要求更高，怎么办？那就使用多邻国。多邻国和母语环境下自然习得语言的平移套用、试错反馈机制是一致的。多邻国的学习过程就是结合真实语言素材，给出反馈最后修剪掉错误。小树幼儿园寒暑假都会回老人家，但老人不会英语。孩子每天花半小时做多邻国。几个寒暑假、几个月时间，她完全自主完成了多邻国的英文和中文练习，语法就成体系了。

　　对于特定语法，只要记住 2~3 个关键句子，就能准确判断了。而记住整句是孩子擅长的。再稍加解释，让孩子理解，就可以学会了。多邻国的语法知识树和用户友好的页面，令学习者无须掌握语法术语，通过记住真实场景的语句，就能自然习得语法了。

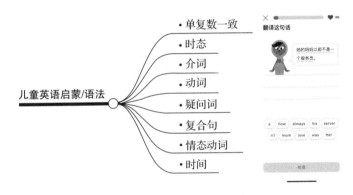

儿童英语启蒙的主要语法点

5.3 听说交互——如何培养口头表达能力

口头表达能力的培养，关键在于听说交互。做好以下三点，孩子会自然且不费力地逐步实现优秀的口语表达：

- 绘本朗读：听说读三通路并行，为自由表达搭建脚手架。
- 绘本问答：从易到难，用三个难度层次的问题提问。
- 日常对话：使用五大万能句型，开启学习者的思考和对话。

朗读：关键习惯，打通听说读三通路

主旨问题	关键词
只会听和读，口语很差怎么办？	朗读、重音、节拍、元音、三通路并行强化记忆

朗读是口语的基础，可以打通听说读三通路，为自由表达搭建脚手架。下图是艾瑞克·卡尔的绘本 *From Head to Toe*，你可以先尝试用在单位和同事说话的方式，或者用念学术论文的方式念一遍图上的文字。

用这种方式念，听者的注意力马上"脱钩"，如果是婴幼儿，可能会跑了，不想听。因为你发出的单调的声音一马平川，没有什么突出的"地标建筑"。下

面再改用说快板的方式来念一下，念的时候，可以用手打拍子，让拍子落在词的元音（a、e、i、o、u）对应的音素上。

I am a penguin and I turn my head.

Can you do it?

I can do it!

元音音素充当了语言"地标建筑"，节拍会让暗淡枯燥的符号变得有意义，有情感。

人之初，专气致柔的婴幼儿向语言的歌咏本质敞开了感知，就像受过训练的演说家和音乐家一样。即使婴幼儿不认识这些英文词汇，根本听不懂这几句话在讲什么，但你的重音、节奏，已经足够能引起注意。不只是婴幼儿，人终其一生，都会被语言的音乐性影响。你甚至可以试试用抑扬顿挫、充满韵律和情感、重音突出的音乐性语言念一段报纸上的财经消息、元素周期表、专业论文，不但小宝宝会听得津津有味，流下开心的口水，大人也会被吸引，似乎其中另有深意。著名诗人莱纳德·科恩说，他可以把鞋油说明书念成一首诗。

中文的吟诵传统同样讲究"轻重、快慢、高扬、起、降、促"的语音特征。[9]中国过去的蒙学读物同样利用了语音规律，比如吟诵诗歌、《三字经》和《声律启蒙》等，借助孩子天然自带的对音韵"地标"的敏感和记忆能力来完成词句的原始积累。

当我们学语言时，不论中英文都需要朗读，所谓朗读就是突出音乐性地读，包括：

·韵律（meter）：不同音步的排列方式，用来表达意义和情感。

比如扬抑格（trochaic）是强—弱的节奏模式，如"Tyger, Tyger, burning bright, in the forests of the night"（老虎！老虎！火一样辉煌，烧穿了黑夜的森林和草莽），传达出活泼或力量的感觉。

而抑扬格（iambic），重音总在词的后一个音节上，是弱—强的节奏模式。如"Shall I compare thee to a summer's day?"（我怎能把你比作夏天？）表达出温柔的情感。

·音色（timbre）：声音的特质或质量，影响情感表达和句子的整体氛围，是一种声音的"个性"特征。特定的韵母、辅音和发音模式可以传达不同的情感和意象。

比如这段话：少年侠气，结交五都**雄**。肝胆**洞**，毛发**耸**，立谈**中**。死生**同**。一诺千金**重**……轰饮酒垆，春色浮寒**瓮**。吸海垂**虹**（宋·贺铸，《六州歌头》）。"ong"这个韵母，通过其深沉浑厚的音色，传达出豪放沧桑的色彩。这种音色与词作中所描绘的豪侠气概和义胆忠肝的形象相呼应，增强了作品的情感力量。

另有李清照的"凄凄惨惨戚戚"，除了文字书面的含义，对"qi qi can can qi qi"的发音，即使不懂中文的人，或者小孩子听起来，也能感受到悲切的情感。文字的声音会和文字书面符号（书面符号+意思）共同传达情志。

可以做个实验，让哪怕基本听不懂意思的孩子听下面两首古诗，并从这两张图中选听到的诗分别应该对应哪张图。

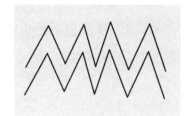 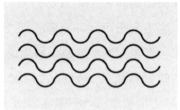

《春晓》　　　　　　　《茱萸湾北答崔戴华问》

唐·孟浩然　　　　　　　唐·刘长卿

春眠不觉**晓**，　　　　　荒凉野店**绝**，

处处闻啼**鸟**。　　　　　迢递人烟**远**。

夜来风雨声，　　　　　苍苍古木中，

花落知多少。　　　　　多是隋家**苑**。

孟浩然写的诗包含三句押韵，每一个韵都建立起一个意义场景，场景之间快速切换，节奏整齐紧凑。春天早上起来，刹那间的顿悟，是以画面的切换，紧凑的节奏，跳跃而明快的韵律来传达的。

而刘长卿的诗中，"绝"字和"远""苑"不入韵而且声音相差极远。以一个韵脚为一个意义单位，这首诗只包括两个意义场景，使全诗节奏更慢、更从容。声调的舒缓契合了内容的荒村野宿，悠然怀古，地远时长。假如改成"荒凉野店晚，迢递人烟远"，节奏就会变快，声音勾勒出来的空间就会变狭窄。

在我们朗读古诗、文章、故事的时候，如果能注意音韵音色和内涵的关系，就会为枯燥的文字注入神采和情感。中英文都要从语言的音乐性而非书面符号开启感知。

而朗读之所以能促进语言学习，原因是听、读、说三通路并行。出声朗读的时候，你必须凝聚注意力，不断解码字符对应的意义与情感，才能做出正确的意群划分、恰当的语气、重音判断。而投入注意力的主动思考，才能启动语言学习机制。成年人在长期工作中，要处理大量的书面信息，这使人们过于依赖书面符号和语义知识，慢慢忘记了语言除了形和义，还有声音的通路。声音是更原始的感官，具有直抒胸臆的直接的动人魔力。朗读帮我们建立起语言初始的感官感知和抽象含义的桥梁，用声音这种直接的感官媒介，能够触达更抽象的情志与意义。

学语言从感知语音开始，语言的音乐性是开启理解和记忆的钥匙。因此若要练口语，开口朗读是一个极好的开始。不论是学习母语还是外语，不论什么年龄段的学习者，如果你感到自如地脱稿说话很难，可以试试从句子跟读、文章朗读开始。初学者可以跟读有声书、模仿喜爱的电影经典台词，或者逐句跟读万物好奇者词汇卡中的纪录片原句，也可以自己成篇朗读《牛津树》并录音回听。配音游戏也是极好的朗读练习，而且非常有趣，可以一家人一起玩起来。如果能将一批素材出声朗读直至非常熟悉，你就向自由表达又迈进了一步。

提问：三级提问，开启有效互动

主旨问题	关键词
跟孩子一起读绘本时，除了读绘本上的字，还有哪些互动方式？孩子读了很多，但是一让说，孩子就摇头，如何鼓励孩子表达？	三层级难度提问；基本事实（what 问题）、关联与状态（how 问题）、主旨（why 问题）

我们需要思考这样一个问题：如果已经有点读笔、电子书，为什么还要父母跟孩子一起共读呢？

一大原因是"学习五元素"中的共同注意。人是社会动物，学习也是社会性的——孩子之所以会关注某个内容，想去了解它，是因为那个东西是同伴或者父母喜欢或关注的。不论孩子是否识字，总有一些书是孩子会想和父母或玩伴一起看的，分享一个故事带来的快乐才是读书的目的。相比点读笔和电子书，大人虽然发音不那么标准，但能提供一种更宝贵的价值，那就是思想交流和情感共鸣带来的心理满足。

更重要的是，书是死的，而人是活的。真人互动，可以按需调整聊天的关注点和难度，使得任何一本书都能成为启发思考的宝藏。跟孩子一起读书，很多人不想只念书上的内容，想互动却不知道还能跟孩子说些什么。对话的努力常常被"大"问题挫败：父母问孩子"这个故事讲了什么"，小朋友经常会回答"不知道"，或者"你自己去看吧"，因为直接问故事主旨，太抽象宏观，这种问题本身就很不好回答。

认识事物的时候，要经过有由浅入深的过程：我们最初注意到的总是具体的事物、人和地点，即"点"；之后，认识到事物存在的抽象关系，比如各事物之间的时间顺序，或因果关系——"线"。连缀起一个个事实的"点"，捋出彼此关联的"线"，才能得出故事讲了什么这个总体的"面"。

第一层级是最简单的"what 问题"（事实）：关于基本事实，有什么（what），是谁（who），在哪里（where），什么时候（when），哪一个（which）和谁的（whose）等"wh- 问题"。这些基本事实性问题是认知的基础阶段，强调对画面事物的注意力引导和全面观察。这些信息是基本事实，是思考的基础。先细致全面地观察基本事实，之后才谈得上抽象思考，有自己的思想。

基于基本观察，就可以提出最简单的、只需要用"是 / 否"即可回答的问题。当孩子感到表达困难的时候，我们总可以提供选项，孩子只需要说"是 / 不是"就可以了。当学习者更加自信，就可以请他来描述画面上看到了什么、有哪些有趣的东西、有谁、他们在哪里等问题。

第二层级是难度略微增加的"how 问题"（怎么样）："what 问题"的相互

关联，形成了对"how 问题"的思考和回答。"how 问题"是对事物间关联的理解，通过解释"how 问题"，孩子能够理解步骤、程序和系统。

第三层级为认知难度最高的"why 问题"（为什么）：关于人物为什么这样做，事情为什么成了这个结果，思考上更为抽象。"why 问题"涉及更为复杂的因果关系和动机分析，也是思维的最高层次，需要整合前两层级的具体事实和关系推理，得出更抽象的理解。

三级层次问题的排序，体现了我们认识事物的顺序。[10]

交流可以由浅入深，拉开三个难度的层级。如果孩子无法抽象出高层级的想法，就退回上一个层级的事实性观察。

下图来自兰登书屋 1 阶的斯凯瑞故事。仅仅念完书上的那几行简单文字，阅读者可能还意犹未尽。画面上有大量的丰富有趣的细节，比如有好多可爱的人物，可以猜想一番，他们是干什么工作的？见到兔子走进了水泥里，观众们都在想什么？他们的反应怎么都不一样？兔子为什么会踩进水泥里？他接下来要怎么办？创作者留了很多空间给小读者自主发挥想象。这就是在鼓励阅读者脱离书面文字，去讨论图片。

斯凯瑞故事

首先，用第一层级的"what 问题"观察描述画面发生了什么。

大人：Do you think they are having a good time? Maybe they are having a party in the street?（你觉得动物们都很开心吗？他们是在马路上开聚会吗？）

小朋友：No, something bad happened.（他们并不开心，发生了倒霉的事情。）

大人：What happened?（那发生了什么呢？）

小朋友很乐于描述画面上都有谁：There is a little mouse baby and his mom. There's a cat, he is in shock. There's a hippo, she is smiling, she has no idea. They are looking at the silly rabbit walked into the wet cement. The newly paved road is ruined now.（有一只小老鼠宝宝和妈妈在散步。有一只猫，他吓呆了。

有一只河马，她在笑，不知道发生了什么。其他人看到一只笨兔子走进了没干的水泥里，刚铺好的地被他毁掉了。）

大人：What are they doing?（他们在做什么？）

小朋友：The dog with a helmet is very angry. Everyone must be shouting,"Oh, Mr. Rabbit got stuck!"（那只戴头盔的狗气坏了。其他人在喊："兔子先生陷在水泥地里啦！"）

其次，第二层级的"how 问题"稍微进阶一些，需要找出事物之间的关系、人物的特征，总结前面各个散点之间的共同点和差异，连点成线。

大人：How do they feel?（他们都是什么感受？）

小朋友：Some are angry. Some are calm. The cat in uniform looks happy.（有的特别生气，有的很平静，那只穿制服的猫特别开心。）

最后就自然引出第三层级的"why 问题"：

大人：Why the dog in helmet looks angry?（戴头盔的狗为什么那么生气？）

小朋友：It seems the rabbit ruined the cement. He is angry because he just paved the road.（因为兔子踩坏了水泥地，这片水泥地肯定是狗刚铺过的。）

这个画面上的"what 问题"非常丰富。"有什么，是什么，在哪里，做了什么"等，观察这些细节能给孩子带来巨大的乐趣。完全可以脱离那几行文字，留出足够的时间，让孩子多观察、多说。比如，能不能通过人物的衣服，猜出他们是做什么职业的？看到兔子闯祸，为什么他们的态度会那么不一样？这样一来，就需要口头讨论许多内容，不但鼓励了孩子张口表达，更重要的是锻炼了孩子的观察和推理能力。

对于"why 问题"，需要关联更多文章外的背景知识去推理。狗狗工人为什么那么生气？因为他的劳动成果被破坏了。当你的劳动成果被破坏的时候，你就会很生气。

要回答"why 问题"，需要连缀文章中的事实，还要关联自身体验，才能得出故事主旨。不要说儿童，成熟的学习者都不太容易做得到。虽然小树的词汇量够她自己读《伊索寓言》，但学龄前儿童的背景知识有限，共读时发现她仍然只能停留在"what 问题"和"how 问题"的层面，"why 问题"常常无法回答，需要和大人一起讨论。

比如她给我读了《鹳与狐狸》的故事。狐狸干了什么？它热情邀请鹳去他家吃饭。鹳去了之后，狐狸用一个浅盘盛了美味的肉汤给鹳吃。鹳的嘴又长又尖，吃不进去。鹳过一段时间回请狐狸，把肉放在一个细颈瓶里请狐狸吃，狐狸同样也吃不到。

读完故事，小朋友问我："既然狐狸不想给鹳吃东西，为什么要邀请人家？"这是一个"why 问题"，关乎这个故事的主旨。

我一时也答不上来，于是跟她一起退回故事里的"what 问题"，简单回顾了狐狸和鹳做了什么：

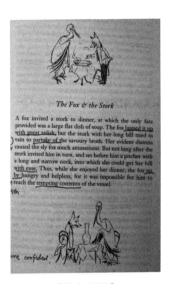

《鹳与狐狸》

What did they do to entertain each other?（他们分别是如何招待对方的？）

How did they fail to make their guest happy?（他们是如何使客人不开心的？）

回顾原文的事实，才会发现原来是他们都用适合自己的方式去招待对方。狐狸自己是扁圆的嘴，适合用盘子吃饭，于是就也这样招待鹳。鹳自己是细长的喙，就没有考虑狐狸吃不到瓶子里的东西。他们都想招待对方，却没有为对方着想。

于是"why 问题"就浮现出答案了：故事讲的也许是当我们为别人好的时候，应当考虑别人的能力和需要，选择适合别人的东西，而不仅仅是将自己认为好的东西强加给别人，不考虑别人是否能接受或对其是否有益。

孩子又提出另一种可能，狐狸请鹳去吃饭其实是想吃了鹳，不是真的想请鹳吃饭。可是文章里没有提到这方面的事实。第一次见面，狐狸没有伤害鹳。接下来，鹳也请狐狸吃饭了，狐狸也没有伤害鹳，这要如何解释？当你没有事实支撑的时候，假设就无法证实。我们无须讨论主旨是否符合某个标准答案的"对错"，更重要的是思考过程能否基于事实，以合理的方式连缀事实。

讨论非虚构类内容也是遵循从"what 问题"到"how 问题"，再到"why 问题"的顺序。下图呈现了牛津小学科学课本中的一节课：

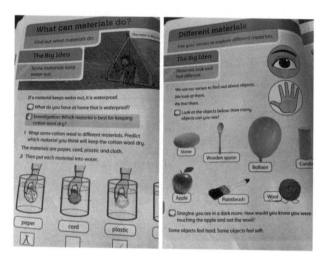

牛津小学科学课本

这节课的页面上给出了各种物品，先向孩子们提出"what 问题"：这些东西都是什么材质做的？答：金属、非金属、塑料、纸张、橡胶。接下来是"how 问题"：这些不同材质有什么性质？如何运作？答：有的材质透水，有的不透水，有的透气，有的坚硬，有的柔软。下面就是"why 问题"了，为什么有的材质透水，有的不透水？跟软硬程度有关吗？跟"结实"程度有关吗？还是有什么特殊的微观结构？为了回答"why 问题"，就需要进一步提炼规律，引向各种可能的共性、差异和更深层的发现。

读完故事，大人常常问孩子故事告诉了我们什么道理？孩子总说不知道，这样对话无法继续。原因常常是大人直接问了最难的第三层级的"why 问题"，而跳过了前面的"what 问题"——没有足够的观察，和"how 问题"——没有足够的关联，突然问最高层级的问题，由于缺乏思考的脚手架，孩子就难以回答了。

对话：五大句型，驱动思考与对话

主旨问题	关键词
孩子不喜欢知识与科普类内容，只喜欢娱乐类内容，怎么办？	日常交流五大句型、明辨式思维

前文我们介绍了在读书时，如何根据书的内容，做延伸讨论。那么如果不读书呢？如何讨论和启发彼此？我根据明辨式思维框架（见第 9 章）总结出可以在日常聊天中开启谈话的五大句型，将明辨式思维的培养和口语能力提高结合在一起。

人会喜欢什么？我们通常以为你要先喜欢，才会去做。但其实相反的顺序往往更符合人的认知和行为规律，即人要经常多接触一个事物，熟悉之后才会喜欢。如果希望孩子喜欢英语，那么家里每天会一起观看英文视频吗？希望孩子喜欢读知识类内容，家里有没有大量的科普类书籍杂志呢？一家人日常聊天会讨论什么？塑造孩子的兴趣爱好，不是靠说教，而是靠提供环境。

好的环境，也包括交流环境。下面介绍的五大句型，能使我们通过日常聊天就养成展开讨论的习惯，在无形中培养明辨式、科学思维。先做起来，习惯成自然，就会让家庭成员喜欢上这样的内容。这五大句型能让口语表达富有思维的条理性、逻辑性，并走向迁移创造性；先清晰立足每个概念（点），有理有据，生长出关联（线）与思维（面）。

句型	英文	中文
1	What is what?	你看到的这个概念 / 东西，它究竟是什么？能否举例？
2	How does it work?	这个东西如何运转？（可能用什么理论来解释？有没有多种解释？）
3	How do you know?	你怎么知道的，你有什么根据？如果计算，可以怎样算出来？
4	What if…?	如果某个关联是真的 / 假的，会怎样？如果改变了某个条件，会怎样？
5	How to……?	如何实现一个目标，如何造成一个改变？

句型一：What is what？

认知过程的第一步是观察与提问：你看到的这个概念 / 东西，它究竟是什么？能否举例？

比如最近几年，关于气候异常的新闻报道越来越频繁，占比越来越大。"高温天""百年不遇的水灾""几个月都难以熄灭的澳洲和北美山火"等，新闻往往会告诉我们，这是厄尔尼诺现象，是气候变暖造成的。

跟其他概念一样，乍一看"气候变暖"这个词很流行，谁能不知道呢？我们生活在由众多模糊概念构成的"我知道"的幻象中，根本禁不起被问"这到底是什么"——所谓"变暖"到底是变多暖？同一个地方，夏天 30 多度，冬天 0 度，这差了 30 度，温度高低浮动不是很正常吗？恐龙时代不是很热吗？南极也有大量的森林植被，河南历史上不还曾经是森林，生活着大象吗？地球不也好好的吗？新闻里讲的《巴黎协定》提出的控制目标是"21 世纪末将升温幅度控制在前工业化水平 2 摄氏度以内"。升高两三度，怎么就会造成有的地方发生极端干旱，有的地方发生极端暴雨和洪水呢？为什么这不是正常气候周期的一部分呢？一提问就发现其实自己不知道"什么是什么"（What is what）。

无法回答这些问题，就需要去看视频、读书，从网上查阅文章，寻找新的事实，再继续讨论。弄清"什么是什么"，需要掌握事实才能理解。"全球平均温度"已经平均了季节性和南北半球的温度。按今天的排放速度，到 21 世纪中叶，全球平均温度会升高 1.5~3 摄氏度，21 世纪末会升高 4~8 摄氏度。这意味着过去夏天超过 32 摄氏度长达 1 个月的地方，到 21 世纪中叶，高温天会变成 3 个月。由于海平面上升、极端高温干旱与洪水肆虐，脊椎动物分布面积缩小 8%，植物分布面积缩小 16%，昆虫分布面积缩小 18%。粮食生长季缩短，全球范围内大部分地区粮食减产 50%。在下一个 10 年或 20 年，气候变化对经济造成的破坏相当于每 10 年爆发一次与新冠病毒感染规模相当的流行病。搜集到这些具体事实后，才知道"气候变暖"这个概念具体指什么。[11] 类似地，新闻里高频出现的"人工智能""室温超导"又都是什么呢？每天都会遇到"什么是什么"问题。对这些概念做一番查询，听读相关内容，再用自己的话讲出来，就是最好的听力和表达训练。

"它究竟是什么？能否举例？"，具体事实将本来没意识到的问题带入意识之中，能挖掘出许多惊喜。比如尝试定义一下，究竟什么是生命。和孩子的日常对话中，大人不必要扮演无所不知的角色，反而不如扮演无知的角色，提出问题，由孩子来回答。我曾与孩子做过下面这样的对话。

无知的大人：生命是一种神秘的气息，是神照自己的样子做了人，吹口气，于是泥巴捏的人就会动了。

孩子：不对，生命是由普通的材料组成的。大量的水，一根铁钉里的铁，铅笔里的碳，几根炮里的磷，几把贝壳里的钙，一些盐里的钠，一些花肥里的氮，磷还有其他一些元素，由这些组成的。

大人：所以我花 100 元钱，买来一堆材料，就能造一个生命吗？

孩子：只有材料不行，生命是能动的，它有基因。它会吃东西，根据基因自己长大。

大人：我知道了！那汽车有生命啊。吃汽油，或者电，就能跑。火，也是生命，它吃所有能吃下去的东西，还会动。

孩子：不对，你不去开，汽车不会自己动，生命会自己去找食物，生宝宝。汽车和火，都不会生宝宝。生命会生出宝宝来，复制自己。

大人：火可以复制自己呀，你用一根火柴去点一根蜡烛，点着了不就是第二朵火焰了吗？矿石晶体也会生出许多跟自己一样形状的宝宝。你见到地质博物馆那些六棱柱、糖和盐的小颗粒，不都是晶体复制出来的宝宝吗？

孩子：矿石没有眼睛，没有鼻子。生命需要能感觉，它会看，会闻味道，找吃的。生命是有智能的。

大人：我明白了，那电脑就是生命了！你要是给它装上四肢，它会到处跑，探测外星球，还会救援。它还会复制，会把自己的文件备份。它也有眼睛，会扫你的脸，放你进火车站闸机。ChatGPT 可以回答你的各种问题。电脑是有智能的，它就是生命呀。

孩子：但计算机还是不会找吃的，不会结婚，不会死亡。生命会进化，恐龙进化成了鸟，猿进化成人，矿石和计算机自己不会变化。生命有细胞……

我们聊完，再看《生命如何运转》这本书对生命的 16 项定义，讲的恰好就是围绕信息反馈与能量的循环来认识什么是生命。共读过程中还可以讨论书中哪些内容和我们的思考相似，哪些是我们没想到的。只要经过自主思考的问题，再在书中见到就绝不会没兴趣。物质宇宙的一切本是静默和无意义的，它之所以精彩，是因为我们认真对待它，想要去理解。用孩子的话说就是："只要认真，就很有趣。"

儿童的问题往往极为重要，且并不容易回答。最好把这些问题记录下来，持续几个月、几年地听读丰富的内容，你会发现儿童的提问常常通向重大科学议题或社会运转之道。最初之人的眼睛无比澄澈，儿童是天生的哲学家和科学家。而大人要做的不是给他们灌输更多结论，而是帮儿童避开停留于模糊和人云亦云、不求甚解的不良思维习惯；避免他们陷入思想窠臼，用问题与讨论保持儿童活跃的智识天性，眼界心胸的平坦与开放。

要搞清楚一个概念，需要搜集大量基本事实和例子，那么就要查阅资料，看知识视频，读中英文网页和书，语言水平在这样的丰富模式学习中会得到水到渠成的提升。前文介绍的三个层级的提问中，最基础的 what 问题要求我们学会观察和掌握事实。脱离事实，就谈不上自主思考，谈不上判断力和观点。此处的 "What is what" 问题能揭示出看似普通、平常视而不见的事物背后无穷的乐趣，开启孩子源源不断的知识寻求和思考之路。

句型二：How does it work?

第二个万能句型是：How does it work?（这个东西如何运转？可能用什么理论来解释？有没有多种解释？）

有一次看 TED-ed 视频，里面讲到如果一个原子像一个足球场那么大，那么原子核只有足球场中间的一粒蓝莓那么大。看完几天后，我和孩子一起散步回家时她问我："如果原子和原子核之间空隙那么大，那为什么我们的手不能穿过桌子和墙？为什么我们看到的东西基本都不是透明的？"

这个问题很傻吗？一点也不。我答不上来，让她记录在本子里。后来发现在卡尔·萨根的《宇宙》里讲到英国数学家、天体物理学家亚瑟·爱丁顿也问过一模一样的问题。卡尔·萨根解答说，答案在于电子云。我们的胳膊肘外部带负电荷，桌子也一样。负电荷彼此排斥，所以我们的手无法穿过桌子和墙，是因为原子核周围有电子，而且力量很强。如果有人关掉电源，原有的这一切会崩塌成细碎的尘埃。[12]

儿童有能力提出最棒的问题。关于事物如何运转的问题，和"什么是什么"一样多见，无处不在。小树提出过下面这些问题：

为什么冬天下午一放学（17:10 分）就天黑？夏天很晚才天黑（20:45）？

汽车是怎么跑起来的？内部有什么结构使它跑起来？动物是怎么跑的？

卫星为什么不会掉下来，也不会飘到外太空？

为什么一坨实心的金属会下沉，而做成轮船就能航行和载货？

这些都是儿童通过自己的观察发现的问题，这是最宝贵的。儿童知道没有什么东西是本该如此、理应如此的。如果我们假装自己是外星人，刚到地球，讨论身边的一切事物为什么是这样，它们如何运行，会发现再寻常的事物背后都有惊人的秘密。如果儿童尝试用中文和英文描述一下发动机、马桶如何运作，能用自己的话讲得让别人听懂，会极大提升表达能力。

句型三：How do you know?

第三个万能句型是：How do you know?（你怎么知道的，你有什么根据？如果计算，可以怎样算出来？）

孩子：人类的飞船最远只到过火星表面，拿到样本，怎么知道没去过的行星的成分？太阳的温度有五千多度，没有航空器能着陆，那人是怎么知道太阳，甚至太阳内部的成分的？

看了纪录片，在不同的书里也提到，因为不同的分子和元素会吸收不同频段的光，不同分子或原子的光谱特征不一样。所以人可以在地球上，分析出几千万公里外的金星大气构成和太阳的构成。构成宇宙与星球的元素构成了人，这件事改变了我的世界观，也深深震撼了孩子，我们一起读了好几本关于元素周期表的书，看了关于元素发现史的纪录片。

"How do you know"这类问题，同样需要大人充分扮演无知的角色。

大人（故意胡说）：我们站得稳稳的，不会掉下去。我认为天圆地方，大地是个棋盘。

孩子：不对，地球就是球体的。

大人：你要是没证据，我是不会相信你的。我怎么也不能骗自己，我明明头朝上，怎么可能是在一个球上，头朝下站着。

孩子：因为月亮上的缺口总是圆的，地球的影子总是圆弧，说明地球就是圆的。你在海上看到远处的船，先看到的是船顶的桅杆，再看见船身，不是一下子看到整只船。（她在重复之前我们读到的亚里士多德的推理过程。）

大人：如果太阳在一个盘子下面，盘子投上月球的影子，那也是圆的呀！

跟孩子一起读书：2200 年前有个希腊人叫埃拉托色尼，他拿了两根一样长的竹竿，将一根竹竿插在赤道的一个城市，将另一根竹竿插在北边的城市。他发现，弯曲表面上影子的长度不一样，根据影子的长度……埃拉托色尼仅靠眼睛、竹竿、尺子，再加以思考，就算出来整个地球的周长，你还在说地球是个棋盘？

读完之后，我们分别用自己的话来讲讲"你如何知道"，这到底是怎么算出来的，这是最好的口语训练。如果我们听到任何结论，都习惯于搞清楚它是如何得到的，将"你如何知道"变成一种条件反射式提问，就能避免许多懒于思考的错误。培养孩子依据事实思考的习惯，会让他受益一生。将来有人告诉他，年化收益率达百分之十几的保本投资稳赚不赔，或绿豆包治百病，你只需要问"什么是什么"，以及"这个东西如何运转的"，群魔乱舞将立刻退散。

启蒙思想家洛克说："你可能会发现，在所有语言当中，有些词不管是从起源还是使用看，都不能表示任何清晰明显的观念（idea）。"再古老再权威的概念，也是某个人在某一个时间点造出来的，曾经是"新词"。就如洛克所说："这些词的创造者，往往爱装作与众不同，不为常人理解，或支持一些奇特的观点，又要掩饰自己假设中的弱点，因此他们会创造新字词。如果我们考察一下这些新字词，就会发现它们可以被称为'无意义的词汇'。这些词在发明之初就不代表任何有意义的观念……人们常常谈及'智慧''荣誉''恩惠'等字词，但如果问他们，这些字词到底什么意思？他们就会傻眼，不知如何回答。虽然他们知道这些词的声音，也能脱口而出，但却不知道这些词是什么意思，也不能向别人解释。"

记忆存储当然是思考的基础，但应该在思考之后再记忆，而不是只让孩子们记住各种好听的煽情的词汇，再去学这些字词代表了什么事物。人们甚至压根不在意这些字词代表什么意思，满足于用字词来涵盖心中一些含混的观念，并且假设别人用这些词的时候也跟自己有相同的观念，好像这些文字符号及其意思是真实存在和永远不变的。大家不要小看搞清楚一个结论是如何得出的这件事，这是真知的第一步。一个人学会理性思考的第一步，就是不再满足于不假思索地重复那些自诩的真理，而是问一句"你如何知道的？"

句型四：What if？

第四个万能句型是：What if？（如果某个关联是真的／假的，会怎样？如果改变了某个条件，会怎样？）

练习题里 What if 问题随处可见，可以改变某个条件，练习孩子的模式提取和迁移的能力。如果掌握了从 1 加到 5 的方法，那么从 1 加到 50 呢？从 1 加到 10000 呢？从 2+4+…20 呢？甚至可以说，如果没有 What if 这一问的检验，就是没有真正理解和学会解决一类问题，对这类问题的理解就不完整。

What if 总能帮我们进入胡说八道模式。小树特别爱幻想的一类故事是她坐上时光机，穿越回远古时代，把霸王龙、阿根廷龙等这些巨无霸缩小成小狗那么大，再放到飞船上，带回现代世界，让恐龙这个物种避免了灭绝。

那么，What if 问题就可以是：如果霸王龙真的缩小到小狗那么大，会怎样？

她对这个问题很感兴趣，先是学了数学、面积和体积的关系，感到其实动物的身体形态是和它们的大小相关的。也就是说，动物长到一定大小，它的外形需要做出相应的变化。之后看了 Kurzgesagt 频道的一集，刚好是讲这个问题的：身体的新陈代谢速度不变，体积按照立方倍数缩小，表面积是按平方缩小的，相比缩小了更多的身体体积，面积没有缩小那么多，那么这个动物生产的能量，远远不够过大的表面积散热。也就是说，将一只大象那样的大动物，缩小为一只仓鼠那么大，它会冻死。同理，如果把一只仓鼠变成大象，表面积扩大倍数远远追不上体积扩大的倍数，仓鼠超快的新陈代谢产生的大量热能无法散出去，它会热到爆炸。

What if 是特别让孩子痴迷的一类问题，能关联到非常多的知识点，很能激发孩子动脑子。"开脑洞"看起来不正经，但其实能帮助整合知识与启发思维。在注重明辨式思维的教材中，自然会有 What if 问题。

那是在一年级寒假，我和孩子每天上午学一课 Reading Explorer 教材，一天遇到一道 What if 类型的课后讨论题："如果地球的空间站接到了来自另一个星球的信号，确认了那里有智慧生命，你认为接下来会发生什么？和你的同伴讨论并将你们的想法记录下来。"

孩子用英文口述，我继续扮演"无知的大人"，一边记录，一边提问："What do you mean by…（你说的某某概念，到底是什么意思）？""How does that work（那是到底怎么运作的）？""Can you give an example（你能举个例子吗）？"。也就是五问中的前三问。这些问题就好像思考的"助产士"，刺激思路不断延伸，而逻辑和例子都是孩子自己的。

孩子的想法如下（为了呈现方便，提供中文作为对照）：

- If they can send radio signal，they are an advanced civilization like or above human beings.Next，we need to figure out where they are，are they in the same galaxy，or from other galaxies?（假如他们能发射信号，说明他们来自一个先进的文明，和人类文明程度类似或更发达，排除了他们是细菌或者野生动物。接下来，我们要确定他们在什么位置，在银河系还是更远的星系？）

- If they are from other galaxies，that means they are more advanced than us. We need to make sure they don't come here and find us. They may have more advanced weapons. Both sides may have misunderstandings. With their more advanced weapons they would attack us. Powerful animals would always eat smaller and weaker animals. Except we have/can do something they need. Like the small fish cleaning the big predator's teeth. (如果他们来自更远的星系，意味着他们要比人类文明先进得多。我们需要确保不要被他们发现我们的位置。因为他们也许有更先进的武器。双方有可能产生误解，而他们拥有更先进的武器，意味着我们会被他们毁灭。在自然界，强大的动物总会吃掉弱小的动物。除非我们能做他们需要的事情，就好像清洁小鱼给鲨鱼清洁牙齿。)

- If they are in the same area—Orion arm，or in the Milky way. That means they are not that advanced. Maybe similar to us. Because they don't have weapon to wipe us out，and we can't destroy them either. It's ok if they figure out where we are and come to us. (如果他们和我们在同一星系，比如猎户旋臂上或者就在银河系里面。那么就意味着他们也许没有比我们发达很多，和我们处在类似的文明阶段。那么他们没有办法消灭我们，我们也不会消灭他们。那样的话，我们可以让他们找到我们。)

- What good would come out of inter-civilization exchanges? (文明之间互相交往有什么好处呢？)

- Maybe they have answer for our problems，like climate change. We may know something that would help them to solve their problems. In history，different tribes have different goods. For example，one tribe has berries and needs wheat. Another tribe has wheat and needs berries. If they get to know each other and exchange their goods，both tribes have more to eat. The theory of atom，of geometry were found by the Greeks，and spread to the whole world. Mathematics we have today have been contributed by the ancient Greeks，Indians，Arabs，and Chinese. More people，more knowledge. (也许我们可以解决对方的问题，比如气候变暖。也许他们经历过了，有知识和经验。

在历史上不同部落有不同的物品，比如一个部落有很多麦子，另一个部落有很多浆果。假如他们相互交换，双方都能得到更多的食物。原子论、几何学，最早是古希腊人发现的，并且传播到其他国家。我们今天的数学，也是古希腊人、古印度人、阿拉伯人和中国人共同的知识贡献产生的。人越多，汇集的知识就越多。）

- How can we communicate if we have completely different languages? An advanced civilization must have science and computer. Science and mathematics are easy to communicate and computers can learn a language fast. For example, they can compare words in the periodic table and terms in Math. Computers from both sides can talk first and then teach the people of both sides. （假如我们的语言完全不通，如何交流呢？只要是先进的文明，必然有科学和计算机。科学和数学很容易沟通，而计算机可以根据这些知识，迅速学会对方的语言。比如通过元素周期表和数学的共同词汇来学习对方语言。计算机可以先相互沟通，学会彼此的语言，然后教给各自星球的人类。）

- What if they bring alien diseases to earth? Both Peoples don't have immunity against alien viruses. People and other creatures may die in large numbers. Upside: The survivors would be immune to the disease forever. Another up-side: we will learn more about viruses and life. （假如他们把外星疾病带到地球呢？两个星球的人都没有对对方的病菌免疫，所以最初可能会有大批人和生物死亡。但好处是：幸存者会永远对新病菌免疫。另一个好处：我们会对病菌和生命知道得更多。）

为了思考这个 What if 问题，孩子调集了她知道的各种知识，包括天文、生物、经济学的比较优势、语言等。过了两年我们看到卡尔·萨根的《宇宙》，也讲到这个 What if 问题，与外星文明相遇的推演，关于如何学会对方的语言，和孩子的设想一模一样。只要肯认真思考，有理有据，我们也不差！我发现 What if 问题特别能启发思考，于是买了这本《那些古怪又让人忧心的问题》送给她。

除了"开脑洞"，What if 问题也是一种反诘的
思维方式。在讲学习的注意力元素时，我们讲过彼
得·华生（Peter Watson）设计的 4 张牌实验，用翻
牌来证明一个规则是否正确。假设在你面前摆放着 4
张卡片，每张都是一面写有字母且另一面写有数字，
这 4 张卡片中有 2 张是字母朝上，2 张是数字朝上，
朝上的一面分别是 K、A、8、5。你的任务是选择
翻开一张或多张卡片，以检验下述规则是真还是假：
如果卡片的一面是元音字母，那么，它反面的数字
是偶数。现在请通过翻开某张牌来验证。

What if 问题对应的书

　　K 是个辅音，辅音的另一面是什么，与我们要
证明的规则无关。A 的另一面如果是奇数，就会证明规则错误，所以要翻开 A。
而 8 的另一面是元音或辅音，都和规则无关，因为规则只规定了"如果元音，
那么偶数"，没说"如果偶数，那么元音"。所以翻开 8 没有意义。而 5，假如
另一面是元音，就会证明规则错误，所以必须翻开 5。所以要证明这一规则，
需要翻开 A 和 5 这 2 张牌的组合。

　　在过去几十年的研究中，不到 10% 的人能选择这一组合去验证规则。因为
人的心智程序天然倾向于去证明某想法是真的，而不是去证明一个想法错了。
人们并不缺乏理性和逻辑的能力，只是总是用理性和逻辑为自己的情感和立场
进行辩护与合理化，而不是用来检查正反证据，达成一个更为客观的结论。

　　另有一个著名的实验是，将被试（美国人）分为两组，一组看到的材料提
供的情境是美国交通运输部发布的调查报告，发现某德国品牌汽车在交通事故
中造成对方驾驶员与乘客的死亡率是其他品牌家用汽车的 8 倍，美国交通运输
部正在考虑禁售这一德国品牌汽车。该组被试有 78% 认为应该禁售，73.7% 的
被试认为应该禁止该车上路。而给另一组被试看的文件是德国交通部门的研究，
发现美国的某品牌汽车在德国街道上发生的交通事故中，造成对方驾驶员和乘
客死亡的数量是其他乘用车的 8 倍。德国交通运输部正在考虑禁售该车型，问
被试是否同意。有 51.4% 的被试赞同德国交通部禁售该车型，只有 39.2% 的被

试赞同德国交通部禁止该车型上路。顺便说下，这组数据是真实的，确实是美国某品牌汽车的数据，但人们的判断却受到自身立场的影响。[13]

我们的背景知识和情感常常主宰了逻辑判断。除非经过特殊训练，否则我们总会认为只有自己熟悉的、已知的、我方的才是正确的、是好的，而陌生的、对方的事物常常易于染上负面色彩。讨论，意味着不同的视角，让我们有机会跳出自身立场和本能情感。而教育的作用，更不是去教人们从小学会服从与崇拜现成的结论和教条，恰恰应该是培养证伪、诘问的思维方式：学会问 What if 问题，问一问"有没有反例可以证伪？""有没有其他可能的因果链条？""有没有其他可能的关联因素？""有没有其他可能的解释？"。What if 问题是非常好用的、开启聊天的经典句型。

句型五：How to……?

第五个万能句型是：How to……?（如何实现一个目标，如何造成一个改变？）

口头讨论的另一个日常话题是"怎么才能做到？"学习、思考的最终目的是造成改变、解决问题。寻找一个事物的构成要素和运行机制，拆解成可行动的方案，是最重要的一种思考内容。不论大人还是孩子，困扰我们的拖延、恐惧、焦虑，都来自无法清晰地界定目标，无法拆解成可行动的最小任务。而与他人讨论，会极大地帮助我们完成这一思考。

比尔·盖茨的《气候经济与人类未来》一书，进行了"什么是什么"的界定后，就通过计算，提出 510 亿吨的温室气体排放量是减排总目标。之后将其分解为五大类人类活动，以及每个类别的占比。有了总量和各部分百分比，就知道每个类别需要减排多少亿吨。

人类活动的温室气体排放量	占比
生产和制造（水泥、钢、塑料）	31%
电力生产与存储（电力）	27%
种植和养殖（植物、动物）	19%
交通运输（飞机、卡车、货船）	16%
取暖和制冷（供暖系统、冷却系统、制冷系统）	7%

之后再结合各种新的技术，计算分别可以实现多少减排量，从而衡量这些技术的效能和可行性。这就不是主观臆断，而是有清晰的判断依据。

"你如何能做到"，同样应该是小学生的日常思考问题。一年级时，孩子觉得语文非常难，因为汉字的书写和读音不对应，阅读起来困难重重。识字量少，导致阅读困难；阅读困难，词汇量就无从增加。如何打破这个死循环？我建议孩子短期内突击刷卡提升中文识字量。我找来了《通用规范汉字表》，给她看统计数字，一级字表中的 3500 字就能覆盖 99.5% 的汉字读物内容。只要认识了这 3500 字，就什么都能看懂了。孩子本来对中文阅读有点畏惧，她觉得每天都要识字，什么时候是个头？可是一旦找到总目标，一下就来了精神，开始很积极地识字，每天能刷卡几十张。3 个多月后，她就能脱离儿童绘本，可以自由阅读自己喜欢的"章节书"了。

不只是学习，解决任何问题靠催促和说教都是低效且疲惫的，不如靠目标拆解和路线图。"我们要做什么，才能达到目标？"需要剖析事物的基本构成、运转方式，才能寻找发力点，制定路线图。日常就"How to（如何能做到）"这一句型展开讨论，能培养一个人的问题解决能力，提升对独立自主、理性思考的信心。

所谓口语，无非是由发音（词汇量及其发音）和内容组成的。解决了发音问题之后，要解决的就剩下有没有内容可讲的问题。这五大句型来自明辨式思维的框架，你可以发现前面推荐过的知识频道、演讲、纪录片、书籍和文章都遵循着这个思维架构。如果你把这个思维架构内化，习惯成自然，理解起各种内容自然会更加容易顺畅。

"为什么对读书没兴趣，对英语没兴趣，对科学没兴趣"，根本的原因是将本应是手段的考试视为终极目标。其实学习真正的目的是去寻求理解。理解周遭环境，理解我们看到的现象，理解事物原理与解决问题会带来快乐，因为生命总是追求变强大，符合这一本能的学习，带来了学习的内在快乐。而考试和分数只是帮助实现目的的手段。假如颠倒了这个关系，把"学英语""练口语"变成终极目的，那孩子最真实的感知就是"看不到意义，没意思"。

小 结

本章旨在将学语言和知识与思维的发展结合在一起，通过富有乐趣的丰富内容，搭建起语言与思维的"大厦"。

按照孩子喜爱的主题，看知识视频、纪录片，启发了心智，激发了孩子了解世界运行的成长愿望，听力提升只是一个水到渠成的副产品。在听读结合的过程中，配合以日常三个层级的提问，确保阅读理解吸收准确全面，激发主动思考；再配上五大句型、启迪认知的聊天，使我们的表达不再空洞无物，而是充实的，有着坚实依据的推论与思考。

在这个过程中，点燃孩子对大自然的热爱，对他人对社会的关切，从而使之建立起健康健全的自我认知和人生目标，使得语言训练不再是无源之水。有一个得到丰富的阳光雨露滋养而生机勃发的智慧星球，听力口语的出色表现便是自然结出的硕果。

注 释

1　平克.语言本能 [M].欧阳明亮，译.杭州：浙江人民出版社，2015：164.

2　Goldstein B.认知心理学：心智，研究与你的生活 [M].张明，等译.3 版.北京：中国轻工业出版社，2019：395.

3　杰伊.语言心理学 [M].北京：北京大学出版社，2004：84.

4　斯珀波，威尔逊.关联：交际与认知 [M].蒋严，译.北京：中国社会科学出版社，2015：136.

5　Tomasello M，Camaioni L. "A Comparison of the Gestural Communication of Apes and Human Infants." Human Development, 1997，40(1)，7–24. 7.

6　平克.语言本能 [M].欧阳明亮，译.杭州：浙江人民出版社，2015：282.

7　平克.心智探奇 [M].欧阳明亮，译.杭州：浙江人民出版社，2015：88-91.

8　Matthews P H. " Review of a first language: The early stages." by R. Brown. Journal of Linguistics，1975，11(2)，322–343.

9　陈世骧.中国诗歌的抒情传统 [M].北京：生活·读书·新知三联书店，2015：277.

10　Bloom L, "Merkin S. Wh-questions: Linguistic evidence to explain the sequence of acquisition." Child Development，53，1084-1092.

11　盖茨 . 气候经济与人类未来：给世界的解决方案 [M]. 陈召强，译 . 北京：中信出版社，2021：23.

12　萨根 . 宇宙 [M]. 虞北冥，译 . 上海：上海科学技术文献出版社，2022：249.

13　斯坦诺维奇 . 超越智商：为什么聪明人也会做蠢事 [M]. 张斌，译 . 北京 . 机械工业出版社，2015：310.

第6章 词汇篇

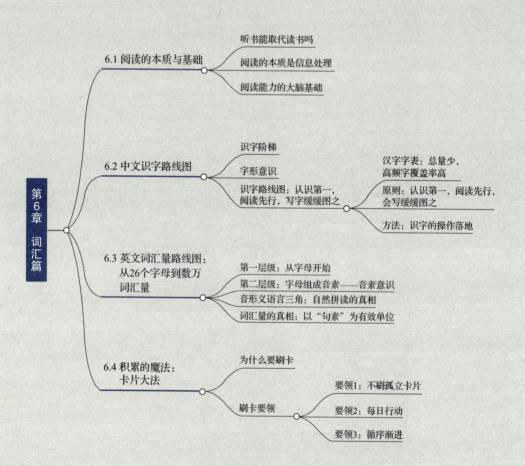

第6章 词汇篇

6.1 阅读的本质与基础
- 听书能取代读书吗
- 阅读的本质是信息处理
- 阅读能力的大脑基础

6.2 中文识字路线图
- 识字阶梯
- 字形意识
- 识字路线图：认识第一，阅读先行，写字缓缓图之
  - 汉字字表：总量少，高频字覆盖率高
  - 原则：认识第一，阅读先行，会写缓缓图之
  - 方法：识字的操作落地

6.3 英文词汇量路线图：从26个字母到数万词汇量
- 第一层级：从字母开始
- 第二层级：字母组成音素——音素意识
- 音形义语言三角：自然拼读的真相
- 词汇量的真相：以"句素"为有效单位

6.4 积累的魔法：卡片大法
- 为什么要刷卡
- 刷卡要领
  - 要领1：不刷孤立卡片
  - 要领2：每日行动
  - 要领3：循序渐进

6.1　阅读的本质与基础

听书能取代读书吗

主旨问题	关键词
在这个短视频和听书产品唾手可得的年代，阅读还有什么用？为什么还要培养阅读能力？	高效输入、主动搜索、筛选信息、形成个人知识体系

建国几十年来，中国人的识字率已经从 5% 提升到 94.4%（2015 年）。然而，会识字并不等于会读书。尤其在当前，手机成为成年人的主要信息来源。据调查报告显示，2023 年，中国一共有 12.24 亿名手机用户，平均每天上网 5.3 小时。[1] 在刷手机的时间中，又有超过 70% 的时间花在了刷抖音短视频上。

手机和互联网改变了"阅读"的概念。当人们说"读书"时，不再仅指自己阅读文字内容，而是包括了听书与讲书课程。很多人认为，反正都是知识，自己阅读又累又慢，而且自己读不如别人讲得更清楚，所以不如听书，听别人给自己的解读。也有知识付费机构迎合这种观点，把自己比作古代读书人带的书童，声称帮你读书，这样你就不用亲自阅读了。用户不用付出实际努力，就有现代"书童"替你读书，收获了知识，浓度更高还不费力，这岂不是天下少有的美事？问题来了：如果看短视频和听别人讲书是代表未来方向的更好的阅读方式，为什么还要让孩子从小养成阅读习惯，专门训练阅读能力？让我们抛开情怀，单单谈一谈作为信息传播的媒介，短视频、听书产品和书面文字阅读之间存在哪些本质的差别。

短视频和听书产品都是语音媒介，与书面文字是两种截然不同的媒介形式。以声音为媒介的信息传播方式，更多诉诸人类作为社会动物的本能。正如我们在第 5 章"听说篇"中讲过的，只要调整节拍和韵律，就能让任何话听起来生动有趣，甚至激荡人心。歌手莱纳德·科恩说过，哪怕是鞋油说明书，我也可以把它读成一首诗。因为激荡人心的往往并非语言的内容，而在于如何用声音和身体去表达这些词语。浅薄陈腐的无实际意义的话，甚至本是不堪一击的谎言，只要押韵，并且由一个富有人格魅力、善于掌控听众情绪的人来演说，都能让听者血流加快，心旌摇荡，感到自己听到了振聋发聩的真理。从希特勒的演讲到电梯里的广告语，再到各种直播销售和电话诈骗话术，都是靠话语煽情的魔力，诉诸人的社会性本能、冲动和欲望，令情绪的波浪裹挟你冲向盲从的终点。语音稍纵即逝，不会给人留出太多审慎思考的机会，更无暇验证概念是否有具体指代、论证是否有理有据。

而相比容易沦为"巧言令色"的语音媒介，阅读为深入的思想对话提供了场景。书面文字是一种更为独立、审慎和理性思考的信息形式。一个个层出不穷的"割韭菜"的新概念，无不高度依赖语音媒介，声音媒体的目标受众总是渴望口口相传的熟人经验，相信销售或权威的个人感受。但是，熟练阅读者在遇到一个新概念后，第一反应是搜索专业资料，进行多来源资料的比对，交叉查验这些概念究竟指什么、有什么根据，可能存在哪些问题。事实上，这个世间的骗局普遍连"界定基本概念"（即"什么是什么"）这第一关都过不了。

阅读者的信息处理过程

阅读和其他媒介的根本区别是将动态的思考过程以静态的方式呈现出来：从基本概念、举出实例，到推理论述，将整个由点至面的思维过程展开于字里行间，供所有人审阅和验证，避免简单结论。如培根所说，阅读使人丰富，写作使人精确。书面文字是理性思考和系统知识的载体，只要人类文明没有退化衰败，阅读就是受教育者应当具备的核心能力。若我们要建立可靠的个人知识体系，就需要针对信息细节进行重审和验证，从而做到去伪存真，去粗取精，筛选高质量的信息。这就是阅读的意义。

英语里用一个专有名词来形容一类人，叫"贪婪阅读者"（voracious reader），指的是这些人读书如吞咽美食般热情高涨。比尔·盖茨就是这样的"贪婪阅读者"。每当要搞清一个问题，他就要做同主题阅读。比如他在报纸上得知得不到清洁饮用水在非洲导致大量人口生病和死亡后，他会通过读书去深入了解这个问题，寻找同主题至少5本书来获得对该问题的基本认识。作为熟练阅读者，盖茨 1 小时能阅读 150 页书，还能记住 90% 的内容；和家人出去度假一周，他读完了 14 本书。

当然，盖茨靠的不是"量子速读"之类的读书神技。他的读书速度表明阅读的过程并非逐字逐句地读取录入，而是在主动提取和筛选信息。主动提取和筛选使得阅读具备一个简单粗暴的优势——信息传递效率远远高于语音。普通人阅读一般文本的平均速度是 365 字 / 分钟，1 小时就可以读完 21900 个字，10 小时可读完 21.9 万字，大概一本书的体量。

而熟练阅读者的速度可以翻数倍。熟练阅读者能够主动筛选信息，重点关注新信息，略读已知信息，不一定逐字逐行阅读。盖茨一周读完 14 本书，一两小时"处理"完一本书，这是一个优秀阅读者的正常表现。而语音媒介的说话速度是 150 字 / 分钟，即使是比日常口语快的新闻播报，也只有 200 字 / 分钟。相比被动"听"别人逐字逐句念，自己读书要高效得多。

有人可能会反对，为什么我觉得读书又累又慢？如果有这种感觉，说明你没有熟练掌握阅读技能到"熟练阅读者"的程度。如何判断自己算不算熟练阅读者？可以从你在需要获取新知识时的反应来看：比如面对健身、育儿或投资等问题，你的第一反应是查阅相关书籍或严谨的科普文章，还是更愿意听父母、同事、朋友、销售的口头信息？是希望能快速获得一个直接"有用"的结论，还是愿意像盖茨一样读几本书获取对此主题的基本理解？是满足于别人的观点，不论其是否过于绝对或缺乏根据，还是愿意仔细分析、审慎分辨观点？一个人更依赖哪一类信息获取渠道，决定了他获取信息的质量，这一切都取决于阅读技能是否熟练。

在"学习五元素"一章中详细阐述过，学习全程中每一步都需要主动和自主。那么，我们说学习"8 分靠自学（自主收集信息、分析、思索），2 分靠教学（教师授课）"并不为过。如果我们能带着阅读中积累起来的知识体系，再配以互联网上世界各处顶级专家的研讨与辩论，培养明辨式思维，就意味着这个时代的我们前所未有地接近学习自由。阅读和听讲是互为必要的补充，阅读无法被听课取代。

没有阅读技能就好像不能捕鱼的渔网，在丰饶的知识大海边过着匮乏的生活，却不知道自己是正坐在宝藏旁边挨饿。阅读能力也是一种童子功，就像学习语言、乐器、游泳一样，需要从高度可塑的童年开始，"每天阅读半小时"这样持续投入才能得到良好的发展。下面会介绍阅读敏感期，我们需要尽量在青春期以前培养好孩子的阅读习惯。对最广大的人群来说，阅读能力是一旦学会就能终身受益的技能，其回报率比学乐器或练书法等技能高得多。此外，阅读能力更是未来各科学习的通用元技能。

阅读的本质是信息处理

主旨问题	关键词
为什么说解决学科学习困难，首先需要解决信息处理能力的瓶颈问题？	背景知识积累、记忆策略、学习动机、意义关联、信息处理能力支撑各科学习

阅读能力的本质是信息处理能力，信息分析与提取能力支撑各科学习。

除数学相关的空间、数字和逻辑之外，其他各学科知识的信息形式都是文字。要想对一门学科知识形成自己的心理表征，建立有序的个人知识体系，只能通过文字阅读。因此，阅读能力应该被界定为信息处理能力，它不只关乎语文和英语这两门课程的分数，而是支撑各科目学习的通用元技能。

我有个初中同学，用现在的话说是"学渣"。虽然他各科成绩总是保持在倒数前三，可是没有同学觉得他笨，因为他是足球专家。在我们班的数学天才"笛卡尔"同学面前，论记忆力，论分析能力，他甚至更为炫目。如果有人听，他可以一口气报出上百个球星的名字，列举他们从身高到进球等各项数据，分析他们各自的强项弱项、各大比赛中的表现、运动生涯曲线和各种逸闻趣事。一讲起足球，他就滔滔不绝，有理有据，成为晚自习前自由聊天时间的控场明星。这说明，这位同学的记忆力和分析能力本身没有问题，他只是缺乏学习其他科目的背景知识和意义关联。

科学家确实研究过这种现象，他们研究了美国的"足球专家"儿童，让这些四年级学生学习两个知识列表，一个是足球知识列表，一个是其他领域的知识列表。足球是这些儿童的"专业领域"，他们能轻松记住列表上的知识，因为他们能在自己熟悉的领域更好地使用记忆策略，主动组织加工信息，如将相关项目联系起来、进行分类等。[2] 这项研究揭示的是，当自己有较多背景知识积累时，学习者只需要将新信息和已知的信息相关联，可以毫不费力地将信息组织成有序的状态并记住。"专家"儿童在自己的"专业领域"不仅仅学得更多，而且能腾出更多的工作记忆空间，将所学的新信息投入推理和解决问题中。[3]

除了记忆新知识，"专家"儿童还会对学习表现出高度的内驱力。他们不仅能快速掌握新知识，还会积极主动地到处运用他们的知识，并且急于知道更多。反过来看，所谓的"学习困难"，就是学习者通常无法将之前学到的东西和新信息关联起来，这反过来阻碍他们在该领域进一步积累知识。大量的知识储备和精细有效的记忆策略是一个彼此相互加强的过程。[4]

儿童既然可以成为足球专家，当然也可以成为机器人专家、计算机专家。比尔·盖茨童年时就成了计算机专家，皮亚杰小时候就成了生物专家，13 岁就发表了生物学论文。其实，儿童昆虫专家、恐龙专家、三国志专家、西游记专家等在生活中很常见。

当然，这不是说家长要迫使孩子只学某个领域的知识，而是说大人完全可以允许孩子去探索和深挖自己对某个领域的内在兴趣，允许孩子去积累一个自己感兴趣的知识体系。随着知识体系的逐渐丰富和深入，孩子们可以培养起通用的学习能力，并为语言和数理化等基础科目提供学习的意义与动机。如果一个孩子是生物专家，生物类科学读物中到处都是数学的量化思维和逻辑推理，未来他自然有动力学好数、理、化；在追逐自身兴趣的过程中，孩子会大量主动且有效地阅读，也自然能学好语言。

那么，孩子们何以热爱并深挖某个领域呢？这取决于他们有没有得到足够广泛且丰富的素材，以及这些素材是否以适当的形式提供了源源不断的乐趣，帮助他们保持长期的积累，供他们形成有体系的知识。有的家长提出，孩子虽然喜欢看书，但作文并不好，学习动力也不足，这是为什么呢？这可能是因为孩子的兴趣只是浅尝辄止，没有深入到支撑他们建立知识体系、进行深度阅读的程度；此外，有效的阅读需要方法和训练。第 7 章"阅读篇"会详细介绍阅读理解的底层原理和操作方法。

阅读与世界知识

背景知识能极大地促进学习动机。以语言为例，哪怕是母语，都不可能只靠薄薄的语文课本就能学好。课本中的经典文章选段只是语言的冰山一角，是真实大好河山的名胜目录清单，其真实作用应该是推动你去更广泛地阅读，亲自去看一看全貌。不论是《骆驼祥子》《红楼梦》，还是唐诗宋词，经典之所以成为经典，是因其回应了一个时代的大问题。如果读者对曹家的命运与清代的民族和社会问题、经济运行一无所知，就不懂汉族士人的痛苦，也无法理解《红楼梦》怎样浓缩了一个社会的运行和治理问题；如果读者对唐代的历史一无所知，就无法理解杜甫的《哀江头》等诗歌到底在悲叹什么，难以产生共情；如果读者对《论语》《孟子》代表的儒家理想一无所知，即使能背诵"造化钟神秀，阴阳割昏晓"，也未必能领会诗中展现的士人的精神追求；如果读者对民国时期的政治政权、军阀混战和社会矛盾一无所知，就无法真正理解《骆驼祥子》的悲剧意义和对个人奋斗的启示。

没有丰富的背景知识，仅仅看到孤立的知识点，学习者很容易感到"与我无关"。缺乏学习的意义感和内驱力，仅靠高压完成机械重复的训练只会造成学习的痛苦。英语学习更是如此，本就缺乏语境，更无法仅靠薄薄的一本课本在课内就学会英语。而如果配合课外大量虚构及非虚构类经典作品，以及其他各类丰富材料，就能自然习得语言，并收获意义感。分数是水面上的冰山一角，成绩的根基是一个人在了解世界的过程中形成了自己探索世界的志趣。

对于埃隆·马斯克这样的成功者，人们现在关注的是他的电动车、可回收火箭、移民火星的愿景和社交媒体平台之王的称号，然而，很少有人知道马斯克在小时候就是"行走的书橱"，因为贪婪阅读而积攒了海量科学知识，被小伙伴称为"事实工厂"。

作为一个小男孩儿，埃隆性格中最引人注目的部分，是他对读书如饥似渴。从很小的时候开始，他似乎就书不离手。"他每天读书 10 个小时是家常便饭，"金巴尔说，"如果是周末，他可以一天读完两本书。"全家人去购物的时候，经常发现埃隆中途不见了，梅耶和金巴尔就跑到最近的书店去找，总能看见埃隆坐在地板上全神贯注地看书。

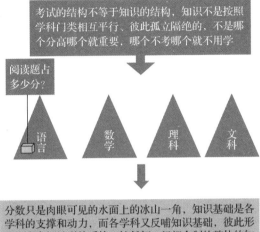

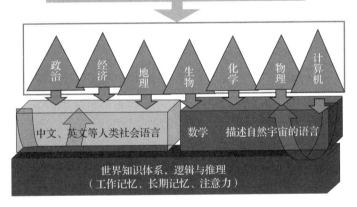

分数、学科与知识的关系

随着年龄的增长，埃隆会在下午 2 点放学以后自己跑到书店去，一直待到下午 6 点父母下班回家。他喜欢翻阅小说和漫画，后来也看非小说类书籍。"有时候他们会把我赶出来，但通常不会赶我，"埃隆说。他列举了《魔戒》、艾萨克·阿西莫夫的"基地"系列和罗伯特·海因莱因的《严厉的月之女王》（*The Moon Is a Harsh Mistress*），这些是他的最爱，当然还有《银河系漫游指南》。"有一次，我把学校以及邻近图书馆的书都看完了，"马斯克说，"大概是在三年级或四年级的时候。我试图劝说图书馆员帮我订更多的书。之后,我就开始阅读《大英百科全书》,这让我受益匪浅,我发现自己不知道的东西太多了,而所有的一切都在书里。"

埃隆实际上已经将两套百科全书读得烂熟于心了——这对他交朋友一点帮助都没有。这个男孩儿有着过目不忘的记忆力,而百科全书把他变成了一个"事实工厂"。他总是表现出无所不知的样子。比如在饭桌上,托斯卡很想知道地球到月球的距离,而埃隆可以脱口而出近地点和远地点的精确数字。"如果我们有什么问题,托斯卡总是说,'问那个天才少年',"梅耶说,"不管我们问他什么,他都记得。"埃隆用这种笨拙的方式巩固了他"书呆子"的声誉。"他不是很爱运动。"梅耶说。[5]

有的父母疑惑,自己孩子爱看书、识字量大,但为什么做不好阅读题呢?事实上,孩子到底有多爱看书?识字量到底有多大?他们爱看什么书?缺乏信息量的图画书和缺乏知识营养的娱乐虚构类书籍占比多大?熟读百科全书还是熟读奥特曼漫画……二者影响肯定不一样。

前文提到一项研究,学习成绩排名前 10% 的孩子,阅读量往往达到每年400 万字(即 20 本书左右,熟练阅读者的一年阅读量可以轻松达到 50～100本,青少年一年读 20 本并不过分),而倒数 10% 的孩子,年阅读量不到 5 万字。一个人对新知识的学习和思考能力,取决于脑子里已有的知识体系,学习存在着"强者愈强、弱者愈弱"的马太效应。孩子知道得越多,学习动力越足,学得也越快,而知道得越少的孩子,不理解的内容也越来越多,这会进一步令他感到挫败,从而对学习产生害怕、逃避情绪和无意义感。既然这个恶性循环的核心在于信息处理能力瓶颈,那么解决办法显然是提升阅读能力,而不能以听书或看视频取代阅读。

如果阅读习惯欠缺,应从哪里着手?首先从去除障碍开始。如果孩子可以日常无限制地玩手机、长时间看短视频、看电视、听故事,他的好奇心和求知欲会被短平快的感官信息带来的动物脑多巴胺即时满足,他就不会再去寻求缓慢持久但深刻的前额叶多巴胺,不会选择从阅读、思考和知识积累中寻找乐趣。

而从小习惯阅读的孩子，大脑中的"文字盒子脑区"会得到健康发育。大脑阅读区从无到有，再到发展稳固运作自如，需要好几年持续的每日做功。不妨将阅读与学一种乐器、练一门体育运动作类比，它们都需要每天一定时间的投入，持续数年，才能将"文字盒子脑区"发展起来，并实现阅读的自动化。

阅读能力的大脑基础

主旨问题	关键词
书，听了，还要读吗？	文字识别脑区、最佳机会期、高年级滑坡、信息处理能力

有时候，知识怎么来的，比知识本身更重要。

我有一个学员曾提出这样一个典型问题：

昨天 9 岁的哥哥写作业，一下午只写了一篇作文，这篇作文还是以前写过的。爸爸整理了提纲给他做参考，希望他可以用自己的话写得更深入，可是他写得总是干巴巴的，很敷衍。记得以前哥哥也是爱阅读的孩子，识字很早，爱看历史漫画、故事绘本、科普读物。可现在四年级了，依然只读过一本全是字的少年版《三国演义》，其他不带图片的书基本不碰。

他脑子里存储的知识也不算少，可为什么还是不会说、不会写，学习也越来越敷衍了呢？难道仅仅是因为每周五的游戏小视频看太多，多巴胺被劫持了？

下面提取此类问题的共同特征：10 岁前文字阅读很少，以听故事为主要的信息输入渠道。所谓的"爱看书"，深究的话，也主要是看图画书。

小时候爱看书的孩子，在三四年级以后阅读兴趣大减是国内外的普遍现象，有很多学术研究者在寻找这一现象的原因。提问中家长对自家孩子的描述是"爱读书"，但有多少是有效阅读呢？语言心理学研究对孩子进行了眼动追踪，结果跟家长的担心一样，孩子确实只是在"看"书，但大部分时间，目光停留在图画上，而不是读文字。如果我们没有及时在大脑的文字识别敏感期强化识字，孩子就会一直停留在看图画的阶段，难以进阶到深度阅读。到了高年级，孩子的心智水平已经不满足于低幼的图画书内容了，但识字基础不牢，外加阅读熟练度没跟上，深度阅读太难，于是孩子就不再喜欢读书了。

阅读的核心是阅读理解和知识体系构建，但阅读的基础是识字和词汇量。因此，阅读能力在一生中的打造分为两步走，首先是识字和词汇量，其次是阅读理解的元技能，本章先讲解如何识字和积累词汇量，我们要争取在低年级识字兴趣的机会窗口期，把这种看起来"不高级"的基础打扎实。基础不牢、地动山摇。第 7 章将讲解阅读理解的元技能，包括"阅读理解五步法"和读书的三级笔记方法，以及如何以明辨式思维和阅读工具箱来高效提取信息，形成自己的思想。

阅读能力的专门脑区

学员的第二个提问：12 岁男生，10 岁前文字阅读很少，听故事多，喜欢听侦探故事。这两年因为学校要求读《三国》和《西游记》，孩子有一段时间阅读量明显提高，也表现出对历史的兴趣。不过他都是断断续续地读，这两个月感觉又不怎么读了，怎么办呢？

这类问题最大的共性是孩子一直喜欢听故事，忽视了文字识别的强化。听故事是无法直接培养阅读能力的，书面文字符号的处理由专门的脑区负责，只有阅读书面文字才能训练文字识别脑区。神经元建立联结需要反复放电才能强化，如果文字读得少，阅读就不熟练。

阅读能力不是天生的，相对于人类大脑数十万年的进化史而言，文字阅读是一种非常新的技能。智人大约有 25 万到 40 万年历史，5 万年前才出现"文化大跃进"，才有了工具、绘画和语言等"文化"技能。而书面文字符号处理，即读写，只是最近短短 5000 年前才出现的新技能。为了处理"书面文字"，人类在大脑左枕颞区进化出一个专门的阅读脑区。这个脑区原本用于识别物体和人脸，但被挪用了一部分"算力"来处理正字

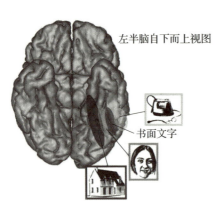

左半脑自下而上视图

书面文字

专门处理文字符号的脑区

法（字的形状、结构和排列等）。然而，处理书面符号的能力虽然有了专门的脑区，却不像物体和人脸识别那样是大脑的"出厂设置"，而是需要后天靠大量专门的文字识别训练才能发展起来，之后人们才能达到熟练读写的水平。到了青春期以后再去训练阅读，这个脑区已经被稳固地用于识别物体和人脸了，专门化"分工"已经完成，此时再让这个区域给文字识别腾位置会困难很多，这样的孩子也更难成为轻松愉快的阅读者。[6]

　　该脑区发展的最佳机会期是青春期以前。8 岁时大脑已经开始明显专门化，最好是在 4~5 岁开始识字到 12 岁青春期开始之间，做好日常阅读的兴趣激发和习惯养成，让孩子毫不费力、轻松愉快地成为高效阅读者。

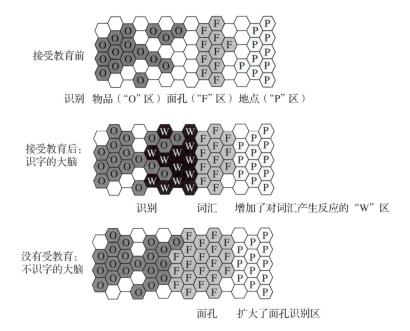

接受教育后，大脑负责视觉识别的脑区中增加了对词汇产生反应的区域，即上图中的"W"区

四年级滑坡现象

　　什么是"四年级滑坡现象"？四年级以后的孩子，面临着从"学习阅读"（learn to read）到"通过阅读来学习"（learn by reading）的转变。有效阅读不足、处理文字能力有瓶颈的孩子，到了高年级后会遇到新的学习障碍：更长更

难的课文、更多的作业要求文字阅读和书写。强调阅读是大趋势,"整本书阅读"的理念越发受重视,中高考语文开始出现针对整本名著的提问,以前没读过就答不上来。数学应用题也是文字形式,有的孩子对题意理解困难,对条件理解错漏,这都是阅读能力在拖后腿。更不用提现在有的数学和科学题目以小文章的形式出题,要求阅读文章,提取其中的信息——即概念或定理——并现场用于解题。文字信息处理能力贯穿于各学科,高年级滑坡现象很大程度上是阅读能力,也就是文字信息提取能力瓶颈导致的。

信息提取能力的分野在学前阶段就已经拉开。即使在上学后,孩子也有70%的时间是在家庭中度过的。如果在幼儿期就开始"手机育儿",放任孩子过多地玩手机、看电视、敞开供应短视频电子游戏,或者认为听故事可以取代看书,导致孩子没有养成阅读习惯,那么,到青春期时再培养阅读习惯会更困难——已错失了锻炼文字和阅读脑区的最佳机会期。阅读是牵一发而动全身的通用元技能,将来要服务于高年级各学科的大量信息处理。不管孩子现在是 8岁还是 12 岁,如果之前在阅读方面做得不足,还是值得专门努力去补起来的。[7]

6.2　中文识字路线图

主旨问题	关键词
中文识字遵循怎样的顺序？目标是什么？	总量与任务拆解、整体图画、基本构件、识别偏好、意义组块、层级构成、复合结构、字形意识

阅读与写作的基础是识字。关于识字，存在一些普遍的困惑：有的孩子爱读书，但只喜欢看图，不好好读文字，怎么办？既然人人最终都能识字，为什么要在早期专门加强识字，真的不是多此一举吗？

阅读能力也有敏感期，抓住阅读能力的最佳机会期，需要孩子从阅读儿童绘本及时进阶到文字阅读，这对识字量有要求，而识字的扎实程度又是提升阅读能力的大前提。

亲子共读到5~6岁，孩子掌握了数千个以语音形式存储的概念和句子，掌握了母语句法，自然而然就会出现对文字符号的兴趣，看到绘本和路标会主动问"这是什么字？"，或指着书上的字猜测。这种表现说明孩子从语音到正字法的大脑回路已经开始发展，识字的时机已经成熟了。

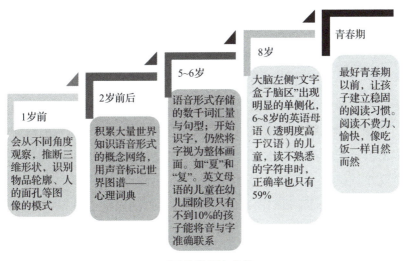

不同阶段识字意愿

出现这种识字意愿的时间早晚是因人而异的，有的儿童看书更多，对文字符号更熟悉，可能更早就想识字。不同孩子的识字时间节点有很大个体差异，和聪明与否没有关系，无须追求越早识字越好。强逼没有识字意愿的孩子识字，比如有的家长执意教两三岁幼儿识字，可能事倍功半，甚至有反效果。相反，如果孩子表现出自主识字意愿，不论是 4 岁还是 6 岁，都可以开始识字。

识字阶梯

识字有一个认知阶梯，循序渐进地识字，效率更高，学习体验更好。

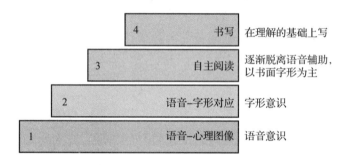

识字阶梯

有的父母会给孩子制作词汇卡，例如，"历史"这一整个词出现在一张卡上，而不是将"历"和"史"分别做两张卡。学习整体词汇而非单字会导致孩子掌握不了单个汉字内部构成，在其他词汇中遇到单字仍然不认识，识字效率低下。

整体识字效率低下是因为违背了识字作为认知过程的内在阶梯。刚从语音过渡到识字时，儿童要跨越的最明显的难度阶梯，就是从将一个字视为一个整体图画，转变为意识到一个字内部是由基本积木组块、层层搭建而成的符号体系。五六岁的孩子已经可以很好地识别画面和物体轮廓，因此他们会自然地将汉字和英文单词视为一个整体图画。例如，儿童眼里"复"和"夏"是同一个字，不是因为粗心，而是他们尚未认识到汉字内部的层级结构。

识字之难，难在文字符号是一个层级系统。就像直接给你一个用乐高积木拼搭好的成品汽车模型，然后让你照样搭出一个一模一样的模型，你会觉得很难。但如果先将其还原为几种基本积木类型，再按照搭建顺序进行拼装，弄明白成品是如何构成的，就容易多了！

从神经表征上来说，识字要从基本构建开始，汉字识字首先应该熟悉基本笔画，而英文则是首先熟悉字母。为什么要拆解到基本构件呢？这要从原型字母说起。中国的造字传说中，三只眼的先古圣哲仓颉通过观察大自然，从星象排列、万物轮廓以及鸟的爪印得到启发，发明了汉字。这个神话隐喻了中国人对书面文字起源的古老记忆。

现代神经科学已经有了实时追踪大脑激活区域的技术手段，因而发现大脑神经元在看到各种不同形状物体时会有特定区域激活，专门处理特定形状和空间排列方式。也就是说，我们日常会看到的每一种形状，都由特定脑区和无数潜在的神经元激活模式来进行编码。例如，字母 F 由专门对顶部短横杠、左上直角和中部横杠做出反应的神经元编码组合而成，写书法的人可能已经发现，横杠、直角和竖线等基本笔画在汉字中也非常常见；字母 Y 的分叉图形在中文里也很常见；字母 O 的圆圈形状，在中文里发展为口字结构（在古代更接近于圆圈）；[8] 字母 J 类似于汉字的勾；字母 L 和 I 类似汉字中的竖。这些都是神经元偏好的基本视觉形状编码，因此被称为"原型字母"。之所以称为原型，是因为不仅人类，其他灵长类动物如猕猴的视觉神经元也编码这些基本形状，并对这几种基本线条关系有明显的识别偏好。猕猴的下颞叶区域能处理的基本形状和人类的古老语言的字母表（如希腊文、希伯来文以及中文的基本笔画）非常相似。

为什么灵长类，包括人类，在视觉上会如此偏好类似于 F、T、Y、圆圈和折这些形状呢？因为这些形状在自然界往往标记着物体的轮廓以及空间的前后和遮挡关系，对于动物的生存至关重要。也就是说，这些形状最不容易随机产生。树枝的随机交错或一堆碎石散落在地上这样的形状，产生的概率极小。所以，对于动物的视觉识别系统，这几个形状强烈暗示着物体的外部轮廓，告诉大脑"有东西在那里"。所以，大脑在进化过程中变得非常善于识别和记忆这些形状。

在"学习五元素"一章中讲过，大脑的记忆并不是被动的照相机，而是主动的模式提取。比如，没有经过专门美术训练的人，虽然觉得自己很了解父母和亲近之人的面孔，但让他们下笔去画的时候，却发现自己并不记得细节，因为大脑的视觉识别和记忆并非拍照，而是抽象的模式抓取。抽象模式抓取的好处是非常灵活，哪怕抹去立方体的一条直线，只剩下几个角，也就是 F、T、Y 这些原始形状，大脑也能识别出这是一个立方体样的物体。人类各大古老文明发明文字的过程，从最古老的苏美尔人的楔形文字，到相对年轻的书面符号（如中文），都遵循这一基础视觉模式。

字形意识

要想更好地进行模式抓取，就需要把作为整体画面的字拆解为基本视觉识别单元，就像把一幅模糊的图画拉近、增加像素，使其内部结构更清晰，比如真正认清"夏"和"复"的不同。反之，如果大量的字模棱两可，面目模糊，出现在不同的词和上下文里，孩子就会觉得阅读很难。

识字最重要的第一步是先把整体的字拆开，把基本笔画和常用部首通过命名并写大的方式来学习记忆。学习时，明确一个笔画叫"横折""点""横""横折撇提"等，将每个笔画与其名称相关联，建立一种语言和视觉的双重桥梁，以此来建立字形意识。

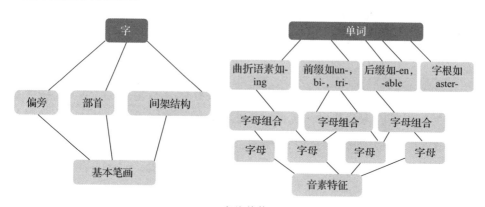

字的结构

汉字的积木块是笔画，而英语的积木块是字母。识字时学习拼音，除了注音有助于记忆之外，另一大好处是增强了音节意识和音素意识，从而帮助孩子意识到汉字的构成。例如，"痛"和"涌"，"趁"和"珍"，"阔"和"活"，这些字中共同的字形构件对应着共同的韵母。

这种"写大字"和学书法不是一回事。汉字拥有博大精深的美感，书法艺术可以在掌握熟练简化汉字之后再学。而"写大字"是识字的第一步，目的在于将字拆解为基本单元，强化视觉识别。

培养起字形意识后，孩子会知道这些笔画是固定的积木构件，并且书写时要从左往右、从上往下。这些组块搭建的顺序、方向、大小和位置都是固定的，不能随意改变。这有助于孩子清晰地辨析出字符体系的意义，形成深刻的记忆。

层级体系再向上一层，由笔画进一步构成了部首。笔画没有意义，但部首是有意义的。例如，孤独的"孤"和狐狸的"狐"，这两个字如此相像，怎么记？显然是通过意义编码。"孤"跟孩子有关，所以是子旁，而狐狸是动物，所以是反犬旁。赋予部首以意义，就便于记忆了。

部首的概念是东汉许慎提出的，他将汉字分成 540 个部首。许慎提出部首的依据是表意单位，比如"羊、羔、美、羌、羯、羸"都归为羊部。1971 年，《新华字典》将部首减少到 351 个，后来进一步减少，现在稳定在 200 个左右。

汉字大多是形声字，由表意义的形旁和表发音的声旁构成，形旁是语义部首，而声旁是语音部首，前面说的 200 个左右的部首是语义部首，语义部首通常是独立汉字，有自己的发音和含义，例如"狐"和"孤"中的"瓜"。语音部首大约有 800 个，[9] 不同资料的统计口径不一样，但大致可以知道汉字的基本构件在 400 到 500 之间。这也解释了最初几百字识字速度慢的原因，因为它们是汉字的基本构件，而后面的汉字是反复用这些基本组块进行新的组合搭建，学起来速度会快很多。

其实，90% 的现代中文汉字都是复合结构。汉字字素（偏旁、部首这种构成积木叫作字素）和音素之间的不规则对应远多于规则对应，只有 30%~40% 的构件能对应一定的发音。也就是说，汉语是世界上最不透明的语言之一，即很难通过看文字符号知道其读音。

例如，孩子可能会发现，"搏斗"的"搏"和"博学"的"博"，左边表示意思的部分变了，但右边的部分没变，读音就一样。因此，孩子可能会推断别的字也这么读，也就是所谓的"读字读半边"。然而，用到狐狸的"狐"和"孤儿"的"孤"上，这一规则就不成立了。很大一部分汉字的音和形没规律，需要一个个单独记忆。

对孩子来说，汉字的识字和书写本身难度就很高。因此，识字是整个小学低年级的重点，而书写在整个小学期间都是重点。与英语类似，积累识字量是一个细水长流的过程。

现在很流行的一种帮孩子识字的方法是追溯到象形文字。问题在于，汉字经过数千年的演变和大规模简化，今天使用的简化汉字里，跟象形文字有关的只有 2%，只有"日""月""山""木"这样的简单汉字是象形文字。象形文字可以激发兴趣，但绝大部分的汉字识字不能靠象形关联这条路径。

在这方面，我推荐流沙河先生写的《白鱼解字》以及儿童文学家、翻译家任溶溶写的《我们的汉字》。这两本书能很好地帮大家了解汉字字形的意义。虽然大部分汉字符号不与声音直接对应，但它们能表达非常丰富的含义。了解字形意义的知识后，将来识字时就可以发挥想象力去编故事，实现深度编码。

除了上述几本书，我最推荐的终身老师就是《新华字典》。《新华字典》不仅提供笔画名称、偏旁部首名称，还有注音和释义，从小学到老，应该每天放在手边。使用《新华字典》的 APP，还可以看到笔顺视频，可以标记并复习查过的字。

在我们家里，自从我们放弃了整体认字，改从拆解基本构件（笔画和部首）开始，小树的识字速度显著加快。小学一年级刚开学时，她读《奇先生妙小姐》这样的绘本都会遇到不少生字词，但等到一年级暑假时，她就已经进阶到可以读简单的纯文字科普书了，如《灰雁的四季》《神经科学的世界》等。遵循原理、循序渐进，不但速度快而且效果好，小树一学期就认识了 1000 多个字，脱离了儿童绘本，迅速进入整本书阅读的阶段。

识字路线图：认识第一，阅读先行，写字缓缓图之

孩子的识字，不应一开始就过度追求会写，而是应该为阅读服务。可以说，识字有这样一个原则：认识第一，阅读先行，写字缓缓图之。毕竟，没有阅读习惯的成年人极多，但不会写字的成年人极少。

汉字字表：总量少，高频字覆盖率高

虽然汉字的透明度很低，但好在数量少、组合能力极强。英语的词汇量以句素来衡量，目标是以万为单位来计量的，受过良好教育的英语母语者大概具备一万多词汇量和五六万的句素量。汉语虽然音形不对应，但识字单位是单字。[10] 识字总目标只有一级字表的 3500 个字，都排版出来占相当于两页半 A4 纸的空间，这就是一个人一辈子要掌握的汉字量。小树刚开始识字的时候被难哭了，但给她看了两页半的字表后，她马上感到有希望，干劲十足地开始"刷"词汇卡。

汉字到底有多少？ 公元 100 年的《说文解字》收录了 9353 个字，1716 年的《康熙字典》收录了 47043 个字，1986 年的《汉语大字典》收录了 54678 个字。别急，我们无须识这么多字，只须掌握高频字即可。我们要掌握的全部汉字都收录在《通用规范汉字表》（教育部新版）中，但其中的高频字表是如何制定的呢？它基于庞大语料库，覆盖了 1911—1997 年间 7000 万字符的语料和 1998—2002 年间 2100 万字符的语料。现代白话文通行以来的 100 年间的语料，以及 55 个学科的内容都包含在内。

从这个语料库中，汉字字表提取出 8105 个高频汉字，并按照使用频率进行了划分。其中，最常用的字只有 3500 个，形成了一级字表。只要认识这些高频字，一个人能读懂的内容就会经历一个陡然上升的曲线。例如，孩子只须认识前 500 个字，连蒙带猜就能读懂一篇文章的近 80%。

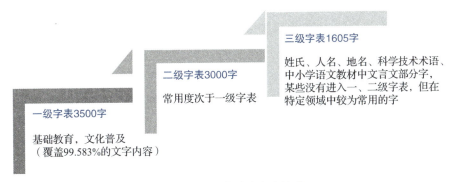

三级字表1605字

姓氏、人名、地名、科学技术术语、中小学语文教材中文言文部分字，某些没有进入一、二级字表，但在特定领域中较为常用的字

二级字表3000字

常用度次于一级字表

一级字表3500字

基础教育，文化普及
（覆盖99.583%的文字内容）

字种数与阅读覆盖率的关系

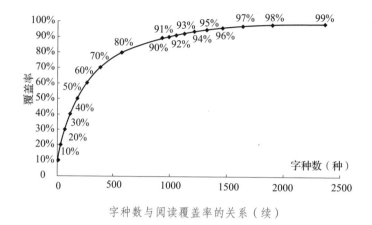

字种数与阅读覆盖率的关系（续）

　　一说识字，家长就容易感到焦虑，不知道什么时候是个头。其实汉语还是很有盼头的，因为字数少，更何况这 500 多个字大多是最常用的部首和字根。虽然孩子对前 500 个字的识字速度比较慢，但一旦将基本组块积累得清晰熟练，后面的识字速度就会加快。

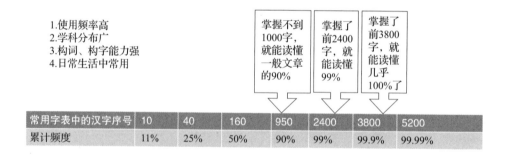

1.使用频率高
2.学科分布广
3.构词、构字能力强
4.日常生活中常用

掌握不到 1000 字，就能读懂一般文章的 90%

掌握了前2400字，就能读懂99%

掌握了前3800字，就能读懂几乎100%了

常用字表中的汉字序号	10	40	160	950	2400	3800	5200
累计频度	11%	25%	50%	90%	99%	99.9%	99.99%

　　孩子要掌握的全部 2500 个高频常用字都在下面这 5 张图上。

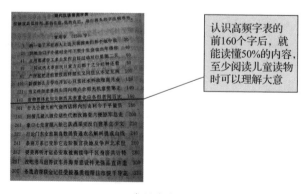

认识高频字表的前160个字后，就能读懂50%的内容，至少阅读儿童读物时可以理解大意

常用字表

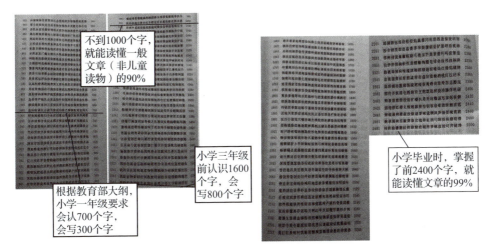

不到1000个字，就能读懂一般文章（非儿童读物）的90%

小学三年级前认识1600个字，会写800个字

根据教育部大纲，小学一年级要求会认700个字，会写300个字

小学毕业时，掌握了前2400个字，就能读懂文章的99%

常用字表（续）

从 500 到 1000 个字区间，覆盖率从约 80% 增长到约 90%。孩子掌握了 1000 个字，就可以读懂 90% 的文章内容。再往后，识字量即使从 4000 个提高到 5000 个，覆盖率仅增加 0.1%。也就是说，常用字表上越往后，字的使用频率越大幅降低。因此，一级字表划定为前 3500 个字。认识 3500 个字，能读懂 99.583% 的文章内容，这就是高考时乃至非文史专业成人一生的识字量总目标。二级、三级字表中收录的字基本上是人名、地名这类罕见字，多用于中文系和文史专业。

对于自主阅读需求比较大的孩子，早识字可以提高阅读效率，帮他们更好地自主阅读。如果幼儿尚未建立起阅读习惯，应先建立亲子共读习惯，而不是追求在学龄前大量识字。建立亲子共读的机制，做到日常生活环境中识字即可，入学后再跟着学校的进度识字完全来得及。

原则：认识第一，阅读先行，会写缓缓图之

全国语文教材主编、北大教授温儒敏在访谈中说，低年级识字优先，主要目的是为孩子独立阅读创造条件。[11] 现在小学低年级常用字数从过去的 1800 个字下降到 1600 个字，其中要求约 800 个字会写。他还特别强调了不要加码，不要让孩子在低年级花太多精力学习写更多的字。优先识字是为了保证孩子尽快

开始培养阅读习惯。阅读习惯的养成和大量阅读是整个小学阶段语文教学的重要目标。在低年级，写字是识字的辅助手段。

一年级要求孩子会认 300 个字。300 个字其实不少，根据北大中文系常用字表统计，最高频的前 160 个字出现频率高达 50%，所以掌握 300 个字意味着孩子已经差不多能连蒙带猜地看懂故事了。对于一至三年级的孩子来说，要求会写的字只是他会认的字数量的 1/3。标准定得较低，因为从见了字认识到听了字能写对，这是上了一个很大的台阶，家长应建立合理的预期。

方法：识字的操作落地

首先摸底，其次专门强化。

1）测识字量：买一本《通用规范汉字表》，将一级字表分为前、中、后三部分，各取样一页，算一下识字比例，就能大致估算出孩子的汉字识字量。

2）拆构件，写大字：通过练写大字的方式来辅助识字。这不是练书法，而是字面意义上的"写大字"。把基本笔画和部首写得很大、很清晰，反复练习，记住基本笔画的名称与书写笔顺。边写边让孩子说出笔画名称。可以将每个构件写在一张张卡片上，根据笔画和部首、形近字、声母韵母等，玩一些卡片分组配对游戏。这样可以进一步强化孩子对汉字内部结构、语音与意义的意识，让音、形、义三个通路更顺畅。

3）刷卡片，记清楚：有学员提问，孩子快上三年级了，但还没有仔仔细细把小学一、二年级语文课本里所有的字词做成卡片。父母又怕强迫孩子每天刷卡会引起抵触。抵触刷卡的原因是"老虎吃天无从下口"的焦虑。如果父母不知道识字的总目标只有 3500 个字，就会觉得识字是一项浩大的工程，忍不住在孩子很小的时候就提前开始。但是现在知道需要掌握的只有 3500 个字，用刷卡的方式，即使一天只刷 3 张卡片，一年都能掌握 1000 多个字，而且掌握得非常清晰、牢靠。这样就不会过早开始或制定过高的目标，每次任务过重造成儿童对识字产生抵触。卡片制作和刷卡安排详见 6.4 节。

6.3 英文词汇量路线图：从 26 个字母到数万词汇量

主旨问题	关键词
英文识字遵循怎样的步骤可以更高效？	音形义语言三角、自然拼读的真相、词汇量 vs. 句素量

和中文学习一样，英语学习也是一个从语音意识，到字形意识，再到自主阅读，最后在理解的基础上学会书写的认知发展过程。其识字阶梯可参考 6.2 节中的图。

英文识字作为一个认知发展过程，开始时只有语音—语义通路（A 通路），之后建立起语音—字形通路（B 通路），正字法表征稳固后，可以直接由字形提取心理词典内容（字形—语义通路，C 通路）。例如，听到"recent"，脑海中便会出现"近期"的表征，而不会与"center"混淆（即使拼写相似）；也不会将"range"和"anger"混淆。然而，熟练阅读者在阅读时，语音、字形和语义的心理表征（A、B 和 C 通路）是同时配合的。

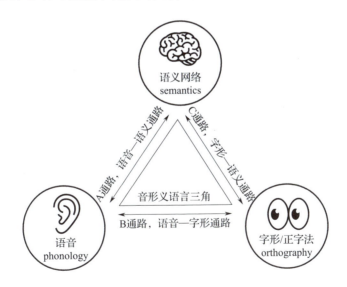

第一层级：从字母开始

第一步是熟悉字母。和中文的基本笔画一样，英文字母也基于视觉识别的基本轮廓。对于幼儿园的孩子，更有效的学习方式不是反复读印在纸上的静态文字符号，而是调动五感，互动参与，如唱字母歌，熟悉整体发音，配合具体实物玩具与游戏操作。比如把字母写在一张张大纸上，让孩子听指令蹦跳到相应的字母圆圈里，听指令配合身体运动会激发孩子的注意力，开启学习机制；孩子的手指操作可以带来破坏和改变的乐趣，比如用彩泥捏字母、在沙池上写字母、给玩具车写上字母并寻找相应字母的停车位，或者把"字母豆子"放入相应的"字母篮子"中。从这些游戏里，选择孩子喜欢的一两个游戏反复玩，待孩子认识了所有字母后，再用 N 次贴玩大小写字母配对的游戏。所有这些都运用到"学习五元素"中的"主动参与"原理。

字母游戏

除了身体活动和动手操作，第 3 章讲过视觉化可以帮助记忆：将字母的发音与一个鲜明的视觉表征关联起来。比如，Toi 公司推出的字母板玩具，每个字母都被做成首字母对应的卡通动物形象，字母 B 是一只可爱的熊（Bear）。孩子会很喜欢这种字母与形状的配对游戏。当然，你也可以发挥想象力制作自己的字母玩具。经过主动思考和深度加工形成自创的记忆线索后，记忆会更加牢固。

视觉辅助记忆

　　幼儿园阶段的孩子普遍会经历左右不分的阶段，也会经历对数字和中文的"镜像书写"时期，而学习英文字母时尤为突出。比如 b、d 不分，数字 5 和 2 的朝向搞错，或者将大写 L 拐向左边。小树曾经很长时间拒绝写小写字母 a，在单词中间也总是用大写 A，也许是她难以确定小写 a 的该朝哪边，而大写 A 是左右对称的，写起来就容易很多。度过左右不分的阶段，她就突然自行改正了大小写混写的问题。

　　之所以幼儿会有左右不分的阶段，也许可以用进化心理学来解释。区分上下与前后对于我们的祖先来说非常重要，这意味着迅速定位动物的头、尾和脚的位置，关系到能否成功捕猎；面对危险，区分前后位置事关能否成功逃生，因此大脑天然就具备了强大的神经反应回路加以区分。至于左右这一对空间关系，在绝大部分环境中的背景事物，如树木，本来就是左右对称的，因此区分左右对识别动物和对手的要害部位帮助不大，不论是对来自左边还是右边的攻击，都必须第一时间做出无差别的反应。因此，对左右的空间关系，更重要的是能否做到无差别对待，而区分左右则不那么重要。也许是这个原因，使得左右成了需要我们付出努力去学习的空间关系，非但幼儿不会自动掌握，甚至成年人着急时偶尔也会搞错。

　　家长可以更多使用联想的方式，帮孩子锚定一个最显著的左右关系，比如你用哪只手吃饭，以这一锚定点去标记其他事物的左右；把小写 b 和大写 B 做成黏土怪兽，通过给怪兽安装眼睛，让孩子记住这个字母的脸正对着我们时朝向哪一边。幼儿时期分不清左右也不用勉强，随着游戏操作的强化、年龄和经验的增长，孩子会自然分清。

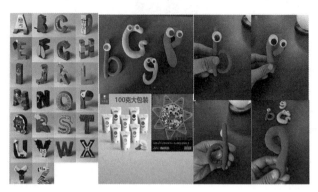

锚定左右关系

除了一个个记字母，孩子还要学会唱包含完整列表的字母歌。只要掌握一首字母歌、一本字母书和一个字母游戏，就能高效掌握 26 个字母。字母书有很多，选一种孩子喜欢的能熟读即可。

字母书

第二层级：字母组成音素——音素意识

学会了字母，学习者才有可能在日常绘本阅读中发现不同的字母组合对应特定音素，这就是英文构词的第二层级：音素意识（Phonemic Awareness）。所谓音素，是指语言中的最小语音单位，如英语中的 /b/、/p/、/t/ 等。学习者会发现某几个字母总是一起出现并对应一个音素，比如"ph"发 /f/，"wr"发 /r/

（write），"wh" 读 /w/（what、why）。听读量大的孩子会自动总结出大部分发音规则。为辅助这一发现过程，可以在识字阶段增加专门的拼读环节，如买几本牛津树的 Phonics 系列的书来读就足够了。苏斯博士的故事通过将相同的音素对应关系放在一起，突出变化，编成歌谣，特别有利于培养音素意识。

音素书

特定音素对应特定字母组合，即提取拼读规律，建立**字形意识**（Orthographic Awareness），这就是英文识字过程。英文识字并非是一蹴而就的，而是从认识字母到建立音素、字形意识的长期过程。如果指望通过几个月的课程，让孩子记住所有的拼读规则并实现独立阅读，并不符合语言学习的事实和内在规律。即使对于英语母语儿童，英文识字也需要经过长期的认真学习才能学会。幼儿园阶段，只有不到 10% 的母语儿童能将音与字准确联系，6~8 岁的英语母语儿童在读不熟悉的字符串时，正确率也只有 59%。

虽然英语的透明度远高于汉语，但是从字母到语音积累，再到音素和字母的对应，每一个阶段都需要大量词汇的积累，而不是仅靠几条拼读规则就能实现的。在现实中，有的家长给 3 岁孩子刷识字卡，或孩子 4 岁时，家长就问孩子为什么还不能独立阅读，这种目标脱离了学习的客观过程，需要家长调整自己的预期。

音形义语言三角：自然拼读的真相

学员的问题：

我家孩子幼儿园了，英语启蒙是不是从"自然拼读"开始？能不能通过一套拼读规则让孩子搞定英语启蒙？

一门语言，是由语音、字形（正字法）和语义（心理语言辞典）这三个语言要素构成的三角形，其间存在三条通路。当你听说、阅读、写作时，这三条通路常常是一起激活的。而"自然拼读"仅仅涉及从语音到字形的 B 通路，显然你不可能通过一条通路就学会一门语言。所以，英语启蒙是否要从"自然拼读"开始？答案是否定的。不但不能靠自然拼读学会语言，而且启蒙从 B 通路开始在本质上是缘木求鱼，因为启蒙阶段恰恰是从 A 通路（语音—语义通路）开始的。[12]

1）A 通路先行：你可以想象一下，当你刚刚起步学一门语言时，你要做什么？你需要先指着物，听到一个音，标记这个东西叫什么，那个叫什么，知道家里的物品、玩具、日常生活中吃的、穿的、玩的都怎么说。也就是说，**学语言的第一步是以语音符号来标记世界，在脑子里存储大量语音与事物的对应词条，即以语音建立心理词典的 A 通路**。

这意味着，无论是 3~4 岁的孩子还是更大龄的学习者，首先需要的是大量的语音输入。除了绘本与分级读物，还需要多接触百科知识视频和动画片，丰富语音生活环境，从而大量扩充心理语言词典。这是语言启蒙必备的基础。

2）有了 A 通路的大量语音词条储备之后，B 通路（语音—字形通路）开始生长：孩子开始能够认清 center 和 recent 的区别（字母构成相同但顺序不同，意味着不同的发音和意思），意识到 write 的"wr-"是一个单位，对应 /r/，"photo"和"phone"的"ph-"是一个单位，对应 /f/。也就是说，他们能意识到特定的发音对应着特定的字母或字母组合。汉字也是一样的，孩子到一定年龄才能意识到"暑"和"春"不一样，以及"清"和"晴"偏旁的差别是有意义的。抽象符号对应意义，这不是 3 岁幼儿能理解的，要到一定年龄——通常是五六岁时——抽象能力发展之后，B 通路才会出现，开始引入识字。

在幼儿刚开启 B 通路的时候，可以通过介绍一些规则帮助孩子提升字形意识。在中文识字里，这意味着学习笔画和部首；在英文识字中，就是引入拼读规则，帮助孩子注意到单词的内部构成。如果不进行字形拆解，孩子会将单词视为内里细节不清的整体轮廓，把字看成一幅画，导致识字效率低下。因此，母语国家的儿童在入学前后、五六岁开始识字的时候，学校会教授拼读规则，帮孩子走完从识字到自主阅读的最后一公里。

自然拼读属于 B 通路的规则总结，是从语音通向识字与阅读的辅助手段。

因此，我们要搞清楚：拼读规则不能用于从无到有进行英语"启蒙"（A 通路），而是用于将语音和字形对应，也就是用来识字的（B 和 C 通路）。母语环境中的孩子到 4 岁之后，日常已经积累了大量语音词汇，什么都能听懂，什么都会说了，下一步开始识字，走向文字阅读，这时才需要用到拼读规则。对于大孩子和成年人学外语，他们早已掌握母语和拼音，已经知道特定字符构件对应特定音素，本身就不会把单词视为一幅图画，拼读规则对他们来说用处有限，稍作介绍即可，无须上大量专门的课程，花大量时间去学习。

此外，自然拼读的规则是有限的，即使你把规则全部学会并记熟，下次遇到生单词时，仍然需要一个个分别记忆。英语发音与拼写并不完全对应，不规则情况有很多。英语大概有 70% 的发音是有规律的，比如"ph-"这个组合发 /f/。但"c"有时发 /s/，有时发 /k/，什么时候发什么音并没有规律，需要一个个记忆；而元音的发音则完全没有规律，比如 cat 和 car 里的字母 a 的发音不同，没有规律可循，只能放在具体单词中记忆。因此，不能指望学了拼读规则就可以不再一个个单独记发音。

最重要的是，引入拼读规则能破除整体轮廓，增强字形意识，却无法扩充词汇量本身。词汇量的记忆和存储靠的是语义网络和意义关联，而不是靠拼读规则的关联。第 3 章讲过，记忆的形成和调取是通过意义网络，而不是根据发音规则。比如，当你听到 come（来）的发音，你的联想是 go（去），come here（来这儿），come to my office（来我办公室一下），come on（少来！），come to life（活过来了）等有意义关联的句素。但你无法经由相同发音联想到 overcome（战胜），更想不到 calm（平静）和 succumb（屈服）。类似地，meet（见面）和 mete（责罚、给予惩罚）虽然发音相同，但意思完全不同，你无法通过学习 meet 来学会 mete，**语音通路无法引起语义联想**。因为大脑里存储的是心理词典，词条是世界知识，提取链条是事物的语义关联，而非拼读规则的关联。

用中文来理解这一点会更清楚。比如你看到"颂"这个字，脑子里联想的是歌颂、颂扬，而不会联想到法庭诉讼的画面。不论是汉语还是英语，词汇在大脑中的存储都是按照语义网络进行的，和发音的记忆与提取不在同一脑区。即使发音相同的词，"sòng"也会在心理词典中被存储在距离很远的词条中（如歌颂、诉讼），无法靠读音规则来扩充词汇量。[13]

总之，"自然拼读"有没有用？有用，但它不应该作为非母语幼儿和大龄学习者英语启蒙的第一步，更不是用来英语启蒙的神丹妙药。自然拼读是在学习者有了大量语音积累之后，帮助他们走向识字和阅读最后一公里的辅助工具，而无法帮孩子走过前面的99公里。诸如"不喜欢英语""孩子不想张口说""孩子阅读不了、词汇量太小"等问题都无法通过拼读规则来解决。靠音形义语言三角的A通路，靠心理词典的积累——包括世界知识、词汇量、语句数量等，才能解决那些启蒙阶段的常见问题。

词汇量的真相：以"句素"为有效单位

从婴儿在12个月大开始辨析词汇时，平均每天会吸收10个词语，也就是说，婴儿在醒着的时间里平均每90分钟就能学会一个新词。心理学家苏珊·凯里（Susan Carey）发现，当你和一个3岁幼儿聊天时，如果你无意中说出某个新的颜色词，比如"橄榄色"，这个孩子很可能在5个星期后还记得这个词。

大脑为词语预留了非常大的空间。到成年时，大脑的心理词典中大约包含5万~10万个条目，双语者的词汇量还会更大。[14]这个数量乍一看非常惊人，常用汉字才3500个字，英语常用词汇量也不过几千个，那么，心理语言词典的5万~10万个条目究竟是什么？

比如，富兰克林的著名金句："We must all hang together, or assuredly we shall all hang separately."（我们要么自己拧成一股绳，要么被别人分而治之——分别被绞死。）你无法通过"hang= 挂起"这个单一释义推导出"hang together"是团结一心，而到了"we shall hang separately"就成了被人一个个单独绞死。当然，"hang"还有许多其他用法，比如"hang on"是坚持住，"hang out"是一起玩。为什么是"hang"加"out"？"挂在外面"为什么是"一起玩"？这有什么道理？尽管"hang"是一个单词，但真正存在你脑子里的从来不是一个孤零零的"hang＝挂"的画面，而是一组和"挂"隐约有关联的相关句素群。各种搭配表达不同的意思，很少单单以一个单独的"hang"出现。

在心理词典中，"hang"不是只算一个条目的光杆词，由"hang"组成的各种特殊用法，每一个都算一个条目。词汇量计算的不是光杆词，而是光杆词上挂着的大量句素。"句素"这个概念是语法学家安娜·迪休洛（Anna Maria Di Sciullo）和埃德温·威廉姆斯（Edwin Williams）提出的。所谓"素"指不可分割的、表达特定意思的基本单位，比如"hang together"表示相互帮助和团结一致，如果去掉"together"只有"hang"，就不再代表"团结"这个意思。

句素有时是一个词，有时是一个词及其搭配构成。句素的搭配没有固定规则，而是由社会习惯长期沿革而来，我们只能原样记住。比如，"hang on"这个句素，为什么"hang"加个"on"就成了"坚持住"的意思？这里面没有道理可讲，只能接受并记住。就好像你也很难跟外国人解释为什么必须是"积累"词汇，而不能是"积聚"或者"积蓄"词汇。

学习一种语言，必须记住这些短语大小的语言单位，就好像它们是简单的单词。这就是句素。当我们谈论英文数万条"词汇量"的时候，其实是指数万个句素。语言考试中，大部分人以为单选题考的是语法，其实考的是词的用法，也就是句素。句素是句子中的基本表意单元，意味着你需要记住句素，才能拿来组成正确的句子。光杆的词，常常无法直接用来造句。如果硬要按中文翻译，用光杆词强行遣词造句，就会说出中式英语，甚至完全无法被母语者理解。

6.4 积累的魔法：卡片大法

主旨问题	关键词
阅读无法进阶，写作业慢，写作文词穷，读数学等题目审题慢，错漏多……学习、做题总是低水平重复怎么办？	音形义三角形强化、概念清单、意义网络、主动提取、VISA 与反馈

知识的基本单元是概念，掌握任何一门学科知识首先是积累概念清单。

为什么要刷卡

学员提问 1：

孩子上三年级，能自己很流畅地读《木偶奇遇记》《丁丁历险记》等，上次识字测试测出大概认识 4000 多个字。但是每到写字的时候，为什么他总是有很多字写不出来？

学员提问 2：

曾经，一天最美好的时刻就是听孩子反馈语文学习的状态。可惜这学期换了新学校，有了新老师，一周有五节语文课，老师讲得快之后，孩子再也没反馈了，经常一问三不知，书上也是白白的，笔记很少，不会去查词，也几乎不默写生词。共读时跳字，把意思读得面目全非，让人听不下去，我只好纠正他，孩子内心不开心，可我觉得他太口语化，把好好的文章读得一点不美甚至让人听不明白，不纠正也不行……也买了课外阅读，拓展科学背景知识，但让孩子读字他就畏惧。基础之外，作文就更差了。如何在每天放学后有限的时间里帮助他跳出这个死循环？

针对这类情况，我想换老师不是根本原因，关键在于孩子的词汇积累不够扎实。词汇量小，遇到生字多，才会在读文章时跳字、错解原文意思，出现语言太过口语化的问题。生字多，自主阅读量上不去，导致缺乏背景知识；精炼丰富的书面词汇量少，导致写作文时无素材可用、阅读无法进阶、写作业太慢、写作文词穷等多样的症状，很可能源自同一个病灶：词汇量小且掌握得不扎实，不清晰，不熟练。

诊断：问题出在砖块积累不够，熟练度不够；也没有每日做功的习惯和方法
对策：建立VISA练习的方法与行为习惯用卡片建立知识体系

VISA 练习

　　家长还提到孩子没有养成每日做功的习惯，如孩子不会去查词和默写。为什么学习习惯很重要？因为积累效应是学习的魔法。积累的魔法有多厉害？每天哪怕只新认识 5 个字，不到一年都能认识 1600 个字。掌握 1600 个字，就已经能读懂一篇文章（非儿童故事）的 95% 以上。再用两年阅读去提高熟练度，巩固书写，那么到三年级结束，做到 1600 个字的"四会"（认、读、写、用）并不是什么很高的要求。前文的识字进阶部分讲到小学前三年的教学重点是识字和写字，所以，四年级老师加快进度是正常的。

　　由这个例子可见一斑，这类"高年级滑坡"问题，实质上不是孩子到了高年级由于某种神秘的原因导致突然滑坡，而是到高年级才暴露出之前被低年级轻松拿高分的假象所掩盖的事实——基础不扎实。对于语言类学科，识字量与清晰准确度构成了概念砖块积累的基础。如果语言成绩不好，找其他原因之前，首先需要排除是不是词汇量太小或词汇音形义的掌握不扎实，不准确。

　　解决这个问题的方法是引入刷卡。刷卡绝非只适用于语言学习，更是一种终身有用的学习利器，所以，比起识字卡片、单词卡片的称呼，我更愿意称之为"概念卡片"。任何一门学科的知识都是由一个个概念组成的，对语言来说是词汇量，对数学、物理、化学和医学等学科，其知识体系都是大量的基本概念砖块搭建起来的。概念不清、模棱两可，会极大地阻碍知识的理解和运用。

任何一门学科的知识，上千页的教材（K12 学科教材、法律、注会、医学，等等），都能拆解成几组概念卡片来刷。只有概念清晰了，才能在脑子里产生创造性的关联，这是思维能力和问题解决能力的本质。在"学习五元素"中，意义关联和主动回想是记忆的关键，那么，刷卡就是搭建学科体系基本概念库的最高效方法。

刷卡

如果从孩子刚上学时，家长就授人以渔，帮他们学会制作和使用概念卡片这个学习利器，他们就能用这一招来实现一整门学科的庖丁解牛。当孩子看到自己的行动极大提升学科表现后，会大大增强他们的学习自信。并且，每日从三五张卡片起步的刷卡行动，不仅能让孩子体验到日积月累、持续做功的神奇力量，也能帮孩子养成良好的学习习惯。

刷卡要领

要领 1：不刷孤立卡片

选择孩子最爱的、反复读的书来制卡刷卡（最近学习区与共同注意）。将生字放在故事或知识体系中，有助于记忆和提取。

在第 3 章"学习五元素"中，我们讲过记忆的原理。最容易进入长期记忆的是有意义关联的、经过深度加工的信息。深度加工就是建立意义的关联，让散乱的信息变得有序。使用学习者熟悉的故事或喜欢的知识内容，能极大帮助建立这种关联，检索到要记住的字："啊，'鳞次栉比'，我知道，不就是副栉龙的'栉'嘛！副栉龙脑袋上顶了个梳子状的头冠，所以'栉'就是梳子啊"。用孩子自己最爱反复读的书，依托故事情节和知识体系的意义关联来记忆生字，效果更好。

卡片内容从哪里来？来自学习者本人最爱的读物。用孩子喜爱的、反复看的、熟悉的故事或视频制作卡片。比如，《奇先生妙小姐》这套书有一系列非常幽默生动的小故事，孩子非常喜欢，即使有不认识的字词也能猜出意思，不会畏难，而且孩子很愿意反复读。这套书将不同的人格特质与行为拟人化，还有助于孩子的自我意识和社会化心理进程的发展。

关于刷卡，问题集中在"孩子不喜欢刷卡怎么办？"而推行刷卡效果好的家庭都做到了一点，就是先"共同关注"：先找到孩子喜欢的内容，刷卡只是最后的巩固。首先要确保孩子读故事时读得开心，找到喜爱的故事之后，心才能跟着卡片走，去积极回想。用孩子喜爱的书来做字卡，一大好处就是激发共同注意，便于找准最近学习区。

让孩子在 1 年内认识 1000 个字，是惨无人道的"鸡娃"吗？"鸡娃"和快乐一定对立吗？"鸡娃"的核心特征是取消孩子本人的意志，强加父母或教培机构的外部意志。如果用孩子喜爱的内容来制作字卡，就不是取消孩子本人的意志，而是帮他扩大和伸张自身求知的意愿。认识更多字，可以让孩子读懂更多他想读的书，探索更多他所好奇的东西，带来更大的快乐。但如果使用孩子不感兴趣的、毫无关联的、孤立的、按照拼音或首字母排序的生字表，那么刷卡就可能变得痛苦。同样是积累 1000 个字，学习者本人的体验可能完全不同。

具体制卡流程

第一步　标记生字：先让孩子从他平时最喜欢的书或语文课本里把不认识的字画出来。

第二步　写正面生字：把标记的生字写在卡片的一面；如果孩子已经上小学，就尽量让孩子自己写生字面。

第三步　写背面信息：查字典，把生字的信息查出来并写在卡片背面。刷卡时先看正面，主动回想后再用背面信息核对，即时反馈，更新认识。

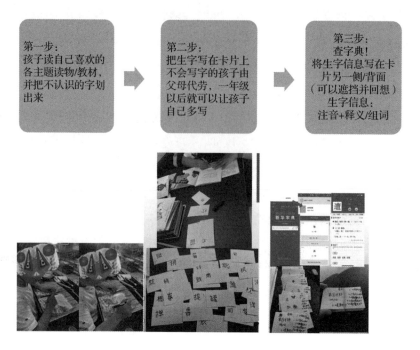

第一步：
孩子读自己喜欢的各主题读物/教材，并把不认识的字划出来

第二步：
把生字写在卡片上不会写字的孩子由父母代劳，一年级以后就可以让孩子自己多写

第三步：
查字典！
将生字信息写在卡片另一侧/背面（可以遮挡并回想）
生字信息：
注音+释义/组词

制作卡片

制作卡片时，一定要查字典。很多字的规范读音和日常发音不一样，需要以字典为准。另外，新华字典 APP 里有笔顺小视频，学写字时可以参考。使用新华字典 APP 制卡，另一大好处是能避免重复。每查一个字，可以点一下页面右上角的星号做标记，以后再查到这个字，就能看到过去是否标记过，避免重复制卡。你还可以在首页的"学习"栏里一次性复习所有标记过的字。我在学生时代查纸质字典时，每查到一个字就在旁边打个钩，后来这个字典就慢慢布满了钩，语言也就逐渐掌握了。字典是终身老师，每次看到不确定的字词，如果能立刻查字典，凡生词必查字典，不满足于模模糊糊的猜测，那么学习语言类科目几乎不可能存在困难。

总结一下，识字卡片的基本结构需要包括两面：卡片正面，即你要记的生字；以及卡片背面，即信息面，包括原句、字典释义、组词等相关信息。如果是学科概念卡，卡片正面是概念，如"直线"，卡片的信息面写的是定义、例子或图表。内容区分正反两面，便于遮住概念，回想信息。

刷卡过程看似笨而且慢，实则符合"学习五元素"的**主动参与**，卡片可以帮助孩子提取和深度加工；从孩子本人最喜欢的书中做卡片，确保**最近学习区、多次重复与即时反馈**。最初的字卡，来自一页只有一行字的图画书，只要刷三五张，就能完全读懂一本书，孩子会很有成就感。

刷卡的原理就是"学习五元素"中的主动提取。相比小和尚念经有口无心，一遍遍重读课本的注意力时有时无，如果将文章里的生字、关键概念单拉出来制作成卡片，迫使大脑主动回想提取，就必须积极关注和思考，于是学习者就能学到更多。

对儿童来说，刷卡尤其能促进记忆能力的发展。日常从和孩子的相处中，我们很容易看出，儿童记忆力很好，很擅长认识新事物，见到一个事物，儿童能联想起很久以前得知的知识。给幼儿看 10 张图片，之后再把它们混在其他图片中间，让幼儿指出哪些是之前看过的，4 岁幼儿有着近乎完美的认出率。但是，如果在实验中去掉图片等感官提示，[15] 让孩子们在缺乏提取线索的情况下回想刚才看到了什么，2 岁幼儿只能回想起 1~2 个，4 岁幼儿只能想起 3~4 个 [16]。这解释了为什么读完绘本后把书合上，问孩子刚才的故事讲了什么，孩子往往会说不知道。儿童的回想能力显著不如大人，更好的回想能力与语言发展密切相关。

即使是语言能力很好的学龄前儿童，回想能力也不会很好，因为幼儿缺乏有意识地提升记忆效率效果的记忆策略，比如重演、再现和组织信息等。记忆的效果取决于背景知识在多大程度上是有序的，而孩子的记忆力还在发展中，他们知识有限，尚且不能有意识地使用记忆策略。此外，孩子的工作记忆容量需要逐步发展，2 岁半时只有 2 个单位，到 7 岁时已经逐渐提升到 5 个单位。[17] 如果我们通过卡片提示词提供一些回想线索，鼓励他们积极回想，这种活动可以加强孩子的工作记忆和注意力，帮他们学会有策略地寻找关联并记住，使儿童在思考和解决问题上逐渐表现得更好。

英语句素卡

汉字卡片最好以**字**为单位，而英语卡片以**句素**为单位。卡片正面是句素，卡片背面是信息（原句）/字典释义/例句，写多少可以自己灵活掌握。小树在上幼儿园时，还没给她用电子屏幕，我做过两本纸质卡片。制作卡片时，我只是摘录出书里一些比较常用的句素，每本书只制作了几张卡。所谓的刷卡，其实就是看着卡片回想故事情节。刷卡的时候，小朋友逐渐开心起来，激动地描述故事情节，这就说明她已经懂了这个句素，可以贴一个贴纸。刷卡鼓励了孩子去主动回想语句和情节，并且鼓励了孩子的口头表达。

英语句素卡

相比中文的 3500 个字，英文词汇量数以万计，用手写纸质卡太慢，小能熊的"万物好奇者计划"（非虚构类材料）和"小黑书计划"（虚构类材料）为大家提供了一万张制作好的英文句素卡，今后还会持续增加。

每张电子卡片都有来自原始影片的原声语音，帮助学习者逐句跟读，积累发音标准、动听的语音词汇量。电子卡片正面只有句素，信息是虚化的，你需要跟读并且回想句素的意思。点击卡片后，会显示相关信息，包括中文译文、字典释义和其他例句。根据这张卡的学习情况，有 fail（不会）、again（重刷）和 pass（会了）这三个选项。选择"fail"和"again"的卡片会反复出现，直到你掌握为止。

相对于非虚构的科普和纪录片，"小黑书计划"主要针对的是人文经典。这套书里都是 50 页一本的大师经典作品，只需精读 50 页即可领略一位大师的思想精髓，从小切口中管窥大智慧。这套书内容涵盖极广，跨越东西方文明，也基本覆盖了教育部指定书目。我解读了全套书籍，每本书都有配套的解读课程，讲解了作者的时代背景和思想脉络，并逐句解读了英文重点段落。"小黑书计划"从书里摘出句素卡片 4000 多张，为英文阅读与写作积累了精彩、地道、凝练的表达方法，能够直接提升英语口语和写作水平。

要领 2：每日行动

主旨问题	关键词
如何刷卡？	行为习惯养成，VISA 练习与及时反馈

坚持每日行动，行为习惯养成排第一，数量与完美排第二。可以考虑等习惯养成后再加量（及时反馈，间隔重复）。

每日刷卡数量以 3、5、10 张 / 天渐进，从每天 3 张开始，持续 1~2 个月，习惯成自然之后逐渐增加到每天 5 张，直至每天 10~20 张。

最初，刷卡应该以建立习惯动作作为主要目标，只要每日行动即可。哪怕今天只花 5 分钟只学 3 个字，这也是行动了，就应该算作一次胜利。可以在做到日历上贴一个贴纸，肯定孩子的努力。前文讲过，汉字的基本构件，笔画和部首约在 400~500 个，因此前 500 个字属于原始积累期，要记忆的内容有很多，难度大，每日目标数量要少。等汉字的基本构件积累到一层程度后，孩子会发现认字越来越容易、越来越快，那时再增加每日的目标数量。

每日刷卡数量

当我们培养任何一种新的行为习惯时，乌龟模式都是最好的策略。根据小树的刷卡实践经验，前两个月非常慢，每天目标是只认 5 张卡，总耗时不超过 10 分钟。如果是幼儿园的孩子，就从一次 5 分钟，认识两三个字开始。后面，随着字的基本组块积累到位，构成规律越来越明显，学习新字的速度自然变快，孩子明显轻松了很多。每天同样用20分钟，连写带考，能轻松搞定20张卡。乌龟模式就是从每天只做一点开始。切忌在"万事开头难"的原始积累期，一上来就追求高标准、严要求，避免刷卡时间过长、任务量过重。行动第一，完美第二。先保证每天行动，随着能力提升，再逐渐提高目标。

每日行动

　　千万不要走**兔子模式**，不要一开始就给四五岁的孩子几十张几十张地刷卡，这样必然会导致崩溃和反抗。一开始哪怕每天只刷1张，只要孩子愿意认真回想，就抱抱孩子，"你好棒！"。共读一个故事读得非常开心，孩子愿意一口气读3遍，那就不妨从故事里选出3~5个句素写到卡上，第二天刷一下。不要从一本书里选出几十张卡，导致刷卡任务过重。孩子看着句素能回忆起相关的精彩台词，甚至能用这几个词给你讲出来这个故事，出现主动回想的意愿和开心的状态，是我们要追求的。总时间不要过长，每天5~10分钟就可以了，不要逼迫孩子用1个小时一直刷卡。除非是孩子自己主动要求，否则强行追求数量一定会得不偿失。

　　对大一些的孩子，可以让他们自己先学习卡片5分钟，记清卡片的正反面。然后大人帮忙盖住信息，向孩子提问。能答上来的，就在卡片上贴一个贴纸或打一个勾，答不上来的先翻过去。一轮10张都过了之后，用一两分钟复习刚才不会的那1~2张卡片，之后再考一次，直到当天的10张卡每张都做了一个记号。

　　可以使用3个卡片盒粘在一起，分为 To Do（待刷）、Fail（不会）和 Pass

（会）这 3 类。刷的时候，拿起 To Do 盒子里的一摞新卡，一张张问答；会的放进 Pass 盒子，不会的放进 Fail 盒子；第二天再把 Fail 那一盒里的卡片再过一遍，直到全部 50 张卡都进入 Pass 那一盒。每次能答上来的卡，可以打个勾标记一下。孩子的记忆力很好，一张卡上有了 3 个标记，这张卡就记住了。

1.一本卡片做好了 → 2.60字/摞，打算1周做完，分解每日任务：今天10张，孩子自己先学5分钟 → 3.遮住信息部分开始考，能说对信息（拼音/组词/释义）的，贴一个贴纸 → 4.说不上来的没贴纸，其他考完再学，再考一遍。直到当天的10张全部贴上1张贴纸 → 5.第二天开始第二个10张，并复习头天的，给头天的卡片上贴上2张贴纸 → 6.1~2周内让这一本全部贴上3个贴纸，就算学完了

大孩子觉得贴纸很幼稚，可以用"To-Do、Fail、Pass"三联盒子，效率非常高

刷卡模式

一批卡片有多少张？幼儿园时 50 张一批，小学时 100 张一批。等这一批全部学会，通常需要两三个月，一学期也就结束了，期末再来一轮抽查，这样自然就又复习了一轮，可有效对抗艾宾浩斯遗忘曲线的存留率下坠节点。

要领 3：循序渐进

认读先行，最后会写，切忌一步到位。

一阶：只需要见到能认识。看到字，能说出拼音和组词就可以了。使用孩子喜爱和熟悉的动画片 / 纪录片作为制卡素材。

读书配合卡片有助于形成自我效能感。最初的字卡来自一页只有一行字的图画书。这些书是孩子自己喜欢的，因此也在他的最近学习区。只要刷三五张卡，就能将一本书读下来，孩子会很有成就感，感受到认字的乐趣，驱动他自主阅读。自主阅读又能帮孩子熟悉更多字，形成良性循环的驱动力，让这个循环源源不断地转动起来。一定要选择孩子自己喜欢的书，而不是大人认为重要的、厉害的、高大上的书。

二阶：能抄写。入学以后，孩子开始正式识字，学校也开始教授书写。这时可以让孩子开始自己制卡，抄写可以帮助记住字和组词；课外多写、多练，能帮他巩固字形意识。一开始，卡的正面让孩子写，信息部分的释义、组词和拼音让家长写，最终过渡到完全让孩子自己制卡。

三阶：能听写。再把之前只要求认识的字卡拿出来，这一轮要求会写。听写之后，对着写下来的字，还要能说出拼音和组词等信息，进一步巩固语音—字形通路（B 通路）。巩固了字形通路，写作业才能不再怕难、磨蹭，阅读也不会怕读字多的书了。

"每天 10 分钟 10 张卡"的活动坚持到三年级，就能非常牢固地掌握一级字表中的 3500 个字。无须等到四年级去经历"高年级滑坡"，我们可以在三年内搭建好满足一个人整个教育周期的阅读基础设施，支持各个学科的广泛涉猎和自主学习。更重要的是，学会制作和"刷概念卡"的方法，建立每日做功的行为习惯，能使孩子终身受益。

注　释

1　《中国互联网核心趋势年度报告（2023）》显示，12.24 亿用户每月上网 160 小时 网址参见：http://www.xinhuanet.com/20231229/7b16aec0c07844858e632c14c4bd694a/c.html. 网络视听用户 10.74 亿人 短视频人均单日使用 151 分钟 网址参见：https://zqb.cyol.com/html/2024–03/28/nw.D110000zgqnb_20240328_2–07.htm.

2　Gaultney J F, Bjorklund D F, Schneider W. "The role of children's expertise in a strategic memory task." Contemporary Educational Psychology 17.3（1992）: 244–257.

3　Schneider W. "The effects of expertise and IQ on children's memory: When knowledge is, and when it is not enough." International Journal of Behavioral Development 19.4（1996）: 773–796.

4　Schneider W, Bjorklund D F. "Expertise, aptitude, and strategic remembering." Child development 63.2（1992）: 461–473.

5　万斯 . 硅谷钢铁侠 [M]. 周恒星，译 . 北京：中信出版社，2016：152.

6　迪昂．脑与阅读 [M]．周加仙，等译．杭州：浙江教育出版社，2018.

7　同上，232.

8　同上，152.

9　莫剑宏，吕颖芯，麦克布莱德．简体字与繁体字阅读的差异．儿童的阅读世界 I [M]．北京：北京师范大学出版社，2016：149.

10　李兴珊，臧传丽，等．中文阅读中词语的作用．牛津阅读手册 [M]．陈明瑶，程甜，译．北京：商务印书馆，2021：469.

11　温儒敏．如何用好"部编本"小学语文教材．参见人教社报刊社网站．

12　Timothy B. Jay. 语言心理学 [M]．北京：北京大学出版社，2004：258.

13　迪昂．脑与阅读 [M]．周加仙，等译．杭州：浙江教育出版社，2018：231.

14　平克．思想本质 [M]．周旭红，梅德明，译．杭州：浙江人民出版社，2015：137.

15　Laura Burke. 发展心理学：婴儿、孩童与青春期 [M]．北京：北京大学出版社，2005：334.

16　Sodian B，Schneider W，Perlmutter M.（1986）．" Recall，clustering，and metamemory in young children." Journal of Experimental Child Psychology，41（3）：395–410.

17　Bornstein M H，Davidson L，et al. Well–being：Positive development across the life course. Lawrence Erlbaum Associates Publishers，2003：269–279.

第 7 章　阅读篇

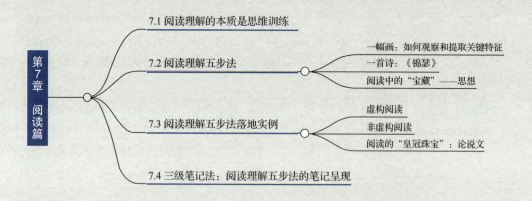

第7章 阅读篇

- 7.1 阅读理解的本质是思维训练
- 7.2 阅读理解五步法
  - 一幅画：如何观察和提取关键特征
  - 一首诗：《锦瑟》
  - 阅读中的"宝藏"——思想
- 7.3 阅读理解五步法落地实例
  - 虚构阅读
  - 非虚构阅读
  - 阅读的"皇冠珠宝"：论说文
- 7.4 三级笔记法：阅读理解五步法的笔记呈现

7.1　阅读理解的本质是思维训练

主旨问题	关键词
为什么孩子读书挺多，阅读理解题的分数却不高？为什么读书很累，却难以把书本中的知识变成自己的？	阅读方法论、思维训练、有序观察、收集事实

因为缺乏阅读理解的科学方法。

长期以来，阅读理解最被大家诟病的地方在于，文章的"中心思想"是被规定的，且是看不出道理的主观规定。于是，产生了"原文作者来了也做不对"的调侃。传统教学中，老师宣读课文的中心思想，学生则必须背诵这个标准答案。阅读本应是最快乐且最有效的学习（Chat GPT 的学习，关键就在于海量且高质量的阅读），但是，对阅读的错误操作导致学习者对阅读的痛苦甚至反感。我小时候和一个数学学霸一起做题，他对我说，"听说你语文学得好？我觉得语文这东西根本没法学！不像数学，不管谁说的，真的就是真的，假的就是假的。但人写文章，想怎么写就怎么写，读的人怎么知道作者在想什么？为什么只有老师的标准答案才是对的？为什么我们不能有别的理解？对错标准在哪里？"

我当时感到他说的不对，但我讲不出具体理由反驳他。这个问题在我心中埋下了一粒种子。后来，在我的大量阅读中，在我做过的数百万字的各个知识领域的翻译工作中，在我给本科和研究生讲授的精读与翻译课程中，在语言教学以及真实世界的语言应用中，这个问题的答案逐渐清晰。语言文本的产生（写作）和理解过程，绝不是随意和主观的，而是要讲究根据与合理性。于是我根据明辨式思维（critical thinking）的框架，提出了"阅读理解五步法"。如果学生觉得一篇文章的主旨得出得很主观，只是老师在"宣布"一个中心思想让大家记住，那这种阅读理解确实缺失了理解的实质，也就是明辨式思维的过程。我们需要从文章中发现证据，需要结合真实世界如何运转的背景知识去关联和比对，建立全文逻辑链条，达成理解。这个过程中没有一个环节是主观随意的。

如果老师仅仅孤立宣布一个最终答案，而不给学生呈现上述思维过程，就会与语言学习作为思维训练的目的背道而驰。而学生就会像我小时候遇到的那个数学学霸一样，因为标准答案与思维过程脱节而对阅读理解产生无意义感，损伤学习动机。缺乏客观标准的知识，还算真正的知识吗？所学的不算真正的知识，又怎能爱上这样的"学习"？

阅读理解需要建立一个客观的科学的方法论，但这并不意味着得出的结果是唯一的。阅读是以语言为载体的认识过程，其本质也是求真，同样需要基于证据与逻辑。理解要建立在证据链条和逻辑基础上，要根据证据和逻辑来考察这一解读多大程度上是充分与合理的。如果其他人有别的角度的理解，他同样要提出证据和论证的链条。通过一个客观方法达成的理解，应能接受所有人的质疑和验证，并且解读者的阅读理解过程也应是可复制的。

任何人都应该有独立思考的权力

我们需要建立一个客观通用且科学的阅读方法，其最大的意义在于：任何人——而不仅仅是极少一部分掌握话语权的人——都应该有能力，也有权力思考，形成独立的判断与思想。不论地位和头衔，每个人的观察和思考都可以被其他人评估、重审和验证，从而每个人都可以获得自由思考的权力，能源源不断参与、回馈整个社会无穷的思想酿造循环，这样才能有更多的新思想、新价值被创造出来。假如所有的"蜜蜂"都聪明能干，必将大大提升整个"蜂巢"知识蜂蜜的产量。人接受教育的目的，就是让人不必再依赖外力，依靠别人咀嚼好所谓的标准答案一口口投喂，而是让自己有能力搜集和鉴别信息，自主汲取最优秀的知识内容、建立自己需要的个人知识体系，去解决问题并创造价值。

如果不善于自主搜集处理信息（阅读），那么你在面对某个现象、某种困扰的时候，第一反应往往是希望拿到一个现成的答案；总是去问别人，"我应该如何看待……"；书还没读几行，就恨不得先知道"正确答案"：专家、权威人士或其他人怎么看这本书？总想免于用自己的眼睛去观察、去思考，这就错失了大量新思想产生的机会，也错失了个人思考与阅读的乐趣。

世间多少欺骗，不论是窃钩还是窃国，根源都在于被害者处于无知的状态。知识盲区与技术制约使人们长久地陷入贫穷与痛苦。所谓"无知"，与其说关乎知识的占有量，不如说是求知的态度。人们将自主观察和思考的权力双手奉送给别人，而将自己禁锢于思想的地穴之中——只要得到一个现成观点，就认为已经得到了知识，这是对知识的莫大误解。就像哲学家休谟所说："人们生活在教条的昏睡中，被囚禁在习惯和习俗营造的世界，而从不自己睁开眼睛去看。"

因此，我根据明辨式思维框架，提出了"阅读理解五步法"（简称"五步法"）。基于五步法的阅读训练，实质上是思维训练：要大家学会睁开自己的眼睛去看，学会如何有序观察、收集事实，学会信任自己的头脑、进行推理、自主产生思想。

7.2　阅读理解五步法

主旨问题	关键词
阅读是随心所欲的主观体验，还是说存在客观的规律和方法？	关键特征（关键词 / 关键概念）、对立项、模式识别、费曼、合理性、发现新问题

作为一种信息处理过程，阅读时也需要运用明辨式思维。不论是面对真实世界的事件和现象，还是面对一篇文章，首先需要做到有效地观察。所谓观察，就是识别出事物的重要特征，从而建立解释事物如何运行的模型。对于阅读文章而言，文章的重要特征就是关键概念。阅读时需要识别关键词，明确其关联和展开的过程，进而高效理解文章思想。

阅读理解五步法具体说明

阅读理解存在一种科学的元方法，这种方法简洁而强大，只分为五步：

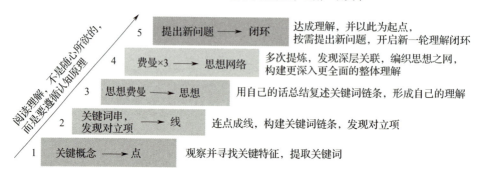

阅读理解五步法

第一步　关键概念（点）：观察并寻找关键特征，提取关键词

观察是否有重复出现的"点"（关键特征 / 概念 / 词）？"点"可能是同一个词，也可能是相关词反复出现；是否有与其对立的概念？

第二步　关键词串，发现对立项（线）：连点成线，构建关键词链条，发现对

立项

发现关键概念之间的关联，连点成线，连缀关键词，形成思想链条；文章中可能出现几个链条，其中会有一个最长的链条，这就是文章的主旨；对立概念也会构成关键词链条。

第三步　思想费曼[⊖]**（思想）：用自己的话总结复述关键词链条，形成自己的理解**

用自己的话复述、总结关键词链条，而非重复原文；对作者的思想形成自己的理解，可以举出自己的例子来验证理解。

第四步　费曼 × 3（思想网络）：多次提炼，发现深层关联，编织思想之网，构建更深入更全面的整体理解

多次用自己的语言重述关键词链条，发现深层关联；提炼思想，多次提炼，构建整体理解，形成整体解读；通过多次费曼来构建思想的框架、思想的网络。其间，可以替换关键词，看是否仍然为合理论断，思考作者的前提与结论合理性。

第五步　提出新问题（闭环）：达成理解，并以此为起点，按需提出新问题，开启新一轮理解闭环

真正理解原文的思想，才有可能提出新问题；明辨式思维不是抬杠，而是说每一个探险的终点，其实都开启了下一次探险的新方向。

关键在于概念

五步法中，关键概念的提取是第一步，也是最基本的一步。

写文章的目的是阐述思想，而思想的轮廓是由概念展开勾画而成的。当一篇文章开篇立论时，往往会首先建立一个或一组新概念，之后不断围绕核心概念展开阐述和分析，因此会有一些词被反复提到。那么，如何识别出哪个词是关键特征 / 关键词？

首先就要关注不断重复的词 / 短语，有时候是同一个词重复，有时是近义词、相关词重复。当你看到某词或相近相关的词反复出现时，这就是关键词链

⊖　"费曼"在本书中特指用费曼学习法进行学习。

条了。其次，关键词识别标志还有对比关系。如果你发现一对反义词总是不断出现，这也是值得"高光"的。最后需要关注的是异常特征，作者很可能会提出一些完全超出关键词链条的东西。

在阅读中，如果我们没有带着寻找关键词的目标，而是无意识地、随心所欲地画线，那你可能会发现自己画线的内容往往不过是你能读懂的、能激发浅层情绪反应的部分，例如押韵或反常识的金句，但这些不一定是文章真正要着重提出的思想。没有画线的地方并非不重要，而仅仅是因为没读懂，既定认知之外的想法会被大脑视为无意义而被选择性无视。而高光追踪关键词及其展开过程，就可以改变漏掉关键信息的低效阅读。

下面，我选取了两个案例——一幅画和一首诗——带你通过实际操作来感受阅读理解五步法的简洁与强大。

一幅画：如何观察和提取关键特征

我选的画叫《大使们》，它看起来似乎并不"美"，不像凡·高的《星空》那样无须审视细节就能感受到整体性的冲击力。这幅画来自我小时候常看的一本画册，虽然我过眼无数次，模模糊糊地感到一种说不出的神秘，似乎画中蕴含着某种深意，但又无从理解它。画册里的文字解说并没有讨论这幅画本身，只提供了基本信息：这是文艺复兴时期著名画家汉斯·荷尔拜因的名作，创作于 1533 年。你无须成为文艺复兴艺术史的权威和专家，只要遵循五步法的有序观察和逻辑分析，加上义务教育阶段人人都学过的一些历史常识，就能得到不一样的理解。

第一步　关键概念：请拿出一张纸、一支笔，观察这幅画，并记录你看到的特征。首先是重复出现的元素，其次是对比的元素，最后是异常的元素。找到这些特征并写下关键词。

第二步　关键词串，发现对立项：看看你写下的这些关键词，整理并且连线，你会得到有长有短的几条关键词链条。关键词中，哪些构成了对比关系？尝试解读这种对比关系。这时候，你可能已经产生了一些想法。先不要着急下结论，再回到画面，找找有什么挑战常规的异常之处，有什么关键信息是刚才的关键词链条没有包含的。

用阅读理解五步法解读一幅画

点：仔细观察，发现并标记关键特征
不要急于知道结论——
暂时忘记"中心思想"，
放慢速度，信任自己的眼睛，
仔细观察画面上有些什么东西

↓

线：连缀你发现的线索。奇怪的是，
总会出现一些"对立项"

↓

面：依据证据做出解读

↓

再去查查资料，看看别人的研究，
作为一个外行，你的理解居然不离谱

用阅读理解五步法解读《大使们》

第三步 思想费曼：尝试用自己的话来表述想法。更换关键词，尝试从不同的角度来表述。此处你可以自己动手写一写，想一想，说一说。

第四步 费曼×3：多次提炼，多次费曼，构建整体理解。最后，看看你是否会在理解的基础上产生新的思考，提出新问题（第五步）。

下面是我自己的理解过程。当然，这只是我的五步法练习，并非对此作品的唯一的解读，仅供参考。

第一步 关键概念

就是要观察基本事实，识别重要特征。

先观察画面上有什么，回答"what 问题"。画面的主角是两名男子，左边的男子身着华贵张扬的裘皮大氅，内穿粉色丝绸衬衣，手握雕花镀金的匕首。从匕首上印着的名字和年龄可知，主人公年方 29 岁。年纪轻轻就手握象征军权的匕首，他应当是一位世家贵族子弟。由标题可知，他担任着大使职位。而右边的男子，虽然衣着色彩暗淡，宣示着低调，但他的一只手却欲盖弥彰地抓住开襟，使观众注意到他外套里面露出的柔软的顶级裘皮。根据神职人员专属的白色领口，可以推测他是一名教士。他的胳膊肘放在一本书上，这也符合教士的人设，因为教士是那个年代掌握知识的阶层。

这幅画的创作年份是 1533 年，可知他们生活在地理大发现带来的全球化高峰时代，这与我们今天有点相似。但不同的是，当时的生产水平仍然是手工作坊而非机器大生产。画面上最突出的重复特征就是大量的昂贵制成品，丝绸来自中国，裘皮来自北方，而中间架子上的织毯来自中亚。画家对环绕人物的物件倾注了极大的心血加以精心描绘，力求还原其真实的物理质感，表达这些物件的重要性。在前现代社会，极度耗费人工的精美制品背后是遍及全球的贸易网络、技术实力和主导全球贸易秩序的权力。例如，位于视觉中心的那块精美织毯，描绘得如此精细，就好像你能摸到它凹凸不平的编织质感。这种中亚的手工羊毛织毯，即使在今天，仍被称为"软黄金"，一小块售价高达上万美元。织毯出现在此处的意思可能是：我们已经征服了东方，东方的财富任我们支配。

两人脚下的大理石拼花地板，以 1500 年之前的技术水平，可以想见需要多少人力去开凿、长途运输，再加以精妙的设计、手工打磨和完美施工，这一切无不散发出财富与权力的味道。从人物帽子上的绣花、脖子上佩戴的珠宝、手里精美的匕首剑鞘，到书籍、乐器、地球仪、数学和天文仪器，这些物件汇聚起来，也许是为了表达前现代社会知识和物质文明成就，尤其是汇聚全球的资源与调配人工的权力。

第二步　关键词串，发现对立项

思考并回答关键特征之间的关联，再回答"how 问题"。这些特征联系起来，意味着什么呢？对世界的征服、对物质文明的赞颂，也许这就是画家不遗余力描绘这些细节想传达的含义。

与炫目的财富标志并置的，是另一组近似且相关的特征：科学仪器。架子上层首先吸引目光的是一个蓝色天球仪，画家不厌其烦地描绘了仪器上的星宿图细节。作为对比，第二层架子上有一个地球仪，细节同样惊人，绝不是随意凑数的道具。

这两个相关且对立的重要特征摆在一起，产生"经天纬地"的含义。天球仪和地球仪并置，意味着远洋航海能力。这符合 1500 年前后的地理大发现之

后，欧洲各国在全球争夺殖民地与商业贸易财富、实现商品和人力流通的历史
背景，表达了开拓新大陆的时代精神。

天球仪与地球仪

架子上还有一排仪器，跟天球仪和地球仪一起，进一步构成重复出现的特
征链条，进一步印证了我们刚提出的"经天纬地"含义的猜测。在前现代社会，
要想远洋航行，最重要的技术突破就是通过天文特征来定位船只所处的地理位
置，否则会错过补给机会或者触礁沉没。不意外的是，这一排仪器确实都与测
算太阳高度有关。

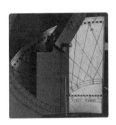

架子上的一排仪器

另一个物件是一本书，仔细拉近看，是一本数学书。要想定位经纬度、学
习商贸所需的会计簿记法、从事贸易活动，都需要数学计算。这些天文工具与
数学知识帮助欧洲人实现了全球扩张和物质财富的积累。

架子下层摆放着一把名为曼陀铃（Mandolin）的乐器。画家对这把弦乐器
的描绘同样惊人地精细，木头的纹理细腻，令人仿佛能感受到木质的温暖。琴
弦细如毫发，只等人来拨动，发出动人的清音。画家对旁边歌本的描绘也极为
精细，音符清晰可见，并不是随便填充的背景道具。

数学书

曼陀铃与歌本

这里也可以提出一个找到关联的"how 问题"：物质财富、全球大航海贸易和音乐有什么关系呢？看似无关，但细想还是有关的。古希腊的毕达哥拉斯就认为音乐和弦的数学比例与星系运行的速度和轨道一致，整个物质宇宙都存在于音乐的和谐秩序之中。如果人能掌握音乐，意味着他也有能力认识万物规律，从而能够经天纬地，航行全球。

第三步　思想费曼

将这些特征关联起来，含义呼之欲出。为什么要描绘这些仪器和乐器？因为当时的人们认为上帝创造了宇宙秩序，而人的秩序是这种以数学和音乐为代表的宇宙秩序的一部分。也就是说（连缀特征，做出意义解读）：谁能掌握宇宙秩序，谁就理应"照看"和"管理"整个世界。华贵的裘皮和工艺制品，科学和音乐的物件陈列，表达了那个时代的文明成就和征服者的世界观。

作为肖像画，描绘物件的目的是展示委托人的事业追求与内心世界。左边手握匕首的贵族，只有 29 岁。右边拿书的教士，书上写着他时年也只有 25 岁。这两名二十多岁的贵族青年如何看待自己拥有的这些财富、知识和权力呢？站在世界之巅的他们，难道不该踌躇满志或洋洋自得吗？

仔细观察，他们却似乎没有志得意满的神态，并不期待观众的羡慕。身处精美制品与巨大财富的簇拥之中，两名年轻人对自己拥有的一切反而显得过于冷静和漠然。这是为什么呢？

除了重复与对比，第三种要找的特征是异常，我们需要特别关注那些挑战习惯和常识的地方。这幅画最重要、无法忽视的一个异常特征，就是前景中人物脚下那个奇怪的东西。这也是这幅画最出名的地方。这幅作品陈列于伦敦的英国国家美术馆，摆放位置和现场观看的效果是这样的：

委托人的神情

摆放位置和现场观看效果

　　站在画的正前方，你会看到两位主角的脚下有一个被拉长的幻影，扭曲到几乎无法辨认，但仍会令你汗毛倒竖。它过于写实，同时又完全超现实。如果观众从画的右侧、与画面呈很小的角度去观看，这个幻影会被还原成一个写实的立体骷髅头。

　　想象一下，如果当初这幅画挂在委托人大宅的走廊里，人们穿行于不宽敞的走廊，即将从这幅画旁边经过时，会发现它像动画一样，在观众眼前呈现出一个神奇的动态效果。距离尚远时，远远地会看到前面有一个逼真的、好像悬浮在画上的立体头骨。而画面上极度逼真的人物和器物，从侧面30°角看是扭曲无意义的。而当你在走廊里继续往前走，越来越接近画的正面时，人物等现实事物变得愈发真实立体，可这

扭曲的幻影

个头骨却又拉长扭曲，就像 83 版《西游记》电视剧里突然腾空拉长的白骨精特效。在近 500 年前，没有计算机视觉特效的年代，画家用纸和笔鼓捣出这样一个动态特效。画家应该是通过一格格去描绘拉长投影的方式，把真实的头骨扭曲成那个形状。也许这是他在这幅画上取得的科研成果。想到这个点子就很天才了，别说还实现得这么完美。那么，费这么大劲弄出来的视觉特效，是为了表达什么意思呢？

人类的认知有一个有趣的特点，那就是：**所有重要的特征都不是孤立的，总会成对出现**。这个拉长的头骨特效肯定也不是偶然孤立的特征。我们继续仔细观察画面，寻找有没有与之呼应的奇特之处。可以发现，在大使们背后，那奢华的、微光潋滟的昂贵锦缎帷幕的一角被拨开，露出一个阴森森的画面：一个挂在十字架上的受难基督像。于是你忍不住怀疑，这一整个帷幕及其背后的基督受难，是否象征了舞台后的世界与人生的真相？如果是这样，那么帷幕前又是什么？这不就是"你方唱罢我登场"的尘世戏剧吗？

一整幅画，用了众多细节描摹了绫罗绸缎、织锦、刺绣、精美的金珠宝贝、经天纬地的仪器、海外扩张的殖民地、全球财富的征服、改造一切文明的雄心壮志，以及张扬上帝和宇宙秩序的神圣事业，这一切的一切，竟然作为"死去元知万事空"的对立面而存在的！于是，这就解释了前面提出的问题"为什么两名年轻人对自己拥有的一切并不洋洋自得"。到此，整个画面上所有的人物、事物和细节就都连贯起来了。

经过这一番观察，我们已经走完了五步法的前三步：第一步是发现并标记关键特征，提取关键概念；第二步是发现这些关键概念之间的关联，连成串，有的关键词串更长也更为重要，常常出现对立项；第三步是尝试用自己的话总结关键词串，为第四步提炼思想做准备。

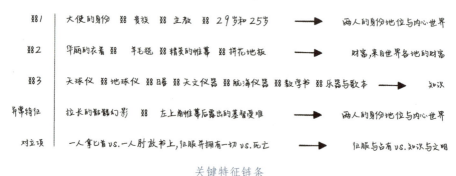

关键特征链条

第四步　费曼 ×3

费曼 ×1：画这些仪器，意味着什么呢？这些仪器代表的是欧洲上千年的天文观测、自然科学和数学成就。通过知识的探究，人类掌握了世界运行的客观规律，从而得以实现全球航行，建立海外殖民地，获得商业机会，并创造了大量财富。

费曼 ×2：也许，这解释了两位主角巨大财富和权力的来源？

费曼 ×3：但是，为什么别的大洲、其他文明的财富和权力要被某些人拥有？因为那些仪器及其背后的知识象征着某一个文明创造了一个秩序及其解释权，从而为自己这个文明征服别的文明提供了合法性基础。但是，这一切辉煌的"文明"又和死亡的象征形成一种对立关系。于是，财富和权力与死亡和信仰的象征形成对立项：两人脚下的头骨和左上角帷幕后面受难的基督意味着，在死亡的审判和上帝的意志面前，个人对财富和权力的占有终将成空，所以不应骄傲自满。这幅画描绘了当时的时代精神与委托人的价值追求，展示了其中潜在的冲突，这就是为什么世界上好画这么多，但这幅画能成为艺术经典。

第五步　提出新问题

这幅画真的体现了艺术家对文明扩张和权力秩序的反思吗？也许这只是我们现代人"事后诸葛亮"式的想法？当时的人如何看待"文明"与"征服"？提出新问题之后，需要开启新一轮的信息搜集、阅读理解和明辨式思维。阅读理解五步法的最后一步并不停留在读懂原文，而是最好能提出新的问题。当我们阅读时，得到他人的结论并非最终目标。得到的知识与结论，应该是新问题的起点。通过进一步的研究和探讨，我们可以更深入地理解这幅画的真正意义，并从中获得新的启示和思考。

至此，阅读真正成为一种持续的、探究性的学习过程。

一首诗：《锦瑟》

前面我们用阅读理解五步法分析了一幅画，但你可能会觉得图画的关键特征很容易抓取，而文字的关键词更难识别。其实，不论是绘画还是语言作品，只要是人类认知的产物，都是关键特征的有序组合。因此，寻找特征，提炼共性与差异，是人类思维活动的起点。随便翻开一本儿童数学思维题目，你会见到如下图所示的这类题。所谓培养思维能力，就是教孩子有序观察，识别特征，提取关键特征的共性与差异，从而提炼规律，构建模型，形成全面而深入的理解。这也是阅读理解五步法的本质。

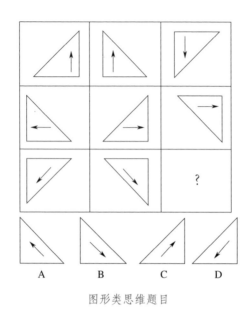

图形类思维题目

李商隐的这首《锦瑟》非常著名，其含义神龙见首不见尾。千余年来解读者甚众，却没人能拿出一个连贯的说法。现在我们尝试用阅读理解五步法解读本诗，体会一下如何独立观察，进行有理有据、深入合理的解读。

锦瑟

（唐）·李商隐

锦瑟无端五十弦，一弦一柱思华年。

庄生晓梦迷蝴蝶，望帝春心托杜鹃。

沧海月明珠有泪，蓝田日暖玉生烟。

此情可待成追忆，只是当时已惘然。

第一步 关键概念

观察"画面"上有什么事物，寻找关键特征。

"锦瑟无端五十弦，一弦一柱思华年。"

首句中的"锦瑟"到底是个什么样的物件？就是如下图所示的乐器。据《尔雅》记载，伏羲氏发明了瑟，本来是五十弦，黄帝听了感到声音过于哀伤，遂改为二十五弦。虽然这是传说，但也可以得知"瑟"是一件弦乐器，宽而长的琴身有点

西汉二十五弦瑟

像人的身体，而五十弦的五十之数，接近古代人的寿命。这是我的猜想，那么作者究竟想突出瑟的哪方面特征？继续看下面一连串的类比。

下一句"庄生晓梦迷蝴蝶，望帝春心托杜鹃。"

庄生是庄子，"晓梦迷蝴蝶"出自《庄子》的寓言。庄子大白天打了个盹，梦到了蝴蝶。醒来之后他迷惑了：我现在认为是我梦到了蝴蝶，蝴蝶出现在我的梦里，可是我又怎么证明不是我现在活在蝴蝶的梦里呢？"望帝春心托杜鹃"。望帝是传说中古蜀国的国王，惭愧于自己品行不端，让位于贤者。望帝死后灵魂化为杜鹃，每年春耕时节，农田间可以听到杜鹃哀伤的啼鸣。人们说，这是望帝回来了，提醒我们不能荒废耕种，以免后悔莫及。望帝的身体虽然毁灭了，但他的灵魂寄托在杜鹃这种鸟中，杜鹃啼血的精神存活于后世无数诗歌中，与人们互通心声几千年。

这两个人物故事差异很大，其间有什么共同特征可以提取呢？我提取出来的共同点是：肉体与精神相互独立，精神可以超越肉体而独立存在。

带着这一初步形成的假设，继续看下一句："沧海月明珠有泪，蓝田日暖玉生烟。"明珠有泪，暖玉生烟，又是两个差异很大的事物。传说中，珍珠本是海里鲛人（即人鱼）的眼泪，诗歌演绎为珍珠也会有泪。蓝田盛产宝玉，太阳照射下有烟升起，玉本是至坚至纯的一块顽石，诗歌演绎为宝玉也会生烟。把二者列在一起，表达的还是"物质不知怎么就产生出情感"的意思，仍然符合"物质的身体和精神的存在彼此相互独立"的模式。

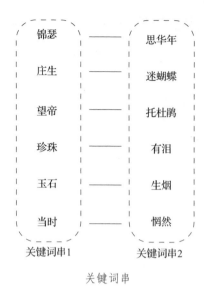

关键词串1　　　　关键词串2

关键词串

第二步　关键词串，发现对立项

将这些对立项串联起来，就列出两个关键词串（关键词链条），纵向排列如下：

第三步　思想费曼

能看出两个关键词串形成了十分明显的对立关系。关键词串 1 都是物质性的实体：锦瑟、庄生、望帝、珍珠、玉石、当时；而关键词串 2 都是非物质的活动：思、迷、托、有泪、生烟、惘然，是超越肉体的精神、情感与意志。这两个类别之间构成了矛盾冲突，而矛盾冲突是推动作品铺展思想的核心动力，往往蕴含着全文主旨。

第四步　费曼 ×3

对这些关键词链条及其内容做解读，编织出思想之网，构建出成体系的、全面的整体性理解。

庄子见了蝴蝶，突然不知道自己会不会是活在一个梦里。这与笛卡尔的"缸中之脑"思想实验相似：如果一个大脑脱离了身体，被隔绝在一个容器里，同时保持着生命，该大脑无法得知自己没有身体，它的所见所闻其实只是自己创造的意识世界。好比你做梦时，你并不知道自己在做梦，大脑产生了一个独立的意识世界，你在梦中上学迟到、探险、冲浪、航海，而梦中的你根本不知道此时身体只是一动不动地躺在床上，如同"缸中之脑"不知道自己其实只是泡在罐子里的一团 3 斤重的神经元细胞。人的大脑，明明不过是一团物质的细胞，却涌现出了无穷的意识世界。

这两个关键词串构成了对立项，表达的意思就是：人的存在，一方面是物质的存在，受到物理与时间的限制。就像锦瑟作为一架乐器，它不过是一块木头和几十根弦而已，运作在物理原理的限制下；但另一方面，它产生的精神内容，它能奏响的音乐，却拥有无尽的自由表达空间、无尽的创造性。锦瑟奏出的乐曲可以超越千百年的时间间隔，击中无数人的内心。

人的存在也有这种二元性。明明是肉体，不过是一堆物质元素，如氢、氧、碳、铁、锌、钙等，没有任何其他非物质的存在。可是这些物质何以产生出自由的心灵，浩瀚如宇宙星辰之数目的语句与念头，超出身体局限的强大精神和意志？就好像木头做的琴演奏出一首曲子，曲子蕴含的情感和思想可以被另一个时空、另一个人所感知。在肉体存在的当下，有限的时空局限之外，这一架琴的木头与琴弦衰朽解体之后，人的肉体消亡之后，他人仍可追忆那千古之前的乐音、精神世界。于是，人的精神意志、思想和情感有独立的绵延的生命力，即"此情可待成追忆，只是当时已惘然。"

第五步　提出新问题

读完这首诗，它对我的生活有何启发？于是，我自然而然就提出了新问题。提出新问题并非必需。不是所有文本或内容都会启发新的思考，都需要开启新一轮的阅读理解闭环。读者可以按需执行，酌情判断。

这是我对《锦瑟》一诗的解读。从实例中可见，用阅读理解五步法解读诗歌，通过有序观察和依托于原文的特征链条，非但不会限制阅读的自由想象和感受力，反而能让我们读取更深入的信息，得出更丰富的体验。

阅读中的"宝藏"——思想

主旨问题	关键词
究竟什么是思想？	运作方式、隐秘的关联、矛盾冲突、发现问题、隐含前提、行动方案

我在课堂上实践阅读理解五步法时，第一步、第二步——提取关键概念，连缀成关键词链条，寻找对立项——都是在观察原文讲了什么，相对比较简单。难的是第三步、第四步，用自己的话表述关键词链条并做出有理有据的解读，也就是使用费曼技巧讲出自己的理解。我们通常对自己得出想法没有信心，于是非常依赖原文，总想从原文里找几句作者原话来念，不敢用自己的话表述，更畏惧提炼自己的想法。根本原因是我们不知道什么才是合格的、正确的"想

法"。因为缺乏阅读理解方法论，缺乏对"思想"本身的认识，我们就好像进入了一片未知的迷雾，没有清晰的路标导致我们的阅读裹足不前。

下面我尝试界定一下什么是"思想"（idea），并提供一些指引。

首先，思想（idea）和事实（fact）、观点（opinion）有什么区别？

以《大使们》那幅画作为例，属于事实的是：这幅画作产生的时间、地点和画面内容。例如，两个年轻人、大量财富、精美的工艺品、大量的航海天文仪器、数学书、乐器和歌本，以及"隐藏款彩蛋"：头骨和基督像。这些都是基本事实，需要看仔细，看全面，才可能走向下一步，提炼出思想。

属于思想的是：为什么要画这些东西？肖像画为什么不能只画人？为什么要画财富、仪器、乐器和头骨？这些物件表达了什么？

要回答这些问题，你需要揭示事实间的关联，提出合理的解释。你需要考虑可知的事实，如人物的身份地位，他的社会处境，他的志向，他的价值观、欲望和恐惧，将事实连起来才能理解他的行为动机，他为什么要说某句话及做出某个行为。时间、地点、人物、做了什么、画面上有什么，这些是事实。而事实意味着什么，这就是阅读理解五步法中第四步"费曼 ×3"要得出的思想。**只是罗列事实和照读原句，无法得到思想。**

什么是思想？如何得到思想

1. 思想，要回答"如何运转"的问题，并提供解释

思想需要回答问题：包括事物间有何种关联？事物如何运转？为什么这样运转。例如，为什么要在画中描绘委托人身边的物件？为什么人物的表情不是得意或炫耀的？对 how 问题和 why 问题的回答，就是思想。

2. 思想，要揭示看似无关的现象之间的关联

比如《锦瑟》诗中的乐器锦瑟、庄生、望帝、珍珠和玉石，这些事物之间的关联是什么？这首诗从看似无关的事物中提炼出共性，揭示出人所未见的深一层的发现，这就是作者的思想。

科学中的例子更为明显。古人早已观察到月亮的月相变化，并用天狗吃月亮等神话解释月相变化，同时猜想大地是一个方形的盘，下面由大乌龟顶着。

然而，没有人看出天上圆形的月亮和脚下方形的大地有什么关联。但亚里士多德提出，月亮圆缺的缺部总是圆形的，而不是方形的，这个圆形的黑影只能是地球的投影，因此地球是圆的，而不是方的或平的，否则月亮上会有直角或直线形状的黑影。指出看似无关的现象之间的关联并提出解释，这就是思想。

3. 思想，要指出并解释事物的矛盾和不合理之处

在《大使们》这幅画中，拥有财富、权力与知识的青年和死亡的象征构成了冲突。《锦瑟》中，物质实体和精神的超然构成了矛盾冲突。你还可以在其他文学作品、论说文、电影中不断找到各种冲突的对立项，在冲突中揭示更深层的规律，这是人类思想把握事物的方式。

4. 思想，要提出人们原本从未意识到的问题

和其他肖像画一样，《大使们》当然是贵族炫耀财富与身份的奢侈品，就像现代人买的爱马仕一样。但这幅画流传几个世纪的魅力在于它能让你感受到重重的矛盾冲突。大航海时代的小荷尔拜因可能不会去质疑欧洲文明优越论的合法性，但是他却揭示了这一问题：一个人（或他代表的群体），能否终极地掌握财富、权力与知识？能否终极地拥有生命，进而拥有与支配他人的生命和财富？这个问题，从 1500 年往后几百年，也没人提出，却在画里呼之欲出，使这幅画具有了与其他常规肖像画不同的思想深度。

有汽车之前，人们没觉得马车太慢；有互联网之前，人们没觉得信息传递效率是个问题；有搜索引擎之前，人们没觉得信息搜集和获取是个问题。这些"无中生有"的问题，都是改变世界的点子（ idea ）。发现原本不被看见的问题，就是思想。

5. 思想，触及人们原以为不容置疑的通行观念，促使人们重新审视争论的前提

当人们各执一端、争论不休的时候，往往是前提出了问题。如果能指出前提问题，就是提出了一个思想。例如，"快乐教育派"和"教培'鸡娃'派"都无法说服对方，因为两方都预设了同一个前提——孩子是可以被任意书写的白板，教育灌输什么，孩子就成为什么。实际上，人生来自带学习软件和内置的

学习需求，不同发展阶段需要不同的适合的素材输入。两方的前提有问题：人并非白板。把儿童放进大自然任其随意玩耍，或者给儿童灌输应试技巧和"刷题"来试图跨越阶段，都不是最佳方案。符合学习者自身需要，安排适合的学习内容，既不是放任，又不是"鸡娃"，而是认识大脑客观规律之后的"无为而无不为"。提出"白板论"这个前提假设有问题，这就是一个思想。

6.指出具体行动方案，让人们看到下一步该做些什么，这也是思想

面对孩子不尽如人意的表现，父母常常忍不住道德审判的本能：这孩子是不是学习态度不认真？对得起为你辛苦付出的父母吗？其实，还有另一种做法：和孩子一起分析薄弱环节，找到最近学习区，制定学习成长路线图，从最小行动做起，先改变孩子的学习行为，然后根据行动提供及时反馈，和孩子创造正反馈的学习闭环。根据学习科学与个人具体需求提出具体方案，把出于本能的评判变成行为的实际改变，这也是思想。

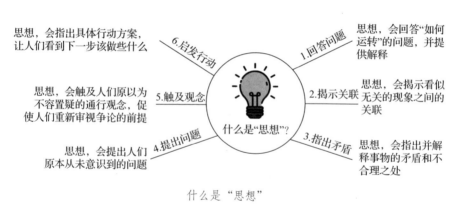

什么是"思想"

这是我总结的思想的几种形态，这也是阅读理解及其思维过程的产物和目标。阅读，不是为了积累静态知识，而是为了推动思考，产生思想。

思想虽然有许多种内容，但都要基于坚实的事实以及严密的推理。思想来自明辨式思维的每一步。进化论学者道金斯在澳大利亚和保守派议员辩论时，有议员坚持说地球历史只有《圣经》上写的 5000 年，因为"这是我们的观点，每个人都有表达自己观点的权力"。每个人当然可以有自己的观点，但脱离事实的错误观点不是"思想"。

个人解读的边界是什么

人们喜欢说，有一千个读者就有一千个哈姆雷特，每个人都有自己理解的权力。解读确实并非唯一，但这不等于可以脱离事实、随心所欲地解读。例如，有人看了《大使们》这幅画后可能会"生成"观点："啊，我看这两人可能是同性恋人，不然哪有肖像画两个男人，却不是夫妻或者家族成员的呢？"这个问题看似合理，但你不能一步跳跃到"恋人"这个结论。你需要搜集更多事实证据来把观点变成论点。如果在画面的物件、两人的描摹和背景资料中，你都无法找到和感情纠葛关联的证据，那这种猜想就只停留在"我觉得"这个层面，而不能成为一个合理的解读。

因此，每个人都有表达自己想法的权力，但我们需要在特定的知识领域和主题层面内收集到足够多的证据，有逻辑地连缀并解释这些证据。理解没有唯一的标准答案，但有更加充分合理和不够充分合理之分。

也有人说，"作者其实没想这么多"。每年高考时节，舆论场都会流行一个段子：把原文作者找来，作者本人都做不出从他的文章里出的阅读题。但是，当我们理解文本，做出思想的解码时，目标本来就不是去还原作者本人写文章时的想法。解读不是读心术，作者并不拥有唯一的正确答案和终极解释权。

个人及其作品，只是社会语言沟通网络的一个节点，作品的意义形成于整个语言文化的共同体网络。整个文化网络的含义不是由一个节点决定的，而是来自所有节点的互动。比如，有个人脱发十分严重，头顶眼看要形成"地中海"，他觉得显老，就干脆把头剃光了，感觉自己倍儿精神，开开心心上班去，却被领导叫到办公室，"你是对社会不满吗？还是对咱们单位有什么意见？在咱们这样的单位上班，要考虑影响。你怎么能剃光头呢？别人看了怎么想？"在某个群体的文化意义体系中，"光头"可能被赋予叛逆分子、亡命徒、服刑人员等关联的含义。光头的含义是社会文化网络中存在的共识，不是剃光头的人个人当时怎么想就可以单独决定的。即使他自己不是这么想的，也不等于光头没有那些含义。

阅读的目的不是要挖掘作者本人的想法，而是达成群体意义体系中的共识，但这并不意味着可以随心所欲地解读。要避免过度解读，就需要有理有据。阅读理解五步法为训练思维、形成思想铺设了五个台阶。一至三步整理了我们看到的事实，培养慢下来、仔细观察现象、耐心审视原文的习惯。后两步是从复述走向提炼思想，经过第四步费曼 ×3，将模糊的、较为含糊空洞的话，通过多次表述，用更为具体的词去替换模糊词，使对主旨的理解走向具体清晰。到第五步，当你经过了这样一番仔细的观察整理后，真正理解了原文想表达什么，这时候才会产生出于自己思考的新问题，进行更进一步的研究。因为任何有效思考的结论都不是探究的终点，而是新知识的起点。阅读理解五步法将阅读理解整理并拆解成五步，帮助训练我们的头脑，对抗立刻从他人和权威那里寻找现成观点、追求简单武断结论的坏习惯。

　　这一节通过一幅画和一首诗的例子，为你介绍了阅读理解五步法的基本步骤。下一节将带着你就三个不同难度、不同类型的文本，实地实践基于证据的明辨式阅读过程。我们将从简单故事到专业性的论述，展示在各种场景下如何使用五步法，直到你理解了这个方法并学会运用它，能准确高效地提取信息，形成全面深入的整体性理解。

7.3　阅读理解五步法落地实例

虚构阅读

主旨问题	关键词
简单的故事也有主旨吗？	关键词链条、对立项、费曼、得出主旨

如何用阅读方法连缀线索，提炼出故事主旨？以小鸡卡梅利多系列的《我想有颗星星》为例。

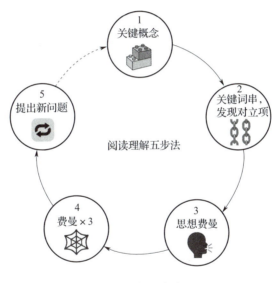

阅读理解五步法

很多小朋友都喜欢小鸡卡梅拉系列图书，我从中选择了《我想有颗星星》作为实例。故事讲的是小鸡卡梅利多晚上看到一颗流星划过天空，被流星的美丽所震撼，于是向着流星落下的方向跑去，想看看能不能捡到这颗星星。他追到海边，捡到了一只海星，以为这就是流星了。阅读理解五步法第一步，寻找并连缀关键特征，包括同类词、重复的词和反义的词。这个故事里反复出现的特征有星星、流星和海星等各种星。

卡梅利多捡到这只海星，兴冲冲拿回农场给大家看，"大家快看！我捡到了

不一样的卡梅拉

天上的星星！"号称无所不知的鸬鹚大叔嘲笑了卡梅利多，告诉他这是海里的海星。鸬鹚大叔自信地告诉小朋友们，天上发亮的并非是某种实体的物质。天空是一个大漏勺，你看到的只不过是漏勺洞里透进来的光，根本没有星星这种东西。

卡梅利多非常伤心失望，小羊贝里奥安慰他，带他去见自己认识的一个每天忙着看星星的人。原来那人竟是天文学家伽利略！伽利略有天文望远镜，当然知道天空不是漏勺，星星是真实存在的一个个天体。卡梅利多于是提出，"我好想摸一下星星。"伽利略也嘲笑了他，说想摸到星星是绝对不可能的，除非小鸡长出牙来。

伽利略去睡觉之后，天空降下一个鸡蛋形状的宇宙飞船。途经地球的小鸡星人是一个班级的学生，正跟着老师在宇宙中游学。一只小鸡星人突然想上厕所，飞船因此迫降在地球。谁知道小鸡星人掠夺成性。刚一降落，老师和孩子们就冲出飞船，涌进伽利略的家，忙着搜寻旅游纪念品，喜欢什么搬什么，忙得不亦乐乎。

飞船上鸡去船空，只剩下想上厕所的那只小鸡星人。她忙着找丢失的鞋，最终还是尿了裤子。在她伤心哭泣的时候，遇到了好奇地钻进飞船、想要探个究竟的卡梅利多和贝里奥。于是，这只外星小鸡就带他们参观飞船，并分享自己亲自探索并亲眼所见的知识。她告诉他们，宇宙中单银河系就有 1000 亿颗星星，所以伽利略也有错。而且这些外星小鸡是长牙的，因为它们是吃肉的，伽利略又错啦！临走时，这只外星小鸡还送给卡梅利多一个纪念品，是来自金星的一块石头。这下伽利略认为不可能的事情全都实现了，卡梅利多不但真的摸到了"星星"，还见到了长牙的小鸡。卡梅利多也把自己捡到的地球上的海星送给了外星小鸡作为纪念品。

这个故事好热闹，孩子好喜欢。那么，看完热闹之后，我们来看看故事到底讲了什么。如果没有人给你一个"总结全文中心思想"的现成的标准答案，我们自己如何得出故事主旨？

　　阅读理解五步法第二步，关键词串，发现对立项。这个故事的关键词链条是什么？反复出现的关键词构成了一个"星星到底是什么"的链条：流星、海星，还是漏勺的洞？鹳鹚大叔自信满满，号称自己掌握绝对真理，其实代表了未经检验的习惯看法。人们往往会接受流行的、由来已久的观念，不加检验的相信"我觉得"或"我相信"式的想法。

　　另一条关键词链条是如何找到星星，星星是可以摸到的吗？卡梅利多一开始被代表民间智慧的鹳鹚大叔嘲笑，后来又被代表科学权威的伽利略嘲笑。伽利略固然拥有更多知识，但也难免陷入认知的窠臼。他说星星不可能摸到，后来卡梅利多摸到了；他说小鸡不可能长牙，但小鸡是可能长牙的。在进化的历程中，动物的形态会随着适应生存环境而改变，小鸡的祖先恐龙就是有牙的。我们只能知道一部分事实，没有人能知道所有的事情。

关键词串

　　于是，我们就看到这些关键词串联起来形成明显的对立项：太空小鸡将自己在太空旅行中亲眼所见的事实告诉地球小鸡们，星星是真实存在的，天空并非漏勺。这是实践与未经检验的传统观念的对立。太空旅行带回的星球样本与伽利略认为不可能摸到星星的权威意见相对立，这是实践与权威的对立。

　　所以，这个故事到底说了什么？我们只需要再前进一步，把上述两个对立项关联起来，用自己的话表述（**第三步 思想费曼、第四步 费曼 ×3**），就得出故事主旨了：不可迷信权威，不要停止自己的探索。不论是民间传统智慧还是科学知识，当某个权威宣布最终的、永恒的、静止的结论时，这都不一定绝对可信。英国科幻小说作家亚瑟·克拉克说，当一位有声望但年迈的科学家宣称某事是可能的时，他几乎肯定是对的。当他宣称某事是不可能的时，他几乎肯定是错的。只要我们不停止学习，不断提问和探索，总会出现更多的事实和证据，将我们的认识推动前进。一个人并不知道所有的和未来的知识，连智者和科学家都可能犯错，不论面对怎样的结论，我们都可以多问一句"为什么""你怎么知道的"。这些问题几乎总会给你带来新的惊喜。

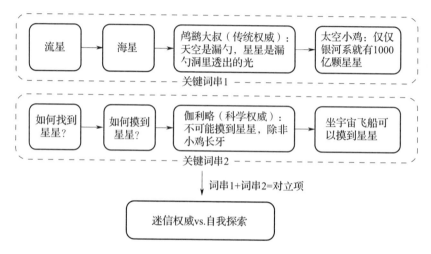

形成自己的理解

非虚构阅读

主旨问题	关键词
如何高效准确地阅读非虚构内容？	核心概念、关键词串、假说与推理链条、提出问题

　　来自父母的典型问题："为什么孩子读书不少，阅读题却做得不好，作文也写得干巴巴的，没什么内容可写？"

　　原因可能在于：他们看似"读了"，却不一定读进去了多少。就像我小时候翻看画册，将《大使们》那幅画看过很多遍，但缺乏理解的方法，无法找到理解的入口，结果就是看了和没看差别不大。因此我们需要用阅读理解五步法提高信息提取的准确度和效率，这对于非虚构阅读尤其重要，毕竟学科教材、专著、论文和考试题目都是非虚构阅读。因此，本节我们再举一个非虚构阅读的例子。例子来自科普丛书《46 亿年的奇迹：地球简史》。

《46 亿年的奇迹：地球简史》

这套书的主线是地球生命演化史，多学科交叉，内容涵盖生物、地理、地质、化学、物理等多个领域，是广受好评的五星级课外读物，从小学生到成年人都会喜欢。这套书的一大优点在于，它不是直接提供一个简单粗暴的结论，而是以问题形式呈现科学思维：从发现问题、分析证据，到提出多种猜想和争议及其论证链条。好的科学写作就应该是这样的，如果去除观察现实的模糊和不确定性，忽略论证过程，直接给出结论让孩子记住，看似很容易地得到了一个"知识"，但实际上不利于培养孩子真正的科学思维能力。

但相比于简单告诉结论，完整呈现思维链条意味着更大的认知负荷，使阅读难度加大。不过，采用阅读理解五步法可以使阅读更顺畅，知识留存更多更久。

本节选择的文章来自丛书第三册《显生宙 古生代 1》中的《生物大进化的契机是眼睛？》。思考始于提问，本文开头就提出一个问题：5.4 亿—5.2 亿年前，生物突然多样化，所有现生动物门类在这一时期都突然出现，这被称为"寒武纪生命大爆发"。概念已经知道了，但为什么会出现寒武纪生命大爆发呢？本文提出了一个猜想进行验证。

如果不用阅读理解五步法，有限的注意力常常使我们只能看到一个个的"点"，即新奇有趣的散碎知识点。合上书就会忘记这些孤立点是为了说明什么问题——就像走进眼花缭乱的游乐园，处处新奇有趣，于是忘记了自己要往哪里去。但是，如果在阅读时画出关键词，并在纸上写下关键词链条，那么阅读效率和获取信息的准确率会大大提高。

第一步　关键概念

第一步是寻找出文章中的关键词，比如"光感受器""成像装置"等，都是与眼睛有关的术语。

眼睛的出现

再将这些关键词沿纵列写下，形成了一个关键词串：光感受器、成像装置、色素色、结构色、单眼、复眼、硬组织、光开关假说、军备竞赛。一系列相关概念（在非虚构文本中通常为专业术语）是一篇文章立论阐述的基础，是需要理解和记忆的重要信息。如果这是教材，可以将这些关键概念制作成卡片并刷卡。卡片背面所需的信息，即概念的定义与举例，在文章中都已经提供了。

第二步　关键词串，发现对立项

链条 1：单调 vs. 丰富 —— 捕猎与隐藏的生存竞争导致军备竞赛，使物种从寒武纪爆发前的单调状态走向丰富。

链条 2：功能 vs. 形态 —— 眼睛的视觉功能发展推动了动物形态"创意"的极大丰富。海洋成分变化提供了不同外壳硬组织的原材料，实现丰富的形态。

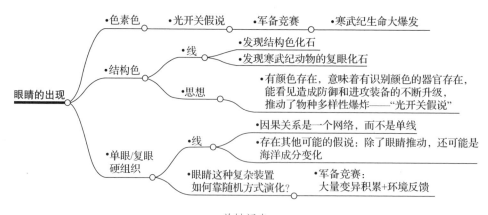

关键词串

这两个链条就是本文的重要主线。

第三步　思想费曼

阅读文章一遍之后，可能很难直接将书合上再用自己的话概述全文。但如果列出关键词串，梳理过基本关系架构之后，概述就会变得容易许多：

最初，生物种类与外观都相对单调。5 亿年前的**色素**也许难以保持，但化石证据证明了**结构色**的存在。有结构色就意味着存在能看到颜色的眼睛。研究员安德鲁·帕克（Andrew Parker）提出，当眼睛从一个简单的**感光装置**演化为"**成像装置**"，能够感知物体形状、颜色、姿态等信息后，就像打开了一个"**光开关**"。

这种"看见"的能力推动了动物的形态、色彩、运动方式的极大丰富。比如，硬组织化石表明，在眼睛出现后，生物进化出形态多样的外骨骼与刺的防御和恐吓结构。猎物发展出伪装色和身体形态来逃避捕猎，而掠食者则发展出成像更精细的眼睛来识别猎物。

有了"看见"的能力后，掠食者和猎物的生存竞争造成更激烈的**军备竞赛**，推动生物色彩与形态的多样化。反过来，这又继续推动眼睛成像功能变得更加精妙复杂。寒武纪生命大爆发时已经存在**单眼**和**复眼**化石，说明眼睛提升功能的需要十分迫切，已经出现了多种进化方向。

第四步　费曼 ×3

费曼 ×1：文章一开始就提出了一个问题，为什么寒武纪出现了物种的突然丰富？文章就是用动物开始演化出眼睛来解释的。根据"光开关"——军备竞赛假说，寒武纪生命大爆发可能就是由于眼睛的出现，掠食者和猎物之间开展军备竞赛：你演化出一种保护色外观，我就演化出更先进的眼睛来发现你，然后你演化出更多样的保护色外观来欺骗我的眼睛，而我的眼睛则演化出更高的精度来捕猎。这种生存竞争的军备竞赛可能是推动物种大爆发的机制。

费曼 ×2："光开关假说"从结构色化石的发现倒推出来，证明一定有了能看到颜色的眼睛，这种眼睛使得生物能够感知到周围环境的变化，从而在演化过程中形成了更多样的保护和捕猎机制。

费曼 ×3：丰富的色彩与形态的出现是因为它们能够被看到。自然界的色彩有很多，不同的元素和结构会自然产生不同的色彩。这些都是为了被看到或者隐藏自己吗？和无生命物质的色彩不同，但随机性仍然可能存在。于是，读者自然走向阅读理解五步法的第五步。

第五步　提出新问题

会不会结构色只是随机变化的副产品呢？真的能证明结构色的出现一定意味着眼睛已经存在了吗？

带着这个问题回到原文查找答案，阅读的注意力会更加聚焦。在 19 页最后一列第二自然段，可以找到一段说明："帕克发现，生活在寒武纪的部分动物能辨认出这种结构色。颜色存在，也就意味着有识别颜色的对象。"之后直接就说这个发现将眼睛的诞生向前推进了 2000 万年。因为恰好这个时候的化石证据表明已经存在不足 1 毫米的硬组织化石，形状包括月牙形和六边形等，但无法确认具体属于什么动物或部位。

如何证明有结构色的时候也有眼睛存在呢？文中解释道："在动物具备眼睛的同时，它们的硬组织也发生了变化。覆盖身体的外骨骼变得发达，开始有了'刺'这样的装置。"由于这种变化确实发生了，所以推测应该是有了眼睛。

这个推理逻辑是本文立论的根基，也是最有趣的地方。通过梳理和提问，文章内在的逻辑主线变得清晰了。就像一根鱼骨的脊椎，清楚地串起了前面的一个个概念。阅读理解五步法，实质是对阅读输入信息进行主动的意义加工与重组，这样读文章，你也能过目不忘。

对于大部分信息量较少的文章，泛读即可；注重提供资讯的文本，走到第三步能够概述即可，无须走到第四、第五步；但信息量多的、复杂的、重要的文本需要精读，最好能进行到第四、第五步，多次用费曼方法表述，并且读完能够举出实例、提出问题，不论提出的是一级的"what"问题，还是二级、三级的"how"与"why"问题。

阅读的"皇冠珠宝":论说文

主旨问题	关键词
论说文的阅读难度级别最高,难在哪?	关键特征、对立项、费曼、举出自己的例子

在阅读难度阶梯上,级别最高的文章是论说文。之所以更难,首先是词汇量更大,但更主要是由于推理链条较长,需要读者在阅读时区分论点和论据,弄清前提假设与结论。只有这样,读者才能在文章展开的过程中不断形成预期与理解。这些任务并行挑战着读者的注意力、工作记忆和长期记忆。

《对"什么是启蒙"的回答》

在第8章"写作篇"中,我们会讲到,描写和说明的最终目的是阐述思想,即论说。因此,考试中的大作文通常是论说文。

能够读懂论说文是写好论说文的前提。于是,我节选了康德的《对"什么是启蒙"的回答》作为案例,向你介绍如何用阅读理解五步法来有效阅读论说文。

第一步 关键概念

我用**加粗**字体将文中的同义词、相关词、对比的词呈现出来。通过关键词,可以克服我们的工作记忆局限,持续追踪作者的论述主线。

启蒙就是人从他自己造成的**未成年状态**中走出。**未成年状态**就是没有他人的指导就不能使用自己的**知性**。要有**勇气**运用你自己的**理智**!这就是启蒙运动的口号。

启蒙运动就是人类脱离**自己所加之于自己的不成熟状态,不成熟状态**就是不经别人的引导,就对运用自己的**理智**无能为力。当其原因不在于缺乏理智,而在于不经别人的引导就缺乏勇气与决心去加以运用时,那么这种**不成熟状态**就是自己所加之于自己的了。"Sapere aude!"要有**勇气**运用你自己的**理智**!这就是启蒙运动的口号。**懒惰和怯懦**乃是何以有如此大量的人,当大自然早已把他们从外界的引导之下释放出来以后（naturaliter maiorennes）时，却仍然愿意终身处于**不成熟状态**之中，以及别人何以那么轻而易举地就俨然以他们的保护人自居的原因所在。处于不成熟状态是那么**安逸**。如果我有一部书能替我理解，有一位牧师能替我有良心，有一位医生能替我规定食谱，等等；那么我自己就用不着操心了。只要能对我合算，我就**无须去思想**：自有别人会替我去做这类伤脑筋的事。

绝大部分的人都把步入**成熟状态**认为除了是非常之**艰辛**而外并且还是非常之**危险**的；这一点老早就被每一个一片好心在从事监护他们的保护人关注到了。保护人首先是使他们的"**牲口**"愚蠢，并且小心提防着这些温驯的"**畜牲**"不要竟敢冒险从锁着他们的摇车里面迈出一步；然后就向他们指出他们企图**单独行走**时会威胁他们的那种**危险**。可是这种危险实际上并不那么大，因为他们跌过几跤之后就终于能学会走路的；然而只要有过一次这类事例，就会使人心惊胆战并且往往吓得完全**不敢再去尝试**了。任何一个个人要从几乎已经成为自己天性的那种**不成熟状态**之中奋斗出来，都是很艰难的。他甚至于已经**爱好**它了，并且确实暂时还不能运用他自己的理智，因为人们从来都不允许他去做这种尝试。**条例和公式**这类他那天分的合理运用，或者不如说误用的**机械产物**，就是对终古长存的不成熟状态的一副**脚桎**。谁要是抛开它，也就不过是在极狭窄的沟渠上做了一次**不可靠的跳跃**而已，因为他并不习惯于这类**自由的运动**。因此就只有很少数的人才能通过自己**精神的奋斗**而摆脱不成熟状态，并且从而迈出**切实的步伐**来。

然而**公众要启蒙自己**，却是很可能的；只要允许他们**自由**，这还确实几乎是**无可避免**的。因为哪怕是在为广大人群所设立的保护者们中间，也总会发现一些有**独立思想**的人；他们自己在抛却了不成熟状态的羁绊之后，**就会传播合理地估计自己的价值**以及每个**人的本分就在于思想其自身**的那种精神。这里面特别值得注意的是：公众本来是被他们套上了这种**羁绊**的，但当他们的**保护者**（其本身是不可能有任何启蒙的）中竟有一些人鼓动他们的时候，此后却强迫保护者们自身也处于其中了；**种下偏见**是那么有害，因为他们终于**报复**了本来是他们的**教唆者**或者是他们**教唆者的先行者**的那些人。因而公众只能是很缓慢地获得启蒙。通过**一场革命**或许很可以实现推翻个人专制以及贪婪心和权势欲的压迫，但却绝不能实现**思想方式的真正改革**；而**新的偏见**也正如旧的一样，将会成为驾驭缺少思想的广大人群的**圈套**。

第二步　关键词串，发现对立项

链条 1：关于"启蒙"

（人从他自己造成的）未成年状态中走出——勇气与决心——独立运用自己的知性——有勇气（运用你自己的理智）——（脱离加之自己的）不成熟状态——单独行走——学会走路——精神的奋斗——切实的步伐——启蒙自己——独立思想——（合理地）估计自己的价值——（人的本分就在于）思想其自身——思想方式的真正改革

链条 2：关于"启蒙"的反面

自己所加之于自己的不成熟状态——懒惰和怯懦——轻而易举地以他人为保护人——安逸——无须去思想——保护人——使"牲口"愚蠢——心惊胆战——不敢再去尝试——条例和公式——机械——脚梏——种下偏见——教唆者——革命——新的偏见——圈套

列出这两个关键词链条，你会看到作者的思想变得十分清晰，体现于对立项中。下一步就是用自己的话表述这些思想。

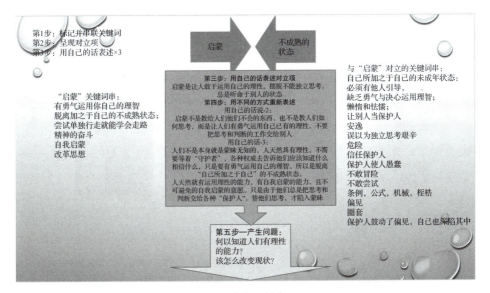

列出关键词链条

第三步　思想费曼

连缀关键词可知，康德说的"启蒙"另有深意。"启蒙"，从字面来看，是开启蒙昧。"开启"这个动词意味着需要由有知识的人去教导没知识的人，因此"启蒙"通常被理解为由少数精英去扫除人民大众的蒙昧，这也是这个词的通行用法。然而康德此处建立的"启蒙"概念与字面意思差异很大，甚至可以说基本相反。

康德所说的"启蒙"，指的是人们要有勇气运用自己的理智，脱离自己施加给自己的不成熟状态。而"蒙昧"是指"人自己施加给自己的不成熟的状态"。这种状态是由于缺乏勇气与决心、懒惰与怯懦，不敢自己迈出尝试的步伐。凡事开始的几步，都艰辛而容易跌倒，但如果鼓起勇气坚持下去，人终将学会自己走路。但人们常常刚开始就害怕耕耘之后没有收获，害怕方法不够完美，害怕走弯路。其实不存在完美的方法，方法应该在实践中逐渐调整，不断积累起自身能力。但由于害怕，人们不敢出发，停留在起点空论方法。人们蒙昧的原因不在于缺乏知识，而在于希望通过遵从条例与公式，避开自己尝试，希望他人代替自己去思考，不想自己去判断和改进。

任何成长都要经历从不成熟走向成熟的过程。正因为做事情必然有不确定性，于是人往往容易依赖外部的力量，将自己固化于不成熟状态。以保护人自居的人，出于他们自己的目的和利益，会告诉人们，你们不要自己尝试，因为有跌倒的风险；你们不要运用自己的理智去思考，不如遵从现成的条例和公式。如果人人都戴上规矩的脚镣，就能免于麻烦和危险。但保护人传播偏见，让大众保持蒙昧，最终他们自己也会受害，蒙昧的社会将报复愚化公众的人。

一个人的蒙昧，不能指望通过他人来改变。一个社会的启蒙，不能指望通过强力的革命来实现。思想方式的真正改革必须通过公众普遍的自我启蒙来实现。这种思想改革，不是靠极少数有知识的"保护人"去告诉公众应该怎么想，而是允许每个人对自己的生活和实践进行自主思考，包括让人们"合理地估计自己的价值"，即不由少数人规定大多数人的价值几何，也允许人们回归"每个人的本分就在于思想其自身"的那种精神。举个例子，在不健康的社会关系中，每个人都急着从别人的看法中定义自己的价值，通过金钱和头衔来衡量自己，通过压迫性的伦理体系来界定自己的存在。

第四步　费曼 ×3

费曼 ×1　启蒙不是教给人们他们不会的东西，也不是教人们该如何思考，而是让人们有勇气运用自己的理性，不要把思考和判断的工作交给别人。

费曼 ×2　人天然具有运用理性的能力，有自我启蒙的能力，且不可避免地拥有自我启蒙的意愿。只是由于他们总是把思考和判断的责任交给各种"保护人"，保护人为了自身的目的和利益，有动机不断强化人们的胆怯，使人们不敢迈出实干的步伐，个人和社会才会陷入蒙昧。

费曼 ×3　人们本身并非蒙昧无知，人天然具有理性思考的能力。问题在于，如何让他们真正运用自己的理智，而不是依赖他人？

第五步　提出新问题

于是，自然出现了一个新问题：人们如何能做到有勇气运用自己的理智？

下面，我们开启新一轮的五步法阅读。

第一步　关键概念

后半篇开始探讨解决办法，我们继续划关键词：

然而，这一启蒙运动除了自由而外并不需要任何别的东西，而且还确乎是一切可以称之为自由的东西之中最无害的东西，那就是在一切事情上都有公开运用自己理性的自由。可是我却听到从四面八方都发出这样的叫喊：不许争辩！军官说：不许争辩，只许操练！税吏说：不许争辩，只许纳税。神甫说：不许争辩，只许信仰。（举世只有一位君主说：可以争辩，随便争多少，随便争什么，但是要听话！君主指普鲁士腓德烈二世）到处都有对自由的限制。

然则，哪些限制是有碍启蒙的，哪些不是，反而是足以促进它的呢？我回答说：必须永远有公开运用自己理性的自由，并且唯有它才能带来人类的启蒙。私下运用自己的理性往往会被限制得很狭隘，虽则不致因此而特别妨碍启蒙运动的进步。而我所理解的对自己理性的公开运用，则是指任何人作为学者在全部听众面前所能做的那种运用。一个人在其所受任的一定公职岗位或者职务上所能运用的自己的理性，我就称之为**私下的运用**。

就涉及共同体利益的许多事物而言，则我们必须有一定的**机器**，共同体的一些成员必须靠它来保持纯粹的**消极态度**，以便他们由于一种人为的一致性而由政府引向公共的目的，或者至少也是防止破坏这一目的。在这上面确实是不容许有争辩的；而是人们必须**服从**。但是就该**机器的这一部分**同时也作为整个**共同体**的，乃至于作为**世界公民社会的成员**而论，从而也就是以一个**学者的资格**通过写作面向严格意义上的公众时，则他是绝对**可以争辩的**，而不致因此就有损于他作为一个消极的成员所从事的那种事业。因此，一个服役的军官在接受他的上级交下某项命令时，竟抗声争辩这项命令的合目的性或者有用性，那就会非常坏事；**他必须服从**。但是他作为学者而对军事业务上的错误进行评论并把它**提交给公众来作判断**时，就**不能公开地加以禁止**了。公民不能拒绝缴纳规定于他的税额；对所加给他的这类赋税惹是生非地擅行责难，甚至可以当作诽谤（这可能引起普遍的反抗）而加以惩处。然而这同一个人**作为一个学者公开发表自己的见解**，抗议这种课税的不适宜与不正当不一样，他的行动并没有违背**公民的义务**。同样地，一个牧师也有义务按照他所服务的那个教会的教义向他的教义问答班上的学生们和他的会众们做报告，因为他是根据这一条件才被批准的。但是作为一个**学者**，他却有充分**自由**，甚至于有责任，把他经过**深思熟虑**有关那种教义的缺点的**全部善意的意见**以及关于更好地组织宗教团体和教会团体的**建设性意见**传达给公众。这里面并没有任何可以给他的良心增添负担的东西。

因为他把作为一个教会工作者由于**自己职务**的关系而讲授的东西，当作是某种他自己并没有**自由的权力**可以按照**自己的心意**进行讲授的东西；他是受命根据**别人的指示**并以**别人的名义**进行讲述的。他将要说：我们的教会教导这些或那些；这里就是他们所引用的论据。于是，他就从他**自己不会以完全的信服而赞同**，虽则他很可以**使自己负责**进行宣讲的那些条文中——因为并非是完全不可能其中也隐藏着真理，而且无论如何至少其中不会发见有任何与内心宗教相违背的东西——为他的听众引绎出全部的**实用价值**来。因为如果他相信其中可以发见任何与内心宗教相违背的东西，那么他就不能**根据良心**而**尽自己的职务**了，他就必须辞职。

（因而）一个就任的**宣教师**向他的会众运用自己的理性，纯粹是一种**私下的运用**；因为那往往只是一种家庭式的聚会，不管是多大的聚会；而在这方面他作为一个牧师是并不自由的，而且也不能是自由的，因为他是在**传达别人的委托**。反之，作为一个**学者**通过**自己的著作**而向**真正的公众**亦即向**全世界**讲话时，则牧师在公开运用他的**理性**，便享有**无限的自由**可以**使用他自己的理性**，并以他自己本人的名义发言。因为**人民**（在精神事物上）的**保护者**而其本身居然也**不成熟**，那便可以归结为一种荒谬性，一种永世长存的**荒谬性**了。（作为人民的保护者却自己思想上都不成熟，这种想法实在荒谬，简直是试图令荒谬永存。就是说，不应该有人**自居为人民的保护者，宣扬绝对不变的真理**，这本身就是荒谬的。谁要是希望某种**思想权威永固**，谁就是在试图**让荒谬永存**。）

然则一种牧师团体、一种教会会议或者一种可敬的教门法院（就像他们在荷兰人中间所自称的那样），是不是有权宣誓他们自己之间对某种**不变的教义负有义务**，以便对其每一个成员并且由此也就是对全体人民进行**永不中辍的监护**，甚至于使之**永恒化**呢？我要说：这是完全不可能的。这样一项向人类永远**封锁住了任何进一步启蒙的契约**乃是绝对无效的，哪怕它被最高权力、被国会和最庄严的和平条约所确认。一个时代绝不能使自己**负有义务**并从而发誓，要把后来的时代置于一种绝没有可能扩大自己的（尤其是十分迫切的）认识、清除错误以及一般地在启蒙中继续进步的状态之中。这会是一种违反人性的**犯罪行为**，人性本来的天职恰好就在于这种**进步**；因此后世就完全有权拒绝这种以毫无根据而且是**犯罪的方式**所采取的规定。

第二步　关键词串，发现对立项

链条 1：公开运用自己的理性

作为学者——公开运用理性——全部听众——理性批评——提交给公众来作判断——公开发表自己的见解——学者的自由和责任——深思熟虑——指出

缺点——全部善意的意见——建设性意见——自己的著作——自己的名义——真正的公众

链条 2：私下的理性

机器的一部分——服从——职务——别人的指示——别人的名义

第三步　思想费曼

这部分文本所阐述的解决办法，就是允许人们公开运用自己的理性，而不仅仅是停留在私下的理性。比如，牧师、军人、教师和纳税人固然必须服从自身的职责，但是社会的每个公民，不论行业与地位，都有责任成为一个研究者、写作者，能对自己的工作做出全面的观察、理智的思考和审慎的研究，并向普通公众传达自己的思想。

每个人，例如教师和职员，拿着组织的薪俸就需要完成自己的职责。比如，上级要求老师课间必须盯着不让孩子们去外面玩耍，老师就需要履行这个工作职责。但每个人并不应该仅仅是组织机器上的螺丝钉，教师虽然需要服从学校的命令，给出去玩耍的孩子扣分，但作为独立的个人，教师应当能以个人的名义思考自己的工作，并且将这些思考写出来供公众评判。教师可以在自媒体文章或学术论文里，结合自己的实践发现与专著和论文的研究，提出户外玩耍对儿童心理健全发展重要性。这一个人看法的正确与否，要提请全部公众去评判。

在自己的工作中，每个人每天都会遇到问题。如果你能搜集信息，通过自主思考与学习来解决问题，并写出来公之于众，供他人评判，从这个流程上讲，你已经是一名学者。所谓"学者"，此处并非职称和职位，而是"学习者、研究者"。康德认为，每个人都应该对自己的工作和生活具备反思和改变的能力，这是实现启蒙的唯一途径，也只有这样，一个社会才能成功地启蒙。

第四步　费曼 ×3

这一步最好能举出自己熟悉的例子，代入原文上下文，看是否符合，从而看自己是否真的理解了。

费曼 ×1：知识不是听别人讲出来的，而是自己用出来的。

"知识"的动词形式就是"学习"。本书第 1 章讲到，不论是秀丽隐杆线虫还是人类，学习的基本过程是行动者对事物如何运行形成心理表征与构建出基本假设模型，比如某种气味意味着食物，某种气味意味着危险，这些气味的表征构成一个基本的"追逐或逃避"的心理模型。之后通过不断的尝试，得到反馈后不断调整模型，使得模型能更准确地反映外部现实，从而更好地找到食物、躲避危险或解决复杂问题。模型—行动—反馈—更新模型，这就是学习的过程。

那么，任何一个人都有自己具体的实践，没有一个人能囊括和知晓数以亿计的所有人的实践。因此，不能由某一个或少数人代替所有人思考和学习。每一个人每天都在积极行动，主动生成并调整模型，这会带来知识的进步，更好地解决问题，不能由一个人代替所有人去思考。例如，20 世纪 70 年代，法国的中小学数学教学曾走过一段弯路。[1] 由精英数学家设计了一套新数学课程，该课程基于"人脑是一种计算机"这种当时的新认知，将儿童视为没有个人想法、能够接受任何公理系统的小型信息处理装置，要求教师讲授数学中的基本形式体系，用抽象理论精确严密地总结数学知识，而无须让孩子们从简单、具体的问题出发去理解数学和数学运算规则的意义，只需按照规程操作即可。比如，不需要孩子们理解什么是"位值"（不用幼稚的实物操作，让儿童去具体理解什么是十位、百位的"位"），只需要不断机械练习借位减法的操作就行了。这种数学教学理念类似于语言教学中的应试教育理念，即无须大量接触具体语言素材，只需掌握语法这种抽象严密的形式规则，就期待学习者能准确地产出语言。这种自上而下的理念改革，给一线数学教育带来了极大的困难，导致大批孩子对数学失去兴趣和成绩低下。自上而下推行这种"基于规则的教学法"，一线教师在实践中一定会观察到孩子们普遍学习困难。如果一线教师在遵从指令教授新课程的同时，能够独立于"打工人"身份，保持个人独立思考、研究与表达的意识和能力，那么错误的教学理念会得到大量自下而上的反馈，更快得到纠正，因为走弯路而付出的代价会更小。

准许每个人在自己的实践中思考研究并公开运用自己的理性，允许一线实践者发表看法和建设性意见，会使整个系统更具灵活性。系统能及时得到真实反馈，调整错误，提升效能。对个体来说，学习能力高低的标志就是灵活性，即是否能及时依据反馈做出正确调整。一个个有能力独立学习的个体，会打通反馈循环，使得整个系统更善于学习，改进速度更快。但如果每个一线工作者没有能力或者没有时间反思和学习，无法改进自己的工作，就阻断了个人的学习小循环和社会系统的学习大循环。

费曼 ×2：允许公开表达有利于知识的增进

允许面向所有人表达，意味着开放地接收客观看法、接受讨论和大量实践的检验，从而更有可能避免过分偏离事实。而自上而下的单向意见，如果长久远离第一线的实践反馈，头部意见就会不断自我强化，越来越背离真实世界，也就是康德所说的走向"荒谬"。

费曼 ×3：思想是一个个物种，需要环境的反馈来筛选错误，走向强大

少数人把自己当作民众的"启迪者"，代替大量实践者去思考和判断，垄断知识权力。在康德的时代，教会扮演过这样的角色；在别的时代，别的社会，也会有另一批高高在上者试图占据"保护人"的角色。这种保守的、垄断知识的行为倾向于阻碍整个系统的反馈回路。如果一个会思考的社会是一个生态环境，那么思想就像是在无数个体的实践与思考当中竞争的物种，需要得到客观环境中的真实反馈。大量真实反馈能使更反映客观现实的思想胜出，越允许充分的真实反馈，整体思想的生态越生机蓬勃，越健康高产。

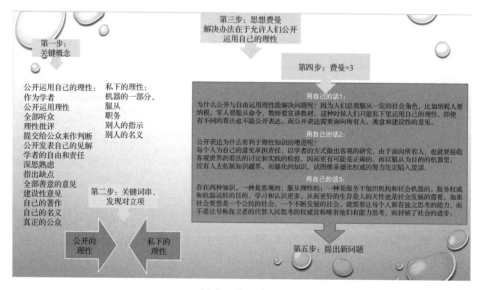

阅读理解五步法

总结一下这个阅读案例：

受过中学教育的人都应该听说过"启蒙运动"这个概念，给人的印象是有"启蒙者"和"被启蒙者"之分，是一些思想家、少数精英和知识权威（"启蒙者"）将知识之光带给蒙昧的民众（被启蒙者）、开启民智的过程。然而，启蒙运动的奠基人之一康德的本意恰恰不是让精英去启蒙民众，而是恢复每个人天然的运用自身理性的勇气。让每一个人都成为自己专业领域和生活的学习者和研究者，而不是等着高高在上的极少数权威来告诉自己该怎么想、该怎么做，那恰恰是"启蒙"的反面。

经过运用几遍费曼技巧之后，我们会发现文章中隐含的前提假设越来越清晰，即每个人都天然具备运用理性的能力，并且有能力将自己的思考写成文章公之于众，供他人审阅。做到这一点其实是有门槛的，独立思考和运用理性必须基于大量高质量信息的搜集、筛选和加工处理，这需要一个人具备熟练的阅读能力。一个整天"刷"短视频的人，无法占有大量的成体系的知识、事实和数据，因此无法对问题产生准确的判断。向公众阐述自己的思考需要写作能力，写作不但需要世界知识和语言技能，还需要能够让读者理解并产生共鸣。读写技能不是每个人自动能够具备的，都需要后天培养。

第五步　提出新问题

要让每个人运用自己天然具备的理性，有能力持续反思、收集信息，成为自己领域的"学者"，这该如何做到？康德提出，不论是士兵、教师还是其他各行业的专业人士，都要成为学者，才能成为真正的公民。那么，如何成为一个具有独立研究能力的"学者"（用现在的话说就是"终身学习者"）？这是否需要一些条件？公民需要具备哪些能力，才能做到客观全面、深思熟虑并提出建设性的意见？如果没有"能力建设"的一步，"自由运用自己的理性"，摆脱"自我施加的不成熟状态"就像一个无望的死循环。

阅读理解五步法的第五步是提出新问题，不是去和作者抬杠挑刺儿，而是要去发现未来可以探讨的新方向。每一篇文章、每一个"知识"都不应该是终点，而应该是新知识的起点。在康德之后的二百多年里，在神经科学、行为心理学、发展心理学、认知心理学等学科发展的加持下，我们可以重新回到这些学科研究的初心，这也是本书的宗旨，即培养健全的、自主思考和行动的个人。要想自主思考，你需要获取信息：不论你处于什么岗位、什么社会角色，都需要有能力主动搜索和筛选高质量信息，从而建立起自己的知识体系，才能具备独立思考和判断的能力，成为理性的个体。由理性的个体构成的社会，才会是更加强大和健康的社会。

7.4　三级笔记法：阅读理解五步法的笔记呈现

主旨问题	关键词
书看完就忘怎么办？如何读书之后高效提取信息？如何将一本书、一门课、一门学科的知识纳入自己的个人知识体系？	三级笔记、第一级关键概念、第二级衍生概念、第三级事实信息

　　阅读理解五步法熟练后，勾一勾关键词，都不用写下来，就能在脑海里完成后面几步，轻松高效地提取出一篇文章的主旨，并用几句话概括出来。下一步的问题是如何把理解到的精华凝结为将来可调用的知识储备。阅读时，固然要弄清楚文章或书籍提出的结论，但同样宝贵的是书中的素材，包括大量证据、事实、数据及论证方式等，这些内容在未来都可以为你所用，充实你自己的知识弹药库。这些引言、事实和数据只靠脑子很难记住，你需要一套行之有效的笔记法，帮助理解，使记忆更清晰持久，帮你在考试、解决工作问题和写作中调取和使用。

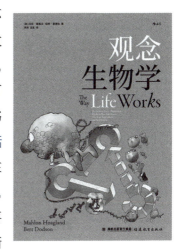

观念生物学

　　基于阅读理解五步法的操作，能自然形成"三级笔记"。下面用一个具体例子来讲解，这篇文章节选自马伦·霍格兰等人所著《观念生物学》(*The Way Life Works*)。

循环的信息流

　　生命热爱环路。大多数生物学过程，即使是非常复杂的通路，最终总会回到开始的地方。血液循环、心脏的跳动，神经系统的感知和反应、月经、迁移、交配、能源的产生和消耗、生死轮回，一切都有一个共性，转动一圈，回到起点，重新开始。

循环能够防止失控事件。一个单向过程，如果有足够的能量和物质，往往会越来越快，直到一发不可收拾，除非受到**抑制或阻断**。这个原理可以用有离心调速器的蒸汽机来说明：当蒸汽压力上升，发动机转速加快，**离心调速器**的主轴会越转越快，它的两只旋臂也越抬越高；这样就会逐步**降低**蒸汽输入，使发动机**减速**；这时离心调速器减慢，蒸汽输入增加，发动机**又会加速**。如此这般，信息往复循环，反向调节实际的运作。整个系统进行自我校正；各个部件进行**自我调整**。如果这样的自我限制和自我诱导都由很多小步骤组成，那整个系统看上去就是自我维持在一个**稳定的状态**。

每个生物回路无论是蛋白序列消耗糖分子的过程，还是复杂的生态系统交换物质和能量的行为，都表现出像蒸汽机那样的自我纠正的倾向。

信息在回路中流动，经过沿途必要的调整，又反馈到起点。当我们能够明白控制回路中多个层次的调控和创造，我们就更容易了解分子系统如何组装成无比复杂而看上去又有的放矢的有机体。也许，我们应该把"有的放矢"改称为"自我纠正"。[2]

浅色下划线：没有使用五步法的无效画线。看完跟没看的效果差不多；深色画线：寻找关键词，一下子就明白了文章是由该关键词串组织起来的。

关键词串提取：信息——调节机制——反馈回路

在前面的例子中，我们都将关键词整理成一纵列。现在，你可以用思维导图软件或纸和笔，继续丰富和发展这一纵列的关键词串。

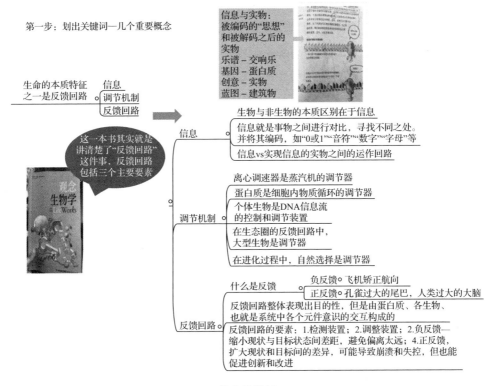

第一步：划出关键词—几个重要概念

信息与实物：
被编码的"思想"
和被解码之后的
实物
乐谱 - 交响乐
基因 - 蛋白质
创意 - 实物
蓝图 - 建筑物

生命的本质特征
之一是反馈回路
信息
调节机制
反馈回路

这一本书其实就是
讲清楚了"反馈回路"
这件事，反馈回路
包括三个主要要素

观念
生物学

信息
生物与非生物的本质区别在于信息
信息就是事物之间进行对比，寻找不同之处。
并将其编码，如"0或1""音符""数字""字母"等
信息vs实现信息的实物之间的运作回路

调节机制
离心调速器是蒸汽机的调节器
蛋白质是细胞内物质循环的调节器
个体生物是DNA信息流
的控制和调节装置
在生态圈的反馈回路中，
大型生物是调节器
在进化过程中，自然选择是调节器

什么是反馈
负反馈·飞机矫正航向
正反馈·孔雀过大的尾巴，人类过大的大脑
反馈回路
反馈回路整体表现出目的性，但是由蛋白质、各生物、
也就是系统中各个元件意识的交互构成的
反馈回路的要素：1.检测装置；2.调整装置；2.负反馈—
缩小现状与目标状态间差距，避免偏离太远；4.正反馈，
扩大现状和目标间的差异，可能导致崩溃和失控，但也能
促进创新和改进

提取关键词

　　这三个关键词构成思维导图的第一层级。思维导图的各个层级相扣，形成一个树形结构。这三个关键词"信息""调节机制"和"反馈回路"是这棵树的三个主枝。

　　首先是主枝一，一级条目"信息"。作者对"信息"这一概念做出了特有的界定："信息就是事物之间进行对比，寻找不同之处。"[3] 他需要对这一定义继续展开说明（二级条目）："信息需要被符号组成的**序列编译**出来才能被使用。"需要举例说明："比如 0 和 1，字母，音符"，这些具体事例属于"序列编译"下面的三级条目。

　　对一个概念进行展开，除了举例，更需要对比和关联：生物与非生物的一个本质区别在于，生物会利用信息自我创建和维护，即生命具有 DNA。"信息

可以用于自我创建和维护"，这是对信息展开说明产生的另一个次级概念，同样属于二级条目。展开说明还包括列举其他核心特征，如"信息"如何运作？信息是通过信息与实体系统之间的反馈回路来运作。信息需要被运作系统执行，而运作系统又靠信息来调度，也就是硬件和软件之间的"鸡生蛋、蛋生鸡"的关系。黑体字的"序列编译""自我创建和维护""反馈回路"这三条次级概念都是在说明核心概念"信息"是什么，以及如何运作的。

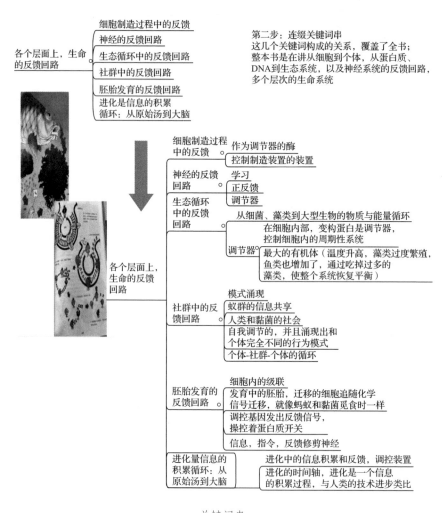

关键词串

三级条目是例子：字母、音符、生命，甚至包括拥有自我调节装置的蒸汽机。我们知道基因是信息，计算机里的 0 和 1 是信息也好理解，但蒸汽机没有符号编码，为什么它的运作会被定义为一种信息的循环？蒸汽机运行的调节过程也是上一个环节给下一个环节发送信息吗？这是怎么回事？由于你追踪了关键词链条，此处你留心的重点就是这个例子如何能说明"信息——调节机制——反馈回路"：由于相邻的部件对上一个环节的差异做出了反应，因此蒸汽机也是一个信息反馈的回路。当然还有"一台能自我复制的高级计算机"。它的程序软件包含了自身的信息，并且能指挥机械部件（硬件）运作，且可以无限复制自己。可以简单地将"蒸汽机"和"计算机"两个词记在笔记的三级条目中。不用写其他文字，下次复习笔记的时候，你盯着三级条目中这两个词发呆，强迫大脑去积极回忆：蒸汽机和计算机，这两个东西到底有什么共性？如何共同说明什么是"信息反馈回路"？这样就能瞬间激活这篇文章的知识树。

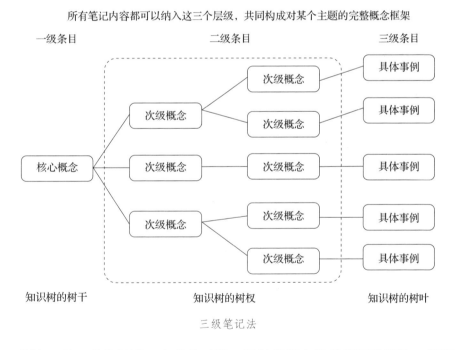

所有笔记内容都可以纳入这三个层级，共同构成对某个主题的完整概念框架

三级笔记法

总结一下，当我们读一本书的时候，可以将划出的关键词整理为一级和二级条目。一级条目，是界定根本问题与用来解释问题需要的核心概念。二级条目是核心概念的定义与展开，常常会牵涉其他相关的次级概念。例如，在"信

息"之下有"序列编译""自我创建和维护""反馈回路"。"反馈回路"还涉及"正反馈"和"负反馈",这些都是次级概念。三级条目是为说明上述概念所举的具体的例子、证据、数据、引用等事实层面的信息。一级和二级条目就是由阅读理解五步法前三步划出来的关键词和关键词串构成的。

三级笔记法会将文章变成三纵列的树状图。阅读时,我们只能读线性推进的文字符号,但这些线性文字描述的却是现实世界中的事物运行。复杂事物的运行关系可能是同时推进的过程,可能呈现出网络状的由多重因果链条组成的网络。例如,描述蒸汽机运行或者一个人游泳时,现实中同时运行的各部分必须逐一用文字呈线性展开。这就存在一个矛盾,要求我们在阅读时心智时刻保持注意,将词汇、概念、概念之间的关系不断转化为非文字的事物关系表征。阅读时,需要在头脑中再现出文字所描述的现实中的事物、它们的样子以及运转方式。你的头脑要不断从文字到画面,再从画面到文字进行自上而下和自下而上并行的加工过程,这个过程很容易被打断,而三级笔记能有效地辅助头脑完成加工过程。

视觉图表能避免只见树木不见森林。由于注意力和工作记忆天然具有瓶颈,读完后脑袋里塞满了各种事实、例子、金句和段子,却不记得这些细节是为了说明什么问题,论证的逻辑是否可靠。同时加工非常困难,极容易错漏。但是,如果你使用三级笔记法,你会积极进行信息重组和再加工,形成视觉化表征,从而使理解和记忆效果更好。

高效深入的思考和准确的判断等高级思维需要占有大量事实。阅读的作用,就是积累大量数据、事实和思想作为砖瓦,将来你才能自如地思考和解决问题,或将之应用在你的考试、作文、工作和生活中。相比竹篮打水式的低效重复阅读,用三级笔记去整理,读一遍即可清晰掌握全文脉络,并记住大部分内容。这个方法适合整理各学科的课本教材、专业论文和著作等需要精读的大部头难啃内容。

理性已形如骑在马上东倒西歪的醉汉,如何才能让理性坚实地建造在大地上,战胜命运和出身的不公?唯一的方式就是知识的代代积累。阅读是自由头脑的通行证。掌握了阅读方法和技能,你可以了解任何需要了解的知识,建立任何知识体系，解决各种人生问题，指导自己去做想做的事情。也许，阅读值得我们每天付出一点时间。如果有家庭，那么在上小学前或小学期间，跟孩子一起共同成长，建立家庭阅读的兴趣和每日做功的稳定习惯。

注　释

1　斯坦尼斯拉斯·迪昂 . 脑与数学：我们的数学能力是如何精进的 [M]. 周加仙等，译 . 杭州：浙江教育出版社，2022：291.

2　马伦·霍格兰，伯特·窦德生 . 观念生物学 [M]. 洋州，玉茗，译 . 福州：福建教育出版社，2020：21.

3　同上，81.

第 8 章 写作篇

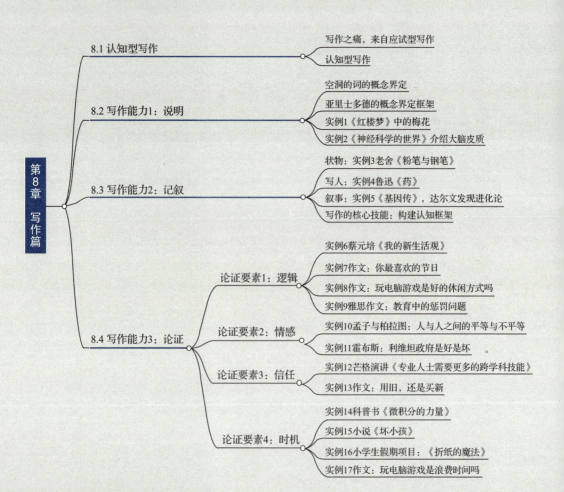

第8章 写作篇

8.1 认知型写作 —— 写作之痛，来自应试型写作
认知型写作

8.2 写作能力1：说明 —— 空洞的词的概念界定
亚里士多德的概念界定框架
实例1《红楼梦》中的梅花
实例2《神经科学的世界》介绍大脑皮质

8.3 写作能力2：记叙 —— 状物：实例3老舍《粉笔与钢笔》
写人：实例4鲁迅《药》
叙事：实例5《基因传》，达尔文发现进化论
写作的核心技能：构建认知框架

8.4 写作能力3：论证
论证要素1：逻辑 —— 实例6蔡元培《我的新生活观》
实例7作文：你最喜欢的节日
实例8作文：玩电脑游戏是好的休闲方式吗
实例9雅思作文：教育中的惩罚问题

论证要素2：情感 —— 实例10孟子与柏拉图：人与人之间的平等与不平等
实例11霍布斯：利维坦政府是好是坏

论证要素3：信任 —— 实例12芒格演讲《专业人士需要更多的跨学科技能》
实例13作文：用旧，还是买新

论证要素4：时机 —— 实例14科普书《微积分的力量》
实例15小说《坏小孩》
实例16小学生假期项目：《折纸的魔法》
实例17作文：玩电脑游戏是浪费时间吗

8.1　认知型写作

主旨问题	关键词
你害怕写作文吗？写作真的应该令人痛苦吗？	三世界模型、应试型写作、认知型写作、写作蓝图与素材搜集

人之于动物的本质区别是：动物只有物质和感官的生活，而人却能在抽象但客观存在的知识世界构建自己的存在。人类生活在真实、感官和抽象知识的三重现实中。

科学哲学家卡尔·波普尔（Karl Popper）提出过一个三世界模型：世界一是客观物质的世界，包括物理意义上的物质和物质状态的存在；世界二是主观意识的世界，包括主观的感官、意识和精神状态，行为与意图；世界三是客观知识的世界，包括人类创造的知识和思想成果，如科学理论、思想、艺术和文学作品等。虽然世界三的内容来源于世界一和世界二，但一旦被表达出来，客观知识就成为一种独立于个人存在的客观实体，可以被他人理解、评价和进一步发展。世界三是人类独有的，也是人类生命与动物生命的本质区别。

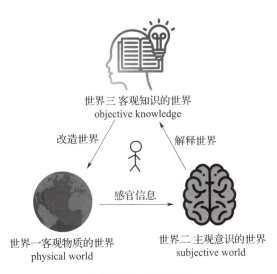

波普尔的三世界模型

波普尔的思想实验是：如果某种灾难毁掉了世界一与世界二，也就是人类现代文明的物质成果，如高楼大厦、机场、汽车、机器和工具，口口相传的主观经验都湮灭了，但只要世界三还在，图书馆和数据库还在，人类文明还可以迅速重建。但是，如果不但毁了机器和工具，地球上所有的图书馆和数据也消失了，也就是世界三被毁，那么人类文明几千年内都无法再重新出现。世界三是客观知识的世界，是人类智慧构建出的殿堂，和白蚁的蚁穴、河狸的堤坝一样真实，它是由真实发现的、合理推理形成的思想与知识体系构成。它不因个人看法的改变而改变，独立于作者个体生命而存在，并且能在持续的传播和共用中继续生长与发展。

写作当然有许多目标，在工作学习生活的很多场景中，不同的真实需求驱动我们努力成为一名合格的写作者。写作者 A 说，我希望我所讲的对更多人有用，让更多人知道和喜欢我的想法，而不仅仅是今天在现场听我说的这些人（信息传播）；写作者 B 说，我不想今天讲一点，明天想起来又补充一点。听众从我这里知道一点，从别处又听说一点，也分不清谁对谁错。如果写下来就可以帮助受众在最短的时间内，理解一个事物的全貌和本质（全面有结构）；写作者 C 说，我希望我不要遗漏和弄错重要例证、重要数据和事实（严谨准确）；写作者 D 说，我讲了我的观点，也提供了证据来证明。写下来，任何人都可以去审视我的证据。也许将来，人们针对这个问题还会做出新的发现、更好的解释（论证分析）。

这些不同的原因驱动人终身学习，努力成为更好的写作者，但最本质的目标归结为探寻知识、阐述发现、构建世界三。

写作之痛，来自应试型写作

写作本应伴随着发现与创造的兴奋和快乐，现实中，却往往让人痛苦。写作之痛，根源在于应试型写作。叶圣陶在《怎样写作》中描述过以应试为目的的写作，认为这样的写作本身就会极大阻碍写作能力的提升。他用两个词总结了应试型写作：**特殊**和**随便**。人们一方面将写作看作极为特殊的，另一方面态度又极为随便。

所谓"特殊"，指旧时代文人将写文章视为少数特权阶层的特殊教育，通过套路化的应试写作，让人"飞黄腾达"，成为"人上人"。这种习气一直延续到今天。而今，义务教育已经普及，各行业的专业人士需要具备自主学习能力，才能谈得上自主创新。写作作为组织信息、形成与表达思想的技能，在新的经济形态下不能与学习和生活脱节。但是人们对待写作，往往仍然认为作文是仅仅局限于考试场景中的特殊活动。一个人得自于自己生活的观察、真实的想法和体验，似乎不配作为这种特殊事业的题材；写作者似乎感到不得不脱离个人真实经验和亲自的观察和思索，必须去额外搜寻更宏大的意义、更高大上的辞藻、更能赢得赞许的材料，不得不去搜寻一些"漂亮的花言巧语"。"就像猎犬去搜索山中的野兽，常常一无所获，写不出来的次数多了，于是觉得写作文真是一件讨厌的事"。[1]

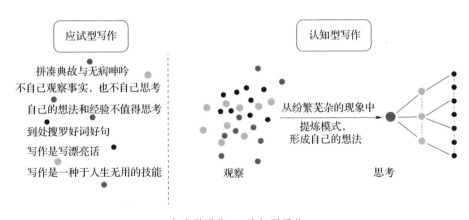

应试型写作 vs. 认知型写作

除了制造痛苦，应试写作的心态还会使人对待写作抱着"极为随便的态度"。叶圣陶认为根源在于将自我与外部世界隔绝，与思考和体验绝缘。"我们最当自戒的就是生活沦没在虚空之中，内心与外界很少发生关系"，以及习惯于无知，不去搜集事实和资料，而是强行以不知为知，于是"陷入模仿、虚伪、浮夸、戏玩的写作弊病"。

认知型写作

当下，面对人工智能学习能力的节节进展，人类智能的最后高地之一就是创造性学习。对于写作这件事，自然得超越应试型写作，学习认知型写作。

第 1 章我们讲过，从线虫到动物再到人类，学习的本质过程就是从外部输入中灵活地识别模式。写作其实就是以文字的形式呈现这个过程。应试型写作是"特殊"的，但认知型写作却对应着普遍的人类认知过程。面向大众的公民教育，让孩子们从小进行写作训练，应采用认知型写作而非应试的模式。基于阅读理解五步法的阅读训练，其核心是思维训练，而认知型写作的核心也是思维训练：让每个人通过写作养成细致观察、搜集事实和证据、抽象规律、形成思想并有效表达的能力。比如有学员提问，孩子的奶奶想要培养 1 岁左右的婴儿看电视，因为她觉得可以通过电视来学说话。这属于个人观点，人当然可以有无数种观点，但受过写作训练的人会下意识地想：让婴儿看电视的好处具体是什么？有什么证据？写作者会审视各种"观点"，知道如何去搜集和筛选证据。培根说过，写作使人精确。写作训练能使人习惯于以世界三的方式来思考问题，超越个人主观情绪和偏见，审视证据，反思表述，对写作自然会抱着叶圣陶所说的"认真严正的态度"。[2]

认知型写作是面向广阔世界的，以探索、发现和思考为目标的写作，而不再是"代圣人立言"，不许说自己的发现、不敢用明白普通的话。认知型写作追求的是以清晰简明的语言来展现有理有据的思考和真实具体的情感，如《文心雕龙》所说，"辞达，而已矣"，不必瘠义而辞肥。

	应试型写作	认知型写作
定义	应试和交差目的	以写作形式呈现学习的本质过程
实例	古代科举"八股文"，现代应视作文，工作"新八股"	本章的17个实例，几乎覆盖一切写作场景
核心	特殊和随便	本质是思维训练。让每个人通过写作养成细致观察、搜集事实和证据、抽象规律、形成思想并有效表达的能力
目标	迎合某种外部标准	面向广阔世界的，搜寻知识、阐述发现、构建世界三
追求	分数、KPI、职场打分等	以清晰简明的语言来展现有理有据的思考和真实具体的情感

写作模式对比

写作这件事，可以很困难、很繁杂，也可以很简单、很纯粹。我们在几十年的写作教育中接触过各种名词概念，但要掌握如此繁多的体裁、种类和表达方式，让人感到困难而有压力。但是，如果我们以人类认知的框架来统摄不同的写作训练类型，化繁为简，透过表象看本质，那么，在认知型写作的框架下，写作的核心能力不过三种而已。于是，写作能力的培养，就变得简单而纯粹了。

查·论·编	中文文章文体
表达方式	叙述–描写–说明–议论–抒情
文章体裁	记叙文–说明文–议论文
文学体裁	散文–诗歌–小说–戏剧
应用文种类	书信–家书–日记–便条–说明书–演讲词–新闻稿–启事–宣传文字–会议记录–建议书–报告–专题介绍–评论–通告–投诉信–求职信–建议书–邀请信–声明–章则–贺词

中文文章文体

不考虑散文、诗歌、小说、戏剧等文学体裁以及抒情类表达方式，文章体裁不过三种：说明文、记叙文、议论文；对应的表达方式不过四种：说明、叙述、描写和议论。所以，从认知原理层面看写作这个技能，我把写作能力拆解为三种细分能力：说明、记叙和论证。

认知型写作的能力拆解

核心能力 1 是说明，常见于说明文体裁，本质上是说清楚什么是什么（what）的能力；核心能力 2 是记叙，常见于状物、写人、记事的记叙文体裁，包括叙述和描写，本质上是说清楚事物关联与运作（how）的能力；而核心能力 3 是论证，常见于议论文，本质上是说清楚事物背后原理（why）的能力。

现代教育，尤其是精英教育，战略性重视学生的论证能力（making arguments）。日常课堂讨论、辩论、项目展示等教育场景都是在培养论证能力，学术写作尤其如此。这种战略重视的背后，是培养学生的批判性思维和逻辑推理能力，可以说，论证能力是学习者的一种核心素养。而"议论文"这个名词其内涵受应试型写作影响太大，本书采用"论证"作为写作的第三种核心能力的概念界定。

能力	体裁与表达方式	认知层面
核心能力1 说明	说明文：说明	解释清楚what的认知能力
核心能力2 记叙	记叙文：叙述、描写	解释清楚how的认知能力
核心能力3 论证	议论文：议论	解释清楚why的认知能力

三种核心能力

我会采用17个实例来向你介绍这三种能力：从小学生作文到大学生雅思作文，从中文作文到英文写作，从短篇习作到长篇书籍，从普通人写作到大师经典……在实例中，我们将分析不同时代、不同类型的经典作品范例。你会看到，不论是什么知识领域，不论是什么题材体裁，写作都是在推进人对自身心灵或外部世界的认知。在认知框架下分析写作方法，我们将有能力将林林总总的写作技巧和建议连成一个体系，从而找到一通百通的命门。

一篇文章就如同一栋灵动的思想圣殿，它的思想蓝图无法和事实与经验的砖瓦分离。事实素材和思想是无法割裂的，不带观点与意图却硬要去描写，是不自然的；同样，你无法举出大量具体实例、数据和证据，却不为说明任何思想。我们一方面需要学习如何抽象出概念框架，产生论点，即构思整体的蓝图；另一方面，还需要搜集事实、数据和案例，作为实现蓝图的素材。

有个古老的笑话：秀才写文章，写了扔，扔了写，枯坐数日，面前还是白纸一张，痛不欲生。老婆调侃他，我看你写文章，如何竟比女人生孩子还难？秀才苦笑道，确是比女人生孩子还难啊，你们要生时，肚子里已经有了，只需要生就行了。我们写文章，苦就苦在肚子里没有，还得硬生。

写作的长远痛苦来自应试而非认知的作文观念，而眼前的痛苦就是"肚子里没有"这个难题：缺乏素材积累，对主题缺乏认识。没有调查研究，就要强行发言，于是不得不拼凑一些树枝石头和四处搜罗来的不协调的小玩意，硬要凑出个形体来，却没有内在的关联和生命，一碰就散。那么，为什么秀才"肚子里没有"呢？该从哪里得到思想造物的原材料呢？这就要从认知型写作的第一种能力——说明——开始。

8.2 写作能力 1：说明

主旨问题	关键词
非虚构文章、信息类文本要介绍一个事物时，该如何搭建文章架构，该介绍什么信息？	基本概念、分类抽象、概念界定框架

认知型写作三大能力的第一种能力，也是最基础的能力，就是说明，对应文体就是说明文。

我们常说，认识事物的时候，第一步是要弄清基本概念。作为构成知识体系的基本砖块，所谓"概念"就是将语言中表示类别的词与一类客观实体相对应。约翰·洛克认为，正是文字概念与客观实体间无法准确对应，衍生出语言的种种滥用，造成了大量无知、误解和无穷的纷争。在《人类理解论》中，洛克说："人们的观念常常并不是对实际存在之物进行描述，而是依照观念中的原型进行命名分类……因此，这些名词往往含义不清……比如人们常常谈及'荣誉''亵渎'等概念，但如果问他们这些词究竟是什么意思，他们会傻眼，不知如何作答……要想维护既得的权威与权力，最聪明的办法就是用艰涩的文字愚弄生意人和无知者，并且使聪明而无所事事之人忙着辩论无意义的词汇，让他们卷入无底的迷洞。要想让人相信荒诞的教条，只能用一堆晦涩、含混不确定的词汇来保障它们。"[3] 我们写文章时也会发现，空洞模糊的概念词会使文章充满假大空的论调，且使用时意义不断滑变，掉入偷换概念、陈词滥调的窠臼，使思考陷入死局。

空洞的词的概念界定

但如果深究一下，某个空洞的词到底指什么，能否举个例子，就会发现看似简单的概念实际上一点都不简单。例如，"单身汉"这个概念到底指什么。问了下我家 7 岁的孩子，她回答："不就是没有结婚的男的吗？"但是，如果你要开一个单身汉聚会，该不该请以下这些人呢？

①阿瑟在过去五年一直与爱丽丝愉快地生活在一起。他们有一个两岁的女

儿，但两人一直没有在法律上正式登记结婚。

②布鲁斯就要被征召入伍了，于是他打算和他的朋友芭芭拉请一名太平绅士为他俩主持结婚，因为这样他就可以免服兵役了。但他俩其实从未生活在一起过。布鲁斯谈过几个女朋友，并计划一旦找到他想娶的女孩，就宣布与芭芭拉的这次婚姻无效。

③查理17岁，他现在在上高中，同父母住在一起。

④戴维17岁，他13岁时离家创办了一家小企业，现在已是一名成功的年轻企业家。他住在阁楼式的公寓，过着花花公子般的生活。

⑤费塞尔根据其本族法律可以有3位妻子。他已经有了两位，目前正在寻找另一位可能的未婚妻。

⑥格里高利神父是泰晤士河边一个小镇天主教堂的神父。

这份人员列表由计算机科学家泰利·维诺格雷德（Terry Wingograd）拟定，它说明"单身汉"的字面定义并不能概括我们对该范畴成员的直觉。

"单身汉"是一个日常概念，而日常的知识一点儿都不简单，人脑或机器人形成常识是很难的。常识很难用明确的规则讲授或像数据库一样下载，没有任何数据库能够列出所有我们知道的隐含事实，甚至没有任何人能够把这些隐含事实教给我们。仅仅靠一个概念名词无法真正认识一个具体事物，因此需要从各个方面进行界定，也就是说明。为了做出准确的辨析，除了给出定义，还需要对"单身汉"进行更多的说明，描述"单身汉"的关键特征。比如，单身汉通常是男性、未婚、成年；还需要一些数字方面的信息，比如单身汉的年龄：18岁以上，到了法律规定的结婚年龄。低于法定结婚年龄的男孩，如中小学男生，不能叫单身汉；甚至，单身汉的年龄界定还需要参考一些统计信息，比如人群中单身男性的比例、预期寿命等；此外，还需要描述单身汉特有的状态和行为：他们虽然暂时没有结婚，但并非不能（大部分国家的同性恋人无法合法结婚）或不想结婚（如神父），而是有独立生活能力，并非被迫依靠他人生活，并且在寻找伴侣（通常单身汉会做什么）。

搞清一个概念，需要对某一类事物、现象或机制在性质、数量、关系、地点、时间等维度进行更详细的说明和界定。界定概念是开辟知识前沿的重要认知过程。例如，"生命"这个概念，究竟什么是生命，什么不是？能复制遗传信息但没有细胞结构的病毒是否属于"生命"范畴？这些问题的边界并不清晰，仍然是在讨论中的科学前沿问题。说明文的阅读与写作，是建立知识的基础工作。

亚里士多德的概念界定框架

我们可以借鉴亚里士多德对事物的界定框架，从多个方面明确一个事物的概念指代。"每一个不经任何组织而被述说的事物，其所表示的，或者是实体，或者是数量，或者是关系，或者是地点，或者是时间，或者是姿势（being-in-position），或者是支配（having），或者是所做（doing），或者是被改变（being-affected）。"通过这种多维度的概念界定框架，我们可以更全面地认识和描述事物，进而更准确地理解和传递知识。

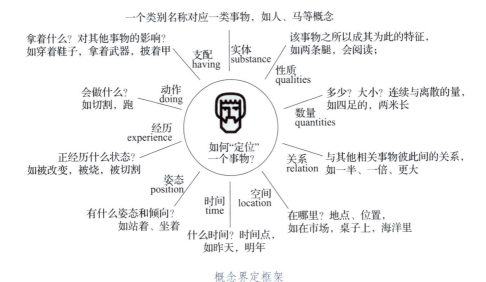

概念界定框架

一个实体是什么：

①实体：一个类别名称对应一类事物，如人、马等概念；

它是怎样的：

②性质：该事物之所以成其为此的特征，如两条腿，会阅读，如三角形是由三条边三个角构成的；

③数量：多少？大小？连续与离散的量，如四足的，两米长；

④关系：与其他相关事物彼此间的关系，如一半、一倍、更大，如主人与奴隶；与其他实体的关系相对大还是小，与某某相近却不是，与某某正相反，倍数比率等；

⑤空间：在哪里？地点、位置，如在市场，桌子上，海洋里；

⑥时间：什么时间？如昨天，明年。

它做什么：

⑦姿态：有什么姿态和倾向？如站着、坐着；

⑧经历：正经历什么状态？如被改变，被烧，被切割

⑨动作：会做什么？如切割，跑；

⑩支配：拿着什么？对其他事物的影响？如穿着鞋子，拿着武器，披着甲。

这 10 个范畴只是一个可借鉴的框架，不一定都能用得上，可以根据要说明的事物最突出、最重要的地方来选择使用。

实例1　《红楼梦》中的梅花

不论是虚构或非虚构文章，都遵循人类的这一内在认知架构。下面选了《红楼梦》的一段观察：

"一面说，一面大家看梅花。原来这枝梅花只有二尺来高，旁有一横枝纵横而出，约有五六尺长，其间小枝分歧，或如蟠螭，或如僵蚓，孤削如笔，或密聚如林，花吐胭脂，香欺兰蕙，各各称赏。"

——《红楼梦》第五十回

是什么：梅花

数量：二尺来高，旁有一支，约有五六尺长

关系：一枝，旁有，其间小枝分歧，如林

姿态：纵横而出，或如蟠螭，或如僵蚓，或孤削如笔，或密聚如林；纵横而出，密聚，都是动态；"蟠螭""僵蚓"，将植物比拟为动物，也为增加动态

动作：花吐胭脂，香欺兰蕙，各各称赏

在纪录片、科普读物、百科全书等看似与《红楼梦》相距甚远的主题与文体中，也处处可见这样对事物的摹写，因为人类的认知模式是相同的。你也可以尝试去标记一下，从日常的读物中、从课本教材中选一段说明文字，看它到底是分哪几个方面勾勒出一个事物的存在。

实例 2　《神经科学的世界》介绍大脑皮质

下面我们可以试试写一篇介绍"大脑皮质"的说明文。对"大脑皮质"这样一个概念，要如何说明呢？

先按照认知框架，列出大纲。

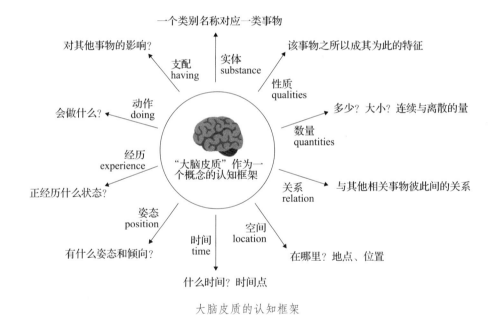

一个类别名称对应一类事物

对其他事物的影响？

该事物之所以成其为此的特征

支配
having

实体
substance

性质
qualities

动作
doing

会做什么？

多少？大小？连续与离散的量

数量
quantities

经历
experience

"大脑皮质"作为一个概念的认知框架

正经历什么状态？

关系
relation

与其他相关事物彼此间的关系

姿态
position

空间
location

有什么姿态和倾向？

时间
time

在哪里？地点、位置

什么时间？时间点

大脑皮质的认知框架

列出这 10 个认知范畴后，搜索查阅书籍、文章、网站等资料来源，将大纲需要的信息和数据填入。当然，这只是一个通用框架，不一定每次都能填满 10 种，重点介绍哪几类信息视具体情况而定。

①实体（实体存在的状态）：大脑皮质，大脑的一部分，位于大脑的外层；

②性质（该事物之所以成其为此的特征）：大脑皮质是大脑的一个解剖结构，由神经灰质组成。之所以叫"皮质"，是由于它是一层覆盖在大脑外层的薄

薄的灰色物质，主要在一个维度上进行扩展。

③数量（有多大？有多少数量单位？）：大脑皮质厚度不超过 5 毫米，如果将我们头骨里的大脑皮质摊平，我们会看到如 2 平方米桌布大小的一大片细胞。

尽管大脑皮质很薄，但它的质量通常会超过 1 千克。在更小的尺度上，大脑皮质的基本单元看起来大致呈圆柱结构，其直径大概为 0.5 毫米。每个皮质柱通常包括 1 万个神经元和多达 100 万个突触。

④关系（与其他相关事物彼此间的关系？与大脑其他部位的关系？）：皮质占脑质量的 4/5 左右，但其神经元的数量可能仅占神经元总数量的 1/5。相对于其他物种来讲，人类的大脑皮质很大，但观察整个脑时，人们也容易高估它的大小。人们以为理性思考是大脑的全部，所以容易高估皮质的大小。

包含多少组成部分？凸起与凹陷：脑沟和脑回。有些层用于大脑皮质不同部分之间的连接，有的则连接到其他区域。

⑤空间（位于大脑什么部位？）：根据功能，大脑皮质被分为几个脑叶：额叶、顶叶、颞叶、枕叶、边缘系统；在更小的尺度上，在大脑皮质中一大部分被称作"新皮质"的区域里，每个圆柱结构都显示出 6 个细胞分层，这些细胞分层在神经元的类型、大小和密度方面有着不同的组织方式。有些层用于大脑皮质不同部分之间的连接，有的则连接到其他区域；德国神经科学家科比尼安·布罗德曼（Korbinian Brodmann）所编号的 40 多个区域直到现在还被使用。如今，已经有更多的区域被识别出来……

⑥时间：第一张有用的图谱基于 20 世纪初布罗德曼对细胞类型的显微观测绘制而成。

⑦姿态：呈凸起与凹陷状，即脑沟和脑回，神经细胞彼此连接。

⑧经历（有可塑性吗，被什么塑造？）：费尼斯·盖吉⊖的额叶大面积受伤，导致眶额皮质和内侧前额叶皮质的大块区域被移除，使他性情大变，从一个负责任、正直、幽默的人，变成满口谎言、暴怒和酗酒的人。

⑨所做：神经元放电，神经元之间彼此如何交互。大脑皮质或多或少地参

⊖ 因为爆炸，铁棍从铁路公司工人盖吉的左下边脸颊向上直插入脑部。在皮质受损之后，盖吉的性格和行为大变。

与了大脑的一切活动。除语言等更高级的认知功能外，大脑皮质还有一些区域专注于视觉、听觉、运动控制、触觉、味觉和嗅觉等功能。

⑩支配：眶额皮质和内侧前额叶皮质被移除的案例告诉我们，大脑皮质参与塑造性格和行为。

大脑皮质或多或少地参与了大脑的一切活动，包括情绪、嗅觉、奖励和情感，并非只负责语言、逻辑、抽象思维和理性。

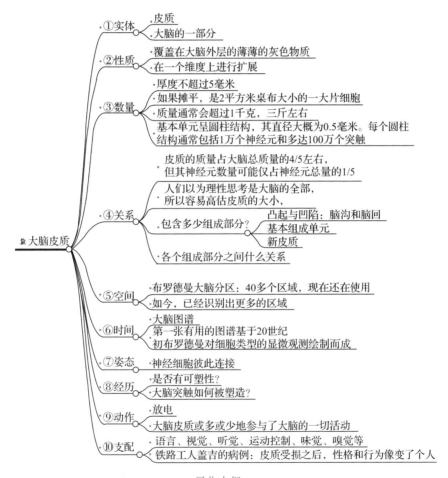

写作大纲

将上述信息连缀起来，就可以写出一篇"什么是大脑皮质"的说明文。也就是说，写作说明文的时候，我们首先要按照认知架构列出一个大纲骨架，明确需要搜集什么信息。搜集信息之后，阅读并形成对该事物的理解，再将它们连缀起来，就可以写一篇很全面的说明文了。

　　写完后，可以与原文对比一下。你写的说明文是否包含了更多信息，更易懂呢？下面是来自《神经科学的世界》一书的原文：

　　相对于其他物种来讲，人类的大脑皮质很大，但观察整个脑时，人们也容易高估它的大小。大脑皮质是一层覆盖在大脑外层的薄薄的灰色（粉色）物质，其厚度不超过 5 毫米。它主要在一个维度上进行扩展。如果将我们头骨里的大脑皮质摊平，我们会看到如 2 平方米桌布大小的一大片细胞。尽管大脑皮质很薄，但它的质量通常会超过 1 千克。

　　它占脑质量的 4/5 左右，但其神经元的数量可能仅占神经元总数量的 1/5。

　　大脑皮质中的凸起和凹陷有自己的名字，分别是脑回（gyri）和脑沟（sulci）。据我们所知，它们没有任何特殊的意义。

　　在更小的尺度上，大脑皮质的基本单元看起来大致呈圆柱结构，其直径大概为 0.5 毫米。每个圆柱结构通常包括 1 万个神经元和多达 100 万个突触。在大脑皮质中一大部分被称作新皮质（neocortex）的区域里，每个圆柱结构都显示出 6 个细胞分层，这些细胞分层在神经元的类型、大小和密度方面有着不同的组织方式。有些层主要用于大脑皮质不同部分之间的连接（在大脑的两个半球内部或之间），有些则连接到脑的其他区域。

　　大脑皮质已被人们用各种方式绘制成图谱。第一张有用的图谱基于 20 世纪初德国科比尼安·布罗德曼（Korbinian Brodmann）对细胞类型的显微观测绘制而成。他所编号的 40 多个区域直到现在还被使用。如今，已经有更多的区域被识别出来，而我们看到，大脑皮质或多或少地参与了大脑的一切活动。除语言等更高级的认知功能外，大脑皮质还有一些区域专注于视觉、听觉、运动控制、触觉、味觉和嗅觉等功能。正如费尼斯·盖吉的案例（他的额叶大面积受伤，导致眶额皮质和内侧前额叶皮质的大块区域被移除）告诉给我们的，这些区域的大脑皮质有助于塑造性格和行为。

如果你对认知框架的每一个项目到底对应着怎样的信息仍不明确，可以自己找其他文章，多做几次这样的反向工程。将文章拆解为不同类别的信息，会发现这些说明性的文字总是基于一个相对稳定的认知框架。你也可以把各科课本里的关键概念拿出来，尝试按照上述认知架构写一段说明文。比如，说明什么是"元音和辅音"，什么是"圆周率"，什么是"热力学第二定律"。

搜集整理信息，全面详细地认识一个事物到底有什么用呢？假如你遇到一个陌生的概念，比如区块链、比特币或者信托，不知道要不要投资。这时，你可以用这个认知框架来搜一搜这个概念究竟指什么。高大上的抽象名词以及"大家都赚到钱了"这样的营销信息是不足以帮你做出判断的。等你搜索到更多信息，填满了这个认知框架后，对这个事物就会有更好的认识，而不必陷入人云亦云的状态。学科知识更是如此。对基本概念一知半解、含混模糊，导致学科知识无法关联成体系，自然难以有思路解题。

按照认知框架去搜集信息和写作，就能发现写作的原材料来自调查研究，掌握详尽的事实。很多时候，我们写不出来不是因为没有"灵感"，而仅仅是因为对题目对象缺乏基本了解。当你感到无话可说时，与其等待灵感，不如读 5 篇相关文章，或读 5 本同主题书籍，然后你会发现围绕该主题的一系列关键概念、相关特征与大量事实，你建立的认知框架会自然引领你走向事物更深层的本质，浮现待辨析的问题、形成判断的走向。别人说的、习俗认定的，就一定对吗？我如何独立做出自己的判断？首要的步骤不是空对空地辩论，而是搜集整理可靠的、全面的信息，搞清楚概念究竟指什么。说明写作训练是为了帮助每个人养成有序观察、全面清晰地搜集信息的能力，是我们走出主观偏见，摆脱模糊粗浅混乱认识的井底，认识事物本质的第一步。

搞清楚基本概念，需要通过多范畴的信息框架，可以通过反向拆解非虚构书籍来刻意练习。比如，你可以用给思维导图填空的方式，尝试自己写一小段科普纪录片解说词；可以拆解《什么是什么——德国少年儿童百科全书》《中国少年儿童百科全书》《四十六亿年的奇迹》《牛津通识系列》等优秀科普书籍中的文章，体会一下如何对一个事物、一个现象、一个学科概念建立起基本概念框架。

8.3　写作能力 2：记叙

主旨问题	关键词
记叙与描写的目的是什么？	表达目标、描写之箭

三大认知型写作能力中，第二个核心能力是记叙，对应的文体是记叙文。它以记人、叙事、写景、状物为主，以写人物经历和事物发展变化为主要内容，通常也被称为"描写文""记事文"。中国近代教育家夏丏尊的定义是：将人和物的状态、性质、效用等，依照作者所目见、耳闻或想象的情形记述的文字。[4]

既然写作是向他人呈现自己的认识，写作者当然需要明确自己从这件物品、人、事中究竟看见了什么人所未见的东西。先要找准表达目标，再射出描写之箭。如果还不明确靶心在哪里，仅仅为了描写而描写，试图照原样"记录"与"描摹"外界事物，这就好像打猎时还没有发现目标就无目的地放乱箭，即使堆砌许多好词好句、隐喻和典故，也难以动人。

状物

主旨问题	关键词
状物描写，怎样写才能吸引人？	有所发现、主旨框架、抽象 vs. 具体

当你有所发现时，就会产生描写一个事物的欲望。让我们来模仿语文课命题作文，描写一件日常事物——笔。一支钢笔、粉笔、毛笔、画笔，它在你的生命中扮演过怎样的角色？此处你可以暂停，尝试用大概 10~20 分钟来列一个大纲。想象你对面有个人，你的朋友或孩子，你来给他 / 她讲一个"一支笔的故事"。

好，下面我们来看看，关于"笔"这种物件，老舍写了些什么：

实例 3　老舍《钢笔与粉笔》

钢笔头已生了锈，因为粉笔老不离手。拿粉笔不是个好营生，自误误人是良心话，而良心扭不过薪水去。钢笔多么有意思：黑黑的管，尖尖的头，既没粉末，又不累手。想不起字来，沾沾墨水，或虚画几个小圈；如在灯下，笔影落纸上似一烛苗。想起来了，刷刷写下去，笔遭圆，笔尖儿滑，得心应手，如蜻蜓点水，轻巧健丽。写成一气，心眼俱亮，急点上香烟一支，意思冉潮，笔尖再动，忙而没错儿，心在纸上，纸滑如油，乐胜于溜冰。就冲这点乐趣，好像为文艺而牺牲就值得，至少也对得起钢笔。

钢笔头下什么都有。要哭它便有泪，要乐它就会笑，要远远在天边，要美美如雪后的北平或春时中的西湖。它一声不出，可是能代达一切的感情欲望，而且不慌不忙，刚完一件再办一件，笔尖老那么湿润润的，如美人的唇。

可是，我只能拿粉笔！特别是这半年，因这半年特别忙。可以说是一个字没有写，这半年！毛病是在哪里呢？钢笔有一个缺点，一个很大的缺点。它——不——能——生——钱！我只瞪着看着它生锈，它既救不了我，我也救不了它。它不单喝墨水，也喝脑汁与血。供给它血的得先造血，而血是钱变的。我喂不起它呀！粉笔比它强，我喂它，它也喂我。钢笔不能这个。虽然它是那么可爱与聪明。它的行市是三块钱一千字，得写得好，快，应时当令，而且不激烈，恰好立于革命与不革命之间，政治与三角恋爱之外，还得不马上等着钱用。它得知道怎样小心，得会没墨水也能写出字，而且写得高明伟大；它应会办的事太多了，它的报酬可只是三块钱一千字与比三块钱还多一些的臭骂。

钢笔是多么可爱的东西呢，同时又是多么受气的玩意啊！因为钢笔是这样，那么写东西不写也就没什么关系了。任它生锈，我且拿粉笔写黑板去者！

载一九三五年十二月十五日《益世报》

开头第一句："钢笔头已生了锈，因为粉笔老不离手。拿粉笔不是个好营生，自误误人是良心话，而良心扭不过薪水去"，如果换成常见写法，可能是："最近我没时间写作了，因为我必须当老师上课。当老师不是个好职业，凭良心讲，往往顾不上自我完善，也教不好别人。可是不当老师，靠什么养活自己呢？"这段话的效果相比老舍写的就差了很多，相当枯燥平淡，因为用的词"职业，写作，老师，上课，养活自己"都是抽象词汇。而老舍的写法效果好，用的词都是具体事物。对比一下：当作家—拿钢笔；当老师—拿粉笔；不能自我完善，也讲不好课—自误误人；养活自己—薪水。

钢笔多么有意思：黑黑的管，尖尖的头，既没粉末，又不累手。想不起字来，沾沾墨水，或虚画几个小圈；如在灯下，笔影落纸上似一烛苗。想起来了，刷刷写下去，笔遭圆，笔尖儿滑，得心应手，如蜻蜓点水，轻巧健丽。写成一气，心眼俱亮，急点上香烟一支，意思冉潮，笔尖再动，忙而没错儿，心在纸上，纸滑如油，乐胜于溜冰。就冲这点乐趣，好像为文艺而牺牲就值得，至少也对得起钢笔。

这段话，如果用抽象的语言来讲，两句就说完了："写作是多么地有趣，多么地自由和令人激动啊！"而抽象的道理总是贫乏而枯竭的，生命中直接感受的真实体验才是长青和多变的。写作觉得无话可说，首要原因就是被抽象词困住了。如果尝试用一个如在眼前的具体画面来代替抽象词，笔下的文字就能潺潺流淌。

钢笔头下什么都有。要哭它便有泪，要乐它就会笑，要远远在天边，要美美如雪后的北平或春时中的西湖。它一声不出，可是能代达一切的感情欲望，而且不慌不忙，刚完一件再办一件，笔尖老那么湿润润的，如美人的唇。

这段话，如果用抽象的道理来写，也就能凑一句："写作能让我自由地表达自己，我多么渴望能写作啊！"然而，所谓"自由"到底是什么呢？这是一个空洞的概念词。不能止步于此，还要写出"自由"究竟是什么样的。是什么颜色，什么滋味呢？要将抽象词变得触手可及，自然要用到类比、隐喻、拟人等修辞手法：要哭它有泪，要乐它就会笑，要远可以远在天边，要美美如雪后的北平或春天的西湖。这些生动的画面，让每个人都明白了，原来自由意味着方寸间可以创造出超越时间和空间的美，自由就是超越琐碎沉重庸常的生命渴望。所谓"渴望"到底是什么样的呢？具象化一下，写作就像爱情那样摄人心魂。老舍在此向读者揭示的是自己的精神世界。哪怕读者从小到大，写作文没体验过这种感受，可是看了这段描写就能感同身受，体验到作者体验到的东西：梦想和创造的自由真是好东西。

可是，我只能拿粉笔！特别是这半年，因这半年特别忙。可以说是一个字没有写，这半年！毛病是在哪里呢？钢笔有一个缺点，一个很大的缺点。它——不——能——生——钱！我只瞪着看着它生锈，它既救不了我，我也救不了它。它不单喝墨水，也喝脑汁与血。供给它血的得先造血，而血是钱变的。

前面讲了写作的自由与美好，以及自己渴望写作的肺腑之情，但是这出现了一个矛盾冲突，自由追求理想和谋生之间的冲突：写作不挣钱，但人要吃饭。这老生常谈的道理，写了等于没写，没人会被这种空洞老套的议论打动。但是，如果具象化一下："它不单喝墨水，也喝脑汁与血，供给它血的得先造血，而血是钱变的。"有冲击力的隐喻马上能令读者的心缩紧。因为隐喻永远比干讲道理多出许多层深意。干讲道理是"人要吃饭，才能追求理想"，但如果用喝脑汁与血的隐喻，就能表达出另一层深意：作者对写作的执着。什么是写作？它不是有口无心的点卯，而是绞尽脑汁，是呕心沥血，每个字都倾注着生命。"喂""脑汁""造血"等画面，还传递了日复一日的沉重的生存斗争和自我斗争间的矛盾。

我喂不起它呀！粉笔比它强，我喂它，它也喂我。钢笔不能这个。

到此处，对立项就特别明确了：钢笔与粉笔，即人的自我追求与谋生需要之间的矛盾冲突。这也是文章的主旨。这个主旨是经提炼的，它不单单表达了小我的情绪，而是所有人的普遍困境。人们常常需要在谋生的重压下，为了理想去挑战不可能，从绝境中开辟道路。这种冲突是人间的古老悲剧，但人也正因这种抗争而伟大。

虽然它是那么可爱与聪明。它的行市是三块钱一千字，得写得好，快，应时当令，而且不激烈，恰好立于革命与不革命之间，政治与三角恋爱之外，还得不马上等着钱用。它得知道怎样小心，得会没墨水也能写出字，而且写得高明伟大；它应会办的事太多了，它的报酬可只是三块钱一千字与比三块钱还多一些的臭骂。

钢笔是多么可爱的东西呢，同时又是多么受气的玩意啊！因为钢笔是这样，那么写东西不写也就没什么关系了。任它生锈，我且拿粉笔写黑板去者！

结尾仍然遵从贯穿始终的矛盾对立项：一个人有自己的使命和天分，有热爱的事业，它是那么可爱！可是，要想去追求梦想，在这个处处要为钱低头的世界多么难！

文章读完之后，你可能会问：这篇文章是在描写，在议论，又或是在抒情呢？按理说，你只是要描写一支笔，可是如果不写在压力下如何渴望创造的美好，就写不出这支笔的身影，也就是这个人的心灵抗争的化身。如果没有借笔，揭示出深层的创作激情与谋生的冲突，那么将笔尖比作蜻蜓、蜡烛上燃起的火苗，又像冬季在溜冰，又像美人的唇，再多的描写都只会如没有主干的树叶，在风中散乱飘零。神与形应当相互充盈，缺一不可，不能仅仅强调表面的形式。文章不仅仅要用隐喻、用排比，更要有发现。比喻和排比等形式，服务于揭示表面现象背后发现了什么深层矛盾。

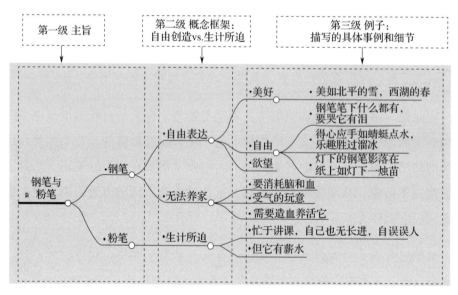

《钢笔与粉笔》三级笔记

第 7 章介绍过阅读的三级笔记。第一级是 核心概念，对现象的本来特质的归类和界定（主旨）。本文建立了钢笔和粉笔的对立项。第二级是次级概念。核心概念的定义与展开，常常会牵涉出其他相关的次级概念，并组成表达思想的概念框架。作者将钢笔展开为创造的自由、追求理想，而粉笔代表谋生的职业。第三级是**具体事例**，为说明上述概念所举的具体的例子、证据、数据和引用等事实层面的信息，在文中就体现为丰富的细节描写和隐喻的画面。将老舍这篇文章整理成三级笔记：

这篇文章虽然短，但是三个层次俱全，而且非常充实。由此可得记叙描写的第一点启发：动笔描写前，需要从过去的知识储备、日常经验中提炼出一个主旨框架，才能将大量细节和感受统摄在一起，给丰富的联想以展开的空间。

第二点启发：尽量避免用抽象字眼，描写得越具体越好。用具体的经验细节，用类比和隐喻来揭示你来自真实经验的新发现。不要觉得自己的经验不值一提。作者对自己的真实感受赋予极高的重要性，才能调集起丰富的画面和意象，把别人带进你的内心世界。要少说抽象的概念词，单有"自由"远远不够，还需要具体到"蜻蜓点水"和"滑冰"。单有"美好"还不够，还要写"雪后的北平"或"春时的西湖"。抽象词会导致思路停滞，要想令你的情感流动起来，要想为想象力打开更大空间，就必须回归具体的真实的细节。

写人

主旨问题	关键词
写人如何避免漫无边际与流水账？	有所发现、有的放矢、矛盾冲突

上节讲老舍写钢笔，看似在"依照作者目见，耳闻，或想象的情形记录"，也就是描摹事物，但实际上需要聚焦到一个核心矛盾。作者有所发现，用文字揭示自己的发现，才能使描写精彩。写物是如此，写人同样如此。

鲁迅的《药》中，写老栓的一段文字，每个细节都指向矛盾冲突的靶心。下面加粗的部分标记了文章中"爱子"和"钱"这两个关键词串。

实例 4　鲁迅《药》

除了夜游的东西，什么都睡着，华老栓**忽然坐起身，**（爱子 1）

"小栓的爹，**你就去么**？"

"唔。"老栓一面听，一面应，一面扣上衣服；伸手过去说，"**你给我罢。**"

（钱1）

　　华大妈在枕头底下**掏了半天**，掏出一包洋钱，（钱2）

　　抖抖的装入衣袋，又在外面按了两下。（钱3）

　　"小栓……你不要起来。……店么？你娘会安排的。"（爱子2）（钱4）

　　写人时，作者容易贴标签下结论：老栓是个老实人，是个诚实劳动者，他工作非常辛苦，起早贪黑……这些描述都空洞抽象，读起来枯燥无味。但《药》却百读不厌，回味悠长。最直接的差异来自用具体细节描写来塑造人物。

　　另外要有的放矢：作者心里有一个发现要告诉你。加粗标记的"钱"的关键词串，其中没有一个字是放空箭，字字写的都是挣钱的不易，是生存的艰辛，是兢兢业业谋生的劳动人民的生活重心，是精神乃至信仰般的寄托。用今天的常识也知道，餐饮从业人员的生活就是每天天不亮就要起床，全年无休。不论家里出了孩子治病的大事，还是祭奠至亲的忌日，都仍然要起大早收拾打扫开张营业，绝无节假日。正因为"钱"是这样日日如履薄冰才挣来的辛苦钱，所以才有"忽然坐起身"，一包洋钱"抖抖的装入衣袋，又在外面按了两下"这样的动作。

　　然而，从"爱子"关键词串中，我们会发现对他们夫妇而言，比钱更重要的，就是孩子。老栓这个人，出场时没有写他鼻子什么样，眼睛什么样，身形样貌一概没有，有的只是对儿子充满疼爱的一句嘱咐，让儿子多睡会，店里让娘去安排。写什么不写什么，完全服务于主线。最长的关键词串是关于疼爱儿子：如此不易得来的宝贵的钱，如果是为了孩子，那都可以拱手奉与他人。短短几句话就描摹出中国父母的生命寄托，他们的心被什么东西揪着，他们活着又是为了什么。

　　后半夜，老栓起来是去看处决犯人。这次是革命者，跟自己孩子差不多大，一个寡母的宝贝儿子，夏瑜。老栓对革命没什么认识，只想着买个蘸人血的馒头回来给自己的孩子治病。买到了之后就往家走：

　　老栓倒觉爽快，仿佛一旦**变了少年**，得了神通，有给人生命的本领似的，跨步格外高远。而且路也愈走愈分明，天也愈走愈亮了。（爱子3）

"这给谁治病的呀？"老栓也似乎听得有人问他，但他并不答应；**他的精神，现在只在一个包上，仿佛抱着一个十世单传的婴儿**，别的事情，都已置之度外了。他现在要将**这包里的新的生命，移植到他家里，收获许多幸福。太阳也出来了**；在他面前，显出一条大道，直到他家中，**后面也照见丁字街头破匾上"古□亭□"这四个黯淡的金字**。（爱子 4）

　　如果不划关键词，读完这个故事留下的印象可能更多是故事情节和中国社会如何黑暗、看客如何麻木这种抽象的大道理（往往也是学生被要求背诵的"中心思想"）。但划了关键词后就会发现，鲁迅句句在写的却是疼爱孩子、挣钱的辛苦以及这二者之间的矛盾。人们放弃了生活的享受，挣一点血汗钱全为了孩子。理解了老栓，就理解了今天的父母：对孩子倾注了自己的全部爱和希望，这是支撑他们日复一日辛苦工作的最大动力。一大笔洋钱花出去，以为买来的人血馒头能治好孩子的痨病，所以老栓觉得全身都是力气。因为相信孩子能活，老栓自己的生活才有了新希望，面对初升的太阳，他觉得自己得了神通，变了少年，全身都是劲儿。写天似乎要亮了，是指望着孩子的病是否要有转机了。然而，初生的太阳光，却照在了"古□亭□"这四个黯淡的金字上。

　　这里出现了矛盾冲突：老栓一生的精神寄托——即对孩子的希望——会被夺走。这些细节描写揭示出作者要展示给读者的发现：自古以来，一代代孩子都是他们父母的希望，就像太阳每天早上升起一样。但这个世界却没有变化，一次次新生的太阳光，仍旧洒在了古老腐败的社会（四个黯淡的金字），新的生命和希望都被白白浪费掉了。这些细节描写，没有一个字不是服务于这个发现的。如果没有这些发现和思考，压根就不会有新生的太阳光与黯淡古老的金字这些细节，全部的描写细节都服务于这个矛盾冲突。

　　单单写一个人如何爱钱、如何爱孩子，即使写得再好也难免平淡——谁又不爱孩子呢？他们不过是普天之下又一对平常的痴心父母。但如果有一个冲突就大不一样：如果要写一个人充满生命力，就要写是什么压抑或者夺走了他的生命力，他要与之抗争；如果要写一个人将生命寄托于某个希望，就要写是什么辜负了他的希望，或让他的希望落了空。有了矛盾冲突，才能揭示出是什么样的社会生态土壤，长出了什么样的命运之树，结出了这样的果实；让读的人生出一双全新的眼睛，看到过去自己视而不见的宏观处境和每一个个体命运的关联，使人理解自己的命运、个人心灵的挣扎与人的普遍命运的共鸣；也让读者生出全新的感知触角，对这个世界、对自己、对他人产全新的情感联结。有了这样的发现，描写之箭，就能带着使命射出了。

你说，"啊，那些都是文学写作，非虚构可是要原原本本地描述事实，那就没有矛盾冲突了吧？"真的吗？以介绍知识为目的的作品，就一定是一板一眼的"知识复印机"吗？或者从根本上看，这个世间是否真的存在一个笔直光滑的、静止悬停在真空中的、理性、客观、中立的"知识"呢？

叙事

主旨问题	关键词
叙事就是原原本本地描述时间、地点、事件和人物吗？	5W2H，静态与动态、矛盾冲突、主旨框架

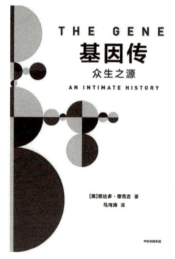

《基因传》

这篇文章选自获普利策奖的作品《基因传》，一部人文与科学思维融合的非虚构经典。下面截选的这段记叙，讲述了达尔文如何发现进化论的过程。

实例5　《基因传》，达尔文发现进化论

1837 年 7 月，达尔文顶着炎炎夏日继续在马尔伯勒街进行研究，而他也开始使用新的笔记本（所谓的笔记本 B），并且提出了动物如何随时间发生改变的问题。达尔文笔记的内容比较隐晦，有些只是不经意间萌发的想法。在其中的某页上，他画了一幅插图来表达萦绕在心头的想法：并非所有物种都是以神创论为中心产生的，也许它们起源的路径就像发自"树木"的嫩枝或者汇入河流的小溪，而这些有机体的祖先经过多次分化与再分化后会形成繁枝细节，然后才演化为具有现代形态的后

代。就像语言、地貌以及逐渐冷却的宇宙一样，动植物可能在繁衍过程中也经历了这种循序渐进的变化。

达尔文清楚地意识到，这幅图完全否定了神创论的观点。在基督教物种形成的概念中，上帝具有至高无上的核心地位，他创造的宇宙万物中就包括这些动物。但是在达尔文的笔下，根本不存在所谓的中心。加拉帕戈斯群岛上的 13 种雀类与神念创造无关，它们源自共同的祖先并且历经了不断分化的"自然繁衍"过程。其实现代羊驼亦有类似的进化方式，而它们的祖先也曾是体型硕大的动物。达尔文不假思索地在笔记本上方写下了"我认为"这几个字，似乎将其作为生物学与神学思想分道扬镳的暗号。

但是如果这个过程与上帝没有关系，那么又是何种力量在推动物种起源呢？又是什么动力能让这 13 种雀类的变异体在物种形成的险途中脱颖而出呢？1838 年春季，达尔文开始启用崭新的栗色封面笔记本，也就是所谓的笔记本 C，他将对于此种推动力本质的更多思考记述在其中。

达尔文在什鲁斯伯里与赫里福德的农场度过了儿童时代，其实他苦苦寻觅的部分答案就在眼前，但是却在远涉重洋 8000 千米后才重新发现这种现象。而这就是我们所说的变异，即动物有时会产生与亲本类型特征不同的后代。长期以来，农民们一直在利用这种现象对动物进行繁育和杂交，并且通过多次传代从发生自然变异的后代中进行选择。在英格兰，农场饲养员把繁育新品种与变异体当成一门高深的学问。所有人都知道赫里福德短角牛与克莱文长角牛外表差距悬殊。作为一名充满好奇心的博物学家，当达尔文从遥远的加拉帕戈斯群岛回到英格兰时，他出乎意料地发现每个地区都拥有自己的奶牛品种。不过达尔文与那些饲养员都明白，动物的繁育过程绝非偶然事件。虽然这些奶牛来源于共同的原始祖先，但是人们却可以通过选择育种创造出新的品种。

达尔文知道，将物种变异与人工选择进行巧妙地组合将产生惊人的效果。鸽子可以看起来像公鸡或孔雀，而狗可以有短毛、长毛、杂色、花斑、弓形腿、无毛、直立尾、凶狠、温顺、胆小、谨慎以及好斗等性状。但是，最终改变奶牛、狗与鸽子性状的力量还是掌握在人类手中。无论是那些生活在遥远火山群岛上的各种雀类，还是出没在南美洲平原脱胎于巨型祖先的小型犰狳，所有这些现象都让达尔文百思不得其解，到底是什么样的力量在掌控着全局？

叙述一件事情，自然少不了"5W2H"（时间、地点、人物、如何以及怎么样）。叙述进化论如何被发现，自然少不了基本事实信息。

写一篇文章，记叙进化论发现过程，自然应当包含时间、地点等基本信息。但如果列出的大纲仅仅按照时间、地点安排叙述，会导致平铺直述地罗列信息，显得像流水账：某年某月，达尔文在哪里干了什么。这些信息固然不可或缺，但问题在于，读者会觉得这些"知识"跟我有什么关系？我为什么要对这件事感兴趣？在课堂上，学生做主题研究报告时，一个常见问题就是简单地按照时间地点罗列事件。不论是讲奥运会，还是讲气候变化，如果仅仅按照5W2H的事实清单去罗列，而没有深层本质的概念框架提炼，整个报告就成了流水账目录。由于无法触及一个主题的意义，听的人很难产生兴趣。

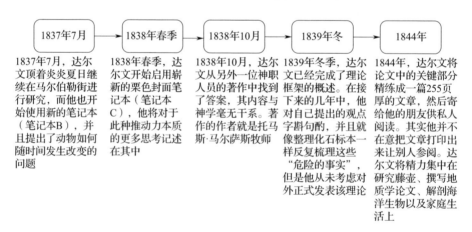

第一种大纲列法：按照时间线

叙述事件一样要挖掘出推动其发展的深层推动力——矛盾冲突。矛盾冲突是这一叙述真正的主线，也就是三级笔记的第二级概念框架；而时间线和5W2H信息属于笔记的第三级具体事例，服务于矛盾冲突。本文的矛盾冲突双方就是谜题与解谜：一个谜题被逐渐揭开，就像凶杀案的破案过程一样。

一开始，作者就提出了一个难解的谜题："如果万物并非是神创的呢？否则，万物应该从一开始就一成不变。"给的例子是加拉帕戈斯群岛上的蜡嘴雀。假如世界是神创的，上帝有什么理由要在一个很小的岛屿上创造 13 种不同但差异很小的蜡嘴雀？

假如物种不是神的设计，演变也不是神的推动，那么是什么力量在推动？于是引出了第二个谜题：这背后一定是有一种力量在产生新的变异，而另一种机制则对变异加以选择。框架有了，再以大纲第三级的事实来支持这一观点：达尔文环球旅行，远涉重洋 8000 公里，才发现寻觅的答案早在眼前。从小在农场上长大的他，很熟悉动物的后代会和亲代不同，人工不断对后代的变异进行选育和杂交，产生各种形态差异很大的家畜，如奶牛、狗、鸡和鸽子的大量品种。甚至每个乡镇都有其特有的奶牛品种，就像一个岛上有 13 种蜡嘴雀一样。

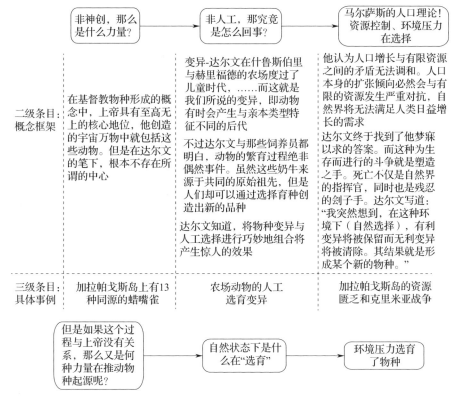

第二种写作大纲：按矛盾冲突发展来组织事实

于是，自然产生下一个新问题：在自然界，既然不是人的力量选育和杂交，那么会是什么力量呢？这时候，达尔文读到了马尔萨斯的《人口论》：人口不断扩张，但资源是有限的，自然界的资源瓶颈，包括饥荒、瘟疫和战争，会对人这个物种进行筛选。

达尔文深知自己正在滑向已知世界的危险边缘，而正是南美之行让他走上了这条不归路。其实他也可以简单地将那只无形的手归结为上帝。但是就在 1838 年 10 月，达尔文从另外一位神职人员的著作中找到了答案，其内容与神学毫无干系。著作的作者就是托马斯·马尔萨斯（Thomas Malthus）牧师。

托马斯·马尔萨斯平时是萨里郡奥克伍德教堂的助理牧师，可是到了夜晚，他就成了一名隐秘的经济学家。其实他真正热衷的是研究人口与增长问题。1798 年，马尔萨斯以笔名发表了《人口论》（*An Essay on the Principle of Population*）这篇颇具煽动性的文章，他认为人口增长与有限资源之间的矛盾无法调和。马尔萨斯据此推断，随着人口不断增长，生活资料将逐渐耗尽，个体之间的竞争将变得更加激烈。人口本身的扩张倾向必然会与有限的资源发生严重对抗，自然界将无法满足人类日益增长的需求。随后人类社会将面临世界末日的考验，"各种流行病和瘟疫肆意泛滥，数以万计的生命会因此终结"，最后"食物将在人口之间"重新分配。那些侥幸逃过"自然选择"的人会再次面对这种残酷的循环，就像希腊神话中绝望的西西弗斯（Sisyphus），而人类也将在饥荒的胁迫下四处流浪。在马尔萨斯的文章中，达尔文终于找到了他梦寐以求的答案。而这种为生存而进行的斗争就是塑造之手。死亡不仅是自然界的指挥官，同时也是残忍的刽子手。达尔文写道："我突然想到，在这种环境下（自然选择），有利变异将被保留而无利变异将被清除。其结果就是形成某个新的物种。"

现在达尔文的主要理论框架已经粗具规模。动物在繁殖过程中会产生不同于亲代的变异。而某个物种内的个体总是在稀缺资源领域展开竞争。当这些资源成为关键瓶颈时，例如在发生饥荒后，某个能更好适应环境的变异体将被"自然选择"。最能够适应环境的个体，也就意味着最"适合"生存（"适者生存"这句话源自马尔萨斯主义经济学家赫伯特·斯宾塞）。然后这些幸存者将会产生更多类似的后代，并且推动物种内部发生进化。

于是，达尔文以自然环境的资源制约来解释为什么会产生 13 种蜡嘴雀。正是环境中有限的各类食物呈现不同的大小和形状，迫使蜡嘴雀演化出不同类型的鸟喙来适应。至此，达尔文完成了他的理论框架构建。

达尔文仿佛目睹了发生在蓬塔阿尔塔盐滩与加拉帕戈斯群岛上的演变过程，似乎只要快进播放就可以了解这部反映历史变迁的电影。岛上成群的雀类在数量暴增之前以水果为食，当咆哮的季风或炎热的夏季来临，整座岛屿就会陷入无尽的凄凉，同时水果的产量也会急剧下降。在茫茫的鸟群中，产生了某种雀类的变异体，它外形奇特的喙可以撬开种子。当饥荒蔓延至整个雀类世界时，蜡嘴雀的变异体却可以食用硬粒种存活下去，并且经过不断繁殖形成数量庞大的新型雀类物种，并且数量日益增多。随着新马尔萨斯极限（疾病、饥荒、寄生虫）的出现，新型雀类物种占据了主导地位，此时种群的结构再次发生改变。现在蜡嘴雀成为主流，而原来的雀类则逐渐灭绝。自然界的进化过程就在这种艰难险阻中缓慢前行。

1839 年冬季，达尔文已经完成了理论框架的概述。在接下来的几年中，他对自己提出的观点字斟句酌，并且就像整理化石标本一样反复梳理这些"危险的事实"，但是他从未考虑对外正式发表该理论。1844 年，达尔文将论文中的关键部分精练成一篇 255 页厚的文章，然后寄给他的朋友供私人阅读。其实他并不在意把文章打印出来让别人参阅。达尔文将精力集中在研究藤壶、撰写地质学论文、解剖海洋生物以及家庭生活上。心爱的长女安妮因感染疾病不幸去世令达尔文悲痛欲绝。与此同时，克里米亚半岛爆发的一场残酷战争令交战双方两败俱伤。许多男性应召入伍奔赴前线，同时整个欧洲的经济状况也进入了萧条期。似乎马尔萨斯的理论与为生存而战的现实已经在真实世界中得到应验。

叙述的核心架构是层层推进的提问和解答。时间线等作为事实部分，支持和充实问题框架。

叙述中除了进化论的发现这一主线矛盾，还编织进去一个副线矛盾：达尔文及其新发现和社会普遍通行的神创世界观之间的冲突。如果不是因为知道这个发现要挑战整个文明数千年的牢固传统和共识，一个人为什么发现了如此重要的理论，完成了大量的证据搜集和查证，写成了255页的论文后却多年不正式公布？作者通过解谜的戏剧，使得进化论的发现过程成为真实的个人心路历程，从而与读者产生了情感与现实关联。

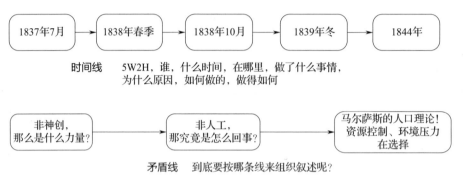

个人探索的心路历程令读者产生代入感，让大家感受到：即使是今天，资源和环境的制约带来的战争和经济萧条也无时无刻不在影响我们每个普通人的命运。人在探索和思考，但从来不是在真空中进行的，求索的个人要孤独地挑战巨大的社会共识与文化传统，而思想发现又会形成新的力场，影响当下与未来的历史走向。矛盾冲突，主线和副线交织，为叙述事件增加了多层次的立体思考和情感张力。

总结下记叙的技术要点：

（1）变抽象为具体：再难懂、再抽象的知识和原理，都需要进行类比或者隐喻，以一个生动的画面来呈现。如果能用具体的过程和画面来讲，就不要用抽象名词。

（2）变静态为动态，变结论为问题。要把静态标签变成动态行动。问许多"是什么（what）""怎么样（how）"和"为什么（why）"问题。"自由"到底是什么样的？"辛劳的人"具体是怎样辛劳的？他为什么要这样辛苦？还要把结论变成问题。先有困惑，有困难，有痛苦，再描述解决问题的动态过程，给出静态信息和事实。要像冒险小说或破案悬疑故事一样，先展现凶杀现场，大家才会感受到抓凶手的必要和迫切。

（3）聚焦中心矛盾。不论是描写一支笔、一个人，还是叙述一件事，如果还没有聚焦到一个中心矛盾，没有找到描写之箭应该射向的靶心，就先不要动笔；还需要继续拉远镜头，纳入更多新的事实和信息，直到能聚焦到你真正想揭示的发现再动笔写。

写作的核心技能：构建认知框架

主旨问题	关键词
没有蓝图怎么盖房子？那么如何画出蓝图呢？	头脑风暴、自由书写、三级大纲

准备工作是不可省略的。盖房子前，没有想清楚建筑的目的，没有思考整体结构，也不画设计蓝图，上来就直接砌砖，除非是极其熟练的行家老手，否则可以想见盖房过程一定会充满磨难。写作还不熟练时，不要试图一动笔就直接写出一整篇成品。需要先列大纲，并将大纲修改出一个能立起来的主架构，再开始搬砖搭建。这个过程大致可以分为三步：

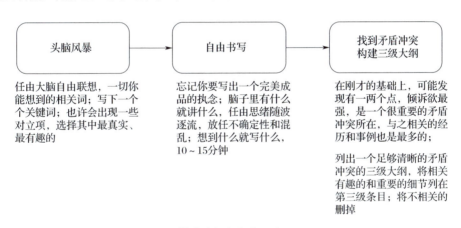

搭建认知框架的三步

第一步　头脑风暴

对于给定题目，不妨花几分钟，任由大脑自由联想。看着题目，将出现在脑子里的具体事例都列出来，新闻、他人的故事、自己的亲身体验等都可以，从中提炼出关键词。这些事例和想法可能暂时看起来东一点、西一点，彼此相关度不高，但列出一些后，你可能会发现它们之间呈现出某种关联或共性，可能成为未来的架构。头脑风暴这一步主打随机发散，任由思绪随波逐流，放任不确定性四处探索。

第二步　自由书写

就刚才列出的初步关键词，想到什么写什么。你可能会发现部分线索词共同指向了某一种想法，有共同方向的点之间可以连线，形成某个"图案"。口头或书面自由表达，多次阐述这条线，想要表达的思想画面会变得越来越清晰。

第三步　找到矛盾冲突，构建三级大纲

经过自由书写，可能会出现一两个线索词，你对之倾诉欲最强，你储备的与之相关的经历和事例也最丰富。它能令你感动，因为内在有一种冲突和对抗性。如果是写人，这个人经历了怎样的自我斗争或与环境的抗争；对于叙事，这一事业改变了怎样的现状，这些都属于矛盾冲突，这就算找到了箭靶。可以列出一个三级大纲，将有趣和重要的细节列在第三级条目。

调整大纲的一、二、三级，强化各箭矢对靶心的向心力，让所有想描写的细节和事例像磁场一样，紧密指向核心主干，而把那些无法关联的线索词、冗余事例等各种不相关的细枝末节都削掉。将蓝图调整好，再开始动笔写作，搭建文章建筑，这样将大大减少推翻重盖的报废率和痛苦。

8.4 写作能力 3：论证

主旨问题	关键词
为什么语文和英语的考试大作文都是论说文？ 论说文写作训练的目的是什么？	观察现象、提炼共同特征、发现规律、 提出论证、说服他人、思维训练

认知型写作的第三种能力是论证，对应文体是论说文。本书是以认知原理贯穿一切学习过程，包括语言学习。语言能力训练作为思维训练的一种，其最终目的是训练高级抽象认知能力，即学会观察现象，提炼共同特征，发现规律。这一思维过程落地于论说文，就是要整理事实、提出论点，并展开有理有据的论证。因此，论说文的阅读难度位于蓝思值的塔尖。同理，论说文写作也是思维训练的金字塔尖。由此你也就能理解，为什么不论中英文考试，最后的大作文都是论说文。

很多人喜欢读书，但写起论说文却感到不适应。家长也常有疑惑：为什么孩子平时阅读量很大，可是写作文却那么难？读书一定要"破万卷"，下笔才能"如有神"吗？其实，只要我们搞清楚论说文的思维结构，做针对性的积累和练习，不但能让作文写得更自如，还能架设好输入和输出之间的桥梁，成倍提升学习效率。

前面讲的说明、描写和叙述的写作训练，可以视为产生思想的准备活动。通过有序观察，从看似孤立的现象、纷繁复杂的经验和事例等原材料中提炼共性与本质，整理成有序的素材，以备思想从中产生。虽然说明与描写也具备隐含的思想框架，但并不要求提出明确的论点或主张。写说明文的主要目的是提供信息，描写和叙述的写作目的是感动和启发读者，而论说文则需要更进一步明确地提炼出论点（产生思想），去说服人和影响人。

那么，论点是如何提炼的，而说服力又如何制造呢？

大学时上写作课，老师讲论说文写作的时候，曾经说数据是最有力的证据。例如，"死了 1000 万人，占该城市总人口的 30%"要比空泛地说"死了很多人"有说服力得多。知道这一点令我更加疑惑了：数据当然非常有说服力，可是大量的经典论说文并非只有数据，还有什么类型的证据呢？其他常见类型的证据还有名人名言。如何防止编造名人名言呢？毕竟，几乎所有人都喜欢写"鲁迅说过"。就算不是编造的，某个人的一家之言就能作为证据吗？还有一类证据是个人经历。可即使再有名的人，他的经历也不过是个案，能有多大代表性？怎么能证明一个客观规律？

很多经典的论说文里，甚至根本没有数据，连具体的事例都缺乏，更没有什么权威的统计或实验。这些文字并不试图证明，而是直接宣示自己讲的就是普遍规律，例如诺贝尔文学奖得主、数学家、逻辑学家罗素写的论说文压根没有数据。下文会举的蔡元培的论说文例子也与此类似，"新生活是进步的丰富的，而旧生活是退步的萎靡的。"开篇就直接宣示了自己发现的普遍规律但没有数据。还有历史上的系列著名论断，如霍布斯在《利维坦》中提出"无序的社会是人与人之间的战争"，卢梭提出"高贵的野蛮人"等，都没有数据、没有实验、没有统计，怎么就能宣称自己的发现是真理？而且大家好像都很买账？

说服的力量来自哪里？这就是本节要探讨的问题。

其实，论说文的目的本就并非寻求绝对的真与绝对的客观。论点和论证都是作者构建的思想结构物，目的是说服他人，改变读者对现实的看法。好的论说文，诚然需要翔实有力的证据，但更重要的是"建筑师"的整体构建方式：以想象与共情做整体构思，把读者由引人入胜的大门引入建筑内部，进入由理和情的拱券精妙合龙的思想穹顶之下。而自然的理性客观的阳光，则需要被建筑师设置的彩色花窗染上震撼心灵的色彩，才能令置身其中的观者信服。

因此，在写作前要搞清楚一个重要的区别：论说文写作方法主要基于人的认知心理的传播方法论（对于作文给出的题目，你论述正方或反方都可以，只要有理有据即可），而非探索真理的科学方法论（这是明辨式思维追求的目的，详见第 9 章）。论说文当然能被用来诡辩和迷

论证四要素

惑，但寻找真理和正义的人更应该掌握论辩的武器。

公元前四世纪，亚里士多德在《修辞学》一书中总结了论证中的三种说服模式。他提出，人们在说服时往往借助三种力量让别人信服：信任（Ethos），逻辑（Logos）和情感（Pathos）。现代研究基于亚里士多德的论述，整理出第四种说服要素：恰当的时机（Kairos）。这一框架简洁而强大，经历了数千年的时间考验，我称之为"论证四要素"。

论证要素 1：逻辑

主旨问题	关键词
搭建论说文结构的脊椎主线是什么？	提出命题、概念框架、界定问题、证据实例、归纳与演绎

Logos、音译为逻各斯，在希腊语中本意是"话语"，引申为计算、推理、因果关系和万物的规律。今天的许多常见词，如逻辑（logic）、生物学（biology）和地理学（geology）等学科，其中表示"科学"之意的后缀"–logy"都来自"Logos"。

此处，Logos 指论证四要素之一：逻辑。我把逻辑放在第一位，是因为你必须自信已洞察到一个有效的观点，能揭示本质并带来改变，才能产生统摄大量证据去说服他人的热情。逻辑就好像建筑的主架构，如果主架构有重大缺陷，立不起来，随时可能坍塌，再美的玫瑰花窗和雕琢装饰也是无意义的。而有时候，即使只有极简的论述，如果逻辑足够强大，无须太多装饰物，都能产生动人心魄的力量，比如下面这篇蔡元培的论说文。

实例 6 蔡元培《我的新生活观》

要学会写文章，首先要学会反向工程，如能很好地拆解别人的文章，理解好文章是如何写的，同时会拆解和复盘自己的文章，才能快速进步。拆解文章最高效的方法就是用第 7 章给出的阅读理解五步法，划出关键词并做三级笔记。首先是寻找反复出现的关键特征或关键词，然后将关键词连成链条，提取对立关系。本文的对立关系非常明显，两个关键词串分别用**加粗**和*斜体*标记，事例与证据用下划线标出。

我的新生活观

蔡元培

什么叫旧生活？是枯燥的，退化的。什么叫新生活？是丰富的，是进步的。

旧生活的人，是一部分不做工又不求学的，终日把吃喝嫖赌作消遣。物质上一点也没有生产，精神上也一点没有长进。又一部分是整日做苦工，没有机会求学，身体上疲乏得不得了，所做的事是事倍功半，精神上得过且过，岂不全是枯燥的吗？不做工的人，体力是逐渐衰退了；不求学的人，心力又逐渐萎靡了；一代传一代，更衰退，更萎靡，岂不全是退化吗？

新生活是每一个人，每日有一定所做工，又有一定的时候求学，所以制品日日增加。还不是丰富的吗？①工是愈练愈熟的，熟了出产必能加多；而且"熟能生巧"，就能增出新工作来。②学是有一部分讲现在做工的道理，懂了这个道理，工作必能改良。又有一部分讲别种工作的道理，懂了那种道理，又可以改良别种的工。从简单的工到复杂的工；从容易的工改到繁难的工。从出产较少的工改到出产较多的工。③而且有一种学问，虽然与工作没有直接的关系，但是学了以后，眼光--日--日地远大起来，心地--日--日地平和起来，生活上无形中增进许多幸福。这还不是进步的吗？

要是有一个人肯日日做工，日日求学，便是一个新生活的人；有一个团体里的人，都是日日做工，日日求学，便是一个新生活的团体；全世界的人都是日日做工，日日求学，那就是新生活的世界了。

两个关键词链条，构成了非常清晰的对立项，即下面两个纵列：

蔡元培这篇文章建立了一个非常清晰的概念框架，解释了大量现象。他的命题是：从个人到群体，最值得追求的就是进步的新生活。三级笔记的第一级是界定问题与解释问题需要的核心概念（主旨）。本文的一对核心概念是：新生活是

新生活 ←———— vs. ————→ 旧生活

进步的生活 ←———— vs. ————→ 退化的生活

关键词串

进步的生活 vs. 旧生活是退化的生活。

具体展开，"退化"这个概念到底什么意思呢？在旧生活的关键词链条中，从不工作也不求学的食利者阶层到整日做苦工、无力学习的穷人阶层，这两个阶层的精神与身体都陷入停滞与贫乏状态，是为退化的生活。这是三级笔记的第二级，展开阐述了什么是"退化的生活"。

新生活的关键词链条则展开阐述了"进步的生活"这个概念。到底什么是"进步"？ 平等的社会，人人都工作，在工作实践中不断反思和学习，从而使工作和生产不断进步，个人的精神和身体都不断丰富与壮大，得到幸福，是为进步的生活。这也是三级笔记的第二级，对核心概念的界定与阐述，常常会牵涉其他相关的次级概念。

三级笔记的第三级是作者为说明上述概念所举的具体例子、数据、引用等事实层面信息。这些在文中用下划线标出。蔡元培实用的具体的事例与证据包括：

事例一（下划线句①）：比如舂米、磨麦，做得越多越熟练，产量越高。但如果劳动者有机会学习和实验，就可能发明更好的工具，比如水车、风车等，也就是"熟能生巧"。新的工具意味着新的产业、机械设备的设计和生产，于是产量增加，也产生新的工作机会。

事例二（下划线句②）：因此，劳动者的终身学习，一部分是学习自己的专业，比如几何学和数学、机械结构、杠杆齿轮等，使工作改良。

事例三（下划线句③）：劳动者的终身学习，除了专业技术，还有关于科学原理、关于人生价值的核心层。这部分"与工作没有直接关系"的学习，使人眼光远大、心地平和。一个健全发展的幸福的人，能够保持追求技术进步和积极向上的原动力。

本章是在学习写作，此处大家需要重点关注逻辑论证如何产生说服力。从体力舂米这样的简单工作进化到成为机械工程师这样的复杂工作，同时产量也从少变多，作者从此类现象中抽象出整个人类社会生产力进步、财富增加的原理：生产力进步，要求个人必须亲自做工实践，也必须终身学习。因此，轻视实践的、不平等的等级社会注定是封闭和退化的。因为统治阶级不做工也看不

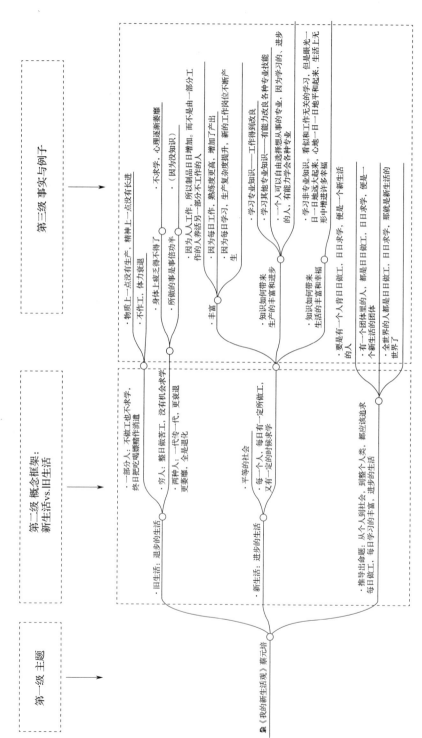

三级笔记

第一级 主题	第二级 概念框架：新生活vs.旧生活	第三级 事实与例子

《我的新生活观》蔡元培

推导出命题：从个人到社会，到整个人类，都应该追求每日做工，每日学习的丰富、进步的生活

旧生活：退步的生活

· 一部分人：不做工也不求学，终日把吃喝嫖赌挥作消遣

· 劳力者：整日做苦工，没有机会求学

· 两种人：一代一代，更衰退更衰懂，全是退化

新生活：进步的生活

· 平等的社会

· 每一个人，每日有一定所做工，又有一定的时候求学

要是有一个人背日做工，日日求学的人

· 有一个团体里的人，都是日日做工，日日求学，便是一个新生活的团体

· 全世界的人都是日日做工，日日求学，那就是新生活的世界了

· 物质上一点没有生产，精神上一点没有长进

不作工，体力衰退

· 身体上弄乏得不得了

· 所做的事是事倍功半

（因为没知识）

丰富

· 因为人人工作，所以制品日日增加，而不是由一部分工作的人养活另一部分不工作的人

· 因为每日工作，熟练度更高，增加了产出

· 因为每日学习，生产复杂度提升，新的工作岗位不断产生

· 知识如何带来生产的丰富和进步

学习专业知识——工作得到改良

· 学习其他专业知识——有能力改良各种专业技能

· 一个人可以自由选择想从事的专业，因为学习的，进步的人，有能力学会各种专业

· 知识如何带来生活的丰富和幸福

学习非专业知识。看似和工作无关的学习，但是眼光一日一日地大起来，心地一日一日地平和起来。生活上无形中增进许多幸福

起实际生产活动，他们即使学习，也不会去改进生产，不会去思考事物的具体运行原理，搞发明创造。而实际接触生产的穷人又没有机会学习，无法思考和改进技术。这就揭示出一个社会萎靡不振、生产力和科技水平长期停滞不前的原因，是因为不合理的社会结构——不做工的人不学习，天天不思进取。而做工实践的人，又因为要供养不做工的人，时间精力被榨干，疲惫不堪，没有机会终身学习，专业技能无法进步，无法将实践和知识结合，产生更高的生产力进步。这个二分法是蔡元培在文章中搭建的概念框架，他依据自己的知识提出了不平等社会的深层弊病，以及不平等社会必将落后的根源所在。

在这篇文章中，最有力量的就是概念框架的提取这一逻辑要素。这对概念当然不是作者凭空想象的，也绝不是人尽皆知的现成话。事实上，并非每个人都看到这是社会变迁的根本机制。在五四运动时期的百年变局之际，站在新旧社会的十字路口，问不同的人：为什么当前的社会如此黑暗腐败？身为社会的公民，你认为人应该追求怎样的生活？由于知识和经历背景不同，不同的人会有不同的解释。在老奶奶眼里，"旧社会"就是裹小脚，就是 13 岁嫁人，一切天经地义；在不同学科的专家眼里，"旧社会"可能是等级制的、封建的、精英治理的、宗族社会的，或是小农经济的，等等。社会现象和特点千千万万，但时代应如何变迁？人们就像婴儿刚刚面对这个世界一样，眼前是一团巨大、繁盛、喧闹的混乱。人们也许感到自己承担着千斤的重担，在痛苦和压力下却说不出问题出在哪里，这就有了写这篇文章的必要。人们也许强烈感到必须要做出改变，却不知该往何处去，该追求什么，读这篇文章就令人如久旱逢甘霖。

如何认识如此庞大混杂、模糊的如奔涌的河流一般难以把握的"现实"？要想取得明确清晰的洞察，就需要提取最为稳定、一贯的属性。杜威在一篇文章中举例：即使是经验最为丰富的外行人，在对"金属"这一概念进行界定时，也会与化学家有着判若霄壤的差别。在外行人的定义中，所谓"金属"就是"光滑、坚硬、有光泽、闪亮、密度大、可锻造、可延展、遇冷变硬、加热变软、记忆性、抗压性、耐腐蚀……"等等特性。而在化学家眼中，这些外观或实用性角度的特性根本无关紧要，他们会将"金属"定义为"能够与氧化物合并形成盐基的化学元素"。

再举一个例子。现在，在算法和短视频的加持下，成瘾这种大脑神经障碍成为一种高度普及的时代病，而这背后是人性中内置的"奖赏"机制。让普通人和专家分别界定"奖赏"这一概念，同样有判若霄壤的差别。在普通人看来，"奖赏"就是使我们感到快乐、感觉良好的东西。但在神经科学家看来，"奖赏"的关键特征是人的趋近行为，任何能让人产生"趋近"行为，并导致我们对其付出注意力和精力的对象或事件都是奖赏。从天性上看，人是一种追求奖赏逃避惩罚的动物，大脑的奖赏机制通过强化趋近行为来帮助我们学习新事物，而现在这种机制被某些势力普遍利用，疯狂塑造人的成瘾疾病。

提取本质特征，构建概念框架，才能产生统摄全文的、有说服力的论点。当我们写作文时，要先思考如何搭建主架构，要先列出大纲。搭建大纲时，需要先聚合你知道的基本事实，从中抽象出本质特征，建立一个有效的概念框架，这样才能在具体的案例中提取出一个清晰的主旨。

实例 7　作文：你最喜欢的节日

对于题目"介绍一个你最喜欢的节日"（*Reading Explorer* 第五册的一篇英文作文），家中 8 岁的儿童刚开始列出的大纲是这样的（为方便阅读，大纲都用中文列出，下同）：

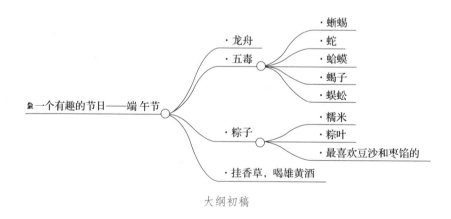

大纲初稿

她的大纲列出的只有具体事实，即只有第三级，第二级概念框架缺失。依据这样的大纲写出的文章缺乏主旨，只能用 and，not only，but also 等并列关系的线索词来连接具体事例，单调重复。由于没有概念分类，导致事实与事实之间缺乏内在关联，于是文章的句子与句子之间缺乏连贯性，结构松散，无法形成逻辑衔接。而没有逻辑衔接的文章，即使凑再多字数，堆砌再多辞藻，书写再好看，也无法到达高分档位。

　　写作者之所以无法对一个个事例进行概念提取，是因为对"端午节"缺乏背景知识，因此无法进行"为什么有这些习俗和仪式"这种"为何"（why）层面的深入思考。查阅了一两篇资料（如闻一多的《中国神话十五讲》）之后，写作者对端午节有了更多了解，就能提炼出更深层的概念框架，并重新列出有第二级的大纲。使用概念框架，对一个个零散的风俗进行解释和归类：端午是夏季的开始，对于农耕社会来说，夏季人们最期盼的是风调雨顺，免遭洪水，也希望祈求避开疫病和毒虫叮咬，因此产生了各种祭祀仪式与相关民俗。以"祭祀仪式"为概念框架统领第三级的具体端午习俗，就有了逻辑主线。龙舟竞渡、挂艾草和菖蒲、吃粽子等习俗都可以归入这个框架中。至此，全文不再像一盘散沙。

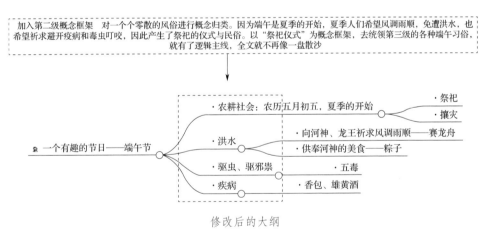

修改后的大纲

　　第二级大纲提供了内在的逻辑框架，有了框架，句子的逻辑衔接就有了保证。改进后的作文虽然仍有一些小问题有待改进，但具备了逻辑架构，成为一篇更高分数档的文章。文章自然有了丰富的逻辑关联方式，有因果，有转折，有更多变的句式。这些不是靠背诵关联词强行套用，去硬套模板，而是靠思考和提炼概念框架实现的。

现象分类与概念提取是议论文的逻辑要素首先要做的事情。首先给出明确的性质界定，将现象归类为某一类问题。然后通过自己提出的归类框架，给该现象贴上一个明确的标签。可以说，论证时，首先要创建一个概念框架，把文章聚焦到一个足够清晰的矛盾冲突点。

实例8　作文：玩电脑游戏是好的休闲方式吗

对于这道 FCE 真题中的作文题，家里儿童开始列出的大纲缺乏共性提炼和概念界定。第一级，只抄写了给出的题目，没有提出自己的论点。内容方面直接列举了自己知道的休闲方式，如读书、去公园、画画等。

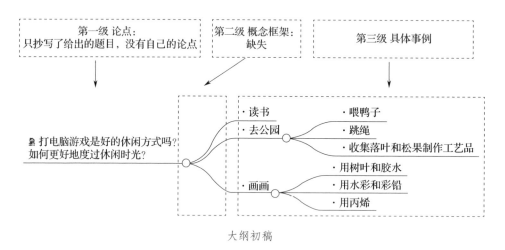

大纲初稿

形式上，这个大纲看似分为三级，"去公园"和"画画"下面还列出了更具体的细节，但实际上都停留在第三级事例层面。由于缺乏明确的论点和概念框架，自己都不知道要说服别人什么，自然无法形成有效的说服力。拿这样的"本能"式的无逻辑的大纲去写作文，只会感到痛苦淤塞，写出一句句散落的单句，句子之间只能是简单并列的关系，缺乏丰富的连贯。

改进的关键是提炼出"好的休闲"具备怎样的共同特质，从而界定"好的休闲"这个概念到底是什么。"好的休闲"应当能够休息放松、令身体和头脑恢复精力、增长见识等，提炼出这样的概念框架就能产生明确的论点：自然不应该关在室内玩电脑游戏（当然，你也可以建立另一套概念框架，去论证玩电脑游戏就是好的休闲）。

　　改进后的大纲加入了第二级概念框架，对"什么是好的休闲"进行了界定。文章先驳斥了通行的"有人认为打游戏能寓教于乐""有人认为打游戏能兴奋开心"等观点，通过驳斥相反观点，在对立项中，建立了自己的"什么是好的休闲"的概念：好的休闲应当令你健康和快乐、增长见识，还富有乐趣。

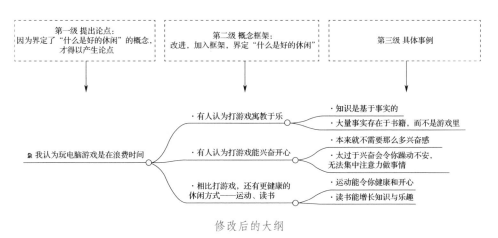

修改后的大纲

　　有了概念框架的大纲，写文章时，体验更加顺畅，逻辑有了主线，知道要说服别人什么，词句皆有所指向，文章自然就不会像一盘散沙了。

　　对现象进行归类并建立概念框架，通常会形成矛盾冲突。在冲突对立中呈现自己的观点，比单方面的阐述更有说服力，就像为了使钻石更加夺目而使用黑丝绒作为背景一般。驳斥反面观点，确立自己的观点，这个过程中你自然需要使用多变的逻辑衔接词和丰富的句式，使得作文的档位提高了。反面操作就是死记硬背一些逻辑衔接词，强行装点没有内在逻辑的文章。

实例 9　雅思作文：教育中的惩罚问题

下面再举一篇面向更高阶学生的雅思作文实例。

- It is important **for children to learn the difference between right and wrong at an early age**. Punishment is **necessary** to help them learn this distinction. （让儿童在幼年学会分辨对错是很重要的。为了帮助儿童学会分辨对错，惩罚

是必要的。）

- To what extent do you agree or disagree with this opinion?
- **What sort of punishment** should parents and teachers be allowed to use to teach good behavior to children?（父母和教师可以使用何种惩罚方式来培养儿童良好的行为？）
- Give reasons for your answer and include any **relevant examples** from your own knowledge or experience.（请为你的论点提供理由，并根据你的知识或经历，给出恰当的例子。）
- Write at least 250 words.

注意划出题目中的关键词，如"儿童""幼年""学会分辨对错""重要的""何种惩罚方式"，那么写作时不可写针对成年人的罚款、犯罪、监狱这类的惩罚。你需要界定"惩罚"这个概念，提取出共性特征，区分不同惩罚类型。思考棍棒教育、罚站和讲道理等教育方式，有什么性质上的差别和共同点？

要求一名学员（该学员为非英语专业、有研究生学历的雅思考生）在动笔前先列出大纲。学员的初版大纲，翻译为中文如下：

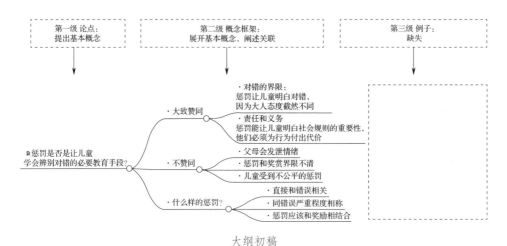

大纲初稿

这个大纲体现出大学生的特点：有一定社会阅历，因而对这个问题有较好的背景知识储备，思考得十分全面。但仍然存在下面这些问题：

首先，没有界定清楚"惩罚"。可以驳斥体罚，即通过身体暴力手段进行惩罚，这确实是不利于儿童成长的。同时，应该在文章开头，就明确界定自己认为合理的"惩罚"概念框架，她将自己原本散落在文中的说明提炼为一句清晰表述：惩罚应该是对错误行为的直接反馈，且应当是建设性和非暴力的。这样第一段就完备了。

第二个问题是没有例子。其实根源还是第一个问题：当你没有试图界定概念，就很难针对性举出例子。反过来说也成立：当你没有具体事例时，自己心中的概念也难免是模糊的，写作时容易陷入空洞的议论。因此，构思阶段列大纲时就应该先想好例子，从实例出发，构思如何界定"惩罚"的概念，然后阐述观点。这样，思维更加顺畅，也比较容易让观点明确且有说服力。

由于第一步没有界定概念框架，第一个和第二个论点的结构不清晰。尤其是第二个论点，惩罚能让儿童明白他们必须为行为付出代价，并学会承担责任与理解社会义务，服从社会规则。这里的三个关键词，"行为代价""承担责任"和"社会规则"三者的逻辑关系没有阐明。

果然，依据大纲写成的作文里暴露了大纲存在的问题。第一段只是简单照搬题目，没有提出中心论点。第二段点出了三个关键词，却没有阐述三个概念之间的关联，读者不知道如何从"行为代价"到"责任承担"和"服从社会规则"，行文逻辑衔接断开了。没有例子也使得思维陷入了原地打转的局面，重复说题目的规定，而没有有效展开。

修改后的大纲如下：

逻辑衔接是什么？一定要展开：

分论点 1 界定"惩罚"。惩罚是对行为的直接反馈。年纪小的儿童很难理解长篇大论的说教，也难以判断不同场景下的规则，所以不如用直接的行为反馈。举例是，孩子在图书馆或餐厅大喊大叫，就像在游乐场一样，这时候与其讲道理，不如直接带离现场，让孩子感受到直接的行为反馈，从而学会规则。

分论点 2 惩罚的作用。原稿这一段没有展开，也没有例子，仅仅说了"惩罚能让儿童体验到做了错误行为必须承担代价，从而学会负责任和社会规则"。但其实，这句话需要展开，讲清楚几个关键词之间到底是什么逻辑关联：儿童

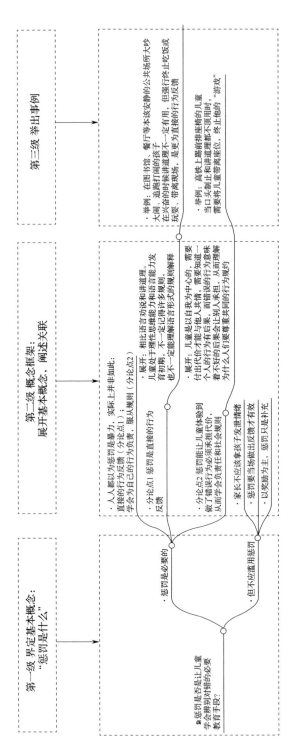

修改后的大纲

第一级 界定基本概念："惩罚是什么"

- 惩罚是必要的
- 但不应滥用惩罚

❓惩罚是否是让儿童学会辨别对错的必要教育手段？

第二级 概念框架：展开基本概念，阐述关联

- 人人都以为惩罚是暴力，实际上并非如此；直接的行为反馈（分论点1）；学会为自己的行为负责，服从规则（分论点2）：
- 分论点1 惩罚是直接的行为反馈
- 展开：相比语言说教和讲道理。儿童处于理性思维能力和语言发育初期，不一定记得许多规则，也不一定能理解语言形式的规则解释
- 分论点2 惩罚能让儿童体验到做了错误行为必须承担代价，从而学会负责任和社会规则
- 展开：儿童是以自我为中心的，需要付出代价才能与他人共情，需要知道一个人的行为有后果，而错误的后果会让人承担，从而理解为什么人们要重共同的行为规约
- 家长不应拿孩子发泄情绪
- 惩罚要当场做出反馈才有效
- 以奖励为主，惩罚只是补充

第三级 举出事例

- 举例：在图书馆、餐厅等本该安静的公共场所大吵大闹、追跑打闹的孩子
- 在兴奋的时候讲道理不一定有用，但终止行为反馈玩耍、带离现场，是更为直接的行为反馈
- 举例：高铁上踢前排座椅的儿童，当口头劝止和讲道理都不顶用时，需要将儿童带离座位，终止他的"游戏"

是以自我为中心的，需要付出代价才能与他人共情，需要知道一个人的行为有后果，而错误的行为意味着不好的后果会让别人承担，从而理解为什么人们要尊重共同的行为规约。

举例使这个论点非常清晰：对于高铁上不断踢前排座椅的儿童，当口头制止和讲道理都不顶用时，需要将儿童带离座位，终止他的"踢座椅游戏"。他感到自己的游戏被强行中断的"难受"，才能体验到自己的行为同样令他人难受。学会感同身受，才能理解要为他人着想，从而主动选择遵守行为规范。

关键词的"点"之间一定要用明确的"线"展开阐述。不能想当然地认为自己知道的别人也一定知道，无须说出来。而且，不写出来时，我们容易想当然地认为自己的逻辑没问题，可是一展开，有时会发现其实逻辑是有问题的。因此，在大纲阶段就要列出关键词，在头脑中想好彼此关联，逻辑顺畅之后再动笔写。

逻辑的养成：如何避免论证中的逻辑谬误

一说起逻辑，一般都要讲归纳和演绎。归纳是从个别现象提炼出一般规律，而演绎是将一般规律应用到个别现象。蔡元培的《我的新生活观》，论证结构是直接提出"新生活是进步的，旧生活是落后的"，并以此概念框架解释了社会和个人的一系列问题。至于这个普遍的概念框架是怎么发现的，文章本身并不列举大量证据去阐述。后面分析的作文实例也是先界定现象，提出一个概念框架，如"惩罚是一种直接的行为反馈"，再用这个概念框架去分析具体现象。

那么，你是如何抽象出这个概念框架的呢？从哪些证据中归纳出来呢？短小篇幅的论说文一般不会去呈现归纳过程。后面讲信任要素时，我会用查理·芒格的演讲和罗斯林的《事实》作为案例，那些较长的、注重科学性和客观性的文章和书籍更为倚重归纳。

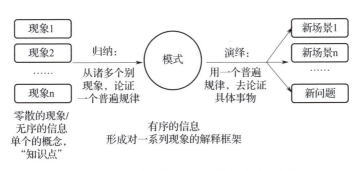

注意检查条件推出结论的合理性链条是否牢靠

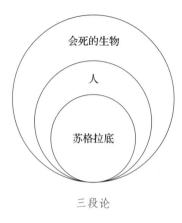

三段论

讲逻辑时，另一个绕不过去的知识点是三段论。最著名的三段论案例是：人都是有死的（大前提，最大的圈，"生物有死"的普遍规律），苏格拉底是人（小前提，"人"构成较小的范围圈层），因此苏格拉底会死（推论，具体情况）。

三段论实际上就是这样一个三圈层关系。我们需要将三段论作为圈层套尺工具内化到脑子里。列出写作大纲后，以此作为检验论点的手段。如果成立，就可以写。如果不成立，就需要调整措辞，也可能整个立论都要调整。

比如，如果蔡元培说"富有的人/剥削阶级整日不做工，吃喝嫖赌，精神日益萎靡，身体日益退化。"那么，最大的圈层是"不做工的人"，里面包含着较小圈层"富人"。用语言表述这个关系就是：只要是富有的人（较小的圈），就一定吃喝嫖赌不工作（大圈）。但最小的范畴，即个案层面，很容易可以举出反例。例如，托尔斯泰是伯爵和贵族大地主，但他每日都在学习和做工，著作等身。达尔文也是富有的贵族，尽管本来可以一辈子什么都不干，但他仍然每日学习和做工，同样著作等身。如果能被大量常见个案推翻，这个推理链条就不能成立。但是，如果将最大圈层改成"人"，中间圈层是"整日吃喝嫖赌不做工"，整句话变成"有的人整日不做工，吃喝嫖赌，精神日渐萎靡，身体日益退

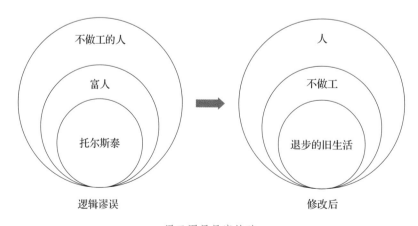

用三圈层尺度检验

化"，这就准确了。当我们说话写文章、下判断的时候，要习惯用三圈层尺度检验一下，确保没有显著的反例，才是合理的。

小树在 8 岁时写作文也能用上这个逻辑套尺。对于 FCE 作文真题"你认为做一个体育明星是否是值得追求的目标"，小树一开始写的是"不值得"。她论证的证据之一是菲尔普斯每天要训练 8~10 小时（我不知道她从哪读到的）。儿童认为体育明星每天训练时间过长，没时间陪孩子和家人，即使能当世界冠军也不值得。我幽幽地告知不谙世事的小朋友，大部分成年人每天得工作 8~10 小时甚至 12 小时以上，也许他们终日忍受的辛苦和枯燥并不比菲尔普斯少多少呢？如果"凡是使人没有时间陪家人的目标都不值得做"（最大圈），而"大部分工作有超长的工作时长"（中间圈）也是社会现实，那么就会推理出"医生这样的工作不值得做"（最小圈）的结论。小树自己认为这个结论是不对的。于是，她发现自己的整篇文章逻辑被推翻了，需要重新构思。

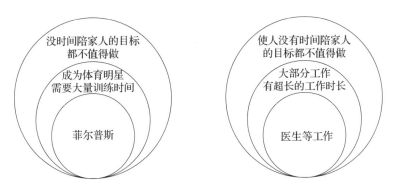

大前提不成立，导致逻辑谬误

推理链条可以用来帮你"排雷"。很多时候我们写东西写得很痛苦，原因不是没有灵感或文采，而是你隐隐感觉有地方逻辑不太对，无法自圆其说。如果能去除前提和结论中隐含的谬误，写作即使不能慷慨奔腾，至少也不会梗阻淤塞。

逻辑要素总结

（1）写作前一定要列大纲，大纲需要有三层。要抽象出概念框架或对立项，整篇文章才有逻辑主心骨。如果抽象不出特征，说明对此议题不够了解，需要收集更多知识、数据和信息。而当概念框架和论点导向谬误时，就要回归具体事实和真实经验重新思考，调整大纲。大纲调整好再动笔写，除非熟练到可以在脑子里列出完备大纲了。

（2）成品的大纲列好后，是从左到右，从抽象主旨到具体事例排列的。但人类毕竟不是计算机，不是用逻辑算法驱动的，并不总是根据逻辑的归纳与演绎、根据三段论去思考的。人脑常常是从具体到具体，偶尔从具体到抽象，也就是靠真实事例的类比，进行模糊的模式提取。拿到题目构思时，不妨先想几个相关具体事例，从中提取出异同特征来界定概念，就会产生清晰有力的论点，就像费曼通过在脑子里想象"绿毛球"——也就是举出具体事例——来理解抽象理论一样。大纲完成后，再用逻辑套尺检验一下，待大纲完备再动笔写作，这是磨刀不误砍柴工。

论证要素 2：情感

主旨问题	关键词
讲道理一定要理性客观中立吗？	情感联结、抽象概念视觉化、个案普遍性

论证四要素的第二个要素是情感（Pathos）。Pathos 这个希腊词的意思是痛苦和体验，如果具体描述其内容，会包括痛楚、激情、悲悯、可悲、情感、可怜、悲伤、感受、伤痛、同情……一系列人类情感。在亚里士多德的修辞学中，Pathos 指借助真实体验，调动情感的力量来影响和说服。

希腊人有着丰富的公共政治生活实践，知识生产的重要环节就是当众阐述自己的观点，说服并影响公众意见。亚里士多德从中观察到大量言语行为，积累了丰富的经验，他认为说服中最重要的元素是 Pathos——悲剧性的情感。悲情元素，是要激发受众的怜悯、愤慨、恐惧等强烈情感，唤醒观众的心灵，超出不动声色的孤立的小我，在激昂中团结成一体的大我。说服别人同样少不了情感元素，让读者 / 听众和你深深共情，超越你我的身体、时间与空间的物理界限，理解过去未曾理解的思想。

注重统计数据和实验证据的科学范式培养出的现代人，容易以为议论必须有硬核数据支撑，认为作者需要不动情感、理性客观中立，才是站在真理和普遍规律一边，宣示的论点才是可信的。这是莫大的误解。现代认知科学和神经科学研究发现，其实理性并非主宰思考的根本力量，理性的动力源头是一些更原始的非理性本能，如恐惧、愤怒、悲伤以及对爱和正义的渴求等。因此，如果你想说服别人，只靠冷冰冰的数据和实验是不行的。你需要借助真实体验与受众产生心灵的联结，或通过视觉画面刺激原始本能，形成注意力聚焦，之后才可能带动理性缓缓运转，然后数据和研究类硬核证据才可能起作用。

如果你曾经试过劝父母不要上当，不要买不正规的理财或量子鞋垫这类产品，但父母宁肯听销售破绽百出的甜言蜜语，也坚决不听你证据确凿的良心科普，此时，你是否感同身受心有戚戚焉？人的心智不是只会运行逻辑计算的计算机，人的大脑除了是信息加工的引擎，更是一个泡在化学递质中的生物腺体。人的思考过程往往不是逻辑思维，而是基于宽泛模糊的模式提取，即类比——对一个人成立的模式，常被视为对所有人均成立的普遍规律。在说服的时候，欲要卖苦口良药，须先拨动心弦——我们都是人，我经历过冲突与抗争、求而不得的痛苦、渴望被肯定被需要……种种痛苦和焦虑，只要吃这个药就能迅速得救。说服就是先发掘和抚慰人们原本引而不发的痛苦，再帮他们解除这痛苦。

要想有说服力，就要避免叶圣陶所说的"对写作的误解"，不能认为写作是一件极"特殊"的事，避而不谈自己的真实体验和思考，转而去别处搜寻好词好句，而是要深入挖掘个人的真实内核。越是个人的，就越是普遍的。

实例 10　孟子与柏拉图：人与人之间的平等与不平等

假如你现在需要论证如下观点："人和人的命运和地位纵然不是平等的，然而人与人的关系却是平等的。如果你想要得到尊重，就要尊重别人。"你可以停下来思考 5 分钟，想一想如何看待"平等"，有没有什么现实中的例子？

孟子是这样论证的：

孟子告齐宣王曰："君之视臣如手足，则臣视君如腹心；君之视臣如犬马，则臣视君如国人；君之视臣如土芥，则臣视君如寇仇。"——《孟子·离娄章句下》

白话版本：

孟子告诉齐宣王说："君主把臣下看作自己的手足，那臣下就会把君主看作自己的腹心；君主把臣下看作狗马，那臣下就会把君主看作一般人；君主把臣下看作泥土草芥，那臣下就会把君主看作仇敌。"[5]

你可能说，这完全没证据啊！没有数据，没有引用什么真实的历史事件和案例，看起来也没什么逻辑啊！然而，这段话的说服力完全建立"大家都是人"这个情感基础上。只要是人，就会有同样的情感，那么人同此心，我描述的这个事态，每个人发自天然的情感都能理解这个事态一定会这样发展。这个观点的合理性，建立在每个人都具有的经验和情感体验上。

情感力是中文写作的传统长项。排比和隐喻的使用，被铿锵有力的短句表达得极富感染力。在柏拉图的对话录《美涅克塞努篇》（*Menexenus*）中，虽然观点类似，但写法完全不同，大家可以对比表达效果。

苏格拉底说："每个人都不拿别人的东西，也不让别人占有自己的东西，除此而外，司法还有别的目的吗？"——"说得对，"格劳孔插话道："这是它们的惟一目的。"——"这是个正义的目的吗？"——"是的。"——"因此，我们大概也可以根据这一点达到意见一致了：正义就是有自己的东西和干自己的事情。"

苏格拉底的对话和孟子说的是一回事，都讨论了社会地位的不平等，然而人们却天然追求平等，这是司法的目标，是正义的基础。因此，虽然君王和臣下地位并不平等，但是君王怎么对待臣下，臣下就会怎么对待君王。另外，正义就是尊重个人的财产权和人身权。社会各阶层各司其职，更有权力的高位者不得随意越界和剥夺他人的财产与职责，这就是正义。这段话的意思和孟子表达的论点非常像，但孟子的写作方式是以具体形象类比来论证的，直接诉诸读者的情感。相比之下，柏拉图是用抽离的客观视角进行论证。大家可以感受一下这两种不同的方式，哪种印象更深，更有说服力。

实例11　霍布斯：利维坦政府是好是坏

这个例子的论点是：如果没有国家建立法律秩序，社会就会陷入混乱，自然状态下没有道德和正义。

这种战争是每个人对每个人的战争。因为战争不仅存在于战役或战斗行动之中，而且也存在于以战斗进行争夺的意图普遍被人相信的一段时期之中……

因此，在人人相互为敌的战争时期所产生的一切，也会在人们只能依靠自己的体力与创造能力来保障生活的时期中产生。在这种状况下，**产业是无法存在的**，因为其成果不稳定。这样一来，**举凡土地的栽培、航海、外洋进口商品的运用、舒适的建筑、移动与卸除须费巨大力量的物体的工具、地貌的知识、时间的记载、文艺、文学、社会**等等都将不存在。

最糟糕的是**人们不断处于暴力死亡的恐惧和危险中，人的生活孤独、贫困、卑污、残忍而短寿**。这种**人人相互为战的战争状态**，还会产生一种结果，那便是不可能有任何事情是不公道的。是和非以及公正与不公正的观念在这儿都不能存在。没有共同权力的地方就没有法律，而没有法律的地方就无所谓不公正。**暴力与欺诈在战争中**是两种主要的美德。[6]

作为社会性动物，人类非常善于感同身受，悲伤和恐惧等情感总是更能聚焦注意力并留下深刻印象。霍布斯的《利维坦》全书包含了一条长长的论证链条，还从认知的神经机制和光学原理出发论证了人类的认知局限性。由于个人对自身能力的认知有限，所以必须有一个稳定强大的中央集权政府，以强力建立法

霍布斯的《利维坦》

律，否则每个人都认为自己应当得到更多，国家从而陷入人与人之间无休止的战争。

这个逻辑链条的前半部分大量借鉴了当时的自然科学研究，理性客观中立，但这部分内容在后世几乎无人提及，而"人人相互为战的战争状态"这段描写却被广泛引用和传颂。因为"人们不断处于暴力死亡的恐惧和危险中，人的生活孤独、贫困、卑污、残忍而短寿"这一画面过于鲜明和悲剧性，读的时候读者很容易就身临其境，自我代入，立刻感到"强大的中央政府建立法律秩序真的

很重要"，从而接受这一观点。

当我们论述一个观点时，比如某政策是合理的或某种改变是对人有益的，直接讲这个方法如何好、能得到多少收益，往往不如从负面后果来讲：如果不遵从正确的方法，状况会如何糟糕，造成多大损失。人的认知模式被设定为对得到的东西不足为奇，对失去的痛苦反应强烈，因此反面论证通常更有力。也不怪媒体天然喜欢追逐负面新闻，因为通篇正能量和岁月静好的消息会被人类习惯性无视，而负面新闻总是更引发人们进入更高程度的警觉和关注。

但这种强烈的效果是靠什么实现的呢？靠具体的事物而非堆砌抽象概念词汇。案例中加粗部分文字都是具体的真实物体和真实过程。很多学员的提问集中在：孩子写文章时没有思路怎么办？即使是阅读量很大、本来有能力写好的孩子，在口语表达或写作时，如果他被空洞的词汇套住，思路就会停滞，陷入无话可说的境地。解决办法就是举出一个具体例子和细节描述，此时往往能产生不落俗套的新思考。

论证要素 3：信任

主旨问题	关键词
如何建立可信度？哪些素材可以作为证据，增加论点的说服力？	可信度、引用、个人经历、事实证据、真实案例、统计数据

论证的第三个要素是信任（Ethos）。亚里士多德认为，当你在试图说服别人时，展示自己是个怎样的人，能否得到对方的信任，是头等重要的事。"既然修辞术的目的在于影响判断（公民大会要作决议，审判中陪审团要下判决），那么演说者不仅必须要考虑如何使他的演说能证明论点，使人信服，还必须显示他具有某种品质，懂得怎样使判断者处于某种心境，须使听众认为他是在用可信赖的态度对待他们。"

也许你写作时也有过这样的体验：能否顺畅写出来，取决于你脑子里想象的读者是谁，对你抱着怎样的态度。假如你想的是，我这篇文章是要写给老师看，老师拿着红笔，斜睨着你的作文，"这都写的什么"，随时准备大笔一挥，给你的文章打上一个个刺眼的红叉，那么，你会忍不住担心对错，即使原本具备很好的知识和语言储备，也很难充分发挥。但如果不担心对错，转而想象你是在对着自己的小伙伴说话，你是小伙伴中读书最多、见识最广、淘气点子最多的那个，脑子里想的是他们信任你，希望听听你的意见，那么，你就更容易顺畅地产生想法，并自信地表达。

克服写作的心理障碍，需要建立表达的信任关系。写文章和说话的目的，绝非等着被老师批改找错误。表达的根本目的并非关乎对错的评判。一个人的想法，只要能做到有理有据，有所发现，就都是有价值的，值得被说出来的，值得被了解的。提升可信度，最踏实的基础就是选择翔实的支撑素材。

实例 12　芒格演讲《专业人士需要更多的跨学科技能》

下文是查理·芒格在哈佛大学法学院毕业生 50 年团聚会上的演讲节选。大家可以读一读，标出重要特征，用三级笔记来整理：

今天，为了纪念我们以前的教授，我想效仿苏格拉底，来玩一次自问自答的游戏。我将提出并简单地回答五个问题：

（1）是否广大专业人士都需要更多的跨学科技能？

（2）我们的教育是否提供了足够的跨学科知识？

（3）对于大部分软科学而言，什么样的跨学科教育才是可行的、最好的？

（4）过去 50 年来，精英学府在提供最好的跨学科教育方面取得了什么进展？

（5）哪些教育实践能够加快这个进程？

我们从第一个问题开始：是否广大专业人士都需要更多的跨学科技能？

要回答第一个问题，我们首先必须确定跨学科知识是否有助于提高专业认识。而为了找到治疗糟糕认知的良方，我们有必要弄清楚它的起因是什么。萧伯纳笔下有个人物曾经这么解释专业的缺陷："归根到底，每个职业都是蒙骗外行人的勾当。"早年的情况证明萧伯纳的诊断是千真万确的，16 世纪主要的专业人士——修道士——曾将威廉·丁道尔烧死，原因是他将《圣经》翻译成英文。

但萧伯纳低估了问题的严重性，他认为这主要是因为专业人士出于自私而故意使坏。但更重要的是，各种相互交织的潜意识心理倾向也对专业人士的行为有经常性的、可怕的影响，其中最容易引起麻烦的两种是：

（1）激励机制造成的偏见，拥有这种天生的认知偏见的专业人士会认为，对他们自己有利的，就是对客户和整个文明社会有利的；

（2）铁锤人倾向，这个名称来自那句谚语："在只有铁锤的人看来，每个问题都非常像一颗钉子。"

治疗"铁锤人倾向"的良方很简单：如果一个人拥有许多跨学科技能，那么根据定义，他就拥有了许多工具，因此能够尽可能少犯"铁锤人倾向"引起的认知错误。此外，当他拥有足够多的跨学科知识，从实用心理学中了解到，在一生中他必须与自己和其他人身上那两种我上面提到的倾向做斗争，那么他就在通往普世智慧的道路上迈出了有建设性的一步。

如果 A 是狭隘的专业教条，而 B 则是来自其他学科的超级有用的概念，那么很明显，拥有 A 加上 B 的专业人士通常比只掌握 A 的可怜虫优秀得多。这不是板上钉钉的事吗？因而，人们不去获取更多 B 的理由只有一个：他需要掌握 A，而且生活中有其他紧要事情，所以去获取更多 B 是不可行的。后面我将会证明，这种只掌握一门学科的理由，至少对大多数有天分的人来说，是站不住脚的。

我的第二个问题很容易回答，我不想为它花费太多时间。我们的教育太过局限在一个学科里面。重大问题往往牵涉到许多学科。相应地，用单一学科来解决这些问题，就像玩桥牌的时候一心只想靠将牌取胜。这是很神经的，跟疯帽匠的茶话会差不多。但在当前的专业实践中，这种行为已经非常普遍，而且更糟糕的是，多年以来，人们认为各种软科学——就是一切没有像生物学那么基础的学科——彼此之间是相互独立的。

至于最佳的专业教育模型，我们不能去没有竞争压力的教育学院之类的学校找，因为它们深受上面提到两种负面心理倾向和其他不良风气的影响，我们应该到那些对教育质量要求最严格、对教育结果的检查最严密的地方去找。这就把我们带到一个合乎逻辑的地方：大获成功并在今天已成为必修课的飞行员训练。

（没错，我的意思是，如果伟大的哈佛能够多借鉴飞行员的训练，它现在会变得更加出色。）跟其他行业相同，在飞行行业，"铁锤人倾向"的糟糕效应会带来巨大的危险。我们不希望一个飞行员遇到危险的时候就把它当作危险 X，因为他脑里只有一个危险 X 模型。由于这个原因和其他原因，我们对飞行员的训练，是依照一个严格的六要素系统进行的。这六种要素包括：

（1）要教给他足够全面的知识，让他能够熟练地掌握飞行中用得到的一切知识。

（2）把这些知识统统教给他，不仅是为了让他能够通过一两次考试，而是为了让他能够熟练地应用这些知识，甚至能够同时处理两三种相互交织的复杂的危险情况。

（3）就像任何一个优秀的代数学家，他要学会有时候采用正向思维，有时候采用逆向思维，这样他就能够明白什么时候应该把主要的注意力放在他想要的那些事情上，而什么时候放在他想要避免的那些情况上。

（4）他必须接受各门学科的训练，力求把他未来因为错误操作而造成损失的可能性降到最低；最重要的操作步骤必须得到最严格的训练，达到最高的掌握水平。

（5）他必须养成核对"检查清单"的习惯。

（6）在接受最初的训练之后，他必须常规性地保持对这些知识的掌握：经常使用飞行模拟器，以免那些应付罕见重要问题的知识因为长期不用而生疏。

这个显然正确的六要素系统对高风险的专业教育提出了严格的要求，人类头脑的结构决定了我们需要这样的系统。因此，培养人们具备解决重大问题能力的教育也必须具备这些要素，而且必须大大增加这六个要素所涵盖的内容。不然的话，还能怎么样呢？

因而下面的道理是不证自明的：在试图把优秀学生培养成优秀人才的精英教育中，如果想要得到最佳的结果，我们必须让学生学习大量的跨学科知识，持久地掌握能够应用自如的所有必要技能，拥有根据实际情况综合熟练使用各种知识的能力，以及证明代数问题用到的那些正向思考和逆向思考的技巧，再加上核对

"检查清单"的终身习惯。若要获取全面的普世智慧，没有别的办法，更没有捷径。这个任务涵盖的知识面特别广，乍看之下令人望而生畏，似乎是不可能完成的。但仔细想想，其实它没有那么难，前提是我们考虑到了下面三个因素：……

三级笔记

笔记的第一级是芒格打算解决的问题："糟糕的认知是什么导致的"——受过很好教育的专业人士，为什么在工作中很难将知识运用于解决实际问题。芒格对高等教育提出了五个问题。第二级是展开阐述，芒格用铁锤人、飞行员培训、各学科大思想、六要素系统、案例教学等概念回答第一级的五个问题；第三级是大量支撑素材。

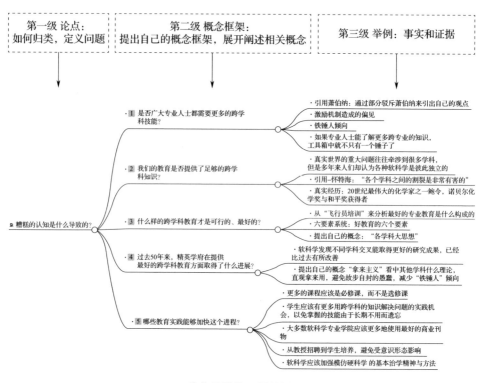

艺格演讲的三级笔记

第一级　提出疑问

对高等教育的专业人才培养，尤其是软科学（文科）的人才培养提出疑问。

第二级　搭建概念框架、展开阐述相关概念

问题 1. 是否广大专业人士都需要更多的跨学科技能？

教育的终极目的，到底是在分数竞争游戏中胜出，还是培养能在真实世界中解决问题的人？如果你培养的人离开学校进入广阔天空之后，无法在"驾驶飞机"时灵活判断复杂情况确保不出事故，无法解决实际问题，那么再多的所谓专业理论和"刷题"都是枉费心力。

芒格界定了"学科教育"的目的：学科知识的学习并非追求考试分数，而是能解决现实问题的综合判断力。因此，单一学科有限的理论框架显然无法真正理解现实问题。这就是议论文首先要做的事，需要给出自己的定义，建立概念框架。

问题 2. 我们的教育是否提供了足够的跨学科知识？

以研究化学并且能很好地跨学科研究的硬科学家鲍令为例，指出软学科其实没做到跨学科。鲍令在硬科学领域的成就和跨学科应用，显示了跨学科知识的重要性。而软学科通常没能做到这一点。

问题 3. 对于大部分软科学而言，什么样的跨学科教育才是可行的、最好的？

这个问题非常抽象，老虎吃天无处下爪。空对空的议论让读者厌烦，谁会喜欢听人议论知识体系？全场都会睡着的！法学、经济学、心理学……各学科的研究方法和标准都有很大的差异。如何在演讲场景下，用一篇论说文去概括所有软学科的本质共性呢？芒格继续使用飞行员培训这个类比，这样不论听众什么学科背景，都能产生脑内画面，形成非常具象的理解。原来，不论什么学科，都可以培养学生这六种基本素养：①全面系统的知识，包括多学科知识；②复杂多样的具体场景的应用能力，而不仅仅是书面考试；③逆向思维，你到底要避免什么，解决什么问题；④接受各学科训练，未来才能在现实中规避各方面的问题，不论是不是飞行指南上包括的问题；⑤养成"检查清单"的习惯；⑥经常练习和提取，就像飞行员必须不断在飞行模拟器中主动提取之前的知识，确保不忘记。

问题 4. 过去 50 年来，精英学府在提供最好的跨学科教育方面取得了什么进展？

芒格列举了精英学府在软科学融合其他学科方面取得的一些令人瞩目的成果，总结为"拿来主义"。这些例子说明跨学科在软科学领域不仅完全必要，而且可行。很多大家熟知的人文社科成果就是跨学科融合的产物。

问题 5. 哪些教育实践能够加快这个进程？

芒格提出了五个具体的落地实操建议，构成了解决问题的框架：

"飞行员培训"——以具体场景应用，培养综合判断能力和问题解决力，从而论证了打通各学科是非常有必要的；

"拿来主义"——学科内自我封闭不如借鉴别的学科的成果，更有可能提出新的理论解决问题；

"学科大思想"——不是要抠各学科细节，而是掌握其他学科的基本理论框架，包括基本原理及其原始出处；

"铁锤人"——破除铁锤人倾向，这个名称来自一句谚语："在手里只有铁锤的人看来，每个问题都像一颗钉子"；

"找到基本原理，并按照原理去解决问题"——知识不是用来标榜文化水平的装饰品，而是真正运用这些原理来解决现实问题。

第三级　证据与事实素材

芒格是金融家，让他来针对教育主题发表演讲算不算"妄议"高等教育？毕竟隔行如隔山，一个人取得了巨大的财富就可以对任何领域发表批评意见吗？在座的各学科教授能否服气呢？他要如何建立自己的可信度呢？答案就是广泛的事实和证据。论证的事实部分，取样十分广泛，因而代表性很强，很难轻易驳倒。芒格使用的证据和事实素材主要有 4 类：

（1）引用权威的话：萧伯纳、怀特海、约翰逊博士……

（2）他人真实经历：化学家鲍令、物理学家费曼的例子；自己法学院的校友的例子，借用心理学、经济学等跨学科知识写出畅销 300 万册的谈判手册；法学院借助博弈论制定出更好的反垄断法；经济学借助心理学发展出行为经济学；经济学借助自然科学提出"公地危机"理论……

（3）**课堂案例**：法学院教授在课堂上提出现实社会的案例，学生无法照搬课本的理论来解决，必须综合考虑经济学、心理学、社会学等各科知识；提出法学毕业生必须有扎实的会计和心理学知识体系……

（4）**个人真实经历**：虽然学校教育有所欠缺，但通过实践自己提出的学习要素，芒格获得了巨大的世俗成功，并成为幸福的人。

金融家芒格如何知道那么多物理、化学、生物学家的一生发生了什么，科学家兼哲学家怀特海说过什么，约翰逊博士说过什么？"英伦鲁迅"萧伯纳一生金句无数，怎么那一个金句用在这里如此合适，还偏偏被芒格发现了？更厉害的是，他怎么知道生物学 150 年前还只是很低级的分类学，费曼如何用橡胶圈解释奋进号爆炸，法学院用博弈论制定出更好的反垄断法这些具体例证的？写文章的时候，就算你问 ChatGPT，也问不出跨度如此广泛、如此有代表性的生动鲜活的素材。那么，芒格从哪里搜集来这么多事例、案例和知识？答案是长期的阅读积累。芒格对阅读的热爱和推崇举世皆知，他甚至被家人说成是"长了两条腿的书橱"。蔡元培的那篇《新生活》也功力极为深厚，他一定熟悉政治经济学原理和启蒙思想，才能提炼出如此一发而动全身的概念框架。如果学写作只学写作技巧、好词好句，脱离对阅读的战略性重视和长期投入，注定无法完成这种广泛的世界知识积累、精准简练的归纳和演绎思考训练。任何一个合格的作者，首先得是一个贪婪的读者。

论证中的证据

从本节给出的多篇实例可知，并非所有题材、所有文章都一定要囊括所有的例证类型，而是各有侧重。不同的主题，不同的论说文，倚重的证据类型有所差异。下面给出一些论题，请思考如何论证这些论题。可以做多选题，就某个论题而言，哪些类型的证据能给你的论证提供更高的可信度？每个话题所需的证据类型是一样的吗？

不要直接看"支持论据"一列提供的文章。先根据第一列的论证主题列三级写作大纲，在大纲第三级拿出例子和证据支持自己的论点。想想自己是否知道一些权威论断、事实性证据，或真实案例，包括自己的亲身经历和他人的经历。

论证主题	证据类型	支持论据
世界经济的重心和统治权，在未来 20 年，仍将会 / 不会是西方；消费升级更重要，还是下沉市场更重要？	A. 名人名言； B. 他人案例； C. 个人故事； D. 数据；E. 实验	《事实》，第五章"世界人口密码"，P163—P164；《事实》，第六章"以偏概全的本能"，P175—P179
发展中国家的碳排放应该 / 不应该为现在的全球变暖负主要责任？	A. 名人名言； B. 他人案例； C. 个人故事； D. 数据；E. 实验	《事实》，第九章"外国人"，P260
生活越来越艰难，这个世界正在变得更坏？	A. 名人名言； B. 他人案例； C. 个人故事； D. 数据；E. 实验	《事实》，第二章"统计学是一剂良方"，P62—P71
数学好是 / 不是天生的？	A. 名人名言； B. 他人案例； C. 个人故事； D. 数据；E. 实验	《脑与数学》P174"天才和奇才"；P175 拉马努扬的故事；P176 迈克尔的故事；P180"数学家内心的数学景观"前三自然段；P187 现代脑成像从来没有把诸如语言或计算等复杂能力精确定位到单一的、具有唯一功能的脑区；P189 一个人在某一个领域付出的时间和努力，决定了该领域在皮层中所占的范围；P195 激情培育人才；P197 这些学习实验所做的，与优秀的计算者凭借自身直觉所做的完全一致；P207 高级数据从根本上有悖于大众对数学的描述……
应该做自己热爱的事情，不论遇到什么逆境，都不要放弃追求	A. 名人名言； B. 他人案例； C. 个人故事； D. 数据；E. 实验	乔布斯演讲
跨学科教育很重要	A. 名人名言； B. 他人案例； C. 个人故事； D. 数据；E. 实验	《事实》的一段同主题论述

最主要的证据可以分为三大类：引用、案例及数据、实验等硬核证据。

先谈引用，通常是引用专家或知名作品中的论断。通过引用，作者表明自己的观点与权威人物一致，从而获得读者的信任。在本文中，引用被用于界定问题，显示出其他行业专家也提出过相似问题。

真实案例包括他人案例或作者自己的经历。他人案例所证实的不是规律的普遍性，而是个案的真实性。而自己的真实经历更容易引起情感共鸣，例如，我跟你们一样迷茫过，失败过，努力探索过，因此我是和你们有着一样的心路历程，我的经验是可以借鉴的。乔布斯在斯坦福大学毕业典礼上的演讲就是如此，讲的是自己人生中的三个小故事，但是能引起听众普遍的情感共鸣。

而硬核证据通常是具体的数据和实验。硬核证据向读者宣示：我是不会胡说的，我掌握着精确翔实的信息，这些数据是你可以去查验的。鲁迅和莎士比亚的名言可能是编的，但数据和实验无法编造，即使编造也经不起查验。这方面的典型就是罗斯林的《事实》一书，全书用海量硬核证据论证了一系列主题，非常值得学习借鉴。

从上述例子中可见，扎实可信的论证一定基于大量来自现实世界的知识。这些知识形成一个由多学科理论框架构成的结构，使人能够产生观点。也就是说，如果一个人积累起大量有序的世界知识，包括来自书本和实践的思考，他才能更善于发现问题，提炼概念框架，且有理有据地论证。

实例 13　作文：用旧，还是买新

作文有事实素材和空对空议论，两者说服力的效果差异很大，下面看一个实例。

题目：你是否认为应该购买结实耐久的产品？

学生列出了英文大纲，我翻译为中文后如下：

这个大纲的问题是没有第三级实例。由于没有实例，议论容易流于空泛和含混。小树写的作文原文如下。

- I don't think that it's good to have products that lasts a long time. That's

because of the following reasons：（我不认为买能使用很长时间的产品是好
的。因为以下的原因：）

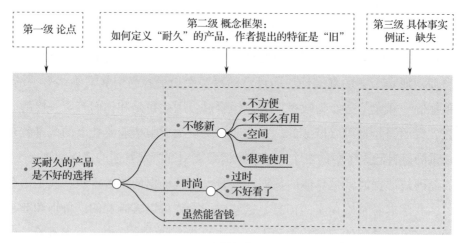

大纲初稿

- It is true that having old products can save your money by fulfilling your need for buying new products, old products might not be so useful because we tend to use the more recent products that have more technologies. （确实，拥有旧的产品能节约金钱，因为你不用买新产品就能满足需要。但旧产品可能没有很大用处，因为我们总是更喜欢用更新的，科技更先进的产品。）［此处写的 "might not be so useful"，什么是 "有用"，具体指什么呢？由于没有界定清楚，就很容易提出反例，比如一张制作精良的桌子、一架钢琴，为什么不能用 50 年？耐久的桌子为什么会没用呢？］

- Even if we use old products, they might be hard to use because they are used for so many years. Therefore, old products might be very space-taking and out of use. （即使我们使用旧的产品，它们可能也很难用，因为已经使用了很多年。因此旧的产品可能非常占地方，还用不上了。）［仍然是一开始没有清楚界定 "有用""无用" 具体是指什么，议论继续陷入空洞，思考陷入了循环论证：因为不好用，所以用不上了。而且上一句讲的是科技进步淘汰了产品，这一句讲的是产品本身多年使用后的损耗，这应该明确归类为两种不同的产品类型，并列出不同类的证据。]

- Old products are also not fashionable. They may not be beautiful enough in the eyes of people at the present in comparison to recent products. （旧的产品也不那么时尚了。相比更新的产品，旧东西可能在当下的人眼里不再好看。）

[这里看到已经分出了三个类别的产品：时尚类别的产品和科技产品，以及损耗品，这是三个类别。作者已经有了分类意识，而且想得很全面。但没有明确界定出这三个类别，也没有例子，于是陷入无话可说的境地。]

- Consequently, I don't think it's good to have products that last a long time because they are not useful and out of fashion. （因此，我不认为买耐久的产品是好的，因为它们不再有用，也不再时尚了。）

总结下这篇作文的问题，一方面，由于构思时缺乏具体实例，导致特征提取不清晰。另一方面，没有清晰的概念框架，导致结论过于绝对，很容易举出反例推翻。表达时不宜过于绝对，说"我认为买耐久的产品是不好的"是过于武断了。更严谨的方式是说"并非所有的产品都要买耐久的"，或者"耐久的产品并非总是像人们想的那样有用和经典"。

这篇文章要修改，首要的改进措施是补充具体实例。修改后的大纲如下：

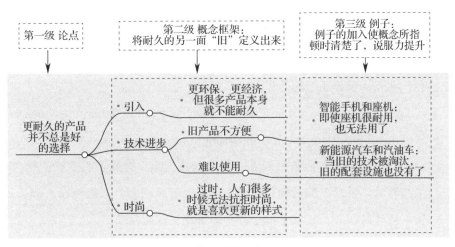

修改后的大纲

先把论点改成不过于绝对的话，"更耐久的产品并非总是好的选择"；再通过驳斥相反的、通行的观点来确立自己的观点，并且更加明确分类，给出具体实例，技术进步会使即使耐用的产品也遭到淘汰，比如座机和非智能移动电话，如诺基亚功能机被智能手机淘汰，因为旧的电话造得再结实耐久，也无法完成购物支付和预订、浏览网页等功能；还有时尚，人们不断地买衣服并非是因为旧的衣服破旧得不能穿了，而是因为时尚使人们不断地喜欢新产品，即使旧衣服再耐久也会不断购买新衣服。例子给出后，论点说服力就大大增加了。

修改后的文章是这样：

- Some people think buying long-lasting products are good for both the environment and for saving money. But I think that most products aren't built for long-term usage. （有些人认为购买耐用的商品对环境更为友好，也能经济节约。但我认为大部分产品本就不是为长期使用而造的。）〔此处可以点出：尤其是科技和时尚产品。〕

- Old products might not be so useful because technology is always changing. Take smartphones for example, nowadays you never see anyone with an old-style phone in their homes, because these phones can't pay, can't help you sign up on exhibitions, etc. （老的产品可能不再有用，因为科技在不断革新。比如智能手机，现在你几乎看不到人们家里使用座机了。老式电话无法支付，也无法帮你预约展览等。）

- Old products are also not fashionable. They may not be beautiful enough in the eyes of people at present in comparison to recent products. （旧的产品也不再时尚。人们以现在的眼光来看，相比新的产品，老的产品不够美观。）〔8岁儿童对"时尚"和购物行为实在是缺乏具体认知，只能浮在表面了。其实不写时尚也行，可孩子很坚持要加这点，就随她吧。〕

- Consequently, I don't think it's always good to have products that last a long time because some products are bound to be replaced by recent products and most will be out of fashion. (因此，我并不认为购买耐用的产品就一定是好的，因为很多产品注定会被更新的产品取代，大部分产品会不再时尚。)

总结

议论文写作，尤其是考场作文，是对"认识—提出假说—论证假说"这一大循环进行的简化考察。或者说，它是一个取样，检验你平时积累的知识面，以及看你是否有很好的思维能力，能够迅速、有理有据地从现象中提炼规律，并阐述论证过程。

你无法在考场上现场查阅资料，因此，要看你平时积累起多少"武器弹药"，是否能将平时的积累和思考的问题有效关联。这不仅仅是知识积累的问题，更是思维能力和有序思考的问题。

例如，即使孩子日常见过老式座机，也玩过智能手机，知道智能手机可以支付和预约，但如果他没有思考过商品购买背后的意义和逻辑，知识的有序程度不够，就很可能无法将世界知识和眼前的作文题目联系起来，将其用作论述的证据，产生有力的论点。

作文的命题就好像一根引信。如果平时储备好大量且排布有序的世界知识弹药库，那么看到不同的命题，不论引信插在哪里，都能大范围引爆，关联起众多证据。反之，如果你的弹药库储备内容极少，或者知识面过于狭窄或从不思考现象背后的道理，如只看娱乐性的故事，那么不论引信插在哪里，都很难有太多东西可关联，写起来自然会感到困难。

只要你有一些系统性知识储备，哪怕只是在少数几个领域，其实就可以应对许多不同主题的作文。比如，如果你对运动和生物学有兴趣，并积累起一些运动相关的生物和生理知识，那么你可以将运动有利于身心健康、运动有利于培养品质的素材，包括名人故事和事实数据等，广泛用于大量不同的命题作文中。

假设你知道运动可以产生多巴胺抗抑郁，提升记忆力和注意力，改善心血管健康等，你就能运用在许多作文里。例如，"你如何更好地度过闲暇时光""你认为更值得追求的人生目标是什么""你认为打电脑游戏是否是好的休息方式？""你是否认为青少年应该掌握一两门运动"……这些看似不同的作文题，都可以用你的运动和生物生理相关知识储备来应对。

问题在于，如果平时对任何领域都没有过较深入有序的了解，没有积累起任何一方面的知识"弹药"，写作就会变得困难。因此，阅读的目标不仅是摘抄好词好句，而是提供知识与有序思考的范例，学习他人如何观察思考，从而自己也能观察和思考自己的日常生活经验，有意识地使其形成知识体系和思考框架。

要想提升写作，需要积累自己的素材库。或者换句话说，如何"让书生肚子里有东西"？

首先，读书不要只读虚构读物，要注重营养搭配，非虚构和虚构都要读。要读高质量、有信息量的读物，而不能只读幻想的、玄想的、娱乐的读物。需要读关于这个世界如何运转、事物原理、社会运行机制的读物。理解各种领域的事实和规律，才可以积累起思想的武器库。

其次，读书不要只关注结论，要注意搜集书中的数据、实验、案例、个人经历与事实证据，理解书中的论证过程。在微信读书 APP 里，我看到许多人特别爱在论断（即"金句"）下面画线。希望读书短平快见效，记住一个结论就有"获得感"，并不能真正提升思维能力。读者评论中有大量就结论进行简单的"你说的不对"式驳斥，但又从不提出反驳的根据。

读书的目的不是一年读几十本，靠数量证明自己比别人更厉害；批判性思维也不是通过抬杠来找存在感，而是从他人的思考中有所收获，看作者组织起什么数据、事例和研究，又如何串联这些事实，得出结论。得出结论前的大量支撑信息，才是真正值得重视的阅读收益，比结论值得放进个人笔记素材库。明辨式思维也不是简单用"你说的不对"来否定对方的结论，而是基于事实去发现新的问题。

读书时和作者抬杠是容易的，但是，运用明辨式思维，做到有理有据的辨别，形成自己的认识，总要多做一步，才能避免竹篮打水一场空。

我自己喜欢用 N 次贴逐页、逐章做思维导图。全书读完后，再将这些 N 次贴整理成一个大的电子思维导图，也就是第 7 章中讲过的三级笔记。三级笔记可以将作者的整体概念架构、给出的证据、事实、案例清晰保存。这样，打开笔记，论点是什么，用了哪些证据、数据和事例作为支撑，一目了然，可以随时主动调取，通过自主提取和整理就能完成记忆。

也可以使用 Obsidian 或 Logseq 等笔记软件来进行素材搜集。通过搜集和建立笔记，你就能积累起自己的个人知识库，也就是芒格说的不同学科领域的"大思想"（big ideas）。通过这种方法，未来写文章或工作中要解决问题时，不论从哪里点燃引信，都能关联形成自己的思想武器库，并形成有效判断。

论证要素 4：时机

主旨问题	关键词
人们更愿意关注和相信什么？	迫切性、相关性、受众关注度、沟通目的、共同注意切入点、时机力营造三步走

论证的第四个要素是时机（Kairos）。在古典修辞学中，Kairos 被定义为"独特的时机，自发且极为特别的情景"。作者与受众共同构成沟通的具体场景。作者不能自说自话，需要判断受众所关切的问题和困惑。感知并调动对方的关切，才能指出迫切要开辟的方向和应采取的行动，从而使论点产生影响力。

刚刚改革开放时，中国经济条件没像现在这样好，但整个社会欣欣向荣，谋发展的冲劲儿很足，追平差距、自我反思的愿望很强烈。当时中国台湾作家柏杨写了一本《丑陋的中国人》，总结了大量中国文化的"劣根性"，冠之以"大酱缸"等生动的"刻板印象"，很符合李普曼的传播原理。于是这本书成了现象级的超级畅销书，在每家书店都摆在显眼位置，这本书光正版销量就达到 500 万册。当时流行的还有一位姓林的作者，他写了一系列美国观察的作品，由三联书店出版，将美国的民主和社会描绘得完美而令人仰望。当时这类作品很多，很受读者欢迎。

但 40 年后，中国的社会经济条件和时代精神有了很大变化。中国在这几十年中不断产业升级，和西方在产业链分工上不再是过去的高低端互补关系，而是构成了直接竞争，西方产品在中国市场上也面临着本土产品的强劲竞争。这些因素导致了国际舆论环境中不断升级的中国威胁论和"文明冲突论"等认知作战压力。中国人想给自己争取更大的生存空间，更加迫切的问题变成了如何找到并立足于自己的文化特色，扬长避短，发扬光大。此外，今天的年轻一代，"90后"和"00后"，没有亲身体验过穷困落后的过去，他们是在经济发展后的中国成长起来的，不理解为什么要自我反思、自我革命，为什么要仰望西方。在这种新的时代精神下，如果写作者还言必称西方，就违背了天时、地利、人和。

因此，2021年，中国台湾当局想把《丑陋的中国人》选入学生课本，被柏杨家人拒绝。柏杨的遗孀认为当局是想利用柏杨的作品。"大酱缸"在当时是真诚的反思，是"恨铁不成钢"，而在今天的新状况下，会被某些人用来搞"去中国化"。她引用了柏杨本人的话："当中国文明进步了，那就可以不要看这本书了，甚至要废除这本书的发行。"她认为当下中国文明比30年前已经进步了，这本书现在应该停止发行。

她说，《丑陋的中国人》如今应"功成身退"。在与出版社的合约于2024年到期后，"甚至希望两岸出版社自即日起便不再出版此书"。这个例子反映了沟通和表达中很重要的时机要素：需要考虑读者受众的视角和时代背景。

过去使你成功的东西，时机变换后可能让你失败。如果想要说服听众，就必须考虑时机中的诸多因素，否则就无法对观众产生影响力。著名学者劳埃德·比策（Lloyd Bitzer）认为，时机包括迫切性（exigence）、受众（audience）和制约（constraints）。在柏杨的例子中，受众的作用非常大，对作品的说服力形成很大的制约。制约是那些对演讲者的说服力形成挑战的外部因素，比如柏杨的例子里时代变迁改变了受众的观念或动机。除此之外，时机要素还包含迫切性。迫切性指的是必须要立刻做某些事，而且必须要按照情势要求采取某种行动。因此在写作中，我们常常会在提出自己的论点之前，先点出当前存在的问题，让受众感受到迫切性。比如，在前文的演讲案例中，芒格首先提出高等教育在培养专业人士方面存在严重问题。"飞行员培训"的概念就营造出如果飞行员不合格，飞机就会坠毁的迫切性。本书的写作架构也融入了一个个典型提问，都是小能熊社群中学员们提出频率最高的问题。欲要说服，先要了解受众的需要和痛点，才能说出有针对性的话。

因此，要想借势于时机的力量，就需要充分理解受众的痛点、心理、社会流行观念与时代精神，从而安排逻辑、情感和增强可信度切入角度。在《修辞学》中，亚里士多德将时机视为必须具体考虑每个议论的具体情况。亚里士多德认为，每次议论和雄辩都是不同的，因此需要在特定的时机使用特定的修辞方式。亚里士多德以时机将逻辑、情感和信任这三个要素结合在一起，提出在特定场景下需要适用不同方法。大家可以从前面分析过的情感、逻辑和信任的诸多案例中看到，面对不同受众群体，在不同的场合，作者借助的证据和逻辑铺陈方式有所不同。如果是面对更加广泛的大众读者群，比如蔡元培的《新生活与旧生活》和老舍的《粉笔与钢笔》，写作篇幅就尽可能短小，使用大量直观的隐喻、直接的亲身体验、生活经验和情感表达。而芒格面对受过高等教育的、专业精英群体的《专业人士需要跨学科教育》、李普曼的《舆论》和迪昂的《脑与数学》，这些长文或书籍的逻辑论证的复杂程度、所举案例的复杂度和专业度都明显上了一个台阶，包含的论点更多，论证也更长，更借助逻辑而非情感。介于其间的是罗斯林的《事实》和斯托加茨的《微积分的力量》。虽然这两本书讨论的是非常专业的主题领域，但写作目的是将艰深的知识普及给大众，因此逻辑链条切的比较碎，避免使读者的工作记忆和注意力负担过重，往往提出一个论点，就加上大量生活化的案例，也安排了模拟回答用户问题的内容。针对不同读者受众，在不同场合，去实现不同的沟通目的，文章在内容长短和复杂度上都会有不同的营造方式。

下面通过两个例子，我们来思考一下写作时营造时机的具体方法。也就是说，如何激发读者的注意力，并将读者自然导向你的发现。在与人交流时，不是自说自话，只讲自己认为重要的事情，而要考虑别人为什么应当关注你认为重要的东西，从营造共同注意的切入点开始，先与读者的注意力拉起手。

实例 14　科普书《微积分的力量》

这个案例来自畅销科普书籍《微积分的力量》。我从原文中选取了三段并加上序号，展示作者营造时机的主要方式：

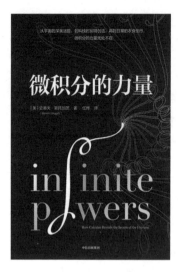

①人类在不经意间发现了这种奇怪的语言（先是在几何学的隐秘角落里，后来是在宇宙密码中），然后学会熟练地运用它，并破译了它的习语和微妙之处，最终利用它的预测能力去重构世界。这是本书的中心论点。

如果这个论点是正确的，那么它意味着关于生命、宇宙和万物的终极问题的答案并不是42，为此我要向道格拉斯·亚当斯和《银河系漫游指南》的粉丝致歉。但"深思"（《银河系漫游指南》中的一台超级计算机）的解题思路是正确的，因为宇宙的奥秘确实是一系列数学问题。

②没有微积分，我们就不会拥有手机、计算机和微波炉，也不会拥有收音机、电视、为孕妇做的超声检查，以及为迷路的旅行者导航的GPS（全球定位系统）。我们更无法分裂原子、破解人类基因组或者将宇航员送上月球，甚至有可能无缘于《独立宣言》。

③宇宙是高度数学化的，但原因尚无人知晓。这或许是包含我们在内的宇宙的唯一可行的存在方式，因为非数学化的宇宙无法庇护能够提出这个问题的智慧生命。无论如何，一个神秘且不可思议的事实是，我们的宇宙遵循的自然律最终总能用微积分的语言和微分方程的形式表达出来。这类方程能描述某个事物在这一刻和在下一刻之间的差异，或者某个事物在这一点和在与该点无限接近的下一个点之间的差异。尽管细节会随着我们探讨的具体内容而有所不同，但自然律的结构总是相同的。这个令人惊叹的说法也可以表述为，似乎存在着某种类似宇宙密码的东西，即一个能让万物时时处处不断变化的操作系统。微积分利用了这种规则，并将其表述出来。

艾萨克·牛顿是最早瞥见这一宇宙奥秘的人。他发现行星的轨道、潮汐的韵律和炮弹的弹道都可以用一组微分方程来描述、解释和预测。如今，我们把这些方程称为牛顿运动定律和万有引力定律。自牛顿以来，每当有新的宇宙奥秘被揭开，我们就会发现同样的模式一直有效。从古老的土、空气、火和水元素到新近的电子、夸克、黑洞和超弦，宇宙中所有无生命的东西都遵从微分方程的规则。我敢打赌，这就是费曼说"微积分是上帝的语言"时想要表达的意思。如果有什么东西称得上宇宙的奥秘，那么非微积分莫属。

"微积分"这个概念，对大部分人来说，就好像纷纷扰扰的烟火气的日常琐碎生活之上遥远天边的一颗星辰，神秘而美丽，但跟自己完全无关。因此，一开始作者没有直接介绍微积分在数学上的学术定义和发展史，而是先营造迫切性，告诉人们"没有微积分，我们就不会拥有手机、计算机和微波炉，也不会拥有收音机、电视、为孕妇做的超声检查，以及为迷路的旅行者导航的 GPS（全球定位系统）。我们更无法分裂原子、破解人类基因组或者将宇航员送上月球，甚至有可能无缘于《独立宣言》。"这段开场会令大家眼前一亮，人们压根没想到微积分竟然跟自己的生活有这么大的关系。当你要介绍你的发现时，首先要回答读者的这个问题："这个东西跟我有什么关系？我为什么需要知道这个？"这就是制造时机的**第一步：引发受众的共同注意，注意力拉手**。

第二步：将与自己拉起了手的受众们猛地一拽，颠覆了人们过去坚信不疑的安稳世界观，摧毁读者脚下习以为常的、从未质疑过的稳固大地。作者从微波炉和手机的日常话题转移话锋，宣布宇宙本质上是一个数学化的存在，而且没人知道为什么。也就是案例中的第③部分的内容。

"啊，不可能吧！"读者可能心里想，"我还以为宇宙的本质是一坨物质呢，宇宙的本质居然是数学！数学不是一大堆人造符号吗？这太奇怪了吧！"这就颠覆了读者脚下的安稳大地。

接下来是**第三步：将读者拉到作者营造的新天地**。作者接下来讲了一个和正在读本书的你一样的数学外行的故事，进一步对齐和读者的视野。历史小说家赫尔曼·沃克是一个学识渊博但不懂微积分的人，他想写一部关于二战的长篇小说，做调研时采访了参加过原子弹研发的物理学家，其中包括理查德·费曼。费曼告诉他，"你最好学学微积分，它是上帝的语言。"之后，沃克想了很多办法自学微积分，包括自学教材、到高中去听课，但都失败了。这个故事很容易使读者自我代入。数学，尤其是微积分，令普通人不得其门而入，这是一种真实的体验。而作者说，我写的这本书就很适合沃克先生读。通过这三步，作者就完成了时机营造。

总结一下时机营造的步骤，分三步走：

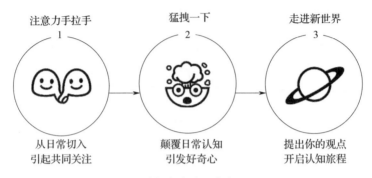

第一步，注意力手拉手
1
从日常切入
引起共同关注

猛拽一下
2
颠覆日常认知
引发好奇心

走进新世界
3
提出你的观点
开启认知旅程

时机力营造三步走

第一步，从手机、计算机、微波炉等日常事物出发，让大家看到微积分与日常生活的关系："我还以为微积分跟我毫无关系，怎么居然生活中这么多东西都是靠微积分才有的？！"读者伸出了手，和你手拉手了。

第二步，用颠覆性发现将读者的手猛拽一下，把他们从安稳世界中拉出来：宇宙的本质是数学？怎么会这样？读者感到自己过去脚下坚实安稳的大地崩塌了。

第三步，把读者拉到自己构建的新世界里：学习微积分固然非常难，但是你进入我呈现给你的内容里，你就能了解微积分这一宇宙奥秘了。

在互联网时代"娱乐至死"的环境中给普通人介绍微积分，这并非不可能的事，只要作者能弥合与读者的视野差距。论证中的时机要素是可以营造出来的，作者并不是只能被动迎合大众情绪。

人的认知机制是共通的，因此在完全不同的作品中能看到类似的开场程序。下面我们看第二个案例，电视剧《隐秘的角落》的原著小说《坏小孩》。

实例15　小说《坏小孩》

这个故事吸引了千万人的注意力，也遵循"时机力营造三步走"的模式：第一步，注意力手拉手；第二步，用一个惊人的发现将对方猛拽一下，让读者脱离他们脚下稳固的日常轨道；第三步，把读者拉到你构建的新世界里。

结婚第四年，徐静有了外遇，并向张东升提出离婚。　←1　第一步 注意力手拉手

作为上门女婿入赘的张东升，婚前有过财产公证，一旦离婚，几乎是净身出户。左思右想之后，他决定做几件事改变这个结局。策划了近一年后，他假意带岳父母旅游，在市郊的三名山上，突然将两人推下山崖摔死。这本是他精心设计的完美犯罪开场，谁知，这一幕却被三个在远处玩耍的小孩无意中用相机的摄像功能拍了下来。　←2　第二步 猛拽一下：颠覆日常认知，引发好奇心

更让他没想到的是，这三个小孩，一点都不善良。　←3　第三步 走进新世界

《坏小孩》的时机营造

"结婚第四年，徐静有了外遇，并向张东升提出离婚。"婚姻、情感、出轨，这是人人会被吸引看的"八卦"，于是注意力成功手拉手，第一步完成。

"作为上门女婿入赘的张东升，婚前有过财产公证，一旦离婚，几乎是净身出户。左思右想之后，他决定做几件事改变这个结局。筹划了近一年后，他假意带岳父母旅游，在市郊的三名山上，突然将两人推下山崖摔死。这本是他精心设计的完美犯罪开场，谁知，这一幕却被三个在远处玩耍的小孩无意中用相机的摄像功能拍了下来。"一个又一个炸弹，读者完全从自己的现世安稳中摔了出来，第二步完成。

更让他没想到的是，这三个小孩一点都不像读者以为的单纯幼稚。读者被作者拉进他想给你呈现的新天地，在那个世界里，孩子不是纯真的，第三步完成。

这本畅销小说和科普作品《微积分的力量》类型完全不同，但同样通过三步走来营造开场。如此迥异的作品，怎么会具有这样高度一致的模式？因为人有着共通的注意力机制。因此，不仅小说和科普作品，你的写作也可以这样做。下面讲一个儿童的假期项目制学习演示开场白。

实例 16　小学生假期项目：《折纸的魔法》

这是学校布置的寒假作业，以折纸为主题进行项目式学习，自己做主题研究，然后开学后提交书面报告并进行口头分享。孩子的选题是《折纸的魔法》。

下面是她写的开场：

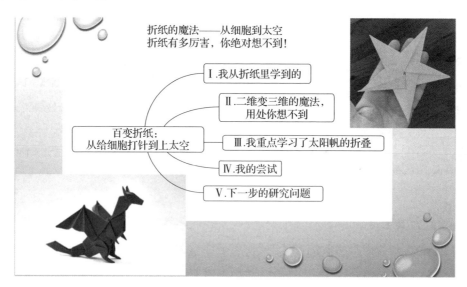

假期作业

我最喜欢折纸了，一张纸可以变成小船，可以变成蹦跳的青蛙，还能变成飞鸟。你们喜欢折纸吗？

这是第一步，用日常熟悉的事物跟受众注意力手拉手，引发共同关注。

大千世界，好像一切都可以用一张纸折出来。可是，有趣的是，折纸只有很少的几个基本动作，就可以折出大千世界中的几乎一切动物、植物、交通工具等。不但能折出会飞的飞机、胖乎乎的小兔，还能将DNA片段注入细胞核，还能变成太阳帆，帮助卫星在太空翱翔呢！

这是第二步，颠覆受众的日常认知，产生好奇心。

你想知道是怎么做的吗？想一起来做一做吗？这就是我今天要分享的内容——折纸的魔法。

这是第三步，带受众和你走进同一个新世界，准备好接受你提出的新发现。

实例 17　作文：玩电脑游戏是浪费时间吗

开场营造时机，就像制作一个漏斗，将广大读者的思考和注意力，从庞杂、混沌的状态，一步步导入到你的思考框架中。

这篇作文实例的题目是：你是否认为玩电脑游戏完全是浪费时间？

小孩写作文时，开头容易陷入套路，总是照抄原题，然后加上"理由如下"。例如，对于这篇作文，开头就是：

- I agree that playing computer games is a complete waste of time. That's because of the following reasons（我赞同玩电脑游戏完全是浪费时间的观点。理由如下）：

换一个作文命题，开头还是照抄原题 + 机械化开头：

- I don't think that it's good to have products that last a long time. That's because of the following reasons（我不赞同买耐用的产品就是好的观点。理由如下）：

这样写了几篇作文后，小孩自己十分苦恼，心想自己怎么老是这两板斧啊！自己都不好意思一直这样写下去。于是，我给她讲了时机力营造三步走：第一步，注意力手拉手，共同关注，介绍大家熟悉的观念，你要驳斥的通行观

念；第二步，颠覆日常认知，让读者产生好奇心，"实际上和通常以为的不一样……"；第三步，提出你的看法，"我认为这个东西的基本概念应该是……"

然后，面对"你认为是否每个人都应当日常做一些事情帮助他人？"这样的作文题目时，学了营造时机后的小树，作文开头改进了：

- I think that everyone should do something regularly in their lives to help other people. Our ancestors always lived in groups and rely on each other to survive. And now in modern times，we still need to help other people regularly to live and become a better person.（我认为每个人都应该日常帮助他人。人类的祖先是依靠群体的力量，相互帮助才能生存。而在现代社会，我们仍然需要不断帮助他人，才能生活，并成为更好的人。）

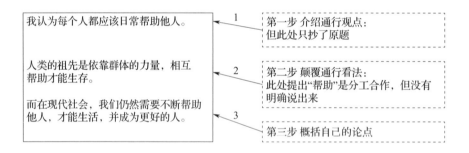

第二步已经隐含了一种"颠覆"：日常人们说起帮助他人，就会想到好人好事，是在舍予别人，但这里提出"人类祖先依靠群体的力量，相互帮助才能生存"，隐含了"帮助"是"分工合作"，但没有明确这样去界定。

第三步是提出自己的论点：在现代社会，我们仍然需要不断帮助他人，才能生活，并成为更好的人。这不是妥妥的靠分工合作才能实现吗？所以应该从帮助他人中，提炼"分工合作"的本质特征，并清晰点明。

修改方案：首先，介绍通行观念，引入颠覆性对立观点。其次，明确地将"相互帮助"界定为"分工协作"。

- People may find helping means giving favors and therefore not always necessary，since everyone is responsible to take care of themselves and be independent. But I believe as social beings, our ancestors always lived in groups and rely on each other to survive. And now in modern times, we still need to help each other, or to collaborate to live a better life and become a better person. (人们也许觉得帮助他人意味着给予恩惠，因而并非总是必要的，毕竟每个人都应该对自己负责，做一个独立自强的人。但我认为作为社会动物，人类的祖先就生活在群体中，相互依赖而得以生存。现代社会，我们依然靠相互帮助，即相互分工协作，才能更好地生活，成为更好的自己。)

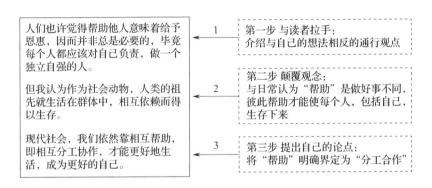

明确界定了"分工合作"之后，下文展开阐述时，就可以讲现代社会中，每个人都通过不断帮助他人成为更好的人。然后用具体事例来论证自己的观点，例如，科学家为了让大家都用上清洁能源，发明了风能和核电；医生为了更好地帮助病人，必须不断精进专业技能，成为更好的医生；厨师提供美味的食物，帮助劳累的、想从家务中抽身的人们享受一顿美食，成为更好的厨师。整个社会通过协作来运转，每个人都在帮助他人。如果没有老师的帮助，孩子无法得到系统教育，大人也无法上班，做自己的事业。我们每天的工作其实就是在帮助他人，这不仅能使个人更加成功和快乐，也能给社会提供更大价值，从而使社会变得更加进步、支持和包容。小朋友的构思立意非常好，只需要更为明确地界定概念，并提供具体的例子即可。

到此，认知型写作的三大基础能力——说明、记叙、论证——就介绍完了。写作要做的工作主要是整理素材和呈现你的发现，将石材搭建成房子。如何组织和准备素材是说明与记叙；如何用素材搭建一座发现的建筑就是论证。

　　写作的目的在于组织和传播你的思想。那么，观点是怎么来的？如何寻找和筛选信息，得到更为客观的认识？第 9 章我们将系统性地介绍明辨式思维（critical thinking），把读写技能进一步升级为科学的认知能力。

注　释

1　叶圣陶 . 怎样写作 [M]. 北京：中华书局，2007：9.

2　同上，49.

3　洛克 . 人类理解论 [M]. 北京：商务印书馆，2022：516.

4　夏丏尊，刘熏宇 . 文章作法 [M]. 北京：中华书局，2007：7.

5　杨伯峻 . 杨伯峻四书全译 [M]. 北京：中华书局，2020：343.

6　利维坦 [M]. 黎思复，黎廷弼，译 . 北京：商务印书馆，2010：93.

第 9 章　明辨式思维

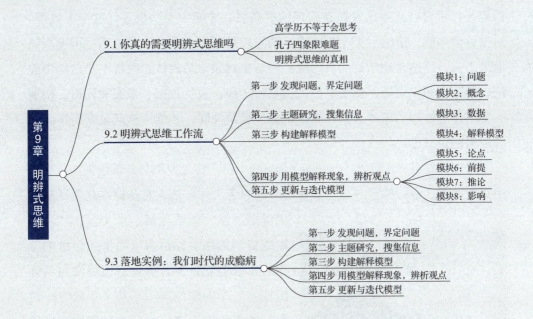

第9章 明辨式思维

9.1 你真的需要明辨式思维吗
- 高学历不等于会思考
- 孔子四象限难题
- 明辨式思维的真相

9.2 明辨式思维工作流
- 第一步 发现问题，界定问题
  - 模块1：问题
  - 模块2：概念
- 第二步 主题研究，搜集信息
  - 模块3：数据
- 第三步 构建解释模型
  - 模块4：解释模型
- 第四步 用模型解释现象，辨析观点
- 第五步 更新与迭代模型
  - 模块5：论点
  - 模块6：前提
  - 模块7：推论
  - 模块8：影响

9.3 落地实例：我们时代的成瘾病
- 第一步 发现问题，界定问题
- 第二步 主题研究，搜集信息
- 第三步 构建解释模型
- 第四步 用模型解释现象，辨析观点
- 第五步 更新与迭代模型

9.1 你真的需要明辨式思维吗

高学历不等于会思考

主旨问题	关键词
语言、数学，甚至一切知识训练的目的都是思维训练，那究竟什么是思维？	明辨式思维

在第 8 章中我们讲到，写议论文并非等同于探索真知本身。议论文的四种说服力属于修辞学，是传播环节的工作，主要的努力方向是尽可能降低受众的认知负荷。作者将自己的新发现进行良好组织，从而让读者易于理解和接受。前提是作者自己必须已经站在认识的更高层，才能为受众设置好这个下坡道。通过诉诸本能、情感、类比与隐喻，消除理解障碍，令注意力之球尽可能顺畅地滚下去，到达合理结论的目的地。但这个统领全局的认识高塔不是自动出现的，要建造知识之塔，就要掌握大量素材砖块，包括数据、事实和证据，使用一套明辨与推理的思考方法，筛选证据，架设关联，才能建造起紧密衔接、符合逻辑的知识建筑。

这就要靠明辨式思维（critical thinking）了。这是搜集与分析数据、从现象中寻找共性、进行推理并发现规律的一套思考工作方法。它是标准化考试涉及

写作如下坡：使用类比的模式提取，降低受众的理解负荷；发现如上坡：使用逻辑与推理，必须走过证据与逻辑的窄道

的解题思路、阅读理解、作文写作和诸多刷题技巧的底层原动力。明辨式思维的工作对象是客观世界，需要直面混沌与不确定性。一个人即使接受了几十年的学校教育，能够识字读书，很会考试解题写应试作文，但这些仍限定在教材给定的清晰明确的既定概念体系和知识架构中。他并不能自动明白如何有序地审视和观察教材之外的真实世界中的复杂现象，如何自主发现问题、创新和研究，而这是明辨式思维

专门训练的能力。

钱颖一教授曾谈到从清华学生中观察到的七个现象，[1]现象五和现象六其实就是"明辨式思维缺失症"：为什么成绩很好的学生，缺乏独立思考的空间和时间；为什么海内外教师，对我们"好学生"的普遍评价是独立研究没有入门。

现象五是大学如同高中。过去是说大一就是高四，现在是说大学如同高中，就是大二以后也像高中。这反映了一个根本性问题，就是学生不能完成从高中到大学的转变。这从学生自己对海外交换学习的反思中可以得到印证：去海外学习的意义，不在于学习到了更好的课程，而是有了独立思考的空间和时间，真正体验到了大学如何不同于高中。

现象六是做研究的困惑。好学生往往是学得多一些、早一些、深一些，他们会做题，会考试，但是不会做研究。海内外教师对我们的学生较为普遍的评价是出色的"研究助理"，但做独立研究却没有"入门"。在社会科学中尤为突出，即使理工科，学生虽能发论文，但多是导师给题目，学生做实验，也非独立研究。

独立思考，其实一点都不神秘，可以用五大问题上手："是什么"（what 的问题，你能否举例？），"为什么会这样"（why 的问题），"如何运作／运转"（how 的问题），"如果……那么……"（if-then 的问题）和"怎么分解"。当幼儿园的孩子问"天为什么是蓝色的"，我们就已经看到了大自然赋予人的思维能力如何萌发。我们要做的是向孩子学习，珍惜每个思考的火花，点燃明辨式思维的引擎并让其持续运转。费曼说大自然就好像是一种未知的棋类游戏，肉眼只能看见棋子移动，背后的规则我们并不知道。要研究棋子走向背后究竟有着什么逻辑，需要观察、记录、计算、进行证据的筛选与分析推理。比如课本里学过原子、压强、热、浮力、电、磁等知识，孩子脑子里存有这些概念，那么是否知道它们之间有什么关联？如果学习者没问过 why 和 how 问题，就想不到可以从原子论的最基本假设出发，串起力学、电磁、量子力学等大量的知识领域。机械知识搬运使人记住了"一坨铁会沉，而铁制的船会浮起来"的结论，但问"圣女果和苹果哪个会沉哪个会浮起"（改变条件的 if-then 问题），可能学习者又不会判断了。

如果学校的教育总是只要求准确记住一个个结论，即"知识点"，就好像要求记住棋子出现的一个个位置，并机械地操练这些彼此孤立的位置挪动操作，却不注重提问、推理和关联，那么学习者会体验到无穷无尽的知识点庞杂之苦。对于只需要记忆操作规则的工人而言，失去意义的、漫长的机械操作是令人灵魂枯竭的学习体验。

但如果能以理解"为什么要这样落子"为学习目的，棋子的一个个孤立位置就有了逻辑与连贯的意义，不仅更容易学会，且导向灵活迁移和创新。学习者总在提问，使得每一步的操作都被思考赋予了意义，并导向新的发现，这样的学习是投入的幸福的有意义的学习，是知识爆炸的链式反应——理解一个概念一个新发现，就能引爆 10 个新发现。比如，引力的公式导向光速的计算；光谱的知识导向对星球成分的理解；对原子论基本原理的理解，终将人类带入用 10 升水产生全国一天所需能量的全新文明阶段。

最终，一切归结于一个选择：我们到底是要培养强调服从与纪律、一天学十几小时、放学后还要写作业到半夜的吃苦耐劳、拼手速的知识搬运工人，还是培养主动思考、关联整合知识、有能力将社会带入未来的创造性学习者？

明辨式思维到底如何落地？什么时候学呢？有人说，脱离知识谈明辨式思维只能是空谈，以项目制学习为代表的新教育实验总是出现根基不牢、进度不可控的问题。但是，真是如此吗？强调明辨式思维的学习一定会导致"基础不牢"吗？

实际上，明辨式思维所代表的这种思考工作流，本身就需要以大量的信息和知识为基础，推动学习者掌握大量知识和事实。这一思考工作流如同为知识

明辨式思维作为引擎心脏　　思考与推理的毛细血管　　具体的知识点细胞

明辨式思维作为引擎心脏

学习安装了一颗引擎心脏，主动推动思考与推理的毛细血管不断延伸，去统摄和盘活每个具体知识点细胞。如果只有一颗跳动的心脏，没有扎实的事实躯体固然行之不远。但没有一颗搏动的心脏去不断建立意义关联与反馈，只靠机械的堆砌，更难以产生真正强大有效的躯体。

如诗人叶芝所说，我为自己打造的诗艺之躯，没有一处不是经深思所化。根据第 1 章和第 2 章的学习与认知原理，如果一个人脑子里的知识储备、意义关联和深度加工程度更高，记忆会更为牢固，而且会发展出更好的迁移和创新能力。如果要等知识先积累到一定程度再思考，不啻为要求已经有能力问"天为什么是蓝色""星球为什么不会掉下来"的孩子先忘记提问和探索，一直等到本科甚至研究生阶段再开始学习如何思考。

难道真的能够用 20 年培养一个人，教他做书本的劳工，使他从没想过除了俯首听命、熟练操作之外还可以另做他想，然后在他走出"工厂"的一瞬间，又突然要求他成为知识的贵族，成为统帅着知识去开疆辟土的人？钢琴、游泳、数学和语言需要童子功，这是人所共知的，那么何以想象明辨式思维这一精妙的思考技能如何在一夜之间变成一个人的第二本能呢？

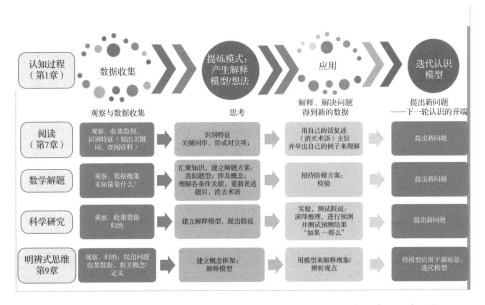

本书将基本认知过程贯穿在各科知识和技能的学习中，也都体现着明辨式思维

明辨式思维能帮考试提分吗？

对于学科学习，明辨式思维有帮助吗？明辨式思维本质上是在还原思考的运动过程：如何有序观察大量事实，从中抽取出模式，理解概念间的关联，并对思考过程中的每一步保持审视和反思的意识。

在第 3 章"学习五元素"中我们讲过，没有什么机械刷题和背诵的学习效果能超过深度加工和意义关联。本书各章都向大家展示了，无论是语言还是科学，各科学习都可以通过提问来建立知识内在关联：这究竟是什么？它如何运作的？你怎么知道的？如果换一个条件会怎样？这些"明辨式思维之问"将点状的学科概念串联为知识网络。并且，由于你自主进行了推理、思考和证明，这个知识网络会真正属于你，不但不会"还给老师"，反而会由于你培养的是更好的头脑，于是成为滋养你一生的财富。如果你能从其中任意一个概念出发，凭自己的思考重新构建出一整本书甚至一门学科的个人知识体系，那你当然可以更加灵活地应对各种试题，也更有可能形成独立思考。例如，欧几里得的《几何原本》和费曼的物理学讲座都展示了从一个概念的点到整个知识网络的推理过程。费曼用"原子"和"引力"这两个概念，推出大量相关的物理现象和新的物理发现。

义科也是如此。第 7 章"阅读篇"中讲过，《锦瑟》那首诗中出现了乐器、珍珠、玉石、生命与情思等概念之间的关联，我们就会问：李商隐为什么要写这个？一个个关于为什么的问题、"如何关联"问题问下来，思考就串成了一首诗、一个篇章的脊骨，不但背诵该诗不成问题，更能引申产生对自己人生现象的思考，下一步，你自然而然就可以产出自己的思想内容和文章。

人人都知道背诵绝非学习的目的和终点，但需要强调：学习的真正目的是面向未来的创造。

孔子四象限难题

主旨问题	关键词
明辨式思维是为了解决什么痛点？一个人如何"知道自己是否知道"？如何解决"不知道自己不知道"的难题？	孔子难题、认知四象限、模型验证

孔子说，知之为知之，不知为不知，是知也。秉持谦虚的学习态度，知道就是知道，不知道不装懂，勇于承认自己不知道，才能够从无知到有知，也就是"学习"。

孔子强调的学习态度固然是一个重要方面，但学习的认知本质并不能化约为道德伦理范畴的价值观问题。孔子这句话所基于的假设是一个人能充分地意识到自己是知道还是不知道。然而，我们身处的认知状态其实是一个四象限，除了自己能意识到的"知道"以及"不知道"外，还有意识阈值之下的两种情况：不知道自己知道，不知道自己不知道。即使在价值观上始终保持谦虚的学习态度，你可能仍然"不知道自己不知道"。这才是认识问题的真正挑战。

荀子对孔子这句话评论道：知之曰知之，内不自以诬，外不自以欺。荀子认为，一个人除了要诚实面对自己所知道的，还要确认那些自以为知道的并非虚假，[2] 避免"不知道自己不知道"的状态。那么，以为自己知道，实则"不知道自己不知道"的情况是怎样的呢？

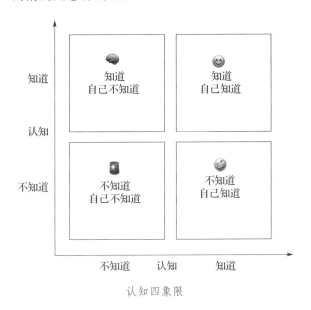

认知四象限

比方说，养鸡场里有一群小鸡。它们发现每天只要人出现，总会拿来食物和水。于是，根据归纳法，小鸡们对这个世界的运行方式提取出一套稳固的因果关系模式：人是专门喂我们的。小鸡世界的运行逻辑就是：只要人出现，我们就有吃有喝。人从来不会不出现，人也不会出现了却不给我们拿吃的。"人＝喂食"这个认知模型看似属于牢不可破的"知"，直到有一天，这个模型失去解释力，反常事情出现了：那天人照常来了，但不是来喂食的，而是将鸡抓去杀了吃肉。因为家里那一天来客人了。问题就出在，小鸡不知道自己不知道什么。那么，怎么才能知道超出自己日常经验范围的深层规律，看到"人＝喂食"这个表面关联背后更深层的运行规律呢？

和小鸡一样，人的寿命和经验也必然受到时间空间的限制，无法通过个人经验和主观体验掌握全部的事实及其深层规律。在不同程度上，人也是"不知道自己不知道"的小鸡。在孔子的时代，人类还没有发展出更系统更复杂的科学实践。在之后上千年的学习与知识探索中，人类才发现真正的难题恰恰在于认知四象限的下半部分。如果只看到认知四象限的上半部分，即使充分意识到自己知道什么和不知道什么，人类也无法触及真正的困境和解决方案。小鸡们必须拉长观察时间，记录并收集更多鸡舍的信息。只有收集更多数据，才能发现例外情况，从而发现人养鸡的表面现实之下存在关于"为什么"的深层关联。人要想探索真正的规律，也必须搜集超出自身日常经验范畴的大量事实和证据，并遵循特定的证据筛选和推理过程，否则就无法发现深层规律。

200 多年前，英国民间农妇神医赫顿妈妈用 18 种草药熬制偏方，治疗胸闷气喘、下肢水肿、夜里只能坐着睡觉的病人，药到病除，远近闻名。1785 年，这个草药偏方被医生韦瑟林买下来，研究了九年，发现配方里十几种植物中真正起作用的是洋地黄，并且进一步提取出地高辛（Digoxin）这个有效成分。之后 200 多年里，洋地黄一直稳坐心衰治疗的头把交椅。临床上，洋地黄类药物对缓解慢性心衰症状效果显著，无数临床案例作证洋地黄有效，德高望重的医生们则敢以人格担保，病人的锦旗也一再强化了医生们的经验。

然而，到了 1997 年，美国开展了一项针对地高辛的大型双盲对照试验。6000 多名病人被随机分成两组，地高辛治疗组的病人死亡率为 34.8%，安慰剂组死亡率为 35.1%，只相差 0.3%，不具备统计学意义上的显著差异。这个实验发表在世界闻名的《新英格兰医学杂志》上，无数医生心目中的权威神药褪去光环。甚至到 1999 年，《美国心脏医学学会杂志》发表的论文证明，患者血液中地高辛含量越高，死亡风险越高。

洋地黄本是无数医生的"毕生经验"，结果被证明不可靠。无论权威大小，经验多少，多少病人说好，最可信的证据仍然是随机双盲对照试验。[3] 没有医生想故意害死病人，他们给病人的药是自己认为最有效的，但是，如果不采用大量的证据、实验和严密逻辑去检验个人经验，可能"已知最有效的药"其实并无真正疗效，甚至还有危害。

在人类探索未知时，秉持"知之为知之"的谦虚态度是必要的，但这还远远不够。必须发展出一套证据评估、筛选和推理的方法，才能超出个人经验和主观体验的有限范围，证明发现的规律不是虚假的。这个问题靠道德自觉无法解决，必须采用长久的科学探索中形成的工作程序：基于大量事实的观察，占有大量的信息和数据，对其进行分析，提取出规律——即事物运行的深层模式，构建出解释世界、解决问题的模型，然后以更多的信息加以检验，并根据反馈修改或改进模型，达成更准确更深入的认识。

明辨式思维的真相

主旨问题	关键词
什么是明辨式思维？需要经过几个步骤？具备哪几个基本模块？	明辨式思维工作流、五个步骤、八个模块

"critical thinking"的通行翻译是"批判性思维"，这个"大词"常被挂在嘴上宣讲，但讲者和听众却时常没有对齐这个词的具体含义。按日常用法、字面意思，"批判"容易使人联想到"抬杠、挑刺、批倒"；但"批判"本是哲学术语，指分析思考、考察基本前提假设、审视推理过程、评估影响的一整套审慎的、辩证的、系统的思考方法。也就是说，虽然 critical thinking 作为时髦教育理念出圈了，但"批判"这一源远流长的哲学术语却并没有出圈。因此，我在本书中将 critical thinking 翻译为"明辨式思维"，一方面避免与日常语言撞车引发大众误解，一方面也传达本意，所谓"明辨式思维"即收集、筛选和审视证据，并进行合理分析，得出公正合理审慎判断的一套思考方法。[4]

科学哲学家托马斯·库恩在里程碑式的科学史著作《科学革命的结构》中

对科学发现过程进行了如下总结：[5] 首先，人们只能感受到预期内和通常的情形，常常对反常情况视而不见；进一步熟悉之后，就会意识到有某种事情出了差错；然后，调整解释模型，直到最初的反常现象符合新模型的解释和预测为止。至此，科学发现就完成了。

我将这个科学发现的过程细化为明辨式思维的 5 个步骤：

- 第一步：观察与提问，发现问题，用清晰的概念界定问题；
- 第二步：主题研究，搜集信息，形成基本概念；
- 第三步：建立概念之间的关联，为现象构建解释模型；
- 第四步：验证模型，用模型解释现象；
- 第五步：在解释新现象的过程中，发现新的问题，辨析和参考新信息新证据，从而更新与迭代模型。

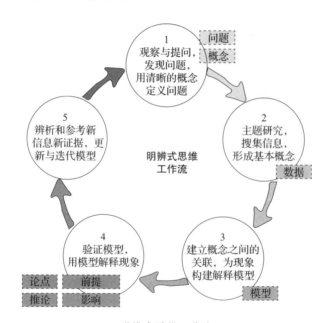

明辨式思维工作流

在这五步过程中，需要准备好并组装 8 个内容模块：问题、概念、数据、模型、论点、前提、推论、影响。我把这 5 个步骤和 8 个模块组成的全套方案称为"明辨思维工作流"。

	明辨式思维工作流	模块	问题：检查清单
1	观察与提问，发现问题，用清晰的概念界定问题	问题（question）	这个问题是关于情绪、价值选择，还是可以用事实来回答的？ 我提出的问题涉及哪些概念或概念框架（理论）？
		概念（concept）	我有没有拿日常的信念和直觉来取代概念？ 我依靠的概念真的是概念吗？还是直觉和信念呢？ 我是否清晰地理解和表述了关键概念 / 理论？
2	搜集信息，主题研究，形成基本概念	数据（data）	我是否足够详尽全面地搜集了相关信息？ 可以找到什么事实 / 证据支撑？ 这些事实 / 数据 / 证据是否可以支撑这一观点？还是也能做别的解读？ 我观察到的事实和问题，跟数据有什么相符或不符？ 解释现象的过程中，有没有涉及未经证据支持的概念？
3	建立概念之间的关联，对现象构建解释模型	模型（model）	这个解释模型多大程度得到证据的支撑？它的各部分关联是否合理？ 这个解释模型多大程度解释了观察到的现象？ 这个解释模型能不能预测现象的发展？
4	验证模型，用模型解释现象	论点（argument）	我的论点是什么？我的论点是否建立在清晰可靠的概念上？ 我的论点是否有足够的证据支持？ 我的论点是否真的公正？还是在为自己的立场、利益、情绪辩护？我有没有公正地考虑过其他人的看法？也许其他论点也有合理性？
		前提（premises）	立论中包含的前提，是否一定是必然如此、不容质疑的？ 这个"天经地义"的东西支撑着我的论点，它绝对为真吗？有证据吗？

（续）

	明辨式思维工作流	模块	问题：检查清单
		推论（reasoning）	这些数据、证据和事实，是怎么让我得出这样的结论的？ 同样的数据证据，有没有可能得出其他的结论？是否有反例存在？
		结果与影响（implication）	我的论点如果被接受，会有哪些影响？包括我不一定乐于看到的。
5	辨析和参考新信息新证据，更新与迭代模型		

明辨式思维工作流

这五个步骤结束后，思考并不会停止于某一个结论。当你将探索出的理论用于实践，用于新的观察，你会产生新的问题，于是这个五步发现过程再次启动，第五步是下一轮思考的开始。科学追求的从来就不是稳固与终极的静态结论。在成百上千年的尺度上查看人类从事的诸多事业，只有讲求客观的科学在不断进步，而玄学和主观经验却无法真正走向真相。歌曲《杀死那个石家庄人》里唱，生活在经验里，直到大厦崩塌。歌曲之所以能打动千万人，是因为人们真实具体地感受到世界快速且往往残酷的变化，而主观经验无法支撑我们应对日新月异的世界。

证据和逻辑，是从我们脚下通向客观宇宙的唯一路径。如果我们抛弃了这条艰难且狭窄的路，只能掉进一厢情愿的泥沼里无法前行。不论是科学发现的过程，还是我们总结出来的明辨式思维步骤，终点都是新的起点。

9.2　明辨式思维工作流

第一步　发现问题，界定问题

主旨问题	关键词
思考的起点是什么？	共性与差异、特征、概念、实例、观点与事实、证据、推论

明辨式思维工作流的第一步是发现问题，并尝试以清晰的概念界定问题。

人如果未经明辨式思维的训练，就会天然倾向于追求并固守一个终极真理，希望它能解释一切，最好不要有问题，不要有例外。因此出现一个现象，一个人知道的越少越没有问题，而越求知问题就越多。

科学家总是试图找出更多的例外情形，并确定这些例外的特性，这是一个随着研究进展能给人带来持续兴奋的过程。科学家不会设法掩饰既定法则的错误，实际情形正好相反，找出例外才会带来进展和兴奋。科学家总是试图尽快证明自己错了。

科学作为发现的方法，基于这样一条原则：观察是判断某种东西是否存在的标准。所谓"科学的证明"，就是"用例外情形来证明该法则是错的"，这是一条科学原理。……于是，令人兴奋的事情是去寻找什么是正确的法则。

——节选自《费曼演讲录——一个平民科学家的思想》

19 世纪，在微生物学诞生之前，匈牙利医生塞麦尔维斯（Ignaz Semmelweis）发现了一个奇怪的现象：相比由没文化的产婆接生或在家分娩的产妇，在医院产房里由专业医生接生的产妇反而死亡率显著更高。这是怎么回事？他认为这与医生不洗手有关。但当时医学界的固有观念是，医生们都是"绅士"，而绅士的手绝不会是"肮脏的"污染源，医生肯定不会是造成产妇死亡的原因。结果，塞麦尔维斯的主张不但没人相信，他还被逐出医学界，被作为精神病人关起来，遭受殴打后伤口感染，47 岁就死了。他未能参与并见证不久后微生物学的诞生——随着显微镜的出现，巴斯德、李斯特和科赫等人发现了微生物的存在以及微生物和疾病之间的关联，从而证实了塞麦尔维斯当初的观点。

绅士医生们都受过专业训练，拥有学历和资质，但这不等于他们自动产生了明辨式思维的能力。不论何种学历和资质，不具备明辨式思维的人，第一本能就是消灭问题，甚至消灭提问的人，这样做比解决问题的崎岖小道更快捷省力。

塞麦尔维斯的故事

不要觉得塞麦尔维斯的故事是一个耸人听闻的偶然事件，或者认为那些"绅士医生"是罕见的奇葩。其实，消灭问题恰恰是人类心智的默认状态，是人的动物性本能。在本书讨论的科学学习领域，同样普遍存在着对问题视而不见的现象。我写这本书的出发点问题就是，如果相当大比例的人感到学习让人痛苦，那是哪里出了问题？也许我们应该停止默认经验即真理，追溯基本概念，看看自己是否真正理解学习具体是个怎样的过程？

就像人们面对孕产妇死亡率高这一现象，人在本能上会认为这是天经地义的，甚至用神话和宗教来合理化，认为生育的痛苦是夏娃受到上帝的诅咒。在学习方面，我们也经历了诸多痛苦和挫折，比如孩子厌学抑郁，家长辅导费力，花钱"外包"式的教培方案把学习异化为金钱竞赛和阶级壁垒。但这一系列学习之苦也很快被视为正常并被合理化：学习嘛，自然是需要"头悬梁锥刺股"的，需要"学海无涯苦作舟"，学习就是"吃得苦中苦，方为人上人"。传统和惯性的双重加持，将学习的痛苦合理化，哪怕有 3000 万未成年人因此陷入抑郁。一代人在"鸡娃"中挣扎长大，下一代人面对更激烈的"鸡娃"，大人花更多钱，孩子吃更多苦，无尽的轮回，无限的加速内卷。难道就没有什么问题，应该被认识和改变吗？

在观察事物时，要提取观察对象存在哪些共性与差异，即反复出现的特征、相互关联的特征，或者不符合预期的特征。你有没有觉得这三种特征很眼熟？在阅读时，文章是我们的观察对象，阅读五步法的第一步也是要观察并识别这些特征。

模块 1：问题

如果暂时不习惯提问，可以用第 5 章提供的五大提问句型。这五大问题就是根据明辨式思维和认知原理设计出来的：

"这个东西 / 概念究竟指什么？举出实例说明。"例如，对于舆论场中不断讨论的大量"学习"问题，可以问：

- 所谓"聪明"具体指什么？
- 所谓"学习"究竟是怎样的过程？
- 这一心理过程的物质基础是怎样的？
- 学习与大脑的关系是什么？
- 学习好与不好，大脑发生了怎样的变化？

当然这不限于学习的科学这一个领域，如果你在做数学题，你也可以问自己"题目到底在问什么？"，包括用自己的话复述一下题目包括哪些未知量、已知数据和条件；我过去做过的题目中有没有类似题目？未知和已知之间有没有关联？针对概念本身的提问，能够使模糊混淆的日常用语走向清晰的概念。

知道了"是什么"之后，还可以问"为什么是这样？"

- 为什么圆的面积公式是这样的？
- 为什么有的人可以又快又好地学习，而有的人却感到学习十分痛苦？

面对言之凿凿的各种论断，不妨问问"你如何知道的？有什么证据？"
多面体的点、边和面的关系有规律吗？你如何证明？重的物体相比轻的物体，下落速度更快还是一样？有什么证据？大量刷题是效率最高的、最好的学习方法吗？有什么证据？"学习，就要尽量多上课，多讲内容，教的时间越长，教的内容越多，学得就越好"，面对"教培派"的这种流行观点，可以问一问，有什么证据？为什么？

面对看似牢不可破、不容置疑的信念，现成的结论，不妨问问"如果改变某个条件会怎样？"如果你已经会找出一个均匀三角形的重心，那么如何能找到一个均匀四面体的重心？

如果将"刷100套题，没有详细复盘与反馈，大量练就能熟练！"改变一下条件："如果只刷10套题，进行详尽的复盘反馈并做针对性强化，会怎样？"

同样是将火箭送上天，允许多次尝试改进，通过大量真实反馈修正理论模型，使得理论不断更新；而如果不允许试错，而是致力于确保完美不出错。这两种学习路径分别会有怎样的效果？

任何现状都有形成的原因，而事物的形成过程常常揭示了事物的原理：

"某种状态是如何实现的？某个事物如何成为今天的样子？"生命如何从无生命的物质产生？今天生物的多样性是如何发生的？为什么我曾经那么会考试，却无力看清这个世界，无法给自己找到出路？工作中只会接收指令，创造力和问题解决能力欠缺，这是怎么回事？学了十几年语言，为什么不会熟练阅读与写作？好的语言能力是如何实现的？

经过上面的多角度提问，你可能会发现脑子里的问题已经不再是混沌的一团，而是逐渐清晰起来了。检验问题模块是否已经准备好，可以问自己这两个问题来检查：

- 这个问题是关于情绪、价值选择，还是可以用事实来回答的？
- 我提出的问题涉及哪些概念或概念框架？

模块2：概念

检验模块1有没有到位，可以看提出的问题是否涉及清晰的概念（concept）。提问这一步，不仅仅是给描述内心感受的陈述句打一个问号，把它改成疑问句，提问要追求的方向是对观察对象进行整理归类，提取共性、差异与重要特征。你需要检索自己的知识储备、相关文章与书籍，找出与之相关的一些重要概念。

概念，是人脑对一类事物形成的观念。哪些事物可以被划分为一类？从何种角度可以看出这些散乱的事实具有深层的共性？这就是你要提取的。用概念去抽象和界定一类现象和问题，听起来很抽象，但其实在第 8 章中已经实践过了。例如，给定写作题目"日常生活中是否应该更多相互帮助"，写作者用"分工合作"这一概念来界定人们相互帮助的行为，从而产生了论点：更多相互帮助使我们成为更好的人，也给社会创造更多价值。

需要注意的是，概念提取这一环节有尝试和假设的性质。你先尝试提出某个概念来界定这类现象，并据此进行数据搜集，也就是查阅资料。如果查到的资料相关性很高，确实能回答你的问题，那你的概念提取就是成功的。但是，如果你根据提取的概念进行搜索，没有什么高质量、扎实的相关数据资料，说明你的概念提取没成功。那你就需要改变关键词，换其他方向去搜索。

在本书讨论的学习科学领域，我观察了大量现象，汇聚整理了大量提问记录，在整理过程中，我发现反复出现的"聪明""心智""学习"等概念仍然相对复杂和模糊。我们需要意识到，日常生活中我们的观念是高度混杂的，有效和无效的概念、简单和复合的概念常常混杂在一起使用。比如，"神经元"和"反馈"是简单概念，而"神经元联结"和"正反馈"是复合概念。如果拆解"学习"这个概念，会发现这个概念对应的心理过程是由"模式提取""反馈""调整模型"等诸多概念构成的复合概念。而且，不同时代存在不同的概念框架去解释学习究竟是个怎样的过程，比如，除了现代的认知科学框架，还有近代的"白板说""行为主义"等不同理论对学习的解释。面对"如何让孩子学习好"这样的模糊问题，需要使问题更为具体，尝试提炼出基本概念。于是，有效学习的问题就成了：如何以符合认知规律的方式学习？如何设置恰当难度的内容和有效的反馈机制？如何鼓励学习者主动提取和应用自己生成的模式？

沿着概念的线索继续查阅，发现相关资料中被反复提及的重要概念是"可塑性""主动构建""反馈回路"等。学习就是一个学习者通过不断的尝试与反馈，逐渐形成对外界越来越准确的认知模型并重塑心智的过程。学习者需要根据信息主动构建起心理模型，而准确反映外界的模型会得到正反馈。例如，对于线虫来说，如果追光总能得到食物，那么经过多次反馈和重复训练的强化作用，"光＝食物"这个模型就形成于新的神经元联结，也就相当于线虫记住并学会了这一知识。

对于"学霸是天生的，我/我家孩子天生不够聪明，怎么办"这种模糊问题，我们需要提取其中的概念，先考察什么是"聪明"。查阅资料，你会发现许多不同的解释，在诸多不同角度的描述中，有一些较为具体。比如将"聪明"的核心特征界定为记忆、主动提取与新情境迁移等具体认知能力，将"智能"界定为长期记忆中的知识储备、工作记忆能力、专注力、执行注意力等认知能力的综合影响。这样，通过提取出清晰具体的概念，"聪明"问题就从直观经验、表象、模糊的情感和情绪所在的"世界一和世界二问题"，转化为客观知识所在的"世界三问题"。你选择其中最为清晰具体、相关度最高的概念继续进行概念提取：人的智能表现，除了基因差异之外，主要受后天训练与反馈的塑造。如果你抽取出的"概念"过于表面，充斥着主观经验层面的日常语言而非科学概念，缺乏具体指代，无法触及现象的共性和本质，查不到什么深入的资料，那就需要重新提取。

对于"先天与后天，哪个更重要"这种模糊问题，可以先用相关概念界定问题使其更清晰：先天与后天问题，实际上就是基因与环境问题，较为具体的概念是大脑"可塑性"和可经学习改变的"神经元回路"。所谓"学会"，就是通过反复训练，形成有序且高效的神经元联结通路，于是"会者不难"。随着学习中不断重复的训练和提取，知识储备的丰富度与有序度不断提升，大脑被重塑。那么，学习能力本身怎么会不可塑呢？如果在持续的积累过程中连大脑本身的解剖结构都可以被改变，怎么可能先天比后天重要呢？

同样，对于"如何让孩子爱上学习"这种模糊问题，可以用一系列更为明确、可测量、可实验的概念来重新界定问题使其更清晰：人的行为及其动机（可被环境反馈塑造），人的任务处理水平（受注意力和中央执行系统的影响）。那么，这些心智运作是可塑的吗？经查阅资料发现，这些心智能力会不断积累改变并带来更大改变，展现出如滚雪球一样的复利效应。但学习的自我强化螺旋需要坚持度过开头的原始积累期，但很多学习者会在原始积累期过早放弃。那么，如何让一个人爱上学习？经过有效的概念界定，这个主观经验层面的模糊问题就会变成一个更清晰的科学问题：如何设置合理的任务与反馈机制，通过大量微小的正反馈积累，建立自我强化的正反馈回路？

既然这几个概念可界定，可测量，且经过不同程度验证，这些概念的提取就导向了初步的解决方案。下一步就是收集更多的数据、信息和事实以迭代认识模型。

这个概念提取的过程当然不止用于研究学习科学，而是适用于一切思考。以解题为例，你就要从题目中清晰提取出未知、已知和条件，完成题目的概念提取，为下一步找出解题的模型——即初步的解题方案——做好准备。

概念模块是否已经准备好，可以通过以下问题来自我检查：

- 我有没有拿日常的口语词和直觉来取代概念？
- 我依靠的概念真的是概念吗，还是直觉和流行词汇呢？
- 我是否清晰地理解和表述了关键概念 / 理论？

如果是解题，还需要问：

- 之前有没有遇到过相关概念的类似问题？
- 能不能调整题目的概念，形成一个更适用的概念？
- 题目中所有的概念都考虑到了吗？[6]
- 这一概念的定义是什么？

第二步　主题研究，搜集信息

主旨问题	关键词
什么样的问题能直击本质？	数据收集、共性、推论

明辨式思维工作流的第二步，是主题研究，搜集信息，形成基本概念框架。

你面对的现象与提出的问题，背后最深层最关键的特征是什么？提出的尝试性的概念界定是不是最好的解释方向？有没有其他的概念可以更好地界定这些现象？

这些都要靠搜集大量数据才能知道。数据，包括事实、数字或信息，是做出推论、解读，或得出理论的基础。[7]

费曼强调过掌握大量证据的必要性：做出一个论断，如果你想要精确度达到 1/100，必须有 10000 个样本。[8] 只有调查研究才有发言权，这不仅对物理学有效。比如"抽烟会不会导致肺癌"这样一个问题，烟民们会拿出自己的论点，比如某某名人、我爷爷、我二伯每天烟不离手却活到了高寿。但个人经验和客观规律之间有一道鸿沟，只有通过收集证据才能得出正确结论。科学家研究的第一步是提出问题：什么人会得肺癌？找到数据：肺癌致死案例中 80% 都是吸烟者。研究者继续深挖，通过观测一个人每天吸多少烟来预测肺癌发生率，结果显示，吸烟量越大，肺癌发生率越高。一项研究还不够，需要大量同类相关研究，科学家才可以得出结论：吸烟导致肺癌。这个结论的有效性不因某人爷爷的个例而改变。

在外语学习领域，"灌耳音"理论流行多年。很多人认为看电视和灌耳音（反复播放录音或视频）可以让婴儿学会语言。那么，如何检验这一观点？科学界有多项相关的研究，包括早期的"3000 万词差距"研究、LENA 研究（Language Environment Analysis）以及 MIT 的脑成像研究等。"3000 万词差距"研究指出，不同家庭环境中婴儿接触到的词汇量存在巨大差异，对语言发展的影响显著。LENA 研究使用录音设备分析了婴儿的语言环境，发现互动交流的频率对语言发展至关重要。MIT 的脑成像研究通过神经科学手段观察了语言输入与大脑发育之间的关系。将这些相关研究放在一起分析，可以发现它们虽然细节上有差异，但共识是明确的：促发早期语言学习发展的是交互量，而不是单向的"灌耳音"词语数量。只有通过频繁的互动交流，婴儿才能更有效地学习和发展语言技能。

在教育领域，"白板说"及其衍生观点曾经非常普遍，我们过去经常在课堂上听到老师自豪地宣示：学生就像一张张白纸，由老师在课堂画上最新最美的图画。日常直觉中，学习是被动的，学习者的大脑如同白纸或白板，等待教师等外力写入尽可能多的知识。真的是这样吗？这个比喻真的抓住并描绘了学习的本质吗？第二步就是主题研究，搜集信息。通过数据收集，我们会接触到这些证据。例如第 3 章"学习五元素"中讲过的小猫视觉实验，被剥夺了自主性的小猫无法伸爪子去尝试，无法建立脑内的空间模型，无法进行比较，结果小猫的视觉能力受到了损害，因为它们没有通过主动参与进行学习。人的学习同样是通过主动参与实现的。在 1982 年，麦肯齐与怀特（Mackenzie & White）测试了 8 年级和 9 年级学生在三种不同条件下学习地理的状况：第一种，传统授课模式，全部是老师在教室里讲课；第二种，传统授课＋实地考察；第三种，传统授课＋实地考察＋主动的信息处理。学习结束后 12 周也就是一个暑假，主动参与信息处理的第三组只忘记了 10% 的授课内容，而另外两组（单纯上课和只有上课与考察的组）忘记了 40%。1991 年对大学生也做了类似的实验，一种是以传统授课的形式学习会计，另一种是角色扮演的方式学习同样的内容。6

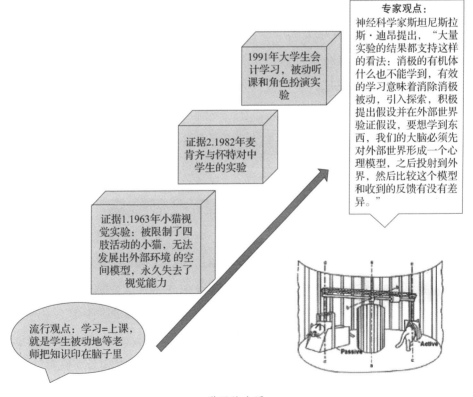

学习的本质

周以后，传统授课的学生忘记了 54% 的授课内容，而角色扮演组只忘记了 13%。这些证据表明，对学习者的白板类比并不正确，学习是一个主动的过程，学习者的参与度对学习效果至关重要。教导并非学习的本质特征，白板隐喻并没有抓住学习的本质：主动性。

原生家庭

现在，焦虑、抑郁等心理疾病愈发普遍，而对成长问题的"原生家庭论"这一解释在互联网上相当流行。实际上，"原生家庭论"是美国 30 年前流行过的"受伤的内在小孩"理论的变体。在 20 世纪 90 年代，"受伤的内在小孩"理论盛行于美国流行文化。根据这一理论，成年人缺乏自信、缺乏情绪控制能力、焦虑甚至抑郁，并不是因为他们自己懒惰、不诚实、不理智、自我放纵或愚蠢，而是由于童年时的不幸经历，尤其是来自"原生家庭"的打击或虐待。成年人生活中的问题被归咎于童年时期父母的言行、老师的影响，甚至是性别和肤色等外部因素。极端案例中，甚至一个成年人现在沉迷酒精都可以追溯到几十年前发生的一件小事。这一套解释可以帮成年人将困扰归因于外界和他人，从而减轻了心理负担，于是，这套理论逐渐流行，并发展成一个利润丰厚的产业。

但是，解释模型毕竟不是心灵鸡汤，需要经过大样本证据的验证。科学研究需要类似"500 对同卵双生子的长期追踪"这样的大样本实证研究。用具有相同基因的同卵双胞胎将遗传因素排除在外之后，大量研究数据揭示的真相不同于"原生家庭论"，其实童年的缺失对成年后生活的影响微乎其微。例如，童年时母亲去世会使你略微更容易抑郁，但影响并不大，而且只对女孩如此。父亲在童年时去世则没有任何影响。父母离婚虽然对儿童有一定影响，但长大后影响完全消失。成年时的抑郁、焦虑、婚姻不美满、吸毒、酗酒、失业、打骂孩子等问题，都无法简单归咎于童年经历。[9]儿童时期遭受的创伤性经历确实会对心理产生影响，但并不会比成年人经历创伤的后果更严重。事实上，儿童比成年人恢复得更好。父母们当然应该避免用愤怒和暴力的方式去"教育"孩子，因为暴力经常会沦为情绪宣泄，加剧父母自己的行为问题，偏离了教育的目的，但大可不必战战兢兢，总担心自己偶尔说错一句话会毁了孩子一生。

吊诡的是，当学习不如意时，人们就相信基因决定论，将学习问题归咎于先天的基因、天赋或智商；而当生活不如意时，却反过来相信环境决定论，归咎于后天的外部环境。这两种相反观点的共同特征是与当下的自己无关，结果是外控而非内控的。这也侧面验证了人是如何亲手将自己囚禁在牢笼中的。

收集了数项研究，你就能开始看到一切向一个点汇集，这就是"可塑性"：不但智能表现是可塑的，心智是可塑的，人的非理性部分同样是可塑的。对自我和人生的认知，对自己情绪和内心动力的理解，对行为的体察与管理，都是可以学习和认知的，而不仅仅是被动地完全服从于先天蓝图的命运，或被动接受环境的模压。

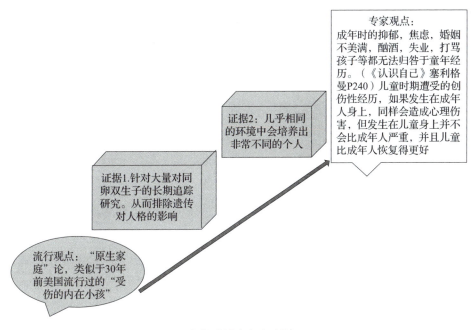

审视"原生家庭论"

模块 3：数据

没有大量信息数据（data）就没有认识。ChatGPT 之前并不是没有神经网络，深度学习诞生于 20 世纪 80 年代，但神经网络是在有了数以十亿计的文本大数据之后才起飞的，人工智能在这方面模仿了人的认识过程。所谓的"知识"，它是一个动词而非名词，它是不断提问、不断提出解释模型、不断修改推翻模型的螺旋上升运动，认识上升的动力是证据、信息和数据。写作时要想"秀才肚子里有东西"，必须搜集信息，而且需要注意尽可能充分详尽。某个概念，是由哪些实验发现的，后续又经过哪些研究的验证或修改？实验产生了哪些重要的数据或结论，人们对这些数据进行过哪些讨论，都是需要搜集的信息。也就是说，要了解一个主题，就要把握证据的源与流，仅仅找到一个信息源，给出一个固定结论，通常是不够的，需要多来源的资料相互印证。

数据充足到足以呈现该概念从提出到验证到发展的过程，才能使我们达到对这一概念完整和准确的理解。比如你光是听说过"敏感期"这个词是不够的，还需要知道它是如何提出的，有什么实验验证，如何得出结论，能推出什么结论，不能推出什么结论。如果你没有看到这个概念的运动态，而只盯着概念的僵死态，就极易被误导，以为敏感期就是"过了 6 岁就再也学不会一门语言"，或者被层出不穷的"敏感期"所困扰："怎么干什么都有敏感期？！"只有在信息源与流的全景下，你才能知道什么是该主题下最核心的概念，其中哪些概念跟你提出的问题最为相关。

解题，作为学习的特定场景，也需要数据收集。数学家波利亚在《怎样解题》中说："如果只有关于该主题的很少的知识，要产生一个好的思路是困难的；而如果我们没有任何知识，那就完全不可能产生。好的思路来源于过去的经验和以前获得的知识。"仅仅记忆不足以产生好的思路，但如果不回顾大量相关事例，也不可能产生好的思路。仅有材料不足以盖一栋房屋，但不收集必需的材料就不可能盖出任何房屋。求解某个数学题所需要的材料，是我们以前所获得的数学知识中某些与之有关的内容，比如以前求解过的某些题目或以前证明过的某些定理。因此你需要问自己：你知道一道与它有关的题吗？这种数据收集和回顾的过程，正是解题中不可或缺的一部分。

针对"数据"模块的问题检查清单：

• 我是否足够详尽全面地搜集了相关信息？

• 可以找到什么事实 / 证据支撑？

- 这些事实 / 数据 / 证据是否可以支撑这一观点？还是也能作别的解读？

- 我观察到的事实和问题，跟数据有什么相符或不符？

- 解释现象的过程中，有没有涉及未经证据支持的概念？

在处理数学问题时，波利亚强调，需要问自己："你用到所有已知条件了吗？你用到全部的条件了吗？"在解决实际问题时，应该改变形式来提出这些问题：你是否用到了所有对解答相当有用的数据？你是否用到了所有对解答有显著影响的条件？我们估量一下可用的有关资料，如有需要的话再收集一些，但最终我们必须停止收集，必须在某个地方划地为界，我们不得不忽略一些东西。正如波利亚所说："如果你要航行中没有危险，那就永远不要下海。"[10]

第三步　构建解释模型

主旨问题	关键词
做到哪一步，资料收集就到位了？	解释模型的经验和表层关联、实证和全面信息、解释力、预测力

第二步收集整理了大量数据，在查证过程中，会逐渐浮现出一个有解释力的解释模型（理论），这是明辨式思维的第三步：建立概念之间的关联，针对现象构建解释模型。未来在第四步对具体问题进行推论和提出论点时，都要以解释模型作为根据地。

仍然以学习科学为例，基于前面收集的事实，现在对于"什么是学习"就可以得出一个总体模型："消极的有机体什么也不能学到。有效的学习意味着消除消极被动，引入主动探索，积极提出假设并在外部世界验证假设。要想学到东西，我们的大脑必须先对外部世界形成一个心理模型，之后将其投射到外界，然后比较这个模型和收到的反馈有没有差异。"[11] 这是一个基于认知科学和神经科学的新解释模型，取代了缺乏科学依据的、基于主观经验和表层关联的旧学习模型。

最著名的旧学习模型是"白板说"，认为人的头脑是被动的，等待老师、父母等外部的知识拥有者将知识模印到孩子的空白头脑中。一个个"知识点"就好像一个个印刷活字一样，需要被尽可能密集、快速地搬运并排列，用最高效的方式印在孩子头脑的空白蜡板上，于是，在教育实践中就产生了记忆解题套路、背诵作文模板这一类操作。学习被视为一种物理搬运过程，在教育流水线上，比拼的是谁搬运的内容多。遵循搬运工逻辑，谁干的时间长、强度大，谁脑子里的知识就多，这是"白板说"的学习观。

但白板说无法解释同样在印刷流水线上被模印的空白头脑，为什么在出口端呈现的效果却大不相同。于是，来自直觉的模型引入了更多直觉来修补，走向了白板说的反面：诉诸神秘的"心灵"和"灵感"，形成了舆论场常见的"天才"崇拜。古人相信文曲星下凡，魁星点斗，现代人相信互联网上的"神童"与"天才"，相信贫乏的教育环境中可以突变出百年不遇的数学天才，相信天才少年能力挽狂澜打破科技封锁，这些观念都认为心智运转靠的是神秘力量。用客观的科学规律无法解释那就不需要解释，问的话就是"天才"二字！从"白板"到"天才"的滑变，共同特征都是不考虑学习的科学。

白板说在具体学习任务中的体现是不按照认知规律去设计知识体系和学习路线，而是诉诸灵感，假设存在一个神秘的、"如有神"的心灵，认为只有拥有"灵气"，才能写出好文章或解出难题。"心灵"的黑箱内部十分神秘，就好像你不知道如何才能下雨（产出结果），于是发明了一套祭拜的仪式，只要准确地念诵经文、跳出供奉的舞步，在仪式上一丝不苟、绝不犯错，就可期待"神"的降临。由于不知道"神"怎样才能降临（心智如何运作），在模印流水线和分数之神崇拜杂糅的旧范式中，学习被等同于消灭错误，只要你能遵照完全正确的仪式动作规定，强化一个单一的标准答案，消灭一切不规范操作，就能通向正确的结果。这是对"学习"的杂糅的模糊的陈旧的解释模型。

然而，现代科学揭示，物质宇宙惊人的美与秩序并非来自外部力量的设计和模印，而是大量无意识的简单元素自组织的结果，所有的复杂系统及其精妙复杂的表现，都是由最简单元素以一定的计算结构形成的。人的心智及其对象——各科知识与技能——也是如此，它们是最简单元素经由心智构建出的复杂系统，并呈现出惊人的总体表现。

如何学会一门知识？首先，自然要有足够数量且丰富的数据输入，获得可以直接挪用模仿的知识积木储备；其次，要进行多轮的主动提取尝试、复盘反思和精准反馈，帮助学习者的心智完成参数调整，逐步构建起越来越准确地反映出客观世界的心理模型，最终高效搭建出符合表达意图的语言建筑。

ChatGPT 模仿人脑的联结计算机制，证明了这种自组织的认知过程是完全可行的。无须假设一个神秘的心灵，只需大量简单元素的积累和挪用，通过不断调整的计算结构，合起来就能构成惊人的复杂思想和合理文本。"当你有1750 亿个神经元权重时，你就有了判断荒谬或合理的基础。"[12] 所谓学习，就是汇聚大量丰富的数据，并在不断的提取、实践尝试和有效反馈中完成调参，形成更准确、更有逻辑性的联结权重，组成越来越有效的计算结构，反映出世界的真实关系与运行方式。

丰富的数据输入对学习至关重要。对语言学习而言，这意味着大量的知识和相应的概念输入，包括可直接平移套用的句素、语句和对篇章结构的理解；对数学学习而言，需要积累大量关于数量逻辑和空间关系的知识组块和提取实践。这些基础元素和知识模块的积累是形成复杂计算结构的必要条件。

如果你想学一门语言，需要从音素和识字开始，基本构件扎实，同时大量输入听读材料，每天看各种知识视频。这些大量稳定的数据输入和积累，是计算结构形成的必备条件。没有大量稳定的数据输入，光记住考试技巧也难以真正用起来。

想提高阅读能力，首先要有扎实的基本元素（字的音形义）积累，世界知识体系积累，包括人物、客体、位置、事件关系等丰富的世界如何运行的基本表征。你需要不断自主思考，提取特征并进行推论，建立并不断熟练计算结构（即阅读理解五步法）。你需要暴露在丰富的、充满不确定的大量差异化数据（文章）中才能学会如何更好更准确地建立计算模式（关键词—对立项—主旨），使理解过程越来越准确和高效，从而水到渠成地拿到更好的阅读分数。不能指望在没有丰富数据输入和大量自主思考、自主提取和关联训练（阅读理解五步法）的情况下，希望脱离大量阅读、仅靠学几个阅读技巧或通关秘籍就拿高分，这是脱离客观实际的。

写作同样遵循学习的基本范式。从字词基本构件做起，要准确且大量地积累字词含义和写法；从抽象的概念框架到细节支撑，三级笔记是你写作时的计算结构，用于搭建你的复杂思想，形成文章。写作过程，同样不需要一个神秘的心灵，而需要遵循一个普遍的认知原理，也就是大量数据、意义关联与提取、形成世界模型（认知网络），再形成语义逻辑，对世界做出正确的陈述。

自然语言、数学、物理化学和艺术的背后都是思维算法，算法的基础不是神秘的灵感和心灵，而是大脑中上千亿神经元的活动。每一个神经元有能力每秒放电 1000 次，同时扮演存储和计算的双重角色，表征着"什么是什么"的概念，而且这些概念的不同特征被神经元进行了分层表征，以不同的联结权重来表达概念间不同的关联，比如"金丝雀"与"鸟"的关联权重大于"金丝雀"和"高大"的关联。你的学习方法、知识体系和思考能力都体现在不同的关联权重设置中。如果你是化学家，在定义"金属"时，你脑中激活的概念关联和普通人完全不同，你对"化学"知识和化学观的世界运行有着完全不同的计算结构，因此得出的解释框架和问题解决方案自然也会不同。

所谓强大的思维，深刻的洞见，本质是语言（自然语言和数学）构建的世界知识图谱与现实世界的更好拟合，也就是你脑内的知识表征更深刻准确地反映真实世界的关系，从而更有能力超越主观经验的表象，突破困境，指导实践（还记得线虫和养鸡场小鸡的例子吗？）。

深刻思想和创造灵感的产生，不需要神力。只要有足够多的句素，即对应世界知识的简单概念元件，只要汇聚足够多的数据，通过足够多轮次的参数调整、训练和反馈，就能以有意义的方式来组织思想并形成语言表达。

新范式下的学习观揭示出学习的过程，从引发注意、记忆，到提出解决（解题）方案，学习的每一步都需要创建特定的关联。可见学习的本质是创造和生成，因此所谓丰富输入不是无限追求数量和刻苦努力，不是像流水线工人那样比拼劳作时长，比拼在大脑中塞入多少"知识货物"。新的学习范式当然需要每日输入的数据量，但输入是有上限的，并非时间越长越好。输入的上限取决于你能吸收多少，能关联和整合多少，取决于输入数据是否足够高质量，能否激发你的专注和思考。

新范式下的学习工作流也不同于旧范式。新范式学习是创造者的工作流，与"搬运工"工作流不同。创造者追求的是在 10 分之一的时间内达到 10 倍的效果。旧范式下，学习者先是花数小时听了好几节课的单篇课文精讲，去记忆许多"正确答案"，放学后还要在痛苦中磨蹭，耗费几个晚上去背诵和摘抄字词句。材料都是好材料，但学习者总觉得跟自己没有太大关系。

在新范式下，学习是问题导向的，不断要求你在脑内关联与整合。同一篇文章或诗歌，使用阅读理解五步法来阅读和学习，你需要不断进行自主判断和意义关联。先用几分钟快速划出关键词，回答各种 what、how 和 why 问题，列出对立项，并得出文章主旨，这是对文章进行的模式抓取；再用几分钟整理出原文的三级笔记，这个笔记不是现成的，由外部提供给你，而是你自己经过多次思考判断形成的，所以拿着这个笔记，你已经能复述原文了；过几天，花半小时对着三级笔记，你调取自己的相关背景知识和生活体验，仿写出一篇文章，再将自己写出的文章和原文对比，才发现原来原文这样写或者原文的某个措辞有仅仅走马观花看不出的深意，能达到之前仅读时想不到的效果——原来只需要在大纲的二级或三级，或措辞上做出一些调整，我完全能写得更好。这就是实践和调参的过程。在新模式下，你的每一步、做了什么、目的是什么，都是非常清晰、可追溯、可改进的。这样学习，你会感到越学越有胜任感和内驱力。

这个过程中，你完成了真正学习所需要的数据积累和调参：通过三级笔记，进行了意义关联式的重组，实现高效记忆；通过主动提取，将学习内容与自己生活的体验进行反思和意义关联；通过输出训练和精准反馈，你真正理解了文章背后的逻辑架构搭建和素材组织与取舍逻辑。

在旧学习范式下，学习者可能辛辛苦苦死记硬背，兢兢业业抄 10 遍，花费数十个小时，却记忆不深刻，能力增长有限。这种搬运式的学习带来的长久影响是倦怠和逃避，因为无意义无乐趣的任务会令你痛苦，一痛苦你就会磨蹭，磨蹭会打击你的胜任感，更不想学。

在新学习范式下，你花一两个小时学习这篇课文，但通过走完从输入到输出的闭环，记忆更深刻，能力增长更多。更重要的是，创造式学习强化了自主动手，生长出"我能做到，我很厉害"的自我认知，自我驱动，希望学得更多更好。

其他学科，从体育运动、艺术到学科知识，只要用到认知的，使用新的学习范式去学习都会事倍功半。比如在数学或物理学习中，你得知了一个结论，能推导论证它和其他结论之间的关系吗？拿到一道数学题时，你能识别出题目涉及的关键概念和与其他概念的关联吗？能提取出记忆中存储的其他同类问题吗？这种主动的思考、重组、关联和推导需要头脑高度集中注意力，调动起自己过去大量的知识储备。

这种创造式学习，1~2 个小时就能耗尽头脑的算力，但回报极其丰厚。你通过自己的推导和论证过程，制作自己的三级笔记，制定自己的解题方案，使新学的公式或结论终生难忘，而且可迁移。因此，今天学 2 小时也就足够了。

创造性的主动学习不靠拼苦劳，不需要做题到夜里 12 点，也不需要"刷"100 道题。只有进行主动的模式提取、整合与关联的学习时间才是有效学习时间。其他时间可以用来进行体育运动或到户外尽情玩耍，让大脑得到足够休息，攒足火力为下一轮高度集中算力的思考攻势做准备。

与其问孩子，"你今天上课有没有好好听课？""你有没有刻苦学习"，不如问他，"你今天提出了什么问题？有没有思考什么有趣的问题？"这些问题更能反映他的心智有没有保持在健康的活跃度。

康德、狄更斯、托尔斯泰、费曼、阿西莫夫……这些创造性劳动者一生成果丰硕，著作等身，影响了人类发展。在他们的传记里，你不会看到白天听课10 小时，晚上再写作业 5 小时这样的泰勒制劳工时间表。他们不会连续工作太长时间，而是穿插与朋友讨论问题、散步、练小提琴、打鼓、画画等丰富的休息休闲活动、脑力再生产活动。因为学习本来就是一种主动创造，更适合短暂的注意力集中和穿插，而不是被迫不断进行长时间高强度机械的流水线操作。如果学习者早上 8 点到校，晚上 6 点放学（10 小时了），之后再写作业写到半夜（再写 4 小时作业），不要说儿童，就是成年人，日复一日面对这样摧折筋骨的工厂时间表，也难免意志消沉、精神枯竭，如何调集起足够的力量去有效思考？即使单纯从生理层面来讲，十几个小时的连续运转，也会毁灭一个人的主动思考能力。上太多课、写太多作业，会导致一个人没有时间学习思考，这并不是一个笑话，而是一个现实。

模块 4：解释模型

这节内容，我用新旧两种学习概念框架为你提供了一个解释模型（model）实例，让你看到不同的概念框架会深刻影响你产生怎样的论点和解决方案。我们思考其他任何问题时也是如此。因此，提出一个有解释力的且有足够证据支持的解释模型，是明辨式思维中必须加以充分反思和论证的重要步骤。当我们面对一个论点时，也需要追溯该论点是基于什么样的概念框架，需要检查它的一系列概念构成，检查这些概念有没有证据支撑，彼此的关联是否合理。

关于"解释模型"模块的问题检查清单：

- 这个解释模型多大程度得到证据的支撑？它的各部分关联是否合理？
- 这个解释模型多大程度解释了观察到的现象？
- 这个解释模型能不能预测现象的发展？

第四步　用模型解释现象，辨析观点

主旨问题	关键词
独立见解是如何产生的？	产生论点、预设前提、推论过程、影响

在对某事物建立总体认识并产生解释模型之后，你就会对该事物形成自己的论点。所以，明辨式思维的第四步是：验证模型，用模型解释现象。这一步涉及 4 个内容模块：论点、前提、推论和影响。

模块 5：论点

什么是论点（argument）？论点就是你究竟如何看待某个事物或他人的看法。

明辨式思维，不涉及个人喜好，如喜欢猫还是狗，喜欢甜豆腐脑还是咸豆腐脑；也不包括宗教信仰等信念，如有没有神。这类看法本身就不期待讨论和证据，因此只要它们停留在个人私域，不干涉公共事务，就不属于明辨式思维讨论的范围。[13]

论点和观点（opinion）不同。相比于"我觉得""常言道""人人都说"等

观点，论点与其关键区别在于有没有经过明辨慎思，即是否有证据以及分析，是否基于可靠的、系统的概念框架。论点应当可以追溯到证据，也可以追溯到概念框架。一个合理的论点应当是可溯源、可兼容、未来可调整完善的。对比之下，由于没有明确的根据，观点常常是基于主观直觉的，甚至是绝对的、非此即彼的。

既然人们的论点来自各自心中对某一事物的不同概念框架，那么分辨论点的"成色"时，需要回溯到背后的解释模型，看看你的论点是基于什么前提的，而这个前提又是基于哪个更为根本的原理。这一过程就是**分析**。当我们需要提出一个论点，比如要解释一个问题或制订一个行动方案，需要意识到自己的立论基于什么假设，这个基本假设基于什么基本原理，以及是否真正有证据支撑。

辨析下面各组陈述，哪些是论点，哪些是观点？你是否能发现这些陈述背后的认知模型差异呢？

"智商"

陈述 A："智商"是一个天生的固定的"值"，生下来是什么就是什么。学霸都是天生的，不是后天培养出来的。

陈述 B："智商"虽然有一定的"出厂设置"范围，但后天的努力同样重要。智能水平在很大程度上取决于记忆力和知识积累的有序度和丰富度、注意力中的中央执行系统能否持续操作脑内模型并引领思维等更为具体的能力的综合体现。这些能力又取决于知识和技能水平，因此人的智能水平是在学习中不断提升的。

"灌耳音"

陈述 A：婴幼儿可以通过看电视和听故事录音学会语言。

陈述 B：早期的语言学习和认知发展主要依靠交互。被动的听无法唤起注意力，无法启动学习机制。

白板 vs. 创造

陈述 A：学习就是上课听讲和课后完成作业。学习的目标是尽可能符合规范，符合标准答案，避免犯错误。

陈述 B：学习是一个主动的、从大量数据中建立模式的交互过程。需要学习者主动操作，主动提取，在新场景新任务下反复提取巩固，并调整模式。因此，学习依靠大量的数据输入、大量的尝试，并且从错误中不断微调，逐渐形成正确的模式。不应当求全责备，让孩子恐惧犯错，那样会让孩子不敢尝试，阻碍学习。

记忆是低级能力

陈述 A：记忆力在学习中是低级能力，只有思维、创造性思维、批判性思维、问题解决力等高级能力才值得追求。

陈述 B：在"思考""创造"等抽象程度更高的智能活动中，每一步都要依靠记忆的存储和提取。而记忆是一种主动的筛选和构建过程，需要关联已有的背景知识形成意义网络。对新信息的判断和学习能力，与学习者的已有知识网络有很大关系。因此，知识越多的人，对新信息的理解能力、判断力和记忆力都更好。只是需要注意的是，记忆的方法要符合认知原理，要注重意义关联、主动提取和反复提取，而不能靠死记硬背。

"原生家庭"决定人生幸福，不幸的童年要用一生去治愈

陈述 A：成年人缺乏自信、缺乏情绪控制能力、焦虑抑郁，不是因为他们自己的懒惰、不诚实、不理智、自我放纵、愚蠢或私欲，而是因为童年时的不幸经历，是因为受到过来自"原生家庭"的打击甚至虐待。

陈述 B：对同卵双生子的大样本研究发现，童年的缺失对成年后生活几乎没有影响。例如，母亲去世会略微增加抑郁的可能性，但影响不大，而且只对女性有影响。在童年时父亲去世则没有任何影响。父母离婚对儿童有一定影响，但长大后这些影响完全消失。成年时的抑郁、焦虑、婚姻不美满、酗酒、失业、打骂孩子等行为无法归咎于童年经历。[14]

不论是陈述 A 还是陈述 B，背后都各自有一套对心智与学习的解释模型。

陈述 A 都是基于"心智是天生固定"的解释模型，认为人的心智如同一块白板，知识、能力、人格都是固定的，被动的，由老师、父母、家庭环境等外

力模印到白板上。这一解释模型主要基于经验，缺乏科学证据。而陈述 B 基于的解释模型认为：心智是不断变化的，可以通过学习塑造。因为学习即大脑的数据输入和实践调参，学习会不断根据反馈调整认知。持续的学习行为及其积累会改变大脑解剖结构，自然也会改变学习能力。

面对同样的现象，不同的人会基于不同的认知模型产生不同的看法，这就是论点。审视和辨析论点，不应以其是否有利于自己或是否提供情绪价值而选择维护或反对，而应该分析论点背后有没有清晰界定的概念原理，基于什么基本假设 / 预设前提，证据是否详尽可靠。

关于论点模块的问题检查清单：

- 我的论点是什么？
- 我的论点是否建立在清晰可靠的概念上？
- 我的论点是否有足够的证据支持？
- 我的论点是否真的公正，还是在为自己的立场（利益、情绪等）辩护？
- 我有没有公正地考虑过其他人的看法？其他论点也许也有合理性？

模块 6：前提

前提（premises），指的是我们认为是真实的，无须再证明的观念。有时这些观念没有被明确说出，是人们认为理所当然的隐含观念。

李雷在经济繁荣、行业风口收入最高的时间节点，撬动高杠杆买了月供超过自己收入一半的大房子，送孩子上几十万一年的国际学校，还让妻子脱离职场回家全职带娃。做这些决策时，李雷可能没意识到这种安排的隐含前提：在未来 30 年，自己的收入水平不但不会降低，反而还会稳步增长。没想到，高薪拿了没几年，经济危机突然到来，李雷的工作岗位岌岌可危。

这个案例中的隐含前提是否成立呢？30 年不生病、不失业的难度不小，而且历史上也鲜有行业和经济体能够在已经繁荣 30 年后再继续高速增长 30 年，这样的预期难有事实支撑。如果在决策时，能够察觉自己预设了怎样的前提，并考察其可靠程度，可能就会做出不同的决策。

在学习科学领域，一样存在难以察觉的预设前提："鸡娃"还是放养？这是个死结。人们一听说让孩子做题、阅读、考试，就条件反射式地贴上"鸡娃"标签，而与之相对的选项似乎只有"放养"/"躺平"/"快乐教育"。这两种观点构成了二极管式的、非黑即白的人为对立。然而，躺平是不可能的，一个人不学习必然无法应对生存竞争。于是，在不断的"仰卧起坐"之间，大人和孩子倍感纠结。每当我们遇到这类死结，往往意味着隐含的预设前提出了问题：用"鸡娃"与"放养"建立非黑即白的二元对立，隐含的前提是将学习视为外部强加的痛苦负担，认为"学习是反人性的"，认为一个人本身绝对不会主动想学习，认为如果孩子要想有一个"符合天性"的快乐童年，就必须摆脱压在身上的学习负担。

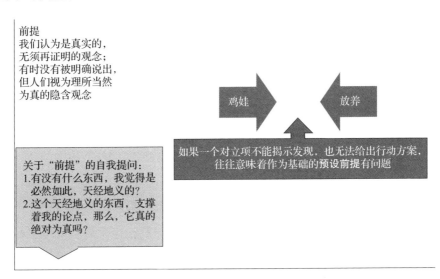

前提
我们认为是真实的，
无须再证明的观念；
有时没有被明确说出，
但人们视为理所当然
为真的隐含观念

关于"前提"的自我提问：
1.有没有什么东西，我觉得是必然如此，天经地义的？
2.这个天经地义的东西，支撑着我的论点，那么，它真的绝对为真吗？

鸡娃　　放养

如果一个对立项不能揭示发现，也无法给出行动方案，往往意味着作为基础的预设前提有问题

"一个人绝不会想要学习，学习是强加的负担。"这是事实吗？如果仔细研究，就会发现学习是生物发展的内在需要，从动物到儿童，都有天然的好奇心和探索欲，使生命的能力得到发展壮大。既然使自己变强大是生命发展的内在需要，是得到进化机制奖赏的，好奇心和探索欲的满足就会给孩子带来最深刻的快乐。给学习造成痛苦的是超出学习者最近学习区、违背心理与认知规律的教学内容安排、无效练习和不当反馈。考察了预设前提之后，"放养/快乐教育"和"鸡娃"的人为对立就被破解了。

每当我们走进一个死胡同，感到左右为难，就需要思考预设前提是什么？是否真的符合事实？

关于前提模块的问题检查清单：

- 立论中包含的前提，是否一定是必然如此，不容置疑的？

- 这个天经地义的东西，支撑着我的论点。它是绝对为真的吗，有证据吗？

模块 7：推论

从观察到提问，从证据到解释框架，每一步思考都在进行推论，需要有一步专门审视推论的链条是否严谨合理。

什么是推论（reasoning）？如果 A，那么 B。从给定的条件，推知一个结论。[15]

人最经常使用的推论方式是类比。类比推理通过将不熟悉的情况与熟悉的情况进行比较，帮助我们理解、判断和决策。类比是点对点的映射关系，或精确或模糊，是人类大脑天生擅长的模式提取方式，人们会有意识或无意识地使用类比。从诗歌到数学，类比思维随处可见。如《锦瑟》以"琴弦与音乐"的关系类比"人有限的身体与无限的心灵世界"，诗歌抓取的就是模糊的类比映射关系。

在更严谨的思考中，也常用类比。牛顿发现万有引力就是科学史上最经典的类比推理案例之一。他通过类比，将月球绕地球旋转与苹果在地球上往下掉落这两件看似毫无关联的现象联系起来，揭示了万有引力的统一性。牛顿意识到，也许使月球保持在轨道上的引力与地球将苹果拉向地面的重力是一回事。这个类比让牛顿进一步推导出了万有引力定律，即任何两个物体之间都有引力，并且这个力与它们的质量成正比，与它们之间的距离平方成反比。[16] 在第 7 章中，我们讲过思想就是揭示一个别人没发现的关联，思考就是一个整合与关联的过程，这常常通过类比实现。

在数学解题中，也常用到类比推断，尤其是在解决复杂的数学问题时。通过类比，我们将陌生的题目与熟悉的题目相关联，将抽象的问题与具体的事例相关联，将新知与已知相关联，将复杂问题与简单问题相关联。例如，一道复杂立体几何题目的解答常常依赖于一道平面几何中的类似题目：如果知道了均匀三角形的重心也是它的三个顶点的重心，那么就可以推测出均匀四面体的重心和它的四个顶点的重心重合。[17] 通过将二维平面中的几何性质类比到三维空间中，学习者可以推测出类似的结论，从而简化问题的解决过程。我们从熟悉的情境中得到启示，应用到更为复杂的情境中。不只是数学解题，类比推理也帮助数学家发现模式、提出猜想，并最终通过严格的证明来验证这些类比推断。

类比是否精确可靠，主要取决于依赖的证据链。首先是证据的数量和相关度，由许多相似例子进行类比所得出的结论要比由少数例子得到的结论更有力。更重要的是证据的质量。相对于模糊的相似，明确的类比分量更重，系统安排的例子比随便收集的例子更有价值。[18]

例如，可以用肌肉细胞的运作类比大脑神经元的运作吗？经常运动、锻炼的肌肉更为发达，使得运动速度更快，更加轻松。类似地，经常使用的脑回路联结更高效，使得对特定问题的思考速度更快，更准确。这一类比是否有根据呢？脑皮质会因为"锻炼"被改变吗？

在下图的证据链中，汇聚了从动物实验到人类，从个体到群体的证据：

- **动物实验**：东京灵长类研究所的实验显示，猴子学会使用耙子勾取远处食物的新技能后，脑成像显示其脑皮质增厚了23%。
- **人类个体**：新手出租车司机在学习并熟记城市地图后，脑成像显示其大脑额叶皮质明显增厚。虽然他们是成年人，成年之后的学习同样能提高智能水平。
- **教育对个体智商的影响**：个人每多接受一年教育，智商提升1~5分。
- **教育对群体智商的影响**：在国家的社会经济发展水平不断提升的过程中，随着教育的普及，人均受教育年限的提升，以及图书馆、博物馆等社会文化设施的完善，国民平均智商每10年提升2.93个百分点。

推论过程：如果这些实验和统计数据是可靠的，那么就说明智商不但不是固定的，并且只要学习，哪怕在成年后都可以持续提高。后天的耕耘和持续的学习与思考会令一个人越来越聪明。

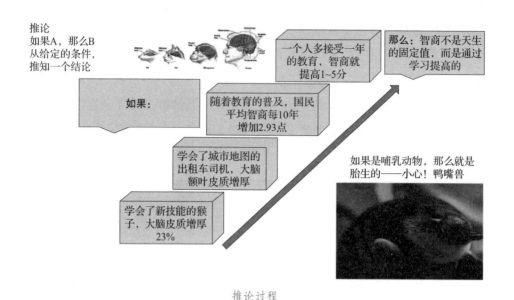

推论
如果A，那么B
从给定的条件，
推知一个结论

如果：

学会了新技能的猴子，大脑皮质增厚23%

学会了城市地图的出租车司机，大脑额叶皮质增厚

随着教育的普及，国民平均智商每10年增加2.93点

一个人多接受一年的教育，智商就提高1~5分

那么：智商不是天生的固定值，而是通过学习提高的

如果是哺乳动物，那么就是胎生的——小心！鸭嘴兽

推论过程

　　似乎确实跟肌肉一样，大脑皮质增厚意味着特定任务的处理能力、思考能力更强。但要慎重推演到更进一步的结论。例如，特定领域的学习和练习（如出租车司机大量记忆和提取地图信息）是否一定意味着对其他任务的学习能力（如画画、做数学题）增强呢？这一点尚无定论。

　　推论是明辨式思维中要仔细审视的模块，因为在推论的证据和能得出的结论之间，很容易发生问题。如我们讲过的小猫视觉剥夺实验虽然能证明视觉敏感期的确存在，但不能因此下过于绝对的结论，不能认为只要有"敏感期"三个字，就意味着过了这个时期就百分之百学不会某种技能。

　　又如，有证据证明早期大脑可塑性强，但不能推论出早教极端重要，早教能彻底改变一个孩子的认知水平，决定一个孩子的未来表现；更不能推论出人一生最重要的教育应该在早期完成，迟了就学不会了。即便实验数据支持存在语言敏感期，也不能直接推论出过了6岁或16岁等特定年龄就学不会新的语言。在推论中，证据能支持什么，无法支持什么，能支持到何种程度，都需要仔细加以辨别。警惕从有限证据一步跳跃到某个绝对的结论，更要警惕"三级跳"，从已经证明的结论跳到其他未经证明的结论。

　　除了类比，第8章还提到了归纳和演绎，也讲解了逻辑三段论。在三段论中，前提构成了结论的基础，如果大小前提都成立，则结论也成立：人都是会死的（大前提），苏格拉底是人（小前提），所以，苏格拉底会死（结论）。

但是，和数理逻辑不同，探索未知世界的明辨式思维在演绎的时候常常会遇到问题：哺乳动物都是胎生的动物（大前提），鸭嘴兽是哺乳动物（小前提），那么鸭嘴兽是胎生的（结论）。

等一下！鸭嘴兽明明是下蛋的。"哺乳动物"不是完美的一成不变的范畴，而这恰恰是揭示新知的开口。现实世界永远存在裂缝，而裂缝常常是新发现的契机。

关于推论模块的问题检查清单：

• 这些数据、证据和事实，是怎么让我得出这样的结论的？

• 同样的数据证据，有没有可能得出其他结论？

• 是否有反例存在？

模块 8：影响

影响（implication），指的是某个理论产生的间接结果，虽然与该理论有逻辑联系，但它们不是理论直接的"结论"。之所以称为"影响"，是因为理论作为一种推论，没有与事态直接的必然的关联，而是可能有间接的、额外波及的关联。[19]

"3000 万词差距"研究等一系列相关研究，揭示出互动对婴儿早期语言与认知发展的作用。市场上的大量育儿观点，常常从这些研究出发过度推演出一些结论，过度强调父母陪伴的时间长度（真正重要的是陪伴的质量和方式）。这导致了理论本身未曾预料的影响，对父母，尤其是母亲，形成心理和道德的压力，职场母亲会更加忧虑是否应该辞职回家陪孩子。她们担心，工作忙了一天回家后已经非常累，没有足够的精力，无法达到科学育儿的标准怎么办？加上敏感期相关概念的流行，也让父母担心如果孩子的发展前三年如此重要，把孩子交给老人或保姆，自己陪伴"不够"，会不会让孩子输在起跑线？强调敏感期的"科学育儿理论"加剧了父母的焦虑和挫败感，甚至给本来就承担了生育代价、职业发展上已经做出巨大牺牲的母亲，带来额外的精神压力。其实，很多概念在流行的过程中，都经历了推论环节的过度推演、绝对化和扩大化。认知研究被用来煽动焦虑，这些都是当初的研究未曾预料的影响。

当我们自己要提出一个论点或理论时，也要做自我检查。对于影响模块的检查问题是：

- 我的论点，如果被接受，会有哪些影响？包括我不一定乐于看到的。
- 对这些影响进行补充说明和研究。

第五步　更新与迭代模型

主旨问题	关键词
如果你得出了一个强有力的理论，能解释一切，就可以了吗？	新观察、新场景、新问题、迭代模型

明辨式思维的第四步是用模型来解释现象。既然已经通过大量数据、实验和综合各方共识得到一个看起来很完善的理论了，能解释现实中大量的现象，这就结束了吗？其实还没有。因为在有些场景下，对大部分对象有解释力的理论，不一定能解决新场景下的新问题。经过新一轮的实践和观察，总会出现新的问题。

于是就需要搜集新的信息，做出更多的研究，补充和修改既定模型，甚至可能推翻既定模型。这就是**明辨式思维的第五步：辨析和参考新信息新证据，更新与迭代模型**。明辨式思维是人类利用理性认识世界真相的过程，这必然是一个螺旋上升的闭环。人对世界的认识正是通过模型的不断更新才得以不断进步，否则，日心说就是一个永远正确的完美学说。

在现实领域中，人们总是在摸索中前行。过去的英语教学范式以语法为中心，认为语言的输入与产出是围绕语法规则进行的机械过程。这种范式强调语法规则，忽视实际语言运用，使得学习者学得既枯燥又低效。而引发的另一个问题就是缺乏足够的语言输入和输出。对比之下，我们在学习中文时几乎不依赖语法规则的教学，而是通过大量的阅读、听说交流自然习得语言，这正是大量语料输入的力量。结果就是，旧范式指导下的教学法在几十年的大范围教学实践中实际效果并不好，一个人往往学了十几年都无法自如使用英语，这就说明这个解释模型需要被重新审视。从新的认知科学出发所建立的新的语言学习解释模型，提倡大量的真实语料输入和及时的输出反馈，尤其是重视海量阅读的作用，让大脑通过实际语境自动调整语法和用法的"参数"，使得学习过程更加自然有效。在新范式下，学习者不再需要 10 年，而是在 2~3 年内就能达到旧范式下无法企及的语言水平。

数学教育也经历过类似的范式调整。曾经，西方发达国家的数学教育都轻视天然的数感直觉，认为"数学是脱离直觉，可以被随意控制的枯燥学科"，学生必须按照老师讲授的程序来计算，强调符号操作的精确性和逻辑规则的遵循，而不重视对数学概念的理解。这种形式主义数学观将数学视为对抽象符号的纯形式化操作，认为数学是"去除任何直觉支持的、以人为情境为基础进行呈现的、并具有高度选择性的极端正规的教育"。结果，这种数学教学观导致了教育实践的失败。根据美国密苏里大学哥伦比亚分校的研究，大约 6% 的儿童有"数学障碍"。神经科学家迪昂认为，如此高的比例不可能是学习者都有神经系统障碍，而是形式主义教学导致的。也就是说，当一个概念框架在解释现实、改变现实的过程中遇到大量问题时，就需要重新审视和研究整体解释模型。

基于神经科学的研究，**现代数学观**注重概念理解、应用实践以及跨学科联系，支持通过培育天然数感直觉与数学操作衔接来达成基于理解的教学。现代数学观强调"数学概念驱动"而非"符号操作优先"，目的是让学生不仅能解题，还能真正理解所学内容背后的原理；数学教育从过去的脱离现实改变为注重应用，对基本的数学概念也强调通过与真实世界中的具体事物关联，达成对抽象概念的具体理解。比如，讲授分数加法 1/2+1/3 时，如果让儿童通过切分蛋糕的具体操作情景来学习，他能通过直觉知道总和小于 1，并理解可以通过将这两块蛋糕切成更小的完全相同的块（1/6），重新组合算出准确的总数"1/2+1/3=5/6"。而不是直接让他记住应该让分母相乘再相加，不问为什么。从把儿童视作"符号运算机"到从具体到抽象培育数感、形成数学理解的数学教育，这就是在数学教育上开展明辨式思维工作流的第五步——推翻既定模型，建立新的数学学习解释模型。[20]

现在，明辨式思维的 8 个构成模块已经介绍完了。接下来，我们以"网络游戏是否会成瘾"为例，实践明辨式思维的全流程。

9.3 落地实例：我们时代的成瘾病

网络游戏是否会成瘾？

第一步 发现问题，界定问题

首先，提出问题。从直接观察出发，发现奇怪的地方，无法回答的问题。

举个例子，某家长见到孩子拿着手机不放，没日没夜玩网游，看视频。只要大人不盯着，孩子就会一直抱着手机看。大人的反应可能是这孩子怎么这样，太不听话了！认为是孩子"不好"。但另一方面，你也会看到有大量父母觉得给婴幼儿看屏幕没什么问题。自己喜欢看，也乐于用手机安抚孩子。反对用手机育儿有根据吗？在面对一些现象时，我们最容易产生主观的感受和直觉的好恶价值判断。但如果缺乏一个清晰的理解框架，我们会发现大量夹缠不清的观念和相互矛盾的做法，很难找到判断的依据和处理问题合理的度。

一个孩子天天抱着手机、电脑看个没完，不吃、不睡、不学习，令人忍不住联想到鸦片等成瘾物质。除了网络游戏和短视频，买游戏皮肤、买奥特曼卡，甚至有的孩子为此花费几千上万，甚至数百万元，这些行为真的可以算成瘾吗？这跟医学上有明确界定的酗酒、烟草、吸毒等成瘾似乎很类似。药物成瘾涉及明确导致成瘾的化学物质。那么行为呢？也有物质作用于大脑吗？像剥洋葱一样，我们找到一些现象的共性，一层层剥下去，找出其中包含具体概念的问题：

首先是基本概念：什么是"成瘾"？玩手机游戏和看短视频是否能像鸦片一样算成瘾？如果算的话，意味着这类产品被有意设计去触发大脑中的成瘾机制，个人失去自由选择的认知能力，那么监护人就必须主动管理而不能任由孩子敞开玩。

如果成瘾是生理现象，它的机制是什么，它是如何运作的？成瘾会改变大脑，那究竟是大脑的什么部位，什么作用机制？多大强度，多大剂量，多大频率会导致成瘾？《经济学人》杂志曾有文章为网络游戏辩护，说大部分打游戏的人并没有成瘾。如果现在的数据是成年人每天平均看手机 150 次，为什么不是每个人都已经成了"瘾君子"？

见到孩子拿着手机不放，夜里偷偷在被子里玩"网游"，只要不是大人盯着写作业，就全部时间都在抱着手机看短视频，玩游戏，这孩子怎么这样，太不听话了！为什么你就不能像隔壁小明怎么自觉？

酗酒、吸烟等是明确的成瘾行为。那么玩"网游"算不算？买盲盒，抽奥特曼卡，怎么说都不听，一花就是大几百，甚至有的孩子花几千元钱去抽出现概率极小的卡，这算不算赌博呢？赌博算不算上瘾呢？

要解决这些问题，首先要明确概念：
究竟什么是成瘾？看手机游戏和直播会不会算成瘾？界限在哪里？
它是道德问题（责任在个人），还是有什么生理基础（至少部分责任在产品设计方，产品利用了生理的成瘾机制）？
如果是个人选择问题，那么就是一个人自己的道德责任，要反思孩子是否缺乏自制力，或者自己是否对孩子情感支持不够，如果成瘾是生理现象，那么利用了生理机制让人上瘾的产品设计方也是有责任的。并且监护人就必须要管理而不能任由孩子敞开了玩。

基于明确概念的提问：什么是成瘾？是否有生理基础？

成瘾到底有哪些条件？如果改变某个条件，会怎样？为什么不是所有打游戏的人都严重成瘾？难道游戏就不能玩吗？一个人不同程度出现沉迷的时候应该怎么办？这就要了解成瘾的条件。成瘾的人是否缺乏情感纽带、缺乏亲情、与社会与客观世界广泛的关联和支持，包括自我认知、认同感？

观察并关联许多现象，整理问题，从主观的情感和价值判断的问题，到客观认知层面的问题，就知道下一步需要查找什么资料了。

第二步 主题研究，搜集信息

通过资料的搜索查阅，发现成瘾是一种大脑病变，特征是强迫性地追求奖赏刺激，不管负面的后果。成瘾的发展过程中涉及大量的神经生物和心理因素，目前也已经十分明确它的物质基础和运转方式。

成瘾的行为表现是：首先，越来越多的使用一种物质，该行为就成为强迫行为——成瘾。在大鼠按杠杆实验中，大鼠按压杠杆，立刻有微弱电流刺激边缘系统中的伏隔核区域，多巴胺快速过量分泌，大鼠获得刺激，感到满足。结果，大鼠在尝到多巴胺刺激的滋味后，疯狂按动杠杆，不吃不睡，甚至连交配行为都停止了，在几天后因过量刺激而死。成瘾的标志之一就是不顾负面后果——尽管对健康、财富和人际关系有明显损害，还是会继续成瘾行为。

其次，成瘾有耐受性，需要不断增加用量。神经系统大量释放多巴胺，长时间高水平的多巴胺会导致相应神经通路中的受体减少，也就是说对多巴胺敏感性降低。同样的量无法产生同样的快感，所以就要不断增加用量。如果戒断，就会出现戒断反应，如酒精的戒断症状包括易怒、疲倦、颤抖、出汗和恶心。药物戒断会导致一些可能与沮丧感相关的脑区活动增加，电脑游戏的痴迷者（平均每天玩超过 4 小时游戏）也会出现戒断反应。

成瘾背后的物质基础，可以从神经递质和脑区两个层面来看。20 世纪 50

年代，詹姆斯·奥尔兹（James Olds）与彼得·米尔纳（Peter Milner）在大白鼠的伏隔核区植入电极，发现大白鼠选择按压一个刺激该电极的开关，过于投入甚至停止了吃喝。大鼠之所以如此"疯狂"，因为成瘾已经改变了它大脑的解剖结构，包括伏隔核和前扣带皮层，劫持了前额叶的决策力。不论是物质成瘾，还是赌博和网络游戏等行为成瘾，都作用于大脑，改变大脑的解剖构造，共同点就是会留下客观的标记，在基因层面就是 ΔFosB 转录因子的过度表达。[21]

雕凿脑区快感回路的主要是神经递质多巴胺。很多脑区都可以让大鼠产生兴奋，这些区域都直接或间接增加多巴胺水平。不只酒精和毒品，行为体验也能刺激多巴胺的供应，包括性、赌博和电子游戏。对于游戏爱好者，这种效应尤为明显。成瘾者滥用的各种药物几乎都是在增加大脑的多巴胺水平。成瘾的特点就是极大占据使用者的渴望和注意力，即使他们用药时的快乐感体验不断递减。[22]

所以，所谓"成瘾"，是指成瘾快感回路劫持了多巴胺等神经递质的奖励机制，在大脑星球上各脑区雕凿出了深深的沟壑。由于改变了特定脑区，那么一个人有没有成瘾，理论上可以用神经成像扫描来看到。如果一种物质或行为导致了人脑发生了这种物质层面的变化，那么它就是成瘾物质/行为。

成瘾劫持了大脑的奖励机制——多巴胺系统——本来是用来奖励学习、劳作和亲密情感，使生命更好地生存与发展。成瘾者会强迫性地去获得短平快的快感奖励，获取过量高频高强度的多巴胺刺激，哪怕引发快感的物质/行为明显不利于生存、成本极高、后果非常负面，也停不下来。就像实验中的老鼠，不吃不喝，一直疯狂按动刺激伏隔核产生多巴胺的按钮，直到精疲力竭而亡。大脑中负责整合信息转化为行为的眶额叶皮质，负责计划的理性的前额叶，负责价值感的杏仁核，这几个结构组成了大脑的情绪系统，本来的目的是建立起一个物种丰富的星球，而现在，整个星球的意义被重新编码，一切存在目的就只为了加深那条成瘾的沟，获取下一次快感。这种状态的本质，是大脑奖赏系统被劫持。

在第 1 章里，我们讲到大脑星球在婴幼儿时期会经历快速的突触发生，之后随着大脑区域越来越专门化，数量更多更繁杂的突触林莽会发展成柔软茂密的智慧与技能大树，可以向上无限延伸，即结构化知识和思维能力可以终身成长。在神经科学层面，学习的本质就是神经可塑性。一个人越学习，大脑可塑性越强，他就会越善于学习；越不学习，大脑可塑性越差。而成瘾可以理解为一种"黑化的学习"，它劫持了大脑多巴胺奖励机制，它做的是令本应无限可能、高可塑的大脑成为贫瘠的荒山，并不断加深伤痕般的沟壑——无法摆脱的强迫性快感路径。相比终身可塑、终身成长的智慧茂林，成瘾性行为雕凿出的荒芜深沟剥夺了可塑性，使人无法认识和反思，更无法改变自己的行为。所以，读书和跑步等好习惯"成瘾"不是真正的成瘾，因为这些活动增加了人的可塑性和发展的可能，这些习惯的背后是大脑情绪系统和多巴胺奖赏系统的健康发育，而非被劫持。

第三步　构建解释模型

搞清楚基本概念和运作方式之后，这一步要一个初步的解释模型："成瘾"的本质特征是什么？如何判断特定的行为是不是成瘾？

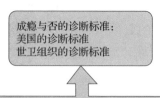

行为，确实也和酒精与药物一样，会造成成瘾。《美国精神疾病诊断与统计手册》（第五版）列出"赌博成瘾"的诊断标准：情绪变化，强迫性和病理性隐退／戒断反应。有来自脑成像的证据显示赌博活动能过度激活大脑奖励系统，尤其是中脑—边缘系统多巴胺回路。同样，购物和玩游戏也会引发强迫式行为，并激活这条多巴胺回路。基于这一证据，赌博成瘾、网络游戏成瘾以及购物成瘾才得以被归类为成瘾行为。[23] 所谓强迫行为，就是失去控制、理性和计划思

维，无法评估后果，无法控制自己。

由此可见，是否有能力认知与控制是判断行为是否强迫的重要指标。2012年的一项研究比较了几个被试群体的大脑：健康对照组、职业电竞选手以及网络游戏成瘾者。研究发现，职业电竞选手的左脑扣带回（情感、学习和记忆）灰质明显增加，这意味着职业电竞选手在系统性和有良好控制的训练计划之下进行了大量高强度训练；而网络游戏成瘾者没有控制大脑的冲动，并且缺乏控制前额叶的能力。网络游戏成瘾患者和职业电竞选手虽然玩游戏时间都很长，但对大脑造成的影响是不一样的，大脑结构发生了不同的变化。[24]

同样是花费大量时间打游戏，职业电竞选手有控制有计划的训练意味着认知的参与。而成瘾者则是纯粹被快感回路控制，这二者造成的大脑变化不同。那么显然缺乏认知和控制能力的人群，比如儿童，就更容易形成强迫行为。2018年的另一项研究显示，755名网络游戏成瘾患者接受了为期五年的临床治疗，三分之二的成瘾病患没有完全恢复，并持续体验成瘾带来的功能丧失困境，尤其是那些从儿童和青少年时期就开始玩游戏的人。也就是说，越早开始沉迷，戒除网瘾就越是困难，因为这种成瘾是在大脑发育期发生的。从早期就开始过度沉迷网络游戏和短视频的人，大脑发育更容易受阻，功能性障碍也会持续更长时间，但沉迷较晚的病患恢复较快。所以，在幼儿期和儿童期，父母对屏幕时间和内容的监督必不可少，不能敞开供应屏幕时间，防止孩子沉迷确有必要。

基于对成瘾生理基础的理解，再来看诊断标准。原本列入疾病分类的行为性成瘾只有赌博，但2022年1月1日发布的世卫组织《疾病分类手册》第11版将网络游戏成瘾列为和药物成瘾一样的成瘾症。而我国早在2008年就已将游戏成瘾纳入精神疾病范畴。2008年11月8日，我国首部《网络成瘾诊断标准》通过论证，使我国成为世界上第一个出台网络成瘾诊断标准的国家。该标准由北京军区总医院牵头制定，报批国家卫生部后，在全国各大医院精神科推广使用。[25]美国的《疾病分类手册》也有网瘾诊断标准。虽然世卫组织、中国和美国的三个诊断标准有细节的不同，[26]比如持续时间，中国是3个月就可以确诊，世卫组织是12个月，但是总体来看，诊断标准共性很明显：

中国：2008年11月8日，我国首部《网络成瘾诊断标准》通过论证，玩游戏成瘾被正式纳入精神病诊断范畴，我国成为世界上第一个出台网络成瘾诊断标准的国家

1.对网络的使用有强烈的渴求或冲动感
2.减少或停止上网时会出现周身不适、烦躁、易激惹、注意力不集中、睡眠障碍等戒断反应；上述戒断反应可通过使用其他类似的电子媒介，如电视、掌上游戏机等来缓解
3.下述5条内至少符合1条：为达到满足感而不断增加使用网络的时间和投入的程度；使用网络的开始、结束及持续时间难以控制，经多次努力后均未成功；固执使用网络而不顾其明显的危害性后果，即使知道网络使用的危害仍难以停止；因使用网络而减少或放弃了其他的兴趣、娱乐或社交活动；将使用网络作为一种逃避问题或缓解不良情绪的途径。网络成瘾的病程标准为平均每日连续使用网络时间达到或超过6个小时，且符合症状标准3个月

世卫组织《疾病分类手册第11版》ICD-11
1.对于自己玩游戏的自控力明显受损（Impaired control over gaming）
2.游戏在生活中的重要性排序超过其他生活兴趣与日常活动（Increasing priority given to gaming to the extent that gaming takes preceence over other life interests and daily activities）
3.即使负面后果已经出现，仍然持续玩游戏甚至更加沉迷（Continuation or escalation of gaming despite the occurrence of negative consequences.）
4.玩游戏的后果已经严重或严重损害个人，家庭，社会，教育，职业或其他重要的个人功能领域（Sufficient severity to result in significant impairment in personal, family, social, educational,occupational or other important areas of functioning.）
5.出现持续或反复再现的游戏行为模式（数字游戏）或"视频游戏"（A Pattern of persistent or recurrent gamingr）behavio（"digital gaming" or "video-gaming"）
6.可能是网络或是离线游戏（May be online or offine）
7.游戏行为可能是持续不断的，也可能是阵发活反复重现的（May be continuous or episodic and recurrent）
8.至少持续12个月，如果症状严重，或符合大部分诊断标准，没有达到12个月也可以确诊

美国疾病分类手册DSM-5
1.对玩游戏的渴求（玩游戏的行为、回想玩游戏和期待玩游戏支配了个体的日常生活）
2.不能玩游戏时出现戒断症状（可以表现为易怒、焦虑、悲伤）
3.耐受症状（需要玩的时间越来越长）
4.无法控制要玩游戏的意图
5.因游戏对其他爱好丧失兴趣
6.即使知道玩游戏的潜在危害仍难以停止
7.因玩游戏而向家人朋友撒谎
8.用游戏逃避问题或缓解负性情绪
9.玩游戏危害到工作、学习和人际关系

基于成瘾的生理基础而制定的诊断标准

- 成瘾者不仅仅花大量时间和精力玩游戏，而且明显损害一个人正常的社会功能。那么，电子屏幕、网络是洪水猛兽吗？如果一个人能认识和控制自己的行为，是不算成瘾的。
- 成瘾者完全丧失自我控制能力，即使知道有害也无法停止，并且为了获取满足不断加大剂量。
- 成瘾症状持续相当长的时间，通常是数个月以上。

可以看到，以我们前面的资料查阅而构建出的解释模型，使我们比较容易理解这个诊断标准：失控，无法认知和控制自己；强迫行为，失去可塑性；长期进行，改变了大脑结构。

第四步　用模型解释现象，辨析观点

当你查证并理解了成瘾的生理机制和诊断标准，建立了对成瘾的解释模型之后，今后再面对现实中诸多情况和不同的观点，你就有了判断的依据，也能提出自己的论点了。例如，面对成瘾问题，总有人给出自己的观点：可以用敞开不限量供应的方式解决问题。冰激凌糖果敞开吃个够，游戏敞开玩个够，孩子自己就烦了。

> 越强制，越好奇。如果让孩子敞开吃糖，敞开玩游戏，他自己彻底满足之后就会厌倦，并且学会控制自己。

> 产品是无辜的，出问题的是极少数人自己的问题。沉迷游戏的人往往已经有抑郁症，焦虑，社交恐惧，不是游戏的问题。

> 成瘾分坏的瘾和好的瘾。比如读书，跑步，也是成瘾，凭什么爱好非要分三六九等鄙视链？人有权利抽烟，喝酒，打游戏。

> 孩子整天抱着手机不放，是成瘾吗？家长该干预吗？

过去你会从常识和观察层面发现不对劲的地方：现实中敞开玩游戏、敞开刷短视频的孩子多了，没见过哪个孩子会因此厌烦的。而且，同样是成瘾，数百年前不禁烟、敞开供应鸦片的时候，吸食者也没因此厌烦啊。但我们现在从科学原理层面理解了：成瘾是有生理基础的，大剂量暴露会改变大脑结构。动物研究中刺激大鼠的伏隔核，也就是大脑的奖励回路，大鼠形成快感依赖后甚至会不吃不喝，也要不断按压刺激伏隔核的操纵杆。人类大脑对多巴胺奖赏回路刺激会呈现出和大鼠一样的反应，被试会强迫式地没完没了地按下刺激伏隔核的按钮，期待多变的未知赏筹。这一成瘾机制就是社交媒体、盲盒、赌博和网络游戏等成瘾媒介的设计原理。

由于成瘾的本质特征就是令大脑失去可塑性，意味着大剂量长期暴露而改变大脑的价值感、计划与决策等脑区功能的人，已经无法自己感到"烦了"而拒绝刺激。把选择权完全交给个人，尤其是前额叶本来就没有发育好的儿童，希望他学会自我控制，不啻为缘木求鱼，而且风险很高。

如果孩子抱着手机或者平板电脑不放怎么办？大人要不要管呢？随处可见"手机育儿"，给孩子塞一个手机，孩子就能安静地看几个小时，这样做好吗？有没有什么后果？

如果没有建立对成瘾的解释模型，我们就会在"手机育儿"的诱惑和"洪水猛兽"的恐慌之间来回摇摆。现在我们知道，成瘾的基本特征包括强迫性行为和损害社会功能，成瘾者将游戏或刷视频置于自己生活的首位，导致正常生活混乱；另一个标准是超长的使用时间，如持续几个月之久。成瘾的概念清晰了，我们就不会看到孩子用屏幕就恐慌，也知道了不能敞开供应，最重要的是掌握使用的方法。

儿童的屏幕时间多少合适？美国儿医学会的建议是：18个月以内的宝宝，除了短暂的视频通话，父母应该尽量避免婴儿使用电子屏幕；18~24个月宝宝，可以适当接触电子屏幕，但需要选择优质的内容，应当在父母陪伴下观看，每天的接触时间应该为20分钟内；2岁至5岁的孩子，每天接触电子屏幕的时间最好限制在1小时内，父母最好陪伴观看，并筛选高质量的动画片或节目。对于6岁以上的儿童，对屏幕时间的使用应建立一贯的限制规定（所谓"一贯"就是规则，如每天只能看20分钟，在不同情境下都执行，不能因为周末、假期或大人顾不上就敞开看），确保看电子产品不能影响睡眠时间，不能挤占户外活动时间等其他健康行为时间。

儿医学会给出这些建议的背后，是研究发现：过早过量的屏幕时间暴露会损害婴幼儿语言发育、注意力以及社交能力的发展。

当然，电子产品并非洪水猛兽。如果一个孩子能在家长的陪伴下使用屏幕，并且观看的内容是经过父母挑选的、高质量知识内容，同时有充足丰富的其他活动作为平衡，如亲子陪伴散步聊天、绘本共读、做手工、户外活动，跟小伙伴玩耍等社交活动。在有丰富生活的情况下，引入高质量内容的屏幕时间会给孩子带来好处。但如果一个孩子的生活本就情感陪伴缺失、单调而孤独、亲子纽带与互动贫乏、缺乏玩伴、几乎没机会自由玩耍，真实人际情感的社会联结大量缺失，那么极度贫乏的现实环境叠加不受限的虚拟刺激，带给孩子的就是易于成瘾等诸多坏处。

用明辨式思维发现权威媒体报道的"特定角度"

建立了概念框架之后，再去看对于网络游戏是否成瘾的媒体报道，你会发现：即使是通常作为优质信息来源的权威媒体，其报道也是特定角度折射后的，阅读时需要批判性思维。

2022 年 1 月 1 日，最新版疾病诊断手册《国际疾病分类》（ICD–11）生效，"游戏障碍"（gaming disorder）得到了世卫组织的承认。在此之前，中国作为世界最大游戏市场刚刚宣布新规，限制未成年人只能在周五、周六和周日每天玩一个小时游戏，其余时间不许玩。对此，著名"自由主义"媒体《经济学人》的报道很有意思。如果你已经对成瘾构建了自己的理解模型，你会发现有意思在哪。

《经济学人》网站发表了名为 *Video game makers must address worries about addictiveness*（《游戏开发商必须解决游戏成瘾忧虑》）的文章，参考消息网编译如下，我在括号中添加了阅读批注：

中国认为，电子游戏有成瘾性。这种担心并不新鲜。20 年前，早期网络游戏《无尽的任务》玩家就可怜兮兮地说自己"无法自拔"。治疗游戏成瘾的诊所也已经从中国和韩国蔓延至西方。

如今，世卫组织支持中国的立场。（世卫组织的决定不一定跟中国有关。撇开证据和研究，认为世卫组织是追随中国立场，就是在强化偏见，隐含世卫组织的做法是配合政府权力干涉个人选择自由的意思。）2022 年 1 月 1 日，医生和医疗保险公司广泛使用的最新版《国际疾病分类》（ICD）开始生效。它首次把"游戏成瘾"列入疾病范畴。

荷兰纽祖游戏市场咨询公司估计，2020 年全球电子游戏收入为 1700 亿美元，远超音乐和电影，而且增长迅速。（强调游戏产业是重要的经济增长点。隐含意思：怎么能让这些政府的权力过度插足，轻易损害经济自由发展？）

"成瘾"定义发生变化

电子游戏会让人上瘾的看法源于心理学家改变了如何理解成瘾性。（这句话说得就好像成瘾与否是一个主观概念，心理医生想怎么说就怎么说。）哥本哈根大学心理学家鲁内·尼尔森说，多年来，成瘾的前提是有某种可能让患者迷上的实物，比如尼古丁或者吗啡。这种情况在 20 世纪 90 年代末开始改变，当时的看法是，（"当时的看法"这种措辞，继续给读者加深成瘾概念是一种主观意见的印象）人们既会对毒品上瘾，也会对令人愉悦的行为上瘾。（毒品属于物质依赖，而行为的成瘾和物质成瘾一样，都可以观察到大脑病变，都是客观存在的。但此处将"毒品"和"令人愉悦的行为"放在一起，前者一听就是有害的，而后者是每个人日常都经历的，这两个词放在一起，读者就会觉得令人愉悦的行为也成瘾吗？心理学家简直就是小题大做。）

对于其中一种行为，这一定义是完全没有争议的。英国诺丁汉特伦特大学心理学家马克·格里菲思说："如今，没有多少人质疑你会对赌博上瘾的观点。"但他说，这一思路也"打开了理论的闸门"，把其他各种娱乐活动定义为"成瘾"，从而扩大了大多数人对这个术语的理解。（如何理解"成瘾性"？该报道反复将"成瘾"这个关键词塑造得让你觉得这是一种主观的概念。而经过我们的查证，成瘾是一个客观的，改变大脑结构的生物化学过程，可以用 fMRI 和 PET 看到成瘾者的大脑病变，而绝对不是主观的、随便提出的观点。基于我们刚才查到的证据，现在也能理解诊疗标准的更新并不是基于问卷调查或者精神科医生的主观意见。）

除了游戏，格里菲思博士还研究了运动、性和工作成瘾性。2013 年发表的一篇论文对热衷探戈舞的人进行了调查，发现在新定义下，大约 40% 的人可能符合"瘾君子"的标准。（将网络游戏和"探戈舞成瘾"进行荒谬类比，进一步消解了读者心目中"游戏障碍诊断标准"的可信度。）

但游戏成瘾的概念仍然模糊不清。就连承认从医学意义上说游戏会让人上瘾的研究人员，也对游戏上瘾的普遍性各执一词。卡什估计，10% 的美国人可能符合某些诊断标准。但格里菲思说，即使是 1% 的比例也肯定太高了。（这是在用数字来驳斥游戏成瘾。）

一种可能性是，沉迷游戏是一种症状或应对机制，而本身不是一种疾病。牛津互联网研究院的安德鲁·普日贝尔斯基说："在存在游戏成瘾问题的人中，至少有一半患有抑郁症；另外三分之一患有焦虑症。"（成瘾的后果包括容易引发抑郁和焦虑。但不能用这种次生后果来否认游戏成瘾。）

《经济学人》的另一篇同主题文章说：许多支持"游戏在医学意义上会上瘾"的研究都是含糊不清的：它们依赖于自我报告的症状、有争议的诊断标准、不准确的样本，等等。事实上，成瘾改变了大脑结构，可以用脑成像观察到。可以看到，《经济学人》在多篇报道中的角度都是尽力模糊成瘾的概念，为游戏这个产业整体属性做辩护。

虽然《经济学人》的这篇报道有显著偏见，但它的文章后半部分也指出了部分问题：游戏确实利用赌博机制来诱导玩家成瘾。

……与赌博的类比最明显地体现在"战利品箱"上，这是一种能爆出随机虚拟物品的宝箱。例如，在《FIFA》系列游戏中，玩家可以通过购买卡包随机抽取球员卡牌，从而组建足球队伍。挪威卑尔根大学的鲁内·门措尼博士说，如果是手气平平的人，在2018版《FIFA》中组出一支最佳战队可能要花1.2万美元。

此外，所有这些特性都可以通过分析数据进行调整，而数据正是从游戏玩家那里收集来的。游戏开发商可以进行各种实验（从困难度曲线到各种内购物品的价格），观察这些调整对用户黏性和收入的影响。

当然，大多数免费增值游戏的玩家是一分钱不花的。最近的一起诉讼案卷宗显示，苹果应用商店70%的收入来自游戏，而这笔收入大部分又来自一小群花钱大手大脚的人。

政府开始加强监管

尽管如此，政界人士开始有所担心。比利时和荷兰宣布，战利品箱应该被视为赌博加以管制。世界第五大市场英国的新规定要求保护18岁以下的玩家。不管游戏成瘾的真正患病率如何，世卫组织的认可有可能提高诊断率。因为这给了医生一个正式的诊断代码来记录游戏成瘾。

少数游戏开发商会悄悄承认，他们对自己产品的运作方式感到不安。牛津互联网研究院的普日贝尔斯基在 2019 年的"游戏开发者大会"上发表讲话，对该行业的防御性感到担忧，并警告开发者要为新规定、罪恶税和罚款做好准备。他认为，游戏公司应该让学者获得内部数据，希望这可以解决游戏在医学意义上是否真的能让人"上瘾"的问题。（实际上上瘾与否不是一个问题，整个游戏产业就是按照如何让人上瘾来设计的，包括不断变化的未知的刺激，赌博机制的引入。）[26]

《三联生活周刊》在 2022 年也发布了一则轰动性报道：四川泸州一位曾经有能力的女校长，沉迷网络游戏之后，陆续挪用了原本用于建设集团校的约 5000 万元集资款去玩游戏，事发后家破人亡。报道中对这款游戏的描述也是突出了"多变的赏筹"这种赌博设置，作用于大脑伏隔核愉悦回路，其成瘾性显而易见。如果不是靠赌博和成瘾机制，你无法想象一个成年人如何会在游戏中"氪金"5000 万。社会新闻中，未成年人从家里偷窃数万元用于游戏充值、购买道具等现象屡见不鲜，也是同样的机制劫持了大脑的奖励系统，导致了成瘾这个大脑疾病。

当你拥有清晰的概念和解释模型之后，再去看形形色色的观点和媒体报道，你就可以形成自己的判断。成瘾与否，这不是个别专家可以随意编造的概念，供世卫组织和国家政府公权力干涉商业和个人选择自由。由全球游戏大厂组成的游戏协会曾发布联合声明，希望世卫组织能够重新考虑将"游戏成瘾"列入 ICD-11 的决定。看到游戏产业巨大的利润，这种阻力来自哪里也就可想而知了。证明游戏不会成瘾的科研项目容易得到经费支持，而相反则不容易得到经费支持。这一幕在垃圾食品、糖和烟草领域都曾上演过。游戏如此，其他事情何曾不是如此呢？

你接收到的信息，常常被戴上各方利益博弈的滤镜。如果一个人对他人的看法、对"权威信息"不加明辨慎思，照单全收，那不啻为将自己的生命和发展抉择置于他人的手中。

第五步　更新与迭代模型

在成瘾问题上，医学界过去认为只有酒精、毒品等物质会导致成瘾，后来发现行为刺激也能引发大脑结构变化，和物质成瘾的生理过程一样，这是对成瘾模型的更新迭代。

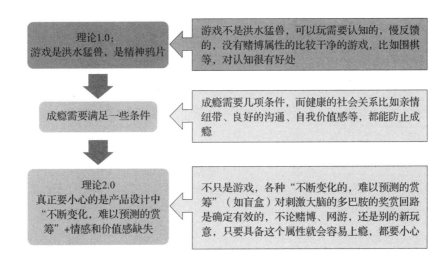

对我个人来说，经过一番查证，我也改变了对游戏成瘾的看法。我曾经不了解网络游戏，查证之后发现游戏并不是洪水猛兽。成瘾需要几方面条件，并不是一玩游戏就会成瘾。如果孩子和父母有丰富的互动，良好的情感和信任关系，那么日常有控制地玩一玩游戏，看看高质量的视频内容，如我们前面推荐的知识视频，并不会有太大问题。有一些页面干净、没有过度感官刺激元素、没有赌博机制的游戏，比如 Lumosity 这样的认知游戏 APP，甚至可以针对性地提升认知能力。类似的还有围棋和象棋，虽然是游戏，但认知门槛高，需要理性和意识做出努力才能得到多巴胺奖赏，而且这种多巴胺是前额叶深度参与的，带来的奖赏是缓慢持久的。这类游戏不会损害大脑可塑性。

了解大量短平快多巴胺刺激对大脑的雕凿能力之后，我反倒觉得不能只盯着孩子。如果成年人和老年人每天"刷短视频"长达几小时，顾不上跟家人和孩子交流、顾不上锻炼身体、挤占睡眠时间，反倒更符合成瘾标准。成年人有必要监控自己每天的屏幕时间，需要注意把控信息流质量、参加体育运动，否则同样有损害心智发展和社会功能的危险。

小　结

　　短短 50 年前，所谓"文盲"，还仅仅指不识字的人。而现在，程序化的信息搬运和执行岗位正在被人工智能大面积取代，如果一个人没有跨学科知识，无法成为开拓专业前沿的创造性人才，就有沦为"新型文盲"的风险。在可预见的未来，不论是物理、化学和生物这样的基础学科，还是医学、金融等应用领域，都要掌握编程甚至 AI 的知识和技能。如果不能利用新技术新工具中蕴含的力量拿出革新的成果，也可能沦为"文盲"。历史已经向我们展开了新的现实，一个人在受教育阶段必然要学习更多知识，而且必须要以新的方式去学习，否则无法适应新的生存环境。

　　仅仅一代人以前，人才稀缺还意味着一个人只要拿到文凭，走出校门就可以停止学习，后半辈子吃老本就可以。但这种稳固的预期已经烟消云散了，环境现实已经从学历稀缺迅速转变为学历过剩，每年大学毕业生上千万，光在读的博士生都超过 60 万人。而且，在 AI 时代，各行各业都在经历专业知识的高速更替，个人在专业上会终身面临知识过时的压力。医学、计算机、法律，哪个领域每年不产出上百万篇论文？如何能看得完？除了专业领域，一个人如果不懂经济周期、产业政策等规律，会导致无法选择适合自己的发展方向；如果不懂投资，可能会被一茬茬"割韭菜"；甚至连生活中的穿衣打扮、烹饪和营养搭配、健身运动，乃至育儿、亲密关系和社会关系的维系与经营，都需要大量的知识。一棵棵知识树，铺就了通向更美好生活的道路。可是，这么多知识，又怎么能学得完呢？

　　不同人的人生困境看似无关，实则有着共同的本质——都遭遇了"学习"的瓶颈。因为学习能力受限，害怕新知，害怕思考，才去追求终极确定性的答案。这条看似容易走的大路，终将通向普遍的人生困境乃至于奴役。这个世界本质上是一个混沌的自组织过程，没有最高设计者，也没有终极意义的规定，只有不断的尝试和适应——学习。自主理性的终身学习者是冲浪者，敢于直面无穷的未知之海，立于无穷动的新知的浪头，不会为了躲避失败的可能而放弃逐浪，也不会转而去依附于某个提供安全幻觉的泡沫浮岛。

自主理性能认识到：知识的海洋没有彼岸，个体生命不过是沧海之一粟、行星之一尘、泡沫之一瞬，却能对此安之若素。除了立于潮头这一瞬对宇宙秩序之美的赞叹、自身的勇气和意志力，一个瞬息的生命没有别的价值堪当永恒。只有自主理性及其勇气能够与万物与现象之无穷演变合而为一，才能使人得到真正的自由。

什么是自由？就如费曼所说，我们理解了世界是原子构成的，然后呢？物理学家首先建立了世界是由原子构成的概念框架，从中推理，终将到达以十升海水释放足够一个大国一年用电量的技术。300多年前，数学家建立微积分的概念框架，其演绎成果使人类能以火箭和飞机巡航天宇、能以 CT 扫描仪追踪体内的肿瘤。用明辨式思维构建起的知识建筑，其时间跨度超过凡人生命的有限、人间财富的聚散与君主帝王的征服，这可能是唯一真正能够带来发展自由的人类建构物。

是什么驱使人类一次次在治世和乱世间痛苦轮回？20 万年来，人类和其他物种一样，一次次沉沦于马尔萨斯陷阱，被饥荒、瘟疫与争夺有限资源的战争大量剪除，死亡人数达到百万级甚至千万级的灾难遍布历史纪录，生产力低下带来的最广大人群的赤贫和生存挣扎，这才是历史最真实的面目。直到近 500 年的科学革命和工业革命，才使人类有了现代的医学和农业，为生命赋予了最基本的尊严；直到近几十年，91% 的人类才脱离了绝对贫困，这是人类文明 5 万年前晨曦破晓以来的首次。生年不满百的凡人，眼界无法超越百年的时间尺度，但自主理性却能跨越百年千年，积累并搭建一个又一个进步，赋予每一个人以生存和发展的自由。

庄子有言：吾生也有涯，而知也无涯，以有涯随无涯，殆已。一个人的生命是有限的，而知识的海洋是无限的，如何才能以有限的生命，掌握无穷的知识呢？

随后，庄子讲了庖丁解牛的故事。只有掌握能够拆解复杂系统、认识深层结构的学习利器，才能"以无厚入有间"。当我们面对如浩瀚宇宙般的现象与信息时，手中要握有一把利刃，心中要存有一个结构，而这正是明辨式思维工作流在做的事。

本章，我们以"科学学习"和"成瘾"为例介绍了明辨式思维的工作流，就是在教你打造一艘利舰，去渡过知识之海。这样，一个人就不必因恐惧苍茫的无尽而不敢出发，屈从于给定的终极答案。明辨式思维这艘利舰，在不确定的知识海洋里，为每一个渡海之人提供了一个坚实的思考空间。坚实可信的思考架构，可以增强更多人运用理性的勇气。这种勇气非常具体，比如面对一道题，大部分人10分钟内想不出来就会放弃，只有极少数人会孜孜于思考一道难题长达数月数年，甚至几代人持续数百年；面对一个现实的难题，大部分人担心没有正确答案，害怕出错，不敢相信自己的推理判断，于是轻易就放弃独立思考。只有极少数勇敢的人会认真对待自己的疑问，不离不弃、从容不迫地去观察现象、搜集信息，求得更深层的认识。

但思考不该属于极少数人。康德说，启蒙不是让极少数人启发大多数人，而是让普通人有勇气运用自己的理性。一个平等进步有凝聚力的社会，需要让这一学习利器为更多人所用，让更广大的人群明了理性思维的架构，从而发现自己也可以拥有自主学习和思考的能力。

我们将太多的注意力和崇敬投向"高智商"和"天才"这样的"他人"，却未能给自己施以足够多的关注。实际上，每个人都拥有1000亿个神经元和100万亿的突触联结，数量级上达到可观测宇宙的星系总数。除了宇宙和地球生态系统，天地间没有其他造物能媲美你所拥有的这颗三斤重的大脑。你所拥有的这一宇宙奇迹级别的心智，它值得你施以足够的关注和培养。你并不需要万里挑一的智商，也可以打造一艘明辨式思维之舟，冲破人生重重的陷阱和迷雾，帮你到达你心之所向的目的地。

注　释

1　钱颖一.大学学生培养中的七个现象和七个权衡.网址参见：https://www.thepaper.cn/newsDetail_forward_16075597.

2　金安平.论语评注[M].鄢秀译.桂林：广西师范大学出版社，2019：25.

3　汪诘.未来，医生会消失吗？[J].读库2200.202.

4 Elder L，Paul R. 批判性思维术语手册 [M]. 北京：外语教学与研究出版社，2016：17.

5 库恩. 科学革命的结构 [M]. 金吾伦，胡新和，译. 第 2 版. 北京：北京大学出版社，2012：54.

6 G. 波利亚. 怎样解题 [M]. 涂宏，冯承天，译. 上海：上海科技教育出版社，2018：143.

7 Elder L，Paul R. 批判性思维术语手册 [M]. 北京：外语教学与研究出版社，2016：23，47，37.

8 费曼. 费曼演讲录：一个平民科学家的思想 [M]. 王文浩，译. 长沙：湖南科学技术出版社，2015：66.

9 塞利格曼. 认识自己，接纳自己 [M]. 任俊，译. 杭州：浙江教育出版社，2020：240.

10 波利亚. 怎样解题 [M]. 涂宏，冯承天，译. 上海：上海科技教育出版社，2018：137.

11 迪昂. 脑与数学：我们的数学能力是如何精进的 [M]. 周加仙等，译. 杭州：浙江教育出版社，2022：167.

12 沃尔弗拉姆. 这就是 ChatGPT[M]. 北京：中国工信出版集团，2023.

13 Elder L，Paul R. 批判性思维术语手册 [M]. 北京：外语教学与研究出版社，2016：72，38.

14 塞利格曼. 认识自己，接纳自己 [M]. 任俊，译. 杭州：浙江教育出版社，2020：240.

15 Elder L，Paul R. 批判性思维术语手册 [M]. 北京：外语教学与研究出版社，2016：47.

16 费曼. 物理定律的本性 [M]. 关洪，译. 长沙：湖南科学技术出版社，2018：9.

17 波利亚. 怎样解题 [M]. 涂宏，冯承天，译. 上海：上海科技教育出版社，2018：173.

18 同上，36.

19 Elder L，Paul R. 批判性思维术语手册 [M]. 北京：外语教学与研究出版社，2016：44.

20 迪昂. 脑与数学：我们的数学能力是如何精进的 [M]. 周加仙等，译. 杭州：浙江教育出版社，2022：170.

21 Nestler E J. "Cellular basis of memory for addiction." Dialogues in Clinical Neuroscience 15.4（2013）：431–443.
刘易斯. 疯狂成瘾者：TED 脑科学家的戒瘾成功之路 [M]. 石湖清，译. 北京：北京联合出版社，2017.
林登. 愉悦回路：大脑如何启动快乐按钮操控人的行为 [M]. 覃薇薇，译. 北京：人民大学出版社，2014.

22 卡拉特. 生物心理学 [M]. 苏彦捷，等译. 北京：人民邮电出版社，2011：74.

Berridge K C，Robinson T E. "What is the role of dopamine in reward：hedonic impact，reward learning，or incentive salience?." Brain Research Reviews 28.3（1998）：309-369.

23 关于网络成瘾是否是心理疾病的参考资料：Scientific American. Does Addictive Internet Use Restructure Brain?[EB/OL]. https://www.scientificamerican.com/article/does-addictive-internet-use-restructure-brain/.

靳宇倡，余梦，胡云龙．网络游戏成瘾研究的争议及趋势 [J].　心理科学进展 27.1（2019）：83-95.

24 Han D H，Lyoo I K，Renshaw P. "Differential regional gray matter volumes in patients with on-line game addiction and professional gamers." Journal of Psychiatric Research 46.4（2012）：507-515.

Jo Y S，et al. "Clinical characteristics of diagnosis for internet gaming disorder：comparison of DSM-5 IGD and ICD-11 GD diagnosis." Journal of Clinical Medicine 8.7（2019）：945.

25 世卫组织宣布游戏成瘾为心理疾病轰动了游戏界 [N]. 21 世纪财经，参见网址 https://m.21jingji.com/article/20180619/herald/43ad7f16fd8f0b41d36fed80fe5e2b69.html.

26 提供给父母的量表（如何测评孩子的游戏成瘾程度）：https://akjournals.com/view/journals/2006/10/1/article-p159.xml.

游戏成瘾障碍的诊断标准综述：https://www.sciencedirect.com/science/article/pii/S0272735820300192.

美国国家卫生研究院论文：https://www.ncbi.nlm.nih.gov/pmc/articles/PMC6678371/

对于世卫组织将游戏成瘾列入《国际疾病分类》第 11 版，媒体的反应：

《参考消息》对《经济学人》报道的编译：http://www.cankaoxiaoxi.com/science/20220122/2466921.shtml.

《经济学人》原文：https://www.economist.com/international/2022/01/01/are-video-games-really-addictive .

人民网的报道：http://capital.people.com.cn/n1/2018/0620/c405954-30068174.html.

澎湃新闻的报道：https://m.thepaper.cn/wifiKey_detail.jsp?contid=2179776#.

科学学习，房间里的大象

我在大学当了 10 年老师。每天上课，我都感到自己在和房间里的大象搏斗。但我却没有见到任何人和文章讨论这头大象，似乎没人看到大象的存在。

我看到这头大象，可能是因为我一只脚站在大学课堂，另一只脚站在教育流水线外，站在真实的世界里。

同传的世界

我的专业和职业生涯的另一半是同声传译，俗称"同传"。

这份工作的特殊之处在于它日常需要不断接触新领域，快速建立大量专业领域的知识。每一个会场都在进行现场思想碰撞。应试能力毫无价值，过去的考试分数是没人看的，必须真正弄懂现场讨论的专业知识，跟上思路才能胜任这份工作，如果出现理解错误，一秒即见高下。

这份工作的本质就是不断学习。三天后你要去翻译一个核电站的会议，你就要在这三天里快速建立该领域的知识框架，读懂与会几十位专家的论文。

外界普遍有种误解，以为翻译是不需要思考的传声筒，是无须理解内容，对文字符号的直接转换，但事实完全相反。要想完成语言间的转换，就必须懂专业。比如拿着核电领域的论文，需要理解其中的基本概念究竟对应着什么事物与过程、提出了什么问题、论述的逻辑要点，才能理解思想并传达。

也许下次的会议是汽车、金融监管、医药、森林的可持续采伐、可再生能源、碳捕捉和碳排放，我都需要迅速列出概念清单，理解专业内容。同传工作的本质是不断学习。

在我做同传的 10 年中，为中央部委、美国前总统、一汽大众奥迪等公司提供长期服务，也经历了这些年不同的热点行业，从汽车、钢铁、核能，到碳排放、风能、太阳能，以及"一带一路"等，从而密集学习了大量行业顶尖专家搭建形成自己思想的方法。

此外，我还在几家全球顶尖的商学院做翻译，每年翻译数百万字的商业课程，这同样需要理解宏观经济和微观经济的基本概念、知识框架。可以说我的整个职业生涯，每一天都在用明辨式思维进行知识的搭建。

以思维为本的语言元技能

ChatGPT 的出现也在某种程度上证实了人类心智的理解机制建立在世界知识的基础之上。

我发现自己就像一个"人肉 ChatGPT"。以 ChatGPT 为镜子，反而理解了自己的工作，其实就是基于对各科知识领域的基本文献的全面阅读，建立概念框架，从而理解思想、组织语言。

我通过亲身实践，认识到人的智能、知识结构、语言表达这几个机制之间的相互关系，认识到语言的本质是知识与思维的外显形式。

孩子从小学习语言，不论是母语还是第二语言，所进行的过程也是对现实世界进行模式识别，搭建自己的世界模型。因此对学习者进行语言能力的训练，目标绝不仅是考一个分数，而是以语言为载体，进行思维能力的训练。

掌握以思维为本的语言元技能，能极大帮助其他各学科的高效学习，建立起广泛的世界知识、专业知识储备，包括基本概念清单、概念间的逻辑关联，最终结成一个知识的网络。ChatGPT 也是因为建立了某种世界知识的网络，才终于实现了对人类自然语言的理解，也推动了人类对自身学习过程的认识和理解。

然而从现实世界回到课堂上，十年来我教过数千名学生，却观察到他们心目中的"学习"是另一回事。

学生期待得到的"知识"，和映射现实世界的知识图谱、建立专业知识概念框架无关，并不是搜集和辨析事实性知识，通过逻辑建立概念关联，抽象提取对客观世界的模型构建，而是一种类似于操作技巧、规则性质的操作流程。他们期待老师能够传授"独门秘籍"，一些能迅速提升考试分数的技巧。

我高考阅卷十年，每年批改上千份北京高考的英文作文，每年辅导英语专业学生备考专四、专八。我对应试的内容及其考察目标和评分标准十分熟悉。应试确实有技巧，但技巧只是锦上添花，需要有扎实的知识和思维能力作为基础。没有锦，花要往哪里添？并且考试本身不是目的，考试是学习的手段，最终目的是具备信息处理和思维能力，使人有能力胜任工作。但在应试教育中产出的学生的心目中，这个关系已经颠倒且极为固化了。

这种大面积的目标与手段颠倒，放在当前，导致一方面学历不断通货膨胀，学生就业困难，另一方面产业升级急需具备真才实学的人才却搜寻不到。供需不匹配矛盾越来越大的背后，可能就隐藏着这样一个隐秘却关键的对学习本质的系统性误解。

这不是说学生不好，不够勤奋。相反，学生普遍非常勤奋上进，每天从早到晚都在上课，被灌入更多的结论和理论。正是因为这种"勤奋"，他们更加被快速提升成绩的焦虑所裹挟，无暇进行大量阅读，无心改进学习方法。从小在"学习等于固定结论与解题技巧"灌输的模式下被喂大，他们默认这就是唯一可能的学习。

人生前二十年可塑性最强，而这段学习生涯塑造了压倒性的思维惯性，他们无法另做想象，不能理解思维能力的基础是大量知识储备和抽象能力。

即使少数学生能够接受这一点，信息加工能力即阅读能力瓶颈也无处不在掣肘，令想突破的学生举步维艰，焦急痛苦。阅读速度太慢，理解不准确，无法高效准确提取文章信息；难以区分事实、观点和论点，缺乏大量搜集事实信息、鉴别和分析证据的意识；不知道从哪里入手分析一个论点，如何展开分析。

也就是说，高效的信息处理能力，清晰的逻辑思维方法，这些能力本应该在中小学十几年学习基本知识的过程中得到磨炼，使人能更好地理解和掌握更高阶的各学科知识，打好社会需要的能力基础。学习方法和思维能力，与具体的知识，应该是从小锻炼的两条腿走路的能力，但却在学生将要进入社会的前夕，仍然处于几近空白的状态。

房间里的大象

那么，学习到底是什么呢？是追求固定结论的解题技巧，还是对现实的知识搭建与模式提取？我看到房间里的那头大象，仅仅是我个人的一隅之见吗？

为了弄清楚房间里这头象究竟是什么，我查阅了认知心理学、语言心理学、发展心理学、认知语言学、神经科学等各相关领域文献，发现各学科在这个问题上，汇聚成一个显著的共识——大脑的学习，本质是模式识别。大脑需要的就是供收集与分析的大量数据、模式提取操练以及有效反馈。

在制作"智慧星球"课程、写作本书查阅资料和研究的过程中，我的教育经历给了我莫大的帮助。在北京外国语大学高级翻译学院学习的阶段，尤其是李长栓老师的中英笔译课堂，所进行的就是非常认真、细致、深入的明辨式（批判性）思维训练。

虽然当时没有明确讲"思维训练"，但李长栓老师确实传授了明辨式思维的基本方法论与工具，给我打开了新世界的大门，学习如何搜集与明辨信息、如何自主搭建概念体系、建立认识框架，并辨析不同观点。如此强大的学习方法论，不但令我的职业生涯受益匪浅，也改变了我看世界的角度，后来又将我引向了以认知科学、神经科学去研究学习的方向。

缺失了明辨式思维、自主搭建知识体系，对固定结论的灌输违背了大脑先天的学习机制与心理动机，反而是造成厌学的原因。打个比方，一个人在旷野里伸展四肢奔跑，在感到自由快乐的同时，身体肌肉随之变得强大。但假如一直不许他用自己的腿奔跑，而是从幼时就给他的腿上安上一副木架，要求他只能跟从木架，准确进行外部规定的动作，剥夺学习者自己的力量和自由探索的意愿，那么他的思考肌肉无从锻炼，体验到的就只有对知识的厌倦，以及失去自主性导致对人生感到一种普遍的怠惰与无意义感，这也许解释了今天过高的青少年抑郁症比率。

符合大脑天然学习机制的学习，即大量输入与反馈调参，让一个人在吸收知识的过程中逐渐建立自我效能和积极的自我认知。不论是儿童还是青少年，只要提供大脑需要的素材，根本不需要花费几十万元，依靠外力填喂，通过一节课只教 3 个单词的课程，学了十几年才勉强学会一门外语，而是在三年内就能在大量拓宽知识面的同时，达到甚至超过母语水平。

在数学、生物、物理、体育和音乐等各个学科领域，科学学习都能让一个人自主快速搭建知识体系，并更好地利用教师和课程等外部支持，在自由且高效的学习中，不断建立自我认知和对这个世界的认知，从而形成强大的学习内驱力。

大脑，和身体其他部分的肌肉一样，通过自主行动、探索和思考，在建立知识框架的同时磨炼起自身独立的、内驱的学习能力。人也在这个过程中形成想要发展和突破的强大愿望，而不是倦怠和抗拒。

分数、能力和自我三者应该是一体的而不是分隔的。一个人在不断探寻知识、见识与思考的过程中，知识与自我动力应当如风与翼，托起他扶摇直上九万里的意志之翼。

智慧星球

数百万年进化来的人类大脑，拥有自主学习软件。人在学习中的角色，绝不是被动的，被迫的，被"鸡"的。如果能理解学习科学，遵循大脑的学习原理，那么就不会再有快乐成长和"鸡娃"的对立。探索世界、自我发展和突破，本应带给人最深刻的满足与幸福。

应该早在童年，就将每个人应得的、最深切的幸福、最珍贵的财富——那就是学习和成长的幸福还给他。孩子童年的每一天都是重要的，具有不可替代的价值。而不该用一个遥远的饭碗的承诺，用各种虚假概念、错误的教育产品填塞孩子，夺去每个人本应恬静、充实，充满着学习乐趣的童年和青春。不要在本该真正开始严肃学习，独立思考和争取成就的青年期，发现之前耗尽了童年时光所获得的，却是需要被打破的，难以支持你走得更远的被动僵化的知识，只为换取越来越贬值的分数和文凭。

如果从一开始，就向孩子开放，允许他们的智慧星球蓬勃生长该多好！一开始，就应该教他们用自己的眼睛去看，信任自己的头脑，去提问，从高度可塑的稚嫩的时候就教他们不盲从，不恐惧，有条不紊地遵从逻辑，学习建立和迭代认知模型。那么到了二十多岁，当他真正要与广阔天地交互，做出严肃的、创造性的发现与建设的时候，他该拥有多么强健的、理性的自信与推理的肌肉，学习工具已经运用得多么趁手纯熟，他该能多好地驾驭改变自己命运所需的知识和技能啊！

后来，我也有了孩子，我希望我的孩子能够符合大脑规律地学习，而不是在拧巴和强迫中过早失去对学习的热情。她应该一开始就学会用自己的眼睛去看，用自己的脚踏上坚实的大地，锻炼自主奔跑的能力。

在 AI 技术跳跃式发展，通用人工智能已经箭在弦上的历史时刻，人类的大脑之精妙却在大众认知之外。人脑的可能运行状态数量超过宇宙粒子总数，说每个人都拥有一颗智慧星球一点都不夸张，但大部分的智慧星球却没有得到真正恰当的激发，处于半荒芜状态，未能进入高度联结、高度发展的状态。而一个社会如同一个由无数智慧个体构成的整体生态，如果其中每一个生命主体，都是活跃的、健康的、有能力理解现实并产出理性的判断的，再给予整体以灵敏恰当的反馈，整个智慧生态才能繁荣健康，源源不断地在各行业产出创造性成果。假如每个个体都被闭塞了视听，没有自主正确感知环境的能力，无法理解真实世界，无法产生有效反馈，整个有机生态也会在蒙昧中走向失序。

张文渊

2025 年 4 月

上篇：心智原理

第1章　孩子天生爱学习

1.1　学习的本质

问题1：所谓学习，就等于听老师讲课、写作业、"刷题"和考试吗？ / 003

问题2：学习就是记住尽可能多的正确答案和标准操作流程吗？ / 005

问题3：为什么动物生来就具备生存所需的知识和技能，而人类却要花很多年去学习？ 我们为什么不直接记住结论，而要一点点去推理？ / 009

问题4：所谓"学得好"就是尽量符合正确答案，不犯错吗？ / 011

1.2　学习的大脑基础

问题5：知识是怎么被脑子学习并记住的？ / 014

问题6：灌输结论性知识，如播放大量录音，从早到晚用课程填满，而缺少互动，真 的是有效的学习方式吗？ / 020

问题7：大脑先天渴望什么内容？如何找到大脑最需要的营养？ / 026

问题8：如何让大脑爱上或厌恶学习内容？ / 028

1.3　科学学习，必须丰富模式

问题9：学习者需要怎样的支持？ / 033

问题10：学习者对什么都不喜欢、不感兴趣怎么办？ / 033

问题11：如何看待孩子喜欢"没用"的东西？ / 037

问题12：学习同样内容的同龄人，如果不是先天智商差异，那么是什么拉开了他们学 习能力的差距？ / 039

1.4　科学学习，无法"大跃进"

问题13：给孩子提要求、订计划时，为什么应当首先审视目标或要求是否合理？ /041

问题14：想要一个人长大后聪明且成功,只需要保证物质富足、生存无忧就可以了吗？ / 044

1.5 大脑终身可塑，人类终身学习

问题 15："学霸是生出来的，不是养出来的"，这话对吗？/ 048

第 2 章 内驱的学习者

2.1 是什么力量驱动我们学习的

问题 16：是什么让一个人自己爱学习的？是什么驱动一个人为遥远的目标奋斗的？/ 057

2.2 自我掌控和自我效能

问题 17：面对磨蹭和厌学，除了催促和批评，有没有更好的办法？/ 062

问题 18：什么是"自我效能"？如何保护和培养自我效能？/ 067

问题 19：知道了自我效能与内驱力，该如何做呢？/ 072

问题 20：除了读书做题，孩子做其他事情都是浪费时间吗？/ 080

2.3 理性大脑的情感燃料

问题 21：为什么人做题会犯 2+2=5 这样的错误？仅仅是因为粗心吗？/ 086

2.4 多元智能：打破唯分数论的迷思

问题 22：作业写不好、某一门成绩不好，一个人就该被全盘否定吗？/ 097

2.5 内驱力的终身发展历程

问题 23：一个人究竟为什么而努力？/ 113

第 3 章 学习五元素

问题 24：对学习没兴趣怎么办？学起来又慢，效果又差怎么办？为什么一样的课，有的人学得快，有的人学得慢？难道先天的差异就是不可改变的吗？/ 137

3.1 元素一：最近学习区

问题 25：当我们遇到学习困难，首先应该做什么？最近学习区怎么用？/ 141

3.2 元素二：引导注意力

问题 26：为什么要控制幼儿接触屏幕的时间，避免过多的、即时满足的强烈刺激？/ 146

问题 27：日常的亲子共读中，如何帮孩子提升注意力？/ 147

问题 28：导致学习困难的，真的是先天的"智商"吗？/ 151

问题 29：日常如何做可以提升注意力？/ 152

3.3　元素三：主动参与

问题 30：怎样学习才能有趣？怎样才能激发好奇心？ / 157

问题 31：孩子总想玩手机怎么办？有什么活动能比手机更让孩子感兴趣？ / 163

问题 32：真的有"照相机般的记忆"吗？记东西就是靠"死记硬背"吗？ / 175

问题 33：坐在同一间教室里的学习者，都上着一样的课，为什么有的学习者似乎"接受能力更强"？是什么在影响人们学习新知识的难度？ / 179

问题 34：记忆力差的人，能否做到"过目不忘"呢？ / 183

问题 35：棋类、数独等智力游戏，真的能像宣传的那样培养孩子的专注力、思考力、问题解决力吗？在智力游戏中积攒的越来越强的能力，能迁移到其他学科学习中吗？ / 190

3.4　元素四：有效练习

问题 36：快乐教育是骗局吗？题海战术一定是错的吗？怎样做才算有效练习？ / 193

问题 37：如何避免学习的痛苦？ / 194

问题 38：为什么我连刷 100 套卷子，却感觉不到明显的进步呢？ / 196

问题 39：我们都渴望短平快，迅速见效，可怎么好像目标越激进，进步就越缓慢？ / 198

问题 40：孩子的时间精力有限，如何四两拨千斤？ / 203

问题 41：回答有效练习这个元素一开始提出的主旨问题：题海战术一定是错的吗？ / 207

3.5　元素五：有效反馈

问题 42：学习的快乐来自有效反馈。如何创造有效反馈？ / 209

下篇：落地实践

第 4 章　英语学习路线图

4.1　把握语言敏感期

问题 43：什么是语言敏感期？语言敏感期什么时间关闭？敏感期过了就学不会外语吗？在语言敏感期内学习第二语言的优势是什么？ / 219

问题 44：为什么第二语言选择英语？ / 224

4.2　语言环境

问题 45：婴幼儿在语言敏感期学第二语言，和母语习得一样，不是通过上课和刷题来

"教"的，而是通过互动从环境中"习得"的。怎样才算是好的语言环境？
"灌耳音"有效吗？ / 229

问题 46：既然强调交互，需要让父母一方辞职回家陪孩子吗？ / 232

问题 47：生活中父母都不说英语，能在家做英语启蒙吗？ / 237

问题 48：英语学习该从哪里开始呢？ / 239

4.3 英语学习路线图

问题 49：从"零基础"到运用自如，英语学习可以划分为几个阶段？ / 244

问题 50：原始积累阶段如何培养乐趣？原始积累的学习目标是什么？ / 245

问题 51：如何走向独立阅读？ / 251

问题 52：如何走向高阶自如应用？ / 259

问题 53：各个阶段应分配多少时间？词汇、语法和听读各有什么侧重点？ / 262

第 5 章 听说篇

5.1 听——听力的本质与能力建设

问题 54：听的能力到底是什么能力？ / 267

问题 55：为什么许多人花十几年学英语，却学不好用不上呢？ / 271

问题 56：零起点乐趣期，从什么材料听起？ / 274

问题 57：独立阅读坚持期，听什么来配合？ / 291

问题 58：高阶阶段听什么？ / 297

问题 59：听力输入除了大量播放录音，有什么方法提高效率？ / 299

5.2 说——听读足够多，才能说得出

问题 60：为什么共读了很久（几个月、一两年），孩子还是只听不说？ / 303

问题 61：为什么幼儿习得语言的时候，不用学语法就能说出正确的句子？ / 305

问题 62：孩子说话时会有一些语法错误，要逐一纠正吗？ / 309

5.3 听说交互——如何培养口头表达能力

问题 63：只会听和读，口语很差怎么办？ / 314

问题 64：跟孩子一起读绘本时，除了读绘本上的字，还有哪些互动方式？孩子读了很
多，但是一让说，孩子就摇头，如何鼓励孩子表达？ / 317

问题 65：孩子不喜欢知识与科普类内容，只喜欢娱乐类内容，怎么办？ / 323

第6章 词汇篇

6.1 阅读的本质与基础

问题 66：在这个短视频和听书产品唾手可得的年代，阅读还有什么用？为什么还要培养阅读能力？ / 339

问题 67：为什么说解决学科学习困难，首先需要解决信息处理能力的瓶颈问题？ / 342

问题 68：书，听了，还要读吗？ / 347

6.2 中文识字路线图

问题 69：中文识字遵循怎样的顺序？目标是什么？ / 351

6.3 英文词汇量路线图：从 26 个字母到数万词汇量

问题 70：英文识字遵循怎样的步骤可以更高效？ / 361

6.4 积累的魔法：卡片大法

问题 71：阅读无法进阶，写作业慢，写作文词穷，读数学等题目审题慢，错漏多……学习、做题总是低水平重复怎么办？ / 370

问题 72：如何刷卡？ / 377

第7章 阅读篇

7.1 阅读理解的本质是思维训练

问题 73：为什么孩子读书挺多，阅读理解题的分数却不高？为什么读书很累，却难以把书本中的知识变成自己的？ / 383

7.2 阅读理解五步法

问题 74：阅读是随心所欲的主观体验，还是说存在客观的规律和方法？ / 386

问题 75：究竟什么是思想？ / 399

7.3 阅读理解五步法落地实例

问题 76：简单的故事也有主旨吗？ / 405

问题 77：如何高效准确地阅读非虚构内容？ / 408

问题 78：论说文的阅读难度级别最高，难在哪？ / 413

7.4 三级笔记法：阅读理解五步法的笔记呈现

问题 79：书看完就忘怎么办？如何读书之后高效提取信息？如何将一本书、一门课、

一门学科的知识纳入自己的个人知识体系？ / 425

第 8 章　写作篇

8.1　认知型写作

问题 80：你害怕写作文吗？写作真的应该令人痛苦吗？ / 433

8.2　写作能力 1：说明

问题 81：非虚构文章、信息类文本要介绍一个事物时，该如何搭建文章架构，该介绍
什么信息？ / 439

8.3　写作能力 2：记叙

问题 82：记叙与描写的目的是什么？ / 448

问题 83：状物描写，怎样写才能吸引人？ / 448

问题 84：写人如何避免漫无边际与流水账？ / 453

问题 85：叙事就是原原本本地描述时间、地点、事件和人物吗？ / 456

问题 86：没有蓝图怎么盖房子？那么如何画出蓝图呢？ / 463

8.4　写作能力 3：论证

问题 87：为什么语文和英语的考试大作文都是论说文？论说文写作训练的目的是什
么？ / 465

问题 88：搭建论说文结构的脊椎主线是什么？ / 467

问题 89：讲道理一定要理性客观中立吗？ / 482

问题 90：如何建立可信度？哪些素材可以作为证据，增加论点的说服力？ / 486

问题 91：人们更愿意关注和相信什么？ / 501

第 9 章　明辨式思维

9.1　你真的需要明辨式思维吗

问题 92：语言、数学，甚至一切知识训练的目的都是思维训练，那究竟什么是思维？
/ 514

问题 93：明辨式思维是为了解决什么痛点？一个人如何"知道自己是否知道"？如何
解决"不知道自己不知道"的难题？ / 518

问题 94：什么是明辨式思维？需要经过几个步骤？具备哪几个基本模块？ / 521

9.2 明辨式思维工作流

问题 95：思考的起点是什么？ / 525

问题 96：什么样的问题能直击本质？ / 531

问题 97：做到哪一步，资料收集就到位了？ / 537

问题 98：独立见解是如何产生的？ / 543

问题 99：如果你得出了一个强有力的理论，能解释一切，就可以了吗？/ 552

9.3 落地实例：我们时代的成瘾病